WISSENSCHAFTLICHE BEITRÄGE
AUS DEM TECTUM VERLAG

Reihe Rechtswissenschaften

WISSENSCHAFTLICHE BEITRÄGE
AUS DEM TECTUM VERLAG

Reihe Rechtswissenschaften

Band 97

Alexander Wild

Rechtsprobleme des Dopings im deutschen Lizenzfußball

Eine Untersuchung unter besonderer Berücksichtigung der Strafbarkeit des am Lizenzfußball mitwirkenden Spielers nach dem Gesetz gegen Doping im Sport

Tectum Verlag

Alexander Wild

Rechtsprobleme des Dopings im deutschen Lizenzfußball. Eine Untersuchung unter besonderer Berücksichtigung der Strafbarkeit des am Lizenzfußball mitwirkenden Spielers nach dem Gesetz gegen Doping im Sport
Wissenschaftliche Beiträge aus dem Tectum Verlag:
Reihe Rechtswissenschaften; Bd. 97

Zugl. Diss. Eberhard Karls Universität Tübingen D21, 2017
ISBN: 978-3-8288-4093-5
eISBN: 978-3-8288-6954-7
ePUB: 978-3-8288-6955-4
ISSN: 1861-7875
Umschlagabbildung: © jarma | fotolia.com

Druck und Bindung: CPI buchbücher.de, Birkach
Printed in Germany

Besuchen Sie uns im Internet
www.tectum-verlag.de

MIX
Papier aus verantwortungsvollen Quellen
FSC
www.fsc.org
FSC® C083411

Bibliografische Informationen der Deutschen Nationalbibliothek
Die Deutsche Nationalbibliothek verzeichnet diese Publikation in der Deutschen Nationalbibliografie; detaillierte bibliografische Angaben sind im Internet über http://dnb.d-nb.de abrufbar.

Meiner Familie

Vorwort

Die vorliegende Arbeit wurde im Wintersemester 2017 von der Juristischen Fakultät der Eberhard Karls Universität Tübingen als Dissertation angenommen. Aktuelle Entwicklungen, Gesetze und Regelwerke konnten bis Januar 2017 berücksichtigt werden.

Mit der Fertigstellung dieser Arbeit endet ein spannender, mitunter auch aufreibender Weg. Mein Dank gebührt daher zunächst meinem Doktorvater, Herrn Jun.-Prof. Dr. Tillmann Bartsch, der mir bei der Erstellung der Arbeit alle Freiheiten ließ. Dank gebührt auch Herrn Prof. Dr. Dres. h.c. Harm Peter Westermann für die äußerst zügige Erstellung des Zweitgutachtens.

Danken möchte ich auch meinen Kollegen von Falkenstein Rechtsanwälte, Stuttgart, die mir die Möglichkeit gegeben haben, diese Arbeit – gewissermaßen als wissenschaftlich generierter Gegenpol zur täglichen Arbeit eines Rechtsanwalts – anzufertigen. Herrn Dr. Lars Mortsiefer, Vorstandsmitglied der NADA, danke ich für die schier unermüdlichen Auskünfte, mit welchen er mir wichtige Einblicke in die Praxis der Dopingbekämpfung verschafft hat.

Meiner Schwester Christiane, Dr. Johannes Fridrich, Andreas McDougall und Wolfgang Fridrich danke ich sehr herzlich für die gründliche und zeitintensive Korrekturdurchsicht.

Ganz besonderer Dank gilt meinen Eltern Marietheres und Richard Wild, die mich nicht nur während meiner gesamten Ausbildung sondern auch darüber hinaus hingebungsvoll gefördert haben und ohne deren großartige Unterstützung und Vermittlung von Werten mein bisheriger beruflicher Werdegang und diese Arbeit zweifelsohne nicht möglich gewesen wären.

Einen speziellen Dank möchte ich an meine Frau Tini richten, die mich sowohl persönlich durch viel Verzicht und Verständnis als auch fachlich mit viel Rat und noch mehr Tat in allen Phasen dieser Arbeit selbstlos und aufrichtig unterstützt hat.

Meiner gesamten Familie und meinen Freunden danke ich schließlich für die vielen freudigen und unbeschwerten Stunden. Sie sind die unerschöpfliche Energiequelle meiner Schaffenskraft.

Stuttgart, im Dezember 2017 *Alexander Wild*

„We are at the level where people are ready to do anything to win.“

Arsène Wenger

Inhaltsverzeichnis

Abkürzungsverzeichnis ... 321

Erster Teil: Grundlagen – Historische Entwicklung, Doping im deutschen Lizenzfußball ... 1

Kapitel 1: Einführung ... 1

§ 1 Problemstellung ... 1

§ 2 Eingrenzung ... 4

A. Fußballsport ... 4

B. Lizenzfußball ... 6

§ 3 Gang der Untersuchung ... 6

Kapitel 2: Historische Entwicklung, Definitionen ... 7

§ 1 Genese des Fußballspiels ... 7

A. Fußball im alten China und in anderen Kulturen ... 7

B. Entwicklung des modernen Fußballspiels ... 9

I. England ... 9

II. Deutschland ... 10

C. Zwischenergebnis ... 11

D. Verbreitung des Fußballsports ... 12

E. Berufsfußball in Deutschland ... 13

I. Lizenzfußball ... 13

1. Lizenzspieler ... 14

2. Vertragsspieler und Amateure ... 15

II. Bedeutung des professionellen Fußballsports ... 15

§ 2 Doping ... 17

A. Wortforschung ... 17

I. Entwicklung und Bedeutung des Begriffs ... 17

II. Zwischenergebnis ... 19

B. Künstliche Leistungssteigerung ... 19

I. Erscheinungsformen der künstlichen Leistungssteigerung ... 19

II. Aberrationen der künstlichen Leistungssteigerung ... 23

III. Künstliche Leistungssteigerung in der Gesellschaft der Gegenwart ... 24

C. Der Dopingbegriff im juristischen Sprachgebrauch ... 25
I. Verbandsrechtlicher Dopingbegriff ... 26
1. Dopingbegriff des DFB ... 26
2. Dopingbegriff im Lizenzvertrag Spieler ... 27
II. Dopingbegriff im AntiDopG ... 28

Kapitel 3: Doping im deutschen Lizenzfußball ... 28

§ 1 Dopingfälle im deutschen Fußball ... 29
A. Häufigkeit der Verurteilungen ... 29
B. Bewertung ... 30
C. Zusammenfassung ... 33

§ 2 Systemimmanentes Dopingproblem ... 33
A. Nutzen von Doping im Fußballsport ... 33
I. Anforderungsprofil ... 34
1. Ausdauer ... 35
a. Aerobe Phase ... 35
b. Anaerobe Phase ... 38
2. Kraft ... 38
3. Schnelligkeit ... 40
4. Psychische Leistungsfähigkeit ... 40
a. Koordinative, kognitive Fähigkeit ... 40
b. Motivationale Eigenschaften ... 40
c. Fazit ... 41
II. Bewertung ... 41
B. Gründe für Doping ... 42
I. Sportökonomische Betrachtung anhand der Spieltheorie ... 43
1. Spieltheorie ... 43
2. Anwendung der Spieltheorie auf den deutschen Lizenzfußball ... 44
II. Sportsoziologische Betrachtung ... 46
1. Dopingbegünstigende Struktur ... 46
a. Leistungsdruck ... 47
b. Biographische Fixierung ... 49
2. Anwendung auf den deutschen Lizenzfußball ... 50
a. Biographische Fixierung ... 50
b. Leistungsdruck ... 52
3. Fazit ... 55
C. Zusammenfassung ... 55

Zweiter Teil: Verbandsautonome Bekämpfung von Dopingpraktiken ... 57

Kapitel 1: Organisation des Fußballsports ... 57

§ 1 Verbandsstrukturen ... 58
A. Intradisziplinäres Verbandssystem ... 59
I. FIFA ... 59
II. UEFA ... 60
III. DFB ... 61
IV. DFL e. V., DFL ... 62
1. Ausgliederung des Lizenzfußballs aus dem DFB ... 62
2. Hintergrund der Ausgliederung ... 64
3. Rechte von DFL e. V. und DFL ... 65
4. Pflichten von DFL e. V. und DFL ... 66
B. Interdisziplinäres Verbandssystem ... 66
I. IOC ... 67
II. WADA ... 68
III. NADA ... 69
IV. DOSB ... 70
C. Ein-Platz-Prinzip ... 71
I. Inhalt ... 71
II. Ein-Platz-Prinzip im intradisziplinären Verbandssystem ... 73
1. FIFA ... 73
2. UEFA ... 74
3. DFB ... 74
III. Ein-Platz-Prinzip im interdisziplinären Verbandssystem ... 75
1. IOC ... 75
2. DOSB ... 75

§ 2 Geltung der Sportregeln im Verbandsgefüge ... 76
A. Begriffsverständnis Sportregeln ... 76
B. Geltung der Sportregeln innerhalb der Verbandssysteme ... 77
I. Intradisziplinäres Verbandssystem ... 77
II. Interdisziplinäres Verbandssystem ... 78
C. Geltung der Sportregeln zwischen den Verbandssystemen ... 79
D. Bedeutung für den deutschen Lizenzfußball ... 80
I. Intradisziplinäre Bedeutung ... 80
II. Interdisziplinäre Bedeutung ... 81
E. Bewertung ... 82

§ 3 Geltung der Sportregeln gegenüber Spielern – Unterwerfung unter die Verbandsgewalt ... 83
A. Lizenzspieler ... 83
I. Regelanerkennung und Unterwerfung durch Lizenzvertrag ... 85
1. Inhalt ... 86

2. Rechtliche Zulässigkeit des Lizenzerfordernisses ... 88
3. Wirksames Zustandekommen des Lizenzvertrages ... 90
a. Zustandekommen ... 90
b. Umfang der Bindungswirkung ... 91
(1) Bestimmtheitsgebot und Konsens ... 91
(2) Kenntnisnahmemöglichkeit ... 95
(3) Dynamische Verweisung ... 95
II. Regelanerkennung und Unterwerfung durch Vertrag zwischen Spieler und Klub ... 96
1. Muster-Arbeitsvertrag ... 96
a. Rechtsnatur des MuArbV ... 96
b. Erstreckung der Verbandsgewalt ... 98
2. Sonstige Arbeitsverträge ... 101
III. Regelanerkennung und Unterwerfung durch Antrag auf Erteilung der Spielerlaubnis ... 102
IV. Bestätigung des Spielers ... 103
B. Vertragsspieler ... 103
I. Mitgliedschaftliche Unterwerfung ... 103
II. Rechtsgeschäftliche Unterwerfung ... 106
1. Rechtsnatur des Vertragsverhältnisses Spieler – Klub ... 106
2. Erstreckung der Verbandsgewalt ... 107
a. Mustervertrag für Vertragsspieler ... 107
b. Erklärung über die Anerkennung der Rechtsgrundlagen der 3. Liga ... 109
c. Spielerlaubnis und Spielerpass ... 109
C. Fazit ... 110

Kapitel 2: Verbandsrechtliche Bestrafung des dopenden Spielers ... 111

§ 1 Materielles Recht ... 111
A. Ermächtigungsgrundlage ... 111
B. Dopingverstoß ... 112
I. Tatbestandsmäßigkeit ... 112
1. Tatbestandshandlungen ... 112
2. Dopingliste ... 114
a. Gegenstand der Dopingliste ... 114
b. Dynamische Verweisung ... 116
c. Medizinische Ausnahmegenehmigung ... 117
3. Verschulden ... 119
II. Rechtsfolge des Dopingverstoßes ... 120
1. Sanktionierung des Spielers bei Erstverstößen ... 121
a. Sperre als Sanktion ... 121
b. Aufhebung oder Herabsetzung von Sperren ... 123
c. Fazit ... 124

2. Wirkung der Sperre ... 125
3. Sonderproblem: vierjährige Regelsperre ... 126
a. Ermächtigungsgrundlage ... 127
b. Verhältnismäßigkeit ... 128
(1) Legitimer Zweck ... 130
(2) Erforderlichkeit ... 130
(3) Angemessenheit ... 131
(4) Bewertung ... 132
4. Sanktionierung des Klubs des Spielers ... 133

§ 2 Dopingkontrollverfahren ... 135
A. Zuständigkeit ... 135
I. Kontrollverfahren ... 135
1. NADA ... 135
2. FIFA, UEFA ... 135
a. FIFA ... 135
b. UEFA ... 136
II. Ergebnismanagement ... 136
B. Umfang der Dopingkontrollen ... 137
I. Statistik ... 137
II. Bewertung ... 138
C. Aufbewahrung der Proben ... 140
D. Meldepflichten ... 141
I. Testpools ... 141
1. NTP ... 143
2. TTP ... 143
II. Bewertung ... 144
E. Ergebnis ... 146

§ 3 Disziplinarverfahren ... 147
A. Beweislast ... 147
I. Tatbestandsseite ... 148
II. Rechtsfolgenseite ... 149
1. Festsetzung der Höhe der Sperre ... 149
2. Verschuldensabhängige Aufhebung, Minderung, Herabsetzung der Sperre ... 150
B. Beweismaß ... 150
I. DFB als Träger der Beweislast ... 150
II. Spieler als Träger der Beweislast ... 151
C. Verstoß gegen Rechtsgrundsätze des Strafprozesses ... 152
I. Unschuldsvermutung und Grundsatz des in dubio pro reo ... 153
1. Anwendbarkeit im Verbandsrecht ... 154
a. Inhalt und Reichweite der grundgesetzlichen Unschuldsvermutung ... 154

b. Entsprechende Anwendung der Unschuldsvermutung im Dopingsanktionsverfahren ... 157
(1) Strukturelle Vergleichbarkeit ... 157
(2) Zweck der Dopingsanktion ... 157
(3) Strafcharakter der Dopingsanktion ... 158
(4) Wirkung der Dopingsanktion ... 159
(5) Fazit ... 160
2. Geltung im Verbandsrecht ... 163
a. Unmittelbare Drittwirkung ... 163
b. Mittelbare Drittwirkung ... 164
(1) Schiedssprüche ... 164
(2) Verbandsentscheide ... 167
3. Verstoß gegen Unschuldsvermutung und Grundsatz des in dubio pro reo ... 167
a. Unschuldsvermutung ... 167
b. Grundsatz des in dubio pro reo ... 169
II. Ergebnis ... 170

§ 4 Schiedsgerichtsbarkeit – Ausschluss staatlicher Gerichte ... 170
A. Schiedsgerichte ... 173
I. Ständiges Schiedsgericht für Lizenzspieler ... 173
1. Lizenzspieler ... 173
2. Vertragsspieler ... 174
3. NADA, FIFA ... 174
II. CAS ... 175
B. Wirksamkeit der Schiedsvereinbarungen ... 176
I. Arbeitsrechtliche Streitigkeit ... 177
II. Anwendbares Recht ... 181
1. Einredesituation ... 181
a. Ständiges Schiedsgericht für Lizenzspieler ... 181
b. CAS ... 181
2. Aufhebungs-, Anerkennungs- und Vollstreckungssituation ... 182
a. Ständiges Schiedsgericht für Lizenzspieler ... 182
b. CAS ... 183
III. Formwirksame Schiedsvereinbarung ... 184
1. Einredesituation ... 184
a. Ständiges Schiedsgericht für Lizenzspieler ... 184
b. CAS ... 185
2. Aufhebungs-, Anerkennungs- und Vollstreckungssituation ... 185
a. Ständiges Schiedsgericht für Lizenzspieler ... 185
(1) Berufungsrecht von NADA und FIFA ... 185
(2) Zwischenergebnis ... 188
b. CAS ... 188

IV. Materielle Wirksamkeit der Schiedsvereinbarung ... 191
1. „Echtes" Schiedsgericht ... 192
a. Ständiges Schiedsgericht für Lizenzspieler ... 193
b. CAS ... 194
(1) Struktur des CAS ... 194
(2) Bewertung ... 196
(3) „Pechstein"-Entscheidung des BGH ... 197
(a) Strukturelles Ungleichgewicht ... 197
(b) Individuelle Unabhängigkeit und Neutralität ... 198
(4) Würdigung ... 198
2. Wirksamkeit der Schiedsvereinbarung ... 202
a. Freiwilligkeit ... 203
(1) „Körbuch"-Entscheidung des BGH ... 203
(2) „Pechstein"-Entscheidung des BGH ... 204
(3) Würdigung ... 205
b. Fremdbestimmtheit ... 206
(1) GWB ... 206
(a) „Pechstein"-Entscheidung des BGH ... 207
(b) Würdigung ... 209
(aa) Ständiges Schiedsgericht für Lizenzspieler ... 209
(bb) CAS ... 212
(2) ZGB ... 213
(3) EMRK ... 214
V. Verhältnis Ständiges Schiedsgericht für Lizenzspieler und CAS ... 216
C. Ergebnis ... 217

§ 5 Bewertung der verbandsrechtlichen Bestrafung ... 217

Kapitel 3: Zivilrechtliche Folgen des Dopingverstoßes ... 219

§ 1 Zivilrechtliche Folgen ... 219
A. Außerordentliche, fristlose Kündigung des Arbeitsverhältnisses ... 220
I. Recht des Klubs zur außerordentlichen Kündigung ... 220
1. Personenbedingte außerordentliche Kündigung ... 220
2. Verhaltensbedingte außerordentliche Kündigung ... 222
II. Schadensersatz als Folge der Kündigung ... 223
III. Verbandsrechtliche Auswirkung der Kündigung ... 225
1. Spielerlaubnis ... 225
2. Entschädigungsanspruch des Vereins ... 225
a. Der Fall „Mutu" ... 225
b. Bewertung ... 226
c. Übertragbarkeit auf den deutschen Lizenzfußball ... 229
B. Schadensersatz bei Aufrechterhaltung des Arbeitsverhältnisses ... 230

§ 2 Bewertung der zivilrechtlichen Folgen ... 232

Dritter Teil: Staatliche Bekämpfung von Doping mit den Mitteln des Strafrechts 235

Kapitel 1: Strafbarkeit des dopenden Spielers vor Inkrafttreten des AntiDopG 235

§ 1 Strafbarkeit vor Geltung des AntiDopG 235
A. Strafbarkeit nach § 263 Abs. 1 StGB 236
I. Betrug zu Lasten des arbeitgebenden Klubs 237
1. Täuschung 237
a. Täuschung bei Vertragsschluss 237
b. Täuschung während der Vertragslaufzeit 238
(1) Täuschung durch aktives Tun 238
(a) Ausdrückliche Täuschungshandlung 238
(b) Konkludente Täuschungshandlung 238
(2) Täuschung durch Unterlassen 239
2. Irrtum 242
3. Vermögensverfügung, Vermögensschaden 243
a. Zahlungen des Klubs an den Spieler 243
b. Unterlassene Kündigungserklärung durch den Klub 244
4. Stoffgleiche Bereicherungsabsicht 245
5. Ergebnis 245
II. Betrug zu Lasten des Veranstalters 245
III. Betrug zu Lasten der Mitspieler 246
IV. Betrug zu Lasten der Zuschauer 247
V. Betrug zu Lasten der persönlichen Sponsoren und Ausrüster des Spielers 248
VI. Bewertung 249
B. Strafbarkeit nach §§ 267 ff. StGB 250
C. Strafbarkeit nach § 298 Abs. 1 StGB 251
D. Strafbarkeit nach § 6a Abs. 2a Satz 1 AMG a. F. i. V. m. § 95 Abs. 1 Nr. 2b AMG a. F. 251
I. Tatbestand 251
II. Praktische Bedeutung 252
E. Strafbarkeit nach §§ 29 Abs. 1 Nrn. 1 und 3, 29a Abs. 1 Nr. 2 BtMG 254
F. Strafbarkeit nach § 5 Abs. 1 ESchG 255
G. Strafbarkeit nach § 16 Abs. 1 UWG 257

§ 2 Bewertung 258
A. Strafrecht 258
B. Strafprozessrecht 259

Kapitel 2: Strafbarkeit des Spielers nach dem AntiDopG 263

§ 1 Strafbarkeit nach dem AntiDopG 263
A. Fremddoping 263

B. Selbstdoping 264
I. Tatbestandsmerkmale 264
1. Täterkreis 264
2. Wettbewerb des organisierten Sports 265
3. Tatbestandshandlungen 266
a. Anwendung von Dopingmittel/-methode 266
b. Teilnahme am Wettbewerb 266
c. Besitz und Erwerb 267
II. Straffreiheit 267

§ 2 Bewertung 268
A. Materielle Auswirkung 268
I. Darstellung 268
II. Fazit 269
B. Strafprozessuale Auswirkung 270
I. Zwangsmaßnahmen 270
II. Geltung des Verbots der Doppelbestrafung 272
III. Geltung des nemo tenetur-Grundsatzes 273
1. Mitwirkungspflicht 273
2. Aussagezwang 277
C. Kooperation 278
D. Fazit 278

Vierter Teil: Legitimität des strafbewehrten Verbots von Selbstdoping 281

Kapitel 1: Prüfungsmaßstab 282

§ 1 Strafrechtsautonome Begrenzung 282
A. Rechtsgutstheorie 282
B. Strafwürdigkeit und Strafbedürftigkeit 284

§ 2 Verfassungsrechtliche Begrenzung 285

§ 3 Synthese 288

Kapitel 2: Verhältnismäßigkeit des strafbewehrten Verbots von Selbstdoping 290

§ 1 Legitimer Zweck 290
A. Intention des Gesetzgebers 290
B. Beurteilung 294
I. Schutz des organisierten Sports 294
II. Schutz des freien wirtschaftlichen Sportwettbewerbs 296

§ 2 Geeignetheit 298

§ 3 Erforderlichkeit 301

§ 4 Angemessenheit ... 303
A. Eingriff in die Verbandsautonomie ... 304
B. Vorverlagerung der Strafbarkeit ... 305
C. Ungleichbehandlung ... 306
D. Strafandrohung ... 307
§ 5 Ergebnis ... 307

Zusammenfassung der wesentlichen Ergebnisse ... 308

Literaturverzeichnis ... 329

Erster Teil: Grundlagen – Historische Entwicklung, Doping im deutschen Lizenzfußball

Kapitel 1: Einführung

§ 1 Problemstellung

Der 18. Dezember 2015 markiert für den organisierten Sport einen besonderen Tag: An diesem Tag ist in Deutschland das Gesetz gegen Doping im Sport (AntiDopG) in Kraft getreten. Konkret bedeutet dies für Spitzensportler/innen oder Sportler/innen, die aus der sportlichen Betätigung unmittelbar oder mittelbar Einnahmen von erheblichem Umfang erzielen, dass sich gemäß § 4 Abs. 1 Nrn. 4, 5, Abs. 2 AntiDopG strafbar macht, wer dem Verbot des Selbstdopings (§ 3 AntiDopG) zuwiderhandelt. Deviantes Verhalten ist hiernach mit Freiheitsstrafe bis zu zwei bzw. drei Jahren oder mit Geldstrafe zu bestrafen. Die Verabschiedung des AntiDopG stellt den vorläufigen Schlusspunkt einer Entwicklung dar, deren Ursprung auf primär europäischer Ebene in dem Europarats-Übereinkommen vom 16. November 1989 gegen Doping[1] liegt und die durch das Internationale Übereinkommen vom 19. Oktober 2005 gegen Doping im Sport (UNESCO-Konvention)[2] um den weltweiten Geltungsbereich ergänzt wurde. Hiernach hat sich die Bundesrepublik Deutschland völkervertraglich verpflichtet, den Sport in seinem Bestreben, Doping zu bekämpfen, zu unterstützen und erforderlichenfalls entsprechende Maßnahmen zu ergreifen. Bei der fünften UNESCO-Weltkonferenz der Sportminister (MINEPS V) hat die Bundesrepublik durch Unterzeichnung der Berliner Erklärung im Mai 2013 ihre Absicht akzentuiert, „die Einführung von strafrechtlichen Sanktionen zur unmittelbaren Abschreckung gegen Manipulationen von Sportwettbewerben und Doping im Sport zu prüfen".[3] In der Folgezeit hat sich der Sportausschuss des Deutschen Bundestages in mehreren öffentlichen Anhörungen von Sachverständigen abermals intensiv mit der Strafbarkeit von Hintermännern, kriminellen Netzwerken und dopenden Sportlern beschäftigt. Das Ergebnis dieser Prüfung gibt die Gesetzesbegründung des AntiDopG wie folgt wieder: „Die Maßnahmen des organisierten Sports allein sind aber angesichts der Dimension, die Doping im Sport und in der hierauf bezogenen organisierten Kriminalität sowohl quantitativ wie auch qualitativ angenommen hat, nicht ausreichend. Der

---

1 Gesetz zu dem Übereinkommen vom 16. November 1989 gegen Doping vom 2.3.1994, BGBl. 1994 II S. 334.

2 Gesetz zu dem Internationalen Übereinkommen vom 19. Oktober 2005 gegen Doping im Sport vom 26.3.2007, BGBl. 2007 II S. 354.

3 Empfehlung 3.26 Anhang zu der Berliner Erklärung der 5. UNESCO-Weltkonferenz der Sportminister in Berlin am 30.5.2013 (MINEPS V), im Internet abrufbar unter: http://www.mineps2013.de/fileadmin/Dokumente/pdf/130531_MINEPS%20V_Berliner%20Erkl%C3%A4rung%20DE.pdf (zuletzt aufgerufen am 6.1.2017).

Staat muss mit den ihm zur Verfügung stehenden Mitteln zum Schutz der Gesundheit und zum Schutz der Integrität des Sports sowie zur Kriminalitätsbekämpfung zur Dopingbekämpfung beitragen. [...] Die bestehenden Regelungen haben sich als nicht ausreichend erwiesen. Die dopingspezifischen Strafvorschriften weisen Schutzlücken auf und erfassen vielfach nicht die dopenden Sportlerinnen und Sportler."[4] Die Bekämpfung von Doping führt nach der Überzeugung des Gesetzgebers demnach nur über den Weg der Kriminalisierung. Als Alternativen nennt die Gesetzesbegründung lapidar: „keine".[5] Deutlicher hätte das Urteil des Gesetzgebers über die Schlagkraft der Sportorganisationen in der Bekämpfung von Doping nicht ausfallen können! Dies überrascht: Noch im Jahr 2012 war der Bericht der Bundesregierung zur Evaluation des Gesetzes zur Verbesserung der Bekämpfung des Dopings im Sport (DBVG) zu dem Ergebnis gelangt, dass die Gesetzesänderungen[6] „zu einer erheblichen Verbesserung der Intensität und Effektivität der Strafverfolgung" geführt haben.[7]

Mit der Inkriminierung des Selbstdopings ist der Staat in einen Bereich vorgestoßen, der nach dem bisherigen Verständnis des Gesetzgebers dem selbstorganisierten Sport vorbehalten bleiben sollte. Der private Lebensbereich „Sport" wurde, zumindest in Teilen, verstaatlicht.[8] Vor dem Hintergrund der Tragweite dieser Entscheidung verwundert es, dass sich die Begründung des AntiDopG weder mit den aus Sicht des Gesetzgebers bei der verbandsseitigen Sanktionierung der Dopingvergehen bestehenden Defiziten auseinandersetzt, noch konkret auf die Frage der bestehenden Dopingprävalenz im Sport eingeht. Zweifel könnten daher daran aufkommen, ob es einer Inkriminierung von Selbstdoping überhaupt bedurfte. Nach der Überzeugung des Gesetzgebers ist die Eindämmung des Dopingproblems weder alleinige Angelegenheit des Staates noch des selbstorganisierten Sports: Der Ansatz des Gesetzgebers besteht im sinnvollen Zusammenwirken von Staat und Sportorganisationen. Eine andere Position vertritt u. a. *Dury*. Nach ihm ist die verbandsseitige Ahndung von Dopingverstößen effektiver, schneller und wirksamer als das staatliche Strafrecht. Es müsse bezweifelt werden, dass die erprobten und immer mehr geschärften Waffen der Verbände im Kampf gegen Doping denen des Staates, namentlich der Staatsanwälte, tatsächlich unterlegen seien. Ferner träfen die Sanktionen der Verbände die Sportler härter als es das Strafrecht vermochte.[9] *Dury* gelangt so zu der Erkenntnis, dass Geeignetheit, Erforderlichkeit und Angemessenheit der strafrechtlichen Ahndung von Do-

4 BT-Drs. 18/4898, S. 2.

5 BT-Drs. 18/4898, S. 3.

6 Gegenstand der Änderung (Gesetz zur Verbesserung der Bekämpfung des Dopings im Sport vom 24.10.2007, BGBl. 2007 I S. 2510) war insbesondere die Einführung der Strafbarkeit des Besitzes nicht geringer Mengen verbotener Stoffe zu Dopingzwecken im Sport (§ 6a Abs. 2a AMG a. F. i. V. m. § 95 Abs. 1 Nr. 2b AMG a. F.).

7 Bericht der Bundesregierung zur Evaluation des Gesetzes zur Verbesserung der Bekämpfung des Dopings im Sport (DBVG), S. 52. Der Bericht geht jedoch im Bereich der Dopingkriminalität von einem auch weiterhin bestehenden Dunkelfeld aus, welches „größer ist als in vielen anderen Deliktsbereichen der Individualrechtsgüter", a. a. O., S. 11.

8 *Schmidt*, Internationale Dopingbekämpfung, S. 20.

9 *Dury*, in: FS Röhricht, S. 1097, 1106.

pingverstößen „sehr fraglich" seien.[10] Auch nach der durch den Deutschen Sportbund ins Leben gerufenen Rechtskommission gegen Doping im Sport (ReSpoDo) darf das Strafrecht die primäre Verantwortlichkeit des Sports nicht ersetzen. Strafrecht stellt also auch hiernach lediglich das „letzte, zusätzliche Mittel dar".[11] Die Aktualität der Frage nach der *Subsidiarität* und der *Ultima Ratio* des Strafrechts zeigt sich schließlich auch in der Praxis. So hat sich der Deutsche Anwaltverein das Strafrecht zum Schwerpunktthema des (67.) Deutschen Anwaltstages 2016 gewählt und diesen unter das Motto gestellt: „Wenn das Strafrecht alles richten soll – Ultima Ratio oder Aktionismus?" Dies verwundert zunächst, beschäftigt sich doch tatsächlich in der Praxis nur ein kleiner Teil der in Deutschland zugelassenen Rechtsanwälte mit dem Strafrecht. Bei weiterer Betrachtung weist diese Themenwahl aber auf die besondere Stellung hin, die das Strafrecht zwischenzeitlich in der Gesellschaft einnimmt. Dem Strafgesetzgeber wird teilweise die Absicht zugeschrieben, die Probleme der Gegenwart nach dem Leitgedanken „viel hilft viel" bewältigen zu wollen; dabei gerate die Frage nach der „tatsächliche[n] Wirkungsweise von Strafe und Strafrecht" aus dem Blick.[12] *Deckert* sieht hierin die Gefahr gegeben, dass sich das Strafrecht von der *Ultima Ratio* hin zur *Prima Ratio* entwickelt.[13]

Endlich hat auch der Vorsitzende des Zweiten Senats des BVerfG im Verfahren zur Verfassungsmäßigkeit einer Blankett-Strafvorschrift (§ 10 RindfleischetikettierungsG i. V. m. §§ 1, 2a Rindfleischetikettierungs-StrafVO) in seinem Zustellungsschreiben, mit dem er u. a. Bundesregierung, BGH, Generalbundesanwaltschaft und diverse Berufsverbände nach § 27a BVerfGG als sachkundige Dritte um Stellungnahme ersucht hatte, darauf hingewiesen, dass zu prüfen sei, „ob das streitige Gesetz unter dem Gesichtspunkt des Strafrechts als ‚ultima ratio' des Gesetzgebers verfassungsgemäß ist. Insoweit könnten sich aus Art. 2 I GG iVm Art. 1 I GG besondere Anforderungen an die Strafbewehrung einer Verhaltensnorm ergeben, weil Strafe den Wert- und Achtungsanspruch des Betroffenen berührt".[14]

Die Diskussion um Bedeutung und Rolle des Strafrechts bei der Bekämpfung von Doping war schon mehrfach Gegenstand wissenschaftlicher Arbeiten.[15] Auf das strafbewehrte Verbot des Selbstdopings in seiner konkreten Ausgestaltung und die dahinterstehende Intention des Gesetzgebers konnten diese Arbeiten wegen des erst zeitlich später erfolgten Inkrafttretens dieser Regelung freilich nicht eingehen. Sie behandeln

10 *Dury*, in: FS Röhricht, S. 1097, 1104. *Dury*, a. a. O., S. 1097, 1106 schränkt seine Aussage insoweit ein, als er für die Anwendung seiner These eine Überführung des Sportlers durch die von den Sportorganisationen durchgeführten Kontrollen voraussetzt.

11 Abschlussbericht der ReSpoDo zu möglichen gesetzlichen Initiativen für eine konsequentere Verhinderung, Verfolgung und Ahndung des Dopings im Sport, Frankfurt a. M., 15.6.2005, S. 8, im Internet abrufbar unter: https://www.dosb.de/fileadmin/fm-dosb/downloads/dosb/endfassung_abschlussbericht.pdf (zuletzt aufgerufen am 6.1.2017).

12 *Deckert*, ZIS 2013, 266, 275.

13 *Deckert*, ZIS 2013, 266, 275.

14 Zit. nach *Hamm*, NJW 2016, 1537, 1538.

15 Siehe etwa die Abhandlungen von *Ott*, Strafwürdigkeit und Strafbedürftigkeit; *Tauschwitz*, Dopingverfolgung; *Schattmann*, Betrug; *Glocker*, Bedeutung von Doping.

teils aus kriminalpolitischer Sicht,[16] teils aus rechtsvergleichender Warte[17] abstrakt die Frage nach Sinn und Zulässigkeit der Schaffung eines Strafgesetzes zur Bestrafung von Selbstdoping. Die vorliegende Arbeit verfolgt das Ziel, die Frage zu klären, ob es konkret der Einführung des in §§ 4, 3 AntiDopG normierten strafbewehrten Verbots des Selbstdopings bedurfte und ob die streitige Norm unter dem Gesichtspunkt des Strafrechts als letztes Mittel des Gesetzgebers verfassungsgemäß ist. Die Arbeit soll hierbei einen noch nicht dagewesenen Zusammenhang darstellen. Auf Grundlage der Darstellung der verbandsrechtlichen Probleme im Zusammenhang mit Entdeckung, Verfolgung und Ahndung von Dopingverstößen, der verbands- und zivilrechtlichen Haftung des dopenden Sportlers sowie dessen bisheriger strafrechtlicher Verantwortung soll also nach der sich hieran anschließenden Prüfung der materiellen und strafprozessualen Auswirkungen des neu geschaffenen Straftatbestandes dessen Legitimität geprüft werden.

§ 2 Eingrenzung

A. Fußballsport

Der Fußballsport, insbesondere der Lizenzfußball, gilt nicht zuletzt wegen seiner Beliebtheit und Regelungsdichte Verbänden anderer Sportarten als Vorbild bei der Einführung neuer Regelungen und Schaffung neuer Strukturen. Eine im Jahr 2013 veröffentlichte Studie der EBS Universität für Wirtschaft und Recht zur gesellschaftlichen Wirkung der Fußball-Nationalmannschaft der Männer bringt Erstaunliches zu Tage: Der noch um die Wende zum 20. Jahrhundert mit großer Skepsis beäugte Fußball wird in den Rang der staatlichen Gewalten erhoben. So erachtet es die Studie als legitim, die deutsche Fußballnationalmannschaft der Herren als „vierte Macht im Staat" zu werten![18] Nach einer weiteren Studie der EBS Universität für Wirtschaft und Recht[19] reicht die Strahlkraft der Nationalmannschaft einerseits und der „Fußballstar[s]"[20] und „[l]okale[n] Helden"[21] andererseits in alle Schichten der Gesellschaft und vermittelt übergreifend soziale Werte. Nationalspieler im Speziellen und Berufsfußballspieler im Allgemeinen haben Vorbildcharakter.[22] Sie tragen zur Integration von Randgruppen bei, stiften eine gemeinsame Identifikation und schaffen somit ne-

---

16 *Ott*, Strafwürdigkeit und Strafbedürftigkeit.

17 *Tauschwitz*, Dopingverfolgung.

18 *Schmidt/Bergmann*, Wir sind Nationalmannschaft, S. 25 ff., 29.

19 Die Studie erfolgte zur Erforschung der gesellschaftlichen Bedeutung von Vorbildern im Profifußball. Befragt worden waren im Rahmen einer Online-Umfrage auf den Webseiten www.dfb.de, www.bundesliga.de und www.fussball.de 3.000 „Fans und Fußballinteressierte" sowie durch TNS Infratest 2.000 Bundesbürger, jeweils im Zeitraum September 2011, siehe *Schmidt/Högele*, Deutschland braucht den Superstar, S. 12 f.

20 *Schmidt/Högele*, Deutschland braucht den Superstar, S. 13.

21 *Schmidt/Högele*, Deutschland braucht den Superstar, S. 12.

22 *Schmidt/Högele*, Deutschland braucht den Superstar, S. 8.

ben ökonomischen Werten[23] wichtiges Sozialkapital.[24] Fußballstars sind ein bedeutsamer Beweggrund, um mit dem Fußballspielen anzufangen. „Lieblingsspieler“ sind wichtigere Motivationsspender als Familienangehörige.[25] 40 Prozent der unter 18-jährigen befragten Fans wurden durch ihren Lieblingsspieler dazu motiviert, die eigenen Sportaktivitäten zu erhöhen.[26] Mehr als die Hälfte der befragten Minderjährigen gab an, durch den Lieblingsspieler angespornt zu sein, in allen Lebensbereichen durch Willen und Einsatz stets Bestleistungen zu erbringen.[27] 75,4 Prozent der Bundesbürger ordnen Superstars dem Sport zu. Dabei belegt der Fußball mit 88,1 Prozent den Spitzenplatz vor Boxen (69,8 Prozent).[28] Mehr als die Hälfte dieser Bundesbürger ist der Ansicht, dass Sportstars als Orientierungshilfe für gesellschaftskonformes Verhalten fungieren, die Gesellschaft zu sportlicher Betätigung animieren und als Identifikationsfiguren dienen.[29] 41 Prozent der Bundesbürger betrachten Sportstars als allgemeinen Motivationsgrund für die Gesellschaft.[30] Profifußballer haben also eine besondere gesellschaftspolitische Bedeutung.

Andernorts ist wegen seiner gesellschaftlichen, wirtschaftlichen und politischen Dimensionen und den damit verbundenen unzähligen Rechtsfragen vom Fußballsport als „Motor des Sportrechts“ die Rede.[31] Die Prüfung der aufgeworfenen Fragen konzentriert sich daher, im Unterschied zu den bestehenden Abhandlungen, einzig auf den deutschen Fußballsport. Dies ist geboten, da dem Fußball, so scheint es, in der wissenschaftlichen Dopingdiskussion noch immer nicht die Aufmerksamkeit zuteilwird, die ihm wegen seiner gegenüber anderen Sportarten überragenden gesellschaftlichen Bedeutung zukommen müsste. Hierfür spricht nicht zuletzt auch das wachsende Misstrauen, welches der Fußballsport durch die letzten Korruptionsvorwürfe und Skandale bei den nationalen und internationalen Fußballverbänden in der Bevölkerung hervorgerufen hat.[32] Der Fußball befindet sich in einer Vertrauenskrise, in welcher Funktionären nicht mehr geglaubt wird und staatliche Organe gezwungen sind, strafrechtliche Ermittlungen einzuleiten[33]. Mit der vorliegenden Arbeit ist beabsichtigt, die bislang weitestgehend abstrakt geführte Diskussion zur Wirksamkeit der

23 Siehe hierzu unten Erster Teil Kapitel 2 § 1 E II.

24 *Schmidt/Högele*, Deutschland braucht den Superstar, S. 10.

25 *Schmidt/Högele*, Deutschland braucht den Superstar, S. 7.

26 *Schmidt/Högele*, Deutschland braucht den Superstar, S. 8.

27 *Schmidt/Högele*, Deutschland braucht den Superstar, S. 7.

28 *Schmidt/Högele*, Deutschland braucht den Superstar, S. 15. Die Umfrage unter den „Fans und Fußballinteressierten“ hatte einen Anteil von 97,1 Prozent ergeben, a. a. O.

29 *Schmidt/Högele*, Deutschland braucht den Superstar, S. 16.

30 *Schmidt/Högele*, Deutschland braucht den Superstar, S. 16.

31 *Höfling/Horst/Nolte*, in: dies. (Hrsg.), Fußball – Motor des Sportrechts, Vorwort, V.

32 Zu denken ist insoweit etwa an die Suspendierung der Funktionäre *Sepp Blatter* (FIFA) und *Michel Platini* (UEFA) sowie an die Korruptionsvorwürfe zur Erlangung der WM 2006 in Deutschland.

33 Zuletzt hatte das FBI gegen wichtige FIFA-Funktionäre ermittelt, BBC Online vom 6.12.2015, Artikel im Internet abrufbar unter: http://www.bbc.com/sport/football/35007626 (zuletzt aufgerufen am 6.1.2017). Vgl. auch die Aussage von *Andreas Rettig*, ehemaliger Geschäftsführer der DFL, zur Affäre um die WM 2006: „Wir haben im Fußball eine Black-Box-Mentalität, wo am Ende nur noch ein kleiner innerer Zirkel weiß, wie die Dinge laufen“, FAZ.NET vom 19.9.2016, Artikel im Internet abrufbar unter: http://www.faz.net/aktuell/sport/fussball/in-der-affaere-um-die-wm-2006-geriert-sich-der-deutsche-fussball-bund-als-black-box-14440523.html (zuletzt aufgerufen am 6.1.2017).

Dopingbekämpfung konkret auf den Fußballsport als „des Deutschen liebstes Kind“[34] zu übertragen und hierdurch zur Schaffung der notwendigen Transparenz beizutragen.

B. Lizenzfußball

Ausweislich der Gesetzesbegründung hatte der Gesetzgeber bei Verabschiedung des AntiDopG im Bereich des Fußballsports Nationalspieler sowie Teilnehmer von Bundesliga, 2. Bundesliga und 3. Liga im Blick.[35] Erfasst sind Sportler, die „ihren Sport leistungs- und wettkampforientiert auf hohem Niveau betreiben bzw. erhebliche Einnahmen aus der sportlichen Tätigkeit ziehen“.[36] Gegenstand der Untersuchung ist daher der Lizenzfußball.[37] Wenn in dieser Arbeit, soweit nicht anders gekennzeichnet, von Lizenzfußball die Rede ist, so meint dies nach dem Vorgesagten die drei höchsten deutschen Fußballklassen der Männer Bundesliga, 2. Bundesliga und 3. Liga sowie sämtliche Akteure, die als Berufsspieler an diesen Ligen teilnehmen. Nach der Terminologie des DFB handelt es sich lediglich bei Bundesliga und 2. Bundesliga um Lizenzligen.[38] Vereine bzw. Kapitalgesellschaften, die an der 3. Liga teilnehmen wollen, schließen daher mit dem DFB gemäß § 2 Statut 3. Liga auch keinen Lizenzvertrag, sondern einen Zulassungsvertrag. Gleichwohl ist es der ausdrückliche Wille des DFB, dass in der 3. Liga neben den Vertragsspielern auch Lizenzspieler zum Einsatz kommen sollen. Insoweit erstreckt sich der Begriff des Lizenzfußballs im weiteren Sinne und für die vorliegende Arbeit maßgebend auch auf die 3. Liga. Die Begrifflichkeit umfasst freilich auch Nationalspieler. Eine Berücksichtigung der Nationalspieler erfolgt jedoch nur, sofern diese dem Fußballsport innerhalb der vorgenannten Ligen nachgehen. Allianz-Frauen-Bundesliga und 2. Frauen-Bundesliga finden in der Begründung des AntiDopG keine ausdrückliche Erwähnung, weswegen der Frauen-Fußball von der Betrachtung ausgenommen ist. Aufgrund ihrer wirtschaftlichen Bedeutung soll sich das Hauptaugenmerk auf Bundesliga und 2. Bundesliga richten.

§ 3 Gang der Untersuchung

Die Untersuchung geht den aufgeworfenen Fragen in vier Teilen nach:

Der erste Teil widmet sich den Hintergründen, insbesondere der Entstehung des Fußballspiels und der Entwicklung des Dopingbegriffs. Breiten Raum nimmt die Frage nach dem Nutzen von Doping und der Dopingprävalenz im Lizenzfußball ein.

Der zweite Teil beschäftigt sich mit Wirkungsweise und Effektivität der verbandsseitigen Dopingbekämpfung. Dargestellt werden die verbandsrechtlichen Strukturen

---

34 *Saldsieder*, Ordnungsfragen, S. 1.
35 BT-Drs. 18/4898, S. 32.
36 BT-Drs. 18/4898, S. 31.
37 Ausführlich zum Begriff des Lizenzfußballs siehe unten Erster Teil Kapitel 2 § 1 E I.
38 Siehe den Wortlaut von § 22 Nr. 7.1 Abs. 2 Satz 1 DFB-SpO: „[...] der Lizenzligen, der 3. Liga, [...].“

und die sich hieraus ergebenden Interdependenzen und Bindungswirkungen. Behandelt wird die Frage nach Rolle und Effektivität des Schiedsgerichtsverfahrens, der verbandsrechtlichen Bestrafung des dopenden Spielers und der Wirkweise des Dopingkontrollverfahrens. Besondere Bedeutung erlangt die Prüfung der Anwendung von Grundsätzen des Strafverfahrens und deren Wahrung durch Verbandsspruchkörper und Schiedsgerichte. Der zweite Teil schließt mit der Prüfung der zivilrechtlichen Auswirkungen des Dopingverstoßes auf den Spieler.

Im Anschluss daran wird im dritten Teil die Strafbarkeit des Spielers vor Einführung des strafbewehrten Verbots des Selbstdopings untersucht. Es folgt die Darstellung der neuen Strafnorm unter Berücksichtigung ihrer materiellen und strafprozessualen Auswirkungen.

Im abschließenden vierten Teil werden die gewonnenen Ergebnisse verwendet, um der Frage nach der Legitimität des neu geschaffenen Verbots des Selbstdopings nachzugehen.

Kapitel 2: Historische Entwicklung, Definitionen

§ 1 Genese des Fußballspiels

Das Fußballspiel an sich ist keine Erfindung der Neuzeit. Überlieferungen reichen bis in das dritte Jahrtausend v. Chr. zurück.[39]

A. Fußball im alten China und in anderen Kulturen

Einer Überlieferung zufolge hat nach dem Sieg über den aufständischen Rebellen *Chiyou* der chinesische Herrscher *Huángdì* seinen Untertanen befohlen, dessen ausgestopften Magen mit dem Fuß zu kicken.[40] Dieser Kult mutet an als Ausdruck der absoluten Erniedrigung des Gegners: Der Gegner wurde zum willenlosen Objekt degradiert. Vor diesem Hintergrund überrascht, dass eine andere Legende den Ursprung des Fußballsports im Spiel mit dem Kopf des Herrschers selbst wähnt.[41] So soll *Huángdì* seinen Untergebenen befohlen haben, mit dessen selbst enthauptetem Kopf Fußball zu spielen.[42]

39 Zum frühen Fußballspiel in China vgl. *Cohen*, in: Wild (Hrsg.), CAS and Football, S. 1; *Brinker*, Laozi, S. 40; zum frühen Fußballspiel in Mittelamerika vgl. *Behringer*, Kulturgeschichte, S. 81 ff.

40 *Brinker*, Laozi, S. 41, 45.

41 *Cohen*, in: Wild (Hrsg.), CAS and Football, S. 1.

42 *Cohen*, in: Wild (Hrsg.), CAS and Football, S. 1.

In der *Han*-Dynastie (206 v. Chr. – 220 n. Chr.) wurde beim *zu-gu (cuju)* eine Lederkugel mit dem Fuß gestoßen.[43] Das Spiel war rau und kampfbetont; es verlangte eine gute Ausdauer und körperliche Robustheit seiner Teilnehmer.[44] Der Zweck galt der Ertüchtigung des Militärs.[45] Fußball war ein wichtiger Indikator für Geschicklichkeit, Begabung, Technik und körperliche Stärke des Soldaten.[46] Durch den mannschaftlichen Kampfsport sollten die mentale und physische Kampfkraft gestärkt und das Gefühl der Zusammengehörigkeit geschaffen werden.[47] Detaillierte Trainingspläne wurden erstellt.[48] Umfangreiche Regelwerke dienten dazu, die fehlerfreie Ausführung militärischer Befehle einzuprägen.[49]

In der *Tang*-Dynastie (618 – 907) wurde aus dem *zu-gu (cuju)* das *cuqui*.[50] Bestand der Lederball beim *zu-gu* aus Federn und Haar,[51] so enthielt das Spielgerät nunmehr eine mit Luft gefüllte Blase.[52] Der Einfluss auf das Spiel war groß: das spielerische Element des Fußballs rückte in den Vordergrund. Technik und Taktik gewannen an Bedeutung.[53]

Zunehmend praktizierte auch die Bevölkerung das Fußballspiel.[54] Fußball war nicht mehr nur dem Militär vorbehalten, es wurde auch zur Unterhaltung und Freizeitgestaltung ausgeübt.[55] Erste Vereine und Ligen wurden gegründet.[56]

In der *Qiyunshe* – der sog. „Bundes-Wolken-Liga“ – maßen sich im 12. und 13. Jahrhundert die besten Spieler des Reiches der südlichen *Song*-Dynastie.[57] Hatte es schon zur Zeit der *Han*-Dynastie Ballkünstler gegeben, die ihren Lebensunterhalt mit der Ball-Jonglage verdienten,[58] so war nunmehr die Möglichkeit des sozialen Aufstiegs gegeben.[59] Dies zeigte sich besonders am Aufstieg des aus der sozialen Unterschicht stammenden Spielers *Gao*.[60] Als *Gao Qui* („Gao-Fußballgott“)[61] war es ihm durch seine fußballerischen Fertigkeiten gelungen, zum Oberkommandierenden der Palastgarde aufzusteigen.[62] Die Herkunft und Elternhaus sollten für Karriere und soziale Rolle des Spielers nicht länger eine Rolle spielen.[63] Das Fußballspiel diente

43 *Cohen*, in: Wild (Hrsg.), CAS and Football, S. 3; *Brinker*, Laozi, S. 37; *Höllmann*, China, S. 287.
44 *Brinker*, Laozi, S. 55, 62.
45 *Brinker*, Laozi, S. 53.
46 *Brinker*, Laozi, S. 54.
47 *Brinker*, Laozi, S. 55.
48 *Brinker*, Laozi, S. 53.
49 *Brinker*, Laozi, S. 67.
50 *Brinker*, Laozi, S. 83.
51 *Cohen*, in: Wild (Hrsg.), CAS and Football, S. 3.
52 *Brinker*, Laozi, S. 83.
53 *Brinker*, Laozi, S. 83.
54 *Brinker*, Laozi, S. 103.
55 *Brinker*, Laozi, S. 103.
56 *Brinker*, Laozi, S. 103 f.
57 *Brinker*, Laozi, S. 103 f.
58 *Brinker*, Laozi, S. 29.
59 *Brinker*, Laozi, S. 139.
60 *Brinker*, Laozi, S. 135 ff.
61 *Brinker*, Laozi, S. 135.
62 *Brinker*, Laozi, S. 138.
63 Vgl. *Höllmann*, China, S. 51.

auch unter den *Song* nach wie vor der militärischen Übung.[64] In der Bestrafung des Verlierers äußerte sich die überhöhte Bedeutung des Siegescodes; denn auch in der Schlacht und im Krieg entschieden Sieg und Niederlage über Leben und Tod. Das Fußballspiel diente hierbei als wichtige Schule.

Das – zumindest anfänglich – raue Wesen des Ballspiels zeigt sich wiederkehrend auch in den Überlieferungen anderer Kulturen: Im griechischen Stadtstaat Sparta musste jeder männliche Bürger vor Beginn seines dreißigsten Lebensjahres die „Ballschlacht" erfolgreich absolvieren.[65] Gespielt wurde teilweise im Harnisch und mit Helm.[66] Regelverstöße wurden mit Peitschenhieben bestraft.[67] Im England des Hochmittelalters waren ganze Dörfer und Stadtviertel Akteure des folkloristischen Fußballspiels.[68] Auch die Zuschauer griffen mitunter aktiv in das Geschehen ein; eine strikte Trennung nach Spielern und Zuschauern gab es nicht.[69] Gewalttätigkeiten waren keine Seltenheit; schlimme Verletzungen kamen häufig vor.[70] Schriftliche Regeln existierten nicht.[71] Einzig Mord und Totschlag waren durch Brauch und Sitte[72] verboten.[73] Wegen der besonderen Härte des Spiels hatte *König Edward II.* im Jahr 1314 das Fußballspiel zwischenzeitlich verboten.[74] In der darauffolgenden Zeit, zwischen den Jahren 1314 und 1491, kam es zu zahlreichen weiteren Untersagungen.[75] Das Spiel wurde dennoch, wenn auch nur noch vereinzelt, weiter praktiziert.[76]

B. Entwicklung des modernen Fußballspiels

I. England

Das Fußballspiel in seiner heutigen Gestalt wurde wesentlich von den englischen Eliteschulen geprägt.[77] Unter dem Einfluss des viktorianischen Körperkultes galt es als probates Mittel, um für das seelische Gleichgewicht zu sorgen. Gemäß dem Leit-

64 *Höllmann*, China, S. 288.
65 *Umminger*, in: Huba (Hrsg.), Fußball-Weltgeschichte, S. 22, 25.
66 *Umminger*, in: Huba (Hrsg.), Fußball-Weltgeschichte, S. 22, 26.
67 *Umminger*, in: Huba (Hrsg.), Fußball-Weltgeschichte, S. 22, 25.
68 *Schulze-Marmeling*, Fußball, S. 11.
69 *Schulze-Marmeling*, Fußball, S. 11.
70 *Schulze-Marmeling*, Fußball, S. 13.
71 *Bohle/Stallberg*, Soziale Probleme 9 (1998), 51, 54.
72 *Bohle/Stallberg*, Soziale Probleme 9 (1998), 51, 54.
73 *Behringer*, Kulturgeschichte, S. 117.
74 *Brändle/Koller*, Goal, S. 22.
75 *Schulze-Marmeling*, Fußball, S. 14.
76 *Bohle/Stallberg*, Soziale Probleme 9 (1998), 51, 55.
77 Als private Stiftungen sollten die Public Schools ursprünglich den begabten Kindern aus dem Bürgertum helfen, eine gute Schulbildung zu erhalten. Die Zwecksetzung dieser Schulen unterlag mit den Jahren einem Wandel. Um das Jahr 1780 wurden diese Schulen daher nahezu ausschließlich von den Abkömmlingen der Oberschicht besucht. Fußball galt als Determinante der Festlegung und Ermittlung der Hackordnung innerhalb der Schülerschaft, vgl. hierzu *Dunning*, in: ders. (Hrsg.), The Sociology of Sport, S. 133, 135 f.

spruch *mens sana in corpore sano*[78] ging man davon aus, dass die körperliche Gesundheit auch eine intakte Psyche mit sich bringen werde.[79] Vor diesem Hintergrund erfreute sich das Fußballspiel auch bei der Lehrerschaft zunehmender Beliebtheit. Begegnete das Fußballspiel bei der Lehrerschaft zunächst wegen seines rauen, meist ungestümen Charakters großer Ablehnung,[80] so wurde es nunmehr zunehmend dazu eingesetzt, um Tugenden wie Fairness, Teamgeist und Selbstbeherrschung zu schulen. Der Fußball diente fortan als anerkanntes Instrumentarium zur Charakterbildung und Disziplinierung.[81] Entsprechend wurden schulinterne Spielregeln aufgestellt. Diese unterschieden sich teils erheblich. Während die *Cambridge Rules* das „kicking game" - das Spiel mit dem Fuß - vorschrieben, erlaubten die *Rugby Rules* den Einsatz der Hände.[82] Trotz dieser Unterschiede basierten sämtliche der schulinternen Regeln auf demselben Leitbild: dem viktorianischen Ideal eines Mannes; dem Ideal der Vernunft, der Gesundheit und der Charakterfestigkeit.[83] Unabdingbare Voraussetzung für Verwirklichung und Erhalt dieses Ideals war die ständige Kontrolle des Mannes über Körper und Gefühle.[84] Dazu zählte freilich auch die geflissentliche Einhaltung der Spielregeln.

Für die Pflege der sozialen und geschäftlichen Netzwerke gründeten sich Vereine. Die Zusammenkunft von Vertretern verschiedener Fußballvereine in London führte im Jahr 1863 schließlich zur Geburtsstunde des modernen Fußballspiels, der Gründung der Football Association (FA), dem ersten nationalen Fußballverband der Welt.[85] Gemeinsam wurde in mehreren Treffen versucht, ein einheitliches Regelwerk zu konstituieren. Am Ende der äußerst kontrovers und lebhaft geführten Diskussion stand die Verabschiedung eines einheitlichen Regelwerks, welches 14 Regeln beinhaltete.[86]

II. Deutschland

Fußball galt in Deutschland lange Zeit als „undeutsch" oder „englische Krankheit".[87] Es war der Turnsport, der als Ideal erzieherischer Prägung von Körper und Präzisi-

78 Die Redewendung ist ein verkürztes Zitat aus den Satiren 10, 356 des Dichters Juvenal: „Orandum est, ut sit mens sana in corpore sano" ([Aber damit du was hast, worum du betest, weshalb du vor dem Schreine die Kutteln und göttlichen Weißwurste opferst,] sollst um gesunden Geist in gesundem Körper du beten), siehe dazu *Behringer*, Kulturgeschichte, S. 151.

79 *Koller*, in: Bouvier (Hrsg.), Sozial- und Kulturgeschichte, S. 14, 16; *Brändle/Koller*, Goal, S. 23 f.

80 *Brändle/Koller*, Goal, S. 25.

81 *Koller*, in: Bouvier (Hrsg.), Sozial- und Kulturgeschichte, S. 14, 17; *Brändle/Koller*, Goal, S. 26; *Dunning*, in: ders. (Hrsg.), The Sociology of Sport, S. 133, 142 f.

82 *Koller*, in: Bouvier (Hrsg.), Sozial- und Kulturgeschichte, S. 14, 18.

83 *Koller*, in: Bouvier (Hrsg.), Sozial- und Kulturgeschichte, S. 14, 16.

84 *Koller*, in: Bouvier (Hrsg.), Sozial- und Kulturgeschichte, S. 14, 16.

85 *Schulze-Marmeling*, Fußball, S. 25.

86 *Eisenberg/Lanfranchi/Mason/Wahl*, FIFA, S. 20; *Schulze-Marmeling*, Fußball, S. 27. Verboten waren fortan Treten gegen die Beine und Beinstellen, vgl. *Schulze-Marmeling*, a. a. O., S. 25.

87 Ein Beispiel hierfür bietet das von *Karl Planck* publizierte Pamphlet „Fußlümmelei: Über Stauchballspiel und englische Krankheit", Stuttgart 1898.

on[88] zur Zeit der Gründung der britischen FA und Verabschiedung eines einheitlichen Regelwerks den Volkssport in Deutschland darstellte[89]. Mit der Gründung des ersten deutschen (Schüler-)Fußballvereins ebnete der Turn- und Gymnasiallehrer *Konrad Koch* im Jahr 1874 schließlich auch in Deutschland dem Fußball den Weg in den Schulsport.[90] Seine „Regeln für das Fußballspiel" umfassten erstmals auch in Deutschland Spiel- und Verhaltensregeln.[91] Im Mittelpunkt stand die Anwendung der englischen Regeln.[92] *Kochs* Handeln trieb der Wille, den exzessiven Lebenswandel seiner Schüler zu unterbinden.[93] Im Fußballsport sah er die Chance gegeben, den Schülern zu vermitteln, autonom und diszipliniert zu handeln.[94] In der Folge waren es überwiegend Schüler und Studenten, welche die ersten Fußballvereine in Deutschland gründeten.[95] Zeugnis davon liefern heute noch Vereinsnamen wie „Alemannia", „Normannia" oder „Borussia".

Auch das Militär erkannte im Fußball den erzieherischen und körperertüchtigenden Nutzen. Seit dem Jahr 1910 war Fußball fester Bestandteil der militärischen Ausbildungspläne.[96] Schließlich entsprach das Idealbild eines Fußballspielers dem eines modernen Soldaten. Kollektives Zusammenwirken, selbstständige Entscheidungsbildung und -ausführung sowie Umsicht und Mut waren Tugenden, auf die es auf und neben dem Platz ankam.[97] Dem Fußballwettkampf wurden Ähnlichkeiten mit dem Krieg attestiert: Er diente zur Erziehung der Selbstlosigkeit und Opferwilligkeit des Einzelnen. Fußball wurde als „kleines Manöver"[98] oder gar als „Krieg im Frieden"[99] angesehen. Der militärischen Sprache entnommene Begrifflichkeiten wie „Abwehr", „Flanke", „Parade", „Deckung" oder „Angriff" sind auch noch heute fester Bestandteil des Fußballvokabulars.

C. Zwischenergebnis

Das Fußballspiel blickt auf eine lange Geschichte zurück. Im alten China diente Fußball zur Ertüchtigung und Ausbildung des Militärs. Der Fußballsport vermochte auch zu dieser Zeit schon (jedenfalls zeitweise) soziale Grenzen zu überwinden. Individuelles Können ermöglichte den sozialen Aufstieg. Auch 3.000 Jahre später war Fußball

88 *Koller*, in: Bouvier (Hrsg.), Sozial- und Kulturgeschichte, S. 14, 35; *Heinrich*, Fußballbund, S. 15.

89 *Brändle/Koller*, Goal, S. 39; *Heinrich*, Fußballbund, S. 15.

90 *Schröder*, in: Huba (Hrsg.), Fußball-Weltgeschichte, S. 67. An bayerischen Schulen galt bis in das Jahr 1913 ein Fußballverbot, vgl. *Brändle/Koller*, Goal, S. 41.

91 *Schröder*, in: Huba (Hrsg.), Fußball-Weltgeschichte, S. 67.

92 *Schröder*, in: Huba (Hrsg.), Fußball-Weltgeschichte, S. 67.

93 *Schulze-Marmeling*, Fußball, S. 67.

94 *Schulze-Marmeling*, Fußball, S. 67.

95 *Schulze-Marmeling*, Fußball, S. 70.

96 *Schulze-Marmeling*, Fußball, S. 74.

97 *Schulze*-Marmeling, Fußball, S. 74; *Heinrich*, Fußballbund, S. 37.

98 *Heinrich*, Fußballbund, S. 38 unter Verweis auf *v. Hülsen*, Fußballsport und Wehrfähigkeit, in: Fußball-Jahrbuch 1912, S. 126.

99 *Heinrich*, Fußballbund, S. 37 unter Verweis auf *Berner*, Fußballsport und Staat, in: Fußball-Jahrbuch 1912, S. 112.

noch Bestandteil militärischer Ausbildungspläne. Im Laufe der Geschichte des Fußballsports haben sich Spielweise und Wesen des Spiels verändert. Stellte das Spiel im Mittelalter eine große Gefahr für die Gesundheit seiner Teilnehmer dar, diente es ab dem 19. Jahrhundert insbesondere dem Zweck der Körperbildung. Sinn und Zweck war es, einen gesunden Körper zu schaffen, das Zusammengehörigkeitsgefühl zu stärken und Selbstdisziplin sowie Selbstständigkeit auszubilden. Hierbei kam der Anwendung und Achtung einheitlicher Spielregeln maßgebliche Bedeutung zu.

D. Verbreitung des Fußballsports

Die aufgekommene Begeisterung für den Fußballsport ließ die Zahl der Gründungen von Fußballvereinen in Deutschland sprunghaft ansteigen. So wurde die Mehrheit[100] der Bundesligavereine zwischen den Jahren 1887 und 1905 gegründet.[101] Zeitgleich entstanden Regionalverbände als Organisationseinheiten örtlicher Vereine.[102] Die steigende Anzahl der Vereine hatte es schließlich erforderlich gemacht, die regional organisierten Vereine auch überregional zu organisieren. Im Jahr 1900 wurde deshalb in Leipzig der Deutsche Fußball-Bund (DFB) gegründet.[103] Seit 1903 wurde die Deutsche Meisterschaft ausgespielt.[104]

Im Mittelpunkt der Vereine stand der ideelle, satzungsmäßig verankerte Hauptzweck: die sportliche Betätigung. Wirtschaftliche, unternehmerische Ziele sollten mit dem Fußballspiel nicht verfolgt werden; sie galten lange Zeit geradezu als unerwünscht.[105] Die herkömmliche vereinsrechtliche Organisationsform war deshalb die des rechtsfähigen, eingetragenen, nicht-wirtschaftlichen Vereins im Sinne von §§ 21 ff. BGB.[106] Mit der Gründung der Fédération Internationale de Football Association (FIFA) am 21. Mai 1904 betrat der Fußballsport endgültig eine neue Ebene der Organisation.[107] Fortan oblag der FIFA die Durchführung von Länderspielen, die zwischen den Mitgliedsverbänden ausgetragen werden sollten.[108] Die allgemeingültige Anerkennung der englischen Regeln durch die FIFA im Jahr 1906 führte endlich für sämtliche Mitgliedsverbände zur Geltung einheitlicher Fußballregeln.[109] Auf europäischer Ebene wurde im Jahr 1954 in Basel die Union des Associations Européennes de Football (UEFA) gegründet.[110]

---

100 Von Bedeutung sind im Falle der Ausgliederung der Lizenzspielerabteilung die Muttervereine.

101 Als Referenzwert dient die Bundesligasaison 2016/2017.

102 1893 Süddeutsche Fußball-Union, 1894 Hamburger-Altonaer Fußball-Bund, 1894 Thor- und Fußball-Bund Berlin, 1897 Verband deutscher Ballspielvereine, 1897 Süddeutscher Fußball-Verband.

103 *Heinrich*, Fußballbund, S. 25.

104 *Behringer*, Kulturgeschichte, S. 348.

105 *Strünck*, in: Pyta (Hrsg.), Geschichte des Fußballs, S. 109, 115.

106 *Singbartl/Dziwis*, JA 2014, 407, 408.

107 *Behringer*, Kulturgeschichte, S. 348.

108 *Hüser*, in: Bouvier (Hrsg.), Sozial- und Kulturgeschichte, S. 37, 39.

109 *Schulze-Marmeling*, Fußball, S. 244.

110 *Schulze-Marmeling*, Fußball, S. 149.

E. Berufsfußball in Deutschland

I. Lizenzfußball

Lange Zeit mussten die Spieler ihren Lebensunterhalt dadurch bestreiten, dass sie neben dem Fußballsport einen Hauptberuf ausübten. Mit der Argumentation, der professionelle Fußballsport gefährde die Gemeinnützigkeit der Vereine und damit deren steuerrechtliche Begünstigung, wurde nachhaltig versucht, jegliche Tendenzen des Berufsfußballs frühzeitig zu unterbinden.[111] Der Amateurfußball galt als das Ideal des deutschen Fußballsports.[112] So stellte die Präambel der Satzung des DFB klar: „Oberster Grundsatz des DFB ist die Ausübung des Fußballspiels als Amateursport.“[113] Das Berufsspielertum konnte sich in Deutschland erst mit der Einführung der Bundesliga im Jahr 1963 durchsetzen.[114] Erstmals durften Spieler monatlich aus der Ausübung des Fußballsports ein Einkommen erzielen, das zwischen 250,00 D-Mark und 1.200,00 D-Mark (brutto) lag.[115] Durch Verwendung des Begriffs „Lizenzspieler“ sollte aber auch bei Beschlussfassung über Einführung der (nationalen) Bundesliga der Begriff „Berufsspieler“ noch vermieden werden.[116] Zum einen war in den Reihen des DFB eine Abneigung gegen den Berufsfußball auch im Jahr 1963 noch vorhanden; zum anderen sollte vermieden werden, dass die Unvereinbarkeit von finanziellem Eigennutz der Spieler auf der einen Seite und Gemeinnützigkeitsanspruch der Bundesligavereine auf der anderen Seite offenkundig wurde.[117] Als Lizenzspieler wurde der gegen Entgelt angestellte Spieler des Vereins angesehen, der neben dem in erster Linie ausgeübten Beruf des Fußballers ferner noch einen anderen „zivilen Beruf“ ausüben durfte.[118] Er durfte, anders als der Vertragsspieler, nicht Mitglied des Vereins sein.[119] Das Bekanntwerden von Spielmanipulationen in der Bundesliga im Jahr 1971 führte schließlich dazu, dass Gehaltsobergrenze bzw. Gehaltsbe-

---

111 *Heinrich*, Fußballbund, S. 185.

112 *Schulze-Marmeling*, Fußball, S. 130, 135.

113 Dies galt nach *Strünck*, in: Pyta (Hrsg.), Geschichte des Fußballs, S. 109, 115 bis in die 1990er Jahre hinein

114 *Butte*, Das selbstgeschaffene Recht des Sports, S. 43.

115 *Schilhaneck*, Fußballunternehmen, S. 48; *Schulze-Marmeling*, Fußball, S. 136. Ausnahmen galten nach *Schilhaneck*, a. a. O. für Sonderprämien. Nach *Havemann*, in: Pyta (Hrsg.), Geschichte des Fußballs, S. 85, 93 entsprach das tatsächliche Gehalt teilweise dem Sechsfachen eines durchschnittlichen Einkommens eines vollzeitbeschäftigten Arbeitnehmers. Für einzelne wichtige Spieler war es möglich, eine höhere Bezahlung durchzusetzen. In der Praxis genügte hierfür eine entsprechende Meldung an das Finanzamt, vgl. *Havemann*, a. a. O.

116 *Schulze-Marmeling*, Der lange Weg zum Profi, im Internet abrufbar unter: http://www.bpb.de/gesellschaft/sport/bundesliga/160779/geschichte-der-bundesliga?p=all (zuletzt aufgerufen am 6.1.2017).

117 *Havemann*, in: Pyta (Hrsg.), Geschichte des Fußballs, S. 85, 91.

118 *Havemann*, in: Pyta (Hrsg.), Geschichte des Fußballs, S. 85, 92 (Fn. 32) unter Verweis auf Bundesarchiv Koblenz, B 106, Nr. 130716, Definition des Referats SK I 1 vom 18.8.1970 nach einem Telefongespräch mit dem DFB-Generalsekretär *Paßlack*.

119 *Havemann*, in: Pyta (Hrsg.), Geschichte des Fußballs, S. 85, 91 (Fn. 31) unter Verweis auf Bundesarchiv Koblenz, B 106, Nr. 130716, Auszug aus der Niederschrift über die Besprechung der Körperschaftssteuer- und Gewerbesteuerreferenten der Finanzminister(-senatoren) der Länder (8.12.1961).

schränkung in dem darauffolgenden Jahr aufgehoben wurde.[120] Im Sommer des Jahres 1974 wurde durch den DFB die 2. Bundesliga gegründet,[121] im Sommer 2008 folgte als weitere „Profiliga" schließlich die 3. Liga[122]. In Bundesliga und 2. Bundesliga dürfen grundsätzlich nur Lizenzspieler spielen.[123] Neben den Vertragsspielern sollen auch in der 3. Liga ausschließlich Lizenzspieler eingesetzt werden.[124]

1. Lizenzspieler

Lizenzspieler sind nach heutigem Verständnis Spieler, die das Fußballspiel aufgrund eines mit einem lizenzierten Verein[125] oder einer lizenzierten Kapitalgesellschaft[126] geschlossenen schriftlichen Vertrages hauptberuflich[127] betreiben und durch Abschluss eines schriftlichen Lizenzvertrages mit dem DFL Deutsche Fußball Liga e. V. (DFL e. V).[128] zum Spielbetrieb zugelassen sind.[129] Die Bezeichnung „Klub" vereint in dieser Arbeit den lizenzierten Verein und die lizenzierte Kapitalgesellschaft. Auch Spieler ohne Lizenz, namentlich vereinseigene Vertragsspieler und Amateure, sind bei Erfüllung bestimmter Voraussetzungen berechtigt, an Bundesliga und 2. Bundesliga teilzunehmen.[130] Insoweit sie am Spielbetrieb des Lizenzfußballs teilnehmen, unterfallen daher auch Vertragsspieler und Amateure im weiteren Sinne dem Begriff des Lizenzfußballs.[131]

Lizenzspieler benötigen für die Spielberechtigung in Bundesliga und 2. Bundesliga neben einer Lizenz eine gesondert erteilte Spielerlaubnis durch den DFL e. V.[132] Im Unterschied zur Lizenz ist die Spielerlaubnis an den Klub des Spielers gebunden; der Spieler ist nur berechtigt, für diesen Verein in den Lizenzligen mitzuwirken.[133] Die Spielerlaubnis erlischt mit dem Tag der Beendigung des Vertrages mit dem Klub.[134] Wechselt der Spieler innerhalb der nationalen Lizenzligen, so muss der aufnehmende Verein für den Spieler eine neue Spielerlaubnis beantragen.[135] Zum Nachweis der Spielberechtigung führt der DFL e. V. für jeden lizenzierten Klub eine Spielberechti-

120 Zur Freigabe der Gehälter siehe *Heinrich*, Fußballbund, S. 189.
121 *Sander*, Der Ball muss ins Tor, S. 84.
122 http://www.dfb.de/3-liga/ligainfos/historie/ (zuletzt aufgerufen am 6.1.2017).
123 § 11 Nr. 1 SpOL.
124 § 19 Satz 2 Statut 3. Liga. Beachte aber § 12a Nr. 2 DFB-SpO, wonach unter der dort genannten Voraussetzung (Spielberechtigung für Meisterschaftsspiele einer aufstiegsberechtigten Mannschaft des Vereins) in Mannschaften der 3. Liga auch Amateure eingesetzt werden können.
125 § 1 Nr. 2 LO.
126 §§ 1 Nr. 2, 9 LO.
127 § 8 Satz 2 DFB-SpO.
128 Eingehend zum DFL e. V. siehe unten Zweiter Teil Kapitel 1 § 1 A IV.
129 § 8 Nr. 3 DFB-SpO.
130 § 11 Nr. 2 lit. b) SpOL, § 53 Nr. 2 DFB-SpO.
131 Entsprechend berücksichtigt die LOS in § 14 auch die Spielerlaubnis für Vertragsspieler und Amateure in Lizenzmannschaften.
132 § 13 LOS.
133 Der Einsatz eines Spielers ohne Spielerlaubnis hat für den Verein zur Folge, dass das Spiel in der Regel als verloren gewertet wird, vgl. § 13 Nrn. 2 lit. a), 4 SpOL, § 12b Nr. 2 DFB-SpO.
134 § 13 Nr. 6 LOS.
135 § 13 Nr. 1 LOS.

gungsliste, die dem Lizenznehmer zugestellt wird. Aus ihr muss erkennbar sein, ab welchem Zeitpunkt der einzelne Spieler für den Lizenznehmer die Spielberechtigung besitzt.[136] Spieler, die nicht auf der aktuellen Spielberechtigungsliste eingetragen sind, besitzen keine Spielberechtigung und können nicht eingesetzt werden.[137] Spielberechtigt für die 3. Liga ist der Lizenzspieler mit Aufnahme in die Spielberechtigungsliste der DFB-Zentralverwaltung.[138]

2. Vertragsspieler und Amateure

Vertragsspieler sind Spieler, die über ihr Mitgliedschaftsverhältnis hinaus einen schriftlichen Vertrag mit ihrem Verein abgeschlossen haben und über ihre nachgewiesenen Auslagen hinaus Vergütungen oder andere geldwerten Vorteile von mindestens monatlich 250,00 Euro erhalten.[139] Vertragsspieler gelten wie Lizenzspieler als Berufsspieler.[140] Amateure spielen aufgrund ihres Mitgliedschaftsverhältnisses Fußball und beziehen als Entschädigung kein Entgelt, sondern erhalten die nachgewiesenen Auslagen und allenfalls einen pauschalierten monatlichen Aufwendungsersatz von bis zu 249,99 Euro.[141] Sowohl Vertragsspieler als auch Amateure benötigen zur Teilnahme an der 3. Liga eine Spielberechtigung. Zur Spielberechtigung bedarf es der Aufnahme in die Spielberechtigungsliste der DFB-Zentralverwaltung.[142] Die Teilnahme an Bundesliga und 2. Bundesliga setzt voraus, dass der Spieler über eine Spielerlaubnis durch den DFL e. V. verfügt[143] und auf der aktuellen Spielberechtigungsliste des DFL e. V. für den lizenzierten Klub geführt wird[144].

II. Bedeutung des professionellen Fußballsports

Innerhalb des professionellen Sports nimmt der Fußball eine tragende Rolle ein. In der Saison 2014/2015 erzielten Bundesliga und 2. Bundesliga einen Gesamtumsatz von 3,13 Milliarden Euro.[145] Allein die Bundesliga erwirtschaftete davon einen Erlös in Höhe von 2,62 Milliarden Euro.[146] Zum elften Mal in Folge wurde ein Rekordumsatz erwirtschaftet.[147] Das jährliche Wachstum der Bundesliga seit der Saison 2001/2002 beträgt durchschnittlich 6,7 Prozent.[148] Für die kommenden Jahre wird mit weiteren Umsatzsteigerungen gerechnet.[149] Das Spielervermögen der Vereine der

136 § 11 Nr. 1 SpOL.
137 § 11 Nr. 1 SpOL.
138 § 10 Nr. 3.1 DFB-SpO.
139 § 8 Nr. 2 DFB-SpO.
140 § 8 Satz 2 DFB-SpO.
141 § 8 Nr. 1 DFB-SpO.
142 § 10 Nr. 3.1 DFB-SpO.
143 § 14 Nr. 1 LOS.
144 § 11 Nr. 1 SpOL.
145 Bundesliga-Report 2016, S. 11.
146 Bundesliga-Report 2016, S. 26.
147 Bundesliga-Report 2016, S. 9, 26.
148 Bundesliga-Report 2016, S. 2.
149 *Schuster/Unterhitzenberger*, Bälle, Tore und Finanzen XI, S. 19 ff.

Bundesliga belief sich auf 585,5 Millionen Euro.[150] Trainer und Spieler der Bundesliga haben in der Saison 2014/2015 insgesamt 997,5 Millionen Euro verdient. In der 2. Bundesliga waren es 171 Millionen Euro.[151] Angesichts dieser Wirtschaftszahlen kann von einem sportlichen bzw. ideellen Hauptzweck der Vereine nicht mehr ausgegangen werden. Die Profifußballabteilungen der Bundesligavereine erwirtschaften das Gros der Einnahmen des Sportvereins, zeichnen sich aber auch für den überwiegenden Teil der Ausgaben des jeweiligen Sportvereins verantwortlich.[152] Sie geben den Bundesligavereinen nach außen und nach innen ihr Gepräge.[153] Dies spricht dafür, dass es sich bei den in das Vereinsregister eingetragenen Bundesligavereinen tatsächlich um Vereine mit wirtschaftlicher Zwecksetzung handelt.[154] Um den Risiken einer Rechtsformverfehlung zu entgehen und um nicht die Anerkennung der steuerbegünstigenden Gemeinnützigkeit des Amateursportbereichs zu gefährden, haben Bundesligavereine daher zwischenzeitlich überwiegend ihre Berufsfußballabteilungen in Kapitalgesellschaften umstrukturiert.[155, 156]

150 Bundesliga-Report 2016, S. 25.

151 Bundesliga-Report 2016, S. 37.

152 *Singbartl/Dziwis*, JA 2014, 407, 409.

153 *Reuter*, in: Münchener Kommentar zum BGB, § 22 Rn. 44; *Fritzweiler*, in: Fritzweiler/Pfister/Summerer (Hrsg.), Praxishandbuch Sportrecht, II/1 Rn. 68 f.; a. A. *Ellenberger*, in: Palandt, § 21 Rn. 7.

154 *Reuter*, in: Münchener Kommentar zum BGB, § 22 Rn. 44.

155 Bei 14 der 18 in der Saison 2016/2017 teilnehmenden Erstliga-Mannschaften handelt es sich um Kapitalgesellschaften, siehe http://www.bundesliga.de/de/dfl/fragen-zur-liga/adressen/ (zuletzt aufgerufen am 6.1.2017); dort unrichtig noch als e. V. aufgeführt ist Rasenballsport Leipzig, vgl. http://www.dierotenbullen.com/statisch/impressum.html (zuletzt aufgerufen am 6.1.2017). In der 2. Bundesliga haben sich sechs der 18 Mannschaften in der Rechtsform einer Kapitalgesellschaft organisiert, a. a. O. Nach § 395 FamFG kann das Registergericht im Falle einer offenen oder verdeckten Rechtsformverfehlung die Amtslöschung des Vereins betreiben. Hierbei liegt die Amtslöschung im pflichtgemäßen Ermessen der Behörde, vgl. OLG Köln, Beschluss vom 24.11.2008 – 2 Wx 43/08, Rpfleger 2009, 237.

156 Offen bleibt, ob hierdurch diese Nachteile rechtssicher vermieden werden können, vgl. *Steinbeck/Menke*, NJW 1998, 2169, 2171; kritisch *Reuter*, in: Münchener Kommentar zum BGB, § 22 Rn. 26.

§ 2 Doping

Um die Bedeutung des Dopingbegriffs richtig zu erfassen, ist es angezeigt, zunächst dessen Entwicklung zu betrachten.

A. Wortforschung

I. Entwicklung und Bedeutung des Begriffs

Der Ursprung des Wortes ist auf den Dialekt der Kaffer zurückzuführen.[157] Diese verwendeten „dop“ als Stimulanz zu religiösen Anlässen.[158] In der Sprache der Afrikaaner[159] galt „dope“ als Bezeichnung einer anregenden Mischung aus Schnaps und Alkaloiden.[160] Dabei handelte es sich um einen minderwertigen Branntwein („dopbrandy“), hergestellt aus Traubenschalen („druiwedoppe“).[161] Die Zulu-Krieger sollen die Wirkung von „dope“ zur Steigerung der Kampfbereitschaft genutzt haben.[162]

Allmählich wurden als „dope“ all jene Substanzen bezeichnet, denen eine stimulierende Wirkung beigemessen worden war.[163] In diesem Sinne sollen die Engländer im Krieg gegen die Buren „dope“ als Bezeichnung für generell stimulierende Getränke in die Heimat kolportiert haben.[164]

Ein englischsprachiges Wörterbuch hat im Jahre 1889 „doping“ als die Anwendung einer Mixtur aus Opium und Narkotika bei Pferderennen bezeichnet.[165] Dort diente es zur Verringerung der Leistungsfähigkeit von Rennpferden.[166] „Doping“ wurde hier offenbar dazu genutzt, um Gegnern Nachteile zuzufügen und Wettergebnisse zu manipulieren.[167]

Auch in der amerikanischen Drogenszene wurde gegen Ende des 19. Jahrhunderts von „dope“ gesprochen. Als „dope” galt Anfang der 1870er Jahre „[any] preparation, mixture or drug, especially one that is harmful”.[168] „Dope“ war um das Jahr

157 *Clasing*, in: ders. (Hrsg.), Doping, S. 17; siehe aber *Ott*, Strafwürdigkeit und Strafbedürftigkeit, S. 19, der auf eine „Uneinigkeit“ über die Herkunft des Begriffes hinweist.

158 *Feiden/Blasius*, Doping im Sport, S. 1.

159 Bei den Afrikaanern handelt es sich um die weißen südafrikanischen Buren. Die Buren waren ursprünglich in der Kapkolonie, dem Kapland, angesiedelt. Nach ihrer dortigen Vertreibung und der sich daran anschließenden Ansiedlung in Transvaal übernahmen sie einige Wörter aus der dort üblichen Sprache der Ureinwohner.

160 *Donike*, in: Eberspächer (Hrsg.), Handlexikon Sportwissenschaft, S. 81.

161 *Jütte*, GWU 59 (2008), 308.

162 *Müller*, in: Thieme/Hemmersbach (Hrsg.), Doping, S. 1, 2.

163 *Müller*, in: Thieme/Hemmersbach (Hrsg.), Doping, S. 1, 2.

164 *Clasing*, in: ders. (Hrsg.), Doping, S. 17. In den Südstaaten der USA wurde als „dope“ die heutige Coca-Cola bezeichnet, siehe dazu *Jütte*, GWU 59 (2008), 308.

165 *Voy/Deeter*, Drugs, sport, and politics, S. 5; *Müller*, in: Thieme/Hemmersbach (Hrsg.), Doping, S. 1.

166 *Lippi/Franchini/Guidi*, British Medical Bulletin 2008; 86: 95, 96 unter Verweis auf *Verroken, M.*, (2000), Drug use and abuse in sport. Baillieres Best Pract Res Clin Endocrinol Metab, 14, 1-23.

167 *Dahlke*, Analyse der Berichterstattung, S. 21.

168 *Tuttleton*, American Speech 38 (1963), 153 f. zit. nach *Jütte*, GWU 59 (2008), 308.

1900 eine gängige Sammelbezeichnung für Modedrogen.[169] Der Grund hierfür muss wohl im holländischen Wort „doop" gesehen werden; die Beschreibung einer dickflüssigen Mixtur.[170] Auch Opium rauchte man als Paste.[171] Hierzu passen Überlieferungen holländischer Kolonisten, die in New York bei der Errichtung neuer Gebäude mit Hilfe von „doop" die eigene Arbeitskraft gesteigert haben sollen.[172]

Um die Wende vom 19. zum 20. Jahrhundert wurden zahlreiche Zeitungsartikel veröffentlicht, die unter Verwendung des Amerikanismus „doping" von der künstlichen Steigerung der Trabgeschwindigkeit von Rennpferden berichteten.[173]

Der erste Präsident des Deutschen Fußballbundes, *Ferdinand Hueppe*, stellte im Jahr 1913 die These auf, dass zwischen modernem Leben und Einnahme von Stimulanzien eine untrennbare Konnexität gegeben sei. *Hueppe*, von Beruf Arzt, erachtete es als die Aufgabe des Arztes, dafür zu sorgen, schädliche Substanzen durch weniger schädliche zu substituieren.[174] Eine Ablehnung von „doping" am Menschen war damit kaum verbunden.[175]

Spätestens in den 1920er wurde „doping" auch als Ausdruck betrügerisch handelnder Sportler verwendet. Am 2. November 1920 titelte The Brisbane Courier: „Alleged Doping Practice".[176] Berichtet wurde von Teilnehmern der Olympischen Spiele, die in Antwerpen Stimulanzien und Drogen zur Beeinflussung der Leistung konsumiert haben sollen.[177]

Drei Jahre später kritisierte *Baron Pierre de Coubertin* – der Gründer der olympischen Bewegung der Neuzeit – im Rahmen seiner 1923 in Rom gehaltenen Rede den Verfall der Werte im Sport, insbesondere durch die Einnahme von Drogen.[178] 1928 führte der Internationale Leichtathletikverband (IAAF) als erster Weltverband[179] ein Dopingverbot im Wettkampf ein.[180] Nicht alle leistungssteigernden Substanzen wurden hingegen auch als „doping" angesehen. Die Sportmedizin unterschied bis in die 1930er Jahre zwischen „sinnvollen Medikamenten und Substanzen" und „verwerflichen Dopingstoffen".[181] Berufssportlern gegenüber wurde dabei eine größere Toleranz

169 *Amos*, Anti-Doping Policy, S. 151.
170 https://en.oxforddictionaries.com/definition/dope (zuletzt aufgerufen am 6.1.2017).
171 *Jütte*, GWU 59 (2008), 308.
172 *Mestwerdt*, Doping, S. 23.
173 *Krauß*, Doping, S. 13; *Jütte*, GWU 59 (2008), 308, 309.
174 *Hoberman*, Sterbliche Maschinen, S. 157.
175 *Hoberman*, Sterbliche Maschinen, S. 157.
176 The Brisbane Courier vom 2.11.1920, S. 3.
177 The Brisbane Courier vom 2.11.1920, S. 3.
178 *Zabell*, Bericht vom 17.7.2000, S. 19.
179 Vgl. https://www.iaaf.org/news/news/a-piece-of-anti-doping-history-iaaf-handbook (zuletzt aufgerufen am 6.1.2017).
180 „Doping is the use of any stimulant not normally employed to increase the power of action in athletic competitions above the average. Any person knowingly acting or assisting as explained above shall be excluded from any place where these rules are in force or, if he is a competitor, be suspended for a time or otherwise from further participation in amateur athletics under the jurisdiction of this Federation", IAAF Handbook 1927-1928, S. 55, im Internet abrufbar unter: http://www.iaaf.org/download/download?filename=bd61cf34-14b2-4dfc-9745-de914367182b.pdf &urlSlug=anti-doping-history-iaaf-handbook-1927-1928 (zuletzt aufgerufen am 6.1.2017).
181 *Singler*, Doping und Enhancement, S. 40.

bei der künstlichen Leistungssteigerung zugebilligt, als dies gegenüber Amateuren der Fall war.[182]

Seine Aufnahme in die deutsche Alltagssprache fand „Doping" um das Jahr 1933 durch Eingang in diverse Lexika.[183] Wachsende Professionalisierung und zunehmende Meldungen von Dopingfällen (teils mit tödlichem Ausgang) führten ab der zweiten Hälfte des 20. Jahrhunderts dazu, dass Doping auch in der breiten Bevölkerung Bekanntheit erlangte.[184] Doping im Sport wurde dabei mehrheitlich als negativ empfunden.[185] Das Standardwerk unter den Wörterbüchern im deutschsprachigen Raum, der Duden, beschreibt Doping heute als die „Anwendung verbotener Substanzen (oder Methoden) zur [vorübergehenden] Steigerung der sportlichen Leistung".[186] Doping im weiteren Sinne liegt nach Auffassung des Sportwissenschaftlers *Andreas Singler* vor, soweit „Medikamente oder Substanzen gezielt zur Leistungssteigerung eingenommen werden, gleichgültig, ob verboten oder nicht".[187]

II. Zwischenergebnis

Der Wortgebrauch von „dop", „dope", „doop" und „doping" stand und steht typischerweise im spezifischen Kontext zur künstlichen Beeinflussung der Leistungsfähigkeit des Bezugsobjektes. Im sportlichen Kontext wird Doping heute als zumeist negativ empfundener Ausdruck manipulativer Leistungssteigerung(en) gebraucht.

B. Künstliche Leistungssteigerung

I. Erscheinungsformen der künstlichen Leistungssteigerung

Aus der Etymologie folgt bereits, dass der Versuch, die Leistungsfähigkeit durch die Einnahme von Substanzen zu steigern, nicht erst als eine Erscheinung der heutigen Zeit zu betrachten ist. Dabei handelt es sich um ein Phänomen, das so alt ist wie die Menschheit. Bereits die biblische Erzählung vom Sündenfall berichtet vom Versuch, manipulativ göttliche Kräfte zu erlangen. Auch aus dem Bereich des Fußballsports stammen Überlieferungen von Versuchen, die Leistung künstlich zu steigern.

---

182 *Singler*, Doping und Enhancement, S. 29.

183 *Haug*, Doping, S. 27.

184 *Prokop*, Sport, S. 146 f.; *Jütte*, GWU 59 (2008), 308, 309.

185 *Schnyder*, in: Gamper/Mühlethaler/Reidhaar (Hrsg.), Doping, S. 69, 78 ff. Zur Mitte des 19. Jahrhunderts wurde die Einnahme diverser Substanzen zur Leistungssteigerung ausdrücklich von den Trainern empfohlen. Typisch war deshalb der sportbezogene Konsum von Alkohol, Koffein, Opium und Strychnin. Maßnahmen zur Eindämmung von Doping wurden erst nach dem Zweiten Weltkrieg ergriffen. Zum Ganzen siehe *Dresen*, Doping im Spitzensport, S. 19 ff.

186 http://www.duden.de/rechtschreibung/Doping (zuletzt aufgerufen am 6.1.2017), wohl in Anlehnung an § 2 Nr. 1 Rahmen-Richtlinien DSB a. F.: „Doping ist der Versuch der Leistungssteigerung durch die Anwendung (Einnahme, Injektion oder Verabreichung) von Substanzen der verbotenen Wirkstoffgruppen oder durch die Anwendung verbotener Methoden (z. B. Blutdoping)."

187 *Singler*, Doping und Enhancement, S. 14.

Im alten China soll bereits im dritten Jahrhundert v. Chr. der Palast der *Han-Herrscher* den „Ballraum der Unsterblichkeitsdroge“ beherbergt haben.[188] Ob es sich hierbei tatsächlich um den Versuch der Leistungssteigerung handelte, bleibt unklar. Die Teilnehmer der „Bundes-Wolken-Liga“ sollen vor den Spielen sechs Becher Wein getrunken haben.[189] Unstreitig dokumentiert sind Versuche, die Leistung zu steigern aus dem Jahr 1908. Durch die künstliche Aufnahme von Sauerstoff sollte damals die Leistung englischer und belgischer Fußballmannschaften gesteigert werden.[190] Entsprechende Praktiken sind für die 1940er und 1950er Jahre insbesondere für Südamerika, Portugal, Spanien und die Schweiz belegt.[191] Auch *Eintracht Frankfurt* gehörte zu den Anwendern dieser Methode.[192] Interesse hatte auch der Trainer des designierten Weltmeisters, *Sepp Herberger*, bekundet.[193] *Carl Koppehel*, damaliger Pressesprecher des DFB, erklärte gar: „Wenn wir (zur Weltmeisterschaft) in die Schweiz fahren und die anderen werden mit Sauerstoff aufgepumpt, weiß ich nicht, ob wir es nicht doch ebenso machen sollen.“[194] Von den *Wolverhampton Wanderers* wird berichtet, sie hätten mit Hilfe von Drüsenextrakten im Jahr 1939 den zweiten Platz in der englischen First Division gesichert.[195] Auch die Liga-Konkurrenten *Preston* und *Portsmouth* sollen sich dieser Methode zugeneigt gezeigt haben.[196] Vermehrt sollen gegen Ende der 1940er Jahre auch Substanzen der Amphetamingruppe im Leistungsfußball missbräuchlich verwendet worden sein.[197] Für die 1960er Jahre konnte ein längerer Anabolika-Konsum bei Spitzenfußballern nachgewiesen werden.[198] Auch der Konsum von Amphetaminen ist für diese Zeit belegt. So wurden bei der Fußballweltmeisterschaft in England 1966 auch bei drei deutschen Spielern „feine Spuren“ Ephedrin nachgewiesen.[199] Bereits drei Jahre früher sah sich die englische Regierung dazu veranlasst, neben dem Radsport und der Leichtathletik, den Fußballsport als die Sportart mit dem größten Drogenproblem zu nennen.[200] Im gleichen Jahr hatte eine Studie des

188 *Brinker*, Laozi, S. 66.
189 *Brinker*, Laozi, S. 122.
190 *Prokop*, Sport, S. 145.
191 Der Spiegel 21/1954, S. 23, Artikel im Internet abrufbar unter: http://www.spiegel.de/spiegel/print/d-28956358.html (zuletzt aufgerufen am 6.1.2017).
192 Der Spiegel 21/1954, S. 23, Artikel im Internet abrufbar unter: http://www.spiegel.de/spiegel/print/d-28956358.html (zuletzt aufgerufen am 6.1.2017).
193 Der Spiegel 21/1954, S. 23, Artikel im Internet abrufbar unter: http://www.spiegel.de/spiegel/print/d-28956358.html (zuletzt aufgerufen am 6.1.2017).
194 Der Spiegel 21/1954, S. 23, Artikel im Internet abrufbar unter: http://www.spiegel.de/spiegel/print/d-28956358.html (zuletzt aufgerufen am 6.1.2017).
195 *Dimeo*, A History of Drug Use in Sport, S. 44 ff.
196 *Dimeo*, A History of Drug Use in Sport, S. 45.
197 *Strang/Spitzer*, Doping in Deutschland von 1950 bis heute, S. 17.
198 *Strang/Spitzer*, Schlussbericht, S. 70.
199 *Strang/Spitzer*, Doping in Deutschland von 1950 bis heute, S. 18. Die Absicht zur Steigerung der Leistung lag nach *Nolte* nicht vor. *Nolte* führt dies u. a. auf die Tatsache zurück, dass eine leistungssteigernde Wirkung nur mit größeren Mengen herbeigeführt werden kann. Die Einnahme diente nach der Überzeugung *Noltes* zur Behandlung von Schnupfen, siehe dazu *Nolte*, Dopingbekämpfung, in: Deutsche Sporthochschule Köln (Hrsg.), Doping – kulturwissenschaftlich betrachtet, S. 117, 125.
200 *Malcolm/Waddington*, A Critical Review, S. 3 f.

italienischen Fußballverbandes zu Tage gebracht, dass 94 Prozent der befragten Spieler der Serie A im Training Stimulanzien verwendeten – im Wettkampf waren es 17 Prozent.[201] 1968 soll die Einnahme von Amphetaminen Ursache gewesen sein für den Tod eines 18-Jährigen, der beim Versuch, ein Tor zu schießen, gestorben war.[202] Bei der Weltmeisterschaft 1974 wurde bei dem Haitianer *Ernst Jean-Joseph* das Vorhandensein von Ephedrin nachgewiesen.[203] 20 Jahre später, bei der Fußballweltmeisterschaft in den USA, war es *Diego Maradona*, der ebenfalls auf Ephedrin positiv getestet worden war.[204]

Bereits im Jahr 1970 ließ der Sportmediziner *Dirk Clasing* durch seine Aussage aufhorchen, es gebe keine Fußball-Elf, „die nicht in irgendeiner Form gedopt ins Spiel" gehe.[205] Auch der ehemalige Nationaltorhüter *Toni Schumacher* berichtete von Mitspielern, die „sich ohne diese Spezial-Hochform-Pillen eine Fortsetzung ihrer Karriere gar nicht mehr vorstellen" konnten.[206] Tatsächlich enthalten Akten eines gegen den Freiburger Sportmediziner *Armin Klümper* in den 1980er Jahren geführten Strafverfahrens[207] Lieferlisten und Abrechnungen, welche Lieferungen anaboler Steroide an Mannschaften der Bundesliga und 2. Bundesliga belegen. Hiernach hat der *VfB Stuttgart* in den Jahren 1978 bis 1980 in insgesamt 18 Lieferungen das Arzneimittel Megagrisevit[208] erhalten.[209] Vom Hersteller zur Behandlung von krebskranken Patienten entwickelt,[210] ermöglicht der sog. „Off-Label-Use", also die Verwendung des anabolen Steroids außerhalb seines in der Zulassung genehmigten Gebrauchs, dem Sportler, die Schnellkraft zu erhöhen und die Regenerationsfähigkeit zu verbessern, d. h. also die Erholungszeit zu verkürzen.[211] Bei wiederkehrenden Belastungen kann Megagrisevit durch seine muskelaufbauende Wirkung[212] daher zu einer Steigerung der Leistung führen.[213] Für das Trainingslager in den USA („Amerikareise") wurden am 20. Juni 1978 zehn Packungen à 60 Dragees geliefert.[214] Auch der *SC Freiburg* hat

201 *Prokop*, Sport, S. 147 unter Verweis auf *Venerando, A.*, Pathologia del doping e mezzi di controllo. Medicine dello Sport, Roma 3, 1963.

202 *Baier*, Doping im Sport, S. 5.

203 FAZ.NET vom 17.6.2016, Artikel im Internet abrufbar unter: http://www.faz.net/aktuell/wissen/medizin-ernaehrung/doping-im-fussball-die-wollen-doch-nur-spielen-14281989-p3.html (zuletzt aufgerufen am 6.1.2017).

204 SZ.de vom 26.6.2014, Artikel im Internet abrufbar unter: http://www.sueddeutsche.de/sport/dopingfall-bei-wm-maradonas-flinker-kaffee-1.2014385 (zuletzt aufgerufen am 6.1.2017).

205 *Strang/Spitzer*, Doping in Deutschland von 1950 bis heute, S. 18.

206 *Schumacher*, Anpfiff, S. 122.

207 LG Freiburg, 40 KLs 40a Js 175/84 = Staatsarchiv Freiburg, Sig. F 176/25 Nr. 1 (nicht veröffentlicht).

208 Der internationale Freiname lautet Clostebol, siehe *Lüllmann/Mohr/Hein*, Pharmakologie, S. 607.

209 LG Freiburg, 40 KLs 40a Js 175/84 = Staatsarchiv Freiburg, Sig. F 176/25 Nr. 1, Ordner 5.1 (nicht veröffentlicht).

210 *Schöch*, Finanzielle und strafrechtliche Aspekte, S. 54.

211 Vgl. SZ.de vom 17.4.2015, Artikel im Internet abrufbar unter: http://www.sueddeutsche.de/sport/doping-im-sport-medizin-fuer-millionen-1.2440110 (zuletzt aufgerufen am 6.1.2017).

212 *Kretz/Reichenberger*, Therapie, S. 330; *Kley*, in: Clasing (Hrsg.), Doping, S. 74, 86.

213 *Kley*, in: Clasing (Hrsg.), Doping, S. 74, 87.

214 LG Freiburg, 40 KLs 40a Js 175/84 = Staatsarchiv Freiburg, Sig. F 176/25 Nr. 1, Ordner 5.1 (nicht veröffentlicht).

im Jahr 1980 60 Dragees Megagrisevit erhalten.[215] Als Nebenwirkungen der Einnahme von Megagrisevit können Leberschädigungen, in seltenen Fällen schlimmstenfalls Tumore, auftreten.[216] In den Jahren 1980 bis 1982 wurden Lieferungen an den *VfB Stuttgart* aufgezeichnet, die unter anderem das Arzneimittel Hepagrisevit beinhalteten.[217] Bei diesem handelt es sich um ein sog. Leberpräparat,[218] ein Mittel also, das mitunter zur Behandlung von Leberschädigungen eingesetzt wird.

Im Jahr 2004 wurde der Teamarzt von *Juventus Turin, Riccardo Agricola*, erstinstanzlich zu einer Freiheitsstrafe von einem Jahr und zehn Monaten verurteilt. *Agricola* war für schuldig befunden worden, verbotene Substanzen an Spieler verabreicht zu haben. Darunter befanden sich auch verbotene Kortikosteroide[219] und EPO[220]. Auch das Oberste Gericht stellte fest, dass *Agricola* in den Jahren 1994 bis 1998 das Ziel verfolgt hatte, durch den nachweislich erfolgten (meist) nicht indizierten Einsatz von Arzneimitteln die Leistungsfähigkeit der Spieler zu verbessern.[221] Während einer Razzia bei *Juventus Turin* wurden ferner Blutwertprotokolle sichergestellt, die belegten, dass die siegreiche Mannschaft von *Juventus Turin* im gewonnenen Finale der UEFA Champions-League unter Einfluss von EPO gegen *Ajax Amsterdam* angetreten war.[222] Zeugenaussagen belasten auch *Olympique Marseille*. Demnach soll es in den neunziger Jahren auch beim Champions-League-Sieger von 1993 zur systematischen Anwendung von EPO gekommen sein.[223]

Die FIFA zeichnet seit der Weltmeisterschaft 1998 die während den Weltmeisterschaften verabreichten und eingenommenen Arzneimittel auf.[224] Grundlage sind zum einen Daten, die anlässlich der durchgeführten Dopingkontrollen erhoben werden. Zum anderen werden die Teamärzte der teilnehmenden Mannschaften von der FIFA aufgefordert, 72 Stunden vor Spielbeginn die den einzelnen Spielern verschriebenen Arzneimittel mitzuteilen. Aus den bestehenden Daten folgt, dass bei den Weltmeisterschaften in den Jahren 2002, 2006, 2010 und 2014 durchschnittlich 54,5 Prozent der Teilnehmer jeweils mindestens ein Mal während des Wettbewerbs sog. „NSAIDs" (engl. non-steroidal anti-inflammatory drugs) verwendet haben.[225] Dies bedeutet, dass auf jede Nationalmannschaft bezogen im Durchschnitt mehr als sieben Spieler

---

215 LG Freiburg, 40 KLs 40a Js 175/84 = Staatsarchiv Freiburg, Sig. F 176/25 Nr. 1, Ordner 5.1 (nicht veröffentlicht).

216 *Kretz/Reichenberger*, Therapie, S. 331; *Kley*, in: Clasing (Hrsg.), Doping, S. 74, 89 ff.; *Raschka*, in: Dresen/Form/Brand (Hrsg.), Dopingforschung, S. 39, 45.

217 LG Freiburg, 40 KLs 40a Js 175/84 = Staatsarchiv Freiburg, Sig. F 176/25 Nr. 1, Ordner 5.1 (nicht veröffentlicht).

218 *Hummel*, Arzneimittellehre, S. 446.

219 *Paoli/Donati*, Sports Doping Market, S. 76.

220 *Kistner*, Doping, S. 84.

221 *Paoli/Donati*, Sports Doping Market, S. 77. In den Jahren 1994 bis 1998 gewann Juventus Turin dreimal die Italienische Meisterschaft, die Champions League, den Intercontinental Cup und den Italienischen Pokal, vgl. *Paoli/Donati*, Sports Doping Market, S. 76.

222 *Kistner*, Doping, S. 84 f.

223 *Kistner*, Doping, S. 73 ff.

224 *Tscholl/Vaso/Weber/Dvorak*, BrJSportsMed 2015; 49: 580-582.

225 *Tscholl/Vaso/Weber/Dvorak*, BrJSportsMed 2015; 49: 580-582.

NSAIDs im Vorfeld eines jeden Spiels gebrauchten.[226] Bei den NSAIDs handelt es sich in erster Linie um nichtsteroidale Entzündungshemmer.[227] Daneben wirken sie schmerzhemmend.[228] Hinzu tritt der Konsum weiterer Schmerzmittel, die von 12,8 Prozent der teilnehmenden Spieler konsumiert wurden.[229] Die große Zahl des Gebrauchs von NSAIDs und sonstiger Schmerzmittel legt den Schluss nahe, dass auch gesunde Spieler zu den Konsumenten gehörten. Durch die Einnahme der NSAIDs und Schmerzmittel sind gesunde Spieler in der Lage, länger schmerz- bzw. entzündungsfrei Sport zu treiben und auf diese Weise die natürliche Leistungsfähigkeit des Körpers künstlich zu steigern.

II. Aberrationen der künstlichen Leistungssteigerung

Bekannt sind ferner Fälle des nicht konsentierten Fremddopings. Bei diesen werden dem Sportler – ohne dessen Wissen – leistungssteigernde Substanzen mit der Absicht verabreicht, den Ausschluss des manipulierten Spielers aufgrund von „dessen" Regelverstoß herbeizuführen. Der Dopingforscher *Werner Franke* ist sich sicher, dass die positiven Dopingproben des Langstreckenläufers *Dieter Baumann* auf einen Anschlag zurückzuführen waren.[230] Nach *Franke* sollen diverse Zahnpasta-Tuben *Baumanns* nach alter „Stasi-Methode" mit dem anabolen Steroid Nandrolon verunreinigt worden sein.[231] Denkbar ist insoweit auch, dass beim Sportler ohne dessen Wissen und Wollen verbotene Substanzen deponiert werden, um den „überführten" Sportler (wegen des Besitzes) zu sanktionieren bzw. zu bestrafen.

Nicht in den Bereich der künstlichen Leistungssteigerung, aber in den Bereich der Leistungsbeeinflussung, fällt das sog. „doping to lose"[232]. Bei dieser auch „Paradoping"[233], „Anti-doping"[234] oder „negatives Doping"[235] genannten Vorgehensweise wird die eigene Leistung durch die Schwächung der Leistungsfähigkeit des Gegners bevorteilt. Es handelt sich also um die Verkehrung der Leistungssteigerung. Nach Aussage des Spielers *Jean-Jacques Eydelie* soll der ehemalige Präsident von *Olympique Marseille, Bernard Tapie,* vor dem Spiel seiner Mannschaft gegen *ZSKA Moskau* am 17. März 1993 dafür gesorgt haben, dass das Mineralwasser der Moskowiter verunreinigt wird.[236] In der Folge litten diese an Diarrhö. *Olympique Marseille* gewann

---

226 *Tscholl/Vaso/Weber/Dvorak,* BrJSportsMed 2015; 49: 580-582.
227 *Paoloni/Milne/Orchard/Hamilton,* BrJSportsMed 2009; 43: 863-865.
228 *Paoloni/Milne/Orchard/Hamilton,* BrJSportsMed 2009; 43: 863-865.
229 *Tscholl/Vaso/Weber/Dvorak,* BrJSportsMed 2015; 49: 580-582.
230 Interview mit dem Molekularbiologen *Werner Franke,* Der Spiegel 33/2006, im Internet abrufbar unter: http://www.spiegel.de/spiegel/print/d-48262955.html (zuletzt aufgerufen am 6.1.2017).
231 Interview mit dem Molekularbiologen *Werner Franke,* Der Spiegel 33/2006, im Internet abrufbar unter: http://www.spiegel.de/spiegel/print/d-48262955.html (zuletzt aufgerufen am 6.1.2017).
232 Vgl. *Schneider-Grohe,* Doping, S. 58; *Müller,* in: Thieme/Hemmersbach (Hrsg.), Doping, S. 1, 3.
233 *Prokop,* Sport, S. 145.
234 *Prokop,* Sport, S. 145.
235 *Caysa,* in: Latzel/Niethammer (Hrsg.), Hormone und Hochleistung, S. 245.
236 Spiegel Online vom 22.1.2006, Artikel im Internet abrufbar unter: http://www.spiegel.de/sport/fussball/landesmeister-finale-voeller-mitspieler-erhebt-schwere-doping-vorwuerfe-a-396720.html (zuletzt aufgerufen am 6.1.2017).

überlegen mit 6:0 Toren.[237] *Diego Maradona* offenbarte im Jahr 2004, dass im Achtelfinalspiel der Weltmeisterschaft 1990 verunreinigte Trinkflaschen von der argentinischen Mannschaft an den brasilianischen Gegner gereicht worden seien.[238] Die Trinkflaschen enthielten Wasser, welchem das Medikament Rohypnol zugesetzt worden war; die Einnahme von Rohypnol führt unter anderem dazu, dass Seh-, Urteils- und Gedächtnisvermögen vermindert werden.[239]

III. Künstliche Leistungssteigerung in der Gesellschaft der Gegenwart

Das Verlangen nach der Steigerung der Leistungsfähigkeit ist auch gegenwärtig nicht auf den Bereich des Sports begrenzt. Eine im November 2014 von der Deutschen Arbeitnehmer Krankenkasse (DAK) durchgeführte Studie zum Thema „Doping am Arbeitsplatz“ bringt hervor: Auch im beruflichen Alltag werden verschreibungspflichtige Arzneimittel eingenommen – fern von jeglicher medizinischen Indikation (sog. „Neuroenhancement“).[240] An der Studie der DAK hatten 5.017 Erwerbstätige teilgenommen. Befragt wurden Männer und Frauen im Alter zwischen 20 und 50 Jahren. Diese wiesen Unterschiede auf bei den sozialdemographischen Merkmalen Schulabschluss, Art der Beschäftigung und Stellung im Beruf.[241]

Beeinflusst werden sollen insbesondere kognitive Leistungsfähigkeit und psychische Befindlichkeiten.[242] Die Stimmungslage soll verbessert werden, Ängste und Stresssituationen/Nervositäten sollen abgebaut werden.[243] Gilt heute die Einnahme von Koffein, Energydrinks, Nikotin und Nahrungsergänzungsmitteln als gängiges und (zumeist) bedenkenloses Mittel zur Anregung der Leistungsfähigkeit, so werden zunehmend verschreibungspflichtige Arzneimittel eingenommen, deren originäres Anwendungsgebiet die Behandlung von (überwiegend psychischen) Krankheiten ist und die teilweise zu den Betäubungsmitteln im Sinne des BtMG zählen. Damit nutzen auch hier Gesunde Wirkungen von Medikamenten, die ursprünglich für Kranke erforscht und entwickelt wurden.

3,2 Prozent der Befragten gaben an, in den letzten zwölf Monaten vor Durchführung der Befragung ohne medizinische Indikation verschreibungspflichtige Arzneimittel eingenommen zu haben.[244] 6,7 Prozent teilten mit, dies nicht weniger als einmal seit Beginn der Erwerbstätigkeit (sog. Lebenszeitprävalenz) getan zu haben.[245] Unter Berücksichtigung der Dunkelziffer kommt die Studie zu einer um 80 Prozent

237 Spiegel Online vom 22.1.2006, Artikel im Internet abrufbar unter: http://www.spiegel.de/sport/fussball/landesmeister-finale-voeller-mitspieler-erhebt-schwere-doping-vorwuerfe-a-396720.html (zuletzt aufgerufen am 6.1.2017).

238 *Kistner*, Doping, S. 182. Argentinien gewann das Prestigeduell in der Schlussphase gegen müde wirkende Brasilianer mit 1:0, vgl. *Kistner*, Doping, S. 183.

239 *Kistner*, Doping, S. 182.

240 DAK Gesundheitsreport 2015, S. 29 ff.

241 DAK Gesundheitsreport 2015, S. 56 f.

242 DAK Gesundheitsreport 2015, S. 30.

243 DAK Gesundheitsreport 2015, S. 30, 57.

244 DAK Gesundheitsreport 2015, S. 66.

245 DAK Gesundheitsreport 2015, S. 66.

höheren Gebrauchsprävalenz.[246] Jeder achte Erwerbstätige hat demnach pharmakologisches Neuroenhancement einmal (oder mehrmals) betrieben. Betrachtet man den Zeitraum des der Befragung zugrundeliegenden Jahres, so betrifft dies jeden 30. erwerbstätigen Mann und jede 33. erwerbstätige Frau.[247] Im Zeitraum zwischen 2008 bis 2014 konnte eine Zunahme des Neuroenhancement festgestellt werden. Die Zahl der mindestens einmaligen Verwendung verschreibungspflichtiger Arzneimittel ohne medizinische Indikation verzeichnete unter den Befragten eine Zunahme um zwei Prozent.[248] Rund 1,9 Prozent der Befragten betrieben das pharmakologische Neuroenhancement regelmäßig,[249] also mindestens zweimal im Monat.[250]

Die Studie macht deutlich, dass lediglich ein geringer Teil der Erwerbstätigen pharmakologisches Neuroenhancement betreibt bzw. dieses nur einmal betrieben hat. Deutlicher fällt hingegen eine Studie aus, die im Jahr 2013 unter Studenten der Johannes Guttenberg Universität Mainz durchgeführt worden war. Befragt wurden 2.557 Studenten aus unterschiedlichen Fachrichtungen und unterschiedlichen Semestern.[251] 20 Prozent (davon entfielen 23,7 Prozent auf die Männer, 17,0 Prozent auf Frauen) der 2.569 Studenten hatten angegeben, Neuroenhancement in den letzten zwölf Monaten betrieben zu haben.[252] Die höchste Gebrauchsprävalenz (25,4 Prozent) war dabei unter den befragten Studenten der Sportwissenschaften zu verzeichnen.[253] Berücksichtigt wurden nicht lediglich verschreibungspflichtige Arzneimittel, sondern auch „pharmaceuticals or illegal drugs that you cannot buy in a drugstore and that were not prescribed to you to treat a disease. The only reason why you use this substance is to improve cognitive performance, such as attention, alertness, and mood".[254] Die Studie war demnach umfassender angelegt als die der DAK. Als Resultat ist festzuhalten, dass eine signifikante Zahl der Studenten bereits Neuroenhancement betrieben hat bzw. aktuell betreibt.

C. Der Dopingbegriff im juristischen Sprachgebrauch

Von dem allgemeinen Sprachgebrauch ist die juristische Auseinandersetzung mit dem Dopingbegriff zu unterscheiden.

---

246 DAK Gesundheitsreport 2015, S. 66.

247 DAK Gesundheitsreport 2015, S. 66.

248 DAK Gesundheitsreport 2015, S. 97

249 DAK Gesundheitsreport 2015, S. 94.

250 DAK Gesundheitsreport 2015, S. 96.

251 *Dietz/Striegel/Franke et al.*, Pharmacotherapy 2013; 33 (1): 44, 47. Die Umfrage geschah nach der sog. „Randomized Response Technique". Durch die Anwendung dieser Technik sollte die Dunkelziffer möglichst genau erforscht werden. Eingehend zur Methodik *Dietz/Striegel/Franke et al.*, Pharmacotherapy 2013; 33 (1): 44, 46 f.

252 *Dietz/Striegel/Franke et al.*, Pharmacotherapy 2013; 33 (1): 44, 47.

253 *Dietz/Striegel/Franke et al.*, Pharmacotherapy 2013; 33 (1): 44, 47.

254 *Dietz/Striegel/Franke et al.*, Pharmacotherapy 2013; 33 (1): 44, 46.

I. Verbandsrechtlicher Dopingbegriff

Aus Anlass der Fußballweltmeisterschaft hatte die FIFA erstmalig 1966 ein Dopingverbot auf Ebene des Weltfußballs eingeführt.[255] Verankert war dieses Verbot in den Anti-Doping-Regularien. Als Doping galt die Verabreichung oder der Gebrauch körperfremder Stoffe, soweit deren ausschließliches Ziel darin bestanden hat, eine künstliche und zugleich unfaire Leistungssteigerung vor oder während des Wettkampfs hervorzurufen.[256] Zu bestrafen war, wer mit der spezifischen Absicht handelte, den körperlichen und/oder mentalen Leistungszustand des Spielers zu verbessern.[257] Die verbotenen Substanzen wurden in der List of prohibited Drugs am Ende der Anti-Doping-Regularien geführt.[258]

1. Dopingbegriff des DFB

Für den Verbandsbereich des DFB traten erstmals im Jahr 1988 Anti-Doping-Regularien in Kraft. Doping war hiernach „[d]ie Anwendung von Substanzen und Maßnahmen vor oder während des Wettbewerbs, die geeignet sind, den physischen und psychischen Leistungszustand eines Spielers künstlich zu verbessern, oder der Versuch von Dritten, solche anzubieten oder jemanden zu deren Verwendung zu veranlassen [...]“.[259] Die verbotenen Substanzen wurden in der „Liste der angegebenen Substanzen“ im Anhang der Durchführungsbestimmungen Doping aufgeführt. Das Verschulden des Spielers wurde vermutet. Es oblag dem Spieler, diese Vermutung zu widerlegen, um Straffreiheit zu erlangen.[260]

Bis zur verbandsrechtlichen Regelung des Dopingverbots war eine begriffliche Definition von Doping durch den DFB nicht erfolgt. Doping konnte lediglich in der Begehungsform des „unsportlichen Verhaltens“ geahndet werden.[261] Die Beurteilung der Frage, wann ein solches „unsportliches Verhalten“ gegeben war, blieb der Betrachtung der Umstände des Einzelfalles vorbehalten. Eine gezielte Ahndung von Doping hatte es bei juristischer Wertung im Verbandsbereich des DFB bis zur Einführung des Dopingverbots im Jahr 1988 daher nicht gegeben.

---

255 *Nolte*, Dopingbekämpfung, in: Deutsche Sporthochschule Köln (Hrsg.), Doping – kulturwissenschaftlich betrachtet, S. 117, 119.

256 Vorwort/Definition, in: FIFA Anti-Doping-Regulations, abgedruckt bei *Nolte*, Dopingbekämpfung, in: Deutsche Sporthochschule Köln (Hrsg.), Doping – kulturwissenschaftlich betrachtet, S. 117, 131 f.

257 Act of Doping, in: FIFA Anti-Doping-Regulations, abgedruckt bei *Nolte*, Dopingbekämpfung, in: Deutsche Sporthochschule Köln (Hrsg.), Doping – kulturwissenschaftlich betrachtet, S. 117, 132. Hierbei oblag es der FIFA, die Intentionalität der Leistungsverbesserung zu beweisen.

258 List of prohibited Drugs, in: FIFA Anti-Doping-Regulations, abgedruckt bei *Nolte*, Dopingbekämpfung, in: Deutsche Sporthochschule Köln (Hrsg.), Doping – kulturwissenschaftlich betrachtet, S. 117, 134.

259 § 14 lit. a) Abs. 2 DFB-SpO (Stand 1988), § 1 DFB-Durchführungsbestimmungen Doping (Stand 1988).

260 § 5 Nr. 1 lit. j) DFB-RuVO (Stand 1988).

261 § 1 Nr. 2 DFB-RuVO (Stand 1988).

Der DFB hat seine Anti-Doping-Richtlinien den verbandsrechtlichen Vorgaben angepasst. Doping ist nach § 1 Nr. 1 DFB-ADR der Verstoß gegen eine oder mehrere der in § 1 Nr. 2 DFB-ADR enumerativ benannten Anti-Doping-Vorschriften.[262] Konkretisiert werden diese Vorschriften durch die Dopingliste, die von der WADA periodisch herausgegeben wird und die den DFB-ADR als Anhang A beigefügt ist; die jeweils gültige Dopingliste ist auf der Website der WADA unter www.wada-ama.org einzusehen.[263] Nicht unter den Begriff des Dopings fallen Handlungen, die nicht in § 1 Nr. 2 DFB-ADR erwähnt sind. Einnahme und/oder Anwendung von Substanzen bzw. Methoden, die nicht der vorgenannten Liste unterfallen, sind demnach nicht verboten; sie erfüllen nicht den verbandsrechtlichen Dopingbegriff, ungeachtet der Tatsache, ob mit der Einnahme bzw. Anwendung eine leistungssteigernde Wirkung einhergeht oder nicht.

Der Dopingbegriff des DFB ist demnach mehrgliedrig. Er setzt sich zusammen aus einer Vielzahl von Verbotstatbeständen, welche alternativ oder kumulativ begangen den Tatbestand des Dopings erfüllen. Taugliche Täter können neben den Sportlern auch Betreuungspersonen, Trainer, Offizielle oder andere Personen sein. Der Begriff des Dopings beschränkt sich demnach nicht auf das Handeln des Spielers. Umfasst sind auch Handlungen anderer Personen, sofern diese an die DFB-ADR gebunden sind.[264]

2. Dopingbegriff im Lizenzvertrag Spieler

Vom Dopingbegriff der DFB-ADR unterscheidet sich derjenige, der in dem Lizenzvertrag Spieler enthalten ist. Als Doping gilt hiernach: „Doping ist das Vorhandensein einer Substanz aus den verbotenen Wirkstoffen im Körper (Gewebe oder Körperflüssigkeit). Doping ist auch die Anwendung verbotener Methoden, die geeignet sind, den physischen und psychischen Leistungszustand eines Spielers künstlich zu verbessern. Doping ist auch der Versuch von Dritten, Substanzen aus den verbotenen Wirkstoffen oder die Anwendung verbotener Methoden anzubieten oder jemanden zu deren Verwendung zu veranlassen. Maßgeblich ist die vom DFB jeweils herausgegebene Liste (Anhang A zu den Anti-Doping-Richtlinien des DFB).“[265] Der Dopingbegriff des Lizenzvertrages unterscheidet sich von dem des DFB durch seine inhaltliche Unbestimmtheit und Verkürzung des Tatbestands. Insbesondere das Verbot, eine bestimmte verbotene Methode anzuwenden, „die geeignet ist, den physischen und psychischen Leistungszustand eines Spielers künstlich zu verbessern“, kann aufgrund ihrer Unbestimmtheit zu Schwierigkeiten bei der Beweiswürdigung führen und begegnet insoweit rechtlichen Bedenken. So kann bereits fraglich sein, wann von einer solchen Eignung zur Steigerung des Leistungszustandes auszugehen ist. Die Eignung

262 § 1 Nr. 1 DFB-ADR. Eine wortgleiche Dopingdefinition enthalten auch § 5 Nr. 1 DFB-SpO und § 6 Nr. 1 DFB-RuVO.

263 § 1 Nr. 3 Abs. 1 DFB-ADR.

264 § 1 Nrn. 1, 2 lit. e), lit. f) bb), lit. g), lit. h), lit. i), lit. j) DFB-ADR.

265 § 3 Abs. 2 Lizenzvertrag Spieler.

ist daher, im Unterschied zum Dopingbegriff im Lizenzvertrag, ausdrücklich nicht Teil des Dopingbegriffs des DFB.[266]

II. Dopingbegriff im AntiDopG

Der Gesetzgeber hat mit Einführung des AntiDopG erstmalig den Begriff des „Selbstdopings" in Gesetzesform gegossen. Die normtechnische Herangehensweise ähnelt dabei stark derjenigen der Sportverbände: „Selbstdoping" ist hiernach der Verstoß gegen die in § 3 AntiDopG aufgeführten Verbotstatbestände. Die verbotenen Dopingmittel und Dopingmethoden bestimmen sich ebenfalls anhand einer Verbotsliste, namentlich der Anlage I des Internationalen Übereinkommens vom 19. Oktober 2005 gegen Doping im Sport (BGBl. II 2007, 354, 355) in der vom Bundesministerium des Innern jeweils im Bundesgesetzblatt Teil II bekannt gemachten Fassung. Anders als der verbandsrechtliche Dopingbegriff beschränkt sich der strafrechtliche Dopingbegriff auf das Handeln des Sportlers selbst. Der Gesetzgeber unterscheidet demnach das Handeln Dritter von dem Handeln des Sportlers am eigenen Körper. Nur letzteres erfüllt den Dopingbegriff des Gesetzgebers, das „Selbstdoping". Anders als die Sportverbände hat es der Gesetzgeber unterlassen, Unterstützungshandlungen des Umfelds des Sportlers zum Selbstdoping bzw. entsprechende Handlungen anderer Personen in den Dopingbegriff (etwa als „Fremddoping") miteinzubeziehen. Dies ändert, wie noch zu zeigen sein wird,[267] gleichwohl nichts an der Tatsache, dass auch ein solches Handeln strafbar sein kann.

Kapitel 3: Doping im deutschen Lizenzfußball

Handlungen sowohl des Strafgesetzgebers als auch der Verbände, welche das Ziel haben, Doping zu verhindern und zu bekämpfen, setzen voraus, dass von einer mindestens abstrakten Gefahr der Begehung von Dopingverstößen ausgegangen werden kann. Das Strafrecht kann seinen Einsatz nur rechtfertigen, wenn es tatsächlich auch eine Dopinggeneigtheit gibt. Zur Beurteilung dieser Frage sollen nachfolgend die bisherigen sportdisziplinarischen Verurteilungen im deutschen Fußball und deren Bedeutung untersucht werden. Nach der sportmedizinischen Auseinandersetzung mit Nutzen und Sinnhaftigkeit von Doping im Fußball sollen die Ursachen des devianten Verhaltens erörtert und die gewonnenen Ergebnisse auf die Gegebenheiten des deutschen Lizenzfußballs angewendet werden.

266 Vgl. § 1 Nr. 3 Abs. 2 DFB-ADR.

267 Siehe unten Dritter Teil Kapitel 2 § 1 A.

§ 1 Dopingfälle im deutschen Fußball

Die durch die NADA veröffentlichen Zahlen zu Dopingverstößen und durchgeführten Kontrollen beziehen sich auf sämtliche Spielklassen des deutschen Fußballs, sofern diese Gegenstand von Dopingkontrollen sind. Detailliertere Angaben, die Rückschlüsse auf den Lizenzfußball zuließen, liegen nicht vor. Darstellung und Bewertung der Dopingfälle beziehen sich im Folgenden daher auf den deutschen Fußball, soweit kontrolliert wird.

A. Häufigkeit der Verurteilungen

Der DFB hat erstmalig zu Beginn des Spieljahres 1988/1989 Dopingkontrollen durchgeführt.[268] Systematisch kontrolliert wird seit dem Jahr 1995.[269] Gegenwärtig finden Kontrollen in 16 Spielklassen bzw. Wettbewerben statt.[270] Kontrolliert wird unter anderem in Training (Trainingskontrolle) und Wettkampf (Wettkampfkontrolle) von Bundesliga, 2. Bundesliga und 3. Liga sowie bei Qualifikationsspielen für Bundesliga und 2. Bundesliga und bei DFB-Pokalendspielen.[271]

Bei der Anordnung der Durchführung der Dopingkontrollen ist zu unterscheiden: Obligatorisch durchgeführt werden Dopingkontrollen bei den DFB-Pokalendspielen und den Qualifikationsspielen für Bundesliga und 2. Bundesliga („sollen").[272] In den sonstigen Bundesspielen können Dopingkontrollen fakultativ angeordnet werden.[273] Dies meint, dass nach den Anti-Doping-Richtlinien des DFB Dopingkontrollen in den Meisterschaftsspielen von Bundesliga, 2. Bundesliga und 3. Liga nicht zwingend angeordnet werden müssen („können"). Es liegt im Ermessen der NADA, diese anzuordnen.[274] Die Anordnung von Trainingskontrollen beschränkt sich auf Bundesliga, 2. Bundesliga, 3. Liga, A- und B-Junioren-Bundesliga und Frauen-Bundesliga.[275] „Training" meint hierbei die Zeit, die nicht innerhalb des Wettkampfs liegt.[276] Als „Wettkampf" gilt das einzelne Spiel.[277] Die Wettkampfkontrolle beginnt zwölf Stunden vor Anpfiff des jeweiligen Spiels und endet mit dem Ende des Spiels bzw. mit der Beendigung des wettkampfbezogenen Probenahmeprozesses.[278] Seit 1. Juli 2014 können im Wettkampf, neben der bereits seit Einführung der Kontrollen

268 *Kindermann*, in: wfv e. V. (Hrsg.), Doping und Sport, S. 31.

269 *Hilpert*, Fußballstrafecht, § 6 Rn. 31.

270 http://www.dfb.de/verbandsservice/fakten-und-hintergruende/das-netz-verdichtet-sich-kontinuierlich/ (zuletzt aufgerufen am 6.1.2017).

271 § 5 Nr. 1 DFB-ADR.

272 § 5 Nr. 1 Abs. 1 Satz 2 DFB-ADR.

273 § 5 Nr. 1 Abs. 1 Satz 1 DFB-ADR.

274 § 5 Nr. 2 DFB-ADR.

275 § 5 Nr. 1 Abs. 2 DFB-ADR.

276 Definition „Trainingskontrolle" Anhang 1 – Begriffsbestimmungen NADC.

277 Definition „Wettkampf" Anhang 1 – Begriffsbestimmungen NADC.

278 Definition „Innerhalb des Wettkampfs" Anhang 1 – Begriffsbestimmungen NADC.

praktizierten Durchführung von Urinproben,[279] auch Blutproben entnommen werden.[280] Letztere wurden von der NADA im Jahr 2013 auf die Trainingskontrollen ausgedehnt.[281] In den 16 Spielklassen wurden in Wettkampf und Training seit Einführung bislang mehr als 20.000 Dopingkontrollen durchgeführt.[282] Hiervon führten 25 Kontrollen zu rechtskräftigen sportdisziplinarischen Verurteilungen.[283] Im Kalenderjahr 2015 wurden im deutschen Fußball insgesamt 1.447 Wettkampf- und 484 Trainingsproben genommen.[284] Dabei stehen 143 Blutproben im Wettkampf[285] 45 Blutproben im Training[286] gegenüber.

B. Bewertung

Setzt man die Zahl der genommenen Proben und die Zahl der rechtskräftigen Verurteilungen in Relation zueinander, so entsteht *prima facie* der Eindruck, dass eine Dopingaffinität, wie sie etwa im Radsport[287] oder anderen kraft- und ausdauerintensiven Sportarten vorliegt, im deutschen Fußball nicht gegeben ist. Diese Annahme scheint sich zu bestätigen, richtet man den Fokus auf den Lizenzfußball: Die vorgenannten Verurteilungen betreffen den gesamten Bereich, in welchem der DFB die Sanktionsgewalt besitzt. Tatsächlich entfällt auf den Lizenzfußball daher nur ein Teil der in der Statistik abgebildeten rechtskräftigen Verurteilungen. Die Zahl der bislang

279 § 2 Abs. 8 DFB-Durchführungsbestimmungen Doping (Stand 1988).

280 Offizielle Mitteilungen des DFB, Nr. 3 vom 30.6.2014, S. 2 ff.

281 NADA-Jahresbericht 2013, S. 4, im Internet abrufbar unter: http://www.nada.de/de/service-infos/jahresberichte/ (zuletzt aufgerufen am 6.1.2017).

282 http://www.dfb.de/news/detail/2200-doping-kontrollen-pro-saison-117483/ (zuletzt aufgerufen am 6.1.2017).

283 *Hilpert*, Fußballstrafrecht, § 6 Rn. 31 weist zum Stand 30.09.2008 13 rechtskräftige Verurteilungen nach. *Drepper* benennt für das Jahr 2003 vier weitere rechtskräftige Verurteilungen, vgl. https://correctiv.org/recherchen/fussballdoping/blog/2015/11/12/dfb-gedopt-gesperrt-verheimlicht/ (zuletzt aufgerufen am 6.1.2017). Weitere rechtskräftige Verurteilungen sind enthalten in den Jahresberichten der NADA: NADA-Jahresbericht 2008, S. 17, NADA-Jahrbuch 2009, S. 50 f., NADA-Jahresbericht 2013, S. 14 f., NADA-Jahresbericht 2014, S. 16 f., im Internet abrufbar unter: http://www.nada.de/de/service-infos/jahresberichte/ (zuletzt aufgerufen am 6.1.2017). Zum fahrlässigen Dopingvergehen vom 13. und 14. April 2016 des Spielers *Branimir Bajic* vgl. Pressemitteilung des DFB-Sportgerichts vom 22.4.2016, im Internet abrufbar unter: http://www.dfb.de/news/detail/verwarnung-wegen-fahrlaessigen-dopingvergehens-gegen-duisburger-bajic-144521/ (zuletzt aufgerufen am 6.1.2017). Im Fall des Spielers *Manuel Cornelius* wurde das Verfahren analog § 153 Abs. 2 StPO eingestellt, nachdem dieser schon für die Dauer von nahezu acht Wochen gesperrt war, vgl. *Hilpert*, Fußballstrafrecht, § 6 Rn. 30 (6. Fall).

284 NADA-Jahresbericht 2015, S. 28, im Internet abrufbar unter: http://www.nada.de/de/service-infos/jahresberichte/ (zuletzt aufgerufen am 6.1.2017).

285 NADA-Jahresbericht 2015, S. 28, im Internet abrufbar unter: http://www.nada.de/de/service-infos/jahresberichte/ (zuletzt aufgerufen am 6.1.2017).

286 NADA-Jahresbericht 2015, S. 28, im Internet abrufbar unter: http://www.nada.de/de/service-infos/jahresberichte/ (zuletzt aufgerufen am 6.1.2017).

287 Vgl. hierzu *Singler/Treutlein*, in: Meutgens (Hrsg.), Doping im Radsport, S. 84 ff.

erfolgten Verurteilungen von Dopingverstößen im deutschen Lizenzfußball ist gering; Verurteilungen und positive Proben bewegen sich im Promillebereich.[288]

Die negativen Testergebnisse können jedoch nicht als Beweis dafür dienen, dass Dopingpraktiken im deutschen Lizenzfußball nicht existieren. Zu dominant sind Erfahrungen, die aus dem Radsport stammen. Zahlreiche Dopingproben fielen auch dort negativ aus; gleichwohl hatte sich in der Retrospektive herausgestellt, dass flächendeckend gedopt worden war.[289] Der Profi-Radsportler *Bernhard Kohl* hat in einem Interview im Jahr 2009 angegeben, in seiner Karriere 200 Dopingkontrollen durchlaufen zu haben, davon jedoch nur einmal wegen eines Dopingverstoßes überführt worden zu sein.[290] Nach Einschätzung des Chefanklägers der United States Anti-Doping-Agency (USADA), *Travis Tygart*, werden hochbezahlte Sportler mit der entsprechenden Infrastruktur und dem nötigen Wissen stets in der Lage sein, positive Testergebnisse zu umgehen.[291] Im Schnitt muss ein dopender Sportler 150-mal getestet werden, ehe er des Dopings überführt wird.[292] Große Bedeutung kommt hier der Tatsache zu, dass die Einnahme bestimmter leistungsfördernder Substanzen nur innerhalb eines bestimmten Zeitfensters nachgewiesen werden kann. Dies macht sich etwa der mit rekombinantem menschlichen Erythropoietin (sog. rekombinantes EPO) dopende Sportler beim sog. „Low-dose Schema" zunutze. Demnach werden nach einer anfänglichen Boosterphase lediglich niedrige intravenöse Injektionsmengen an EPO gebraucht.[293] Je nach Dosierung kann das Zeitfenster für den Nachweis der verbotenen Substanz EPO im Urin des Sportlers somit unter 24 Stunden betragen.[294] Der erhöhte Hämoglobinspiegel bleibt hingegen erhalten.[295] Jede Säumnis von Kontrollen hat hier also zur Folge, dass ein Nachweis der verbotenen Einnahme von Substanzen bzw. der verbotenen Methode nicht erbracht werden kann, die leistungssteigernde Wirkung aber besteht. Unverzichtbar sind daher Kontrollen außerhalb der Wettbewerbsspiele. Vergleicht man die Anzahl der durchgeführten Trainingskontrollen mit derjenigen der Wettkampfkontrollen, so fällt auf, dass hier ein eklatantes Missverhältnis besteht: Nahezu drei Viertel der im Jahr 2015 im Fußball durchgeführten Dopingkontrollen entfielen auf den Wettkampf.[296]

Die geringe Zahl der verurteilten Spieler(innen) könnte so betrachtet auch Raum zu jener Interpretation lassen, dass es sich bei dieser tatsächlich um die statistische Abbildung der geringen Entdeckungsrate von Dopingpraktiken im deutschen Fuß-

288 *Hilpert*, Fußballstrafrecht, § 6 Rn. 31. *Hilpert*, a. a. O. gelangt daher zu der Erkenntnis, dass es sich beim deutschen Fußball um einen „relativ dopingfreien Raum" handelt.

289 Vgl. *Krüger*, Sport und Gesellschaft 2006, 324 ff.

290 Zeit Online vom 26.5.2009, Artikel im Internet abrufbar unter: http://www.zeit.de/online/2009/22/kohl-doping-radsport (zuletzt aufgerufen am 6.1.2017).

291 BT-Prot. 17/69, S. 6.

292 *Simon*, Faktenauflistung, Punkt 3, im Internet abrufbar unter: http://www.sportmedizin.uni-mainz.de/Dateien/Sportausschuss_Prof.Dr.Dr.P.Simon_10.11.2010.pdf (zuletzt aufgerufen am 6.1.2017).

293 *Pöttgen*, Doping 2011, 95 f.

294 *Pöttgen*, Doping 2011, 96.

295 *Pöttgen*, Doping 2011, 95 f.

296 NADA-Jahresbericht 2015, S. 28, im Internet abrufbar unter: http://www.nada.de/de/service-infos/jahresberichte/ (zuletzt aufgerufen am 6.1.2017).

ballsport handelt. Bei den negativen Dopingproben kann es sich allenfalls um Indizien für das Vorliegen eines weitestgehend dopingsauberen Bereichs des Sports handeln. Hierfür sprechen insbesondere die, gemessen an den am Wettbewerb teilnehmenden Sportlern, relativ geringe Zahl der durchgeführten Dopingkontrollen, der Mangel an analytischen Methoden zum Nachweis neuer Dopingmittel/-methoden sowie die Möglichkeit, durch geschicktes Agieren Dopingpraktiken zu verschleiern. Unerwünschte Nebenfolge könnte sein, dass durch den Schein der Nicht-Nachweisbarkeit von Doping erst Anreize für dopingaffine Spieler geschaffen werden, zu dopen.

Soweit ersichtlich, wurden anonymisierte Befragungen über die Ausübung oder die Kenntnis von nach den DFB-ADR verbotenen Dopingpraktiken im deutschen Lizenzfußball bislang nicht durchgeführt. Erwähnenswert ist eine Studie, die unter 39 Spielern aus Bundesliga, 2. Bundesliga und 3. Liga sowie neun Spielerinnen aus der Frauen-Bundesliga im Jahr 2014 durchgeführt worden war.[297] Auf die Frage, „[h]aben Sie zur Steigerung Ihrer körperlichen Leistungsfähigkeit in den letzten 12 Monaten Substanzen eingenommen, die es nur in der Apotheke, beim Arzt oder auf dem Schwarzmarkt gibt (z.B. Anabole Steroidhormone, EPO, Wachstumshormone, Aufputschmittel)?“ antworteten 13 Spieler(innen) mit ja. Dies führte zu einer geschätzten Prävalenz zwischen 9,83 Prozent und 35,17 Prozent.[298] Der in der Fragestellung enthaltene Dopingbegriff ist weiter als derjenige des DFB. Das Ergebnis der Studie könnte daher auch Situationen umfassen, bei denen es sich nach dem verbandsrechtlichen (und strafrechtlichen) Dopingbegriff nicht um Doping handelt. Ferner ist der Studie nicht zu entnehmen, wie sich das Ergebnis der Befragung zusammensetzt. Unklar ist demnach, ob sich unter den die Frage bejahenden Teilnehmern auch Frauen befunden haben.

Eine Befragung wurde auch unter englischen Berufsfußballspielern durchgeführt.[299] Dabei gaben sechs Prozent der 706 teilnehmenden Fußballer an, Spieler zu kennen, die leistungssteigernde Dopingsubstanzen bereits einmal zu sich genommen hatten oder gegenwärtig anwendeten; 45 Prozent der Teilnehmer kannten Spieler, die „Freizeitdrogen“ wie etwa Cannabis oder Kokain konsumierten.[300] Die durchgeführten Dopingkontrollen spiegelten diese Zahl nicht wider. Die Forscher führten dies darauf zurück, dass es den Spielern auf recht einfache Art und Weise gelungen war, positive Dopingproben zu vermeiden.[301]

Eine Befragung unter deutschen Leistungssportlern geht davon aus, dass jährlich zwischen zehn und 35 Prozent der Spitzensportler Dopingmittel/-methoden anwenden.[302] Dabei wird insbesondere wegen der direkten Messbarkeit der Leistung davon

---

297 *El Bousidi*, Dopingverhalten, S. 43.
298 *El Bousidi*, Dopingverhalten, S. 43.
299 *Waddington/Malcolm/Roderick/Naik*, BrJSportsMed 2005; 39: e18.
300 *Waddington/Malcolm/Roderick/Naik*, BrJSportsMed 2005; 39: e18.
301 *Waddington/Malcolm/Roderick/Naik*, BrJSportsMed 2005; 39: e18.
302 *Pitsch/Maats/Emrich*, in: Pitsch/Emrich (Hrsg.), Sport and Doping, S. 17, 26.

ausgegangen, dass die Quote der dopenden Sportler in den sog. CGS-Sportarten[303] höher ist als in den Spielsportarten.[304]

C. Zusammenfassung

Die statistische Zahl der Verurteilungen wegen Dopingverstößen im Lizenzfußball ist gering. Durch die niedrige Anzahl an Trainingskontrollen, durchgeführten Blutproben und positiven Proben (Anreizschaffung zu Dopen) kann jedoch nicht ohne weiteres ausgeschlossen werden, dass auch im deutschen Lizenzfußball ein Dunkelfeld besteht, welches Dopingverstöße zum Gegenstand hat. Anonymisierte Befragungen zum Dopingverhalten einzelner Lizenzspieler oder ihrer Mitstreiter wurden, anders als im englischen Berufsfußball, im deutschen Berufsfußball bislang nicht repräsentativ durchgeführt. Weder die Zahl der Verurteilungen noch die Zahl der negativen Dopingproben bzw. der Nichtverurteilungen ermöglicht verlässliche Rückschlüsse auf das Vorliegen oder Nichtvorliegen von Doping im deutschen Lizenzfußball. Für die Beantwortung der Frage nach der Dopingprävalenz bzw. dem Vorliegen von Konstellationen, die auf eine systemimmanente Dopinggefahr hindeuten, bedarf es zunächst der Klärung der Frage nach dem Nutzen von Doping im Fußball. Denn an die Untersuchung der Dopinggeneigtheit der Spieler wird ein strengerer Maßstab anzulegen sein, wenn ein Nutzen nach den Erkenntnissen der Sportmedizin nicht oder nur in geringem Maße gegeben ist, als wenn ein Nutzen erwiesen vorliegt.

§ 2 Systemimmanentes Dopingproblem

A. Nutzen von Doping im Fußballsport

Die mediale Berichterstattung über Doping im Fußball ruft beinahe schon in periodischen Abständen Aussagen einzelner Vertreter des Lizenzfußballs hervor, mittels Doping sei ein Nutzen im Fußball nicht zu erzielen.[305] Beim Fußball handele es sich nicht um eine reine Kraft- und Ausdauersportart,[306] sondern um eine Mischsportart, in welcher Technik und Taktik mitbestimmend seien.[307] Hinzu kommt: Fußball wird als Mannschafts- und nicht als Individualsportart ausgeübt. Über Erfolg oder Niederlage entscheidet das Kollektiv und nicht lediglich die Leistung des Einzelnen.

---

303 = Zentimeter, Gramm, Sekunden.

304 *Pitsch/Maats/Emrich*, in: Pitsch/Emrich (Hrsg.), Sport and Doping, S. 17, 31.

305 Zeit Online vom 4.3.2015, Artikel im Internet abrufbar unter: http://www.zeit.de/sport/2015-03/doping-klopp-scholl-dutt-beckmann-ard (zuletzt aufgerufen am 6.1.2017).

306 Vgl. http://www.dfb.de/news/detail/meyer-kein-hinweis-auf-blutdoping-abzuleiten-46228/ (zuletzt aufgerufen am 6.1.2017).

307 Zeit Online vom 4.3.2015, Artikel im Internet abrufbar unter: http://www.zeit.de/sport/2015-03/doping-klopp-scholl-dutt-beckmann-ard (zuletzt aufgerufen am 6.1.2017).

Bei den bekannt gewordenen Dopingverstößen[308] könnte es sich daher um individuelle Einzelfälle handeln. Klar ist: Fußball setzt sich aus einer Vielzahl leistungsbestimmender Faktoren zusammen; Sprint/Schnelligkeit, Ausdauer, Beweglichkeit, Sprungkraft, mentale Stärke, Technik und Taktik stellen dabei sicher nur einen Teil dieser Faktoren dar.

Wissenschaftlich fundierte Studien, die den Effekt von Doping auf Fußball untersuchen, liegen nicht vor. Untersuchungen an Fußballspielern, welche die Wirksamkeit von verbotenen Dopingmethoden bzw. der Verabreichung verbotener Dopingsubstanzen zum Gegenstand haben, unterlägen erheblichen ethisch-moralischen Bedenken. Auch das „Messen" des Dopingeffekts ist im Fußball ungleich schwerer als in Sportarten, in welchen definierte Parameter wie Zeit, Gewicht, Höhe und Weite existieren. Im Fußball als Mannschaftssportart entscheiden primär Tore. Hinzu treten Größen wie gewonnene Zweikämpfe, Ballbesitz oder Passgenauigkeit. Das Fußballspiel ist schließlich von einer Vielzahl an Faktoren geprägt, welche weder mess- noch bestimmbar sind (u. a. Stärke des Gegners, Leistung des Schiedsrichters, Taktik, Wetter) und in der Folge eine verlässliche Vorhersage nicht zulassen.[309] Gleichwohl sollte dies nicht den Blick davor versperren, dass die Beeinflussung einzelner Komponenten auch in einer komplexen Spielsportart, für den einzelnen Sportler betrachtet, insoweit von Vorteil sein kann, als einzelne Leistungskomponenten die Qualität der Wettkampfleistung des Spielers ausmachen.[310] Letztlich ist es die individuelle Leistung, die über Einsatz und sportlichen Erfolg des Spielers entscheidet.

Die Kenntnis des Anforderungsprofils stellt die Voraussetzung dar, um beurteilen zu können, ob die Leistung auch im Hochleistungsfußball durch Doping optimierbar ist.

I. Anforderungsprofil

Feldspieler absolvieren während des Spiels im Durchschnitt zwischen 60 und 80 Sprints.[311] Hiervon werden überwiegend Sprintdistanzen von jeweils fünf bis 20 Metern zurückgelegt.[312] In der Spitze können diese bei mehr als 40 Metern liegen.[313] Sprints stellen demnach zwischen ein und elf Prozent der über 90 Minuten zurückgelegten Laufdistanz dar.[314] Den Sprintaktionen voraus gehen überwiegend Pass und Dribbling.[315] Sprints gelten in der Sportwissenschaft nicht selten als das spielentschei-

308 Siehe oben Erster Teil Kapitel 3 § 1 A.

309 *Siegle*, Wettkampfdiagnostik Fußball, S. 53 f.

310 *Gonzalez-Balzar*, Sportmedizinische Betreuung, S. 139.

311 *Bisanz/Gerisch*, Fußball, S. 194; *Sperlich/Hoppe/Haegele*, Dtsch Z Sportmed 64 (2013), 10, 11 gehen unter Verweis auf *Mohr M/Krustrup P/Bangsbo J*, J Sports Sci 21 (2003) 519-528 von 30 bis 40 Sprints aus.

312 *Bisanz/Gerisch*, Fußball, S. 194.

313 *Bisanz/Gerisch*, Fußball, S. 194.

314 *Hoff/Kähler/Helgerud*, Dtsch Z Sportmed 57 (2006), 116, 119 unter Verweis auf *Reilly/Thomas*, JHMS 2 (1976) 87-97.

315 *Bisanz/Gerisch*, Fußball, S. 194. Hiernach liegen die vorausgehenden Passaktionen bei ca. 50 Prozent, die Dribblings bei ca. 40 Prozent.

dende Element – ihnen kommt wesentliche Bedeutung zu, insbesondere bei Ballereroberung und Ballverteidigung sowie in Torszenen, direkten Zweikämpfen oder Laufduellen.[316] Während des Spiels kommt es zu etwa 50, meist explosiven, Richtungswechseln des Spielers.[317] Alle drei bis fünf Sekunden erfolgt eine Änderung des Bewegungsmusters.[318] Die Laufleistung eines Spitzenfußballers im Spiel liegt je nach Position und Mannschaftshierarchie im Durchschnitt zwischen neun und zwölf Kilometer.[319] Teilweise werden in der Bundesliga Spitzenwerte von bis zu 14 Kilometer erreicht. Zwei bis drei Kilometer werden mit einer Laufleistung von 15 Kilometer in der Stunde absolviert, 600 Meter mit über 20 Kilometer in der Stunde.[320] Ballkontrolle und Balancewahrung verlangen dabei eine kraftvolle Arbeitsmuskulatur.[321] Ein Spieler hat im Spiel durchschnittlich etwa 200 Aktionen, in denen hochintensive muskuläre Arbeiten verrichtet werden.[322]

Um auf diesem hohen Niveau mithalten zu können, muss ein Fußballspieler über gute technische, taktische, konditionelle, koordinative und kognitive Leistungsfähigkeiten verfügen.[323] Die Leistungsvoraussetzungen stehen untereinander in wechselbezüglichen Beziehungen und hängen voneinander ab.[324] Besondere Bedeutung kommt dabei konditionellen Leistungsfähigkeiten zu; Ausdauer, Kraft, Schnelligkeit und Beweglichkeit stehen zu nahezu sämtlichen Leistungsvoraussetzungen in Wechselbeziehungen.[325] Als Schlüssel zur Leistungsoptimierung kommt daher die gezielte Beeinflussung der konditionellen Leistungsparameter in Betracht.

1. Ausdauer

Die aktive Spielgestaltung auf konstantem Niveau verlangt eine gute Ausdauerleistungsfähigkeit.[326]

a. Aerobe Phase

Die aerobe oxidative Energieversorgung des Spielers erfolgt beim Laufen oder Gehen und bei längeren Laufbelastungen ohne Unterbrechungen.[327] Der Sauerstoff ermög-

316 *Rehhagel*, Fußball, S. 15.
317 *Hoff/Kähler/Helgerud*, Dtsch Z Sportmed 57 (2006), 116, 119 unter Verweis auf *Withers/Maricic/Wasilewski/Kelly*, JHMS 8 (1982) 159-176.
318 *Iaia/Rampinini/Bangsbo*, IJSPP 2009; 4 (3): 291, 292.
319 *Dargatz*, Fußball Konditionstraining, S. 25.
320 *Iaia/Rampinini/Bangsbo*, IJSPP 2009; 4 (3): 291, 292.
321 *Hoff/Kähler/Helgerud*, Dtsch Z Sportmed 57 (2006), 116, 119 unter Verweis auf *Withers/Maricic/Wasilewski/Kelly*, JHMS 8 (1982) 159-176.
322 *Sperlich/Hoppe/Haegele*, Dtsch Z Sportmed 64 (2013), 10, 11 unter Verweis auf *Mohr M/Krustrup P/Bangsbo J*, J Sports Sci 21 (2003) 519-528.
323 *Rehhagel*, Fußball, S. 15.
324 *Jansen*, Testverfahren, S. 8.
325 *Geese*, Fußball, S. 13, 17, 25 ff.
326 *Hoff/Kähler/Helgerud*, Dtsch Z Sportmed 57 (2006), 116, 117 f.
327 *Dargatz*, Fußball Konditionstraining, S. 29.

licht es dem Spieler, Energie aus Glukose und freien Fettsäuren zu gewinnen.[328] Um die hohe Gesamtlaufleistung während eines 90-minütigen Spiels zu absolvieren, benötigt der Spieler durchschnittlich ca. 75 Prozent der individuellen maximalen Sauerstoffaufnahme (VO_{2max}).[329] Die Existenz einer hohen VO_{2max} bewirkt, dass auf hohe Glykogenreserven zugegriffen werden kann.[330] Während eines Spiels werden durchschnittlich 300-400 g Glykogen verbraucht.[331] Die Abnahme der Glykogenreserven im Laufe des Spiels macht es notwendig, dass zusätzliche Energie bereitgestellt wird.[332] Dies erfolgt durch den Fettstoffwechsel.[333] Ein hoher VO_{2max} bewirkt nun, dass der Fettstoffwechsel effizienter mobilisiert und genutzt werden kann. Hierdurch wird der Spieler in die Lage versetzt, Glykogen für hochintensive Spielhandlungen aufzusparen.[334] Auf diesem Wege können hochintensive Spielhandlungen (Konter, Nachsetzen nach Ballverlusten, wiederholte Antritte, Richtungswechsel)[335] länger durchgehalten werden, bis schließlich wegen des sich entleerenden Glykogenvorrats und der zunehmenden Laktatakkumulation eine Leistungsreduktion erfolgen muss.[336] Der im Vergleich zur gegnerischen Mannschaft um (ca.) 6 $ml \cdot kg^{-1} \cdot min^{-1}$ niedrigere Durchschnittswert an VO_{2max} einer durchschnittlichen Mannschaft führt nach den Untersuchungsergebnissen einer Studie in Bezug auf die gegnerische Mannschaft schließlich dazu, dass diese hinsichtlich der Laufleistung mit der Wirkung eines weiteren Spielers auf dem Spielfeld antritt.[337] Die Erhöhung der individuellen maximalen Sauerstoffaufnahme bewirkt beim Spieler, dass sich dessen Erholungsrate erhöht und die Ermüdungsphase zeitlich hinausgezögert wird.[338]

Die VO_{2max} steht in unmittelbarer Beziehung zur totalen Hämoglobinmenge.[339] Durch seine proteinische Struktur bindet das Hämoglobin den eingeatmeten Sauerstoff. Die Blutzirkulation verteilt diesen schließlich im gesamten Körper. Pro Gramm verändertes Hämoglobin verändert sich die VO_{2max} um 3,5 bis 4ml pro Minute.[340] Eine hohe totale Hämoglobinmenge ermöglicht demnach eine hohe Sauerstoffversorgung.[341] Eine physiologische Steigerung der totalen Hämoglobinmenge durch konservatives Training ist für austrainierte Sportler, sieht man einmal vom Höhentraining

328 *Jansen*, Testverfahren, S. 26.

329 *Jansen*, Testverfahren, S. 32 m. w. N.

330 *Hoff/Kähler/Helgerud*, Dtsch Z Sportmed 57 (2006), 116, 117.

331 *Coen/Urhausen/Coen/Kindermann*, Dtsch Z Sportmed 49 (1998), 187, 190.

332 *Hoff/Kähler/Helgerud*, Dtsch Z Sportmed 57 (2006), 116, 117.

333 *Hoff/Kähler/Helgerud*, Dtsch Z Sportmed 57 (2006), 116, 117.

334 *Hoff/Kähler/Helgerud*, Dtsch Z Sportmed 57 (2006), 116, 117.

335 *Jansen*, Testverfahren, S. 27.

336 *Hoff/Kähler/Helgerud*, Dtsch Z Sportmed 57 (2006), 116, 117.

337 *Wisløff/Helgerud/Hoff*, Med. Sci. Sports Exerc. 1998; 30 (3): 462, 467; *Hoff/Kähler/Helgerud*, Dtsch Z Sportmed 57 (2006), 116, 117.

338 *Bangsbo/Mizuno*, in: Reilly/Lees/Davids/Murphy (Hrsg.), Science and Football, S. 114 ff.

339 *Prommer/Schmidt*, Dtsch Z Sportmed 60 (2009), 293.

340 *Prommer/Schmidt*, Dtsch Z Sportmed 60 (2009), 293.

341 Diese Wirkung entfällt, wenn der Wert des optimalen Hämatokrits, also der Anteil der Erythrozyten am Blutvolumen, überschritten wird. Die Überschreitung des optimalen Hämatokrits hat zur Folge, dass das Herz wegen des Reibungswiderstandes des dickflüssigen Blutes die Blutzirkulation nicht mehr wie erforderlich aufbringen kann, vgl. hierzu *Böning/Maassen*, Dtsch Z Sportmed 59 (2008), 175, 176. Der Wert des optimalen Hämatokrits ist bei Menschen noch unbekannt (*Böning/Maassen*,

ab, nur sehr eingeschränkt möglich.[342] Ein probates Mittel zur Überwindung der Limitierung stellt hier die Blutmanipulation dar.[343] Diese kann sowohl medikamentös (etwa durch Peptidhormone und Analoga) als auch methodisch (u. a. durch Eigen- oder Fremdblutdoping) den totalen Hämoglobinwert effizient steigern.[344] Rekombinantes EPO kann die Ausdauer um fünf bis fünfzehn Prozent steigern, indem es die sog. Laktatschwelle, der sich ein Feldspieler während der neunzig Minuten ständig annähert, weiter hinauszögert.[345] Denkbar ist die Blutmanipulation auch durch Veränderung der betreffenden Gene (Gendoping). Spieler können härter trainieren, leichter die abverlangte Laufleistung erbringen und nach einem Sprint präziser die Aktion abschließen.[346] WADA und NADA sahen sich im Jahr 2013 dazu veranlasst, im Wege einer Pressemitteilung ausdrücklich vor der Einnahme der Substanz GW1516 zu warnen.[347] Bei GW1516 handelt es sich um eine Substanz, die zur verstärkten Bildung von Muskelfasern sowie von Enzymen für die Energiegewinnung aus Fetten führt.[348] Laborversuche an Mäusen hatten ergeben, dass mit GW1516 behandelte Mäuse bei absolut gleichen „Trainingsbedingungen" deutlich länger und weiter laufen konnten als unbehandelte Mäuse.[349]

Eine in der Saison 2008/2009 unter Spielern der Bundesliga und 2. Bundesliga durchgeführte Studie hat ergeben, dass vereinzelt Hämoglobinwerte gemessen wurden, die den in anderen Sportarten geltenden Grenzwert von 17 g/dl[350] überstiegen.[351] Der maximale Wert lag bei 18,5 g/dl.[352] Auch der Hämatokritwert lag vereinzelt über dem Normalwert.[353]

Dtsch Z Sportmed 59 (2008), 175, 176). „Ideal" könnte sein, das Herzschlagvolumen der maximalen Sauerstoffaufnahmefähigkeit anzupassen, die Kontraktionskraft der Herzmuskulatur zu stärken und die Blutgefäße der Bronchien und Lungen zu erweitern, vgl. *Schänzer*, in: Gamper/Mühlethaler/Reidhaar (Hrsg.), Doping, S. 191, 204 f.

342 *Prommer/Schmidt*, Dtsch Z Sportmed 60 (2009), 293.

343 *Prommer/Schmidt*, Dtsch Z Sportmed 60 (2009), 293, 294.

344 *Prommer/Schmidt*, Dtsch Z Sportmed 60 (2009), 293, 294.

345 Vgl. FAZ.NET vom 17.6.2016, Artikel im Internet abrufbar unter: http://www.faz.net/aktuell/wissen/medizin-ernaehrung/doping-im-fussball-die-wollen-doch-nur-spielen-14281989-p8.html (zuletzt aufgerufen am 6.1.2017).

346 FAZ.NET vom 17.6.2016, Artikel im Internet abrufbar unter: http://www.faz.net/aktuell/wissen/medizin-ernaehrung/doping-im-fussball-die-wollen-doch-nur-spielen-14281989-p8.html (zuletzt aufgerufen am 6.1.2017).

347 NADA (Hrsg.), Newsletter Februar 2013, im Internet abrufbar unter: http://www.nada.de/fileadmin/user_upload/nada/Newsletter/NADA-Newsletter_02_2013.pdf (zuletzt aufgerufen am 6.1.2017).

348 *Schänzer*, in: NADA-Jahrbuch 2009, S. 107, 109, im Internet abrufbar unter: http://www.nada.de/de/service-infos/jahresberichte/ (zuletzt aufgerufen am 6.1.2017).

349 *Lartz*, NZZ Beilage vom 10.2.2010, S. 58.

350 Übersicht bei *Pöttgen*, Hämoglobinmassenbestimmung, S. 4.

351 *Meyer/Meister*, Int J Sports Med 2011; 32 (11): 875, 880; *Meister*, Routine-Laborwerte, S. 33. Nicht geprüft worden war der Wert der Reticulozyten. Dieser hätte Rückschlüsse zugelassen, ob es sich bei den erhöhten Werten um Zufälle oder Blutmanipulationen handelte.

352 *Meister*, Routine-Laborwerte, S. 33.

353 *Meister*, Routine-Laborwerte, S. 34.

b. Anaerobe Phase

Hochintensive Spielhandlungen zwischen ein und vier Sekunden sowie intensive Spielhandlungen länger als sechs Sekunden erfolgen ausschließlich durch die anaerobe Energiebereitstellung.[354] Die anaerobe Phase betrifft insbesondere Spielhandlungen wie Antritte, Richtungswechsel, Zweikämpfe, Konter aus der eigenen Spielhälfte, Sprünge oder Torschüsse.[355] Der Spieler verbraucht in dieser Phase, ohne jeglichen Einsatz von Sauerstoff, Glykogen, Adenosintriphosphat und Kreatinphosphat. Im Übergang von der aeroben zu anaeroben Phase kommt es durch die nicht vollständige Verbrennung der Glukose (Zucker) zur Bildung von Laktat (Salz der Milchsäure).[356] Können Produktion und Elimination von Laktat nicht mehr ausbalanciert werden, wird die sog. individuelle anaerobe Schwelle überschritten, wird Laktat akkumuliert.[357] Es kommt zur Erschöpfung des Spielers. Dies beeinträchtigt die technischen und taktischen Fähigkeiten.[358] Studien weisen ferner darauf hin, dass die muskuläre Ermüdung[359] bei Richtungswechseln negativ auf die Kniestabilität einwirkt. Folge ist das Bestehen einer erhöhten Verletzungsanfälligkeit von Kniegelenk und vorderem Kreuzband.[360] Durch die Einnahme von Amphetaminen wird die anaerobe Kapazität erheblich verbessert.[361] Auch wurde nachgewiesen, dass Spieler mit einer höheren VO_{2max} eine geringere Laktatkonzentration aufweisen können.[362]

2. Kraft

Unterschiedliche Spielhandlungen verlangen, über die gesamte Dauer des Spiels Kraftleistungen zu erbringen: Würfe, Sprünge, Schüsse, Sprints, schnelle Richtungswechsel, „sich Lösen" vom Gegner und andere Zweikampfformen erfordern eine kraftvolle Muskelarbeit.[363] Der Spieler muss in der Lage sein, den hierfür erforderlichen Kraftbedarf unter dem Einfluss hoher koordinativer und technischer Anforderungen wirksam und zielführend zu bewerkstelligen.[364] Die Steigerung der Maximalkraft bewirkt, dass sich auch die relative Kraft verbessert. Dies führt letztlich zu einer Verbesserung der Leistungsfähigkeit. Nachgewiesen werden konnte die Verbesserung von Beschleunigung, Richtungswechseln, Sprints und auch technischem Vermögen durch erhöhte Muskelkontraktionskraft.[365] Eine bei norwegischen Skilangläuferinnen durchgeführte Studie konnte die Verbesserung der aeroben Ausdauerleistungsfähig-

354 *Jansen*, Testverfahren, S. 27.
355 *Jansen*, Testverfahren, S. 27.
356 *Graf/Höher*, Fachlexikon Sportmedizin, S. 141, 203.
357 *Hoff/Kähler/Helgerud*, Dtsch Z Sportmed 57 (2006), 116, 118.
358 *Hoff/Kähler/Helgerud*, Dtsch Z Sportmed 57 (2006), 116, 118.
359 Nach *Lang/Lang*, Physiologie, S. 147 folgt die Ermüdung des Muskels aus dem Zusammenbrechen der Energieversorgung und aus der Anhäufung von Laktat.
360 *Melnyk/Gollhofer*, Ermüdung, S. 85, 88.
361 *Kern*, in: Pokan/Förster/Hofmann et al. (Hrsg.), Sportmedizin, S. 293, 295.
362 *Stølen/Chamari/Castagna/Wisløff*, Sports Med 2005; 35 (6): 501, 509.
363 *Hoff/Kähler/Helgerud*, Dtsch Z Sportmed 57 (2006), 116, 119; *Jansen*, Testverfahren, S. 21.
364 *Jansen*, Testverfahren, S. 20.
365 *Hoff/Kähler/Helgerud*, Dtsch Z Sportmed 57 (2006), 116, 119.

keit (reduzierter Sauerstoffverbrauch durch Verbesserung der Laufökonomie) belegen, nachdem zuvor die Maximalkraft durch Verbesserung der neuronalen Adaption gesteigert worden war.[366] Die gut ausgebildete Rumpfmuskulatur ermöglicht es dem Spieler schließlich, einwirkende Kräfte auf den Organismus besser abzupuffern; sie verleiht dem Spieler die notwendige Stabilität für Zweikämpfe und technische Spielhandlungen.[367] Eine starke Rumpfmuskulatur hat demnach zur Folge, dass Verletzungen in den Gegenden von Leisten und Adduktoren, die durch Über- und Fehlbelastungen hervorgerufen werden, eher vermieden werden können.[368]

Der Kraftaufbau ist unabdingbarer Bestandteil der Rehabilitationsmaßnahmen nach längeren bzw. schwerwiegenderen Verletzungen. Die Einnahme verbotener Substanzen (u. a. anaboler Wirkstoffe) kann insbesondere bei gezieltem Einsatz im Muskeltraining die Verbesserung der Kraftfähigkeit der Muskeln verstärken[369] und somit einen früheren Einsatz des Spielers ermöglichen. Vor allem junge Spieler, die wegen ihres Körperbaus unter einer mangelnden Robustheit leiden, könnten versucht sein, sich diese durch diverse Substanzen anzueignen. Langsamere Spieler können hierdurch für den Sprint an Schnelligkeit gewinnen.[370] Durch die Einnahme anaboler Steroide steigt zudem der Sauerstoffgehalt des Blutes.[371] Die verbesserte Eiweißutilisation erhöht die Regenerationsfähigkeit des Sportlers, indem sie die Erholungszeit verkürzt.[372] Eine durch die UEFA in Auftrag gegebene Langzeitstudie hat ergeben, dass von 4.195 analysierten Urinproben rund jede zwölfte Probe verdächtige Testosteronwerte aufwies, die auf Doping mit anabolen Steroiden hindeuten könnten.[373] Analysiert worden waren die Proben von 879 männlichen Fußballspielern innerhalb des UEFA Anti-Doping-Programms im Zeitraum 2008-2013.[374] 62,9 Prozent der Proben entstammten von Teilnehmern der Champions League.[375] Erstellt worden waren anonymisierte Langzeitprofile. Dabei erhielten die getesteten Spieler Nummern zugeordnet. 68 Spieler wiesen unregelmäßige bzw. atypische Testosteronwertentwicklungen auf.[376] Allerdings vermag die Studie nicht zu beurteilen, worauf diese Abweichungen zurückzuführen sind.[377] Gleichwohl können hiernach externe Faktoren nicht ausgeschlossen werden.[378] Offen bleibt daher, ob diese Abweichungen aus den unterschiedlichen Standards bzw. Analyseverfahren der beteiligten Labore (12) resul-

366 *Hoff/Helgerud/Wisløff*, Med Sci Sports Exerc 1999; 31 (6): 870, 874.
367 *Jansen*, Testverfahren, S. 22.
368 *Jansen*, Testverfahren, S. 22.
369 *Clasing/Löllgen*, Dtsch Arztebl. 2006; 103 (49): A 3340, 3341.
370 Vgl. *Clasing/Löllgen*, Dtsch Arztebl. 2006; 103 (49): A 3340, 3341.
371 *Kley*, in: Clasing (Hrsg.), Doping, S. 74, 86.
372 *Grüneberg*, in: Asmuth (Hrsg.): Was ist Doping?, S. 117, 125; *Clasing*, in: ders. (Hrsg.), Doping, S. 102, 109.
373 *Baume et al.*, Drug Test. Anal. 2016; 8 (7): 603, 607, 611.
374 *Baume et al.*, Drug Test. Anal. 2016; 8 (7): 603, 604.
375 *Baume et al.*, Drug Test. Anal. 2016; 8 (7): 603, 606.
376 *Baume et al.*, Drug Test. Anal. 2016; 8 (7): 603, 607.
377 *Baume et al.*, Drug Test. Anal. 2016; 8 (7): 603, 610f.
378 *Baume et al.*, Drug Test. Anal. 2016; 8 (7): 603, 610f.

tierten, auf biologischen Ursachen gründeten oder aber auf externe Einflussfaktoren, wie etwa die bewusste Beeinflussung durch Doping, zurückzuführen waren.[379]

3. Schnelligkeit

Das Fußballspiel hat in den letzten Jahrzehnten an Spielgeschwindigkeit zugenommen.[380] Spieler müssen reaktionsschnell, laufschnell, bewegungsschnell und handlungsschnell sein.[381] Die Schnelligkeit stellt sich als bedeutsamer Faktor dar, der allerdings aufgrund genetischer Festlegung der Muskelfaserverteilung nur bis zu einer gewissen Grenze hin durch Training zu optimieren ist.[382] Auch im Fußball wird daher die Schnelligkeit sowohl im Jugend- als auch im Erwachsenenbereich als wichtiges Selektionsmerkmal gewertet.[383] In einer Studie australischer Forscher konnte an Freizeitsportlern nachgewiesen werden, dass es durch die Einnahme des Wachstumshormons hGH zu einer Verbesserung der Schnelligkeit beim 100-Meter-Sprint um etwa vier Prozent kam.[384] In Kombination mit Testosteron lag die Steigerungsrate der Laufschnelligkeit bei über acht Prozent.[385] Vor dem Hintergrund der genetischen Determinierung der Muskelfaserverteilung käme in Betracht, diese durch Genmanipulation entsprechend zu beeinflussen.

4. Psychische Leistungsfähigkeit

a. Koordinative, kognitive Fähigkeit

Dynamik und Schnelligkeit des Fußballspiels erfordern hohe koordinative und kognitive Fähigkeiten. Zu nennen sind diesbezüglich insbesondere Auffassungsvermögen, Reaktionsschnelligkeit, Antizipationsvermögen, Spielintelligenz und Spielkreativität.[386] Eine Verbesserung dieser Fähigkeiten hat unmittelbare Auswirkungen auf die Erhaltung der taktischen und technischen Fähigkeiten des Spielers während des Spiels.[387]

b. Motivationale Eigenschaften

Psychische Störungen können als Teil des komplexen Gesamtmechanismus schwerwiegende Beeinträchtigungen der gesamten Leistungsfähigkeit des Spielers zur Folge haben. Im Spiel sind Konzentrationsbereitschaft, Risikotoleranz, Selbstvertrauen, Ag-

379 *Baume et al.*, Drug Test. Anal. 2016; 8 (7): 603, 611.
380 *Tumilty*, Physiology, S. 3.
381 *Jansen*, Testverfahren, S. 16.
382 *Jansen*, Testverfahren, S. 16.
383 *Coen/Urhausen/Coen/Kindermann*, Dtsch Z Sportmed 49 (1998), 187, 191.
384 *Meinhardt/Nelson/Hansen/Birzniece*, Ann Intern Med. 2010; 152 (9): 568-577.
385 *Meinhardt/Nelson/Hansen/Birzniece*, Ann Intern Med. 2010; 152 (9): 568-577.
386 *Bisanz/Gerisch*, Fussball, S. 72.
387 *Bisanz/Gerisch*, Fussball, S. 72.

gressivität, Willensstärke, Entscheidungsfreude, Wachsamkeit und Entschlossenheit wichtige Parameter des Erfolgs.[388]

c. Fazit

Die psychische Leistungsfähigkeit hat maßgeblichen Anteil am Erfolg. Sie ermöglicht es dem Spieler, auch in Drucksituationen des Wettkampfs erlernte Handlungsmuster abzurufen und effektiv einzusetzen[389]. Physische und psychische Fähigkeiten des Spielers bestimmen somit dessen Leistung. Eine Verbesserung der psychischen Leistungsfähigkeit ist insbesondere durch die Einnahme von Stimulanzien möglich.[390] Stimulanzien steigern das Konzentrationsvermögen und stärken den Spieler im Selbstbewusstsein.[391] Ihre Wirkungsdauer beträgt etwa 90 Minuten.[392] In Kombination mit der Einnahme von Narkotika kann es den Spieler in einen Leistungsrausch versetzen und warnende Schmerzsignale unterdrücken.[393]

II. Bewertung

Wissenschaftliche Studien, die den Effekt von Doping auf Fußball zum Forschungsgegenstand haben, liegen bislang nicht vor. Die Untersuchung des geforderten Leistungsprofils zeigt jedoch, dass auch im Hochleistungsfußball Leistungsfaktoren durch Doping verbessert werden können. Wegen des komplexen Zusammenspiels sowohl der leistungsbestimmenden Faktoren als auch der äußeren Bedingungen genügt Doping, für sich betrachtet, jedoch nicht, um die Leistung ganzheitlich zu optimieren. Aufgrund der komplexen Interaktion der Leistungsvoraussetzungen kann eine totale Optimierung der Fähigkeiten daher nicht Maßstab sein. Beispielsweise wird es teilweise leistungsphysiologisch als unmöglich angesehen, eine außerordentlich gute Ausdauer neben einer außerordentlich guten Schnelligkeit zu entwickeln.[394] Die Klärung der Frage, ob zukünftig diese Limitierung durch Manipulation gezielter Gene umgangen werden könnte, muss dem medizinischen Diskurs vorbehalten bleiben. Hinzu kommt, dass auch die individuellen Anforderungen an den Spieler zu berücksichtigen sind. Diese unterscheiden sich in Abhängigkeit von Spielposition und Spielerpersönlichkeit.[395] Dies birgt jedoch auch die „Chance“, bereits mit der gezielten Verbesserung einzelner Faktoren, einen erheblichen Wettbewerbsvorteil gegenüber anderen Spielern zu schaffen. Aufgrund der Komplexität des Fußballspiels kann an

388 *Bisanz/Gerisch*, Fussball, S. 72.
389 *Rehhagel*, Fußball, S. 41.
390 *Clasing*, in: ders. (Hrsg.), Doping, S. 63, 66.
391 *Clasing/Löllgen*, Dtsch Arztebl. 2006; 103 (49): A 3340, 3342.
392 FAZ.NET vom 17.6.2016, Artikel im Internet abrufbar unter: http://www.faz.net/aktuell/wissen/medizin-ernaehrung/doping-im-fussball-die-wollen-doch-nur-spielen-14281989-p8.html (zuletzt aufgerufen am 6.1.2017).
393 *Kamber/Müller/Christ*, Schweiz Med Forum 2004; 4: 1081, 1084.
394 *Coen/Urhausen/Coen/Kindermann*, Dtsch Z Sportmed 49 (1998), 187, 190.
395 *Rehhagel*, Fußball, S. 55.

vielen Stellschrauben gedreht werden.[396] Diese Tatsache gewinnt umso mehr an Gewicht, als Leistungs- und Funktionsdiagnostik, d. h. also Messung und Aufzeichnung der Leistung des Einzelnen, im Berufsfußball ein hoher Stellenwert zukommt.[397] Die Optimierung einzelner Leistungsfaktoren kann damit eine tragende Rolle für die berufliche Perspektive des Spielers, respektive Einsatzzeiten und Entwicklung des Marktwertes, spielen. Auffällige Werte in Studien sind daher ernstzunehmende Indizien, die insbesondere vor dem Hintergrund des Umstandes, dass es im Fußball bereits zu Fällen der künstlichen Steigerung der Leistung gekommen ist,[398] auf ein Vorliegen von Doping im professionellen Fußball schließen lassen können.

B. Gründe für Doping

Die Gründe für Doping sind vielschichtig. Entsprechend haben sich verschiedene Betrachtungsweisen herausgebildet, die sich mit den Ursachen des Dopings eingehend beschäftigen.

Die sportökonomische Herangehensweise untersucht das Phänomen des Dopens aus der Perspektive des rational handelnden Sportlers.[399] Sie geht von der Motivation des Sportlers aus, den individuellen Nutzen durch Doping zu maximieren.[400]

Die Sportsoziologie sucht die Ursache für Doping primär in der Gesellschaft und nicht im Sportler selbst. Sie betrachtet die Wechselwirkung zwischen Gesellschaft und Sport.[401] Persönlichkeitsmerkmale des Sportlers an sich fließen als Bestimmungsfaktor in die Beurteilung der Interdependenzen ein.[402] Doping erscheint aus sportsoziologischer Sicht daher als ein „Konstellationsprodukt“[403]; das Produkt des Zusammenwirkens verschiedener Akteure und Faktoren.[404] Doping stellt sich als Strategie dar, mit der Sportler auf eine bestimmte Konstellation reagieren.[405]

Die Sportpsychologie setzt sich mit dem Verhalten und Erleben von Menschen bei der sportlichen Ausübung auseinander.[406] Dazu gehört insbesondere die Erforschung der Ursachen und Folgen, die aktiv oder passiv mit dem Sport verbunden sind.[407] Studien über Persönlichkeitsmerkmale der einzelnen Fußballer wurden, so-

---

396 Vgl. FAZ.NET vom 17.6.2016, Artikel im Internet abrufbar unter: http://www.faz.net/aktuell/wissen/medizin-ernaehrung/doping-im-fussball-die-wollen-doch-nur-spielen-14281989-p7.html (zuletzt aufgerufen am 6.1.2017).

397 *Freiwald/Baumgart/Hoppe et al.*, Sports Orthop. Traumatol. 2011; 27 (1): 27, 28; *Freiwald/Brexendorf/Pieper et al.*, Sports Orthop. Traumatol. 2008; 24 (1): 20, 21 f.

398 Siehe oben Erster Teil Kapitel 2 § 2 B I sowie Erster Teil Kapitel 3 § 1 A.

399 *Dilger/Tolsdorf*, Doping als Wettkampfphänomen, S. 2.

400 *Dilger/Tolsdorf*, Doping als Wettkampfphänomen, S. 2.

401 *Weiß/Norden*, Einführung in die Sportsoziologie, S. 18.

402 *Bette/Schimank*, Doping im Hochleistungssport, S. 22; 27 f.

403 *Bette/Schimank*, in: Gamper/Mühlethaler/Reidhaar (Hrsg.), Doping, S. 91.

404 *Bette/Schimank*, Doping im Hochleistungssport, S. 25.

405 *Bette/Schimank*, Doping im Hochleistungssport, S. 428.

406 *Alfermann/Stoll*, Sportpsychologie, S. 16.

407 *Janssen*, Grundlagen der Sportpsychologie, S. 12.

weit ersichtlich, für den deutschen Lizenzfußball bislang nicht durchgeführt. Die Ursache devianten Verhaltens ist daher auf der überpersonellen Ebene zu suchen.

I. Sportökonomische Betrachtung anhand der Spieltheorie

1. Spieltheorie

In den theoretischen Wirtschaftswissenschaften ist die Anwendung der mathematisch-ökonomischen Spieltheorie weit verbreitet.[408] Mit „Spiel" ist hier das strategische Spiel gemeint.[409] Die Spieltheorie geht davon aus, dass Entscheidungen von den Akteuren des Spiels bewusst und rational getroffen werden.[410] Den Kern der Spieltheorie bildet die Hypothese, dass Entscheidungen der jeweiligen Akteure nach den Annahmen des Einzelnen getroffen werden, welche Entscheidungen der Kontrahent/die Kontrahenten getroffen hat/haben bzw. treffen wird/werden.[411] Wechselwirkungen bestehen durch vollständige und unvollständige Informationen über die Verfassung des/der Kontrahenten.[412] Das (mutmaßliche) Handeln des Einen bietet folglich Anreize für das rationale Handeln des Anderen.[413] Das strategische Ziel ist es, den eigenen Zielen angepasst, den größtmöglichen Nutzen zu schaffen. Dabei werden Kosten und Nutzen der fraglichen Handlung in ein Abwägungsverhältnis zueinander gesetzt.[414] Hieraus resultiert dann die Wahl der für den Einzelnen günstigsten Handlungsalternative.[415]

Auch die Sportökonomie verwendet das Modell der Spieltheorie, um der Frage nachzugehen, weshalb Sportler dopen.[416] Ausgegangen wird insbesondere von der Annahme, dass das strategische Ziel des Sportlers (die individuelle Nutzenmaximierung)[417] von den Entscheidungen der anderen Sportler abhänge.[418] Erforscht wird das Ergebnis des rationalen Handelns der Sportler unter der Prämisse, dass die Sportler bei der Ausrichtung ihres Verhaltens ebenfalls die Rationalität des Handelns der anderen Sportler (die Maximierung des erwarteten Nutzens) voraussetzen.[419] Eine kollektive Strategie scheitert dabei (zumeist) am vorherrschenden Informationsdefizit der jeweiligen Sportler.[420] In der Regel gelangt nämlich der einzelne Sportler zu keinem Zeitpunkt zu der sicheren Erkenntnis, ob er auf das regelkonforme Verhalten seiner Mitstreiter vertrauen kann oder nicht.[421] Selbst negative Dopingproben der/des

408 *Rosenmüller*, Spektrum der Wissenschaft 12/1994, S. 25.
409 *Behnke*, Entscheidungs- und Spieltheorie, S. 10.
410 *Behnke*, Entscheidungs- und Spieltheorie, S. 10, 14 f.; *Dietmann*, Ökonomik des Dopings, S. 12.
411 *Behnke*, Entscheidungs- und Spieltheorie, S. 10 f.
412 *Rosenmüller*, Spektrum 12/1994, 25.
413 *Behnke*, Entscheidungs- und Spieltheorie, S. 10 f., 14.
414 *Erlei/Lescke/Sauerland*, Neue Institutionenökonomik, S. 4.
415 *Daumann*, Die Ökonomie des Dopings, S. 59.
416 *Daumann*, Die Ökonomie des Dopings, S. 59.
417 *Meidl/Busse/Fikenzer*, KCS 2006, 27, 29.
418 *Dietmann*, Ökonomik des Dopings, S. 18.
419 *Dietmann*, Ökonomik des Dopings, S. 19.
420 *Keck/Wagner*, ZfS 1990, 108, 110.
421 *Keck/Wagner*, ZfS 1990, 108, 110.

Kontrahenten und Überführung von Dopingtätern vermögen die Existenz von Doping nicht verlässlich auszuschließen. Es bleibt die Möglichkeit bestehen, dass Kontrahenten mit nicht erkannten Substanzen dopen. Der Sportler vermag das Dunkelfeld nicht zu überblicken. Diese Gesamtsituation versetzt den Sportler in eine Zwangslage: Optiert er dazu, sich regelkonform zu verhalten, so befindet er sich im Nachteil gegenüber denjenigen Kontrahenten, die dopen. Optiert keiner seiner Mitstreiter zum Doping, so erlangt er diesen gegenüber einen Vorteil, wenn er dopt.[422] Beide Überlegungen führen zu der Erkenntnis, dass es für den rational handelnden Sportler lohnenswert scheint zu dopen.[423] Dabei ist unerheblich, wie sich die Mitstreiter tatsächlich verhalten (werden). Was bleibt, sind die Kosten: Dopt er, so hat er die damit einhergehenden Kosten zu tragen. Solche können materieller oder immaterieller Art sein.[424] Zu denken ist hier insbesondere an finanzielle (Beschaffungskosten; Kosten der gesundheitlichen Fürsorge/medizinische Betreuung), gesundheitliche und seelische Nachteile (psychische Belastung durch Entdeckungsrisiko und Bestrafung).

Nach der Spieltheorie wird sich ein Sportler dann dafür entscheiden zu dopen, wenn er, nach Abwägung aller Kosten und Nutzen, zu dem Ergebnis gelangt, dass der prognostizierte Nutzen von Doping dessen Kosten überwiegt und der ermittelte Nettonutzen eine individuell determinierte Schwelle übersteigt.[425]

2. Anwendung der Spieltheorie auf den deutschen Lizenzfußball

Mannschaftssportarten unterscheiden sich von Individualsportarten dadurch, dass der Erfolg ein Kollektivgut darstellt. Die Leistung des Einzelnen ist Teil der Mannschaftsleistung. Leistung und Schlechtleistung des Einzelnen fallen damit weniger stark ins Gewicht als bei der Simultanität des Wettkampfs. Sieg- und Einsatzprämien hängen demnach nicht zwangsläufig von der Leistung des Einzelnen ab. Dies führt dazu, dass bei den Mannschaftssportarten grundsätzlich von einer geringeren Motivation zu dopen ausgegangen wird als bei den Individualsportarten.[426] Dieser Anreiz nimmt ab mit zunehmender Größe des Mannschaftskaders.[427] Anders verhält sich dies jedoch bei Mannschaftssportarten, bei denen dem Individuum auch im Kollektiv eine besondere Stellung zugewiesen ist.[428] Die Spieler von Bundesliga und 2. Bundesliga befinden sich unter ständiger Beobachtung der Medien und Zuschauer: Spieleranalysen ermöglichen für Vereine, Zuschauer, Sponsoren, Medien und sonstige Interessierte den jederzeitigen Abruf der erbrachten Leistung des Spielers wie Laufleistung

422 *Meidl/Busse/Fikenzer*, KCS 2006, 27, 29.

423 Sofern es für die Akteure rational ist zu dopen, wird von „Gefangenen-Dilemma", so *Behnke*, Entscheidungs- und Spieltheorie, S. 14 oder in Anlehnung hieran von „Doping-Dilemma", so *Breivik*, Sportwissenschaft 17 (1987), 83-94 gesprochen. Das Dilemma zeigt sich darin, dass es zur kollektiven Schädigung kommt, *Keck/ Wagner*, ZfS 1990, 108, 110.

424 *Daumann*, Die Ökonomie des Dopings, S. 59.

425 *Meidl/Busse/Fikenzer*, KCS 2006, 27, 29 f.; *Dietmann*, Ökonomik des Dopings, S. 21.

426 *Tietzel/Müller*, Social Science Tribune 37 (2003), 117, 122.

427 *Tietzel/Müller*, Social Science Tribune 37 (2003), 117, 122.

428 Vgl. *Daumann*, Die Ökonomie des Dopings, S. 73 f. für die Mannschaftssportart Baseball.

(Laufdistanz, Läufe, Sprints), Ballkontakte, gewonnene Zweikämpfe, Passgenauigkeit, Fehlpässe etc.[429] Auf diese Weise werden pro Spiel bis zu 2.000 Ereignisse festgehalten.[430] Negative Leistungsdaten des Spielers werden für jedermann offenkundig und auf Dauer archiviert. Auch im Training steht der Spieler unter Beobachtung: Leistungsdiagnostische Untersuchungen erfassen konditionelle Parameter des Spielers.[431] Will der Spieler nachhaltig spielen, muss er vollen Einsatz bringen. Die Leistung des Spielers entscheidet über Einsatzzeiten, Marktwert und wirtschaftliche Perspektive des Spielers. Eine grenzüberschreitende bzw. weltweite Transferpolitik erhöht die innerhalb des Wettbewerbs bestehende Konkurrenz des Spielers um weitere Spieler. Nach Angaben des Mannschaftsarztes der Deutschen Fußball Nationalmannschaft *Tim Meyer* hat insbesondere der gestiegene Einsatz von Spielern afrikanischer und osteuropäischer Herkunft in den letzten Jahren zu einer erhöhten Leistungsdichte geführt.[432] *Meyer* gelangt auf diesem Wege zu der Erkenntnis, dass es für den Spieler schwieriger geworden sei, sportliche Vorteile gegenüber Mitstreitern zu erlangen.[433] Kontrahenten des einzelnen Spielers können sowohl Gegenspieler als auch Mitspieler sein. Angesichts der großen Zahl der an den deutschen Lizenzligen teilnehmenden Fußballspieler kann sich der einzelne Spieler über das Dopingverhalten seiner Gegenspieler nicht sicher sein. Auch im Verhältnis zu seinen Mitspielern muss der Spieler damit rechnen, dass diese sich an die intern getroffene Vereinbarung, nicht zu dopen, nicht halten werden. Es besteht die Möglichkeit, dass im Verborgenen unerkannt gedopt wird. Das Vorliegen einer speziell im deutschen Lizenzfußball mutmaßlich niedrigen Entdeckungsrate von Doping könnte bei dem Spieler Misstrauen hinsichtlich des Nicht-Vorliegens von Doping hervorrufen. Die (vermeintlich sichere) Annahme, nicht erwischt zu werden, kann dazu führen, dass die seelische Belastung drohender Sanktionen geringer wiegt, als dies in anderen Sportarten (in denen nachweislich gedopt wird) der Fall ist. Hinzu kommt, dass empfindliche Sanktionen mit Signalwirkung im deutschen Lizenzfußball bislang nicht verhängt worden sind. Angesichts der durchschnittlich hohen Gehälter der Spieler[434] werden auch die Kosten der Spieler

---

429 Unter http://www.bundesliga.de können jeden Spieltag für sämtliche der teilnehmenden Bundesligamannschaften Team- und Spielerstatistik abgerufen werden.

430 Vgl. http://www.bundesliga-datenbank.de/de/products/ (zuletzt aufgerufen am 6.1.2017).

431 *Freiwald/Baumgart/Hoppe et al.*, Sports Orthop. Traumatol. 2011; 27 (1): 27, 28; *Freiwald/Brexendorf/Pieper et al.*, Sports Orthop. Traumatol. 2008; 24 (1): 20, 21.

432 *Meyer*, Dtsch Z Sportmed 57 (2006), 132.

433 *Meyer*, Dtsch Z Sportmed 57 (2006), 132.

434 Nach Schätzung der Spielergewerkschaft (VdV) lag das durchschnittliche monatliche Grundgehalt (ohne Prämien) der Spieler im Jahr 2010 in der Bundesliga bei 20.000 Euro, in der 2. Bundesliga bei 10.000 Euro, vgl. Zeit Online vom 5.8.2010, Artikel im Internet abrufbar unter: http://www.zeit.de/sport/2010-08/arbeitslos-fussball-bundesliga-profis/seite-2 (zuletzt aufgerufen am 6.1.2017). Neuere Berichte gehen von einem durchschnittlichen Jahreseinkommen (samt Prämien) in der Bundesliga in Höhe von 1,5 Millionen Euro aus, vgl. FR-Online vom 15.1.2013, Artikel im Internet abrufbar unter: http://www.fr-online.de/sport/gehaelter-in-der-bundesliga-absurdezahlen,1472784,21460970.html (zuletzt aufgerufen am 6.1.2017). Nach der (jährlich veröffentlichten) Erhebung der Gehälter durch *sportingintelligence.com* beläuft sich das durchschnittliche Jahreseinkommen eines Bundesligaspielers (erste Mannschaft) in der Saison 2016/2017 auf rund 1,3 Millionen Euro, vgl. Global Sports Salaries Survey 2016, S. 36, im Internet abrufbar unter: http://www.globalsportssalaries.com (zuletzt aufgerufen am 6.1.2017).

mit Blick auf Beschaffung von Dopingmittel und Gesundheit zu relativieren sein. Die Spieler sind finanziell in der Lage, Dopingmittel zu beschaffen und diese unter medizinischer Betreuung anzuwenden. Die Höhe der Durchschnittsgehälter kann wiederum Rückschlüsse auf die seelische Belastung des Spielers zulassen: Aufgrund der guten bis sehr guten Einkommensverhältnisse sind Spieler, die der ersten Mannschaft eines Bundes- oder Zweitligisten angehören, in der Lage, auch solche Dopingmittel zu beschaffen, für deren Einnahme es bislang keine Nachweismöglichkeit gibt bzw. deren Einnahme zu verschleiern.[435] Die seelische Belastung sinkt in dem Maße, wie die Wahrscheinlichkeit des Spielers, des Dopings nicht überführt zu werden, steigt.

Soweit der einzelne Spieler zu der Erkenntnis gelangen sollte, dass Doping im Fußball von Nutzen ist bzw. sein kann, ist festzuhalten, dass auch in der Teamsportart Fußball, modelltheoretisch betrachtet, strukturell zunächst starke Anreize für den Spieler existieren, zum Doping zu optieren. Dies ändert sich jedoch, fallen die Kosten des Dopings stärker ins Gewicht als der Nutzen. In diesem Fall dreht sich die Anreizstruktur und der Spieler verfolgt die Strategie des Nicht-Dopens.[436] Das Anreizsystem muss demnach so beschaffen sein, dass die Kosten des Dopings den Nutzen übersteigen. Auf die Rolle der Kosten von Doping, insbesondere die Frage der Entdeckungswahrscheinlichkeit und die Folgen ihrer Verwirklichung, wird im Laufe dieser Arbeit noch eingegangen.[437]

II. Sportsoziologische Betrachtung

Die Sportsoziologie versteht Doping als Konstellationsprodukt verschiedener Akteure.[438] Doping ist hiernach eine Form der Devianz des Leistungssports, um Druck zu begegnen, der auf dem individuellen Sportler lastet.[439] Doping wird von der Sportsoziologie im Hochleistungssport als beinahe unwillkürlicher Effekt gewisser Strukturen betrachtet, welche auf Basis sportinterner Handlungslogiken und unter Einfluss eines sportinteressierten Umfelds angelegt worden sind.[440]

1. Dopingbegünstigende Struktur

Hierbei sind zwei Aspekte besonders hervorzuheben: der vorherrschende (soziale) Leistungsdruck, welcher auf dem Hochleistungssport lastet (a.), und das spezifische Identitätsversprechen des Sportlers, die biographische Fixierung (b.).[441]

---

435 Vgl. hierzu auch die Aussage des Sportmediziners *Perikles Simon*: „Einen Spitzenathleten, der pro Jahr nur 10.000 Dollar ins Betrügen investiert und in Verfahren, wie er den Betrug verschleiert, kann man nicht durch einen positiven Test erwischen", sport1 vom 13.1.2016, Artikel im Internet abrufbar unter: http://www.sport1.de/fussball/2016/01/wie-gross-ist-das-doping-problem-im-fussball-wirklich (zuletzt aufgerufen am 6.1.2017).

436 *Polk*, WiSt 2016, 311, 314.

437 Siehe dazu unten Zweiter Teil Kapitel 2 § 1, § 2 B, C, D, Zweiter Teil Kapitel 3.

438 *Bette*, Dtsch Z Sportmed 59 (2008), 5, 6.

439 *Bette/Schimank*, Doping im Hochleistungssport, S. 177 f.

440 *Bette/Schimank*, Doping im Hochleistungssport, S. 149.

441 *Binkelmann*, in: Asmuth (Hrsg.): Was ist Doping?, S. 139, 158 f.

a. Leistungsdruck

Der Code von Sieg und Niederlage lässt sich als Handlungslogik des Spitzensports ausmachen.[442] Das Streben nach Siegen ist Motivation des Hochleistungssportlers. Andere Gründe für die Betätigung des Leistungssportlers, wie z. B. die körperliche Ertüchtigung oder die Freude am Spiel, treten dahinter zurück. Auch die Unterstützungsbereitschaft seines Umfelds richtet sich hiernach aus.[443] Der Sportler ist gezwungen, sich den vorherrschenden Strukturbedingungen anzupassen und folglich die faktische Geltung des Siegescodes für sich anzuerkennen.[444] Sein oder Nicht-Sein des Spitzensportlers beurteilen sich einzig nach dessen Leistung; sonstige Entscheidungskriterien fallen aus.[445]

Die Austragung des Konkurrenzkampfes erzeugt Spannung bei den Spitzensportlern.[446] Die Verwissenschaftlichung des Spitzensports ermöglicht den messbaren Leistungsvergleich. Hieraus entwickelt sich das obsessive, grenzenlose Verlangen der Beteiligten, die sportliche Leistung zu steigern. Ein Endniveau der Leistung ist nicht bestimmt; das Ziel der Leistungsentwicklung scheint endlos.[447] Mit Erreichen der avisierten Leistungsstufe wird beim Sportler immerwährend die Sehnsucht entfacht, die nächste Leistungsstufe zu erreichen. Die ständige Absicht, die eigene Leistung zu perfektionieren, bestimmt das Handeln des Sportlers. Der Sportler folgt ohne Unterlass dem Steigerungsimperativ.[448] Diese Ausrichtung nach dem „Höher, Schneller, Stärker, Besser, Weiter" ist keineswegs auf den Sport begrenzt; sie ist in gewissen Ausprägungen allen gesellschaftlichen Subsystemen inhärent: ob in der Wissenschaft, dem Erziehungssektor, dem Gesundheitssektor oder der Wirtschaft – der Steigerungsimperativ ist das Selbstverständnis der Modernität.[449] Der Hochleistungssport unterscheidet sich von diesen Bereichen in einem Punkt bedeutsam: Hochleistungssport ist die Kommunikation der menschlichen Körper.[450] Die Schlüsselrolle besetzt der Körper des Sportlers. Der Körper ist Werkzeug und Schlüssel zum Erfolg des Sportlers zugleich; er ist die „Materialitätsbasis des Hochleistungssports"[451] – ohne ihn kann der Siegescode nicht gelebt werden.[452] Für den Spitzensportler bedeutet dies, dass er sich in einer (nahezu) aporetischen Lage befindet: Auf der einen Seite gilt die Logik des ständigen Strebens nach dem absoluten, für den Sportler nie zu erreichenden „Perfektionsideal"[453]; auf der anderen Seite sieht sich der Sportler der Begrenztheit seiner

442 *Bette/Schimank*, Doping im Hochleistungssport, S. 37.
443 *Bette/Schimank*, Doping im Hochleistungssport, S. 38.
444 *Bette/Schimank*, Doping im Hochleistungssport, S. 35, 44; *Dresen*, in: dies./Form/Brand (Hrsg.), Dopingforschung, S. 79, 86.
445 *Bette/Schimank*, Doping im Hochleistungssport, S. 39, 44. Auf den Begriff der Leistung im Sport kann hier nicht eingegangen werden. Hierzu ausführlich *v. Krockow*, Sport.
446 *Bette/Schimank*, Doping im Hochleistungssport, S. 50.
447 *Bette/Schimank*, Doping im Hochleistungssport, S. 47.
448 *Bette/Schimank*, Doping im Hochleistungssport, S. 49.
449 *Bette/Schimank*, Doping im Hochleistungssport, S. 48.
450 *Weiß/Norden*, Einführung in die Sportsoziologie, S. 143.
451 *Bette/Schimank*, Doping im Hochleistungssport, S. 61.
452 *Bette/Schimank*, Doping im Hochleistungssport, S. 52 f.
453 *Bette/Schimank*, Doping im Hochleistungssport, S. 56.

physischen und psychischen Leistungsfähigkeit gegenüber gestellt. Der Körper des Sportlers ist „der Unsicherheitsfaktor und die Achillesferse des Systems".[454] Der Sportler hat sich diesem Spannungsverhältnis zwischen Siegescode und Materialitätsbasis alternativlos zu stellen, will er erfolgreich am Spitzensport teilnehmen. Dieser systemimmanente Leistungsdruck wird durch die Einwirkung anderer Gesellschaftsbereiche noch bedeutsam verschärft. Bei diesen Teilsystemen handelt es sich insbesondere um die Wirtschaft, die Massenmedien, das Sportpublikum/die Konsumenten und die Politik.[455]

Die Leitorientierung am Siegescode schafft Spannung. Dies fasziniert die Zuschauer.[456] Periodisch stattfindende Wettkämpfe bieten Verlässlichkeit und Kontinuität. Sie schaffen Gemeinschaftserlebnisse ohne Nähe und Intimität.[457] Das Sportpublikum wird zum entscheidenden Faktor: durch seine selektive Verteilung der Aufmerksamkeit weckt es das Interesse anderer Umfeldakteure am Hochleistungssport.[458] Dies ermöglicht es Wirtschaft, Massenmedien und Politik, sich die positive Strahlkraft des Sports zu eigenen Zwecken der Selbsterhaltung zu Nutze zu machen:[459] Die Wirtschaft bezweckt, ihre Umsätze zu steigern und lukrativ zu investieren, die Massenmedien beabsichtigen, Einschaltquoten und Auflagenhöhe zu steigern, die Politik möchte das Ansehen des erfolgreichen Sportlers auf das eigene Image transferieren; es geht darum, durch Prestigegewinn die eigene Macht zu erhalten.[460]

Die Umfeldakteure sind wichtige Ressourcengeber für den Spitzensport. Nutzeffekte entstehen und bestehen für die Umfeldakteure jedoch nur soweit, als der Spitzensport das Interesse des Publikums weckt. Das Sportpublikum setzt durch seine Aufmerksamkeit damit eine Dynamik frei, die letztlich einen enormen Erwartungsdruck auf die Sportler ausübt.[461] Neben die sportliche Konkurrenz tritt die Überwachung und Instrumentalisierung durch Sportpublikum, Massenmedien, Wirtschaft und Politik.[462] Leistungserwartungen werden gegenüber dem Sportler, teils vertraglich, artikuliert.[463] Es kommt zur Verabsolutierung der ohnehin schon auf die Steigerung der Leistung ausgerichteten Logik des Leistungssports;[464] der Siegescode wird „entfesselt".[465] Der Sportler muss beständig erfolgreich sein, möchte er seinen Lebensunterhalt durch den Leistungssport finanzieren. Er gerät in eine Lage, in welcher der Sportler glaubt, den steigenden Erwartungen der Umfeldakteure durch deviantes

454 *Bette/Schimank*, Doping im Hochleistungssport, S. 56.
455 *Dresen*, in: dies./Form/Brand (Hrsg.), Dopingforschung, S. 79, 86.
456 *Bette*, Dtsch Z Sportmed 59 (2008), 5, 6.
457 *Bette*, Dtsch Z Sportmed 59 (2008), 5, 6.
458 *Bette*, Dtsch Z Sportmed 59 (2008), 5, 6.
459 *Dresen*, in: dies./Form/Brand (Hrsg.), Dopingforschung, S. 79, 86, 88 f.
460 *Bette/Schimank*, Doping im Hochleistungssport, S. 111.
461 *Bette*, Dtsch Z Sportmed 59 (2008), 5, 7.
462 *Bette/Schimank*, Doping im Hochleistungssport, S. 116.
463 *Bette*, Dtsch Z Sportmed 59 (2008), 5, 7.
464 *Bette*, Dtsch Z Sportmed 59 (2008), 5, 7.
465 *Bette/Schimank*, Doping im Hochleistungssport, S. 115.

Verhalten begegnen zu können.[466] Nach *Bette* schafft dieser „strukturell erzeugte Erfolgsdruck […] eine nahezu unwiderstehliche Dopingneigung".[467]

b. Biographische Fixierung

Die Neigung zur Devianz nimmt zu, je mehr der Sportler seine Identität einseitig dem Sport versprochen hat.[468] Die biographische Fixierung stellt sich dar als das Produkt des Zusammenwirkens von sachlichen, zeitlichen und sozialen Mechanismen.[469] Die Entwicklung erfolgt in Schritten.

Am Anfang steht der Eintritt in den Sportverein. Sportliche Erfolge führen zur sozialen Anerkennung des Sportlers. Sie steigern dessen Selbstwertgefühl.[470] Der Sportler sucht seine Identität am Maßstab der erbrachten Leistung. Unter dem Eindruck dieses Leistungsgedankens ordnet der Sportler sein Leben in sachlicher, zeitlicher und sozialer Hinsicht dem Sport unter. Soziale Kontakte bestehen primär im sportlichen Milieu. Andere soziale Kontakte treten im Rang hinter den sportlichen Erfolg zurück; sie werden nur gepflegt, solange sie für den Sport nicht nachteilig sind.[471] Der Sportler verbringt viel Zeit im sportlichen Milieu; wichtige Bezugspersonen stammen überwiegend aus diesem Umfeld. Dies hat Auswirkungen auf das Wertesystem des Sportlers: Der Verein vermittelt vornehmend sportspezifisch geprägte Werte und Ideologien.

Die bewusste Wahrnehmung der sportlichen Fixierung stellt den Sportler vor die Wahl: Geht er den Weg in den Hochleistungssport oder entscheidet er sich für die sichere Alternative der Daseins-Absicherung?[472] Zweifel können wegen der sozialen Prägung durch den Sport durch die Ratgeber aus dem sportlichen Milieu beseitigt werden.[473] Die getätigten Investitionen in den Sport und die erlittenen Verzichte geben schließlich den Ausschlag für den Sport.[474] Die investierte Leistung soll sich auszahlen. Dem Sportler ist bewusst, dass seine Entscheidung für den Sport eine darüber hinausgehende, auf Dauer angelegte berufliche Absicherung ausschließt.[475] Seine Identität ist nun vollständig mit dem Sport verankert; plural verfasste kulturelle Angebote spielen für den Sportler keine Rolle. Der sportliche Erfolg entscheidet über das weitere Leben des Sportlers. Wegen seiner zeitlich begrenzten physischen Leistungsfähigkeit ist der Sportler darauf angewiesen, in relativ kurzer Zeit möglichst viele sportliche Erfolge zu erzielen.[476] Der Erfolg schafft Prestige und soziale Anerkennung. Fer-

---

466 *Bette*, Dtsch Z Sportmed 59 (2008), 5, 7.
467 *Bette*, Dtsch Z Sportmed 59 (2008), 5, 7.
468 *Bette/Schimank*, Doping im Hochleistungssport, S. 120.
469 *Bette/Schimank*, Doping im Hochleistungssport, S. 119 ff.
470 *Bette/Schimank*, Doping im Hochleistungssport, S. 126.
471 *Bette/Schimank*, Doping im Hochleistungssport, S. 127.
472 *Dresen*, in: dies./Form/Brand (Hrsg.), Dopingforschung, S. 79, 87.
473 *Bette/Schimank*, Doping im Hochleistungssport, S. 124, 129 f.
474 *Bette/Schimank*, Doping im Hochleistungssport, S. 128.
475 *Bette/Schimank*, Doping im Hochleistungssport, S. 129, 133.
476 *Bette/Schimank*, Doping im Hochleistungssport, S. 135.

ner dient er der Daseinsvorsorge für die Zeit nach der Karriere.[477] Ein frühes Karriereende könnte dem zuwiderlaufen. Hat es der Sportler während seiner Karriere nicht geschafft, mit Nachhaltigkeit Erfolge zu feiern, so bedeutet dies für ihn nach dem Ende seiner Karriere den Verlust von Macht, Einkommen und Anerkennung.[478] Es gilt für den Sportler, den „social death" zu vermeiden.

Die absolute Entscheidung für den Sport stellt den Sportler daher wiederkehrend vor die Frage des Alles-oder-Nichts. Der Sportler sieht sich Faktoren gegenübergestellt, die er nicht zu beeinflussen vermag. So bleibt dem Sportler permanent das Risiko von Verletzungen und Krankheiten; auch das Risiko des Nicht-Mithalten-Könnens mit den Leistungen der anderen existiert. Um auf sich aufmerksam zu machen und Nutzeffekte zu generieren, ist der Sportler darauf angewiesen, besser zu sein als seine Mitkonkurrenten.[479] Eine verlässliche Karriereplanung ist für den Sportler daher nicht möglich. Das Risiko des eigenen Körpers überlagert die Ausübung des Sports.[480] Erbringt der Sportler die Leistung nicht mehr, bedeutet dies sein Ausscheiden.[481] Der Sportler befindet sich in einer schier ausweglosen Situation (sog. biographische Falle[482]). Um auch in dieser Situation die für ihn bestmögliche Lösung herbeizuführen, ist der Sportler bereit, zu Mitteln zu greifen, die er in einer früheren Phase noch tabuisiert hatte.[483] Doping erfüllt dabei aus Sicht des Sportlers nicht nur den Zweck, sich Vorteile gegenüber Mitkonkurrenten zu verschaffen; durch Doping sollen auch Nachteile gegenüber (dopenden) Mitkonkurrenten vermieden werden.[484]

2. Anwendung auf den deutschen Lizenzfußball

a. Biographische Fixierung

Die Entwicklung eines Spielers hin zum Lizenzspieler verläuft unterschiedlich. In Deutschland hat sich ein vielschichtiges Fördersystem herausgebildet. Für talentierte Spieler besteht die Möglichkeit, sich vor allem in DFB-Stützpunkten und Leistungszentren der Klubs[485] zu entwickeln. Spieler zwischen elf und 14 Jahren können wöchentlich, neben dem Training in ihrem Heimatverein, in einem der bundesweit 366 eingerichteten Stützpunkte des DFB individuell gefördert und gesichtet werden.[486] Besonders talentierte Spieler haben die Möglichkeit, in den Leistungszentren individuell gefördert zu werden.[487] Ziel ist es, Perspektivspieler auf „spätere Qualitätsanfor-

477 *Bette/Schimank*, Doping im Hochleistungssport, S. 129.
478 *Bette/Schimank*, Doping im Hochleistungssport, S. 135 f.
479 *Bette/Schimank*, Doping im Hochleistungssport, S. 139.
480 *Bette/Schimank*, Doping im Hochleistungssport, S. 54.
481 *Bette/Schimank*, Doping im Hochleistungssport, S. 142.
482 *Bette/Schimank*, Doping im Hochleistungssport, S. 120.
483 *Bette/Schimank*, Doping im Hochleistungssport, S. 120.
484 *Dresen*, in: dies./Form/Brand (Hrsg.), Dopingforschung, S. 79, 87; *Bette/Schimank*, Doping im Hochleistungssport, S. 183.
485 Nach § 3 Nr. 2 LO ist der Betrieb eines Leistungszentrums Voraussetzung der Lizenzerteilung.
486 http://www.dfb.de/sportl-strukturen/talentfoerderung/talentfoerderprogramm/ (zuletzt aufgerufen am 6.1.2017).
487 Anhang V LO, S. 1.

derungen des Lizenzspieler-Kaders vorzubereiten".[488] Die Spieler „müssen die Leidenschaft haben, die eigenen Grenzen auszutesten und stets das Optimale aus sich herauszuholen".[489] Den Spielern steht hierbei ein Netz an Trainern, Ärzten, Physiotherapeuten und alternativ Diplomsportlehrern sowie Rehabilitations- und Koordinationslehrern zur Seite.[490] Alleine in der Saison 2014/2015 wurden durch die 36 Lizenzteilnehmer der beiden höchsten deutschen Fußballligen 132,2 Millionen Euro zur Förderung junger Fußballer in die Leistungszentren investiert.[491] Auch die Landesverbände fördern Talente. In regionalen Spezial- oder Sonder-Stützpunkten werden talentierte Spieler, die es bislang nicht geschafft haben, Leistungszentren anzugehören, individuell gefördert. In Verbandsauswahlmannschaften treten die besten Spieler der regionalen Förderzentren/-programmen in den jeweiligen Altersklassen in nationalen und internationalen Spielen gegeneinander an.[492] Schließlich soll in den Jugendnationalmannschaften des DFB die fußballerische Leistung der Spieler „mit dem Ziel ‚Weltspitze'" optimiert werden.[493] „Die Perspektivspieler müssen sich aktiv und selbstkritisch mit dem Fußball, dem Training, dem Team und vor allem der eigenen Leistung auseinandersetzen!"[494] Trainingszeiten von bis zu 20 Wochenstunden sind keine Ausnahme.[495] Hinzu kommen Trainingslager und Wettspiele. Für Familie und Freunde bleibt wenig Zeit.[496]

Nach der Jugendordnung des DFB sollen Beeinträchtigungen des Schulbesuchs und der Schulausbildung durch die Verbände und Vereine vermieden werden.[497] Talentierte Nachwuchsfußballer sollen neben der sportlichen Karriere auch ihre schulische Karriere durch einen Schulabschluss beenden. Die Sicherstellung einer dualen Laufbahn ist damit wesentliches Anliegen der Nachwuchsförderung. An sog. Eliteschulen des Fußballs bzw. Partnerschulen des Leistungssports sollen sportliche und schulische Leistungen parallel gefördert werden.[498] Intention dieser Eliteschulen ist es, „für jedes Talent einen optimalen fußballerischen Leistungsaufbau zu erreichen".[499] Die schulische Ausbildung ist auch hier der sportlichen Förderung der Spieler unterworfen. Gleichwohl ist zu konstatieren, dass durch die Einrichtung solcher

488 DFB, Talente fördern und fordern, S. 34, im Internet abrufbar unter: http://fussballtraining.com/blaetterfunktion/talentfoerderung/#/34/ (zuletzt aufgerufen am 6.1.2017).

489 DFB, Talente fördern und fordern, S. 35, im Internet abrufbar unter: http://fussballtraining.com/blaetterfunktion/talentfoerderung/#/35/ (zuletzt aufgerufen am 6.1.2017).

490 Anhang V LO, S. 67 f.

491 Bundesliga Report 2016, S. 22.

492 DFB, Talente fördern und fordern, S. 44 f., im Internet abrufbar unter: http://fussballtraining.com/blaetterfunktion/talentfoerderung/#/44/ (zuletzt aufgerufen am 6.1.2017).

493 DFB, Talente fördern und fordern, S. 17, im Internet abrufbar unter: http://fussballtraining.com/blaetterfunktion/talentfoerderung/#/17/ (zuletzt aufgerufen am 6.1.2017).

494 DFB, Talente fördern und fordern, S. 49, im Internet abrufbar unter: http://fussballtraining.com/blaetterfunktion/talentfoerderung/#/49/ (zuletzt aufgerufen am 6.1.2017).

495 *Aichaoui*, Fußballtalente, S. 14.

496 *Aichaoui*, Fußballtalente, S. 11.

497 Vgl. § 9 Nr. 1 DFB-Jugendordnung.

498 Vgl. hierzu DFB (Hrsg.), Eliteschulen des Fußballs, im Internet abrufbar unter: http://www.dfb.de/fileadmin/_dfbdam/11672-sk_flyer_02.pdf (zuletzt aufgerufen am 6.1.2017).

499 http://www.dfb.de/sportl-strukturen/talentfoerderung/eliteschulen-des-fussballs/ (zuletzt aufgerufen am 6.1.2017).

Schulen bewirkt werden soll, dass junge Spieler eine adäquate Schulausbildung erhalten, an deren Ende ein erfolgreicher Schulabschluss steht. Nach wie vor gilt jedoch, dass nur wenige Berufsfußballer über eine abgeschlossene Berufsausbildung verfügen. Eine im Jahr 2014 durchgeführte Studie des VdV hat ergeben, dass 14 Prozent der befragten Spieler über eine abgeschlossene Berufsausbildung verfügten.[500] 1,5 Prozent der Befragten konnten einen Hochschulabschluss vorweisen, 16,5 Prozent waren zum Zeitpunkt der Befragung an einer Hochschule eingeschrieben.[501] Auch wenn die Spieler über eine Berufsausbildung bzw. einen Hochschulabschluss verfügen, so ist doch festzuhalten, dass diese gegenüber anderen Bewerbern auf dem Arbeitsmarkt dadurch einen Nachteil aufweisen, dass sie während ihrer sportlichen Karriere den erlernten/studierten Beruf nicht ausüben konnten. Insoweit fehlt es den Spielern gegenüber den Mitbewerbern an Erfahrung. Hinzu kommt die Tatsache, dass insbesondere Spieler aus dem Ausland, die den Wechsel in die Bundesliga vollziehen, nicht von dem dualen Ausbildungssystem des deutschen Fußballs erfasst werden. Ein nicht geringer Teil der Lizenzspieler ist daher darauf angewiesen, durch sportliche Höchstleistungen einen großen Teil der Lebensunterhaltskosten schon während der sportlichen Karriere zu verdienen. Relativiert wird dieser Umstand allerdings dadurch, dass auch in den unteren Spielklassen als aktiver Spieler Geld zu verdienen ist. Dies setzt allerdings voraus, dass die Spieler gesundheitlich noch in der Lage sind, Fußball zu spielen.

Vor dem Hintergrund des Vorstehenden ist auch in der Entwicklung der Berufsfußballer eine biographische Fixierung dergestalt zu erkennen, dass andere Lebensbereiche durch gezielte Förderung der fußballerischen Fähigkeiten des Spielers vernachlässigt werden. Es hängt maßgeblich von Schulabschluss und Ausbildung ab, inwieweit der Spieler sich hierbei in einer biographischen Falle befindet.

b. Leistungsdruck

Die Handlungslogik des Fußballsports ist seit seiner Entstehung vielfachen Veränderungen unterlegen.[502] Der professionelle Fußballsport hat sich vollumfänglich dem Siegescode verschrieben.[503] Antriebsgründe wie Charakterbildung, präventive und rehabilitative Zweckverfolgung, geselliger Zeitvertreib und Spielfreude sind hierhinter zurückgetreten. Der Lizenzfußball ist in Deutschland zu einem bedeutsamen Unterhaltungsfaktor herangewachsen: Nach einer Umfrage interessieren sich 57 Prozent der Deutschen für Fußball. Hiervon betrachten rund 91 Prozent die Bundesliga als festen Bestandteil der Gesellschaft.[504] In der Saison 2014/2015 verfolgten im Durchschnitt pro Partie 42.685 Zuschauer das Geschehen auf dem Spielfeld unmittelbar in

500 http://www.spielergewerkschaft.de/de/VDV/Aktuelles/Detail/94/Neue%20Tendenzstudie%20der%20VDV.htm (zuletzt aufgerufen am 6.1.2017).
501 http://www.spielergewerkschaft.de/de/VDV/Aktuelles/Detail/94/Neue%20Tendenzstudie%20der%20VDV.htm (zuletzt aufgerufen am 6.1.2017).
502 Siehe hierzu Erster Teil Kapitel 2 § 1.
503 *Dresen*, Doping 2011, 131, 133.
504 Bundesliga-Report 2015, S. 20.

den Stadien der Bundesliga.[505] Auch international wird Bundesliga geschaut: Die sog. Topspiele der Bundesliga werden in 208 von 209 Mitgliedstaaten der FIFA live übertragen.[506]

Maßgeblichen Anteil an Beliebtheit und Bekanntheit der deutschen Lizenzligen haben die Massenmedien; allen voran das Fernsehen. Sie haben den Spitzenfußball durch mediale Aufbereitung und Berichterstattung zum Publikumsmagneten werden lassen.[507] Die „Drama-Qualitäten"[508] des Fußballspiels eignen sich für die Medienübertragung und eine umfangreiche Berichterstattung. Aus Niederlagen werden Krisen, Sieger werden zu Helden stilisiert.

Die große Beliebtheit der Bundesligen beim Sportpublikum lenkt die Aufmerksamkeit von Wirtschaft und Politik auf den Lizenzfußball. Bundesliga und 2. Bundesliga haben in der Saison 2014/2015 einen Gesamterlös von 3,13 Milliarden Euro erwirtschaftet.[509] 27,88 Prozent des Gesamterlöses der Bundesliga[510] und 27,93 Prozent des Gesamterlöses der 2. Bundesliga[511] stammten aus der Verwertung der Medienerlöse. Über Sponsoren- und Werbeverträge mit Spielern, Vereinen und Fernsehanstalten versucht die Wirtschaft, von der Popularität des Spitzenfußballs zu profitieren. 25,65 Prozent des Gesamterlöses der Bundesliga[512] und 30,02 Prozent des Gesamterlöses der 2. Bundesliga[513] entfielen auf Werbeeinahmen. Auch die Politik beabsichtigt, einen positiven Imagetransfer herbeizuführen. Durch medienwirksame Besuche bedeutsamer Fußballspiele soll die Aufmerksamkeit des Wählers gewonnen werden. Mit *bundesAdler* wurde im Jahr 2012 erstmalig ein Fanclub auf der Ebene der Bundespolitik gegründet.[514] Zwischenzeitlich sind weitere Fanclubs hinzugetreten.[515]

Die Umfeldakteure erzeugen Spannung und Leistungsdruck bei Spielern und Lizenznehmern. Ressourcen werden an die erfolgreichen Teilnehmer verteilt.[516] Spieleranalysen ermöglichen für Vereine, Sponsoren, Medien und sonstige Interessierte den jederzeitigen Abruf der Leistungsdaten der Spieler.[517] Daneben werden im innersportlichen Milieu selbst durch Leistungs- und Funktionsdiagnostik mannschaftliches und individuelles Niveau der Leistungsfähigkeit ermittelt und bewertet.[518] Be-

505 Bundesliga-Report 2016, S. 23.
506 Bundesliga-Report 2015, S. 18.
507 Vgl. *Symanzik*, Netzwerk Fußball, S. 60 ff.
508 *Bette/Schimank*, APuZ 29-30/2008, 24, 26.
509 Bundesliga-Report 2016, S. 11.
510 Bundesliga-Report 2016, S. 26.
511 Bundesliga-Report 2016, S. 34.
512 Bundesliga-Report 2016, S. 26.
513 Bundesliga-Report 2016, S. 34.
514 Siehe http://efcbundesadler.wordpress.com.
515 Im Jahr 2014 haben Abgeordnete des Bundestages einen Fanclub des *FC Bayern München* gegründet, vgl. http://efcbundesadler.wordpress.com (zuletzt aufgerufen am 6.1.2017).
516 *Dresen*, Doping 2011, 131, 133.
517 Vgl. http://www.bundesliga-datenbank.de/de/products/ (zuletzt aufgerufen am 6.1.2017). Es fällt auf, dass es der Lizenzfußball (die DFL GmbH) selbst ist, der durch Bereitstellung von Spieler- und Teamstatistiken jeden Spieltag gesammelte Daten über Spieler und Mannschaft für jedermann im Internet abrufbar zur Verfügung stellt. Hinzu kommen Spielbeobachtungen in Training und Wettbewerb der Vereine selbst.
518 *Freiwald/Brexendorf/Pieper/Baumgart et al.*, Sports Orthop. Traumatol. 2008; 24 (1): 20, 21.

reits in der fußballerischen Ausbildung an den DFB-Stützpunkten werden Leistungs- und Entwicklungsprofile der Spieler erstellt. Trainer und Spieler bekommen Auswertungsblätter, welche anhand der gemessenen Werte den aktuellen Leistungsstand und die Entwicklung des Spielers wertend abbilden.[519]

Die überragende Bedeutung des Siegescodes spiegelt sich schließlich auch in der Normsetzung des Verbandswesens wider. Entsprachen vor Einführung der Drei-Punkte-Regelung zur Bundesliga Saison 1995/1996 zwei Unentschieden der Wertung eines Sieges, so sind nunmehr für einen Sieg drei Unentschieden notwendig.[520] Hierdurch sollten die Zahl der unentschieden endenden Partien verringert und der Anreiz zu siegen gesteigert werden.[521] Mannschaften ist es fortan möglich, sich durch eine Siegesserie in der Tabelle leichter von konkurrierenden Mannschaften abzusetzen. Dies hat insbesondere Auswirkungen auf die Verteilung der TV-Einnahmen. Nach § 17 Nr. 1 OVR wird an den lizenzierten Klubs der jeweiligen Bundesligen neben einem festen Sockelbetrag ein leistungsbezogener Betrag ausgezahlt. Auch Sponsorenverträge werden häufig am sportlichen Erfolg der Mannschaft bzw. des Spielers ausgerichtet. Bekannt sind Verträge, in denen bereits ausgezahlte Sponsorengelder zu erstatten sind, wenn die festgelegten Zielsetzungen nicht erreicht werden.[522]

Unter dem Einfluss der unterschiedlichen Interessen der Umfeldakteure hat sich der Spitzenfußball vollumfänglich dem Leistungsprinzip verschrieben. Die Ökonomisierung des Spitzenfußballs hat eine Abhängigkeit der Vereine von den Umfeldakteuren entstehen lassen.[523] Sämtliches Handeln von Medien und Wirtschaft ist auf die Zielgruppe des Fußballpublikums hin ausgerichtet.[524] Ein Rückgang des Interesses der Zuschauer am Fußball hätte die Verringerung der Ressourcen aus Medien und Wirtschaft zur Folge.[525] Vereine und Spieler der Bundesligen sind daher dazu gezwungen, die Spannung für Zuschauer bzw. Konsumenten aufrecht zu erhalten. Dabei kommt es zu einem ständigen Drang nach Verbesserung. Der Erfolg der Vorsaison soll durch eine noch bessere Saison im darauffolgenden Jahr bestätigt bzw. der Misserfolg der Vorsaison durch eine bessere darauffolgende Saison revidiert werden. Alte Rekorde sollen gebrochen, wirtschaftliche Gewinne sollen gesteigert werden. Hierzu passt, dass die Bundesliga in der Saison 2014/2015 ihren elften Umsatzrekord in Folge erzielt hat.[526] Durch Auf- und Abstiege sowie durch die Qualifikation für verschiedene europäische Wettbewerber wird Spannung erzeugt. Der Abstieg in die unterklassige Liga, das Versäumen der Qualifikation für internationale Wettbewerbe, das frühe Scheitern in Wettbewerben; all dies bedeutet einen Verlust an Attraktivität und letztlich an finanzieller Substanz.

---

519 *Höner/Roth*, Spielerauswertungen, S. 3. Das Leistungsprofil vergleicht dabei die Messwerte des Spielers mit denen von Spielern derselben Altersklasse. Auf dieser Grundlage erfolgt die Bewertung der Leistung.

520 *Dilger/Geyer*, Sport und Gesellschaft 4 (2007), 265.

521 *Dilger/Geyer*, Sport und Gesellschaft 4 (2007), 265, 266.

522 *Köster*, Sponsoring, S. 68.

523 *Symanzik*, Netzwerk Fußball, S. 107 ff.

524 *Symanzik*, Netzwerk Fußball, S. 110.

525 *Symanzik*, Netzwerk Fußball, S. 110 f.

526 Bundesliga-Report 2016, S. 3.

Kollektives und individuelles Versagen der innersportlichen Akteure wird langfristig durch Aufmerksamkeitsentzug bestraft. Dabei entstehen unkontrollierbare Dynamiken, die auf Spieler und Verein als Bedrohung wirken können. Die Spieler müssen durch Bestleistungen Nachfrage erzeugen, wollen Sie langfristig die Aufmerksamkeit der Umfeldakteure auf sich lenken. Langwierige Verletzungen müssen dabei möglichst vermieden werden. Den Druck auf die Spieler erhöhen regelmäßig zusätzlich stark leistungsbezogene vertragliche Gehaltsvereinbarungen wie Punkteeinsatzprämien, Jahresleistungsprämien, Sonderprämien und Prämien nach Tabellenplatz. Von Bedeutung ist dabei typischerweise die Einsatzzeit bzw. die Berufung des Spielers in den Mannschaftskader am Spieltag. Bleibt die Leistung aus, entfällt die Zahlung der Prämie. Dadurch entsteht in der Mannschaft ein Konkurrenzverhältnis. Dieses wird durch die Knappheit der Stammplätze weiter verstärkt. Das Miteinander verkehrt sich in ein Gegeneinander. Hinzu kommt die Globalisierung des Fußballsports. Beschränkte sich die Konkurrenz des Spielers früher auf den deutschen Spielermarkt, muss der Spieler heute damit rechnen, bei einem Abfall seiner Leistung durch einen anderen, möglicherweise günstigeren Spieler aus dem Ausland ersetzt zu werden.[527]

3. Fazit

Berufsfußballer stehen einem großen Erwartungsdruck gegenüber. Dieser resultiert aus der Verabsolutierung des Siegercodes durch die Wechselwirkung von innersportlichem und außersportlichem Umfeld des Spielers. Der Spieler muss den Erwartungen der Umwelt gerecht werden, um auf diese Weise die Aufmerksamkeit des Zielpublikums auf sich zu lenken. Gelingt ihm dies aufgrund seiner eingeschränkten körperlichen und psychischen Leistungsfähigkeit (auf längere Sicht hin) nicht, droht ihm der Aufmerksamkeitsentzug. Die Frage, inwieweit sich der Spieler hierbei in einer biographischen Falle befindet, beurteilt sich nach dem Grad seiner biographischen Fixierung. Von einer Dopinggeneigtheit wird demnach auszugehen sein, wenn sich der Spieler in seiner Identität vollumfänglich dem Sport verschrieben hat.

C. Zusammenfassung

Soweit der einzelne Spieler zu der Erkenntnis gelangt, dass Doping im Fußball von Nutzen ist bzw. sein kann, ist festzuhalten, dass auch in der Spielsportart Fußball starke Anreize bestehen, zum Doping zu optieren. Der Druck sowohl aus dem Umfeld als auch aus dem Bereich des professionellen Fußballsports selbst bewirkt eine Überhöhung des dem Fußballsport inhärenten Siegescodes. Der Spieler sieht sich Erwartungen gegenüber, die mit dessen endlichen körperlichen und geistigen Ressourcen auf Dauer nur schwer oder überhaupt nicht zu erfüllen sind. Abhängig von Bildungsgrad,

527 49,3 Prozent der in einer Umfrage befragten in den europäischen Ligen miteinander konkurrierenden Spieler verfügen über Erfahrungen als Spieler im Ausland, vgl. *Besson/Poli/Loïc*, Demographic Study 2014, S. 6. In der Saison 2014/2015 lag der Anteil deutscher Spieler in der Bundesliga bei 60 Prozent und in der 2. Bundesliga bei 72 Prozent, Bundesliga-Report 2016, S. 23.

Ausbildung und Berufserfahrung des Spielers kann sich dieser in einer Lage befinden, in welcher Wohl und Wehe alleine von dessen sportlichem Erfolg bestimmt werden. Angesichts der geringen Zahl an Dopingverurteilungen kann für den Spieler leicht der Eindruck entstehen, dass Mitspieler oder Konkurrenten unentdeckt dopen. Betrachtet man Investitionen und Entbehrungen des Spielers, ist davon auszugehen, dass, wie im übrigen Hochleistungssport auch,[528] Doping für Berufsspieler „rentabel" ist.[529] Hohes Gehaltsniveau und geringe seelische Belastung können dazu führen, dass in der Einzelabwägung der erwartete Nutzen die Kosten überwiegen. Doping kann somit gerade auch im Lizenzfußball das Mittel der Wahl sein, um sich Vorteile zu verschaffen und/oder Nachteile zu vermeiden.[530] Von einer zumindest abstrakten Gefahr des Dopens ist daher auch im deutschen Lizenzfußball auszugehen. Soweit in der Vita des Spielers die Voraussetzungen der biographischen Falle angelegt sind, ist von einer konkreten Gefahr auszugehen. Dies zu beurteilen bleibt jedoch eine Frage des Einzelfalles.

528 *Bette*, Dtsch Z Sportmed 59 (2008), 5, 7; *Bette/Schimank*, Doping im Hochleistungssport, S. 149.
529 *Dresen*, Doping 2011, 131, 133.
530 *Dresen*, Doping 2011, 131, 135.

Zweiter Teil: Verbandsautonome Bekämpfung von Dopingpraktiken

Nach dem Selbstverständnis von DFB, DFL e. V., FIFA und UEFA ist es Aufgabe der Verbände, im Sinne des Fairplay-Gedankens und der Chancengleichheit, Dopingverstöße zu vermeiden, zu bekämpfen und zu sanktionieren.[531] Für die Beantwortung der dieser Arbeit zugrundeliegenden Fragestellungen ist es wesentlich, die Maßnahmen der Verbände auf ihre Wirksamkeit und Effektivität hin zu überprüfen. Berücksichtigung finden müssen hierbei auch die zivilrechtlichen Instrumentarien, die Verbänden und Vereinen im Falle eines Dopingverstoßes gegen den Spieler zur Verfügung stehen. Auf dieser Grundlage ist dann zu klären, ob der Aussage des Gesetzgebers aus der Sicht des Lizenzfußballs zugestimmt werden kann, wonach die Maßnahmen des organisierten Sports angesichts der Dimension, die Doping im Sport und in der hierauf bezogenen organisierten Kriminalität sowohl quantitativ wie auch qualitativ angenommen hat, nicht ausreichend sind. Um die Reichweite der Verbandsregularien bestimmen und die Organisation des Fußballsports bewerten zu können, bedarf es zunächst der Darstellung der gegenwärtigen Verbandsstrukturen.

Kapitel 1: Organisation des Fußballsports

Mit der Verbreitung des Fußballsports ist ein erhöhter Organisationsaufwand einhergegangen. Die Globalisierung des Fußballsports verlangt nach einer einfachen und transparenten Organisationsstruktur, welche die einheitliche Geltung von Sport- und Spielregeln gewährleistet. Tatsächlich wäre eine Durchführung der Lizenzligen, der internationalen Wettbewerbe, aber auch der unterklassigen überregionalen Ligen nicht möglich, hätte jeder Verband bzw. Verein die Möglichkeit, den Fußballsport nach seinen eigenen Regeln durchzuführen.[532] Ein solches Rechtsverständnis von Verbandsautonomie stünde im Widerspruch zu dem Ideal des Fußballsports, ein chancengleiches, objektives und neutrales Kräftemessen weltumspannend zu ermöglichen. Unter dem Einfluss der stetig wachsenden Bedeutung der Internationalisierung des Fußballsports[533] erfordert der professionelle Fußball heute mehr denn je eine einheitliche Regelgeltung und -durchsetzung. Diese Notwendigkeit reicht von

---

531 Vgl. Präambel DFB-Satzung, § 4 Nr. 1 lit. k) DFB-Satzung, § 4 Nr. 1 lit. h) DFL e. V.-Satzung, Art. 2 lit. g) FIFA-Statuten, Art. 2 lit. d), lit. e) UEFA-Statuten.

532 *Vieweg*, Faszination Sportrecht, S. 16.

533 Zu denken ist etwa an die Klub-Weltmeisterschaft der FIFA oder die weltweite Vermarktung der Bundesliga.

der Festlegung der Spielregeln bis hin zur Normierung des Ablaufs von Spielertransfers. Den Blick auf die Bekämpfung von Doping gerichtet wäre es ohne die Sicherstellung einheitlicher Regelungen schließlich denkbar, dass auch hier Unterschiede bestünden. So könnten einzelne Verbände zu dem Entschluss gelangen, Doping freizugeben, während andere Verbände Dopingverstöße im Sinne einer Null-Toleranz-Politik rigoros verfolgten. Unterschiede könnten dabei auch bei der Durchführung von Dopingkontrollen, der Auswertung genommener Proben oder der Ahndung von Dopingverstößen bestehen. In der Folge käme es zu gravierenden Wettbewerbsverzerrungen – sowohl sportlicher als auch finanzieller Art – die dem Selbstverständnis der Verbände eines fairen und chancengleichen Sports diametral entgegenstünden.

§ 1 Verbandsstrukturen

Das strukturelle Gefüge des organisierten Sports in seiner heutigen Ausprägung[534] lässt sich aus der Perspektive des Fußballsports analytisch in zwei Teilbereiche untergliedern: in den Teilbereich des intradisziplinären Verbandssystems (A.) und in den Teilbereich des interdisziplinären Verbandssystems (B.). Nicht außer Acht gelassen werden dürfen dabei die bestehenden Wechselwirkungen sowohl innerhalb als auch zwischen den Verbandssystemen. Als Verein[535] bezeichnet werden hier solche Organisationen, die auf der untersten Ebene des intradisziplinären Verbandssystems stehen. Soweit im Nachfolgenden von Verbänden die Rede ist, wird der von *Vieweg* entwickelte Verbandsbegriff zu Grunde gelegt. Verbände sind demnach „körperschaftlich strukturierte, gegenüber ihren Trägern verselbständigte Organisationen, die keinem beherrschenden staatlichen Einfluss unterliegen, sondern vorwiegend durch Private gegründet und getragen werden".[536] Im Folgenden werden als Verbände all jene Organisationseinheiten bezeichnet, die auf den Ebenen über den Basisorganisationen (Vereinen) angesiedelt sind. Gemeint sind demnach Vereinsverbände. Bei einem Verband handelt es sich stets auch um einen Verein im Sinne der §§ 21 ff. BGB. Im Unterschied zum bloßen Verein ist die Mitgliederstruktur des Vereinsverbands allerdings grundsätzlich nicht durch natürliche Personen/Einzelmitglieder geprägt, sondern durch Vereine und Verbände.[537] Im letzteren Fall spricht man von gestufter Verbandsform, an deren Spitze der Spitzenverband steht.[538]

534 Gemeint ist der (Fußball-)Sport als Wirtschaftsfaktor.

535 *Reichert*, Vereinsrecht, Rn. 15 führt die Begrifflichkeiten „Verein" und „Verband" etymologisch auf die gleiche Bedeutung zurück. Zur Führung des Namens „Verband" berechtigt sind nach *Reichert*, a. a. O., Rn. 16 gleichwohl nur Vereine mit größerer Mitgliederzahl, Gesamtvereine und Vereinsverbände.

536 *Vieweg*, Normsetzung, S. 24.

537 *Reichert*, Vereinsrecht, Rn. 45, 50. Denkbar sind insoweit auch Mischformen, d. h. korporative Mitgliedschaften und Einzelmitgliedschaften innerhalb des Verbands.

538 *Reichert*, Vereinsrecht, Rn. 48.

A. Intradisziplinäres Verbandssystem

Das intradisziplinäre Verbandssystem bezeichnet den hierarchisch organisierten Aufbau der Verbandsstruktur innerhalb einer Sportart, folglich also den Aufbau von nationalen und internationalen Fachsportverbänden. Die hierarchische Ordnung des Fußballsports entspricht dem „Europäischen Sportmodell".[539] Die Ausgestaltung der hierarchischen Gliederung gleicht hiernach einer spitz zulaufenden Verbandspyramide.[540] Die Grundfläche bilden die Vereine mit ihren Mitgliedern.[541] Die darüberliegenden Ebenen werden durch die Verbände besetzt. Diese stehen sowohl untereinander als auch im Verhältnis zu den Vereinen je nach Ebenenzugehörigkeit in einem Über- und Unterordnungsverhältnis. Dem Bild einer Pyramide entsprechend nimmt die Zahl der Verbände von Ebene zu Ebene nach oben hin ab. An der Spitze des Weltfußballs steht schließlich der Weltfußballverband FIFA. Die Ausübung des Fußballsports durch die Berufsfußballer erfolgt innerhalb des durch die überregionalen Fußballverbände gesetzten Rahmens. Im Folgenden werden die den Fußballsport maßgeblich prägenden Verbände beschrieben.

I. FIFA

Die FIFA ist ein nach Schweizer Recht eingetragener Verein mit Sitz in Zürich.[542] Mitglieder der FIFA sind keine natürlichen Personen, sondern Verbände.[543] Verbandszweck ist u. a. die fortlaufende Verbesserung und weltweite Verbreitung des Fußballs, insbesondere „das Organisieren eigener internationaler Wettbewerbe;"[544] „der Erlass und die Durchsetzung von Vorschriften und Bestimmungen zur Regelung des Fussballs und damit verbundener Aspekte;"[545] „die Kontrolle des Association Football in all seinen Formen"[546] sowie „Integrität, Ethik und Fairness zu fördern und dadurch zu verhindern, dass Methoden oder Praktiken wie Korruption, Doping oder Spielmanipulation vorkommen, die die Integrität der Spiele, Wettbewerbe, Spieler, Offiziellen und Mitgliedsverbände gefährden oder zu Missbräuchen des Association

---

539 *Nafziger*, ISLJ (2008) 3-4, 100; *Asser*, Professional Sport in the Internal Market, S. 27; siehe auch Weißbuch Sport 391, Nr. 4.1, im Internet abrufbar unter: http://www.eur-lex.europa.eu/legal-content/de/TXT/?uri=CELEX:52007DC0391 (zuletzt aufgerufen am 6.1.2017).

540 *Summerer*, in: Fritzweiler/Pfister/Summerer (Hrsg.), Praxishandbuch Sportrecht, II/1 Rn. 28; *Weatherill*, ISLJ (2005) 3-4, 3, 5.

541 Derzeit sind mehr als 6,9 Millionen Bundesbürger Mitglied eines deutschen Fußballvereins, DFB (Hrsg.), Mitglieder-Statistik 2016, S. 2, im Internet abrufbar unter: http://www.dfb.de/fileadmin/_dfbdam/113011-Mitgliederstatistik_2016.pdf (zuletzt aufgerufen am 6.1.2017).

542 Art. 1 Abs. 1, 2 FIFA-Statuten.

543 Art. 11 Abs. 1 FIFA-Statuten. Derzeit beläuft sich die Zahl der Mitglieder auf 211 Verbände, http://www.fifa.com/associations/index.html (zuletzt aufgerufen am 6.1.2017). Damit verfügt die FIFA über mehr Mitgliedsverbände als die Vereinten Nationen über Mitgliedsstaaten (193), vgl. http://www.unric.org/de/pressemitteilungen/4116-die-192-mitgliedstaaten-der-vereinten-nationen.

544 Art. 2 lit. b) FIFA-Statuten.

545 Art. 2 lit. c) FIFA-Statuten.

546 Art. 2 lit. d) FIFA-Statuten.

Football führen könnten"[547]. Nach der Definition der Statuten handelt es sich beim Association Football um „das durch die FIFA kontrollierte und von der FIFA, den Konföderationen und/oder den Mitgliedsverbänden gemäss den Spielregeln durchgeführte Spiel"[548]. Der Wirkungsbereich der FIFA erstreckt sich demnach nicht nur auf die im Rahmen der von der FIFA organisierten Wettbewerbe ausgetragenen Spiele, sondern darüber hinaus auf das gesamte von der FIFA kontrollierte Spiel. Dabei handelt es sich um sämtliche der von den Mitgliedern durchgeführten Spiele. In Wahrnehmung ihrer Funktion als nationale Spitzenverbände obliegt es den Mitgliedern, die nationalen Spiele im Einklang mit Statuten, Reglementen und Entscheiden der FIFA zu organisieren.[549] Die bekanntesten von der FIFA organisierten Wettbewerbe sind die Weltmeisterschaften sowie die Konföderationencups der Frauen und Herren.

Spielregeln werden im Fußballsport nicht vom Weltfachverband erlassen. Die exklusive Zuständigkeit liegt beim IFAB.[550] Dieses konstituiert sich aus je einem Vertreter der vier Fußballverbände des Vereinigten Königreichs sowie aus weiteren vier Vertretern der FIFA. Den Regelungen und Entscheidungen des IFAB kommt Normcharakter zu.[551] Art. 7 Abs. 1 FIFA-Statuten erhebt die Spielregeln des IFAB in den Rang der Statuten und Reglemente der FIFA. Den organisatorischen Rahmen der Ausübung des Fußballsports setzt die FIFA durch Erlass von Statuten, Reglementen und Entscheiden durch.[552]

II. UEFA

Auch die UEFA trägt die Rechtsform eines nach Schweizer Recht eingetragenen Vereins.[553] Ihren Sitz hat die UEFA in der Schweiz.[554] Die statutarische Zwecksetzung der UEFA stimmt mit der Zwecksetzung der FIFA im Kern überein. Im Unterschied zur FIFA beschränkt sich der Regelungsbereich der UEFA jedoch auf das Gebiet ihrer Mitgliedsverbände. Bei diesen handelt es sich im Wesentlichen um die europäischen Nationalverbände.[555] Durch die Organisation der UEFA Champions League, der UEFA Europa League, des UEFA-Superpokals sowie der Europameisterschaft nimmt die UEFA sowohl für die Nationalverbände als auch für den professionellen Fußball

547 Art. 2 lit. g) FIFA-Statuten.

548 Nr. 16 Definitionen FIFA-Statuten.

549 Artt. 14 Abs. 1 lit. a), lit. d), lit. h), 20 Abs. 1 FIFA-Statuten.

550 Art. 7 Abs. 1 Satz 2 FIFA-Statuten.

551 *Hilpert*, SpuRt 1999, 49, 50.

552 Vgl. Art. 2 lit. d) FIFA-Statuten.

553 Art. 1 Abs. 1 UEFA-Statuten.

554 Art. 1 Abs. 2 UEFA-Statuten

555 Art. 5 Abs. 1 UEFA-Statuten. Mit Wales, Schottland und Nordirland gehören der UEFA Verbände an, deren geographischer Wirkbereich politisch dem Vereinigten Königreich Großbritannien zuzuordnen ist. Von der Bestimmung, dass Mitglied nur sein kann, wer sich geographisch auf dem europäischen Kontinent befindet, kann abgewichen werden. Kasachstan, Russland und die Türkei sind Staaten, deren Territorium sich geographisch nur in Teilen auf dem europäischen Kontinent befindet. Mit dem israelischen Nationalverband ist gar der Nationalverband eines Staates Mitglied, der vollumfänglich nicht in Europa liegt. Grundlage für diese Abweichungen bildet Art. 5 Abs. 2 UEFA-Statuten.

eine bedeutsame sportliche und wirtschaftliche Stellung ein.[556] Die UEFA ist nicht Mitglied der FIFA. Im Einklang mit Art. 22 FIFA Statuten wird die UEFA von der FIFA als europäische Konföderation anerkannt.[557] Dies bedingt die Unterordnung der UEFA unter die Verbands- und Regelungsgewalt der FIFA.[558] Weitere Beziehungen zur FIFA bleiben vertraglichen Regelungen vorbehalten.[559]

III. DFB

Für den deutschen Lizenzfußball von besonderer Bedeutung ist der Deutsche Fußball-Bund. Der DFB ist im Vereinsregister des Amtsgerichts Frankfurt a. M. eingetragen.[560] Ausweislich der Präambel seiner Satzung ist „[w]ichtigste Aufgabe des DFB [...] die Ausübung des Fußballsports in Meisterschaftsspielen und Wettbewerben der Spielklassen des DFB, der Regional- und Landesverbände und der Lizenzligen". Es obliegt dem DFB, den Spielbetrieb nachhaltig zu führen und zu organisieren.[561] Hierunter fällt neben dem vorgenannten Ligensystem auch das Unterhalten von Auswahlmannschaften nebst Durchführung von Länderspielen sowie Teilnahme an internationalen Spielen und Wettbewerben.[562] Natürliche Personen können, mit Ausnahme der Ehrenmitglieder, nicht Mitglied des DFB sein.[563] Ordentliche Mitglieder des DFB sind lediglich der DFL e. V. und die Regional- und Landesverbände.[564] Der DFB ist folglich die Vereinigung von DFL e. V. sowie Regional- und Landesverbänden. Die Vereine von Bundesliga und 2. Bundesliga (und auch 3. Liga) gehören dem DFB aus steuerrechtlichen Gründen nicht an.[565] In Ausübung der Organisation des nationalen Fußballsports erlässt der DFB nationale Regelungen, welche die Durchführung des deutschen Fußballsports regeln und konkretisieren. Maßstab für den Erlass der Regelungen ist dabei unter anderem der in § 4 DFB-Satzung statuierte Aufgaben- und Zweckkatalog. Dieser umfasst auch die Aufgabe der Beachtung und Durchsetzung des Dopingverbots, insbesondere durch die Durchführung von Dopingkontrollen.[566]

556 Siehe zu den Wettbewerben der UEFA Art. 49 Abs. 2 UEFA-Statuten.

557 Art. 3 Abs. 1 UEFA-Statuten.

558 Art. 22 Abs. 3 lit. a) FIFA-Statuten.

559 Art. 3 Abs. 2 UEFA-Statuten. Eine vertragliche Regelung zwischen der UEFA und der FIFA ist bis heute (Stand Januar 2017) nicht erfolgt, vgl. auch *Vollmüller*, in: Stopper/Lentze (Hrsg.), Handbuch Fußball-Recht, II/9 Rn. 22.

560 § 1 Abs. 2 DFB-Satzung.

561 § 4 Nr. 1 DFB-Satzung.

562 § 4 Nr. 1 lit. e), lit. f) DFB-Satzung.

563 § 7 Nrn. 1 lit. b), 2 DFB-Satzung.

564 Die Satzung des DFB unterscheidet in § 7 zwischen ordentlichen Mitgliedern sowie Ehrenpräsidenten und Ehrenmitgliedern. Ehrenpräsidenten und Ehrenmitglieder müssen stets natürliche Personen sein. Sie haben eine beratende Stimme im Präsidium (Ehrenpräsident) bzw. im Bundestag (Ehrenmitglieder) des DFB, § 11 Nr. 1 DFB-Satzung. Sofern gelegentlich die Rede davon ist, dass der DFB mit über 25.000 Vereinen und rund 6,9 Millionen Mitgliedern der größte Fachverband der Welt sei, so ist dies bei streng formaljuristischer Betrachtung nicht korrekt. Mangels Bestehens einer vertraglichen Beziehung zwischen Spielern und DFB kann allenfalls von einer mittelbaren Mitgliedschaft im weiteren Sinne gesprochen werden.

565 *Meyer-Cording*, RdA 1982, 13.

566 § 4 Nr. 1 lit. k) DFB-Satzung.

In Wahrnehmung dieser Verpflichtung hat der DFB die Anti-Doping-Richtlinien erlassen. Übertragen auf den Sport fungiert der DFB gewissermaßen als „Gesetzgeber“ des Fußballsports auf nationaler Ebene.[567] Dabei hat er als Folge der pyramidalen Normhierarchiegeltung Entscheide und Regelungen der ranghöheren UEFA und FIFA zu beachten, zu wahren und durchzusetzen.[568] Dies gilt auch für Entscheidungen des Court of Arbitration for Sport (CAS).[569] Als Mitglied der UEFA und der FIFA vertritt der DFB auf internationaler Ebene die Interessen und Belange des deutschen Fußballs. Er verfügt über ein Stimmrecht in den Kongressen,[570] den obersten Organen von UEFA und FIFA[571].

Spiegelbildlich zum Verhältnis der Nationalverbände zum Weltfußballverband und zu den Kontinentalverbänden prägt auch den DFB eine föderale Organisation. Hiernach werden Organisation und Durchführung der unteren Spielklassen durch die Regional- und Landesverbände wahrgenommen.[572] Als Vereinigung der jeweils in einem geographisch abgrenzbaren Gebiet den Fußballsport betreibenden Vereine[573] gehören die Landesverbände den jeweiligen Regionalverbänden an.[574]

IV. DFL e. V., DFL

1. Ausgliederung des Lizenzfußballs aus dem DFB

Sowohl nach den Regelungen der FIFA als auch nach denjenigen der UEFA liegen Durchführung, Organisation und Kontrolle des in den einzelnen Nationen ausgetragenen Fußballsports im Verantwortungsbereich der jeweils zuständigen nationalen Fußballverbände.[575] Entsprechend sind die Ligen und die Vereinigungen der Vereine den jeweiligen nationalen Verbänden untergeordnet.[576] In der Folge darf die Gründung neuer Ligen auf nationaler Ebene nur nach Zustimmung oder Anerkennung durch den nationalen Fußballverband erfolgen.[577] Neben der Organisation der Bundesliga, der 2. Bundesliga, der Frauen-Bundesliga, der 2. Frauen-Bundesliga, der 3. Liga, der Deutschen Amateurmeisterschaft, der Junior(inn)en-Bundesligen und der Spiele um den DFB-Vereinspokal der Frauen, Herren und Junioren als eigene Vereinseinrichtungen[578] hat der DFB dafür zu sorgen, dass der Fußballsport im Rahmen

567 Im Unterschied zum staatlichen Gesetzgeber hat der DFB als juristische Person des Privatrechts nicht die Rechtsmacht, objektives Recht zu setzen. Sämtliche Normen des DFB erfordern daher die rechtsgeschäftliche Unterwerfungserklärung der Beteiligten bzw. der (potentiell) Verpflichteten.

568 Art. 7bis Abs. 1 lit. b) UEFA-Statuten, Art. 14 Abs. 1 lit. a), lit. d) FIFA Statuten.

569 Art. 7bis Abs. 1 lit. b) UEFA-Statuten, Art. 14 Abs. 1 lit. a) FIFA-Statuten i. V. m. Art. 57 Abs. 1 FIFA-Statuten.

570 Art. 26 Abs. 1 FIFA-Statuten, Art. 18 Abs. 1 UEFA-Statuten.

571 Art. 24 Abs. 1 FIFA-Statuten, Art. 12 Abs. 1 UEFA-Statuten.

572 *Arg. e contr.* § 4 Nr. 1 lit. g) DFB-Satzung.

573 § 13 DFB-Satzung.

574 Vgl. § 7 Nr. 2 DFB-Satzung.

575 Art. 11 Abs. 1 FIFA-Statuten, Art. 5 Abs. 1 UEFA-Statuten.

576 Art. 7bis Abs. 3 UEFA-Statuten, Art. 20 Abs. 1 FIFA-Statuten.

577 Art. 7bis Abs. 3 UEFA-Statuten, Art. 20 Abs. 1 FIFA-Statuten.

578 § 4 Nr. 1 lit. g) DFB-Satzung.

des föderativen Organisationssystems durch die einzelnen Landes- und Regionalverbände organisiert und überwacht wird.

Die beiden höchsten Spielklassen im deutschen Fußballsport hat der DFB als Lizenzligen installiert.[579] Mit Beschluss vom 18. Dezember 2000 wurde in Frankfurt a. M. der Die Liga – Fußballverband e. V. (kurz Ligaverband) gegründet.[580] Der Vollzug der Gründung erfolgte am 23. Februar 2001 mit der Eintragung in das Vereinsregister.[581] Zuvor waren auf einem außerordentlichen Bundestag des DFB am 30. September 2000 per Satzungsänderungsbeschluss[582] und Beschluss zum Abschluss des sog. Grundlagenvertrages detailliert die Rechte und Pflichten des neu zu gründenden Ligaverbands geregelt worden.[583] Demnach wurden dem Ligaverband die beiden höchsten deutschen Fußballligen exklusiv befristet zur Nutzung überlassen. Hiervon umfasst ist auch die Verwertung der Vermarktungsrechte im eigenen Namen, insbesondere des Ligalogos.[584] Dies ist Grundvoraussetzung für die Schaffung eines Produktes mit hohem Wiedererkennungswert und Bekanntheitsgrad, das zu einem steigenden Marktwert beiträgt. An der Inhaberstellung des DFB an den Lizenzligen hat sich dadurch indes nichts geändert. Der DFB hat dem Ligaverband sämtliche Nutzungsrechte qua Grundlagenvertrag verpachtet.[585] Er hat damit von seinem satzungsrechtlich verankerten Recht Gebrauch gemacht, die Ausübung seiner Rechte auf einen Mitgliedsverband zu übertragen.[586] Dennoch ist auf Grund der fortwährenden Rechteinhaberschaft des DFB auch für die Zukunft die rechtliche Möglichkeit der zentralen Verwaltung des Amateur- und Profifußballs durch den DFB nicht ausgeschlossen.[587] Mitglieder des Ligaverbandes sind die lizenzierten Vereine und Kapitalgesellschaften der Fußball-Lizenzligen Bundesliga und 2. Bundesliga.[588] Qualität und

579 § 4 Nr. 1 lit. a) DFL e. V.-Satzung.

580 Auszug aus dem Vereinsregister AG Frankfurt a. M., Registernummer 12031 [Abrufdatum: 28.11.2016].

581 Auszug aus dem Vereinsregister AG Frankfurt a. M., Registernummer 12031 [Abrufdatum: 28.11.2016].

582 Siehe hierzu §§ 16 ff. DFB-Satzung.

583 Offizielle Mitteilungen des DFB, Nr. 10 vom 31.10.2000, S. 1.

584 § 16a Abs. 1 Nr. 2 DFB-Satzung.

585 § 4 Abs. 1 Grundlagenvertrag i. V. m. § 16a Abs. 1 Nrn. 1 bis 3 DFB-Satzung.

586 § 6 Nr. 3 DFB-Satzung.

587 Vgl. aber die Regelung des § 12 Abs. 3 Grundlagenvertrag: „Für den Fall der Vertragsbeendigung verpflichten sich die Vertragsparteien auf Antrag einer Vertragspartei, die bisherigen vertraglichen Bestimmungen einvernehmlich so anzupassen, dass der Regelungsgehalt den jeweiligen sportlichen, wirtschaftlichen und sonstigen Bedingungen entspricht und einen entsprechenden neuen Vertrag abzuschließen. Die Pflicht zur Vertragsanpassung und Fortsetzung des Grundlagenvertrages besteht nicht, wenn der DFL e. V. die ihm zur Nutzung überlassenen Vereinseinrichtungen Bundesliga und 2. Bundesliga schuldhaft nicht betreibt und den deutschen Fußballmeister, die Auf- und Absteiger sowie die Teilnehmer an den internationalen Wettbewerben schuldhaft nicht ermittelt. Wird – auch nach Durchführung der Schlichtung gemäß § 16d der DFB-Satzung – kein Einvernehmen über die Anpassung und Fortsetzung des Vertrages erzielt, entscheidet auf Antrag einer Vertragspartei das Schiedsgericht nach § 17 der DFB-Satzung unter Ausschluss des ordentlichen Rechtswegs über die Anpassung der vertraglichen Bestimmungen an die jeweiligen sportlichen, wirtschaftlichen und sonstigen Bedingungen. Die Vertragsparteien verpflichten sich unwiderruflich, den Schiedsspruch umzusetzen."

588 §§ 1 Nr. 1, 7 DFL e. V.-Satzung.

Fortbestand der Lizenzligen werden vom Ligaverband (nach wie vor) durch das Bestehen eines Erlaubnisvorbehalts in Form eines Lizenzierungsverfahrens sichergestellt.[589] Lizenznehmer sind sämtliche Vereine und Kapitalgesellschaften der Bundesliga und 2. Bundesliga sowie Spieler.[590] Das operative Geschäft des Ligaverbandes wird seit 2001 durch die Deutsche Fußball Liga GmbH (DFL) geführt.[591] Alleiniger Gesellschafter der DFL ist der Ligaverband.[592] Der Ligaverband hat in seiner Generalversammlung am 26. August 2016 beschlossen, künftig den Namen DFL Deutsche Fußball Liga e. V. (DFL e. V. bzw. DFL Deutsche Fußball Liga) zu tragen. Die Umbenennung ist im Vereinsregister vollzogen worden.

2. Hintergrund der Ausgliederung

Die Ausgliederung des Lizenzfußballs war das Ende eines Prozesses, der mit der Aufhebung der Gehälterkappung zur Bundesligasaison 1972/1973 begonnen hatte. Bedingt durch die rasante Entwicklung der Kommerzialisierung, der Professionalisierung des Fußballsports, der Internationalisierung der Gesellschaften und des Geschäftsverkehrs sowie der Veränderungen der Medienlandschaft traten zunehmend deutliche Differenzen zwischen den Interessenvertretern des Amateurfußballs und des professionellen Fußballs in Erscheinung. Trotz Sitz- und Stimmrecht im höchsten Beschlussorgan des DFB, dem DFB-Bundestag, waren die Einflussmöglichkeiten der Lizenzvereine als außerordentliche Mitglieder des DFB eingeschränkt. Grund hierfür war die überwiegende Repräsentation des Amateurfußballs im Bundestag, welche sich dementsprechend als deutliche Mehrheit in der für die Abstimmungen maßgeblichen Stimmenanzahl zu Gunsten des Amateurfußballs widerspiegelte. Eine Majorisierung der Repräsentanten des Amateurfußballs durch die Vertreter des Lizenzfußballs war auch in den Angelegenheiten des Lizenzfußballs nicht möglich.[593] Als Organisator und Förderer sowohl des Amateur- als auch des Berufsfußballs hatte der DFB bei seiner Entscheidungsfindung stets das Gesamtinteresse des DFB im Blick zu behalten.[594] Dies führte dazu, dass eine Konzentration auf den Lizenzfußball tatsächlich nicht – wie an sich erforderlich – möglich war. Gezielten Einfluss auf den Lizenzfußball konnten die Lizenzvereine lediglich über den sog. Ligaausschuss nehmen. Doch auch dieser hatte als Organ des DFB die Gesamtinteressen des DFB zu berücksichtigen.[595] Mit der vollzogenen „Ausgliederung“ von Organisation und Durchführung des Lizenzfußballs aus dem Dachverband des DFB wurde schließlich der Ausgleich der Interessen sämtlicher Beteiligten geschaffen.

589 § 16a Abs. 1 Nr. 3 DFB-Satzung, § 4 Nr. 1 lit. c), lit. d) DFL e. V.-Satzung.
590 § 1 Nr. 1 LO, § 1 LOS.
591 Präambel DFL-Satzung.
592 Präambel DFL-Satzung.
593 *Väth*, Profifußball, S. 94.
594 Zur Bedeutung des Fußballspiels als Amateursport siehe Erster Teil Kapitel 2 § 1 E I.
595 § 14 Nr. 1 DFB-LSpSt a. F.

3. Rechte von DFL e. V. und DFL

Neben der exklusiven Zuständigkeit für die oben ausgeführte Organisation und Durchführung der Lizenzligen verfügt der DFL e. V. kraft seiner Stellung als ordentliches Mitglied des DFB über weitere Möglichkeiten zur Interessenwahrnehmung und -vertretung innerhalb des DFB. Dies betrifft sowohl die Interessen und Bedürfnisse der Liga an sich als auch die Interessen und Bedürfnisse der Klubs. Zwar verfügt der Amateurfußball auch nach der Änderung der Satzung des DFB am 30. September 2000 weiterhin über eine Stimmenmehrheit im DFB-Bundestag, jedoch bedürfen Satzungs- und Ordnungsänderungen, welche die Interessen des DFL e. V. oder die Festsetzung von finanziellen Umlagen zum Inhalt haben, nunmehr einer Mehrheit von Zweidrittel aller abgegebenen Stimmen.[596] Damit verfügt der Lizenzfußball bei ausreichender Anwesenheit seiner Vertreter über eine Sperrminorität. Dies kann insbesondere von Bedeutung sein beim Beschluss des DFB-Bundestages über Änderungen, Ergänzungen oder Streichungen der Dopingbestimmungen enthaltenden DFB-SpO und DFB-RuVO sowie beim Erlass neuer Ordnungen, die Dopingbestimmungen enthalten sollen.[597] Der DFL e. V. hat des Weiteren ein Vorschlagsrecht bei der Neubesetzung der Ausschüsse des DFB als auch der Vertretung des DFB in den Ausschüssen und Kommissionen von UEFA und FIFA.[598] Bezüglich Letzterem erzeugen die Vorschläge eine Bindungswirkung, soweit ausschließlich oder überwiegend Belange des Lizenzfußballs betroffen sind.[599] In diesem Fall ist es dem DFB gegenüber den Gremien der UEFA und der FIFA, aber auch gegenüber politischen Institutionen nur erlaubt, Positionen zu vertreten, die mit dem DFL e. V. abgestimmt sind.[600] Personenidentität besteht zwischen dem Ligapräsidenten und dem 1. Vize-Präsidenten des DFB[601] sowie zwischen dem Geschäftsführer der DFL und dem weiteren Vize-Präsidenten des DFB[602]. Hinzu kommt das DFB-Vizepräsidentenamt zweier weiterer Vertreter des DFL e. V.[603] Damit hat der Lizenzfußball auch Einfluss auf das operative Geschäft des DFB. Für die Bekämpfung von Doping von Bedeutung ist insbesondere die Aufgabe des DFB-Präsidiums, über Änderungen, Streichungen und Ergänzungen der DFB-ADR zu beschließen.[604] Der DFL e. V. ist ferner in der Anti-Doping-Kommission des DFB mit mindestens einem Mitglied vertreten.[605] DFL e. V. und DFL stehen demnach zumindest teilweise Mittel zur Verfügung, um auf die Bewältigung des Dopingproblems Einfluss nehmen zu können.

596 § 26 Nr. 2 DFB-Satzung.
597 Vgl. § 24 Nr. 2 lit. f) DFB-Satzung.
598 §§ 47 Abs. 5, 16a Abs. 1 Nr. 4 Satz 1 DFB-Satzung
599 § 16a Abs. 1 Nr. 4 Satz 2 DFB-Satzung, § 1 Satz 3 Grundlagenvertrag.
600 § 1 Satz 4 Grundlagenvertrag.
601 § 33 Abs. 1 lit. b) DFB-Satzung.
602 § 33 Abs. 1 lit. c) aa) DFB-Satzung
603 § 33 Abs. 1 lit. c) aa) DFB-Satzung.
604 § 34 Abs. 6 DFB-Satzung.
605 § 2 Grundlagenvertrag.

4. Pflichten von DFL e. V. und DFL

Mit der Aufnahme des DFL e. V. als ordentliches Mitglied des DFB ging der Ausschluss der Klubs[606] als bis dato außerordentliche Mitglieder des DFB einher. In der Folge ist nunmehr der DFL e. V. qua Mitgliedschaft an die Sportregeln, Entscheidungen und Beschlüsse des DFB gebunden.[607] Gleiches gilt hinsichtlich der den DFB bindenden Statuten und Reglemente von FIFA und UEFA.[608] Nach § 19 Nr. 1 DFL e. V.-Satzung wurde die DFL vom DFL e. V. mit den Aufgaben der Geschäftsführung betraut, „soweit sie nicht aufgrund dieser Satzung der Mitgliederversammlung, dem Präsidium oder dem Lizenzierungsausschuss vorbehalten bleiben". Vornehmliche Aufgabe der DFL ist es, das Ligastatut des DFL e. V. umzusetzen. Dieses umfasst neben der Lizenzierungsordnung (LO) die Spielordnung des DFL e. V. (SpOL), die Ordnung für die Verwertung kommerzieller Rechte (OVR), die Richtlinien und Durchführungsbestimmungen sowie die Lizenzordnung Spieler (LOS). Als Mitglied des DFB ist der DFL e. V. kraft dessen Satzung zur Beachtung des Dopingverbots sowie zu dessen Durchsetzung verpflichtet.[609] Hinzu tritt die Verpflichtung, allgemeinverbindliche Bestimmungen von DFB, FIFA und UEFA einzuhalten.[610]

Das intradisziplinäre Verbandssystem stellt sich aus der Perspektive des deutschen Fußballs graphisch wie folgt dar:

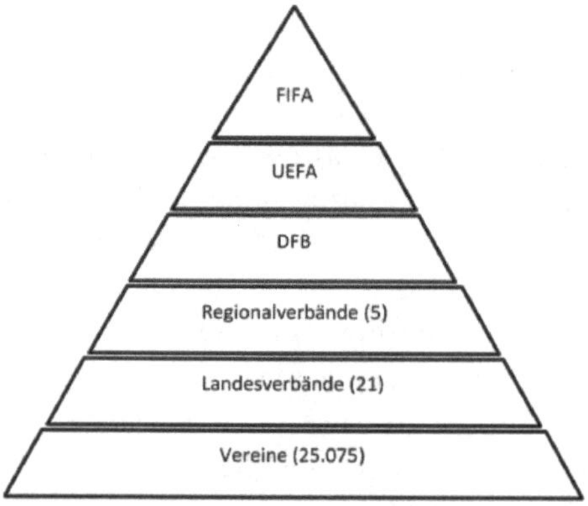

Abbildung 1: Aufbau intradisziplinäres Verbandssystem – Fußball (Stand 2016)

B. Interdisziplinäres Verbandssystem

Im Unterschied zum intradisziplinären Verbandssystem betrifft das interdisziplinäre Verbandssystem das sportartenübergreifende Verbandswesen. In den Inhaltsbereich

606 Seit 1998 besteht die rechtliche Möglichkeit, Lizenzmannschaften aus dem Mutterverein in Kapitalgesellschaften auszugliedern, siehe Offizielle Mitteilungen des DFB, Nr. 11 vom 30.11.1998, S. 18, 24 f. Zur damit verbundenen Problematik ausführlich *Heermann*, ZIP 1998, 1249 ff.

607 §§ 7 Nr. 2 lit. b), 14 Nr. 1 lit. b) DFB-Satzung.

608 §§ 16 Abs. 3, 3 Nrn. 1, 2 DFB-Satzung, § 3 Nrn. 3, 4 DFL e. V.-Satzung.

609 §§ 14 Nr. 1 lit. b), 16b Abs. 1 Nr. 6 DFB-Satzung.

610 § 16b Abs. 1 Nr. 11 DFB-Satzung.

des interdisziplinären Verbfandssystems fallen damit sämtliche Verbände, deren Aufgabenwahrnehmung sportartenautonom ausgestaltet ist. Diese Verbände werden unter anderem auch als „überfachliche" Verbände bezeichnet,[611] an deren Spitze die überfachlichen Spitzensportverbände[612] stehen. Soweit im Schrifttum diesbezüglich teilweise[613] von „Dachverbänden" gesprochen wird, ist dies missverständlich. Dachverbände sind üblicherweise Verbände, die an der Spitze mehrerer Verbände stehen.[614] Dies kann sowohl Verbände der gleichen als auch verschiedener Sportdisziplinen betreffen.

Besondere Bedeutung kommt mit Blick auf die Regularien zur Bekämpfung und Ahndung von Doping im Fußballsport dem Internationalen Olympischen Komitee (IOC) und dem Deutschen Olympischen Sportbund (DOSB) zu. Tragende Rollen spielen dabei insbesondere die World Anti-Doping Agency (WADA) sowie die Nationale Anti-Doping Agentur (NADA). Aufgrund des staatlichen Einflusses sowie wegen des Fehlens der körperschaftlichen Struktur erfüllen weder WADA noch NADA den Verbandsbegriff. Gleichwohl soll auf WADA und NADA aufgrund ihrer engen inhaltlichen Nähe zu IOC und DOSB an dieser Stelle auch eingegangen werden.

I. IOC

Das IOC wurde unter der Federführung von *Pierre de Coubertin* bereits im Jahr 1894 in Paris gegründet. Es trägt die Rechtsform eines nach Schweizer Recht gegründeten Idealvereins und hat seinen Sitz in Lausanne.[615] Nach dem Selbstverständnis des IOC ist dieses „an international non-governmental not-for-profit organisation, of unlimited duration [...]".[616] Die Mitgliedschaft ist ausschließlich natürlichen Personen vorbehalten.[617] Rein dogmatisch betrachtet handelt es sich bei dem IOC daher nicht um einen die jeweiligen Sportverbände vereinenden Spitzensportverband.[618] Durch die wechselseitige Anerkennung von Internationalen Sportfachverbänden (IF), Nationalen Olympischen Komitees (NOK) und IOC wird jedoch eine Bindungswirkung an die Bestimmungen der Olympischen Charta geschaffen, die der einer mitgliedschaftlichen gleichkommt.[619] Das IOC kann daher im Hinblick auf die Sportarten der olympischen Bewegung[620] als die oberste Instanz im interdisziplinären Verbandssystem angesehen werden. Primäre Aufgabe des IOC ist die Organisation und Durchführung der Olympischen Sommer- und Winterspiele. Das IOC hat einen Aufgaben-

611 *Adolphsen/Hoefer/Nolte*, in: Adolphsen/Nolte/Lehner/Gerlinger (Hrsg.), Sportrecht in der Praxis, Rn. 107 ff.
612 Auf nationaler Ebene ist dies der DOSB, auf internationaler Ebene das IOC.
613 *Grätz*, Missbrauch der marktbeherrschenden Stellung durch Sportverbände, S. 17.
614 *Heermann*, ZHR174 (2010), 250, 252.
615 Auszug aus dem Handelsregister Kanton Waadt, Eid. Nr. CH-550.1.066.439-8 [Abrufdatum: 28.11.2016]; Regeln 15.1, 15.2 OC.
616 Regel 15.1 OC.
617 Regel 16.1.1 OC. Nach Regel 28.1.1 OC ist das jeweilige Mitglied des IOC gleichzeitig Mitglied des jeweiligen NOKs.
618 *Vieweg*, Normsetzung, S. 59.
619 Regeln 25 bis 27 OC.
620 Regel 1.2 OC.

kanon verankert, der ohne Weiteres als Handlungsmaxime jeglichen Tätigwerdens des IOC verstanden werden kann.[621] Dazu gehören unter anderem die Förderung von Jugend und Weltfrieden, die Sicherung der Autonomie des Sports sowie die Gleichberechtigung der Rassen und Geschlechter. Vorliegend interessiert die Bedeutung des IOC mit Blick auf Doping. Das IOC erhebt im Zeichen der Olympischen Bewegung den Anspruch, im Kampf gegen Doping eine Führungsrolle einzunehmen.[622] Eine tragende Rolle spielt hierbei die WADA.

II. WADA

Die WADA wurde im Jahr 1999[623] in der Rechtsform einer Stiftung nach Schweizer Recht gegründet (Art. 80 ff. ZGB). Stifter ist das IOC.[624] Sitz der WADA ist Lausanne.[625] Zweck der WADA ist, auf internationaler Ebene den Kampf gegen Doping zu fördern und einheitlich zu organisieren.[626] Dabei fungiert die WADA als Bindeglied zwischen Staat und Sport. Dies zeigt sich neben der personellen Besetzung[627] vor allem auch in der Finanzierung der WADA, welche sich seit 2002 paritätisch[628] aus Beiträgen der öffentlichen Stellen bzw. der Regierungen und der Olympischen Bewegung[629] zusammensetzt.[630] Mit dem Ziel, erstmals weltweit die Geltung von Anti-Doping-Bestimmungen zu harmonisieren, hat die WADA im Jahr 2003 den Welt-Anti-Doping-Code (WADC) veröffentlicht. Der WADC harmonisiert die weltweite Bekämpfung von Doping, indem er einen einheitlichen Dopingbegriff normiert, das verbandsrechtliche Dopingkontrollverfahren ausgestaltet sowie Verhängung und Bemessung von Sanktionen regelt. Aufgrund der im WADC bestimmten Einspruchs- und Eintrittsrechte der WADA, der durch die WADA zum Teil selbstständig durchgeführten Wettkampfkontrollen sowie der hierarchischen Harmonisierung der Doping-

---

621 Regel 2 OC.

622 Regel 2.8 OC.

623 Der Grundstein hierfür wurde auf der First World Conference on Doping in Sport in Lausanne im Februar 1999 gelegt, sog. Lausanner Erklärung zum Doping im Sport, abgedruckt in SpuRt 1999, 103.

624 *Summerer*, in: Fritzweiler/Pfister/Summerer (Hrsg.), Praxishandbuch Sportrecht, II/3 Rn. 284.

625 Auszug aus dem Handelsregister Kanton Waadt, Eid. Nr. CH-550.1.003.717-7 [Abrufdatum: 28.11.2016].

626 Art. 4 WADA-Statuten.

627 WADA Annual Report 2015, S. 10-12, im Internet abrufbar unter: http://www.wada-ama.org/sites/default/files/resources/files/wad-020_annual_report_2015_vf_high_1006_final.pdf (zuletzt aufgerufen am 6.1.2017).

628 Zahlungen des Sports sind an die Zahlungen der Staaten gekoppelt.

629 Dies sind vor allem das IOC, die Internationalen Spitzenverbände sowie die NOKs. Zum Begriff der Olympischen Bewegung siehe Regel 1 OC. Der Report of the statutory auditor to the Foundation Board on the Financial Statements 2010 weist insoweit als Geldgeber nicht die Olympische Bewegung aus, sondern das IOC.

630 Im Jahr 2015 beliefen sich die Jahresbeiträge auf 27.484.828 US-Dollar, WADA Annual Report 2015, S. 45, im Internet abrufbar unter: https://www.wada-ama.org/sites/default/files/resources/files/wad-020_annual_report_2015_vf_high_1006_final.pdf (zuletzt aufgerufen am 6.1.2017).

bestimmungen wird die WADA als „Weltpolizei des Spitzensports“ [631] angesehen. Der WADC ist am 1. April 2004 in Kraft getreten. Ein überarbeiteter WADC ist am 1. Januar 2015 in Kraft getreten. Er hat die Rechtsnatur einer privatrechtlichen Regelung. Um Bindungswirkung zu erzeugen, bedarf es daher einer entsprechenden Vereinbarung.[632] Dies geschieht durch Unterzeichnung. Gegenstand der Unterzeichnung ist die Verpflichtung, den WADC durch entsprechende Implementierung in den eigenen Anti-Doping-Regelwerken umzusetzen.[633] Die Unterzeichner trifft die Verpflichtung, Mitglieder sowie Teilnehmer der Wettbewerbe und näheres sportliche Umfeld der Sportler hieran zu binden.[634] Neben der Pflicht zur inhaltsgetreuen Wiedergabe einzelner Bestimmungen bleibt den Unterzeichnern hinsichtlich sonstiger Regelungen auch die Möglichkeit, diese im Wege der Verwendung eigener Formulierungen umzusetzen.[635] Daneben erstreckt sich die Bindungswirkung auch auf die International Standards. Diese enthalten konkretisierende Angaben zur Umsetzung des WADC.[636] Lediglich beratend stellt die WADA den Unterzeichnern die Models of Best Practice and Guidelines sowie Musterformulierungen und Leitlinien zur Verfügung.[637] FIFA und NADA haben den WADC formell angenommen; darüber hinaus haben sie auch den aktuellen WADC anerkannt und implementiert.[638]

III. NADA

Die NADA ist die deutsche Nationale Anti-Doping-Organisation.[639] Sie wurde im Jahr 2002 in der Rechtsform einer rechtsfähigen Stiftung des bürgerlichen Rechts gegründet. Sitz ist Bonn.[640] Stifter der NADA waren unter anderem die Bundesrepublik Deutschland, die Bundesländer sowie DSB und NOK.[641] Als nationale Anti-Doping-Organisation ist wesentlicher Stiftungszweck „die Förderung und Koordinierung des Kampfes gegen Doping im Sport auf nationaler Ebene“.[642] Daneben soll die NADA zur transnationalen Dopingbekämpfung beitragen.[643] Die NADA hat primär die Auf-

631 NZZ vom 9.11.2009, Artikel im Internet abrufbar unter: http://www.nzz.ch/nachrichten/sport/aktuell/wada_anti-doping_1.3990996.html (zuletzt aufgerufen am 6.1.2017).

632 Art. 23.1.1 WADC.

633 Art. 23.2.1 WADC.

634 Artt. 20.3.2 bis 20.3.5, 20.4.7 WADC.

635 Art. 23.2.2 WADC.

636 WADC, S. 2. Die International Standards der WADA setzen sich aus fünf Regelwerken zu verschiedenen Bereichen zusammen: Prohibited List, Testing and Investigations, Laboratories, Therapeutic Use Exemptions, Protection of Privacy and Personal Information.

637 WADC, S. 2.

638 Siehe http://www.wada-ama.org/en/what-we-do/the-code/code-signatories/signatories-with-rules-in-line (zuletzt aufgerufen am 6.1.2017).

639 Siehe dazu Definition „Nationale Anti-Doping-Organisation“ Anhang 1 – Begriffsbestimmungen NADC.

640 § 1 NADA-Stiftungsverfassung.

641 Zum Stifterkreis zählen ausweislich der Stiftungsurkunde ferner die damalige Bundeshauptstadt Bonn, die Stiftung Deutsche Sporthilfe, die Deutsche Telekom AG sowie die Deutsche Bank AG.

642 § 2 Abs. 2 Nr. 1 NADA-Stiftungsverfassung.

643 § 2 Abs. 2 Nr. 4 NADA-Stiftungsverfassung.

gabe, den WADC in Deutschland umzusetzen[644] und Verstöße gegen Anti-Doping-Bestimmungen in ihrem Zuständigkeitsbereich durch Aufbau eines nationalen Doping-Kontroll-Systems innerhalb und außerhalb der Wettkämpfe zu verfolgen.[645] Die NADA soll für die Einhaltung des Codes sorgen.[646] Wesentliches Instrument für die Umsetzung des WADC ist der NADA-Code (NADC). Dieser setzt die zwingenden Vorgaben des WADC auf deutscher Ebene um; nationale Besonderheiten (Rechtsordnung, Strukturen der deutschen Verbände) berücksichtigt der NADC, indem er die fakultativen Bestimmungen des WADC entsprechend anpasst. Dies schafft die nationale Grundlage für die nationalen Sportfachverbände, um zwingende Bestimmungen des WADC entsprechend umzusetzen. Der NADC bewirkt eine einheitliche Dopingbekämpfung in Deutschland. Die WADA hat der NADA die Übereinstimmung des aktuellen NADC mit den gültigen Bestimmungen des WADC bescheinigt.[647] Gemäß Art. 5.2.1 NADC ist die NADA zuständig „für die Organisation und Durchführung von Trainingskontrollen und Dopingkontrollen Innerhalb des Wettkampfs bei allen Athleten, die dem Anwendungsbereich des NADC unterliegen und ihre aktive Karriere nicht beendet haben". DFB und NADA haben im März 2015 die Vereinbarung über die Organisation und Durchführung von Dopingkontrollen geschlossen.[648] Seit Beginn der Saison 2015/2016 führt die NADA daher sämtliche Kontrollen im Spielbetrieb von Bundesliga, 2. Bundesliga und 3. Liga durch.[649]

IV. DOSB

Der DOSB ist der Zusammenschluss von NOK und DSB. Er hat die Rechtsform eines eingetragenen Vereins; Sitz ist Frankfurt a. M.[650] Als solcher nimmt er seit seiner Gründung im Mai 2006 die Aufgaben von NOK und DSB wahr. Der DOSB ist damit der nationale Dachverband der nationalen Sportfachverbände und Nationales Olympisches Komitee.[651] Ausweislich der Präambel seiner Satzung ist es die Aufgabe des DOSB, die Olympische Bewegung zu entwickeln, zu unterstützen und zu schützen. Dies geschieht insbesondere durch die Organisation der Teilnahme an den Olympischen Spielen. Dabei hat der DOSB die Olympische Charta zu wahren und durchzusetzen.[652] Sein Bekenntnis hierzu wird neben den einschlägigen Bestimmungen in der Satzung insbesondere durch die Namensgebung des DOSB („Olympische") deutlich. Als Rechtsnachfolger des DSB obliegt dem DOSB weiter die Harmonisierung, Vertre-

644 Artt. 20.5.2, 23.2 WADC.

645 § 2 Abs. 2 Nr. 1 NADA-Stiftungsverfassung, Art. 20.5.7 WADC.

646 Art. 23.5.2 WADC.

647 Muster-ADC 2015, S. 2, im Internet abrufbar unter: http://www.nada.de/fileadmin/user_upload/nada/Recht/Muster-ADC2015.pdf (zuletzt aufgerufen am 6.1.2017).

648 Pressemittelung des DFB vom 13.3.2015, im Internet abrufbar unter: http://www.dfb.de/news/detail/dfb-und-nada-intensivieren-zusammenarbeit-118304/ (zuletzt aufgerufen am 6.1.2017).

649 Pressemitteilung der NADA vom 13.3.2015, im Internet abrufbar unter: http://www.nada.de/fileadmin/user_upload/nada/Presse/7-PM_150313_NADA_organisiert_Wettkampfkontrollen_im_Fussball.pdf (zuletzt aufgerufen am 6.1.2017).

650 § 1 Abs. 2 DOSB-Satzung.

651 § 2 Abs. 1, 2 DOSB-Satzung.

652 Regel 27.2.2.2 OC.

tung und Förderung der unterschiedlichen Bedürfnisse der einzelnen (nationalen) Sportarten sowohl national als auch international.[653] Er hat insbesondere die Aufgabe, Manipulationen im Sport zu verhindern[654] und Doping zu bekämpfen[655].

C. Ein-Platz-Prinzip

Die Geltung der Dopingbestimmungen innerhalb und zwischen beiden Verbandssystemen wird maßgeblich durch das sog. Ein-Platz-Prinzip geprägt.

I. Inhalt

Der Regelungsgehalt des Ein-Platz-Prinzips folgt bereits aus seiner Bezeichnung selbst. Kern des Prinzips ist die Verwaltung und Repräsentation einer Sportart durch ausschließlich einen Verband (**fachliche Komponente**). Die mitunter auch gebräuchliche Bezeichnung als „Ein-Verbands-Prinzip"[656] verdeutlicht zutreffend die Bedeutung der Stellung des jeweiligen Verbands. Die föderale Organisationsstruktur[657] des Sports bewirkt, dass die exklusive Zuständigkeit des jeweiligen Verbands auf eine geographisch bestimm- und abgrenzbare Region begrenzt wird (**territoriale Komponente**). Somit kommt es auf den Ebenen unterhalb des jeweiligen Spitzensportfachverbands (Weltsportfachverbands) zu einem System abgestufter Zuständigkeiten. Die jeweils zuständigen Verbände stehen je nach Ebenenzugehörigkeit in einem Über- und/ oder Unterordnungsverhältnis zueinander. Dabei nimmt jeder übergeordnete Verband pro Region lediglich einen untergeordneten Verband auf.[658] Es entsteht ein monopolistischer hierarchisch-pyramidaler Aufbau. Ihre maßgebliche Prägung in Regelsetzung und Organisationsstruktur erhalten die Verbände dabei durch die an der Spitze stehenden internationalen Sportverbände.[659]

Das Ein-Platz-Prinzip bewirkt eine übersichtliche, verbindliche und transparente Organisationsstruktur. Es schafft damit die Voraussetzung für die Durchführung chancengleicher, einheitlicher und objektiver Wettbewerbe. Das Fehlen des Ein-Platz-Prinzips könnte zur Intransparenz und Zersplitterung des Verbandswesens führen. Denkbar wäre etwa die Existenz mehrerer Ligen (auf gleichem Niveau), insbesondere

653 § 2 Abs. 1 DOSB-Satzung.
654 § 3 Abs. 1 UA 2 lit. i) DOSB-Satzung.
655 § 3 Abs. 1 UA 1 lit. c) DOSB-Satzung.
656 *Vieweg*, Normsetzung, S. 61.
657 Vor dem Hintergrund der Praktikabilität, insbesondere Verwaltungsaufwand und reibungsloser Organisation des Sports auf nationaler Ebene, sowie der nationalen Mentalitäts- und Kulturverschiedenheiten, ist es angezeigt, wie praktiziert, den Sport in seiner Gesamtheit, und mithin auch den Fußballsport, nicht pauschal durch einen Verband, sondern durch ein föderales Verbandssystem zu organisieren.
658 *Butte*, Das selbstgeschaffene Recht des Sports, S. 78.
659 *Schroeder*, WRP 2006, 1327, 1328.

durch die Abspaltung von Vereinen aus Bundesliga, 2. Bundesliga und 3. Liga.[660] Die Möglichkeit eines einheitlichen, nationalen Kräftemessens wäre dann unter Umständen nicht mehr gegeben. Gleiches beträfe den Weltfußball, sollten neben FIFA und Konföderationen weitere Spitzenverbände treten. Das Ein-Platz-Prinzip trägt daher durch Verankerung sog. Überleitungsvorschriften dafür Sorge, dass eine einheitliche Regelung der Sportart gegeben ist.[661] Dabei wird den jeweiligen Dachverbänden die Möglichkeit gegeben, die eigene Verbands- und Strafgewalt im Verhältnis zu den jeweils unteren Hierarchieebenen durchzusetzen.[662]

Gelegentlich wird die durch das Ein-Platz-Prinzip herbeigeführte faktische Monopolbildung und die damit einhergehende Machtfülle der Verbände kritisiert.[663] So erachtete das OLG Frankfurt a. M. das Ein-Platz-Prinzip gar als verfassungswidrig.[664] Nach Auffassung des Gerichts verhindere das Ein-Platz-Prinzip „pluralistische Initiativen und Alternativen".[665] Dies widerspräche der Werteordnung des Art. 9 Abs. 1 GG, einer freien und sozialen Gruppenbildung. Diese Ansicht verkennt die Tatsache, dass das Ein-Platz-Prinzip lediglich faktisch zu einer Monopolbildung führt. Es ist den Vereinen und Verbänden unbenommen, übergeordnete Verbände zu gründen; dies allerdings mit der Folge, dass diese wegen der Geltung des Ein-Platz-Prinzips dann weder dem DFB, der UEFA noch der FIFA angehören. Gleichwohl muss zugestanden werden, dass die Gründung eigener, von den bestehenden Verbänden unabhängiger Verbände allein schon deshalb fraglich sein dürfte, da es vielen Verbänden zu risikobehaftet sein dürfte, aus dem Lager der Mehrheit in das Lager der Minderheit zu wechseln. Mit dem BGH[666] ist aber zu konstatieren, dass das Ein-Platz-Prinzip entscheidend zur Erleichterung der einheitlichen Willensbildung beiträgt. Es sorgt für eine weitgehende Verhinderung der „Unübersichtlichkeit und Rivalität innerhalb des Mitgliederkreises",[667] welche ansonsten bei Zulassung mehrerer Verbände derselben Sportart in derselben Region gegeben wäre. Das Ein-Platz-Prinzip ermöglicht es, nationale und internationale Wettbewerbe einheitlich durchzuführen. Auch das BVerfG hat klargestellt, dass es mit der Vereinsautonomie vereinbar ist, „gestufte Verbände zu schaffen, innerhalb deren die Unterverbände [...] zu Oberverbänden in Abhängigkeit stehen, ihren Vereinscharakter dadurch aber nicht verlieren, sofern sie auch eigenständige Aufgaben wahrnehmen [...] Die Grenze ist erst dort erreicht, wo Selbstbestimmung und Selbstverwaltung des Vereins [...] darüber hinaus in weitem Umfang ausgeschlossen werden; der Verein würde dann nicht mehr vornehmlich vom Willen der Mitglieder getragen, sondern zur bloßen Verwaltungsstelle oder einem bloßen

---

660 In der Vergangenheit hatte die sog. „G14", ein Zusammenschluss diverser europäischer Topvereine, des Öftern mit der Gründung einer Europaliga durch die Top-Mannschaften der europäischen Ligen gedroht.

661 *Vieweg*, JuS 1983, 825, 826.

662 *Fikentscher*, Mitbestimmung im Sport, S. 72.

663 Zu wettbewerbsrechtlichen Erwägungen vgl. *Jickeli*, in: FS Reuter, S. 1027 ff.

664 OLG Frankfurt a. M., Urteil vom 23.3.1972 (nicht veröffentlicht).

665 OLG Frankfurt a. M., Urteil vom 23.3.1972 (nicht veröffentlicht).

666 BGH, Urteil vom 2.12.1974 – II ZR 78/72, BGHZ 63, 282, 292 = NJW 1975, 771, 774; BGH, Urteil vom 10.12.1985 – KZR 2/85, NJW-RR 1986, 583 f.

667 BGH, Urteil vom 2.12.1974 – II ZR 78/72, BGHZ 63, 282, 292 = NJW 1975, 771, 774.

Sondervermögen eines anderen".[668] Ein solch hinreichendes Maß an Selbstbestimmung und Selbsttätigkeit der Vereine bzw. Verbände ist im Bereich des gegenwärtigen Lizenzfußballs gegeben. Verbände, die wirtschaftlich tätig sind, sind wegen ihrer durch das Ein-Platz-Prinzip geschaffenen Monopolstellung marktbeherrschende Unternehmen und damit Normadressat des kartellrechtlichen Missbrauchverbots (§ 19 GWB).[669] Es ist den Verbänden daher nicht gestattet, ihre Stellung missbräuchlich zu unternehmerischen Zwecken auszunutzen.

II. Ein-Platz-Prinzip im intradisziplinären Verbandssystem

1. FIFA

Als oberste Instanz des Fußballs besitzt die FIFA ein Anerkennungsmonopol. Die FIFA erkennt pro „Land"[670] einen Mitgliedsverband an.[671] Art. 17 Abs. 1 lit. c) FIFA-Statuten gibt dem Kongress der FIFA das Recht, im Beschlusswege[672] Mitgliedsverbände auszuschließen, sofern diese ihre repräsentative Stellung[673] als nationaler Fußballverband verloren haben. Eine Verpflichtung des jeweiligen nationalen Fußballverbands, die FIFA als einzigen Weltfußballverband anzuerkennen, sehen die Statuten hingegen nicht vor. Nach Art. 72 Abs. 1 FIFA-Statuten ist es jedoch Spielern und Mannschaften des jeweiligen Mitgliedverbands oder der provisorischen Mitglieder der Konförderationen untersagt, ohne Erlaubnis der FIFA mit Spielern oder Mannschaften, die weder einem Mitglied angehören noch provisorisches Mitglied der Konförderationen sind, durch Spiel oder irgend sonst sportlich, in Kontakt zu treten. Die Europäische Klubvereinigung[674] hat in einer mit der UEFA getroffenen Grundsatzvereinbarung die FIFA als Führungsinstanz des Weltfußballs anerkannt. Weiter hat sie sich verpflichtet, sicherzustellen, „dass keiner ihrer Mitgliedsklubs mit einer oder mehrerer seiner Mannschaften an einem Wettbewerb teilnimmt, der nicht von der

---

668 BVerfG, Beschluss vom 5.2.1991 – 2 BvR 263/86, BVerGE 83, 341 = NJW 1991, 2623, 2625, 2626.

669 BGH, Urteil vom 7.6.2016 – KZR 6/15, NJW 2016, 2266, 2270.

670 Nach Nr. 6 Definitionen FIFA-Statuten ist ein Land „ein von der internationalen Staatengemeinschaft anerkannter, unabhängiger Staat". Unklar ist, was mit dem Begriff „internationale Staatengemeinschaft" gemeint ist. Die „internationale Gemeinschaft" wird oftmals als durch die UNO verkörpert angesehen, vgl. *Forster*, Nation Building, S. 8 f.

671 Art. 11 Abs. 1 Satz 3 FIFA-Statuten. Einzige Ausnahmen bilden die britischen Verbände, sowie die Unabhängigkeitsbestrebungen innerhalb eines Landes bei Zustimmung des Verbandes, Art. 11 Abs. 5, 6 FIFA-Statuten.

672 Art. 17 Abs. 2 FIFA-Statuten: „Für einen Ausschluss ist die Anwesenheit der absoluten Mehrheit (über 50%) der stimmberechtigten Mitglieder beim Kongress notwendig, und der Antrag auf Ausschluss eines Mitgliedsverbands muss mit einer Dreiviertelmehrheit (¾) der abgegebenen und gültigen Stimmen angenommen werden."

673 Gemeint ist die Verantwortlichkeit für die Organisation und Durchführung des Fußballsports auf dem jeweiligen nationalen Gebiet.

674 Der ECA gehören aus den beiden deutschen Lizenzligen elf Vereine an. Insgesamt gehören der ECA 220 Vereine aus den 53 Nationen der UEFA an, http://www.ecaeurope.com/about-eca/eca-members hip1/ (zuletzt aufgerufen am 6.1.2017).

UEFA oder der FIFA veranstaltet oder anerkannt wird“[675], und dass „ihre Mitgliedsklubs keiner anderen Vereinigung oder Gruppierung von Klubs aus mehr als einem Land (d. h. einem Nationalverband) angehören [...]“[676].

2. UEFA

Auf kontinentaler Ebene hat die FIFA die UEFA als europäischen Fußballfachverband anerkannt.[677] Auch die UEFA knüpft die Mitgliedschaft an die Voraussetzung, dass der (potentielle) Mitgliedsverband in seinem Land „für die Organisation und Durchführung des Fußballsports verantwortlich ist“.[678] Flankierend besitzt auch die UEFA bei Verlust der nationalen Repräsentantenstellung ein Recht auf Ausschluss des jeweiligen Mitgliedsverbands.[679] Als Ausschlussgrund kann ferner der Ausschluss des Mitgliedsverbands aus der FIFA dienen.[680]

3. DFB

Der DFB hat in seiner Satzung die anerkannten Mitgliedsverbände benannt.[681] Sie besitzen exklusiven Gebietsschutz. So dürfen aus den territorialen Gebieten der Mitgliedsverbände keine weiteren Verbände in den DFB aufgenommen werden.[682] Etwas anderes gilt nur für den Fall des Ausscheidens eines Mitgliedverbands aus dem DFB.[683] Mitgliedsverbände des DFB sowie deren Mitglieder dürfen sich schließlich nur mit Genehmigung sowohl des DFB, der FIFA als auch des bisherigen Mitgliedsverbands[684] einem anderen Mitgliedsverband anschließen bzw. an Wettbewerben auf dessen Gebiet teilnehmen.[685] Insbesondere mit Blick auf andere Wettbewerbe gilt in-

675 D.3 Grundsatzvereinbarung vom 31.3.2015, im Internet abrufbar unter: http://www.uefa.com/MultimediaFiles/Download/EuroExperience/uefaorg/Clubs/02/22/99/40/2229940_DOWNLOAD.pdf (zuletzt aufgerufen am 6.1.2017).

676 D.4 Grundsatzvereinbarung vom 31.3.2015, im Internet abrufbar unter: http://www.uefa.com/MultimediaFiles/Download/EuroExperience/uefaorg/Clubs/02/22/99/40/2229940_DOWNLOAD.pdf (zuletzt aufgerufen am 6.1.2017).

677 Art. 22 Abs. 1 lit. c) FIFA-Statuten. Gemäß Art. 22 Abs. 2 FIFA-Statuten kann die FIFA es „einer Konföderation gestatten, einen Verband als Mitglied aufzunehmen, der geografisch einem anderen Kontinent, aber nicht dessen Konföderation angehört [...]“.

678 Art. 5 Abs. 1 UEFA-Statuten. Abweichend von den FIFA-Statuten ist bezüglich der Definition des Begriffes „Land“, insoweit präzisierend, nicht von der „internationalen Staatengemeinschaft“, sondern von der „UNO“ die Rede. Diese Präzisierung ist Resultat eines Rechtsstreits zwischen der UEFA und dem Fußballverband von Gibraltar. Die UEFA hatte zuvor dem Fußballverband von Gibraltar die Aufnahme verweigert, vgl. hierzu CAS 2002/O/410, GFA v./ UEFA, Schiedsspruch vom 7.10.2003.

679 Art. 8 Abs. 3 lit. b) UEFA-Statuten. Art. 8 Abs. 3 Satz 2 UEFA-Statuten: „Der Ausschluss wird durch den Kongress beschlossen, mit einer 3/4-Mehrheit der Anwesenden, wobei mindestens die Hälfte der Verbände am Kongress vertreten sein muss.“

680 Art. 8 Abs. 3 lit. c) UEFA-Statuten

681 § 7 DFB-Satzung.

682 § 8 Nr. 2 DFB-Satzung.

683 § 8 Nr. 3 DFB-Satzung.

684 Dabei handelt es sich um kumulative Voraussetzungen.

685 § 14 Nr. 8 DFB-Satzung.

soweit das Zuständigkeitsmonopol der Mitgliedsverbände über die eigenen geographischen Grenzen hinaus.

III. Ein-Platz-Prinzip im interdisziplinären Verbandssystem

1. IOC

Die interdisziplinäre Verbandsspitze der olympischen Sportarten bildet das IOC. Als olympisch sind insoweit die Sportarten derjenigen IFs anzusehen, welche durch das IOC als IF anerkannt wurden.[686] Pro Land anerkennt das IOC nur ein NOK als den jeweiligen Repräsentanten der olympischen Sportarten des Landes.[687] Dabei sollen die NOKs ihrerseits – mit Blick auf die jeweils durch einen Weltsportfachverband organisierten olympischen Sportarten – nur einen nationalen Sportfachverband anerkennen.[688] Unklar bleibt nach den Regelungen der Olympischen Charta, ob die Exklusivität der IOC-seitigen Anerkennung auch die Anerkennung der Weltfachverbände betrifft. Übertragen auf den Fußballsport stellt sich folglich die Frage, ob das IOC neben der FIFA einen weiteren Weltfußballverband anerkennen würde. Dem Damenhockey hatte das IOC einst die Anerkennung versagt, da zwei Konkurrenzweltverbände existierten.[689] Anders liegt es im Bereich des Boxens. Hier hat das IOC die AIBA trotz des Bestehens anderer professioneller Weltboxverbände (WBC, WBF, IBF, WBA und WBO)[690] anerkannt.[691] Die AIBA tritt durch ihren professionellen Boxbereich APB in Konkurrenz zu anderen Weltfachverbänden des professionellen Boxsports. Teilnehmer der APB können sich für die Olympischen Spiele qualifizieren, solche der anderen Weltboxverbände mangels Anerkennung als IF hingegen nicht.[692] Aus dem Beispiel der AIBA wird deutlich, dass die Anerkennung eines Weltsportfachverbandes nicht (mehr länger) die Alleinstellung als Weltfachverband voraussetzt.[693] Das Ein-Platz-Prinzip wird gleichwohl dadurch gewahrt, dass auch die AIBA für ihre Mitgliedsverbände das Ein-Platz-Prinzip statutarisch verankert hat[694] und das IOC einem anderen Weltboxverband die Anerkennung als IF versagt[695].

2. DOSB

Die Satzung des DOSB enthält keine konstitutive Normierung des Ein-Platz-Prinzips. Die Umsetzung des Ein-Platz-Prinzips folgt aber aus der Aufnahmeordnung des

686 Bei den Olympischen Spielen dürfen nur die U23-Männerauswahl sowie die Frauenauswahl teilnehmen, vgl. etwa Reglement Olympische Fußballturniere London 2012, Präambel S. 5.
687 Regel 27.3 OC.
688 Durchführungsbestimmung 1.2 zu Regel 27 und 28 OC.
689 *Vieweg*, Normsetzung, S. 63.
690 *Summerer*, in: Fritzweiler/Pfister/Summerer (Hrsg.), Praxishandbuch Sportrecht, II/2 Rn. 157.
691 Durchführungsbestimmung 1.3.1 zu Regel 45 OC.
692 *Schönburg/Kappel/Büsch*, in: Büsch/Heinisch/Lüdemann (Hrsg.), S. 12 (Fn. 1).
693 A. A. für die Zeit vor Gründung der APB *Bergermann*, Doping und Zivilrecht, S. 18 (Fn. 60).
694 Art. 8.1 lit. a), 8.2, 8.3 AIBA Statutes.
695 Durchführungsbestimmung 1.3.1 zu Regel 45 OC.

DOSB.[696] Hiernach ist die Zahl der Mitglieder der Spitzenfachverbände im DOSB je Sportart auf einen Spitzenfachverband beschränkt.[697] Damit hat der DOSB die ihm aus seiner Rolle als NOK erwachsenden Anforderungen des IOC umgesetzt.

§ 2 Geltung der Sportregeln im Verbandsgefüge

In der Literatur wird das Ein-Platz-Prinzip mit der Einheitlichkeit der Sportregeln in Verbindung gebracht.[698] Dabei wird teilweise verkannt – jedenfalls entsteht der Eindruck – dass eine einheitliche Regelgeltung und -anwendung nicht schon durch das Ein-Platz-Prinzip herbeigeführt wird. Sorgt das Ein-Platz-Prinzip wie vorstehend dargelegt für eine transparente und flexible Organisationsstruktur, so muss zu einer einheitlichen Regelgeltung stets noch eine rechtsgeschäftliche Bindung des jeweiligen Adressaten der höherrangigen Verbandsregelungen hinzukommen. Die einheitliche Geltung und Durchsetzung von Regelungen der höherrangigen Verbände erfolgt bei genauer Betrachtung somit nicht schon durch das Ein-Platz-Prinzip, sondern unter Ausnutzung der den Mitgliederkreis beschränkenden Wirkung des Ein-Platz-Prinzips, der faktischen Monopolwirkung. Den Verbänden verbleibt die Möglichkeit, sich den Regelungen des höherrangigen Verbandes durch Mitgliedschaft des höherrangigen Verbandes zu unterwerfen oder aber aus dem „Klub der Mehrheit" ausgeschlossen zu sein.

Denkbar wäre eine einheitliche Regelgeltung und Durchsetzung grundsätzlich auch bei Zulassung von mehreren konkurrierenden Verbänden. Diese müsste dann durch jeweilige Mitgliedschaft im übergeordneten Verband oder durch vertragliche Vereinbarung einer entsprechenden Bindungswirkung gewährleistet werden. Die einheitliche Regelgeltung durch Mitgliedschaft schließt jedoch die Existenz mehrerer miteinander konkurrierender Verbände auf höchster Stufe (international und europäisch) aus. Etwas anderes gälte lediglich bei Vereinbarung gemeinsamer Regelungen.

Bevor auf die Herstellung der einheitlichen Regelgeltung näher eingegangen wird, soll zum besseren Verständnis auf den Begriff der Sportregeln eingegangen werden.

A. Begriffsverständnis Sportregeln

Vorliegend sind unter Sportregeln[699, 700] all jene Bestimmungen zu verstehen, welche die Verbände im Rahmen ihrer Selbstverwaltung erlassen haben bzw. erlassen wer-

---

696 Die Aufnahmeordnung ist gemäß § 7 Abs. 2 Satz 4 DOSB-Satzung Bestandteil derselben.
697 § 4 Nr. 2 lit. b) DOSB-Aufnahmeordnung.
698 Statt vieler *Schroeder*, WRP 2006, 1327, 1328.
699 *Thaler*, in: Arter (Hrsg.), Sport und Recht, S. 129; *Pfister*, Faszination Sportrecht, S. 9.
700 Auf die in der Literatur teils kontrovers geführte Diskussion über Sinnhaftigkeit und Umfang der Abgrenzung zur Rechtsnorm und die damit einhergehende Frage der Reichweite der Überprüfbarkeit der Norm wird vorliegend nicht eingegangen. Eingehend dazu *Kummer*, Spielregel und Rechtsregel; *Pfister*, SpuRt 1998, 221 ff. *Prokop*, Die Grenzen der Dopingverbote, S. 114 betrachtet als die

den, um eine einheitliche Ausübung der Sportart zu ermöglichen und aufrechtzuerhalten.[701] Der hier verwendete Begriff der Sportregeln umfasst neben der durch das IFAB aufgestellten „Spielregeln" insbesondere die Anti-Doping-Bestimmung-en und Disziplinarordnungen der Verbände.

B. Geltung der Sportregeln innerhalb der Verbandssysteme

I. Intradisziplinäres Verbandssystem

Betrachtet man die Geschichte der Bundesliga, fällt auf, dass spätestens mit der Aufhebung der Beschränkung der Spielergehälter der Weg des Fußballsports von der reinen Freizeitbeschäftigung hin zur Wirtschaftskraft vorgezeichnet war. Der Fußballsport hat sich im Laufe der letzten Jahrzehnte kontinuierlich zu einem bedeutsamen Wirtschaftsfaktor entwickelt.[702] Besondere Bedeutung hat hierbei neben der Installierung der Bundesligen insbesondere die Teilnahme der Mannschaften an den internationalen Spielen. Die Einnahmenverteilung auf internationaler Ebene stellt für die teilnehmenden Vereinsmannschaften eine äußerst lukrative Einnahmequelle dar.[703]

Parallel zur Professionalisierung des Fußballsports hat sich ein engmaschiges Netz an Sportregeln etabliert. Die Verantwortlichkeit und Zuständigkeit für das Setzen neuer Sportregeln liegt, soweit weltweite Einheitlichkeit hergestellt werden soll, bei der FIFA.[704] Dies ergibt sich bereits aus der Stellung der FIFA in der Normenpyramide. Entsprechend der bestehenden Mitgliedschaftsverhältnisse im interdisziplinären Verbandssystem geschieht die Herstellung der Bindungswirkung durch den Beitritt in den höherrangigen Verband und die damit einhergehende Anerkennung der geltenden Satzung und Sportregeln. Sämtliche Mitgliedsverbände haben somit die Regelungen der ranghöheren Verbände kraft satzungsrechtlicher Unterwerfung zu beachten und soweit es sich bei diesen Normen um zwingende handelt, zu befolgen.[705] Die Geltung der Bestimmungen ist zunächst auf die Mitglieder des Verbands

„Spielregel" kennzeichnend, dass diese nicht über das Ende des Spiels hinaus auf den Rechtskreis des Spielers einwirkt. Dopingverbote sind nach *Prokop*, a. a. O., S. 118 Rechtsregeln. Zur Spielregel siehe auch SchweizBG, Urteil vom 21.1.1982 – BGE 118 II 15, 20 ff.

701 So auch *Dietrich/Marcek*, CaS 2004, 249, 252.

702 Siehe oben Erster Teil Kapitel 2 § 1 E.

703 Der für die Ausschüttung an die Klubs zur Verfügung stehende Betrag in der UEFA Champions League und des UEFA-Superpokals beläuft sich in der Saison 2016/2017 auf 1,3189 Mrd. Euro, http://de.uefa.com/uefachampionsleague/news/newsid=2398633.html (zuletzt aufgerufen am 6.1.2017).

704 Eine Ausnahme gilt für die Spielregeln, zu deren Erlass und Änderung nur das IFAB befugt ist (Art. 7 Abs. 1 Satz 2 FIFA-Statuten).

705 So verpflichtet die FIFA in Art. 14 Abs. 1 lit. a) FIFA-Statuten ihre Mitglieder „jederzeit die Statuten, Reglemente, Weisungen und Entscheide der Organe der FIFA […] einzuhalten". Art. 14 Abs. 1 lit. h) FIFA-Statuten regelt die Verpflichtung zur Einhaltung der Spielregeln. Um eine einheitliche Geltung und Anwendungen der Regularien und Spielregeln der FIFA (bzw. des IFAB) auch auf den unteren Ebenen zu gewährleisten, sind die Mitglieder der FIFA zudem nach Art. 14 Abs. 1 lit. d) FIFA-Statuten verpflichtet, „ihre eigenen Mitglieder zur Einhaltung der Statuten, Reglemente, Weisungen und Beschlüsse von FIFA-Organen zu verpflichten".

beschränkt. Die Bindungswirkung auf den diesen untergeordneten Ebenen wird in der verbandrechtlichen Praxis insbesondere durch satzungsrechtliche Verweisungstechnik geschaffen.

Anders liegt die Erzeugung der Bindungswirkung im Verhältnis zwischen FIFA und Konföderation. Hier entsteht die notwendige Bindungswirkung faktisch durch die gegenseitige Anerkennung. Die Anerkennung durch die FIFA bedingt die Unterordnung der Konföderationen in Bezug auf die Regularien der FIFA.[706] Im Unterschied zu den Statuten einiger Konföderationen verpflichtet die UEFA ihre Mitglieder nicht ausdrücklich zur Befolgung der Statuten, Reglemente und Entscheide der FIFA. Eine Verpflichtung zur Durchsetzung und Befolgung betrifft lediglich die Statuten, Reglemente und Entscheide der UEFA sowie die Spielregeln des IFAB.[707] Da jedoch sämtliche Mitglieder der UEFA auch Mitglieder der FIFA sind, besteht eine Bindung an die Regularien und Entscheide der FIFA durch das eben dargestellte Mitgliedschaftsverhältnis. Anderes gilt für den Fall, dass ein Mitgliedverband der Konföderation nicht auch Mitglied in der FIFA ist. In diesem Fall kann eine Bindung über eine etwaige Verpflichtungsklausel in den Statuten der jeweiligen Konföderation[708] oder über die Mitgliedschaft zu einem der FIFA angehörenden Nationalverband gegeben sein[709].

Die Missachtung der Statuten, Reglemente, Weisungen und Entscheide der Organe der FIFA sowie des CAS[710] durch ein Mitglied der FIFA kann schwerwiegende Folgen haben. Die FIFA verfügt über Sanktionsinstrumente, die von der Suspendierung bis hin zum Ausschluss aus der FIFA reichen.[711] Gleiches gilt mit Blick auf die UEFA; Verletzungen gegen die Pflicht zur Befolgung der Statuten, Reglemente und Beschlüsse der UEFA sowie der Entscheidungen des CAS können zum Ausschluss aus der UEFA oder zur Suspension des Mitgliedsverbands führen.[712]

II. Interdisziplinäres Verbandssystem

Eine Bindungswirkung besteht auch im interdisziplinären Verbandssystem zwischen IOC und DOSB. Mit Bewerbung des DOSB um Anerkennung als NOK und erfolgter

706 Art. 22 Abs. 3 lit. a) FIFA-Statuten.

707 Art. 7bis Abs. 1 lit. b), lit. c) UEFA-Statuten.

708 So regelt Art. 7 CONCACAF-Statuten: „Affiliated members are obligated: a. To observe and see that the Statutes, Regulations and any other CONCACAF or FIFA provisions are observed; b. To carry out their competitions in accordance with the Laws of the Game issued by the International Board and as published by FIFA. Only the International Board may lay down and alter the Laws of the Game; […]."

709 Beispielhaft genannt werden können insofern die Mitgliedsverbände des CONCACAF, Französisch Guiana und Martinique, welche dem französischem Nationalverband als sog. „Ligues régionales" angeschlossen sind. Insofern haben diese Verbände eine Zwitterstellung. Einerseits werden sie als Mitglieder der Konföderation durch die Aufnahme als nationale Verbände behandelt, andererseits sind diese Verbände im Verhältnis zum französischen Nationalverband lediglich Mitgliedsverbände desselben.

710 Art. 14 Abs. 1 lit. a) FIFA-Statuten.

711 Artt. 16, 17 FIFA-Statuten. Einzelheiten regelt das FIFA-DR.

712 Artt. 7bis Abs. 1 lit. b), 8 Abs. 3, 9 Abs. 1 UEFA-Statuten.

Anerkennung obliegt es dem DOSB, die Regelungen des IOC zu befolgen und für die Umsetzung des WADC Sorge zu tragen.[713] Schwerwiegende Verstöße hiergegen berechtigen das IOC als *Ultima Ratio* die Anerkennung des DOSB als NOK zu widerrufen.[714] Eine solche Aberkennung hätte den Ausschluss deutscher Athleten von den Olympischen Spielen zur Folge.[715] Denkbar ist mit Blick auf den Grundsatz der Verhältnismäßigkeit auch, dass sich der Ausschluss lediglich auf die Athleten eines nationalen Fachverbands beschränkt, sofern nur dieser den Verstoß begangen hat.[716]

C. Geltung der Sportregeln zwischen den Verbandssystemen

Als interspezifische Wechselwirkungen werden vorliegend solche Wechselwirkungen bezeichnet, die zwischen den intra- und interdisziplinären Verbandssystemen bestehen. Erzeugt werden diese zunächst durch die IOC-seitige Anerkennung sowohl des DOSB (als NOK) als auch der FIFA (als IF).[717] Als Teil der olympischen Bewegung[718] sind sowohl FIFA als auch DOSB zur Beachtung, Einhaltung und Durchsetzung des WADC verpflichtet.[719] Rechtlich abgesichert wird diese Verpflichtung durch Regel 45.3 OC. Hiernach werden vom IOC nur diejenigen Sportarten in das olympische Programm aufgenommen bzw. als Bestandteil desselbigen fortgeführt, welche den WADC implementiert haben und nachhaltig durchsetzen. Ein Verstoß der FIFA hiergegen könnte die Aberkennung des Status des Fußballsports als olympische Sportart zur Folge haben, mithin den Wegfall des olympischen U23-Fußballturniers bedeuten.[720] Damit einhergehen könnte der Widerruf der Anerkennung der FIFA als IF.[721] Dass es dem IOC durchaus ernst ist mit der Einhaltung der Olympischen Charta, hat der sog. Abstellungsstreit gezeigt. In diesem Fall, der letztlich durch den CAS entschieden wurde, hatten sich einige Fußballvereine[722] gegenüber der FIFA geweigert, U23-Nationalspieler für die Olympischen Sommerspiele in Peking abzustellen. Das IOC drohte daraufhin mit der Verhängung von Sperren gegen die berufenen Spieler, sollte eine Abstellung der Spieler nicht erfolgen. Letztlich hat der CAS zu Gunsten der

713 Regeln 27.2.2, 27.2.6, 43 OC.
714 Regel 59.1.4 OC.
715 Regel 59.1.4 lit. c) OC.
716 Regel 59.1.5 OC.
717 *Tröger/Vedder*, in: Reuter (Hrsg.), Einbindung des nationalen Sportrechts, S. 1, 19. Eine Unterwerfungserklärung der IFs erfolgt mit der Antragstellung auf Anerkennung als olympische Sportart.
718 Regel 1.2 OC.
719 Regel 43 OC. Nach Regel 27.2.6 OC ist es die ausdrückliche Aufgabe der NOKs, den WADC auf nationaler Verbandsebene sportartenübergreifend um- bzw. durchzusetzen. Gleiches gilt nach Regel 25 OC für die IFs. Hiernach setzt die Anerkennung als IF neben der Beachtung der OC ausdrücklich die Adaption und Implementierung des WADC voraus. Beibehaltung der Umsetzung und Durchsetzung des WADC durch die IFs soll Regel 43 OC garantieren.
720 Regel 59.1.2 lit. a) OC.
721 Regel 59.1.2 lit. b), lit. c) OC.
722 *FC Bayern München, FC Schalke 04, SV Werder Bremen, FC Barcelona.*

Vereine entschieden.[723] Eine Bestrafung der FIFA ist auch für den Fall denkbar, dass ein Mitgliedsverband der FIFA den WADC schuldhaft nicht bzw. nur fehlerhaft umsetzt/implementiert oder fehlerhaft durchsetzt.[724] Entsprechend reicht die FIFA die Verpflichtung zu Umsetzung und Durchsetzung der bindenden Bestimmungen des WADC an die rangniederen Verbände weiter.[725]

Dass es sich bei der Überwachung der Einhaltung des WADC nicht lediglich um totes Recht handelt, bezeugt ein aktueller Fall aus der Leichtathletik. Der IAAF hatte mit Datum vom 26. November 2015 und 17. Juni 2016 den Russischen Leichtathletikverband und damit sämtliche russische Leichtathleten suspendiert, nachdem erhebliche Unregelmäßigkeiten bei der Durchsetzung der Anti-Doping-Bestimmungen bekannt geworden waren.[726] Dies mündete nach Bekanntwerden des *McLaren*-Reports[727] der WADA, der staatlich geduldete und geförderte Dopingverstöße offenlegte, schließlich in der Entscheidung des IOC, mit Ausnahmen,[728] russische Leichtathleten von der Teilnahme an den Olympischen Sommerspielen in Rio 2016 auszuschließen.[729] Das Internationale Paralympische Komitee hat mit Entscheidung vom 7. August 2016 sämtliche russische Athleten von der Teilnahme an den Paralympischen Spielen ausgeschlossen.[730]

D. Bedeutung für den deutschen Lizenzfußball

I. Intradisziplinäre Bedeutung

Der DFB ist kraft Mitgliedschaft an die Statuten, Reglemente und Entscheide von FIFA und UEFA gebunden. Ihn trifft diesbezüglich, soweit vorgegeben, die Pflicht zur Umsetzung und Wahrung. Nach Art. 2 Abs. 1 Satz 2 FIFA-ADR ist der DFB verpflich-

723 CAS 2008/A/1622-1623-1624, FC Schalke 04, SV Werder Bremen, FC Barcelona v./ FIFA, Schiedsspruch vom 2.10.2008.

724 Entscheidend dürfte insoweit der Umfang des (Nicht-)Tätigwerdens der IF sein.

725 Art. 2 Abs. 1 und 3 FIFA-ADR 2009.

726 Pressemitteilung des CAS vom 21.7.2016, im Internet abrufbar unter: http://www.tas-cas.org/fileadmin/user_upload/Media_Release_4684_210716.pdf (zuletzt aufgerufen am 6.1.2017).

727 The Independent Person Report vom 18.7.2016, im Internet abrufbar unter: https://www.wada-ama.org/sites/default/files/resources/files/20160718_ip_report_newfinal.pdf (zuletzt aufgerufen am 6.1.2017).

728 Einzige Ausnahme bildeten Athleten, welche die in Regel 22.1A IAAF Wettbewerbs-Regeln normierten Voraussetzungen erfüllten. Tatsächlich vermochte den Nachweis des Vorliegens dieser Voraussetzungen nur die Weitspringerin *Darja Klischina* zu erfüllen, indem diese hinreichende Dopingkontrollen nachgewiesen hatte, CAS OG 16/24, Darya Klishina v./ IAAF, Schiedsspruch vom 15.8.2016.

729 IOC Executive Board, Entscheidung vom 24.7.2016, im Internet abrufbar unter: https://www.olympic.org/news/decision-of-the-ioc-executive-board-concerning-the-participation-of-russian-athletes-in-the-olympic-games-rio-2016 (zuletzt aufgerufen am 6.1.2017). Nach CAS OG 16/13, Anastasia Karabelshikova & Ivan Podshvalov & FISA v./ IOC, Schiedsspruch vom 4.8.2016, ist der Ausschluss von sämtlichen russischen Athleten, die jemals wegen eines Dopingverstoßes bestraft worden sind, durch das IOC nicht wirksam durchsetzbar.

730 Der CAS hat die Wirksamkeit des Ausschlusses bestätigt, CAS 2016/A/4745, RPC v./ IPC, Schiedsspruch vom 23.8.2016.

tet, das Anti-Doping-Reglement der FIFA durch Verweis oder Implementierung in die eigene Ordnung zu übernehmen. Er ist ferner dazu verpflichtet, Spieler, Klubs, Spielerbetreuer, Offizielle und andere Personen, die ihm unterstehen, zur Einhaltung des Reglements zu verpflichten.[731] Weiter treffen den DFB Verpflichtungen hinsichtlich der Durchführung von Dopingkontrollen bei nationalen Wettbewerben.[732]

Der DFB hat sich statutarisch dazu verpflichtet, Entscheidungen von FIFA und UEFA, insbesondere gegenüber den eigenen Mitgliedern und Offiziellen, umzusetzen.[733] Verstöße des DFB hiergegen führen zu Sanktionen durch FIFA und UEFA. Diese können mitunter bis hin zu Suspension oder Ausschluss des DFB reichen.[734]

Der DFB hat das statutarisch verankerte Recht, ein Mitglied auszuschließen, wenn „das Mitglied in grober Weise gegen die Grundsätze der geschriebenen und ungeschriebenen Sportgesetze verstößt. Ein solcher Verstoß liegt in jedem Fall vor, wenn ein Mitglied nachhaltig den DFB bindende Bestimmungen von FIFA oder UEFA verletzt".[735] Der DFL e. V. ist verpflichtet zu gewährleisten, dass die „vom DFB verabschiedeten allgemeinverbindlichen Bestimmungen sowie die FIFA- und UEFA-Vorschriften" eingehalten werden.[736] Dies betrifft insbesondere Mitglieder des DFL e. V., also lizenzierte Vereine und Kapitalgesellschaften und deren Einzelmitglieder bzw. Mitarbeiter,[737] mithin auch Lizenzspieler und Vertragsspieler.[738] Entsprechend normiert der DFL e. V. in seiner Satzung die Pflicht seiner Mitglieder, „die für sie als Mitglieder geltenden Verpflichtungen sinngemäß in ihre Satzung bzw. in ihre Gesellschaftsverträge zu übernehmen und dafür zu sorgen, dass sie selbst und ihre Einzelmitglieder sowie die Organe und Mitarbeiter, die Spieler und Betreuer der Mannschaften sich den einschlägigen Bestimmungen der Satzungen des DFL e. V. und des DFB sowie der Ordnungen beider Verbände und des Ligastatuts sowie den Entscheidungen und Beschlüssen der zuständigen Gremien unterwerfen".[739] Bestimmungen von FIFA und UEFA sind hierin nicht ausdrücklich erwähnt. Ihre Einbeziehung kann sich daher lediglich aus der Verweisung auf die Satzung des DFB (dort § 3) ergeben. Hierauf wird im weiteren Verlauf dieser Arbeit noch einzugehen sein.

II. Interdisziplinäre Bedeutung

Die Verletzung der Vorgaben des NADC durch den DFB (als Mitglied des DOSB)[740] kann wie dargestellt dazu führen, dass der DOSB seine Anerkennung durch das IOC als deutsches NOK verliert. Denkbar wäre auch der (vorübergehende) Ausschluss

731 Art. 2 Abs. 3 FIFA-ADR. Eine Umsetzung ist in § 3 Nr. 1 DFB-Satzung erfolgt.
732 Art. 2 Abs. 4 FIFA-ADR.
733 § 3 Nrn. 1, 2 DFB-Satzung.
734 Artt. 14 Abs. 1 lit. a), Abs. 2, 16, 17 FIFA-Statuten, Artt. 8 Abs. 3 lit. b), 9 Abs. 1 UEFA-Statuten.
735 § 10 Nr. 3 DFB-Satzung.
736 § 16b Abs. 1 Nr. 11 DFB-Satzung.
737 § 16b Abs. 1 DFB-Satzung.
738 Zur Regelanerkennung siehe unten Zweiter Teil Kapitel 1 § 3 A, B.
739 § 11 lit. b) DFL e. V.-Satzung.
740 Vgl. §§ 10 Abs. 2, 3, 2 DOSB-Satzung.

deutscher Athleten oder deutscher Fußballspieler von den Olympischen Spielen.[741] Der DFB hat sich durch Unterzeichnung der Trainingskontrollvereinbarung am 15. November 2004[742] und der Vereinbarung über die Organisation und Durchführung von Dopingkontrollen am 13. bzw. 19. März 2015 gegenüber der NADA dazu verpflichtet, den NADC sowie zukünftige Änderungen unverzüglich nach deren Inkrafttreten umzusetzen.[743] Er hat ferner dafür zu sorgen, dass eine Anpassung seiner entsprechenden Regelwerke an die geänderten Fassungen unverzüglich erfolgt und die ihm angehörenden und nachgeordneten Verbände, Vereine, Spieler und Beteiligte über die Änderung informiert und gebunden werden.[744] Die intra- und interdisziplinären Wechselwirkungen stellen sich nach dem Vorgesagten zusammenfassend graphisch wie folgt dar:

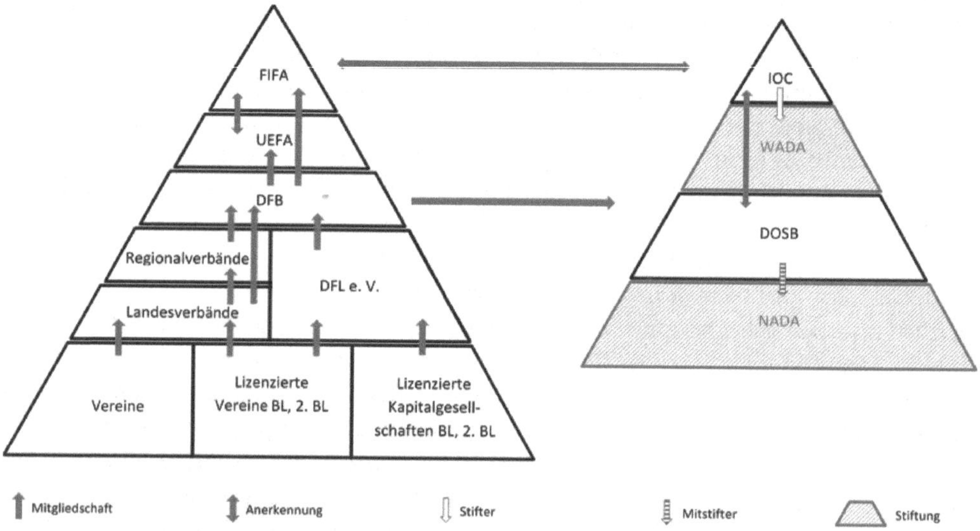

Abbildung 2: Geltung der Sportregeln im Verbandsgefüge

E. Bewertung

Der DFB ist kraft seiner mitgliedschaftlichen Beziehungen verpflichtet, höherrangige Bestimmungen und Entscheide national umzusetzen. Wegen der Sanktionsgewalt der höherrangigen Verbände hat der DFB mit Konsequenzen zu rechnen, sollte er diesen Pflichten nicht nachkommen. Diese organisatorische Konstellation führt dazu, dass nationale Dopingbestimmungen durch internationale Vorgaben bestimmt werden. Die für den Spieler maßgeblichen nationalen Anti-Doping-Bestimmungen des DFB resultieren letztlich aus der Umsetzung des NADC. Dieser setzt die Vorgaben des

741 Regel 59.1.4 f. OC.
742 *Schmidt*, in: Stopper/Lentze (Hrsg.), Handbuch Fußball-Recht, III/19 Rn. 7.
743 Vgl. Art. 18.3 NADC.
744 Art. 18.3 NADC.

WADC um. Dies kann Auswirkungen haben für die Frage nach der Vereinbarkeit der Bestimmungen mit den Vorgaben des nationalen Rechts. Es besteht die rechtliche Unsicherheit, dass Bestimmungen, zu deren Umsetzung der DFB durch seine verbandsrechtliche Einbettung verpflichtet ist, wegen Verstoßes gegen staatliches Recht oder für die Bundesrepublik Deutschland völkerrechtlich verbindliche Verträge unwirksam sind. Hierauf wird im weiteren Verlauf dieser Arbeit vertieft eingegangen.

§ 3 Geltung der Sportregeln gegenüber Spielern – Unterwerfung unter die Verbandsgewalt

Eine Bestrafung des Spielers kann nur insoweit erfolgen, als der Spieler sich der Verbandsgewalt des strafenden Verbands wirksam unterworfen hat.[745] Neben den Lizenzspielern dürfen auch Vertragsspieler in Lizenzligen[746] und 3. Liga[747] eingesetzt werden.[748] Unterschiede bestehen dabei in der Art und Weise, wie eine Bindung der Spieler an die Sportregeln herbeigeführt werden soll. Es ist vorstellbar, dass die Geltung der Sportregeln zwischen Lizenzspielern und Vertragsspielern divergiert. Eine solche Divergenz könnte nachteilige Auswirkungen auf die verbandsseitige Bekämpfung von Doping haben.

A. Lizenzspieler

Im Oktober 2014 waren in der Bundesliga (543) und 2. Bundesliga (479) 1.022 Lizenzspieler spielberechtigt.[749] Nach den Vorschriften der Statuten bzw. Satzungen von FIFA, UEFA, DFB, DFL e. V. sowie Regional- und Landesverbänden besteht für natürliche Personen keine Möglichkeit, ein Mitgliedschaftsverhältnis mit den jeweiligen

745 *Orth*, Vereins- und Verbandsstrafen, S. 92.

746 § 11 Nr. 2 SpOL i. V. m. § 53 Nr. 2 DFB-SpO. § 53 Nr. 2 DFB-SpO lautet: „[...] In Spielen einer Lizenzspieler-Mannschaft dürfen sich bis zu drei vereinseigene Amateure und Vertragsspieler gleichzeitig im Spiel befinden. Dies gilt entsprechend für den Einsatz von Amateuren und Vertragsspielern des Muttervereins in Spielen der Tochtergesellschaft. [...]." Nach § 11 Nrn. 1, 2 SpOL soll dies die Ausnahme darstellen. Entsprechend verlangt § 5 Nr. 4 LO von dem Bewerber (Verein, Kapitalgesellschaft), dass dieser sich verpflichtet, zu jedem Pflicht-Bundesspiel mindestens zwölf Lizenzspieler (deutscher Staatsangehörigkeit) unter Vertrag zu halten. § 14 Nr. 1 LOS setzt für die Erteilung der Spielerlaubnis voraus, dass der Amateur oder Vertragsspieler mindestens seit dem vergangenen 31.8. oder 31.1. für Pflichtspiele der Zweiten Mannschaft des Klubs oder einer Mannschaft des Leistungszentrums des Klubs spielberechtigt ist. Für vereinslose Spieler zum Ende der Wechselperiode I vgl. § 14 Nr. 2 lit. c) LOS.

747 § 19 Satz 2 Statut 3. Liga, § 12a DFB-SpO.

748 Auf die Rolle der Amateure wird hier nicht eingegangen, da diese den Fußballsport nicht als Berufsspieler ausüben.

749 http://www.bundesliga.de/de/dfl/fragen-zur-liga/ (zuletzt aufgerufen am 6.1.2017); in der Saison 2015/2016 waren 1.031 Lizenzspieler spielberechtigt, siehe Fn. 1129.

Verbänden zu begründen.[750] Die Mitgliedschaftsfähigkeit knüpft an das Vorliegen der Verbands- bzw. Vereinseigenschaft.[751] Lizenzspieler können demnach nicht Mitglieder der Verbände sein.

Die Bindung des Spielers an die Sportregeln durch Mitgliedschaft in einem lizenzierten Verein, der seinerseits Mitglied des DFL e. V. ist, setzt voraus, dass ein Beitritt des Einzelnen überhaupt gegeben ist. Der überwiegende Teil der Bundesligavereine hat seit Einführung der Einzelmitgliedschaft von Kapitalgesellschaften im DFL e. V. die Berufsfußballabteilung in eigenständige Kapitalgesellschaften umstrukturiert.[752] Soweit Profifußballabteilungen in Kapitalgesellschaften ausgegliedert sind, kommt eine Einzelmitgliedschaft des Spielers strukturbedingt nur im Mutterverein der Kapitalgesellschaft in Betracht. Gegen eine solche Mitgliedschaft streitet jedoch zum einen, dass sich die Spielerlaubnis des Spielers auf die Kapitalgesellschaft bezieht und nicht auf den Mutterverein.[753] Mitgliedschaftlich an den DFL e. V. gebunden ist die lizenzierte Kapitalgesellschaft und nicht der Mutterverein.[754] Zum anderen wird eine Mitgliedschaft des professionellen Spielers aus steuerrechtlichen Erwägungen vermieden. Dafür sprechen vor allem historische Gründe. So ist den Bundesligavereinen einst mangels Zuwendungen an Vereinsmitglieder die Eigenschaft der Gemeinnützigkeit zuerkannt worden.[755] Eine Mitgliedschaft des Berufsfußballspielers konnte daher für den Bundesligaverein zur Folge haben, dass dessen Gemeinnützigkeit aberkannt wurde.[756] Es war den Berufsfußballspielern deswegen früher verbandsrechtlich verboten, Mitglied des Bundesligavereins zu sein.[757] Eine Aberkennung der Gemeinnützigkeit hätte insbesondere für die Mehrspartenvereine gravierende Nachteile gehabt. Der Verein hätte die mit der Gemeinnützigkeit verbundenen Steuerbegünstigungen für seine Amateursportabteilungen verloren, welche ausschließlich ideellen Zwecken dienten.[758]

---

750 Anders stellt sich die Rechtslage teilweise im Ausland dar. In Frankreich z. B. handelt es sich bei den Spielern zumeist um Einzelmitglieder des Verbands, vgl. *Krieger*, Vereinsstrafen im deutschen, englischen, französischen und schweizerischen Recht, S. 70. In Polen ist Voraussetzung für den Erwerb der Lizenz die Mitgliedschaft des Sportlers in dem jeweiligen Sportverein des Spielers, *Kędzior*, Gerichtliche Überprüfung von Vereinsstrafen, S. 99 (Fn. 460).

751 Beispielhaft hierfür: § 7 DFB-Satzung, §§ 6, 7 SFV-Satzung, § 7 wfv-Satzung. Davon ausgenommen ist lediglich die Ehrenmitgliedschaft mit beratender Stimme nach §§ 7 Nr. 1 lit. b), 11 DFB-Satzung.

752 Siehe Fn. 155.

753 § 13 Nr. 1 LOS; *arg. e contrario* § 13 Nr. 5 LOS. Gleichwohl dürfen vereinseigene Amateure und Vertragsspieler des Muttervereins in Spielen der Tochtergesellschaft nach den Bestimmungen des § 53 Nr. 2 DFB-SpO eingesetzt werden.

754 § 7 DFL e. V.-Satzung. Zum weiteren Problemkreis der Wirksamkeit von sog. dynamischen Verweisungen gegenüber Mitgliedern siehe unten Zweiter Teil Kapitel 1 § 3 B I.

755 *Rauball*, Bundesliga-Skandal, S. 279.

756 Nach *Rybak*, Lizenzfußballspieler, S. 37 (Fn. 37) lief der Verein Gefahr, seinen Status der Gemeinnützigkeit zu verlieren, sobald er an ein Vereinsmitglied mehr als die monatlich zulässige Aufwandspauschale von 700 D-Mark zahlte. Mit der Änderung der AO im Jahr 1986 hat sich dies geändert. Höhere Zahlungen gefährden nicht mehr die Gemeinnützigkeit des Gesamtvereins; gleichwohl führen sie für die Mannschaft des Mitglieds zur Entstehung eines wirtschaftlichen Geschäftsbetriebs.

757 *Hilpert*, Fußballstrafrecht, § 1 Rn. 4.

758 *Fuhrmann*, SpuRt 1995, 12, 15 f.

Eine Bindung der Spieler an die Regelungen der Verbände erfolgt daher (weitestgehend)[759] durch rechtsgeschäftlichen Einzelakt.[760] Dabei kommt es zur vertraglichen Unterwerfung der Spieler. Die Unterwerfungserklärung ist formungebunden.[761] Denkbar ist daher auch die konkludent erklärte Unterwerfung des Spielers.[762] Der Lizenzspieler gibt Erklärungen ab im Lizenzvertrag zwischen DFL e. V. und Spieler, im Vertrag zwischen Spieler und Verein und in der Bestätigung über den Erhalt, die Kenntnisnahme und Anerkennung der geltenden Anti-Doping-Richtlinien des DFB sowie der NADA.

I. Regelanerkennung und Unterwerfung durch Lizenzvertrag

Es ist zwischenzeitlich durch die Rechtsprechung geklärt, dass auch Nichtmitglieder, die professionell eine Sportart ausüben, sich durch Rechtsgeschäft der Regelungs- und Ordnungsgewalt eines Verbandes unterwerfen können.[763] Der BGH hat diese Form der Unterwerfung in der „*Reitsport*"-Entscheidung als zulässig anerkannt.[764] Der Senat lässt keinen Zweifel daran, dass die Zulässigkeit jedenfalls soweit gilt, als der Sportler eine Einrichtung des Verbands in Anspruch nimmt[765] bzw. an einem in seinem Organisations- und Verantwortungsbereich nach seinen Regeln ausgeschriebenem und durchgeführtem Sportbetrieb teilnehmen möchte.[766] Damit hat der BGH seine bisherige Rechtsprechung fortgeführt.[767] Nach der Satzung des DFB handelt es sich bei den Bundesligen um Vereinseinrichtungen des DFB.[768] Hieran hat sich auch durch die Verpachtung der Bundesligen an den DFL e. V. nichts geändert. Zwar hat sich der DFB bei der Organisation der Bundesligen der Übertragung derselben auf den DFL e. V. bedient, indes ist der DFB auch weiterhin sowohl gegenüber FIFA als

759 Zu den Vertragsspielern vgl. Zweiter Teil Kapitel 1 § 3 B.

760 Vgl. BGH, Urteil vom 28.11.1994 – II ZR 11/94, BGHZ 128, 93, 103 f. = NJW 1995, 583, 585 f.; OLG Frankfurt a. M., Urteil vom 18.5.2000 – 13 W 29/00, NJW-RR 2000, 1117, 1119; *Reichert*, Vereinsrecht, Rn. 2937; *Pfister*, JZ 1995, 464, 465.

761 *Fenn*, SpuRt 1997, 77, 78; *Heermann*, NZG 1999, 325, 327; *Haas/Adolphsen*, NJW 1996, 2351 erblicken in der Unterwerfungsvereinbarung des Sportlers gar ein „Massengeschäft des täglichen Lebens".

762 *Fenn*, SpuRt 1997, 77, 79; *Pfister*, JZ 1995, 464, 465.

763 Vgl. OLG München, Urteil vom 28.3.1996 – U (K) 3424/95, NJWE-VHR 1996, 96, 97; siehe dazu ferner in der Literatur *Lukes*, in: FS Westermann, S. 325, 329 ff.; *Imping*, Die arbeitsrechtliche Stellung des Fußballspielers, S. 221 ff.; *Haas/Adolphsen*, NJW 1996, 2351.

764 Gegenstand des Verfahrens waren die Vorschriften der Deutschen Reiterlichen Vereinigung e. V.; zum Ganzen BGH, Urteil vom 28.11.1994 – II ZR 11/94, BGHZ 128, 93 ff. = NJW 1995, 583 ff. Zur Problematik der Bindung durch die Sportausübung über die rein private Sportbetätigung hinaus vgl. *Heermann*, NZG 1999, 325, 330 f. Zur früher vertretenen Ansicht der Unzulässigkeit wegen der Nichtgewährung mitgliedschaftlicher Rechte gegenüber Quasimitgliedern vgl. *Nicklisch*, Verbandsmacht und einstweiliger Rechtsschutz, S. 25; *Baecker*, Grenzen der Vereinsautonomie, S. 124 f., welche die Zulässigkeit nur bei Vorliegen gewisser Mitspracherechte bejahen.

765 BGH, Urteil vom 13.7.1972 – II ZR 138/69, WM 1972, 1249; BGH, Urteil vom 28.11.1994 – II ZR 11/94, BGHZ 128, 93, 97 = NJW 1995, 583, 584.

766 BGH, Urteil vom 28.11.1994 – II ZR 11/94, BGHZ 128, 93, 97 ff., 103 = NJW 1995, 583, 584, 586.

767 BGH, Urteil vom 13.7.1972 – II ZR 138/69, WM 1972, 1249.

768 Zum Begriff der Verbandseinrichtung *Adolphsen*, Internationale Dopingstrafen, S. 140; *Pfister/Steiner*, Sportecht von A-Z, S. 253.

auch UEFA für die ordnungsgemäße Durchführung des Fußballsports, insbesondere des professionellen Fußballs, verantwortlich.[769] Im Außenverhältnis zu FIFA und UEFA liegt daher nach wie vor die Verantwortung für die ordnungsgemäße Durchführung des Spielbetriebs beim DFB. Dies folgt zwingend aus dem Ein-Platz-Prinzip, wonach die nationale Zuständigkeit des deutschen Fußballsports (einzig) der DFB besitzt.[770] Sanktionen für Verstöße gegen höherrangige Bestimmungen oder Entscheide durch den DFL e. V. werden daher von UEFA und FIFA gegenüber dem DFB ausgesprochen und vollstreckt und nicht gegenüber dem DFL e. V.[771] Der Bundesligaspieler nutzt die Vereinseinrichtung von DFB und DFL e. V. bzw. beabsichtigt, diese in Anspruch zu nehmen. Die in der LOS und dem Lizenzvertrag enthaltenen Regelungen stellen dabei die ausgeschriebenen Regeln des Spielbetriebs, die sog. Benutzungsvorschriften,[772] dar.

1. Inhalt

Der Lizenzvertrag beinhaltet die Berechtigung des Spielers, in Bundesliga und 2. Bundesliga zu spielen[773], und ist gleichsam Voraussetzung für den Erhalt der Spielerlaubnis als Lizenzspieler in einer Lizenzmannschaft[774]. Vereinswechsel des Spielers innerhalb der beiden Bundesligen berühren die Spielerlizenz nicht; sie wird unbefristet erteilt.[775] Die Spielerlizenz kann entzogen werden, wenn der Spieler schuldhaft gegen seine Pflichten als Lizenzspieler verstoßen hat.[776] Die Pflichten des Lizenzspielers folgen aus den Bestimmungen des Lizenzvertrages.[777] Mit der Unterzeichnung des Lizenzvertrages gibt der Spieler folgende Erklärungen ab:

„§ 2 Verbindlichkeit der Vereinsregeln und -sanktionen des DFL e. V. und des DFB

---

769 Artt. 11 Abs. 1, 14 Abs. 1 lit. i), 19 Abs. 1 FIFA-Statuten, Art. 7bis Abs. 2 und 3 UEFA-Statuten.

770 Vgl. hierzu oben Zweiter Teil Kapitel 1 § 1 C II 3.

771 Im Fall des *SV Wilhelmshaven* hatte die FIFA den NFV über den DFB angewiesen, einen gemäß Art. 64 Abs. 2 FIFA-DR von der FIFA-Disziplinarkommission angeordneten Punktabzug von sechs Punkten gegenüber der ersten Fußballmannschaft des *SV Wilhelmshaven* in der Spielzeit 2012/2013 vorzunehmen. Diesem Ersuchen ist der NFV nachgekommen. Ferner hat das Präsidium des NFV auf Druck der FIFA hin mit Datum vom 7. Dezember 2013 den durch die FIFA-Disziplinarkommission ausgesprochenen Zwangsabstieg dieser Mannschaft in die nächst tiefere Liga formell beschlossen, siehe BGH, Urteil vom 20.9.2016 – II ZR 25/15, NZG 2016, 1315 f. In einem anderen Fall hat die FIFA im Jahr 2011 den Schweizerischen Fußballverband (SFV) zur Vollstreckung von Entscheiden der Swiss Football League (SFL) angewiesen, nachdem diese zunächst einen durch die Berufungskommission der SFL bestätigten Punktabzug gegen den *FC Sion* nicht vollstreckt hatte. Vorausgegangen war der Einsatz von sechs nichtspielberechtigten Spielern durch den *FC Sion*, siehe Pressemitteilung der FIFA vom 5.10.2011, im Internet abrufbar unter: http://de.fifa.com/aboutfifa/organisation/news/newsid=1522315/index.html (zuletzt aufgerufen am 6.1.2017).

772 § 2 Abs. 1 Lizenzvertrag Spieler.

773 § 1 Abs. 2 Lizenzvertrag Spieler.

774 § 13 Nr. 1 LOS.

775 § 1 Abs. 2 LOS.

776 § 3 Nr. 2 lit. b) LOS.

777 § 1 Abs. 3 LOS.

Der DFL e. V. und der DFB stellen Benutzungsvorschriften für die Vereinseinrichtungen Bundesliga und 2. Bundesliga in ihren **Satzungen und Ordnungen**, insbesondere dem Ligastatut, der Spielordnung des DFB, der Rechts- und Verfahrensordnung des DFB, der Schiedsrichterordnung des DFB, der Jugendordnung des DFB, den **Anti-Doping-Richtlinien des DFB mit den dazu erlassenen sonstigen Aus- und Durchführungsbestimmungen** sowie den vom DFL e. V. abgeschlossenen Lizenzverträgen mit den Teilnehmern der Lizenzligen auf.

[...] Der Spieler erkennt diese Benutzungsvorschriften, die vom DFL e. V. und vom DFB als Vereinsregelungen aufgestellt werden, **in ihrer jeweiligen Fassung** als für sich verbindlich an; er unterwirft sich insoweit der Vereinsgewalt des DFL e. V. und des DFB.

[...] Der **DFB** ist berechtigt, die in seinen Statuten und Ordnungen bei Verstößen gegen Benutzungsvorschriften vorgesehenen **Vereinsstrafen** dem Spieler gegenüber zu verhängen; das sind die in § 44 der Satzung des DFB genannten Vereinsstrafen: Verwarnung, Verweis, Geldstrafen, Sperren auf Zeit oder Dauer sowie Lizenzentzug. Der Spieler erkennt durch diesen Vertrag diese Maßnahmen der DFB-Organe bzw. vom DFB beauftragten Personen als für sich verbindlich an; er unterwirft sich auch insoweit der Vereinsgewalt des DFB.

§ 3 Vertragspflichten

Der Spieler verpflichtet sich zu sportlichem Verhalten, insbesondere zur Einhaltung aller Regeln des Fußballsports. Die **Satzungen und Ordnungen des DFL e. V. und des DFB, die in ihrer jeweiligen Fassung die allgemein anerkannten Regeln des deutschen Fußballsports darstellen**, wird der Spieler befolgen.

Doping ist verboten. Der Spieler erkennt das Dopingverbot an. [...] **Der Spieler unterwirft sich den Bestimmungen der durch die Anti-Doping-Kommission des DFB angeordneten Doping- und der durch die NADA angeordneten Trainingskontrollen**. Er wird die Vereinseinrichtungen Bundesliga und 2. Bundesliga nur gemäß den vom DFL e. V. und vom DFB in ihren **Satzungen sowie Ordnungen**, insbesondere dem Ligastatut, der Spielordnung des DFB, der Rechts- und Verfahrensordnung des DFB, der Schiedsrichterordnung des DFB, der Jugendordnung des DFB, den Anti-Doping-Richtlinien des DFB mit den dazu erlassenen sonstigen Aus- und Durchführungsbestimmungen benutzen und sich bei der Betätigung gemäß dieser Regeln verhalten. Er wird auch die von den Organen und Beauftragten des DFL e. V., insbesondere der DFL GmbH, und des DFB getroffenen Maßnahmen und Entscheidungen anerkennen und befolgen.

Bei Verstößen gegen diese Vertragspflichten ist der **DFL e. V.** berechtigt, gegen den Spieler statt der in § 2 dieses Vertrages vorgesehenen Vereinsstrafe eine Vertragsstrafe gemäß § 315 BGB auszusprechen, die jedoch nicht objektiv unbillig sein darf. Die Sachverhaltsermittlung und die Festsetzung der Vertragsstrafe erfolgt durch die zuständigen Organe und Beauftragten. Wegen desselben Verfahrens darf nicht neben einer nach § 2 dieses Lizenzvertrages verhängten Vereinsstrafe, der sich der Spieler durch diesen Vertrag unterwirft, eine zusätzliche Vertragsstrafe festgesetzt werden.

Als Vertragsstrafe können festgesetzt werden: Verwarnung, Verweis, Geldstrafen bis zu € 100.000,00, Sperren auf Zeit oder Dauer sowie Lizenzentzug. Diese Strafen können auch nebeneinander verhängt werden. Sie können mit Auflagen und Bußen verbunden werden. Die Strafen sollen der Schwere des Verstoßes angemessen und geeignet sein, künftig die

Einhaltung der Vertragspflichten und der Regeln sportlichen Verhaltens im Fußballsport sicherzustellen.

Geldforderungen gegenüber dem DFL e. V. oder der DFL GmbH dürfen nur mit seiner Zustimmung abgetreten oder verpfändet werden. Ohne Zustimmung erfolgte Abtretungen sind unwirksam (§ 399 BGB).“[778]

Nach dem Wortlaut des § 2 erkennt der Spieler die dort genannten „Benutzungsvorschriften“ an (sog. Regelanerkennung) und unterwirft sich insoweit der Vereinsgewalt von DFL e. V. und DFB (sog. Unterwerfungserklärung). Regelanerkennung und Unterwerfung des Spielers reichen also nur soweit, als es sich hierbei um Vereinsregeln und -entscheide handelt, die einen unmittelbaren Bezug zur Nutzung der Bundesligen aufweisen. Alternativ zur Vereinsgewalt von DFL e. V. und DFB ist der DFL e. V. nach § 3 berechtigt, den Spieler bei Verstößen gegen die in § 3 normierten Vertragspflichten im Wege der Vertragsstrafe zu sanktionieren.

2. Rechtliche Zulässigkeit des Lizenzerfordernisses

Der Lizenzvertrag ist ein verbandsseitig entworfener, formularmäßiger Vertrag, der eine einzelvertragliche Abweichung nicht zulässt.[779] Der Spieler steht damit vor der Wahl, sich entweder mit den Bestimmungen des Lizenzvertrages einverstanden zu erklären oder aber den Fußballsport in den deutschen Lizenzligen (und in der 3. Liga) nur als Amateur oder Vertragsspieler ausüben zu dürfen. Vor allem wegen der beschränkten Einsatzmöglichkeiten der Vertragsspieler und Amateure[780] sind die Bundesligavereine darauf angewiesen, Lizenzspieler unter Vertrag zu nehmen. Hinzu kommt, dass Amateure allenfalls einen pauschalierten Aufwendungsersatz bis zu 249,99 Euro im Monat erhalten dürfen.[781] Die fehlende Erteilung der Lizenz kann aufgrund des Interesses des Bundesligavereins am Abschluss des Lizenzvertrages für den Spieler weitreichende berufliche Folgen haben. Insbesondere die Tatsache, dass der Vertrag des potentiellen Lizenzspielers mit dem Bundesligaverein unter der Bedingung der Lizenzerteilung geschlossen wird,[782] kann im Falle der Versagung der Lizenz für den Spieler ernsthafte Auswirkungen haben.

Sowohl die durch das Ein-Platz-Prinzip bedingte Monopolstellung der Verbände als auch die persönlichen und beruflichen Freiheitsrechte des Spielers könnten Zweifel an der rechtlichen Zulässigkeit einer solchen Praxis aufkommen lassen.[783] Dieser Eindruck intensiviert sich, bedenkt man, dass mit der Lizenzerteilung an den Spieler im Unterschied zur Lizenzerteilung an Klubs keine Begründung eines Mitgliedschaftsverhältnisses zum DFL e. V. einhergeht. Dem Spieler ist es nicht möglich, auf den Verband, insbesondere auf dessen Beschlüsse und Bestimmungen, etwa durch die

778 Hervorhebungen durch den Verfasser.

779 § 2 Nr. 1 LOS.

780 Vgl. § 53 Nr. 2 DFB-SpO.

781 § 8 Nr. 1 DFB-SpO.

782 § 2 Nr. 2 LOS.

783 Zur Geltung der Grundrechte im Verhältnis von Spieler und Verband ausführlich *Becker*, Verfassungsrechtliche Schranken, S. 51 ff.

Wahl der Repräsentanten, Einfluss zu nehmen. Die rechtliche Zulässigkeit der Bindung des Spielers an den Abschluss des Lizenzvertrages – insbesondere die hiermit zwingend einhergehende Unterwerfung unter die Regelungs- und Ordnungsgewalt der im Lizenzvertrag benannten Verbände – wäre jedoch gegeben, wenn in dieser Einschränkung keine unangemessene Beeinträchtigung der Rechte des Spielers läge. Die Regelungen, denen sich der Lizenzspieler unterwirft, dienen der Gewährleistung der Durchführung eines geordneten Spiel- und Wettkampfbetriebs. Dabei ist der einzelne Spieler auf die Beachtung und Durchsetzung des gemeinsamen Regelkanons angewiesen.[784] Im Sinne einer einheitlichen Geltung und Durchsetzung der standardisierten Sport- und Wettkampfregeln – insbesondere vor dem Hintergrund der Geltung und Zwecksetzung des Ein-Platz-Prinzips – ist eine einzelvertragliche Abbedingung nicht vorstellbar. Die Möglichkeit der Abbedingung einzelner Normen würde zu einem ungleichen Kräftemessen führen, was mit dem Verbandszweck der Spitzenverbände und dem obersten Interesse der Spieler, der Durchführung fairer, chancengleicher Wettkämpfe, nicht zu vereinbaren wäre.[785] Die Durchsetzung und Wahrung der geltenden Regularien bedingt die Etablierung eines funktionstüchtigen Sanktionssystems. Ähnlich dem Verhältnis von staatlichen Gerichtsentscheidungen und Vollstreckungsregime bestünde im Falle des Nichtbestehens eines Sanktionssystems und dessen Durchsetzung die Gefahr, dass Bestimmungen unterlaufen bzw. missachtet würden.[786]

Der Spieler befindet sich nicht lediglich in der Rolle des Verpflichteten, sondern auch des Berechtigten. Mit der vertraglichen Anerkennung von Pflichten geht gleichsam der Erhalt des uneingeschränkten Nutzungsrechts von Bundesliga und 2. Bundesliga einher. Spiegelbildlich zum Erfordernis der vertraglichen Unterwerfungserklärung des Spielers besteht für den DFL e. V. der Zwang, bei Erfüllen der Voraussetzungen die Lizenz zu erteilen.[787] Ein solcher Kontrahierungszwang resultiert aus der Monopolstellung von DFB und DFL e. V. zu Durchführung und Betrieb der Bundesligen.[788, 789] Eine unverhältnismäßige Einschränkung der Freiheitsrechte der Lizenzspieler liegt daher nicht vor.[790]

784 BGH, Urteil vom 28.11.1994 – II ZR 11/94, BGHZ 128, 93, 98 = NJW 1995, 583, 584.

785 BGH, Urteil vom 28.11.1994 – II ZR 11/94, BGHZ 128, 93, 98 = NJW 1995, 583, 584.

786 BGH, Urteil vom 28.11.1994 – II ZR 11/94, BGHZ 128, 93, 98 = NJW 1995, 583, 584.

787 Vgl. BGH, Urteil vom 2.12.1974 – II ZR 78/72, BGHZ 63, 282, 284 f. = NJW 1975, 771; vgl. *Reuter*, in: Münchener Kommentar zum BGB, Vor § 21 Rn. 119. Zu den Anforderungen der Lizenzerteilung siehe § 2 LOS.

788 *Imping*, Die arbeitsrechtliche Stellung des Fußballspielers, S. 226; *Eggerstedt*, Probleme der Lizenz- und Schiedsgerichtsverträge, S. 90.

789 Der BGH, Urteil vom 13.10.2015 – II ZR 23/14, BGHZ 207, 144, 152 (Tz. 22) = NZG 2015, 1282, 1284 stützt den Anspruch auf Nominierung eines Athleten, der die Voraussetzungen zur Nominierung durch einen Monopolverband erfüllt, auf §§ 311 Abs. 2, 241 Abs. 2 BGB. Gleiches muss aufgrund Vergleichbarkeit der Interessenlagen für den Spieler gelten, der die Voraussetzungen der Lizenzerteilung erfüllt. *Summerer*, in: Fritzweiler/Pfister/Summerer (Hrsg.), Praxishandbuch Sportrecht, II/2 Rn. 185 stützt einen Anspruch auf Kartellrecht (§§ 20 Abs. 1, 33 GWB).

790 *Reuter*, in: Münchener Kommentar zum BGB, Vor § 21 Rn. 133 vergleicht die Unterwerfung des Spielers unter die Wettkampfbedingungen und -reglements des DFB mit der wirksamen Unterwerfung unter die Bibliotheksordnung für die Benutzung einer privaten Bibliothek.

3. Wirksames Zustandekommen des Lizenzvertrages

a. Zustandekommen

Zum Abschluss des Lizenzspielervertrages kommt es durch übereinstimmende Willenserklärung von Spieler und DFL e. V. Der DFL e. V. wird dabei durch die DFL vertreten.[791] Der Geschäftsführer der DFL handelt in Vollmacht für den DFL e. V., welcher wiederum durch den Ligapräsidenten und den Vizepräsidenten gemeinsam vertreten wird[792]. Die Unterzeichnung des Lizenzvertrages durch den Spieler ist der Unterzeichnung durch die DFL zeitlich vorgelagert.[793] Dies folgt aus dem Erfordernis der Prüfung des Vorliegens der Voraussetzungen der LOS in der Person des Antragstellers. Erfüllt der Spieler die Anforderungen der LOS, kommt es zur Unterzeichnung des Lizenzvertrages, mithin zur Erteilung der Lizenz durch den DFL e. V. Damit ist ein Vertrag zustande gekommen, dessen Wirksamkeit sich nach den Bestimmungen der allgemeinen Rechtsgeschäftslehre bestimmt.[794]

Der BGH hat in seiner „*Reitsport*"-Entscheidung klargestellt, dass es dem Veranstalter eines Wettbewerbs unbenommen ist, zu entscheiden, welche Regelungen im Rahmen des Wettbewerbs zur Anwendung kommen sollen. Von diesem Wahlrecht sind zur Durchsetzung der Bestimmungen auch die Sanktionsnormen umfasst.[795] Dabei hat der Veranstalter in Wahrnehmung seiner Organisationsfreiheit „auch das Recht, [die] Sportgerichtsbarkeit auf eine von ih[m] bestimmte geeignete Institution zu übertragen".[796]

Nach § 1 Abs. 1 Lizenzvertrag ist der DFL e. V. durch den DFB damit „beauftragt, in Wettbewerben dieser Lizenzligen des DFB den Deutschen Fußballmeister [...] zu ermitteln". § 1 Abs. 1 enthält weiter den Hinweis, dass es sich bei Bundesliga und 2. Bundesliga um „Vereinseinrichtungen des Deutschen Fußball-Bundes" handelt. Nach § 16b Abs. 1 Nrn. 6, 11 DFB-Satzung hat der DFL e. V. das Dopingverbot entsprechend der vom DFB erlassenen Bestimmungen durchzusetzen und allgemeinverbindliche Bestimmungen von DFB sowie FIFA- und UEFA-Vorschriften einzuhalten. Der DFL e. V. hat sicherzustellen, dass diese Pflichten von ihm, seinen Mitgliedern, deren Einzelmitgliedern, deren Organen und Mitarbeitern beachtet werden.[797] Ferner hat er seine Vereinsstrafgewalt dem DFB zur Ausübung durch seine Rechtsorgane im Rahmen seiner Zuständigkeit zu übertragen.[798] Durch die statutarische Verpflichtung des DFL e. V. könnte der DFB daher den DFL e. V. konkludent dazu bevollmächtigt haben, diesen bei der Annahme der Anerkennungs- und Unterwerfungserklärung zu vertreten. Die Annahme einer solchen konkludenten Bevollmächtigung scheitert jedoch am Wortlaut des § 16a Abs. 1 DFB-Satzung. Hiernach nimmt

791 Anhang I LOS, S. 28.
792 Anhang I LOS, S. 25, § 16 Nrn. 1, 2 lit. c) DFL e. V.-Satzung.
793 § 2 Nr. 1 LOS.
794 *Pfister*, JZ 1995, 464 f.; *Haas/Adolphsen*, NJW 1996, 2351.
795 BGH, Urteil vom 28.11.1994 – II ZR 11/94, BGHZ 128, 93, 99, 107 = NJW 1995, 583, 586.
796 BGH, Urteil vom 28.11.1994 – II ZR 11/94, BGHZ 128, 93, 107 = NJW 1995, 583, 586.
797 § 16b Abs. 1 DFB-Satzung.
798 § 14 Nr. 1 lit. d) DFB-Satzung.

der DFL e. V. seine in § 16a Abs. 1 DFB-Satzung „aufgeführten Rechte, Aufgaben und Befugnisse eigenverantwortlich wahr". Hierzu zählt nach § 16a Abs. 1 Nr. 3 Satz 2 DFB-Satzung auch die Lizenzerteilung an die Spieler. Eine Vertretung nach den Regelungen der Rechtsscheinhaftung scheitert aufgrund der klaren Bestimmung des § 16a Abs. 1 DFB-Satzung am Nichtvorliegen eines Rechtsscheinträgers.

Mit der dem Spieler zeitlich nachgelagerten Unterzeichnung des Lizenzvertrages nimmt der DFL e. V. die Unterwerfungserklärung des Spielers an.

b. Umfang der Bindungswirkung

DFB und DFL e. V. nehmen gegenüber den Spielern eine sozialmächtige Stellung ein. Ohne eine Anerkennung der von DFB und DFL e. V. benannten Benutzungsvorschriften ist eine Teilnahme des Spielers am Spielbetrieb der Bundesligen nur unter engen Voraussetzungen, als Vertragsspieler oder Amateur, möglich.[799] Der Spieler befindet sich durch das Erfordernis des Abschlusses des formularmäßig vorformulierten Lizenzvertrages in einer Lage, die dem Empfänger bereits ausgehandelter Allgemeiner Geschäftsbedingungen vergleichbar ist. Der Spieler vermag die Bestimmungen des Lizenzvertrages nicht abzuändern. Der BGH lehnt es dennoch ab, §§ 305 ff. BGB auf mitgliedschaftsähnliche Verhältnisse direkt anzuwenden.[800] Er geht davon aus, dass Sportler und Verband mit der Regelanerkennung bzw. -unterwerfung gleichgerichtete Interessen verfolgen, nämlich, den geregelten und geordneten Sportbetrieb aufrechtzuerhalten.[801] Damit handelt es sich nach Auffassung der Bundesrichter nicht um AGB, da diese nach dem Verbraucherschutzgedanken des Gesetzgebers grundlegend entgegengesetzte Interessen von Verwender und Kunde voraussetzen.[802] Gleichwohl zieht auch der BGH die Wertungsmaßstäbe der §§ 305 ff. BGB im Rahmen des § 242 BGB entsprechend heran, soweit sie sachlich auf das Rechtsverhältnis zwischen Spieler und Verband zutreffen.[803] Eine Auseinandersetzung mit der Rechtsauffassung des BGH erübrigt sich daher. Folgt man der Auffassung des BGH, richtet sich die Frage nach der Einbeziehung der Regelungen der Verbände nach der allgemeinen Rechtsgeschäftslehre.[804]

(1) Bestimmtheitsgebot und Konsens

Ordnungen des Spitzensportverbandes werden für das Mitglied, welches einem nachgeordneten Verein angehört, nicht aber dem Spitzensportverband, nur dann bindend, wenn die Regelungen des Spitzensportverbandes, welche für das einzelne Mitglied

799 § 11 Nr. 2 SpOL i. V. m. § 53 Nr. 2 DFB-SpO.
800 BGH, Urteil vom 28.11.1994 – II ZR 11/94, BGHZ 128, 93, 101 ff. = NJW 1995, 583, 585 (zum AGB-Gesetz).
801 BGH, Urteil vom 28.11.1994 – II ZR 11/94, BGHZ 128, 93, 102 = NJW 1995, 583, 585.
802 BGH, Urteil vom 28.11.1994 – II ZR 11/94, BGHZ 128, 93, 101 f. = NJW 1995, 583, 585.
803 Im Ergebnis ebenso, *Vieweg*, NJW 1991, 1511, 1516.
804 Siehe hierzu *Adolphsen*, Internationale Dopingstrafen, S. 101; *Kotzenberg*, Bindung, S. 70.

verbindlich sein sollen, in den Satzungen von Verein und Verband ausdrücklich benannt werden.[805] Das potentielle Mitglied des nachgeordneten Vereins muss die Möglichkeit haben zu erkennen, welchen Bestimmungen es sich im Falle des Vereinsbeitritts unterwirft.[806] Ein schlichter Verweis auf die Ordnungen eines Verbandes genügt nicht.[807] Erforderlich ist die hinreichend genaue Bestimmung der Ordnungen, auf die verwiesen wird.[808] An die Bestimmtheit sind umso höhere Anforderungen zu stellen, je mehr das potentielle Mitglied über seinen Status als Sportler hinaus durch die Erstreckung der Regelgeltung in den eigenen (schutzwürdigen) Rechten berührt ist.[809] Der Lizenzspieler darf als Nichtmitglied durch seine rechtsgeschäftliche Unterwerfung nicht schlechter gestellt werden als ein (potentielles) Vereinsmitglied.[810] Dies gilt umso mehr, als dass das Nichtmitglied im Gegensatz zum Vereinsmitglied auf die Ausgestaltung der Bestimmungen nicht Einfluss nehmen kann und eine unterschiedliche Regelgeltung der angestrebten Chancengleichheit zuwiderlaufen würde. Auch für das Nichtmitglied muss daher ersichtlich sein, welchen Bestimmungen es sich unterwirft und welche Nachteile im Falle der Nichtbeachtung daraus resultieren.[811] Im Unterschied zum herkömmlichen Mitglied ist der Lizenzspieler in besonderer Weise darauf angewiesen, sich an Statuten, Reglemente und Ordnungen, denen er sich verbindlich unterworfen hat, zu halten. Andernfalls drohen ihm Sanktionen, welche (erhebliche) Auswirkungen auf die Ausübung seiner beruflichen Tätigkeit als Berufsfußballspieler haben können. Im Interesse der durch Art. 12 Abs. 1 GG grundrechtlich geschützten Berufsfreiheit des Lizenzspielers sind an die Bestimmtheit daher hohe Anforderungen zu stellen.[812] Der Spieler muss erkennen können, welche Rechte ihm zustehen und welchen Pflichten er unterliegt.[813] Er muss in zumutbarer Weise von den einschlägigen Regelungen Kenntnis nehmen können.[814] Dies betrifft vor dem Hintergrund der Berufsfreiheit des Lizenzspielers in gesteigerter Form die Sanktionsbefugnisse der Verbände.[815] Der Bestimmtheitsgrundsatz gewinnt an Bedeutung, so-

805 *Summerer*, in: Fritzweiler/Pfister/Summerer (Hrsg.), Praxishandbuch Sportrecht, II/2 Rn. 152; *Fenn*, SpuRt 1997, 77 f.; *Heermann*, NZG 1999, 325 f.; *Haas/Prokop*, SpuRt 1998, 15, 16.

806 BGH, Urteil vom 6.3.1967 – II ZR 231/64, BGHZ 47, 172, 175 = NJW 1967, 1268, 1269; BGH, Urteil vom 20.9.2016 – II ZR 25/15, NZG 2016, 1315, 1318; *Haas/Prokop*, SpuRt 1998, 15, 17.

807 *Adolphsen/Hoefer/Nolte*, in: Adolphsen/Nolte/Lehner/Gerlinger (Hrsg.), Sportrecht in der Praxis, Rn. 159.

808 BGH, Urteil vom 20.9.2016 – II ZR 25/15, NZG 2016, 1315, 1319, 1320; *Adolphsen/Hoefer/Nolte*, in: Adolphsen/Nolte/Lehner/Gerlinger (Hrsg.), Sportrecht in der Praxis, Rn. 159; *Butte*, Das selbstgeschaffene Recht des Sports, S. 178.

809 *Heermann*, NZG 1999, 325, 326.

810 BGH, Urteil vom 28.11.1994 – II ZR 11/94, BGHZ 128, 93, 103 = NJW 1995, 583, 586; *Haas/Adolphsen*, NJW 1995, 2146, 2148; *Haas/Prokop*, JR 1998, 45, 46 f.

811 BGH, Urteil vom 6.3.1967 – II ZR 231/64, BGHZ 47, 172, 175 = NJW 1967, 1268, 1269 f. (zum Vereinsmitglied); BGH, Urteil vom 28.11.1994 – II ZR 11/94, BGHZ 128, 93, 105 f. = NJW 1995, 583, 586; BGH, Urteil vom 20.9.2016 – II ZR 25/15, NZG 2016, 1315, 1318; OLG Frankfurt a. M., Urteil vom 2.2.2016 – 11 U 70/15 (Kart), BeckRS 2016, 03310.

812 *Heermann*, NZG 1999, 325, 329.

813 Vgl. *Basedow*, in: Münchener Kommentar zum BGB, § 305 Rn. 73.

814 BGH, Urteil vom 28.11.1994 – II ZR 11/94, BGHZ 128, 93, 105 = NJW 1995, 583, 586; OLG Frankfurt a. M., Urteil vom 2.2.2016 – 11 U 70/15 (Kart), BeckRS 2016, 03310.

815 *Butte*, Das selbstgeschaffene Recht des Sports, S. 178.

weit auf Bestimmungen verwiesen wird, die in keinem oder keinem direkten Bezug zu den Vereinseinrichtungen stehen, mit denen der Spieler folglich nicht rechnet bzw. nicht zu rechnen braucht.

Mit Blick auf die Regularien von DFB und DFL e. V., insbesondere die Anti-Doping-Bestimmungen des DFB, die diesbezügliche Disziplinargewalt der beiden Verbände sowie die durch die NADA durchgeführten Trainingskontrollen ist die Bestimmtheit der Bezugnahme unproblematisch gegeben. Schwierigkeiten ergeben sich aber, soweit Lizenzspieler Regelungen und Disziplinargewalt von FIFA und UEFA unterstellt sein sollen. Der Lizenzvertrag enthält keine ausdrückliche Erklärung, wonach der Spieler Strafregelungen der internationalen Verbände als für sich verbindlich anerkennt. Eine Bindungswirkung könnte aber durch Weiterverweisung herbeigeführt werden. So verweist der Lizenzvertrag in § 2 Abs. 1 auf die Satzung des DFB. Nach § 3 Nr. 1 DFB-Satzung „sind für den DFB, seine Mitglieder, Spieler und Offiziellen sowie die Vereine und Kapitalgesellschaften seiner Mitgliedsverbände verbindlich: Statuten, Reglement betreffend Status und Transfers von Spielern, Ethikreglement, Disziplinarreglement, Reglemente für die internationalen Wettbewerbe und Spielregeln" der FIFA. Für die Bestimmungen der UEFA regelt § 3 Nr. 2 DFB-Satzung: „Nachgenannte Vorschriften der UEFA sind für den DFB, seine Mitglieder sowie die Vereine und Kapitalgesellschaften seiner Mitgliedsverbände verbindlich: Statuten, Rechtspflegeordnung, Dopingreglement, Reglement für die europäischen Wettbewerbsspiele und die dazugehörigen Regelungen. Insbesondere anerkennen der DFB, seine Mitglieder, Spieler und Offiziellen die UEFA-Statuten. Auf Artikel 59 bis 63 der UEFA-Statuten wird verwiesen". § 3 Nr. 3 DFB-Satzung regelt sodann: „Der DFB, seine Mitglieder, Spieler und Funktionsträger sowie die Vereine und Kapitalgesellschaften seiner Mitgliedsverbände sind der Vereinsstrafgewalt der FIFA und der UEFA, die durch die in Nrn. 1. und 2. genannten Regelungen und Organentscheidungen einschließlich der Vereinssanktionen ausgeübt wird, unterworfen. Die Unterwerfung unter die Vereinsstrafgewalt von FIFA und UEFA erfolgt insbesondere, damit Verstöße gegen die vorgenannten Bestimmungen und Entscheidungen verfolgt und durch Sanktionen geahndet werden können". Ferner anerkennen nach § 3 Nr. 4 Abs. 2 DFL e. V.-Satzung „der DFB, seine Mitglieder, Spieler und Offiziellen die UEFA-Statuten".

Soweit Reglemente, Statuten und Ordnungen von FIFA und UEFA konkret als für den Spieler verbindlich benannt sind, könnte gemäß § 328 BGB bzw. § 317 BGB eine Erstreckungswirkung mit der Unterzeichnung des Lizenzvertrages durch den Spieler herbeigeführt sein.[816] Das Anti-Doping-Reglement der FIFA findet weder im Lizenzvertrag, der Satzung des DFB noch in den Statuten der beiden internationalen Verbände ausdrücklich Erwähnung. Auch die Weiterverweisungsnorm in der Satzung des DFB, § 3 kann bei grammatikalischer Auslegung zu Fehlinterpretationen führen. Während der Wortlaut des § 3 DFB-Satzung bezüglich der Vorschriften der FIFA auch hinsichtlich der Spieler von „verbindlich" spricht, weicht er bezüglich der Statu-

816 *Heermann*, NZG 1999, 325, 331; *Pfister*, JZ 1995, 464, 467.

ten der UEFA hiervon ab. Hiernach „anerkennen" die Spieler die UEFA-Statuten.[817] Dies wäre nicht von Bedeutung, würden in dem vorhergehenden Satz bestimmte Ordnungen, Reglemente und Statuten der UEFA für die dort benannten Adressaten nicht als „verbindlich" erklärt. Nicht von der dortigen Nennung der Adressaten umfasst sind die Spieler. Unklar ist, ob es sich hierbei lediglich um ein Redaktionsversehen des DFB-Gesetzgebers handelt oder aber, ob bewusst zwischen Verbindlichkeit einerseits und Anerkennung andererseits unterschieden werden sollte. Gleiches betrifft den DFL e. V. Auch dieser sieht in § 3 Nr. 4 Abs. 2 seiner Satzung vor, dass der Spieler die UEFA-Statuten „anerkennt". Im vorangehenden Absatz werden die Statuten der UEFA für den DFL e. V. und dessen Mitglieder als „verbindlich" genannt. Für den Spieler ist daher nicht ohne weiteres verständlich, ob hier nun eine Verbindlichkeit der Verweisungsobjekte vorliegt oder nicht.

Hinzu kommt, dass sämtliche der vorstehend genannten Bezugnahmeklauseln grammatikalisch an den DFB anknüpfen („sind für den DFB, seine Mitglieder, Spieler und Offizielle [...] verbindlich [...]", „anerkennen der DFB, seine Mitglieder, Spieler und Offiziellen [...]", „der DFB, seine Mitglieder, Spieler und Funktionsträger [...] sind [...]"). Die Verwendung des Personalpronomens „seine" sowie die Aufzählungen der Spieler in einer Reihe mit „Offizielle[n]" und „Funktionsträger[n]", also Personen, die in den Diensten des DFB stehen, legt nach dem für die Auslegung maßgeblichen Horizont eines durchschnittlichen Spielers[818] nahe, dass mit Spieler hier nicht die Lizenzspieler gemeint sind, sondern Spieler, die einem Kader der Auswahlmannschaften des DFB angehören. Auch § 3 DFB-Satzung trägt die amtliche Überschrift „Mitgliedschaften". Wegen des fehlenden Mitgliedschaftsverhältnisses zwischen Spieler und DFB kann beim Spieler der Eindruck entstehen, dass mangels Einzelmitgliedschaft eine Mitgliedschaft des DFB in UEFA und FIFA für die Spieler keine Auswirkungen haben kann.

Es ist die Aufgabe des Verbands, zu verdeutlichen, welche Rechte und Verpflichtungen der Einzelne im Zusammenhang mit Regeln eines internationalen Spitzenfachverbands und bei Verstößen gegen dieselben hat.[819] Unklarheiten der Satzung gehen im Sinne dieses Transparenzerfordernisses zu Lasten des Verbands.[820]

Die für den Spieler bei Unterzeichnung des Lizenzvertrages maßgeblichen §§ 2 und 3 beziehen sich nach ihrem Wortlaut auf die Benutzungsvorschriften von DFL e. V. und DFB für die Vereinseinrichtungen Bundesliga und 2. Bundesliga. Nach § 3 Abs. 1 Lizenzvertrag sind es die Satzungen und Ordnungen von DFL e. V. und DFB, welche die „allgemein anerkannten Regeln des deutschen Fußball-Sports" darstellen. Dementsprechend, unterwirft sich der Spieler im Lizenzvertrag ausdrücklich auch nur der Vereinsgewalt des DFL e. V. und des DFB.[821]

817 Auch nach § 3 Nr. 4 Abs. 2 DFL e. V.-Satzung „anerkennen" der DFB, seine Mitglieder, Spieler und Offiziellen die UEFA-Statuten.

818 *Pfister*, JZ 1995, 464, 467.

819 BGH, Urteil vom 20.9.2016 – II ZR 25/15, NZG 2016, 1315, 1319.

820 BGH, Urteil vom 20.9.2016 – II ZR 25/15, NZG 2016, 1315, 1320; *Heermann*, ZHR 174 (2010), 250, 266 f.

821 § 2 Abs. 2 Lizenzvertrag Spieler.

Der Spieler braucht nicht damit zu rechnen, dass an anderer Stelle, d. h. außerhalb des Lizenzvertrages, auf Bestimmungen von FIFA und UEFA verwiesen wird, die teilweise in keinem oder in keinem unmittelbaren Zusammenhang zu den nationalen Ligen stehen. Verweisungen außerhalb des Lizenzvertrages müssen daher für den Spieler klar und verständlich sein. Dies ist nach der aktuellen Ausgestaltung nicht der Fall. Eine wirksame Unterwerfung des Lizenzspielers durch Lizenzvertrag unter die Verbands- und Regelungsgewalt von UEFA und FIFA ist somit nicht gegeben.

(2) Kenntnisnahmemöglichkeit

Der Spieler muss weiter vom Inhalt des Vertrages jederzeit in zumutbarer und verständlicher Weise Kenntnis nehmen können.[822] Der Spieler hat sein Handeln an den geltenden Normen und Regelwerken auszurichten. Sie müssen daher für den Lizenzspieler unproblematisch zu erkennen und aufzufinden sein.[823] Weitgehend unproblematisch dürfte es im Zeitalter des Internet sein, die aktuellen Bestimmungen online einzusehen und abzurufen.[824] Die Darstellung der einschlägigen Verbandsregularien im Internet entspricht der gängigen Praxis. Gleichwohl besteht auch hierbei für den Spieler die Schwierigkeit, die für die Benutzung der Bundesligen einschlägigen Bestimmungen aus der Vielfalt der zum Abruf bereitgestellten Regelwerke gewissermaßen „herausfiltern" zu müssen.[825] Ergänzend zur Bereitstellung der Satzungen und Ordnungen im Internet erhalten die Spieler vor Beginn einer neuen Saison von ihrem Klub die DFB-ADR sowie den aktuellen NADC ausgehändigt.[826]

(3) Dynamische Verweisung

Der Lizenzvertrag enthält in § 2 Abs. 2 und § 3 Abs. 1 sog. Jeweiligkeitsklauseln. Diese verweisen hinsichtlich Benutzungsvorschriften von DFL e. V. und DFB (§ 2 Abs. 1) sowie Satzungen und Ordnungen von DFL e. V. und DFB (§ 3 Abs. 1) auf die Regelungen „in ihrer jeweils gültigen Fassung" bzw. „in ihrer jeweiligen Fassung". Solche Klauseln werden in der Praxis der Verbände und Vereine häufig verwendet. Sie schaffen die Voraussetzung dafür, dass Spieler einheitlich an die sich ändernden Regelwerke übergeordneter Verbände gebunden sind. Dies ermöglicht eine einheitliche Regelanwendung, welche wiederum Voraussetzung ist für das Ideal einer Durchführung

---

822 BGH, Urteil vom 28.11.1994 – II ZR 11/94, BGHZ 128, 93, 105 = NJW 1995, 583, 586.

823 *Heermann*, NZG 1999, 325, 329.

824 *Kotzenberg*, Bindung, S. 70; *Orth*, Vereins- und Verbandsstrafen, S. 186.

825 Siehe etwa http://de.fifa.com/about-fifa/official-documents/index.html (zuletzt aufgerufen am 6.1.2017). Das FIFA-ADR ist hier nicht enthalten. Eine Kenntnisnahme ist dem Spieler nur mit großem Aufwand auf der Internetseite http://no-doping.fifa.com/de (zuletzt aufgerufen am 6.1.2017) in englischer Sprache möglich.

826 *Schmidt*, in: Stopper/Lentze (Hrsg.), Handbuch Fußball-Recht, III/19 Rn. 12. Die Übergabe der DFB-ADR und des NADC geht mit der Bestätigung über den Erhalt, die Kenntnisnahme und Anerkennung der geltenden Anti-Doping-Richtlinien des DFB sowie der NADA einher.

von Wettbewerben unter weltweit gleichen Bedingungen. Gegen die Wirksamkeit dieser dynamischen Verweisungen bestehen keine Bedenken, soweit der Spieler die Möglichkeit besitzt, die jeweils geltenden Regelungen zu bestimmen und zur Kenntnis zu nehmen.[827]

II. Regelanerkennung und Unterwerfung durch Vertrag zwischen Spieler und Klub

1. Muster-Arbeitsvertrag

Spieler und Klub schließen in der Regel den sog. Muster-Arbeitsvertrag (MuArbV).[828] Hierbei handelt es sich um eine durch die DFL formulierte Vertragsvorlage. Diese berücksichtigt die nach § 6 LOS zu beachtenden Anforderungen, welche unter anderem Voraussetzung zur Lizenzerteilung sind.[829] Die Benutzung dieser Vorlage ist für die Parteien nicht verpflichtend.[830] Sämtliche Bestimmungen sind daher durch individuelle Vereinbarung in den Grenzen der geltenden verbandsrechtlichen Bestimmungen[831] abänderbar.

a. Rechtsnatur des MuArbV

Der MuArbV regelt das Verhältnis zwischen Spieler und Klub. Die Bezeichnung des Vertrages durch die DFL als MuArbV legt den Schluss nahe, dass es sich hierbei um einen Arbeitsvertrag, mithin beim Lizenzspieler um einen Arbeitnehmer des Klubs handelt. Auch in der LOS, der DFB-SpO sowie dem Reglement der FIFA bezüglich Status und Transfer von Spielern ist an einigen Stellen vom Arbeitsvertrag des Spielers die Rede.[832] Nach den Grundsätzen der Rechtsgeschäftslehre, insbesondere den allgemeinen Regeln zur rechtlichen Behandlung der *falsa demonstratio non nocet*,[833] kann die Namensgebung lediglich als Indiz für das Vorliegen eines Arbeitsverhältnisses gewertet werden. Die Rechtsnatur des Vertragsverhältnisses zwischen Spieler und Verein ist durch Auslegung gemäß §§ 133, 157 BGB zu ermitteln. Entscheidend ist dabei nach der Rechtsprechung des Bundesarbeitsgerichts die Gesamtwürdigung aller maßgebenden Umstände des Einzelfalles.[834] Es kann heute als anerkannt gelten, dass der

827 BGH, Urteil vom 28.11.1994 – II ZR 11/94, BGHZ 128, 93, 105 f. = NJW 1995, 583, 586; *Adolphsen*, Internationale Dopingstrafen, S. 109 ff.; *Blum/Ebeling*, in: FS Fenn, S. 85, 118; *Fenn*, SpuRt 1997, 77, 78 f.; *Haas/Prokop*, SpuRt 1998, 15, 17 f.; *Pfister*, in: FS Lorenz, S. 171, 185 f. Nach *Orth/Pommerening*, SpuRt 2011, 10, 11 führt sowohl die Inhaltskontrolle nach §§ 305 ff. BGB als auch nach § 242 BGB – bei Vorliegen der im Text genannten Voraussetzungen – zur Wirksamkeit solcher dynamischen Verweisungen in Regelankerkennungsverträgen.

828 *Butte*, Das selbstgeschaffene Recht des Sports, S. 102.

829 §§ 2 Nr. 2, 6 LOS.

830 § 6 Nr. 2 Abs. 1 LOS; *Summerer*, in: Fritzweiler/Pfister/Summerer (Hrsg.), Praxishandbuch Sportrecht, II/2 Rn. 49.

831 § 6 Nr. 2 Abs. 2 LOS.

832 §§ 10 Nr. 3.1, 30 Nrn. 1.1, 5.2 DFB-SpO, §§ 5 Nr. 7, 9 Nrn. 1, 2 LOS, Art. 22 FIFA-RSTS.

833 Vgl. hierzu *Busche*, in: Münchener Kommentar zum BGB, § 155 Rn. 7.

834 BAG, Beschluss vom 26.9.2002 – 5 AZB 19/01, NZA 2002, 1412, 1414.

Spieler mit seinem Klub ein Arbeitsverhältnis begründet.[835] Der Berufsfußballer erbringt für den Verein gegen Entgelt einen (privatrechtlich) vertraglich vereinbarten fremdbestimmten Dienst.[836] Die hohen Vergütungen der Spieler veranlassen vereinzelt Stimmen in der Literatur dazu, Fremdbestimmtheit und Abhängigkeit des Spielers abzulehnen und ein eigenes wirtschaftliches Risiko des Spielers anzunehmen.[837] Sie ordnen den Berufsfußballer als Mitunternehmer bzw. Selbstständigen ein.[838] Sinn und Zweck des Arbeitsrechts ist es unter anderem, soziale Unverträglichkeiten, die durch die persönliche und wirtschaftliche Abhängigkeit des Arbeitnehmers entstehen können, zu vermeiden.[839] Tatsächlich könnte man vor dem Hintergrund der starken Verhandlungspositionen der Spieler in der Gehaltsfrage dazu geneigt sein, die Arbeitnehmerstellung in Frage zu stellen. Es ist indes zu berücksichtigen, dass die oftmals in der Praxis kolportierten jährlichen Vergütungen in Millionenhöhe lediglich einem Teil der Lizenzspieler zu Gute kommen. Die Abgrenzung des Arbeitnehmers vom Selbstständigen bzw. Mitunternehmer (allein) anhand des Kriteriums der wirtschaftlichen Abhängigkeit würde zu einer Schlechterstellung der Besserverdiener im Lizenzfußball führen. Lizenzspieler, welche dieselben vertraglichen Vereinbarungen mit dem Verein getroffen haben, wären je nach Vergütung Arbeitnehmer oder Selbstständige. Dies führte zu einer Ungleichbehandlung, die gerade im Bereich des Sports, wo gleiche Bedingungen Grundvoraussetzung sind für die Durchführung eines geordneten und fairen Wettbewerbs, nicht hinnehmbar wäre. Nach der höchstrichterlichen Rechtsprechung ist bei der Frage der Arbeitnehmereigenschaft daher richtigerweise auf die persönliche Abhängigkeit abzustellen.[840] Die Arbeitnehmereigenschaft folgt nicht schon aus der wirtschaftlichen Abhängigkeit; umgekehrt folgt aber die wirtschaftliche Abhängigkeit aus der Arbeitnehmerstellung.[841] Abzustellen ist daher auch für den professionellen Fußballspieler auf das Vorliegen der privatrechtlichen Verpflichtung zur Erbringung weisungsgebundener, fremdbestimmter Arbeit in persönlicher Abhängigkeit (§ 84 Abs. 1 Satz 2 HGB entsprechend) im Dienste des Klubs. Prü-

835 BAG, Urteil vom 17.1.1979 – 5 AZR 498/77 – AP BGB § 611 Berufssport Nr. 2, NJW 1980, 470; BAG, Urteil vom 24.11.1992 – 9 AZR 564/91, NZA 1993, 750; BAG, Urteil vom 8.12.1998 – 9 AZR 623/97, NZA 1999, 989; BAG, Urteil vom 19.1.2000 – 5 AZR 637/98, BAGE 93, 212, 217 = NZA 2000, 771, 773; LAG Rheinland-Pfalz, Urteil vom 17.2.2016 – 4 Sa 202/15, BeckRS 2016, 66310 Rn. 26; ArbG Mainz, Urteil vom 19.3.2015 – 3 Ca 1197/14, NZA 2015, 684; *Buchner*, RdA 1982, 1, 5 ff.; *Arens*, SpuRt 1994, 179, 180; *Schneider*, SpuRt 1996, 118, 119 f.; *Eilers*, in: wfv (Hrsg.), Das Recht des Fußballspielers, S. 76, 77; *Hausch*, Langfristige Arbeitsverträge, S. 14; *Wüterich/Breucker*, Das Arbeitsrecht im Sport, Rn. 114 f.; *Hilpert*, Sportrecht, II 6 S. 181 f. (Rn. 127); *ders.* RdA 1997, 92, 95 f.; *Bepler*, in: Nolte (Hrsg.), Neue Bedrohungen, S. 9, 13.

836 Vgl. zur Arbeitnehmerdefinition *Michalski*, Arbeitsrecht, S. 19 ff.

837 *Bepler*, in: FS Fenn, S. 43, 45, 47 f.; *Dieckmann*, in: wfv (Hrsg.), Das Recht des Fußballspielers, S. 24 ff., 28.

838 *Bepler*, in: FS Fenn, S. 43, 45, 47 f.; *Dieckmann*, in: wfv (Hrsg.), Das Recht des Fußballspielers, S. 24 ff., 28.

839 *Beckmann*, Sonderrecht für Profisportler, S. 2; *Vogelsang*, in: Schaub, Arbeitsrechts-Handbuch, § 8 Rn. 3.

840 BAG, Urteil vom 10.5.1990 – 2 AZR 607/89, AP BGB § 611 Abhängigkeit Nr. 51; BAG, Urteil vom 20.1.2010 – 5 AZR 99/09, NJOZ 2011, 88, 89.

841 *Ricardi*, in: Münchener Handbuch zum Arbeitsrecht, § 16 Rn. 19.

fungsgegenstand ist mithin die feste Einbindung in den Organisationsablauf des Klubs.

Die Ausübung des Fußballsports erfolgt im Rahmen der jeweiligen Vereinswettbewerbe. Abläufe und Organisation der Teilnahme des Spielers an diesen Wettbewerben werden dabei vom Verein vorgegeben. Der Spieler ist hinsichtlich Arbeitszeit, Ort der Leistungserbringung und Ausgestaltung der Leistungserbringung den Weisungen des Klubs bzw. des Trainers unterworfen. Diese Weisungen können vom Training über repräsentative Tätigkeiten bis hinein in den privaten Bereich des Spielers (zu denken ist etwa an das Verbot der Sportausübung in der Freizeit) reichen. Ferner enthält der MuArbV einen umfassenden Katalog an Pflichten und Rechtseinschränkungen der Spieler.[842] Nach D.1.2. MuArbV ist der Spieler „auf Anweisung verpflichtet, an Spielen oder am Training einer anderen Mannschaft des Clubs teilzunehmen [...]". Das Weisungsrecht umfasst nach D.5. MuArbV auch die Kleidung des Spielers. Gemäß D.2.1. lit. c) MuArbV muss sich der Spieler „den sportmedizinisch oder sporttherapeutisch indizierten Maßnahmen, die durch vom Club beauftragte Personen angeordnet werden, umfassend unterziehen". Schließlich normiert D.9. ein umfassendes Weisungsrecht des Klubs. Hiernach gilt: „Der Spieler ist bereit, auf Anordnung des Clubs seine persönlichen Wünsche oder Vorstellungen im Interesse des gemeinsamen Erfolges des Clubs unterzuordnen. Einsatz und Tätigkeit des Spielers werden nach Art und Umfang von dem geschäftsführenden Organ des Clubs oder von den von ihm Beauftragten – insbesondere dem Trainerteam – bestimmt. Der Spieler wird im Rahmen des Arbeitsverhältnisses die Weisungen aller mit Weisungsbefugnis ausgestatteten Personen befolgen."

Sämtliche der durch den Spieler zu erbringenden Leistungen erfolgen in einem persönlichen Abhängigkeitsverhältnis, geleitet vom sportlichen und wirtschaftlichen Interesse des Klubs. Diese Weisungsbindung folgt ausschließlich aus dem Vertragsverhältnis zwischen Spieler und Verein. Der Berufsfußballer befindet sich daher in einer sozial-schutzbedürftigen Lage, die dem Leitbild des Arbeitnehmers, als sozial schwächere und abhängige Vertragspartei, entspricht.[843] Die Wertung des Lizenzspielers als Arbeitnehmer führt zu dem sachgemäßen Ergebnis, dass Arbeitsgerichte für Rechtsstreitigkeiten aus dem Vertragsverhältnis von Spieler und Klub ausschließlich zuständig sind.[844]

b. Erstreckung der Verbandsgewalt

Mit der Unterzeichnung des MuArbV gibt der Spieler nach D.3.2. folgende Erklärung ab:

> „Der Spieler erkennt insbesondere die folgenden Bestimmungen, in der jeweils gültigen Fassung, als für sich verbindlich an:

842 Vgl. Teil D MuArbV.

843 *Meyer-Cording*, RdA 1982, 13.

844 § 2 Abs. 1 Nr. 3a ArbGG. Zu den Voraussetzungen eines Ausschlusses der Arbeitsgerichtsbarkeit siehe §§ 4, 101 ArbGG.

(a) die Anti-Doping-Richtlinien des DFB und deren Anhänge, abrufbar unter [...]

(b) das UEFA-Dopingreglement, abrufbar unter [...]

(c) das FIFA-Reglement für die Dopingkontrollen bei FIFA-Wettbewerben und außerhalb von Wettbewerben, abrufbar unter [...]

(d) die Bestimmungen der Nationalen Anti-Doping-Agentur („**NADA**"), insbesondere des NADA Code sowie die Bestimmungen der Welt Anti-Doping Agentur („**WADA**"), insbesondere des WADA Code, abrufbar unter [...]

(e) die Bestimmungen für die Durchführung der von der NADA angeordneten und vorgenommenen Wettkampf- und Trainingskontrollen;

(f) die Bestimmungen des Gesetzes gegen Doping im Sport (AntiDopG)."

Nach A.2. MuArbV unterwerfen sich die Parteien

„auch zugunsten der jeweiligen Verbände, den folgenden Statuten, Ordnungen und Reglementen einschließlich ihrer jeweiligen Anhänge der genannten Verbände, sofern und soweit diese in Zusammenhang mit der Anstellung und Tätigkeit als Berufsfußballspieler stehen, und erkennen sie in ihrer jeweils gültigen Fassung ausdrücklich als für sich verbindlich an:

1. der Satzung, der Spielordnung (nachfolgend „**SpOL**"), der Lizenzordnung Spieler (nachfolgend „**LOS**"), [...] sowie der Satzung der DFL Deutsche Fußball Liga GmbH (nachfolgend „**DFL**") sowie den weiteren Regularien des Ligaverbandes und der DFL, sofern und soweit diese in Zusammenhang mit der Anstellung und Tätigkeit als Berufsfußballspieler stehen,

abrufbar unter [...]

2. der Satzung, der Spielerordnung, der Rechts- und Verfahrensordnung, [...] den Anti-Doping-Richtlinien des Deutschen Fußball-Bundes e. V. (nachfolgend „**DFB**"), sowie den weiteren Regularien des DFB und den Satzungen und Ordnungen des zuständigen Regional- und Landesverbandes, sofern und soweit diese in Zusammenhang mit der Anstellung und Tätigkeit als Berufsfußballspieler stehen,

abrufbar unter [...]

3. den FIFA-Statuten, [...] dem FIFA-Disziplinarkodex, dem FIFA-Ethik-Kodex, dem FIFA-Reglement bezüglich Status und Transfer von Spielern (nachfolgend „**FIFA-Transferreglement**") sowie den weiteren Regularien der FIFA, sofern und soweit diese in Zusammenhang mit der Anstellung und Tätigkeit als Berufsfußballspieler stehen,

abrufbar unter [...]

4. den UEFA-Statuten, den UEFA-Reglementen für UEFA-Klubwettbewerbe, dem UEFA-Dopingreglement, der Rechtspflegeordnung der UEFA sowie den weiteren Regularien der UEFA, sofern und soweit diese in Zusammenhang mit der Anstellung und Tätigkeit als Berufsfußballspieler stehen,

abrufbar unter [...]

5. den unter D.3.2 genannten Reglements (Anti-Doping).

Mit der üblichen Bekanntmachung (z.B. im Internet) erkennen der Club und der Spieler die Statuten ab dem Zeitpunkt der Bekanntmachung in ihrer jeweils gültigen Fassung als für sie verbindlich an. Die in A.2 aufgeführten Bestimmungen werden dem Spieler auf Wunsch in Textform ausgehändigt."

Der MuArbV wird einheitlich dem Anwendungsbereich der §§ 305 ff. BGB unterstellt.[845] Der Arbeitgeber muss gemäß § 307 Abs. 1 Satz 2 BGB AGB-Bestimmungen hinreichend klar und durchschaubar darstellen.[846] Dem Arbeitnehmer muss es möglich sein, auch ohne Rechtsrat die Wirkung der Klausel richtig zu erfassen.[847] Die auf den Vertragsabschluss gerichtete Erklärung des Spielers führt demnach zu dessen Bindung an Anti-Doping-Bestimmungen und Entscheidungen von DFB, UEFA und FIFA, soweit diese im Vertrag ausdrücklich benannt sind, der Spieler mithin in der Lage ist, die Bezugsobjekte ohne besonderen Aufwand zur Kenntnis zu nehmen.[848] Gegen die Verwendung dynamischer Verweisungen bestehen insoweit keine rechtlichen Bedenken.[849] In ständiger Rechtsprechung erachtet das BAG die einzelvertragliche Bezugnahme im Wege der dynamischen Verweisung als zulässig.[850] Hierzu genügt, dass die in Bezug genommenen Regelungen bestimmbar sind.[851]

Fraglich ist, was unter dem „FIFA-Reglement für die Dopingkontrollen bei FIFA-Wettbewerben und außerhalb von Wettbewerben" zu verstehen ist, auf das D.3.2 lit. c) MuArbV Bezug nimmt. Bei der Bezeichnung „FIFA-Reglement für die Dopingkontrollen bei FIFA-Wettbewerben und außerhalb von Wettbewerben" handelt es sich nicht um den offiziellen Namen des die Dopingbestimmungen beinhaltenden FIFA-ADR. Der MuArbV unterscheidet demnach zwischen dem Zeitpunkt der FIFA-Wettbewerbe („bei FIFA-Wettbewerben") und der Zeit „außerhalb von Wettbewerben". Nach dem FIFA-ADR bildet eine Reihe von Fußballspielen, die gemeinsam von einem Veranstalter durchgeführt werden, einen „Wettbewerb".[852] „Außerhalb von Wettbewerben" ist jeder Zeitpunkt, der nicht als „bei Wettbewerben" gilt.[853] „Bei Wettbewer-

845 LAG Düsseldorf, Urteil vom 1.3.2006 – 4 Sa 1568/05, BeckRS 2006, 41783; LAG Rheinland Pfalz, Urteil vom 18.11.2011 – 6 Sa 460/11, BeckRS 2012, 66021; ArbG Bielefeld, Urteil vom 16.2.2011 – 6 Ga 7/11, BeckRS 2014, 72793; *Zollner*, Meinungsfreiheit, S. 96 f.; *Butte*, Das selbstgeschaffene Recht des Sports, S. 290 ff.; *Jungheim*, RdA 2008, 222, 224; *Wertenbruch*, SpuRt 2004, 134; *Oberthür*, NZA 2003, 462, 464.

846 *Jacobs*, in: BeckOK Arbeitsrecht (Stand: 1.9.2016), BGB § 307 Rn. 59.

847 *Jacobs*, in: BeckOK Arbeitsrecht (Stand: 1.9.2016), BGB § 307 Rn. 59.

848 Zum Bestimmtheitsgebot vgl. oben Zweiter Teil Kapitel 1 § 3 A I 3 b (1).

849 Vgl. *Jacobs*, in: BeckOK Arbeitsrecht (Stand: 1.9.2016), BGB § 307 Rn. 66; *ders.*, in: BeckOK Arbeitsrecht (Stand: 1.9.2016), BGB § 305c Rn. 15.

850 BAG, Urteil vom 18.9.2012 – 3 AZR 415/10, BAGE 143, 90, 99 (Tz. 25), 100 (Tz. 27 f.) = NZA 2013, 210, 213 f. (zur betrieblichen Altersversorgung).

851 BAG, Urteil vom 16.2.2010 – 3 AZR 181/08, BAGE 133, 181, 193 (Tz. 42 f.) = NZA 2011, 42, 46 (zur betrieblichen Altersversorgung).

852 Nr. 14 Definitionen FIFA-ADR.

853 Nr. 45 Definitionen FIFA-ADR.

ben" liegt vor, ab 24 Stunden vor dem Anpfiff des ersten Spiels eines Wettbewerbs bis 24 Stunden nach dem Abschluss der Probenahme, die nach dem Abpfiff eines einzelnen Spiels oder des letzten Spiels bei diesem Wettbewerb erfolgt.[854] Stellt man demnach auf den nationalen Wettbewerb ab, so hat dies zur Folge, dass der Spieler während des Spielbetriebs der Bundesligen und 3. Liga nicht an das FIFA-ADR gebunden ist. Anderes würde nur gelten, stellte man auch hinsichtlich der Formulierung „außerhalb von Wettbewerben" auf FIFA-Wettbewerbe ab. Gegen eine solche Wertung spricht jedoch der klare Wortlaut der Klausel. Dieser unterscheidet zwischen „FIFA-Wettbewerben" auf der einen Seite und „Wettbewerben" auf der anderen Seite. Auch § 3 Nr. 1 DFB-Satzung nimmt lediglich Bezug auf „Reglemente für die internationalen Wettbewerbe". Legt man die Verweisung aus Sicht des maßgeblichen objektiven Empfängerhorizonts (§§ 133, 157 BGB) aus, also aus der Sicht eines durchschnittlichen Spielers, ist der Spieler daher nur während der Zeit der FIFA-Wettbewerbe sowie außerhalb der nationalen Meisterschaftsspielrunde an die FIFA-ADR gebunden. Nationale Wettbewerbe sind mithin von der Verweisung nicht erfasst.

2. Sonstige Arbeitsverträge

Wie bereits angesprochen, ist der arbeitgebende Klub in seiner Ausgestaltung des Vertrags mit dem Spieler verbandsrechtlich (lediglich) an die zwingenden Vorgaben des § 6 LOS gebunden. Für die Anti-Doping-Bewegung der Verbände von Bedeutung ist § 6 Nr. 2 LOS. Danach dürfen die Verträge

> „keine Vereinbarungen enthalten, die gegen die Satzung, das Ligastatut und die Ordnungen des DFL e. V. bzw. gegen die Satzung und die Ordnungen des DFB und der Regional- und Landesverbände verstoßen".

Nicht Inhalt der Bestimmung ist hiernach die ausdrückliche Pflicht des Vereins, den Spieler durch vertragliche Erklärung des Spielers der Regelungs- und Ordnungsgewalt der Verbände zu unterwerfen. Eine solche Pflicht folgt auch nicht aus den sonstigen Anforderungen der LOS an die Erteilung der Lizenz. Die bloße Nichtberücksichtigung der Unterwerfung unter die Verbandsgewalt – gemeint ist die Befugnis des Verbandes, einseitig Maßnahmen und Entscheidungen zu treffen – stellt als solche keine Vereinbarung dar und kann daher auch nicht gegen die in § 6 Nr. 2 LOS genannten Bestimmungen verstoßen.[855] Eine Pflicht der Mitglieder des DFL e. V., dafür zu sorgen, dass sich Spieler den Anti-Doping-Bestimmungen der FIFA unterwerfen, folgt auch nicht aus der Satzung des DFL e. V. Eine Pflicht zur Unterwerfung besteht lediglich bezüglich der „einschlägigen Bestimmungen der Satzungen des DFL e. V. und des DFB sowie der Ordnungen beider Verbände und des Ligastatuts sowie den Entscheidungen und Beschlüssen der zuständigen Gremien".[856] Satzung von DFL e. V. und DFB enthalten keine ausdrückliche Verweisung auf die Anti-Doping-Bestimmungen der FIFA.

---

854 Nr. 25 Definitionen FIFA-ADR.
855 A. A. *Butte*, Das selbstgeschaffene Recht des Sports, S. 106 f., 108.
856 § 11 lit. b) DFL e. V.-Satzung.

Demnach besteht für den Spieler die Möglichkeit, durch Verhandlungsgeschick einen Arbeitsvertrag abzuschließen, der vom MuArbV dadurch abweicht, dass er eine Unterwerfungserklärung des Spielers unter die Entscheidungen der zuständigen Organe und Rechtsorgane der FIFA und der UEFA und deren für den Anti-Doping-Kampf relevanten Regelwerke nicht enthält. Dies setzte freilich voraus, dass entweder der Verein hiermit einverstanden ist oder aber, dass dieser nicht um die Bedeutung einer solchen Unterwerfungserklärung weiß. Nach § 2 Nr. 2 LOS ist der unterzeichnete Arbeitsvertrag als Voraussetzung der Lizenzerteilung der DFL vorzulegen. Theoretisch denkbar ist daher, dass die DFL mit Blick auf § 16b Nr. 11 DFB-Satzung[857] die Unterzeichnung des Lizenzvertrages verweigert, wenn Anti-Doping-Bestimmungen von FIFA und UEFA im Arbeitsvertrag völlig unerwähnt geblieben sind.

III. Regelanerkennung und Unterwerfung durch Antrag auf Erteilung der Spielerlaubnis

§ 13 Nr. 2 lit. e) LOS setzt für die Erteilung der Spielerlaubnis voraus, dass „der Spieler erklärt, mit Erteilung der Spielerlaubnis die Statuten und Reglemente der FIFA und UEFA sowie die Satzungen und Ordnungen des DFL e. V. und des DFB in ihrer jeweils geltenden Fassung einzuhalten". Die ausdrückliche Erklärung des Spielers, sich den Entscheidungen der Organe und Beauftragten von DFL e. V., DFB, FIFA und UEFA zu unterwerfen oder diese als verbindlich anzuerkennen, ist, anders als im Lizenzvertrag bezüglich DFL e. V. und DFB, hierin nicht enthalten. Der Spieler äußert lediglich die durch den DFL e. V. vorformulierte Absicht, sich zu verpflichten, die genannten Bestimmungen „einzuhalten". Gleichwohl würde die erklärte Verpflichtung des Spielers, Regelungen einzuhalten, leerlaufen, ginge mit der Erklärung des Spielers, Sportregeln einzuhalten, nicht *uno actu* auch die Unterwerfung des Spielers unter die für Regelverstöße vorgesehenen Disziplinarmaßnahmen einher.[858] Die Unterwerfung unter die Vereinsgewalt ist das Spiegelbild der Unterwerfung unter die die Verhaltenspflichten normierende Sportordnung.[859] Dies ist für den Spieler nicht überraschend und liegt in dessen Interesse an einem gleichen und geordneten Spielbetrieb. Mit der Anerkennung der Pflicht, Regelwerke einzuhalten, äußert der Spieler daher konkludent den Willen, sich diesbezüglich der Verbandsgewalt zu unterwerfen.[860] Der Gegenstand der Unterwerfungserklärung ist aber auch hier nach den allgemeinen Auslegungsregeln zu ermitteln.[861] Demnach gelten diejenigen Bestimmungen als wirksam einbezogen, mit denen der Spieler zu rechnen hatte.[862] Dies sind lediglich die Normen, die einen unmittelbaren Bezug zur Nutzung der Vereinseinrichtungen aufwei-

---

857 „Die DFL Deutsche Fußball Liga hat in ihrer Satzung und ihren Ordnungen sowie beim Handeln ihrer Organe sicherzustellen, dass die nachstehenden Pflichten von ihr, ihren Mitgliedern, deren Einzelmitgliedern, deren Organen und Mitarbeitern beachtet werden: [...] 11. Sie gewährleistet, weitere Verpflichtungen einzuhalten, darunter insbesondere auch die vom DFB verabschiedeten allgemeinverbindlichen Bestimmungen sowie die FIFA- und UEFA-Vorschriften."

858 BGH, Urteil vom 28.11.1994 – II ZR 11/94, BGHZ 128, 93, 105 = NJW 1995, 583, 584.

859 BGH, Urteil vom 28.11.1994 – II ZR 11/94, BGHZ 128, 93, 105 = NJW 1995, 583, 584.

860 So auch *Pfister*, JZ 1995, 464, 466.

861 *Pfister*, JZ 1995, 464, 466.

862 *Pfister*, JZ 1995, 464, 466.

sen. Mit Regelungen von FIFA und UEFA braucht der Spieler aufgrund der nationalen Beschränkung des Spielbetriebs grundsätzlich nicht zu rechnen. Es kann dem Spieler nicht zugemutet werden, nicht nur die Normen zu kennen, denen er sich ausdrücklich unterworfen hat, sondern sich auch noch die Regelwerke der übergeordneten Verbände zu beschaffen und zu lesen.[863]

Eine Einbeziehung erfolgt daher nur insoweit als die Reglemente hinreichend benannt sind. Die dem Antrag auf Erteilung der Spielererlaubnis beizufügende und nach § 13 Nr. 2 lit. e) LOS vorgegebene Erklärung des Lizenzspielers erzeugt somit hinsichtlich der Reglemente von FIFA und UEFA nur insoweit eine Bindungswirkung, als diese konkret benannt sind. Dies ist mit Blick auf FIFA und UEFA regelmäßig nur hinsichtlich ihrer Statuten der Fall.

IV. Bestätigung des Spielers

Der Lizenzspieler anerkennt vor Beginn einer Spielrunde gegenüber der NADA die Geltung der DFB-ADR und des NADA-Codes.[864] Er erklärt sein ausdrückliches Einverständnis mit der Durchführung der Kontrollen bei Wettkämpfen und im Training (Urin- und/oder Blutproben). Diese Bestätigung über den Erhalt, die Kenntnisnahme und Anerkennung der geltenden Anti-Doping-Richtlinien des DFB sowie der NADA wird in Form einer gesammelten Unterschriftenliste unter Nennung der Namen nebst Spielberechtigtenliste von den Vereinen an die NADA übermittelt. Begleitend bekommt der Spieler von seinem Verein die gültigen Anti-Dopingbestimmungen (DFB-ADR und NADC) ausgehändigt. Praktische Relevanz kommt dieser Bestätigung im Verhältnis zur NADA zu. Sie ermächtigt die NADA zum Eingriff in die körperliche Integrität des Spielers durch Dopingproben.

B. Vertragsspieler

I. Mitgliedschaftliche Unterwerfung

Wie dargestellt, besteht für den Spieler nicht die Möglichkeit, ein Mitgliedschaftsverhältnis zu den seinem Verein übergeordneten Verbänden zu begründen.[865] Eine Bindung des Einzelmitglieds an Verbandsregularien und Verbandsstrafgewalt der Spitzenfachverbände erfolgt im Wege der Regelgeltungsvermittlung durch den Mitgliedsverein.[866] Dies geschieht dadurch, dass der Mitgliedsverein die Regelungen und Entscheidungen der übergeordneten Verbände übernimmt.[867] So muss der Mitgliedsverein, um in dem entsprechenden Landesverband aufgenommen zu werden, sicherstel-

863 BGH, Urteil vom 20.9.2016 – II ZR 25/15, NZG 2016, 1315, 1319, 1320.

864 Dies geschieht durch Unterzeichnung der Bestätigung über den Erhalt, die Kenntnisnahme und Anerkennung der geltenden Anti-Doping-Richtlinien des DFB sowie der NADA.

865 Vgl. oben Zweiter Teil Kapitel 1 § 1 A.

866 *Hilpert*, Fußballstrafrecht, § 1 Rn. 3.

867 *Reuter*, in: Münchener Kommentar zum BGB, Vor § 21 Rn. 133.

len, dass er seine Mitglieder der Verbandsgewalt der übergeordneten Verbände unterstellt, indem er in seine Satzung die übergeordneten Satzungs- und Regelungswerke unter ausdrücklicher Anerkennung der Strafgewalt inkorporiert.[868] Eine lückenlose Durchgriffswirkung der Strafgewalt der höheren Verbände auf das Einzelmitglied setzt voraus, dass die einschlägigen Bestimmungen wirksam in die Satzung des Mitgliedvereins einbezogen sind. Verweise auf das Regelwerk müssen verständlich sein und die einzelnen Bestimmungen, auf die verwiesen wird, hinreichend bestimmt bezeichnen.[869] Es darf kein Zweifel daran aufkommen, welche Bestimmungen gemeint sind.[870] Vertragsspieler und Amateure sind demnach an die Sportregeln des DFB gebunden, soweit die Satzung des Mitgliedvereins auf diese dergestalt verweist, dass die konkreten Normen als Bezugsobjekt in zumutbarer Weise durch das Einzelmitglied zu ermitteln sind;[871] soweit die Vereinsdisziplinargewalt betroffen ist, hat dies ausdrücklich zu geschehen.[872] Denn es kann einem Vereinsmitglied „nicht angesonnen werden, nicht nur die Satzung seines Vereins zur Kenntnis zu nehmen, sondern sich auch noch die Satzung des übergeordneten Verbands – möglicherweise auch einer dritten Ebene – zu beschaffen und zu lesen".[873] Eine Geltung der Vereinsdisziplinargewalt von DFB, UEFA und FIFA für das Mitglied ist demnach nur gegeben, sofern entsprechende Klauseln, nach denen bestimmte Regeln aus der Satzung des übergeordneten Verbands auch für und gegen Mitglieder des nachgeordneten Vereins gelten sollen, in den Satzungen des jeweiligen Vereins gegeben sind.[874]

Das Erfordernis, Regeländerungen der übergeordneten Verbände und Vereine durch Beschlussfassung umzusetzen, geht wegen des damit verbundenen Finanz-, Arbeits- und Zeitaufwands zu Lasten einer einheitlichen Regelgeltung. Es drohen Wettbewerbsverzerrungen durch unterschiedliche, zeitverzögerte oder unterlassene Umsetzungen. Vereine und Verbände sind daher dazu übergegangen, in ihren Satzungen Verweisungen dergestalt vorzunehmen, dass auf die jeweils gültige Fassung der höherrangigen Bestimmungen Bezug genommen wird. Die Zulässigkeit von dynamischen Verweisungen in Satzungen wird in Rechtsprechung und Literatur aus formellen und materiellen Gründen des Vereinsrechts überwiegend abgelehnt;[875] dies gilt mit der herrschenden Meinung wegen der Geltung des zwingenden Gebots der Sat-

868 *Hilpert*, Fußballstrafrecht, § 1 Rn. 3; *Orth*, Vereins- und Verbandsstrafen, S. 152.

869 OLG Hamm, Beschluss vom 24.7.1987 – 15 W 7/87, NJW-RR 1988, 183, 184; *Reichert*, Vereinsrecht, Rn. 503.

870 OLG Hamm, Beschluss vom 24.7.1987 – 15 W 7/87, NJW-RR 1988, 183, 184.

871 *Heermann*, ZHR 174 (2010), 250, 266.

872 BGH, Urteil vom 20.9.2016 – II ZR 25/25, NZG 2016, 1315, 1319.

873 BGH, Urteil vom 20.9.2016 – II ZR 25/25, NZG 2016, 1315, 1319.

874 BGH, Urteil vom 20.9.2016 – II ZR 25/25, NZG 2016, 1315, 1319.

875 Die bloße Einbeziehung von Änderungen der Regelungen im Wege der dynamischen Verweisungen widerspricht den formellen Anforderungen der §§ 33 Abs. 1, 71 BGB (OLG Hamm, Beschluss vom 24.7.1987 – 15 W 7/87, NJW-RR 1988, 183, 184). Den durch Beschluss herbeigeführten Satzungsänderungen müssen bei der Anmeldung der Änderung zur Eintragung in das Vereinsregister die Regelungen der Verbände in der aktuellen Fassung beigefügt werden, auf die Bezug genommen wird (*Reichert*, Handbuch Vereinsrecht, Rn. 481). Ferner wird in der ungeprüften Fremdbestimmung von wesentlichen Regelungen eine unzulässige Beschneidung der Vereinsautonomie gesehen, indem satzungsmäßige Bestimmungen und Ordnungen im Vornhinein von der späteren Willensbildung eines

zungsförmigkeit[876] jedenfalls, sofern Grundsatzentscheidungen des Vereins betroffen sind, also solche, die das Vereinsleben wesentlich bestimmen, und daher als Verfassung des Vereins in die Satzung aufzunehmen sind.[877] *Heermann* betrachtet den vereinsspezifischen Wesensgehalt immer dann als gegeben, wenn Verweisungsobjekte grundrechtsrelevante Regelungen betreffen, die dem Verein keine autonome Entscheidungsgewalt belassen.[878] Denkbar ist dies sowohl für Vertragsspieler als auch für Amateure. Soweit der Vertragsspieler den Fußballsport professionell ausübt, kann dieser durch die betreffende Regelung in seiner Berufsausübungsfreiheit tangiert sein. Für den Amateur ist hingegen vorstellbar, dass er durch Verhängung einer (mehrjährigen) Sperre in seiner Berufswahlfreiheit berührt wird. Straftatbestände, insbesondere Dopingtatbestände,[879] und Strafen[880] sind Grundentscheidungen des Vereins und müssen, um Geltung zu erlangen, durch Mitgliederbeschluss in der jeweiligen Fassung in der Satzung geregelt bzw. zum Satzungsbestandteil erklärt sein.[881] Ein Durchgriff der Verbände auf die Einzelmitglieder misslingt daher, sofern Eingriffs- und Sanktionsregelungen betroffen sind.[882]

Dritten abhängig gemacht werden (OLG Hamm, Beschluss vom 24.7.1987 – 15 W 7/87, NJW-RR 1988, 183, 184; OLG Dresden, Hinweis-Beschluss vom 5.1.2005 – U 1900/04 Kart, SpuRt 2005, 210 f.; *Haas/Prokop*, SpuRt 1998, 15, 18; a. A. *Rössner/Wertenbruch*, in: BISp-Jahrbuch – Forschungsförderung 2005/2006, S. 243, 248). In der dynamischen Verweisung wird daher der unzulässige Verzicht des Vereins auf seine durch Art. 9 Abs. 1 GG garantierte Selbstbestimmung erblickt (OLG Frankfurt a. M., Beschluss vom 9.3.1982 – 20 W 577/81, NJW 1983, 2576; OLG Hamm, Beschluss vom 24.7.1987 – 15 W 7/87, NJW-RR 1988, 183, 184; OLG Dresden, Hinweis-Beschluss vom 5.1.2005 – U 1900/04 Kart, SpuRt 2005, 209 f.; OLG Bremen, Urteil vom 30.12.2014 – 2 U 67/14, SchiedsVZ 2015, 149, 157). A. A. *Krieger*, Vereinsstrafen im deutschen, englischen, französischen und schweizerischen Recht, S. 39, der die Einschränkung der Verbandsautonomie mit der Notwendigkeit einer einheitlichen Regelgeltung rechtfertigt.

876 Siehe hierzu *Reuter*, in: Münchener Kommentar zum BGB, § 25 Rn. 8.

877 BGH, Urteil vom 10.10.1988 – II ZR 51/88, NJW-RR 1989, 376, 378; BGH, Urteil vom 28.11.1994 – II ZR 11/94, BGHZ 128, 93, 100 = NJW 1995, 583, 585; OLG Dresden, Beschluss vom 5.1.2005 – U 1900/04 Kart, SpuRt 2005, 210; OLG Bremen, Urteil vom 30.12.2014 – 2 U 67/14, SchiedsVZ 2015, 149, 157; *Reichert*, Vereinsrecht, Rn. 478; *Adolphsen*, Internationale Dopingstrafen, 73 ff.; *Weik*, in: Staudinger BGB, § 25 Rn. 7, 3; *Ellenberger*, in: Palandt, § 25 Rn. 2; *Stöber/Otto*, Handbuch zum Vereinsrecht, Rn. 51; *Nagel*, CaS 2009, 29, 35 f.; *Heermann*, ZHR 174 (2010), 250, 260 ff.; *ders.*, in: FS Spellenberg, S. 11, 16 ff.; *Mortsiefer*, Datenschutz im Anti-Doping-Kampf, S. 32 ff., 36; *Kotzenberg*, Bindung, S. 41 f.; *Sauter/Schweyer/Waldner*, Der eingetragene Verein, Rn. 329a. A. A. *Orth*, Vereins- und Verbandsstrafen, S. 171 ff.; *Rössner/Wertenbruch*, in: BISp-Jahrbuch – Forschungsförderung 2005/2006, S. 243, 248, welche die dynamische Verweisung auf Anti-Doping-Bestimmungen als zulässig erachten. Klarstellend fordern sie die Verankerung der dynamischen Verweisung in einem neu einzuführenden Absatz des § 71 BGB.

878 *Heermann*, ZHR 174 (2010), 250, 261.

879 OLG Dresden, Hinweis-Beschluss vom 5.1.2005 – U 1900/04 Kart, SpuRt 2005, 210.

880 *Heermann*, ZHR 174 (2010), 250, 262 m. w. N.

881 *Reichert*, Vereinsrecht, Rn. 467 f.; *Orth/Pommerening*, SpuRt 2010, 222, 224.

882 Die dynamische Verweisung auf Auflistungen technischer Standards oder verbotener Dopingsubstanzen als zulässig anerkennt *Heermann*, ZHR 174 (2010), 250, 264.

II. Rechtsgeschäftliche Unterwerfung

Der (volljährige) Spieler schließt mit seinem Klub einen Vertrag, der regelmäßig durch den DFB als Mustervertrag zu Verfügung gestellt wird.[883] Bei minderjährigen Spielern kommt es alternativ zum Abschluss des Musterfördervertrages. Dieser wird von der DFL bereitgestellt.[884]

1. Rechtsnatur des Vertragsverhältnisses Spieler – Klub

Die Mitgliedschaft des Spielers in seinem Verein schließt nicht aus, dass Spieler und Klub einen Arbeitsvertrag schließen.[885] Unerheblich ist es ferner, wenn der Spieler neben der sportlichen Betätigung einen Beruf ausübt.[886] Der DFB betrachtet Vertragsspieler als Berufsspieler.[887] Das BAG hat mit Urteil vom 5. Oktober 1990 die Arbeitnehmereigenschaft eines Vertragsspielers (damals: Vertragsamateur) mit der Begründung abgelehnt, es sei nur eine lose Bindung zwischen Verein und Vertragsspieler gegeben.[888] Dem lag der Sachverhalt zu Grunde, dass der Vertrag des Spielers unter der auflösenden Bedingung geschlossen worden war, dass dieser mit Inkrafttreten eines Lizenzspielervertrages enden sollte.[889] Das BAG erachtet jegliche sportliche Betätigung, die zum Selbstzweck ausgeübt wird, nicht als Arbeit. Etwas anderes soll dann gelten, wenn der Spieler „mit der Ausnutzung seiner sportlichen Fähigkeiten bei persönlicher Abhängigkeit in erster Linie ein wirtschaftliches Interesse verfolgt und damit gleichzeitig ein solches des Vereins befriedigt, wie dies für den Lizenzfußballspieler angenommen wird".[890] Mit Urteil vom 25. April 2013 hat das BAG in einem *obiter dictum* den Arbeitnehmerstatus eines Vertragsspielers angenommen.[891] Es hatte ohne weitere Begründung die vertragliche Vereinbarung des Spielers, wonach sich dieser verpflichtet hatte, für den Verein „den Fußballsport als Nichtamateur ohne Lizenz i. S. der §§ 22-27 der DFB-Spielordnung auszuüben",[892] genügen lassen, um von einer Arbeitnehmereigenschaft auszugehen.[893] Der Spieler erhielt eine monatliche Vergütung in Höhe von anfänglich 150,00 Euro, später 250,00 Euro. Soweit Vertragsspieler in Lizenzmannschaften zum Einsatz kommen sollen und gleichwertig in den Organisationsablauf des Klubs eingebunden sind, ist vom Vorliegen eines Arbeitsver-

---

883 Der Mustervertrag des DFB für Vertragsspieler ist im Internet abrufbar unter: http://www.dfb.de/verbandsservice/pinnwand/dfb-mustervertrag/ (zuletzt aufgerufen am 6.1.2017).

884 Bei dem Musterfördervertrag der DFL handelt es sich um keine zwingende Vorgabe des DFB, sondern lediglich um eine Orientierungshilfe, vgl. § 11 Nr. 2 Abs. 2 LOS. Spieler, mit welchen Förderverträge abgeschlossen wurden, gelten nach § 22 Nr. 7.1 Abs. 2 DFB-SpO als Vertragsspieler.

885 BAG, Urteil vom 10.5.1990 – 2 AZR 607/89, AP BGB § 611 Abhängigkeit Nr. 51.

886 BAG, Urteil vom 10.5.1990 – 2 AZR 607/89, AP BGB § 611 Abhängigkeit Nr. 51.

887 § 8 Satz 2 DFB-SpO.

888 BAG, Urteil vom 10.5.1990 – 2 AZR 607/89, AP BGB § 611 Abhängigkeit Nr. 51.

889 BAG, Urteil vom 10.5.1990 – 2 AZR 607/89, AP BGB § 611 Abhängigkeit Nr. 51.

890 BAG, Urteil vom 10.5.1990 – 2 AZR 607/89, AP BGB § 611 Abhängigkeit Nr. 51.

891 BAG, Urteil vom 25.4.2013 – 8 AZR 453/12, NZA 2013, 1206, 1208 f.

892 BAG, Urteil vom 25.4.2013 – 8 AZR 453/12, NZA 2013, 1206.

893 So auch ArbG Ulm, Urteil vom 14.11.2008, BeckRS 2008, 57769 für den Fall der Verwendung des Mustervertrags für Vertragsspieler.

hältnisses auszugehen. Abgrenzungskriterium zur bloßen Ausübung des Sports zum Selbstzweck kann demnach etwa sein, ob der Spieler ohne tatsächliche Verhängung von Sanktionen dem Training fernbleiben kann.[894] Ferner spricht gegen ein Arbeitsverhältnis, wenn Entgelte ohne die Teilnahme des Spielers an Training und Spiel geleistet werden.[895] Findet hingegen eine Entgeltung des Spielers bei dessen Abwesenheit nicht statt, wohl aber im Falle von Krankheit und Urlaub, spricht auch dies für das Vorliegen eines Arbeitsverhältnisses.[896]

Es fällt auf, dass der Mustervertrag für Vertragsspieler bezüglich der Regelungen von Bestand des Vertragsverhältnisses,[897] Weisungsgebundenheit des Spielers[898] und Art der Bezüge (monatliche Vergütung in Höhe von mindestens 250,00 Euro und Prämien)[899] keine wesentlichen Unterschiede zu dem MuArbV für Lizenzspieler aufweist. Auch der Vertragsspieler ist hinsichtlich Zeit, Ort und Dauer von Trainingseinheiten, Pflichtspielen, Lehrgängen und Mannschaftsbesprechungen in den Spielbetrieb des Vereins organisatorisch eingebunden.[900] Allerdings folgt eine solche Verpflichtung ferner bereits schon aus den mitgliedschaftlichen Pflichten des Spielers, soweit der Verein eine solche Pflicht des Mitglieds vorsieht.

2. Erstreckung der Verbandsgewalt

a. Mustervertrag für Vertragsspieler

Es steht den Vereinen frei, den Mustervertrag für Vertragsspieler vollständig, nur in Teilen oder überhaupt nicht zu verwenden.[901] Verträge mit Vertragsspielern bedürfen lediglich der Schriftform, müssen den Voraussetzungen des § 8 Nr. 2 DFB-SpO entsprechen und dürfen keine Vereinbarungen enthalten, die gegen die Satzungen und Ordnungen des DFB und seiner Mitgliedsverbände verstoßen.[902] In der unterlassenen Herbeiführung der Bindungswirkung liegt kein Verstoß gegen Verbandsbestimmungen. Denn eine ausdrücklich normierte Pflicht des Vereins, eine Bindungswirkung gegenüber den Vertragsspielern durch vertragliche Vereinbarung herzustellen, besteht nicht. Wegen der fehlenden Vorgabe eines zwingenden Inhalts bleibt die Ausgestaltung der Vertragsbeziehung zwischen Spieler und Verein eine Frage des Einzelfalles.[903] Eine inhaltliche Prüfung durch den zuständigen Verband findet – mit Ausnahme der vereinbarten Höhe der Vergütung – nicht statt.[904] Demnach sind Lücken bei

894 BAG, Urteil vom 10.5.1990 – 2 AZR 607/89, AP BGB § 611 Abhängigkeit Nr. 51; *Schmuck/Wiehe*, NJOZ 2010, 55, 57; *Schmidt*, ArbRAktuell 2015, 261, 262.
895 *Schmuck/Wiehe*, NJOZ 2010, 55, 57.
896 BFH, Urteil vom 23.10.1992 – VI R 59/91, BeckRS 1992, 22010470; *Schmuck/Wiehe*, NJOZ 2010, 55, 57; *Schmidt*, ArbRAktuell 2015, 261, 263.
897 § 11 Mustervertrag für Vertragsspieler.
898 §§ 1 Nrn. 3 und 4, 9 Mustervertrag für Vertragsspieler.
899 § 7 Mustervertrag für Vertragsspieler.
900 § 1 Nr. 3 Mustervertrag für Vertragsspieler.
901 Mustervertrag für Vertragsspieler, S. 1.
902 § 22 Nr. 1 DFB-SpO.
903 *Menke/Reissinger*, SpuRt 2012, 9 ff.
904 § 22 Nr. 2 Abs. 1 Satz 3 DFB-SpO.

der vertraglichen Ausgestaltung der Unterwerfung unter die Verbandsgewalt vorstellbar.

Der Mustervertrag des DFB für Vertragsspieler enthält in § 1 Nr. 2 die folgende Regelung:

> „Die Satzungen und Ordnungen des DFB und seiner Mitgliedsverbände, die in ihrer jeweils gültigen Fassung die allgemein anerkannten Grundsätze des deutschen Fußballsports darstellen, sind auch aufgrund dieses Vertrages maßgebend für die gesamte fußballsportliche Betätigung. Der Spieler anerkennt diese Bestimmungen in ihrer jeweils gültigen Fassung als für sich verbindlich. Er unterwirft sich den Entscheidungen der Organe und Beauftragten des für den Verein und insbesondere den Spielbetrieb zuständigen Landes- und des Regionalverbandes und des DFB sowie gegebenenfalls des Ligaverbandes und insbesondere der Strafgewalt dieser Verbände. Die relevanten Regelungen des DFB und des Ligaverbandes können im Internet unter
>
> www.dfb.de
> www.bundesliga.de
> *[jeweils zutreffende Homepage vom Regional- und Landesverband einfügen]*
>
> abgerufen werden.
>
> Der Spieler unterwirft sich außerdem der Satzung seines Vereins in der jeweils geltenden Fassung und insbesondere der Vereinsstrafgewalt des Vereins."

Ferner erklärt der Spieler in § 4 Abs. 2 Mustervertrag:

> „Der Spieler erkennt das Dopingverbot und die nationalen und internationalen Anti-Doping-Bestimmungen - insbesondere die Anti-Doping-Richtlinien des DFB und deren Anhänge, das UEFA-Dopingreglement sowie das FIFA-Reglement für die Dopingkontrollen bei FIFA-Wettbewerben und außerhalb von Wettbewerben, den NADA- und WADA-Code - in ihrer jeweils gültigen Fassung ausdrücklich als für sich verbindlich an. Er unterwirft sich insbesondere auch den Bestimmungen für die Durchführung der durch die Anti-Doping-Kommission des DFB angeordneten Wettkampf- und Trainingskontrollen."

Ungeachtet der Tatsache, dass der Spieler die vorgenannten Unterwerfungserklärungen gegenüber seinem Verein abgibt, kommt hierdurch zwischen Verbänden und Spieler ein Anerkennungsvertrag zustande. Indem der DFB bzw. der Landesverband den Mustervertrag für Vertragsspieler, unter anderem auch auf seiner Homepage, zur Verfügung stellt, haben diese konkludent den Verein dazu bevollmächtigt, einen Anerkennungsvertrag mit dem Spieler zu schließen.[905] Der Verein nimmt die Anerkennung mit Unterzeichnung des Vertrages für den DFB und den jeweiligen Landesverband an.[906] Dabei reicht es aus, dass der Spieler erkennt, dass ein Vertrag auch mit dem DFB zustande kommt.[907] Unbeachtlich ist, dass der Verein auch im eigenen Interesse handelt.[908]

905 *Orth*, Vereins- und Verbandsstrafen, S. 190.
906 *Orth*, Vereins- und Verbandsstrafen, S. 190.
907 Vgl. *Schubert*, in: Münchener Kommentar zum BGB, § 164 Rn. 110.
908 BGH, Urteil vom 15.7.2009 – VIII ZR 307/08, NJW 2009, 3506; BGH, Urteil vom 1.3.2013 – V ZR 279/11, NJW 2013, 1873, 1874.

Soweit sich der Spieler den „Satzungen und Ordnungen des DFB und seiner Mitgliedsverbände“ unterwirft, ist eine Unterwerfung des Spielers nach den oben dargestellten Anforderungen an die Bestimmtheit hinsichtlich der Satzungen und Ordnungen der Mitgliedsverbände aufgrund fehlender Transparenz nicht gegeben.[909] Im Übrigen gelten die Ausführungen zur Regelerstreckung gegenüber Lizenzspielern entsprechend.[910] Eine Unterwerfung des Vertragsspielers durch Mustervertrag unter die Verbands- und Regelungsgewalt der FIFA ist hiernach hinsichtlich des FIFA-DR nicht und hinsichtlich des FIFA-ADR nur insoweit gegeben, als der Zeitraum während der FIFA-Wettbewerbe und außerhalb der nationalen Meisterschaftsspielrunde betroffen ist.

b. Erklärung über die Anerkennung der Rechtsgrundlagen der 3. Liga

Vertragsspieler (und Amateure), die an der 3. Liga teilnehmen wollen, benötigen eine entsprechende Spielberechtigung. Hierbei kommt es unter anderem zur Unterzeichnung der Erklärung über die Anerkennung der Rechtsgrundlagen der 3. Liga.[911] Die Rechtsgrundlagen der 3. Liga reichen jedoch nicht weiter als die im Lizenzvertrag Spieler enthaltenen Rechtsgrundlagen. Auch insoweit gelten daher die Ausführungen zum Lizenzvertrag Spieler entsprechend.[912]

c. Spielerlaubnis und Spielerpass

Im Antrag auf Erteilung der Spielerlaubnis unterwirft sich der Spieler regelmäßig der Satzung und den Ordnungen des Landesverbandes.[913] Insoweit kommt es für die Weiterverweisung auf Inhalt und Bestimmtheit der Satzung an. Die Spielberechtigung wird grundsätzlich durch den Spielerpass nachgewiesen.[914]

Nach § 10 Nr. 1.1 Abs. 2 DFB-SpO verpflichtet sich der Spieler „[d]urch die Registrierung […], die Statuten und Reglemente der FIFA und der UEFA sowie die Satzungen und Ordnungen des DFB und seines jeweiligen Regional- und Landesverbandes bzw. der DFL Deutsche Fußball Liga einzuhalten“. In der Zusendung des Spielerpasses könnte mithin ein abgeändertes Angebot des Verbands zu erblicken sein (§ 150 Abs. 2 BGB), welches der Spieler durch Unterzeichnung seines Spielerpasses annimmt. Für eine solche Annahme dürfte es hingegen an der Kenntnis des Spielers hinsichtlich des mit dem Inhalt des § 10 Nr. 1.1 Abs. 2 DFB-SpO abgeänderten Angebots fehlen. Der Spielerpass enthält keinen Hinweis auf diese Norm. Zu befürworten ist die Annahme des OLG Karlsruhe, wonach die Unterzeichnung des Spielerpasses

909 Vgl. hierzu auch OLG Frankfurt a. M., Urteil vom 2.2.2016 – 11 U 70/15 (Kart), BeckRS 2016, 03310.

910 Siehe oben Zweiter Teil Kapitel 1 § 3 A I 3 b.

911 § 10 Nr. 3.3 Abs. 1 UA 1 DFB-SpO.

912 Siehe oben Zweiter Teil Kapitel 1 § 3 A I 3 b.

913 Vgl. hierzu den Antrag auf Erteilung der Spielerlaubnis des wfv, im Internet abrufbar unter: http://www.wuerttfv.de/#Wiki::Article/show/id=4221 (zuletzt aufgerufen am 10.1.2017).

914 § 10 Nr. 2.1 DFB-SpO.

lediglich der Feststellung der Identität des Spielers dient.[915] Auch eine Einbeziehung des § 10 Nr. 1.1 Abs. 2 DFB-SpO im Zeitpunkt der Antragstellung scheitert an der Kenntnis und folglich am entsprechenden Rechtsbindungswillen des Spielers, da der Antrag, soweit bekannt, einen Hinweis auf § 10 Nr. 1.1 Abs. 2 DFB-SpO nicht enthält.

C. Fazit

Bei der rechtlichen Konstruktion der Unterwerfung der Lizenzspieler unter die Verbandsgewalt ist zu unterscheiden:

Eine Unterwerfung der Lizenzspieler erfolgt durch Lizenzvertrag, Arbeitsvertrag und Erklärung im Antrag auf Erteilung der Spielerlaubnis. Eine wirksame Unterwerfung unter die Verbandsgewalt des DFB liegt vor. Bestimmungen von FIFA und UEFA finden klar und verständlich lediglich im MuArbV Erwähnung. Hiernach ist der Spieler an FIFA-DR und FIFA-ADR gebunden. Letztere Unterwerfung betrifft jedoch ausschließlich den Zeitraum, der außerhalb der nationalen Spielzeiten liegt. Aufgrund des Empfehlungscharakters des MuArbV ist nicht auszuschließen, dass eine Unterwerfung des Spielers unter Ordnungen und Entscheidungen von FIFA und UEFA unterbleibt.

Vertragsspieler unterwerfen sich der Verbandsgewalt durch Begründung einer Mitgliedschaft im lizenzierten (Bundesliga, 2. Bundesliga) oder zugelassenen (3. Liga) Verein bzw. im Mutterverein, durch schriftlichen Vertrag mit dem jeweiligen Verein sowie durch Beantragung der Spielerlaubnis und gegebenenfalls durch Abgabe der Erklärung über die Anerkennung der Rechtsgrundlagen der 3. Liga. Dynamische Verweisungen vermögen eine Bindungswirkung im Verhältnis zum Mitglied nicht herzustellen. Darüber hinaus verlangt eine wirksame Unterwerfung durch Mitgliedschaft die hinreichend bestimmte Benennung der Reglemente, auf die verwiesen wird. Eine Bewertung der Reichweite der Unterwerfung kann nur einzelfallbezogen erfolgen. Nach dem Mustervertrag für Vertragsspieler des DFB unterwirft sich der Vertragsspieler unter die Verbandsgewalt des DFB sowie unter die Geltung des FIFA-ADR. Letzteres beschränkt sich auf den Zeitraum außerhalb der Spielzeit der nationalen Ligen; das FIFA-DR ist nicht wirksam einbezogen. Die Verwendung des Mustervertrages ist nicht verpflichtend. Hinzu kommt, dass der Inhalt des Vertrages zwischen Spieler und Verein von den Verbänden nicht überprüft wird. Hieraus können Lücken in der Einbeziehung von Bestimmungen resultieren. Im Hinblick auf die Unterwerfung des Spielers durch Abgabe der Erklärung auf Erteilung einer Spielerlaubnis kommt es auf den Inhalt der Satzung des für die Erteilung der Spielerlaubnis zuständigen Mitgliedsverbandes an.

Eine unterbliebene oder nur partiell erfolgte Einbeziehung von FIFA-ADR und FIFA-DR kann sich in der Bekämpfung von Doping nachteilig auswirken: Nach Art. 70 Abs. 2 FIFA-DR behält sich die FIFA das Recht vor, „[b]ei schweren Verstössen gegen den statutarischen Zweck der FIFA" Disziplinarmaßnahmen zu verhängen,

915 OLG Karlsruhe, Urteil vom 8.11.2012 – 9 U 97/12, SpuRt 2013, 31, 33.

sofern die ausrichtenden Verbände oder Konföderationen „diese nicht oder nicht gemäss den allgemeinen Rechtsgrundsätzen ahnden". Hiervon umfasst sind gemäß Art. 3 lit. d) FIFA-DR auch Spieler. Dopingvergehen verstoßen gegen den statutarischen Zweck der FIFA, Integrität, Ethik und Fairness zu fördern und dadurch zu verhindern, dass Doping vorkommt.[916] Denkbar ist hiernach die Bestrafung eines Spielers durch die FIFA für den Fall, dass DFB oder UEFA ein Dopingvergehen nicht oder nicht ausreichend ahnden. Auch die weltweite Ausdehnung von gültigen Dopingstrafen erfolgt auf Grundlage des FIFA-DR.[917] Art. 4 Abs. 1 FIFA-ADR sieht ferner die Befugnis der FIFA[918] vor, innerhalb von Bundesliga und 2. Bundesliga bei Lizenzspielern[919] Dopingkontrollen durchzuführen.

Kapitel 2: Verbandsrechtliche Bestrafung des dopenden Spielers

§ 1 Materielles Recht

A. Ermächtigungsgrundlage

Die Verhängung einer Sportstrafe setzt voraus, dass eine entsprechende Rechtsgrundlage gegeben ist.[920] Lizenzvertrag Spieler, MuArbV der DFL und Mustervertrag des DFB für Vertragsspieler verweisen auf Satzung und Ordnungen des DFB. Auch die Erteilung der Spielerlaubnis für Lizenzspieler in Lizenzmannschaften setzt voraus, dass der Spieler sich Satzung und Ordnungen des DFB unterwirft.[921]

§ 44 Nr. 1 DFB-Satzung ermächtigt den DFB „[a]lle Formen unsportlichen und unethischen Verhaltens sowie Verstöße gegen die Satzung und Ordnungen des DFB und das Ligastatut [...]" zu verfolgen und verweist zur näheren Bestimmung des unsportlichen Verhaltens und des Verfahrens insbesondere auch auf DFB-ADR, DFB-RuVO und DFB-SpO. Die vorstehenden Ordnungen normieren jeweils (wortgleich) den Tatbestand des verbandsrechtlichen Dopingverbots. Ferner enthalten sind Regelungen zu Beweislast und Zuständigkeitsverteilung. Die DFB-RuVO enthält als Verfahrens- und Sanktionsordnung darüber hinaus Regelungen zu Ahndung und Sank-

916 Art. 2 lit. g) FIFA-Statuten.

917 Ausführlich hierzu unten Zweiter Teil Kapitel 2 § 1 B II 2.

918 Anderes gilt für die UEFA. Nach Artt. 1.02, 7 UEFA-DR werden nur Spieler, die Vereinen bzw. Nationalverbänden angehören welche an UEFA-Wettbewerben teilnehmen, Dopingkontrollen durch die UEFA unterzogen.

919 „Spieler" ist nach Nr. 48 Definitionen FIFA-ADR „ein von einem Verband lizenzierter Fussballspieler".

920 *Baecker*, Grenzen der Vereinsautonomie, S. 88.

921 Siehe hierzu oben Zweiter Teil Kapitel 1 § 3 A III.

tionierung von Dopingverstößen. Sowohl DFB-SpO als auch DFB-RuVO verweisen hinsichtlich Organisation und Ablauf des Dopingkontrollverfahrens auf die Regelungen der DFB-ADR. Die Durchführung der Dopingkontrollen bestimmt sich im Einzelnen nach den Bestimmungen der „Anti-Doping-Richtlinien des DFB, der entsprechenden Reglements der FIFA und UEFA bzw. des NADA-Codes".[922] Bei Trainingskontrollen gelten die Standards für Dopingkontrollen und Ermittlungen der NADA.[923] Sofern die FIFA wirksam nach Art. 4 Abs. 1 FIFA-ADR im Lizenzfußball Dopingkontrollen durchführt, liegt die Zuständigkeit der Sanktionierung des Spielers bei der FIFA-Anti-Doping-Stelle.[924] Verstoß und Ahndung richten sich hierbei nach dem FIFA-ADR.[925]

B. Dopingverstoß

I. Tatbestandsmäßigkeit

1. Tatbestandshandlungen

Das Dopingverbot umfasst sowohl den Zeitraum des Wettbewerbs als auch die Zeit außerhalb des Wettbewerbs. Als Doping gilt der Verstoß gegen eine oder mehrere Anti-Doping-Vorschriften.[926] Umfasst sind die folgenden Tatbestände:

- „Das Vorhandensein einer verbotenen Substanz, ihrer Metaboliten oder Marker in der Probe eines Spielers."[927]
- „Die Anwendung oder versuchte Anwendung einer verbotenen Substanz oder einer verbotenen Methode durch einen Spieler."[928]
- „Die Weigerung oder das Versäumnis, sich nach entsprechender Benachrichtigung gemäß den Anti-Doping-Richtlinien des DFB oder anderer anwendbarer Anti-Doping-Bestimmungen der Abgabe bzw. der Probeentnahme zu unterziehen, ein Fernbleiben von der Probeentnahme ohne zwingenden Grund oder eine anderweitige Umgehung der Probeentnahme."[929]
- „Der Verstoß gegen die Anforderungen hinsichtlich der Verfügbarkeit des Spielers für Dopingkontrollen außerhalb von Wettbewerbsspielen, einschließlich der Unterlassung, Angaben zum Aufenthaltsort zu liefern sowie verpasste Kontrollen,

922 § 3 Nr. 2 DFB-ADR.
923 § 8 Nr. 4 DFB-ADR.
924 Art. 51 Abs. 2 FIFA-ADR.
925 Art. 1 Abs. 2 FIFA-ADR.
926 § 1 Nrn. 1, 2 DFB-ADR.
927 § 1 Nr. 2 lit. a) DFB-ADR. Soweit in der Dopingliste eigens aufgeführt, ist das Übersteigen einer in der Dopingliste quantitativ benannten Menge erforderlich, § 1 Nr. 2 lit. a) cc) DFB-ADR.
928 § 1 Nr. 2 lit. b) DFB-ADR.
929 § 1 Nr. 2 lit. c) DFB-ADR. Insoweit abweichend, die Trainingskontrollen ausdrücklich berücksichtigend, § 5 Nr. 2 lit. c) DFB-SpO, § 6 Nr. 2 lit. c) DFB-RuVO. Zur Thematik der verspäteten Abgabe von Dopingproben vgl. den Fall der Spieler *Janker* und *Ibertsberger*, Urteil des DFB-Sportgericht vom 16.3.2009 – 115/2008/229.

die aufgrund von zumutbaren Regeln angekündigt werden. Jede Kombination von drei versäumten Kontrollen und/oder Verstößen gegen die Meldepflicht, die innerhalb eines 12-Monatszeitraums erfolgt, stellt einen Verstoß gegen die Anti-Doping-Vorschriften dar."[930]
– „Die Manipulation eines Teils des Dopingkontrollverfahrens oder der Versuch einer Manipulation."[931]
– „Der Besitz von verbotenen Substanzen und Methoden."[932]
– „Der Handel oder versuchte Handel mit verbotenen Substanzen oder verbotenen Methoden."[933]
– „Die Verabreichung oder versuchte Verabreichung im Wettbewerb von verbotenen Substanzen oder die Anwendung von Methoden an Spielern oder, außerhalb von Wettbewerben, die Verabreichung von Substanzen oder die Anwendung von Methoden, die außerhalb von Wettbewerben verboten sind, an Spielern."[934]
– „Die Beihilfe, Unterstützung, Anleitung, Anstiftung, Verschleierung oder sonstige vorsätzliche Tatbeteiligung im Zusammenhang mit einem Verstoß oder einem versuchten Verstoß gegen Anti-Doping-Vorschriften oder einem Verstoß gegen § 8f Nr. 1 der DFB-Rechts- und Verfahrensordnung bzw. einer entsprechenden Bestimmung eines DFB-Mitgliedsverbandes (Teilnahmeverbot während einer Sperre) durch eine andere Person."[935]
– „Der Umgang eines Spielers, Trainers, Betreuers, Offiziellen oder einer anderen Person, der bzw. die an die Anti-Doping-Bestimmungen des DFB gebunden ist, in beruflicher oder sportlicher Funktion mit einem Trainer oder Betreuer,

aa) der an die Anti-Doping-Regelwerke eines Fußball-Verbandes oder einer Anti-Doping-Organisation gebunden ist und gesperrt ist oder;

bb) der nicht an die Anti-Doping-Regelwerke eines Fußball-Verbandes oder einer Anti-Doping-Organisation gebunden ist und der nicht auf Grund eines Ergebnismanagement- und Disziplinarverfahrens gesperrt wurde, jedoch dem in einem Straf-, Disziplinar- oder standesrechtlichen Verfahren ein Verhalten nachgewiesen oder der für ein solches Verhalten verurteilt wurde, das einen Verstoß gegen Anti-Doping-Bestimmungen dargestellt hätte, soweit diese Anti-Doping-Bestimmungen zur Anwendung gelangt wären.
Die Dauer des Umgangsverbots entspricht der im Straf-, Disziplinar- oder im standesrechtlichen Verfahren festgelegten Strafe, beträgt mindestens jedoch sechs Jahre ab dem Zeitpunkt der Entscheidung oder;

cc) der als Stroh- oder Mittelsmann für eine in aa) oder bb) beschriebene Person tätig wird."[936]

Der Spieler kann demnach auf unterschiedliche Weise einen Dopingverstoß begehen. Im Mittelpunkt steht das Ziel, Spieler vor Gesundheitsschäden zu bewahren und die

930 § 1 Nr. 2 lit. d) DFB-ADR.
931 § 1 Nr. 2 lit. e) DFB-ADR.
932 § 1 Nr. 2 lit. f) DFB-ADR.
933 § 1 Nr. 2 lit. g) DFB-ADR.
934 § 1 Nr. 2 lit. h) DFB-ADR.
935 § 1 Nr. 2 lit. i) DFB-ADR.
936 § 1 Nr. 2 lit. j) DFB-ADR.

Fairness und Glaubwürdigkeit im sportlichen Wettbewerb zu erhalten.[937] Den Kern des Dopingverbots bilden demnach die Tatbestandsalternativen des „Vorhandenseins einer verbotenen Substanz, ihrer Metaboliten oder Marker in der Probe eines Spielers“ und der „Anwendung oder versuchten Anwendung einer verbotenen Substanz oder einer verbotenen Methode durch einen Spieler“. Die weiteren Tatbestandsalternativen stehen in unmittelbarem Bezug hierzu. Aus ihrem Sinngehalt folgt der Zweck, zum einen der Gefahr des Einsatzes von Dopingmitteln und Dopingmethoden im Sport zu begegnen und zum anderen die Ahndung eines solchen Dopingverstoßes sicherzustellen. Der (gegebenenfalls beabsichtigten) Herbeiführung einer leistungssteigernden Wirkung bedarf es für die Verwirklichung einer der vorgenannten Tatbestandsalternativen nicht.[938]

2. Dopingliste

Begehungsformen, deren „Tatwerkzeug“ verbotene Substanzen und Methoden sind, richten sich nach der von der WADA periodisch herausgegebenen Dopingliste[939], die den DFB-ADR als Anhang A beigefügt ist.[940] Die WADA veröffentlicht mindestens einmal jährlich eine Dopingliste als International Standard.[941] Ein Abweichen von der jeweils gültigen Dopingliste der WADA ist den Verbänden daher nicht erlaubt und kann für den DFB schwerwiegende Sanktionen zur Folge haben.[942] Die von der WADA erstellte Liste ist verbindlich und kann nicht von einem Spieler mit der Begründung angefochten werden, bei der Substanz bzw. Methode handele es sich nicht um ein Maskierungsmittel[943], die Substanz bzw. die Methode habe nicht das Potenzial, die Leistung zu steigern, ein Gesundheitsrisiko sei nicht gegeben oder, durch die Anwendung von Substanz oder Methode werde nicht gegen den Sportgeist verstoßen.[944] Im Vordergrund steht klar der Zweck, die Dopingbekämpfung weltweit und sportartenübergreifend zu harmonisieren.[945]

a. Gegenstand der Dopingliste

Die Aufnahme einer bestimmten Substanz (gegebenenfalls unter Angabe eines quantitativen Grenzwertes) oder Methode in die Dopingliste erfolgt durch die WADA. Eine solche Aufnahme wird durch die WADA in Betracht gezogen, wenn nach medizinischen, sonstigen wissenschaftlichen, pharmakologischen Erkenntnissen oder auf-

937 Präambel DFB-ADR.
938 § 1 Nr. 2 lit. a) bb), lit. b) bb) DFB-ADR.
939 Die WADA verwendet hier die Begrifflichkeit „Verbotsliste“, vgl. Art. 4 WADC.
940 § 1 Nr. 3 DFB-ADR.
941 Art. 4.1. NADC.
942 Vgl. oben Zweiter Teil Kapitel 1 § 2 D.
943 Stoffe oder Methoden, die potentiell in der Lage sind, die Anwendung verbotener Substanzen zu verschleiern, vgl. Art. 4.3.2 WADC.
944 § 1 Nr. 3 Abs. 2 DFB-ADR. *Lehner*, in: Adolphsen/Nolte/Lehner/Gerlinger (Hrsg.), Sportrecht in der Praxis, Rn. 1369 erblickt hierin einen Verstoß gegen das Willkürverbot, sofern eine leistungssteigernde Wirkung des verbotenen Wirkstoffs oder der verbotenen Methode tatsächlich nicht besteht.
945 WADC, S. 2.

grund von Erfahrungssätzen feststeht, dass erstens die Substanz oder Methode allein oder im Zusammenwirken mit anderen Substanzen oder Methoden in der Lage ist, die sportliche Leistung zu steigern oder tatsächlich steigert, dass zweitens die Anwendung des Wirkstoffes oder der Methode die Gesundheit des Sportlers gefährdet und drittens es nach Feststellung der WADA durch die Anwendung der Substanz oder Methode zu einem Verstoß gegen den Sportgeist[946] kommt.[947] Damit die Aufnahme einer Substanz in die Dopingliste in Betracht kommen kann, müssen zwei dieser drei Kriterien erfüllt sein.[948] Maskierungsmittel können ebenfalls in die Dopingliste aufgenommen werden.[949] Ein Rechtsanspruch der der Dopingliste Unterworfenen auf Streichung bzw. Klassifizierung einer bestimmten Substanz oder Methode besteht nicht.[950]

Zu unterscheiden sind Substanzen und Methoden, die zu allen Zeiten, also in und außerhalb von Wettkämpfen, verboten sind, sowie Substanzen, die lediglich im Wettkampf verboten sind. Als Wettkampf gilt nach § 5 Nr. 1 Satz 1 DFB-ADR das einzelne Spiel.[951] Der Zeitraum des Wettkampfs beginnt nach den Begriffsbestimmungen des NADC zwölf Stunden vor Beginn des Wettkampfs und schließt mit dem Ende des Wettkampfs und des Probenahmeprozesses in Verbindung mit diesem Wettkampf.[952] Außerhalb des Wettkampfs, also in Training und trainingsfreien Zeiten, sind lediglich solche Substanzen verboten, die ausweislich der Dopingliste zu allen Zeiten verboten sind. Sämtliche der derzeit in der Dopingliste angeführten verbotenen Methoden sind zu allen Zeiten verboten.[953]

Des Weiteren ist zu unterscheiden zwischen spezifischen und nicht-spezifischen Substanzen.[954] Bei den spezifischen Substanzen handelt es sich um alle verbotenen Substanzen, „mit Ausnahme von Substanzen, die zu den Anabolika und Hormonen gehören, und den Stimulanzien, Hormonantagonisten und Modulatoren, die als solche in der Dopingliste aufgeführt sind",[955] den nicht-spezifischen Substanzen. Spezifische Substanzen sind zum einen Substanzen, die in einer großen Zahl von Medikamenten enthalten sind und daher ein großes Risiko des Verstoßes gegen Anti-Doping-Bestimmungen beinhalten. Die Wahrscheinlichkeit ist demnach erhöht, dass der Sportler die Substanzen zu einem anderen Zweck als dem der Leistungssteigerung verwendet (hat).[956] Zum anderen können auch Substanzen spezifisch sein, deren Verwendung zum Zwecke des Dopings wegen des eingeschränkten leistungssteigernden

946 Der Begriff „Sportgeist" wird in den Ausführungen zum Grundgedanken des WADC konkretisiert, vgl. WADC, S. 3.
947 Art. 4.3 WADC.
948 Art. 4.3.1 WADC.
949 Art. 4.3.2 WADC.
950 § 1 Nr. 3 Abs. 2 DFB-ADR. Die Unterzeichner des WADC, Regierungen und andere interessierte Personen können der WADA Stellungnahmen zum Inhalt der Verbotsliste zukommen lassen, vgl. Kommentar zu Art. 4.3.2 WADC.
951 Siehe auch Definition „Wettkampf" Anhang 1 – Begriffsbestimmungen NADC.
952 Definition „Innerhalb des Wettkampfs" Anhang 1 – Begriffsbestimmungen NADC.
953 Vgl. Dopingliste Anhang A – DFB-ADR.
954 § 1 Nr. 3 Abs. 3 Satz 1 DFB-ADR:
955 § 1 Nr. 3 Abs. 3 Satz 1 DFB-ADR.
956 Kommentar zu Art. 4.2.2 NADC.

oder maskierenden Nutzens eher unwahrscheinlich ist.[957] Nicht richtig wäre es, hieraus den Schluss zu ziehen, dass spezifische Substanzen „weniger wichtig" oder „weniger gefährlich" sind als nicht-spezifische Substanzen.[958] Verbotene Methoden sind von der Kategorie der spezifischen Substanzen nicht umfasst; sie unterfallen der Gruppe der nicht-spezifischen Substanzen.[959]

b. Dynamische Verweisung

Gemäß § 1 Nr. 3 Abs. 1 Satz 2 DFB-ADR ist die „jeweils gültige" Dopingliste auf der Webseite der WADA unter www.wada-ama.org einzusehen. Ferner teilt die NADA den Vereinen „rechtzeitig" per Rundschreiben alle an der Dopingliste vorgenommenen Änderungen mit.[960] Dem gegenüber steht der Wortlaut des § 3 Abs. 2 Lizenzvertrag Spieler. Maßgeblich für die Bestimmung der verbotenen Substanzen und Methoden ist hiernach die vom DFB jeweils herausgegebene Liste (Anhang A zu den DFB-ADR). Es stellt sich daher die Frage, ob es für die Geltung der Dopingliste der WADA noch der Implementierung der Liste durch den DFB bedarf. Die dynamische Verweisung auf die Verbotsliste der WADA schafft die rechtliche Grundlage dafür, dass unabhängig von den jeweiligen Dopinglisten der Verbände Dopingvergehen einheitlich sanktioniert werden. Andernfalls wäre es möglich, dass Spieler für die Anwendung bestimmter Substanzen bzw. Methoden nicht bestraft oder bestraft werden, welche nach der gültigen Liste der WADA neuerdings verboten oder nicht mehr verboten sind. Eine verzögerte Implementierung durch den DFB könnte für den Spieler hiernach nachteilig sein. § 3 Lizenzvertrag Spieler regelt die Vertragspflichten des Spielers. Die Verletzung dieser Pflichten berechtigt den DFL e. V., gegen den Spieler eine Vertragsstrafe nach § 315 BGB auszusprechen.[961] Soweit der Spieler sich aber auch der Vereinsstrafgewalt des DFB unterworfen hat, ist der Spieler zur Beachtung und Befolgung insbesondere der DFB-ADR verpflichtet. Nach Art. 4.1 Abs. 2 NADC bedarf es für die Geltung der Dopingliste der WADA keiner weiteren Maßnahmen der Organisationen. Durch § 1 Nr. 3 Abs. 1 Satz 2 DFB-ADR hat der DFB Art. 4.1 NADC implementiert. Hieraus folgt, dass hinsichtlich der Vereinsgewalt des DFB auf die gültige Dopingliste der WADA abzustellen ist; hinsichtlich der Vertragspflicht des Lizenzspielers gilt hingegen die als Anhang A der DFB-ADR beigefügte Dopingliste. Damit können – etwa aufgrund von zeitlichen Verzögerungen bei der Implementierung der Dopingliste der WADA durch den DFB – unterschiedliche Verbote gelten. Nach § 3 Abs. 4 Lizenzvertrag Spieler darf wegen desselben Verstoßes neben einer verhängten Vereinsstrafe nicht auch eine Vertragsstrafe festgesetzt werden. Unklar ist, ob dies auch umgekehrt gilt. Nach dem *telos* der Regelung, die Verhinderung der Doppelbe-

---

957 *Summerer*, in: Fritzweiler/Pfister/Summerer, Praxishandbuch Sportrecht, II/3 Rn. 322; CAS 2010/A/2062, WADA v./ RFEF & Gregorio Ciudad Real Linares, Schiedsspruch vom 16.11.2010, Tz. 51; Kommentar zu Art. 10.4 WADC.

958 Kommentar zu Art. 4.2.2 NADC.

959 § 1 Nr. 3 Abs. 3 Satz 2 DFB-ADR.

960 § 1 Nr. 3 Abs. 1 Satz 3 DFB-ADR.

961 § 3 Abs. 4 Lizenzvertrag Spieler.

strafung des Spielers, könnte dies der Fall sein. Tatsächlich könnte sich die Geltung unterschiedlicher Verbotsnormen daher dann auswirken, wenn eine Vertragsstrafe durch den DFL e. V. vor der Vereinsstrafe des DFB verhängt worden wäre. Durch eine für den Spieler günstige Vertragsstrafe könnte somit die Vereinsstrafe unterlaufen werden. Dies wird regelmäßig nicht der Fall sein, da der Bestrafung durch den DFB insoweit der Vorrang eingeräumt wird. Bei Untätigkeit des DFB besitzt die NADA ein Selbsteintrittsrecht.[962]

Die Veröffentlichung der Dopingliste auf der Website der WADA erfolgt in englischer Sprache. Die dynamische Verweisung in § 1 Nr. 3 Abs. 1 Satz 2 DFB-ADR begegnet daher rechtlichen Bedenken. Der Spieler hat sich über das Nichtvorhandensein einer verbotenen Substanz in seinem Körper zu vergewissern; soweit er verbotene Substanzen und Methoden verwendet bzw. anwendet, handelt er eigenverantwortlich.[963] Transparenzgebot und Bestimmtheitsgrundsatz verlangen eine für den Spieler verständige Einbeziehung der Dopingliste. Der Spieler muss die Möglichkeit haben, von der gültigen Dopingliste Kenntnis nehmen zu können; andernfalls ist es dem Spieler nicht möglich, den vorbenannten Obliegenheiten nachzukommen. Dies verlangt grundsätzlich, dass die Dopingliste in deutscher Sprache veröffentlicht ist.[964] Anderes gilt, sofern die Parteien ausdrücklich die Geltung einer fremden Sprache vereinbart haben, der Spieler sich bei Abschluss des Lizenzvertrages folglich dessen bewusst war. Eine formularmäßige Vereinbarung genügt hierfür nicht. Nicht ausreichend ist auch, dass die NADA den Vereinen Änderungen per Rundschreiben rechtzeitig zukommen lässt. Hierdurch ist eine Kenntnisnahme durch den Spieler nicht sichergestellt. Die NADA veröffentlicht die deutsche Übersetzung der Verbotsliste auf ihrer Homepage.[965] Der in § 1 Nr. 3 Abs. 1 Satz 2 DFB-ADR enthaltene Verweis für die jeweils gültige Dopingliste auf die Website der WADA ist daher durch einen Verweis auf die Webseite der NADA zu ersetzen. Andernfalls ist eine wirksame Einbeziehung der Dopingliste nach § 1 Nr. 3 Abs. 1 Satz 2 DFB-ADR nicht gegeben.

c. Medizinische Ausnahmegenehmigung

Ein Dopingverstoß liegt bei einem Spieler, der einem Testpool der NADA angehört, nicht vor, wenn der Spieler die Erlaubnis dazu hat, Substanzen und Methoden auf der Dopingliste zu therapeutischen Zwecken anzuwenden bzw. zu besitzen.[966, 967] Dies

962 § 17 Nr. 3 DFB-ADR.

963 § 1 Nr. 2 lit. a) aa), lit. b) aa) DFB-ADR.

964 So auch LG Berlin, Urteil vom 6.2.2006 – 5 O 39/06, CaS 2006, 73, 74 mit der Feststellung (allerdings unter Bezugnahme auf die Geltung des AGB-Rechts), dass die Sprachkenntnis der englischen oder französischen Sprache von einem durchschnittlichen Olympiateilnehmer nicht erwartet werden kann.

965 Art. 4.1 NADC.

966 § 1 Nr. 4 Abs. 2 DFB-ADR.

967 Auf die Rechtsnatur der Genehmigung bzw. des Genehmigungserfordernisses wird hier – wegen der fehlenden Relevanz der Klärung dieser Frage für den Spieler – nicht näher eingegangen. In Betracht kommen insoweit die rechtfertigende Einwilligung, das tatbestandsausschließende Einverständnis, der Tatbestandsausschluss (zum tatbestandslosen aber rechtswidrigen Verhalten für den Fall des

setzt voraus, dass die Medizinische Ausnahmegenehmigung (MAG)[968] den in dem Internationalen Standard für Medizinische Ausnahmegenehmigungen und/oder den in dem Standard für Medizinische Ausnahmegenehmigungen der NADA festgelegten Kriterien entspricht.[969] Die Bewilligung der MAG liegt im nationalen Spielbetrieb bei der NADA.[970] Der Antrag des Spielers wird vom Komitee für Medizinische Ausnahmegenehmigungen geprüft.[971] Grundsätzlich gilt, dass es dem Spieler nicht gestattet ist, die betreffende Substanz oder Methode anzuwenden oder zu besitzen, sofern er nicht eine MAG besitzt. Unter engen Voraussetzungen kann der Spieler jedoch auch rückwirkend eine MAG erhalten.[972] Dies ist etwa dann der Fall, wenn eine Notfallbehandlung oder die Behandlung einer akuten Erkrankung erforderlich war.[973] Versagungen der Bewilligung der MAG durch die NADA können durch den Spieler vor der WADA[974] bzw. letztinstanzlich vor dem CAS[975] angegriffen werden. Die WADA besitzt ein entsprechendes Prüf- und Eintrittsrecht; sie kann die erteilte MAG gegebenenfalls mit *ex nunc*-Wirkung aufheben.[976]

Bei Spielern, die keinem Testpool der NADA angehören,[977] genügt es, wenn diese für den „*Gebrauch Verbotener Substanzen* oder *Verbotener Methoden* ein ärztliches Attest eines entsprechendes Facharztes in Kopie“ bei sich führen und wenn sie „die *Verbotenen Substanzen* oder *Verbotenen Methoden* auf dem Dopingkontrollformular angeben“.[978] In Abhängigkeit von der jeweiligen Substanzklasse hat der Spieler darüber hinaus gegebenenfalls eine rückwirkende Ausnahmegenehmigung (sog. *Retro*-MAG bzw. *Retro*-TUE) einzuholen.[979] Soweit eine *Retro*-MAG nicht einzuholen ist,[980] das ärztliche Attest also genügt, besteht die Gefahr, dass durch kollusives Zusammenwirken mit dem Facharzt verbotene Substanzen sanktionsfrei missbräuchlich verwendet werden.

Schwangerschaftsabbruchs vgl. *Fischer*, StGB, § 218a StGB Rn. 4) und der objektive Strafausschließungsgrund.

968 Dem entspricht im Englischen die Bezeichnung „Therapeutic Use Exemption“ (TUE).

969 § 1 Nr. 4 Abs. 2 DFB-ADR. Vgl. Art. 1.1 Standard für Medizinische Ausnahmegenehmigungen der NADA.

970 § 1 Nr. 4 Abs. 3 DFB-ADR. „Internationale Spieler“, also Spieler, die von der FIFA oder einer Konföderation in ihren jeweiligen registrierten Testpool aufgenommen wurden oder an einem internationalen Wettbewerb nach Maßgabe des FIFA-Regelwerks und/oder an einem Wettbewerb im Zuständigkeitsbereich einer Konföderation teilnehmen (vgl. Nr. 28 Definitionen FIFA-ADR), müssen ihren Antrag auf Bewilligung der MAG bei der Konföderation oder der FIFA stellen (Art. 18 FIFA-ADR).

971 Art. 1 Standard für Medizinische Ausnahmegenehmigungen der NADA.

972 Art. 1.3 Standard für Medizinische Ausnahmegenehmigungen der NADA.

973 Art. 1.3 Standard für Medizinische Ausnahmegenehmigungen der NADA.

974 § 1 Nr. 4 Abs. 4 DFB-ADR.

975 § 1 Nr. 4 Abs. 5 DFB-ADR.

976 § 1 Nr. 4 Abs. 6 DFB-ADR.

977 Dies sind Vertragsspieler und Amateure. Ausführlich hierzu unten Zweiter Teil Kapitel 2 § 2 D I.

978 Art. 4.13 Abs. 1 Standard für Medizinische Ausnahmegenehmigungen der NADA.

979 Art. 4.15 Standard für Medizinische Ausnahmegenehmigungen der NADA. Beachte für den Gebrauch einer Verbotenen Methode zudem Kommentar zu Art. 4.16 Standard für Medizinische Ausnahmegenehmigungen der NADA, der eine *Retro*-MAG verlangt, „wenn zwischen dem *Gebrauch* der *Verbotenen Methode* und der *Dopingkontrolle* nicht mehr als sieben (7) Werktage lagen“.

980 Vgl. hierzu die Übersicht der NADA, im Internet abrufbar unter: http://www.nada.de/fileadmin/user_upload/nada/Downloads/Listen/TUE-Checkliste_2017.pdf (zuletzt aufgerufen am 6.1.2017).

3. Verschulden

Hinsichtlich des subjektiven Tatbestands ist zwischen den einzelnen Tatbegehungsmöglichkeiten eines Dopingverstoßes zu unterscheiden. Eine Regelung des Verschuldens, etwa im Rahmen eines allgemeinen Teils (wie für das staatliche Strafrecht in § 15 StGB geschehen), ist weder in der Satzung noch in den Nebenordnungen des DFB zu finden. Die Beantwortung der Frage nach dem Verschuldenserfordernis richtet sich daher nach der Ausgestaltung des jeweiligen Verstoßes gegen Anti-Doping-Bestimmungen. Vom Erfordernis des Verschuldens ist demnach nur auszugehen, wenn die Verwirklichung der subjektiven Komponenten durch den Sportler tatbestandlich gefordert ist. Hilfe bei der Auslegung des Tatbestands kann hierbei die Kommentierung des NADC bieten.[981]

Für die Begehung eines Dopingverstoßes in der Alternative des Vorhandenseins einer verbotenen Substanz, ihrer Metaboliten oder Marker in der Probe eines Spielers muss „eine Absicht, ein Verschulden, eine Fahrlässigkeit oder eine bewusste Anwendung durch den Spieler nicht nachgewiesen werden".[982] Gleiches gilt für den Dopingverstoß durch die Anwendung einer verbotenen Substanz oder einer verbotenen Methode durch einen Spieler.[983] Der Dopingverstoß wird auf die Verwirklichung des objektiven Tatbestandes reduziert. Dies hat zur Folge, dass jedes positive analytische Resultat des Vorhandenseins einer verbotenen Substanz, ihrer Metaboliten oder Marker[984] bzw. jeder Nachweis der Anwendung oder versuchten Anwendung einer verbotenen Substanz oder Methode unwiderlegbar dazu führt, dass ein Dopingverstoß gegeben ist. Ein Verstoß gegen Anti-Doping-Bestimmungen liegt hiernach also unabhängig von Verschulden, Vorsatz oder Fahrlässigkeit des Spielers vor. Selbst unvermeidbare Irrtümer des Spielers, die nach der strafrechtlichen Irrtumslehre zum Entfallen von Vorsatz oder Schuld führen, erfüllen somit den Tatbestand des Dopings. Es ist Aufgabe jedes Spielers, sich zu vergewissern, dass keine verbotenen Substanzen in seinen Körper gelangen. Die Spieler sind verantwortlich für verbotene Substanzen, deren Metaboliten oder Marker, die sich in den ihrem Körper entnommenen Proben befinden.[985]

Dieses von WADA und NADA als „Strict Liability" bezeichnete Prinzip[986] ist keineswegs ein Novum des Verbandsrechts. Vielmehr handelt es sich hierbei um eine Doktrin aus dem angloamerikanischen Straf- und Deliktsrecht. Nach den Feststellungen des United States Supreme Court besteht „[d]er Sinn solcher (strict liability) sta-

---

981 Vgl. zur Bedeutung der Kommentierung des WADC, CAS 2005/A/847, Hans Knauss v./ FIS, Schiedsspruch vom 20.7.2005, Tz. 15: „The (official) comments on the WADC [...] can be viewed as laying down an initial guideline as to how this qualifying element should be interpreted. Although these comments are not binding upon the Panel in formulating its decision, they form a body of information which can be taken into account when interpreting the rules and regulations in the WADC."

982 § 1 Nr. 2 lit. a) aa) DFB-ADR.

983 § 1 Nr. 2 lit. b) aa) DFB-ADR.

984 Zu den Anforderungen des Nachweises siehe § 1 Nr. 2 lit. a) bb), cc) DFB-ADR.

985 § 1 Nr. 2 lit. a) aa) DFB-ADR.

986 Definition „Strict Liability" Anhang 1 – Begriffsbestimmungen NADC.

tutes [...] für gewöhnlich darin, daß das öffentliche Interesse (an der Verhinderung solcher Taten) so groß ist, daß es das höchste Maß an Sorgfalt auferlegt, in der Tat ein absolutes Maß, welches Einwendungen (des Angeklagten) hinsichtlich der Sorgfalt, die er aufgewandt hat, nicht zuläßt".[987] Auch das deutsche Deliktsrecht enthält in Gestalt der Zustands- und Gefährdungshaftung Regelungen, die eine verschuldensunabhängige Haftung zum Gegenstand haben.[988] Hintergrund der Verankerung des *Strict-Liability*-Prinzips in den verbandsrechtlichen Bestimmungen ist die effektive Dopingbekämpfung im Wege der größtmöglichen Durchsetzung der Bestimmungen. Der Spieler kann sich nicht durch die Schutzbehauptung von dem Vorwurf des Dopingverstoßes entlasten, er sei sich der Anwendung einer verbotenen Substanz oder Methode nicht bewusst gewesen.[989]

Der Besitz setzt die ausschließliche Verfügungsgewalt des Spielers über die verbotene Substanz/verbotene Methode voraus.[990] Im Falle der gemeinsamen Verfügungsgewalt oder des mittelbaren Besitzes muss der DFB nachweisen, dass der Spieler beabsichtigte, die Verfügungsgewalt über die verbotene Substanz/verbotene Methode auszuüben.[991] Der schuldrechtliche Kauf einer verbotenen Substanz, selbst wenn diese nicht ankommt oder von einer anderen Person als dem Spieler entgegen genommen wird, stellt Besitz und damit einen Dopingverstoß dar.[992] Bei der Meldepflichtversäumnis[993] wird ein fahrlässiges Handeln des Spielers vermutet, sofern nachgewiesen ist, dass der Spieler über seine Meldepflichten informiert wurde, sie aber nicht erfüllt hat.[994] Der Verstoß, der mit einem Versäumnis, sich einer Probenahme zu unterziehen verbunden ist und der Verstoß gegen das Umgangsverbot, können sowohl durch vorsätzliches als auch fahrlässiges Verhalten des Spielers begründet sein.[995, 996] Die Umgehung einer Probenahme oder die Weigerung ohne zwingenden Grund, sich nach entsprechender Benachrichtigung einer Probenahme zu unterziehen, setzen voraus, dass der Spieler bewusst einem Dopingkontrolleur ausweicht.[997]

II. Rechtsfolge des Dopingverstoßes

Der Spieler ist zwingend vorläufig durch den Vorsitzenden des DFB-Sportgerichts zu sperren, wenn er positiv auf eine nicht-spezifische Substanz getestet worden ist (A-Probe), eine MAG nicht vorliegt und Gründe nicht für eine Abweichung des Dopingkontrollverfahrens und Auswertung der entnommenen Probe von dem Interna-

---

987 *Smith v California*, 361 U. S. 147, 152, 80 S. Ct. 215 (1959) zit. nach *Bähr*, Strafbarkeit ohne Verschulden, S. 86 f.

988 *Eufe*, Die Unschuldsvermutung im Dopingverfahren, S. 37.

989 CAS 2000/A/281, H. v./ FIM, Schiedsspruch vom 22.12.2000, Tz. 36; CAS 2002/A/385, T. v./ FIG, Schiedsspruch vom 23.1.2003, Tz. 42.

990 Definition „Besitz" Anhang 1 – Begriffsbestimmungen NADC.

991 Definition „Besitz" Anhang 1 – Begriffsbestimmungen NADC.

992 Definition „Besitz" Anhang 1 – Begriffsbestimmungen NADC.

993 § 1 Nr. 2 lit. d) DFB-ADR.

994 Art. 3.2.6 lit. d) Standard für Meldepflichten der NADA.

995 Kommentar zu Art. 2.3 NADC.

996 § 1 Nr. 2 lit. j) Abs. 2 DFB-ADR.

997 Kommentar zu Art. 2.3 NADC.

tionalen Standard für Labors, dem Internationalen Standard für Dopingkontrollen und den DFB-ADR sprechen.[998] Im Falle des Nachweises von spezifischen Substanzen liegt es im Ermessen des Vorsitzenden des DFB-Sportgerichts, eine vorläufige Sperre zu verhängen.[999] Bestätigt die Analyse der B-Probe das Analyseergebnis der A-Probe nicht, wird die vorläufige Sperre aufgehoben.[1000]

Verstöße des Spielers gegen Anti-Doping-Bestimmungen werden grundsätzlich[1001] durch Verhängung von Sperren sanktioniert. Hinsichtlich der hiernach zu verhängenden Sperre ist zu unterscheiden nach den Anti-Doping-Bestimmungen, gegen die verstoßen wird,[1002] und nach der Anzahl der von dem Spieler bislang begangenen Verstöße[1003].

1. Sanktionierung des Spielers bei Erstverstößen

a. Sperre als Sanktion

Die sicherlich praxisrelevantesten Begehungsformen,[1004] das Vorhandensein einer verbotenen Substanz, ihrer Metaboliten oder Marker und die Anwendung oder versuchte Anwendung einer verbotenen Substanz oder Methode sowie der Besitz von verbotenen Substanzen oder Methoden unterscheiden hinsichtlich Strafmaß und Beweislast zwischen spezifischen und nicht-spezifischen Substanzen.

Betrifft der Verstoß gegen Anti-Doping-Bestimmungen nicht-spezifische Substanzen, so obliegt es dem Spieler, den Nachweis zu führen, dass der Verstoß nicht absichtlich begangen wurde. Gelingt ihm dies, so beträgt die Sperre zwei Jahre.[1005] Andernfalls beträgt die Sperre vier Jahre.[1006] Ein Nachweis der Absicht durch den Verband ist insoweit nicht erforderlich. Anderes gilt für spezifische Substanzen: Die Sperre beträgt lediglich dann vier Jahre, sofern der Verband nachweisen kann, dass der Verstoß absichtlich begangen wurde.[1007] Misslingt dies dem Verband, beträgt die Sperre zwei Jahre.[1008] „Absicht" meint, dass der Spieler wusste, dass er einen Verstoß gegen Anti-Doping-Bestimmungen begehen würde und dies auch wollte.[1009] Eventualvorsatz ist nach dem klaren Wortlaut hiervon nicht umfasst. Für spezifische Substanzen, die nur im Wettkampf verboten sind, gilt der Verstoß zudem dann nicht als absichtlich begangen, wenn der Spieler nachweist, dass der Gebrauch der Substanz

998 § 8a Nr. 1 DFB-RuVO.
999 § 8a Nr. 2 DFB-RuVO.
1000 § 8a Nr. 3 DFB-RuVO.
1001 Vgl. § 8b Nr. 5 DFB-RuVO, der auf § 1 Nr. 2 lit. h), lit. i) DFB-ADR abzielt.
1002 § 8b DFB-RuVO.
1003 § 8d DFB-RuVO. Für die weitere Bearbeitung wird davon ausgegangen, dass es sich um einen erstmaligen Dopingverstoß handelt.
1004 *Lehner*, in: Adolphsen/Nolte/Lehner/Gerlinger (Hrsg.), Sportrecht in der Praxis, Rn. 1378.
1005 § 8b Nr. 1 lit. a) aa), lit. b) DFB-RuVO.
1006 § 8b Nr. 1 lit. a) aa) DFB-RuVO.
1007 § 8b Nr. 1 lit. a) bb) DFB-RuVO.
1008 § 8b Nr. 1 lit. a) bb), lit. b) DFB-RuVO.
1009 § 8b Nr. 1 lit. c) Abs. 1 DFB-RuVO.

außerhalb des Wettkampfs erfolgte.[1010] Für Substanzen, die keine spezifischen Substanzen sind, muss diesbezüglich durch den Spieler zusätzlich der Nachweis erbracht werden, dass der Gebrauch nicht im Zusammenhang mit der Erbringung sportlicher Leistung erfolgte.[1011]

Im Falle der Weigerung und Umgehung der Probenahme sowie bei Manipulation oder versuchter Manipulation der Dopingkontrolle beträgt die Sperre vier Jahre.[1012] Gleiches gilt für das Versäumnis des Spielers, eine Probe abzugeben.[1013] Gelingt dem Spieler der Nachweis, dass die Probenahme nicht absichtlich, sondern nur fahrlässig unterlassen wurde, beträgt die Sperre zwei Jahre.[1014] Die Verletzung der Meldepflicht und/oder versäumte Kontrolle ist mit einer Sperre von mindestens einem Jahr und im Höchstfall von zwei Jahren belegt. Das Strafmaß hängt hierbei von dem Grad des Verschuldens ab.[1015] Die Unterstützung von Dopingverstößen oder der Verstoß gegen das Umgangsverbot werden mit einer Sperre von zwei Wochen bis zu einem Jahr und/oder mit einer Geldstrafe geahndet.[1016] Handelt ein Spieler mit verbotenen Substanzen, verabreicht er verbotene Substanzen oder Methoden, droht dem Spieler eine Sperre von vier Jahren, im Höchstfall eine lebenslange Sperre.[1017] Gleiches gilt für den Versuch.[1018]

Zusammenfassend ist festzuhalten, dass von einer vierjährigen Regelsperre für Erstverstöße auszugehen ist bei:

- Vorhandensein, Anwendung, Besitz oder versuchte Anwendung von verbotenen nicht-spezifischen Substanzen oder Methoden, sofern der Spieler nicht nachweisen kann, dass er den Verstoß nicht absichtlich begangen hat;
- Vorhandensein, Anwendung, Besitz oder versuchte Anwendung von verbotenen spezifischen Substanzen, sofern der DFB nachweisen kann, dass der Spieler den Verstoß absichtlich begangen hat;
- Manipulation des Dopingkontrollverfahrens oder der Versuch;
- Handel oder Verabreichen von verbotenen Substanzen/Methoden oder der Versuch;
- Umgehung und Weigerung einer Probenahme;
- Versäumnis, eine Probe abzugeben, sofern der Spieler nicht nachweisen kann, dass er den Verstoß nicht absichtlich begangen hat.

1010 § 8b Nr. 1 lit. c) Abs. 2 DFB-RuVO.
1011 § 8b Nr. 1 lit. c) Abs. 3 DFB-RuVO.
1012 § 8b Nr. 2 DFB-RuVO.
1013 § 8b Nr. 2 DFB-RuVO.
1014 § 8b Nr. 2 DFB-RuVO.
1015 § 8b Nr. 4 DFB-RuVO.
1016 § 8b Nr. 5 DFB-RuVO.
1017 § 8b Nr. 3 DFB-RuVO.
1018 § 8b Nr. 3 DFB-RuVO.

b. Aufhebung oder Herabsetzung von Sperren

Der Spieler hat die Möglichkeit, die Aufhebung, Aussetzung oder Herabsetzung der Sperre durch den Nachweis besonderer Umstände herbeizuführen.[1019] Die besonderen Umstände lassen sich in zwei Gruppen unterteilen; verschuldensabhängige und verschuldensunabhängige Minderung der Sperre. Die verschuldensabhängige Minderung betrifft die Fälle, dass den Spieler kein Verschulden[1020] bzw. kein schwerwiegendes Verschulden[1021] am Verstoß gegen Anti-Doping-Bestimmungen trifft. Die verschuldensunabhängige Minderung berührt den Fall, dass der Spieler bei der Aufdeckung oder dem Nachweis eines Verstoßes gegen Anti-Doping-Bestimmung einer anderen Person wesentliche Unterstützung leistet[1022] oder aber, dass der Spieler in Ermangelung weiterer Beweise einen Verstoß gegen Anti-Doping-Vorschriften freiwillig eingesteht[1023].

Festgehalten werden kann an dieser Stelle, dass eine Aufhebung der Sperre nur dann möglich ist, wenn den Spieler kein Verschulden am Dopingverstoß trifft.[1024] Liegt ein Verschulden des Spielers vor, kommen lediglich Herabsetzung der Sanktion bzw. Sperre[1025] oder teilweise Aussetzung[1026] der verhängten Sperre in Betracht.

Für die weitere Untersuchung von Bedeutung sind lediglich die Aufhebungs- und Herabsetzungsgründe durch den Nachweis, dass kein Verschulden, keine Absicht oder kein schwerwiegendes Verschulden gegeben ist. Bei diesen trägt der Spieler die Beweislast bezüglich der entlastenden Umstände, worauf im Rahmen der an späterer Stelle noch zu problematisierenden Rechtsgrundsätze des Strafverfahrens im Verbandsrecht noch einzugehen sein wird.

Ausweislich der Überschrift der Regelung des § 8c Nr. 2 lit. a) DFB-RuVO liegt „Kein Verschulden" vor, wenn „weder Vorsatz noch Fahrlässigkeit" gegeben ist. Damit die Sperre aufgehoben wird, muss der Spieler beim Vorhandensein einer verbotenen Substanz, ihrer Metaboliten oder Marker zum Nachweis des fehlenden Verschuldens den weiteren Nachweis erbringen, wie die verbotene Substanz in seinen Körper gelangte.

„Kein schwerwiegendes Verschulden" liegt nach der Überschrift des § 8c Nr. 2 lit. b) DFB-RuVO vor, wenn „weder Vorsatz noch grobe Fahrlässigkeit" gegeben ist.[1027] Die herabgesetzte Sperre darf nicht weniger als die Hälfte der ansonsten gültigen Dauer der Sperre betragen. Hat der Spieler den Dopingverstoß durch Vorhandensein einer verbotenen Substanz, ihrer Metaboliten oder Marker verwirklicht, ist wei-

1019 § 8c DFB-RuVO.
1020 § 8c Nr. 2 lit. a) DFB-RuVO.
1021 § 8c Nrn. 1, 2 lit. b) DFB-RuVO.
1022 § 8c Nr. 2 lit. c) DFB-RuVO.
1023 § 8c Nr. 2 lit. d) DFB-RuVO.
1024 § 8c Nr. 2 lit. a) DFB-RuVO.
1025 § 8c Nrn. 1 lit. a), lit. b), 2 lit. b), lit. d) DFB-RuVO.
1026 § 8c Nr. 2 lit. c) DFB-RuVO.
1027 § 8c Nr. 2 lit. b) DFB-RuVO kommt nicht bei Verstößen gegen Anti-Doping-Bestimmungen zur Anwendung, bei denen Vorsatz Merkmal entweder des Tatbestandes oder der Sanktion ist, vgl. Kommentar zu Art. 10.5.2 NADC.

tere Voraussetzung zur Herabsetzung der Sperre, dass der Spieler nachweist, wie die verbotene Substanz in seinen Körper gelangt ist.

Betrifft der Verstoß in Form der Tatbestandsalternativen des Vorhandenseins einer verbotenen Substanz, ihrer Metaboliten oder Marker, der Anwendung oder versuchten Anwendung einer verbotenen Substanz oder Methode oder des Besitzes einer verbotenen Substanz oder Methode eine spezifische Substanz, und kann der Spieler nachweisen, dass ihn kein schwerwiegendes Verschulden trifft, kann – abhängig vom Grad des Verschuldens des Spielers – eine Sanktion in Form einer Verwarnung bis hin zu einer zweijährigen Sperre verhängt werden.[1028] Gleiches gilt für den Fall, dass der Spieler hinsichtlich der vorgenannten Verstöße – gleich ob es sich hierbei um eine spezifische oder nicht-spezifische Substanz handelt – nachweist, dass kein schwerwiegendes Verschulden vorliegt und die gefundene verbotene Substanz aus einem verunreinigten Produkt stammt.[1029]

Der NADC spricht nicht von Vorsatz, Fahrlässigkeit oder grober Fahrlässigkeit. Nach der Begriffsbestimmung im Anhang des NADC liegt „Kein Verschulden" vor, wenn der Athlet „weder wusste noch vermutete noch unter Anwendung der äußersten Sorgfalt hätte wissen oder vermuten müssen, dass er eine Verbotene Substanz eingenommen oder eine Verbotene Methode angewendet hat oder dass ihm eine Verbotene Substanz verabreicht oder bei ihm eine Verbotene Methode angewendet wurde oder anderweitig gegen eine Anti-Doping-Bestimmung verstoßen hat". Der NADC kennt nicht das Merkmal „kein schwerwiegendes Verschulden" auf Rechtsfolgenseite. Stattdessen verlangt der NADC in Art. 10.5.2 zur Herabsetzung der Sperre „Kein signifikantes Verschulden". „Kein signifikantes Verschulden" liegt nach der Begriffsbestimmung des NADC vor, wenn das Verschulden des Athleten „unter Berücksichtigung der Gesamtumstände, insbesondere der Kriterien für Kein Verschulden, im Verhältnis zu dem Verstoß gegen die Anti-Doping-Bestimmung nicht wesentlich war". Entsprechende Begriffserklärung gilt nach dem FIFA-ADR (Nr. 43 Definitionen) und dem UEFA-DR (Definitionen Anhang C) für die Begrifflichkeit „Kein grobes Verschulden/keine grobe Fahrlässigkeit". Aufgrund der Tatsache, dass der DFB mit Verabschiedung der DFB-ADR und den entsprechenden Regelungen in der DFB-RuVO die Vorgaben von NADC, FIFA-ADR und UEFA-DR umsetzen wollte, sind die vorstehenden Begriffsbestimmungen bei der Auslegung der Bedeutung von „Kein schwerwiegendes Verschulden" entsprechend heranzuziehen.[1030]

c. Fazit

Der Gesichtspunkt des Verschuldens des Spielers findet Berücksichtigung soweit der Tatbestand ein solches voraussetzt auf Tatbestandsebene und bei Bemessung der konkreten Rechtsfolge. Der Spieler wird in die Lage versetzt, sich auf der Rechtsfolgensei-

1028 § 8c Nr. 1 lit. a) DFB-RuVO.

1029 § 8c Nr. 1 lit. b) DFB-RuVO.

1030 Ein solches liegt etwa dann vor, wenn Cannabinoide nicht im Zusammenhang mit sportlicher Leistung angewendet wurden, vgl. Definition „Kein signifikantes Verschulden" Anhang 1 – Begriffsbestimmungen NADC.

te durch eine erfolgreiche Beweisführung bezüglich der Qualität des Schuldvorwurfs zumindest partiell zu entlasten.

Hierdurch verkehrt sich in der Begehungsform des Vorhandenseins bzw. der (gegebenenfalls versuchten) Anwendung verbotener Wirkstoffe oder Methoden die dort geltende strenge Anwendung des *Strict Liability*-Prinzips in eine gelockerte Anwendung dieses Prinzips. Dabei gilt es aber zu berücksichtigen, dass auch die erfolgreiche Beweisführung nur auf der Rechtsfolgenseite Wirkung zeitigt. Denn wegen des *Strict Liability*-Prinzips auf Tatbestandsseite steht ein Dopingvergehen unwiderlegbar[1031] als verwirklicht fest.

2. Wirkung der Sperre

Die Geltung der Sperre erstreckt sich auf sämtliche Spiele und Tätigkeiten des Spielers, gleich in welcher Eigenschaft, „(mit Ausnahme erlaubter Aufklärungskampagnen zu Doping und Präventionsprogrammen), die von der FIFA oder einem Verband, einem Klub oder einem anderen Mitglied eines Verbands, dem Internationalen Olympischen Komitee, dem Internationalen Paralympischen Komitee, einem internationalen Verband oder einem seiner Mitgliedsverbände zugelassen oder organisiert werden".[1032] Der Spieler verliert seine Spielberechtigung.[1033] „Ebenso darf er nicht an Wettbewerben teilnehmen, die von einer Profiliga oder einem Veranstalter eines internationalen oder nationalen Wettbewerbs zugelassen oder organisiert werden."[1034] Damit ist dem Spieler auch eine Teilnahme an Spielen, Wettkämpfen und Wettbewerben anderer Sportarten untersagt. Eine entsprechende Abschwächung gilt für Sperren von mehr als vier Jahren. Diesbezüglich darf der Spieler nach Ablauf von vier Jahren an lokalen Wettkämpfen anderer Sportarten teilnehmen, sofern er sich hierdurch nicht direkt oder indirekt für die Teilnahme an einer nationalen Meisterschaft oder einem internationalen Wettkampf qualifizieren kann.[1035]

Von der Wirkung der Sperre umfasst sind auch die Teilnahme des Spielers am Training und die Nutzung der Sportstätten eines Vereins.[1036] Der Spieler ist von sämtlichen Trainingsmaßnahmen ausgeschlossen. Er ist während dieser Zeit nicht in der Lage, Spielpraxis zu sammeln: weder darf er an Taktik- und Technikschulungen teilnehmen noch ist es ihm erlaubt, Fitness- oder Regenerationsprogramme zu absolvieren.[1037] Ausgenommen von diesem Verbot ist lediglich der Zeitraum der letzten bei-

1031 Dies setzt voraus, dass eine MAG nicht vorliegt (§ 6 Nr. 4 DFB-RuVO) und der Nachweis einer Abweichung des Dopingkontrollverfahrens oder der Auswertung der entnommenen Probe von dem Internationalen Standard der WADA für Labors und/oder dem Internationalen Standard für Dopingkontrollen durch den Spieler nicht erbracht ist, vgl. § 6 Nr. 5 lit. b), lit. c) DFB-RuVO.

1032 § 8f Nr. 1 Satz 1 DFB-RuVO.

1033 § 8f Nr. 1 DFB-RuVO; *arg. e contrario* § 8g Nr. 1 DFB-RuVO.

1034 § 8f Nr. 1 DFB-RuVO.

1035 § 8f Nr. 3 DFB-RuVO.

1036 § 8f Nr. 2 DFB-RuVO.

1037 *Schütz*, SpuRt 2009, 235, 236.

den Monate der Sperre bzw. des letzten Viertels der verhängten Sperre. Maßgebend ist hierbei der kürzere Zeitraum.[1038]

Verstöße des Spielers gegen das Teilnahmeverbot lassen die Sperrfrist neu zu laufen beginnen. Maßgeblich für den Neubeginn der Frist ist der Tag des Verstoßes.[1039] Weist der Spieler nach, dass ihn am Verstoß gegen das Teilnahmeverbot weder Vorsatz noch grobe Fahrlässigkeit trifft, kann das DFB-Sportgericht die neue Sperre herabsetzen.[1040]

Die Wirkung der Sperre gilt national.[1041] Mit der Verhängung von Dopingsanktionen geht jedoch die Pflicht des DFB einher, bei der Disziplinarkommission der FIFA einen Antrag auf weltweite Gültigkeit der durch ihn verhängten Sanktion zu stellen.[1042] Die Disziplinarkommission der FIFA anerkennt die Ergebnisse der Kontrollen der nationalen Verbände.[1043] Soweit das Dopingsanktionsverfahren unter Beachtung elementarer Rechtsgrundsätze und im Einklang mit dem Regelwerk der FIFA erfolgt ist, wird nach Anhörung des mit der Sanktion belegten Spielers auch die durch den nationalen Verband ausgesprochene Dopingsanktion per Entscheid des Vorsitzenden der FIFA-Disziplinarkommission weltweit auf alle nationalen und internationalen Freundschaftsspiele und offizielle Spiele ausgedehnt.[1044] Dies setzt freilich voraus, dass der Spieler sich insoweit der Verbandsgewalt der FIFA unterworfen hat.[1045]

Schließlich kann der DFL e. V. dem Spieler die Lizenz entziehen.[1046] Entziehungsgrund kann dabei der schuldhafte Verstoß gegen Anti-Doping-Bestimmungen sein.[1047] Die Lizenz erlischt, wenn der Spieler länger als 30 Monate ohne einen Vertrag mit einem Klub der Lizenzligen bleibt.[1048] Dies kann etwa dann der Fall sein, wenn als Folge der langjährigen Sperre der zwischen Spieler und Klub geschlossene Arbeitsvertrag aufgehoben oder gekündigt worden ist.[1049]

3. Sonderproblem: vierjährige Regelsperre

Durch die Änderung der DFB-RuVO wurde mit Bekanntmachung in den Offiziellen Mitteilungen des DFB am 29. Januar 2015 die Regelsperre von zwei auf vier Jahre erhöht.[1050] Der DFB hat sein Regelwerk damit an die Änderungen des mit Wirkung zum 1. Januar 2015 in Kraft getretenen NADC entsprechend angepasst. Neben dem

1038 § 8f Nrn. 1, 2 DFB-RuVO.
1039 § 8f Nr. 4 Satz 1 DFB-RuVO.
1040 § 8f Nrn. 4 Satz 2, 3 DFB-RuVO.
1041 § 3 DFB-SpO.
1042 Art. 136 Abs. 1 FIFA-DR. Nach Art. 136 Abs. 4 FIFA-DR kann die FIFA-Disziplinarkommission auch aus eigenem Antrieb eine Entscheidung fällen.
1043 Art. 73 Abs. 1 FIFA-ADR.
1044 Zu den Bedingungen für die Ausweitung siehe Artt. 78 Abs. 1 lit. c), 136 ff. FIFA-DR.
1045 Siehe dazu oben Zweiter Teil Kapitel 1 § 3 A, B.
1046 §§ 20 Abs. 1 lit. a), 3 Nr. 2 lit. b) LOS, §§ 4, 3 Abs. 2 Lizenzvertrag Spieler.
1047 §§ 3 Nr. 2 lit. b), 1 Abs. 3 LOS i. V. m. § 3 Abs. 2 Lizenzvertrag Spieler, §§ 4, 3 Abs. 2 Lizenzvertrag Spieler.
1048 § 3 Nr. 1 lit. a) LOS.
1049 Siehe hierzu unten Zweiter Teil Kapitel 3 § 1 A I.
1050 Offizielle Mitteilungen des DFB, Nr. 1 vom 29.1.2015, S. 5.

Ziel, Dopingverstöße, die als „gefährlicher“ anzusehen sind, härter zu bestrafen,[1051] sollte durch Erhöhung der Regelsperre auch der Zeitraum zwischen den Olympischen Spielen (im Fußball wäre dies die Fußball Weltmeisterschaft) abgedeckt werden.[1052] Zu klären ist, ob für die Verhängung der vierjährigen Sperre eine ausreichende Ermächtigungsgrundlage gegeben ist. Auch könnten aus dem Blickwinkel der Verhältnismäßigkeit Bedenken hinsichtlich der Wirksamkeit einer solchen Bestrafung bestehen.

a. Ermächtigungsgrundlage

§ 2 Abs. 3 Satz 2 Lizenzvertrag Spieler berechtigt den DFB, „die in seinen Statuten und Ordnungen bei Verstößen gegen Benutzungsvorschriften vorgesehenen Vereinsstrafen dem Spieler gegenüber zu verhängen; das sind die in § 44 der Satzung des DFB genannten Vereinsstrafen: Verwarnung, Verweis, Geldstrafen, Sperren auf Zeit oder Dauer sowie Lizenzentzug“. Nach § 44 Nr. 2 DFB-Satzung sind als Strafen insbesondere zulässig „Sperre für Pflichtspieltage, auf Zeit – längstens drei Jahre – oder auf Dauer“,[1053] „Ausschluss auf Zeit – längstens drei Jahre – oder auf Dauer“,[1054] „Ausschluss auf Zeit – längstens drei Jahre – oder auf Dauer von der Nutzung der Vereinseinrichtungen des DFB einschließlich Lizenzentzug“[1055]. Der Verweis des Lizenzvertrages auf die Bestimmung des § 44 DFB-Satzung konkretisiert die in § 2 Abs. 2 Satz 2 Lizenzvertrag Spieler pauschale Nennung der Vereinsstrafe „Sperre auf Zeit“. Die Sperre des DFB darf demnach „längstens drei Jahre“ betragen. Denkbar wäre, die Sperre von vier Jahren als Minus des Ausschlusses auf Dauer anzusehen. Hiergegen spricht jedoch der klare Wortlaut. Die Regelung „längstens drei Jahre“ liefe leer, könnte eine längere Sperre oder ein längerer Ausschluss als Minus der Sperre oder des Ausschlusses auf Dauer angesehen werden. Auch MuArbV und Mustervertrag des DFB für Vertragsspieler nehmen Bezug auf die DFB-Satzung, mithin auch auf § 44 Nr. 2. Die Grundlagen der Sanktion müssen – ähnlich der aus dem Verfassungsrecht bekannten Wesentlichkeitstheorie – in der Satzung normiert sein.[1056] Zu den Grundlagen zählt auch die Regelung der Frage, welche Art von Sanktionen verhängt

1051 *Geistlinger/Schaffelhofer*, SpuRt 2015, 101, 103.

1052 Nach der sog. „Osaka-Regel“ des IOC sollten Sportler, die wegen eines Dopingvergehens mit einer mehr als sechsmonatigen Sperre bestraft wurden, nicht an den nachfolgenden Olympischen Spielen teilnehmen dürfen. Der CAS hat in CAS 2011/O/2422, USOC v./ IOC, Schiedsspruch vom 4.10.2011, diese Regel wegen des Charakters einer zusätzlichen Bestrafung und der damit verbundenen unzulässigen Doppelbestrafung als unvereinbar mit dem WADC und damit für unwirksam erklärt. Vgl. hierzu kritisch *Orth*, SpuRt 2012, 93 ff. Durch die vierjährige Regelsperre wird die Teilnahme des gesperrten Sportlers an den Olympischen Wettbewerben mangels der Möglichkeit der Qualifikation faktisch versagt. Sportler können bei Verhängung der vierjährigen Regelsperre daher auch nach Aufhebung der Osaka-Regel somit de facto nicht an den Olympischen Spielen teilnehmen.

1053 § 44 Nr. 2 lit. f) DFB-Satzung.

1054 § 44 Nr. 2 lit. g) DFB-Satzung.

1055 § 44 Nr. 2 lit. h) DFB-Satzung.

1056 *Wüterich/Breucker*, Das Arbeitsrecht im Sport, Rn. 52.

werden können.[1057] Neben der Strafart hat der DFB in § 44 Nr. 2 DFB-Satzung auch die Höhe der Strafen verbindlich („[a]ls Strafen sind zulässig") festgesetzt. Die in § 8b DFB-RuVO normierte Sperre von vier Jahren und die hierauf beruhende Verhängung der vierjährigen Regelsperre ist von der Ermächtigung des § 44 Nr. 2 DFB-Satzung nicht gedeckt.

Hiervon ist der Fall zu unterscheiden, dass der DFL e. V. gegen den Lizenzspieler wegen eines Verstoßes gegen Dopingbestimmungen auf Grundlage des § 3 Abs. 5 Satz 1 Lizenzvertrag Spieler eine vierjährige Sperre als Vertragssperre erlässt. Eine Bindung an die Vorgaben des § 44 Nr. 2 DFB-Satzung besteht in diesem Fall nicht. Die Strafe muss jedoch der Schwere der Schuld angemessen sein.[1058]

b. Verhältnismäßigkeit

Das Arbeitsgericht Gelsenkirchen hat bereits im Jahr 1976 eine Strafmaßnahme, welche die Tätigkeit als Berufsfußballer auf längere Zeit faktisch unterband, als unzulässiges Berufsverbot gewürdigt. Die zulässige zeitliche Grenze machte das Gericht bei einer Dauer von sechs Monaten fest.[1059] Das OLG München hat im Falle der Leichtathletin *Katrin Krabbe* eine Wettkampfsperre für unangemessen und unverhältnismäßig erachtet, soweit diese die Sperrzeit von zwei Jahren überstieg, freilich mit dem Hinweis, dass bei Vorliegen gewichtiger Strafschärfungsgründe ausnahmsweise auch härtere Sanktionen zulässig sein könnten, sofern diese ein solches Strafmaß rechtfertigten.[1060] Das Gericht hatte sich unter anderem den rechtlichen Ausführungen des Rechtsausschusses des DLV[1061] angeschlossen, der die Unterbrechung der Wettkampftätigkeit für die Dauer von vier Jahren für einen Leistungssportler in der Sportart der Leichtathletik in aller Regel als gleichbedeutend mit dem Ende der Karriere ansah.[1062] Es stellt sich daher die Frage, ob eine Sperre von vier Jahren bei erstmaligem Dopingverstoß mit Art. 12 Abs. 1 GG in Einklang zu bringen ist.[1063] Die Ausübung des Fußballsports als Lizenzspieler oder Vertragsspieler bildet eine auf gewisse Dauer angelegte Tätigkeit, die der Schaffung und Erhaltung der Lebensgrundlage des Spielers dienen soll und ist demnach als „Beruf" zu behandeln.[1064] Soweit es bei Amateuren an der wirtschaftlichen Bedeutung der Sportausübung fehlt, ist der Schutzbereich des Art. 12 Abs. 1 GG nicht eröffnet. Bei den Amateuren, die in den Lizenzligen (theoretisch) zum Einsatz kommen können, handelt es sich hingegen um Spieler, die gezielt auf die Karriere als Lizenzspieler vorbereitet wurden. Auch sie fal-

1057 *Wüterich/Breucker*, Das Arbeitsrecht im Sport, Rn. 53.
1058 Siehe insoweit auch den klaren Wortlaut des § 3 Abs. 5 Satz 4 Lizenzvertrag Spieler.
1059 ArbG Gelsenkirchen, Urteil vom 22.6.1976 – 2 Ca 1019/76, NJW 1977, 598, 599.
1060 OLG München, Urteil vom 28.3.1996 – U (K) 3424/95, BeckRS 9998, 02625.
1061 Rechtsausschuss des DLV, Beschluss vom 5.4.1992 – RA 2/92, NJW 1992, 2588.
1062 OLG München, Urteil vom 28.3.1996 – U (K) 3424/95, BeckRS 9998, 02625.
1063 Zur Geltung der Grundrechte im Verbandsrecht siehe unten Zweiter Teil Kapitel 2 § 3 C I 2.
1064 Grundlegend BVerfG, Urteil vom 11.6.1958 – 1 BvR 596/56, BVerfGE 7, 377, 397 = NJW 1958, 1035, 1036; BVerfG, Urteil vom 18.6.1980 – 1 BvR 697/77, BVerfGE 54, 301, 313 = NJW 1981, 33; BVerfG, Beschluss vom 19.7.2000 – 1 BvR 539/96, BVerfGE 102, 197, 212, NVwZ 2001, 790, 792; BVerfG, Urteil vom 9.6.2004 – 1 BvR 636/02, BVerfGE 111, 10, 28 = NJW 2004, 2363.

len in den Schutzbereich von Art. 12 Abs. 1 GG.[1065] Grundrechtsträger des Art. 12 Abs. 1 GG können jedoch nur „Deutsche" sein. Soweit also Spieler betroffen sind, die nach Art. 116 Abs. 1 GG keine Deutschen sind, greift das Auffanggrundrecht der allgemeinen Handlungsfreiheit (Art. 2 Abs. 1 GG) Platz.[1066] Auch der Verstoß gegen Dopingbestimmungen ist vom Schutzbereich der Berufsausübung erfasst.[1067] Ein Grundrechtsschutz könnte aber ausgeschlossen sein, soweit sich Lizenzspieler im Lizenzvertrag den Regelungen der DFB-RuVO, und damit auch der Verhängung der Sperre, unterworfen haben. Es stellt sich die Frage, ob hierin ein Grundrechtsverzicht erblickt werden könnte. Einhellig wird vertreten, dass auf Grundrechte nur gegenüber Grundrechtsverpflichteten verzichtet werden kann.[1068] Folgt man der gefestigten Rechtsprechung von BVerfG und BGH, der Lehre von der mittelbaren Drittwirkung der Grundrechte,[1069] kann daher gegenüber dem am privatrechtlichen Rechtsverhältnis Beteiligten nicht mit Wirkung für den Grundrechtsverpflichteten wirksam auf Grundrechte verzichtet werden. Aus der Unterwerfungserklärung des Spielers folgt kein Grundrechtsverzicht. Dahinstehen kann daher die Auseinandersetzung mit der Frage, inwieweit der Bürger überhaupt über seine Grundrechte disponieren und folglich auf diese verzichten kann.[1070]

Berufsfußballer sind aufgrund der natürlichen Grenzen ihrer körperlichen Leistungsfähigkeit nur eine bestimmte Zeit lang in der Lage, ihren Beruf als Leistungssportler auszuüben. Aufgrund der biographischen Fixierung befinden sie sich in einer Situation, in der für eine weitere Berufsausbildung nur wenig oder keine Zeit bleibt.[1071] Berufsspieler sind daher auf eine möglichst lange Ausübung ihres Berufs angewiesen. Die weltweite Erstreckung der Sperre des Spielers bewirkt, dass dieser bei Verhängung der vierjährigen Regelsperre für die Zeit von drei Jahren und zehn Monaten nicht berechtigt ist, Trainingsmöglichkeiten wahrzunehmen, die von einem Verein oder Verband gestellt werden. Dies betrifft sämtliche organisierte Sportarten. Der Zeitraum der Wettkampfsperre ist für den Spieler aber nur durch Training überbrückbar, beabsichtigt der Spieler auch nach Ablauf der Sperre ernsthaft seine Karriere fortzusetzen. De facto handelt es sich bei der vierjährigen Regelsperre mithin um

---

1065 Vgl. *Schulz*, Grundrechtskollisionen im Berufssport, S. 80 f.; *Nolte/Polzin*, NZG 2001, 838, 839.

1066 Fraglich ist, ob wegen des Diskriminierungsverbots aus Gründen der Staatsangehörigkeit (Art. 18 Abs. 1 AEUV) der Schutzbereich des Deutschengrundrechts entsprechend auf EU-Bürger zu erstrecken ist oder, ob eine Nichtdiskriminierung im Wege einer europarechtskonformen Anwendung des Art. 2 Abs. 1 GG zu erfolgen hat, vgl. dazu *Kingreen/Poscher*, Grundrechte Staatsrecht II, Rn. 137 f.

1067 *Manssen*, in: wfv e. V. (Hrsg.), Persönlichkeitsrecht, S. 83, 90.

1068 *Sternberg-Lieben*, Einwilligung im Strafrecht, S. 33; *Ruffert*, Vorrang der Verfassung, S. 245; *Stern*, Staatsrecht III/2, § 86 II 6d, IV 2a; *Spieß*, Der Grundrechtsverzicht, S. 49 f.

1069 BVerfG, Urteil vom 15.1.1958 – 1 BvR 400/51, BVerfGE 7, 198, 204 ff. = NJW 1958, 257; BVerfG, Beschluss vom 11.5.1976 – 1 BvR 671/70, NJW 1976, 1677; BVerfG, Beschluss vom 7.2.1990 – 1 BvR 26/84, BVerfGE 81, 242, 256 = NJW 1990, 1469, 1470; BVerfG, Beschluss vom 19.10.1993 – 1 BvR 567/89, BVerfGE 89, 214, 229 f. = NJW 1994, 36, 38; BGH, Urteil vom 28.4.1986 – II ZR 254/85, NJW 1986, 2944 m. w. N.; BGH, Urteil vom 27.9.1999 – II ZR 305/98, BGHZ 142, 304, 307 = NJW 1999, 3552.

1070 Differenzierend *Kingreen/Poscher*, Grundrechte Staatsrecht II, Rn. 158 ff.

1071 Siehe hierzu oben Erster Teil Kapitel 3 § 2 B II 2 a.

ein absolutes Berufsverbot, das den Bereich des „ob“ betrifft und somit die Berufswahlfreiheit des Spielers berührt.[1072] Solche Einschränkungen der Berufswahlfreiheit berücksichtigen nach der Drei-Stufen-Theorie des BVerfG die Berufswahlfreiheit nur insoweit angemessen, als sie zum Schutz besonders wichtiger Gemeinschaftsgüter zwingend erforderlich sind und zu dem angestrebten Zweck der ordnungsgemäßen Erfüllung der Berufstätigkeit nicht außer Verhältnis stehen.[1073]

(1) Legitimer Zweck

Dopingverbot und Sperre sollen gewährleisten, dass durch die Eindämmung von Doping sportliche Leistungen unter gleichen Bedingungen erfolgen und miteinander verglichen werden können. Sie sollen die Fairness und Chancengleichheit gewährleisten[1074] und damit überhaupt erst ermöglichen, dass die elementaren Grundsätze des Sports, Gleichheitsprinzip, Leistungs- und Konkurrenzprinzip, Platz greifen können.[1075] Ferner sollen sie die Gesundheit der Spieler schützen.[1076] Sie verfolgen damit einen legitimen Zweck. Der DFB kann sich dabei auf die verfassungsrechtlich durch Art. 9 Abs. 1 GG geschützte Organisationsautonomie berufen. Diese garantiert ihm, eigenverantwortlich geschaffenes Recht durchzusetzen.[1077]

(2) Erforderlichkeit

Problematisch erscheint hingegen die Frage, ob die Verhängung einer vierjährigen Regelsperre tatsächlich zur Erreichung des Zwecks erforderlich ist. Hiervon wäre nur auszugehen, wenn kein gleich geeignetes Mittel zur Verfügung stünde, das die geschützten Rechte des Spielers weniger beeinträchtigen würde.[1078] Bis zur Anpassung der DFB-RuVO an die Vorgaben des NADC 2015 sahen diese eine Regelsperre von zwei Jahren vor. Aufgrund der geringen Zahl der offiziell bestätigten Dopingvergehen im deutschen Lizenzfußball ist nicht ersichtlich, weshalb eine Beibehaltung der Regelsperre von zwei Jahren bei erstmaligem Verstoß weniger geeignet gewesen wäre, um Doping im deutschen Lizenzfußball einzudämmen.[1079]

1072 *Nolte/Polzin*, NZG 2001, 838, 840.

1073 BVerfG, Urteil vom 11.6.1958 – 1 BvR 596/56, BVerfGE 7, 377, 405, 407 = NJW 1958, 1035, 1038.

1074 Präambel DFB-ADR; *Geistlinger/Schaffelhofer*, SpuRt 2015, 101, 102.

1075 Zu den elementaren Grundsätzen vgl. *Adolphsen*, Internationale Dopingstrafen, S. 1.

1076 Präambel DFB-ADR; *Geistlinger/Schaffelhofer*, SpuRt 2015, 101, 102.

1077 *Nolte/Polzin*, NZG 2001, 838, 840.

1078 Vgl. BVerfG, Beschluss vom 9.3.1994 – 2 BvL 43/92, 2 BvL 51/92, 2 BvL 63/92, 2 BvL 64/92, 2 BvL 70/92, 2 BvL 80/92, 2 BvL 2031/92, BVerfGE 90, 145, 173 = NJW 1994, 1577, 1579; BVerfG, Beschluss vom 26.2.2008 – 2 BvR 392/07, BVerfGE 120, 224, 240 = NJW 2008, 1137, 1138.

1079 Siehe hierzu oben Erster Teil Kapitel 3 § 1 A.

(3) Angemessenheit

Endlich darf die vierjährige Regelsperre den Spieler nicht unangemessen benachteiligen. Dies wäre dann der Fall, wenn die Beeinträchtigung des Spielers nicht außer Verhältnis stünde zu dem angestrebten Zweck.[1080] Die Bestimmungen der DFB-RuVO berücksichtigen bei der Frage nach der Höhe einer Sperre den individuellen Grad des Verschuldens. Die Beweislast für die Herabsetzung (oder gar die Aufhebung) der vierjährigen Regelsperre und für die Herbeiführung der Verhängung einer nur zweijährigen Sperre (Nachweis der fehlenden Absicht im Falle eines Verstoßes gegen Anti-Doping-Bestimmungen mit nicht-spezifischen Substanzen) trägt der Spieler.[1081] Ist der Spieler nicht in der Lage, den Nachweis zu erbringen, dass ihn kein (gegebenenfalls schwerwiegendes) Verschulden (sowie im Falle eines Verstoßes gegen Anti-Doping-Bestimmungen mit nicht-spezifischen Substanzen keine Absicht) trifft und/oder, dass die Verschuldensvermutung zu Unrecht auf ihm lastet, hat dies regelmäßig die vierjährige Regelsperre zur Folge. Insbesondere der Beweis über fehlendes Verschulden bei Feststellung des Vorhandenseins einer verbotenen Substanz im Körper des Spielers ist für den Spieler aber nur schwer zu erbringen.[1082] Der Spieler muss viel investieren, um schließlich Berufsspieler zu werden. Bis zur Sperre hat der Spieler sein gesamtes Leben auf den Fußball ausgerichtet. Andere Lebensbereiche wurden vernachlässigt. Über einen Berufsabschluss verfügt der Spieler regelmäßig nicht.[1083] Dem gegenüber steht die Gefahr, dass der Spieler durch seine Sperre die Blütezeit seiner Karriere verliert oder faktisch möglicherweise vollkommen daran gehindert ist, seine begonnene Laufbahn als Berufsfußballer fortzusetzen. Als Mannschaftsspieler sind Fußballer darauf angewiesen, regelmäßig am Mannschaftstraining teilzunehmen. Wird der Spieler auf diese Weise während der Wettkampf- und Trainingssperre nicht ausreichend gefordert und gefördert, hat dies für den Spieler zur Folge, dass er den Anschluss zu seinen Mitstreitern verliert. Auch ist vorstellbar, dass der Spieler aufgrund des Trainingsrückstandes und der ausbleibenden individuellen professionellen Förderung verletzungsanfälliger wird. Mit der Sperre gehen weitere schwerwiegende Folgen einher. Für die Zeit der Sperre erhält der Spieler kein Entgelt, Sponsorengelder entfallen. Schlimmstenfalls drohen Entschädigungszahlungen. Dem gemeinsam verfolgten Verbandszweck kommt kein weitergehender Schutz zu als dem individuell verfolgten Zweck.[1084] Die Berufsfreiheit genießt einen höheren Stellenwert als die Verbandsautonomie.[1085] Das individuelle Freiheitsinteresse des Spielers, berufsmäßig den Fußballsport auszuüben, wiegt daher schwerer als der Verbandsstrafanspruch.[1086] Dies muss erst recht gelten, zieht man in Erwägung, dass der Spieler zu-

1080 Vgl. BVerfG, Beschluss vom 26.2.2008 – 2 BvR 392/07, BVerfGE 120, 224, 241 = NJW 2008, 1137, 1138

1081 Siehe hierzu unten Zweiter Teil Kapitel 2 § 3 A.

1082 *Geistlinger/Schaffelhofer*, SpuRt 2015, 101, 105.

1083 Siehe hierzu oben Erster Teil Kapitel 3 § 2 B II 2 a.

1084 BGH, Urteil vom 6.12.1999 – II ZR 169/98, SpuRt 2000, 196, 197.

1085 BGH, Urteil vom 6.12.1999 – II ZR 169/98, SpuRt 2000, 196, 197.

1086 So auch OLG Frankfurt a. M., Urteil vom 18.5.2000 – 13 W 29/00, NJW-RR 2000, 1117, 1121.

sätzlich zur Verbandssanktion mit strafrechtlichen Konsequenzen nach dem AntiDopG zu rechnen hat.

Hinsichtlich der grundsätzlichen Zulässigkeit einer Sperre bestehen freilich keine Bedenken. Auch das StGB sieht in § 70 Abs. 1 Satz 1 StGB die Möglichkeit vor, als Maßregel der Besserung und Sicherung ein Berufsverbot für die Dauer von ein bis fünf Jahren zu verhängen, wenn der Täter wegen einer rechtswidrigen Tat, die er unter Missbrauch seines Berufs oder Gewerbes oder unter grober Verletzung der mit ihnen verbundenen Pflichten begangen hat, verurteilt oder nur deshalb nicht verurteilt wird, weil seine Schuldunfähigkeit erwiesen oder nicht auszuschließen ist und die Gesamtwürdigung des Täters und der Tat die Gefahr erkennen lässt, dass er bei weiterer Ausübung des Berufs, Berufszweiges, Gewerbes oder Gewerbezweiges erhebliche rechtswidrige Taten der bezeichneten Art begehen wird. Das Gericht kann das Verbot jedoch gemäß § 70a Abs. 1 und 2 StGB (frühestens) nach einem Jahr zur Bewährung aussetzen, wenn sich ergibt, dass die Gefahr nicht mehr besteht. Der Gesetzgeber wird hierdurch dem hohen Rang der Berufsfreiheit des Einzelnen gerecht. Die Möglichkeit der Bewährung ist dem Sanktionsrecht in Dopingangelegenheiten fremd soweit Verwarnung, Sperre oder Ausschluss auf Dauer betroffen sind.[1087] Führt man sich die schwerwiegenden Folgen vor Augen, die mit einer vierjährigen Sperre einhergehen, steht außer Frage, dass die Grenzen der Verhältnismäßigkeit überschritten sind.

(4) Bewertung

Hält man weiter an der vierjährigen Regelsperre fest, ist die Verhängung der Regelsperre nicht angemessen, mithin unverhältnismäßig und damit gerichtlich angreifbar.[1088] Eine gerichtliche Geltendmachung kann etwa – abhängig davon, ob man eine Schiedsvereinbarung für wirksam oder unwirksam erachtet – im Wege der Aufhebung bzw. Versagung der Anerkennung eines Schiedsspruchs (§ 1059 Abs. 2 Nr. 2 lit. b) ZPO bzw. § 1061 ZPO i. V. m. Art. V Abs. 2 lit. b) UNÜ)[1089] oder vor dem ordentlichen Gericht im Rahmen von §§ 242, 317 und 826 BGB geltend gemacht werden. Denkbar ist auch die Geltendmachung von Schadensersatzansprüchen. Dies könnte vermieden werden, indem die Aussetzung der Sperre zur Bewährung, etwa nach Verbüßung der zweijährigen Sperre, ermöglicht wird. § 44 Nr. 4 DFB-Satzung

---

1087 § 7a Nr. 1 lit. a), d) DFB-RuVO.

1088 Im Ergebnis so auch LG München I, Urteil vom 17.5.1995 – 7 HKO 16591/94, SpuRt 1995, 161, 166; *Vieweg*, NJW 1992, 2539, 2540; *Steiner*, NJW 1991, 2729, 2736; *Nolte/Polzin*, NZG 2001, 838, 840; *Geistlinger/Schaffelhofer*, SpuRt 2015, 101, 104 f. Der CAS, CAS 2016/A/4643, Sharapova v./ ITF, Schiedsspruch vom 30.9.2016, Tz. 99 lehnt es ab, die normierte Sanktion unter Anwendung des Verhältnismäßigkeitsgrundsatzes herabzusetzen. Nach Auffassung des CAS, a. a. O. beachtet der WADC den Verhältnismäßigkeitsgrundsatz ausreichend durch Berücksichtigung des Verschuldens bei Bestimmung der Dauer der Sperre.

1089 OLG Dresden, Beschluss vom 20.4.2005 – 11 Sch 01/05, SchiedsVZ 2005, 210, 213, das unter Berücksichtigung der gleichwertigen Rechtsprechungsalternative zur staatlichen Gerichtsbarkeit eine eklatante Unverhältnismäßigkeit verlangt.

sieht die Zulässigkeit der Aussetzung einer Strafe zur Bewährung bereits vor. Denkbar wäre, dass hierbei den Dopingkontrollen, die außerhalb von Wettbewerben während der Sperre durchgeführt werden,[1090] Indizwirkung zukäme. Jedenfalls sollte der Spieler berechtigt sein, spätestens nach Verbüßung seiner hälftigen Sperre wieder am Training teilzunehmen. Auf diese Weise hätte der Spieler die Möglichkeit, die körperlichen und spielerischen Voraussetzungen für seine „Wiedereingliederung" zu schaffen. Damit von der Möglichkeit, eine Sanktion zur Bewährung auszusetzen, Gebrauch gemacht werden kann, sollte klarstellend eine rechtliche Grundlage in den Anti-Doping-Bestimmungen des DFB geschaffen werden. Auffällig ist aber, dass NADC und WADC eine Bewährungsstrafe nicht positiv festhalten. Die Aussetzung der Sperre zur Bewährung stellte derzeit daher einen Verstoß gegen die Vorgaben von NADC und WADC dar.

4. Sanktionierung des Klubs des Spielers

Der Dopingverstoß des Spielers kann auch eine Sanktionierung des Klubs zeitigen. Als Rechtsgrundlage für die Sanktionierung des Klubs dienen §§ 6 Nr. 7, 7 Nr. 1 lit. i), 8h DFB-RuVO. Nach § 6 Nr. 7 DFB-RuVO hat „[j]eder Verein und jede Tochtergesellschaft [...] zu gewährleisten, dass die Spieler seiner bzw. ihrer Mannschaft nicht gedopt werden und sich angeordneten Dopingkontrollen unterziehen. Dem Verein oder der Tochtergesellschaft ist das Handeln der Angestellten und beauftragten Personen sowie dem Verein zusätzlich das Handeln seiner Mitglieder zuzurechnen". Bei Bundesspielen droht dem Klub „für das Mitwirkenlassen gedopter Spieler (§ 6), die Verabreichung von Dopingmitteln, die Weigerung, Dopingkontrollen zuzulassen sowie jede Beteiligung an diesen Handlungen oder ihre Duldung und bei Verstößen gegen die Anti-Doping Richtlinien" eine Geldstrafe von bis zu 150.000,00 Euro für jeden Einzelfall.[1091] In schwerwiegenden Fällen, Wiederholungsfällen und Fällen der Tatmehrheit kann an Stelle der Geldstrafe oder neben der Geldstrafe eine Verhängung der in § 44 Nr. 2 DFB-Satzung enumerativ benannten Strafen erfolgen.[1092] Es liegt demnach im Ermessen des jeweils zuständigen Spruchkörpers, bei Einzelfall gerechter Betrachtung, neben oder statt der Geldstrafe, Strafen zu verhängen, die von der Aberkennung von Punkten[1093] bis hin zum Ausschluss von der Bundesliga durch Lizenzentzug oder zur Versetzung in eine tiefere Spielklasse reichen können.

Hatte ein gedopter Spieler an einem Spiel mitgewirkt, bestand für die gegnerische Mannschaft bis zum Beginn der Spielzeit 2016/2017 die Möglichkeit, durch Einspruch Einfluss auf Spielwertung und Spielansetzung zu nehmen, soweit der Spieler wegen Dopings bestraft worden war. Gleiches galt für den Fall, dass sich ein Spieler

1090 § 8g Nr. 1 DFB-RuVO.

1091 § 7 Nr. 1 lit. i) DFB-RuVO.

1092 § 7 Nr. 4 DFB-RuVO.

1093 Die rückwirkende Aberkennung von Punkten im Zusammenhang mit Pflichtspielen der abgelaufenen Saison darf lediglich bei Einleitung des Verfahrens bis zum 30.6. eines Jahres erfolgen. Die danach erfolgende Verfahrenseinleitung führt zum Punkteabzug oder Versetzung in eine tiefere Spielklasse für die kommende Saison. Zum Ganzen siehe § 10 Nr. 3 DFB-RuVO.

schuldhaft weigerte, sich einer Dopingkontrolle zu unterziehen.[1094] Im Falle des Vorliegens eines Sieges oder eines Unentschiedens wurde das Spiel für die Mannschaft des dopenden Spielers mit 0:2 als verloren gewertet. Dies galt auch, soweit eine Bestrafung des Spielers unterblieben, eine Bestrafung des Vereins gemäß § 7 Nr. 1 lit. i) DFB-RuVO jedoch erfolgt war.[1095] Von der Verlustwertung konnte „bei Vorliegen besonderer Umstände" abgesehen werden. Stattdessen konnte auf Beibehaltung der Spielwertung, teilweise Aberkennung der im betreffenden Spiel erlangten Punkte bei Beibehaltung des Torergebnisses oder aber auf Spielwiederholung erkannt werden.[1096] Traf Spieler und Verein kein Verschulden am Verstoß gegen Anti-Doping-Bestimmungen, war das Spiel zu wiederholen.[1097] Für den Einspruchführer wurde das Spiel nur dann mit 2:0 Toren gewertet, wenn der Einsatz des gedopten Spielers den Ausgang des Spiels als unentschieden oder für den Gegner verloren mit hoher Wahrscheinlichkeit beeinflusst hatte.[1098] Die Beweislast für das Vorliegen der hohen Wahrscheinlichkeit trug der Einspruchsführer.[1099] Eine erfolgreiche Beweisführung setzte somit tatsächlich das Vorliegen einer offensichtlichen Beeinflussung des Spielausgangs durch den gedopten Spieler voraus.

Der DFB hat zur Spielzeit 2016/2017 diese Regelungen gestrichen und damit seine Bestimmungen zur Sanktionierung des Klubs an die geltenden Bestimmungen von FIFA und UEFA angepasst.[1100] Neu in die DFB-RuVO aufgenommen wurde in diesem Zuge § 8h. Neben der Sanktion gegen die einzelnen Spieler wird nun zusätzlich eine Strafe gegen den Klub verhängt, wenn während der Dauer einer Spielzeit mehr als zwei Spieler einer Mannschaft gegen Anti-Doping-Vorschriften verstoßen haben.[1101] Als Strafen kommen die in § 44 Nr. 2 DFB-Satzung benannten Strafen in Betracht. Der DFB hat sich im Einklang mit FIFA und UEFA dafür entschieden, dass Meisterschaften und Abstiege nicht weiter durch Parteiverfahren ausgetragen werden können. Eine Entscheidung über Meisterschaft und Abstieg am „grünen Tisch" soll nicht länger möglich sein; hierdurch sollen Rechtssicherheit und Qualität des Sportwettbewerbs erhöht werden.[1102] Vermieden werden ferner langwierige Schadensersatzprozesse mit betroffenen Klubs, bei welchen sich etwa später herausstellt, dass ein Dopingverstoß nicht gegeben war. Die Kehrseite dieser Regelung kann aber sein, dass sich ein Klub die – im Unterschied zur alten Rechtslage – mildere Regelung dadurch zu Nutze macht, indem er planerisch-berechnend – etwa im entscheidenden letzten

1094 § 17 Nr. 5 lit. a) Abs. 1 DFB-RuVO a. F.
1095 § 17 Nr. 5 lit. c) DFB-RuVO a. F.
1096 § 17 Nr. 5 lit. a) Abs. 1 Satz 3 DFB-RuVO a. F.
1097 § 17 Nr. 5 lit. d) DFB-RuVO a. F.
1098 § 17 Nr. 5 lit. a) Abs. 2 DFB-RuVO a. F.
1099 *Hilpert*, Fußballstrafrecht, § 6 Rn. 30 (11. Fall).
1100 *Seip*, SpuRt 2016, 198, 199. Der DFL e. V. hat es bislang versäumt, diese Änderung in seine SpOL zu inkorporieren. § 13 Nr. 5 SpOL enthält noch den Wortlaut von § 17 Nr. 5 DFB-RuVO a. F.
1101 § 8h DFB-RuVO.
1102 *Seip*, SpuRt 2016, 198, 200.

Spiel der Saison – einen gedopten Spieler wissentlich und willentlich mitwirken lässt.[1103]

§ 2 Dopingkontrollverfahren

A. Zuständigkeit

I. Kontrollverfahren

1. NADA

NADA und DFB haben eine Vereinbarung geschlossen, wonach Trainings- und Wettkampfkontrollen allesamt durch die NADA durchgeführt werden.[1104]

2. FIFA, UEFA

a. FIFA

Soweit der Spieler an die Geltung des FIFA-ADR wirksam gebunden ist,[1105] könnte auch die FIFA nach Art. 4 Abs. 1 FIFA-ADR zur Durchführung von Kontrollen in den deutschen Lizenzligen berechtigt sein. Art. 4 Abs. 1 FIFA-ADR berechtigt die FIFA zur Durchführung von Kontrollen „bei allen Klubs und deren Spielern, die Mitglieder der Verbände sind oder an einem Spiel oder einem Wettbewerb der FIFA teilnehmen".[1106] Als „Spieler" bezeichnet das FIFA-ADR einen von einem Verband lizenzierten Fußballspieler.[1107] Vertragsspieler (und Amateure) fallen demnach nicht in den Anwendungsbereich der FIFA-ADR. Als „Verbände" gelten alle von der FIFA anerkannten Fußballverbände.[1108] Weder Vereine noch Spieler der deutschen Lizenzligen sind Mitglieder des DFB. Auch sie sind bei wörtlicher Auslegung nicht vom inhaltlichen Anwendungsbereich des Reglements erfasst. Anderes folgt aus der Systematik des Reglements. Art. 1 Abs. 1 FIFA-ADR stellt klar, dass Spieler, die kraft ihrer Zu-

1103 Es bleibt abzuwarten, ob in einem solchen Fall gegen den Verein neben der Geldstrafe nach § 7 Nr. 1 lit. i) DFB-RuVO gemäß § 7 Nr. 4 DFB-RuVO nicht auch eine Strafe nach § 44 Nr. 2 DFB-Satzung verhängt werden kann. Denkbar ist insoweit aber auch, dass § 8h DFB-RuVO den Begriff der in § 7 Nr. 4 DFB-RuvO vorausgesetzten „schwerwiegenden Fälle[ ]" abschließend konkretisiert, soweit Verstöße gegen Anti-Doping-Bestimmungen betroffen sind. Demnach schieden Strafen nach § 44 Nr. 2 DFB-Satzung aus, soweit in einer Spielzeit nicht mehr als zwei Mitglieder derselben Mannschaft gegen Anti-Doping-Vorschriften verstoßen hätten. Für letztgenannte Auffassung spricht die Absicht der Verbände, über Auf- und Abstiege nicht am grünen Tisch zu entscheiden.

1104 § 5 Nr. 2 DFB-ADR.

1105 Siehe dazu oben Zweiter Teil Kapitel 1 § 3 A, B.

1106 Aus dem Wortlaut geht nicht eindeutig hervor, ob sich das Erfordernis der Zugehörigkeit im Verband nur auf die Klubs oder auch auf die Spieler bezieht. Von Letzterem ist im Sinne einer einheitlichen Regelanwendung des FIFA-ADR nicht auszugehen.

1107 Nr. 48 Definitionen FIFA-ADR.

1108 Nr. 6 Definitionen FIFA-ADR.

stimmung an Spielen der Mitgliedsverbände teilnehmen, vom inhaltlichen Anwendungsbereich des FIFA-ADR umfasst sind. Nach Art. 1 Abs. 2 FIFA-ADR gilt das Reglement für alle Dopingkontrollen, für welche die FIFA und ihre Mitgliedsverbände zuständig sind. Unbeachtlich ist dabei, dass der DFB die Kontrollen auf die NADA übertragen hat.[1109] Die Kontrollen der FIFA konzentrieren sich auf „Spieler ihres internationalen registrierten Testpools (IRTP) sowie auf Spieler, die an ihren Spielen oder Wettbewerben der FIFA teilnehmen oder sich auf eine solche Teilnahme vorbereiten".[1110] Die FIFA sieht derzeit davon ab, Kontrollen im Spielbetrieb von Bundesliga, 2. Bundesliga und 3. Liga durchzuführen; Kontrollen durch die FIFA erfolgen daher lediglich in der Vorbereitungsphase auf Turniere der FIFA und während dieser Turniere.[1111]

b. UEFA

Die Zuständigkeit der UEFA für die Durchführung von Dopingkontrollen beschränkt sich auf Spieler, die an den Wettbewerben der UEFA teilnehmen.[1112]

II. Ergebnismanagement

Als Ergebnismanagement wird nach Art. 7.1.1 NADC der „Vorgang ab Kenntnis von einem *Von der Norm abweichenden* oder *Atypischen Analyseergebnis* oder von einem möglichen anderen Verstoß gegen Anti-Doping-Bestimmungen oder von einem möglichen *Meldepflichtversäumnis* oder einer *Versäumten Kontrolle* bis zur Durchführung eines *Disziplinarverfahrens*" bezeichnet. Zuständig für das Ergebnismanagement ist bei von der Norm abweichenden Analyseergebnissen zunächst die NADA, soweit Dopingkontrollen durch die NADA durchgeführt wurden.[1113] Die Anti-Doping-Kommission des DFB nimmt das Verfahren auf, wenn die erste Überprüfung des positiven Befundes einer A-Probe durch die NADA weder eine gültige MAG noch eine offensichtliche Abweichung vom Internationalen Standard für Dopingkontrollen und Ermittlungen oder vom Internationalen Standard für Labors zutage gefördert hat.[1114] Die Zuständigkeit für die Feststellung von Meldepflicht- und Kontrollversäumnissen liegt bei der NADA.[1115] Hinsichtlich der übrigen Dopingverstöße erfolgt das Ergebnismanagement durch NADA und DFB.[1116]

1109 Art. 2 Abs. 5 FIFA-ADR.

1110 Art. 4 Abs. 2 FIFA-ADR.

1111 E-Mail der NADA vom 17.6.2016 an den Verfasser.

1112 Art. 1.02 UEFA-DR.

1113 § 14 Nr. 1 DFB-ADR. Die NADA unterrichtet den DFB gemäß § 14 Nr. 2 DFB-ADR „spätestens 24 Stunden nach Eingang bei der NADA unter gleichzeitiger Übermittlung des Analyseberichts und der zu diesem Zeitpunkt vorliegenden, für das Ergebnismanagement relevanten Unterlagen und Informationen in elektronischer Form".

1114 § 14 Nr. 4 DFB-ADR.

1115 Art. 7.1.7 NADC.

1116 Art. 7.6 NADC; *Schmidt*, in: Stopper/Lentze (Hrsg.), Handbuch Fußball-Recht, III/19 Rn. 30.

B. Umfang der Dopingkontrollen

I. Statistik

Die NADA entwickelt einen Dopingkontrollplan, der gewährleisten soll, dass durch intelligente Dopingkontrollen Verstöße gegen Anti-Doping-Bestimmungen aufgedeckt und verhindert werden. Hiervon umfasst ist „insbesondere die Einrichtung des Testpools der zu kontrollierenden Athleten" und „die Bewertung, welche *Verbotenen Substanzen* und *Verbotenen Methoden* in den Sportarten und Disziplinen am ehesten missbraucht werden, unter Priorisierung der Sportarten und/oder Disziplinen, der *Testpool*zugehörigkeit des *Athleten*, der Art der Dopingkontrolle und der Art der *Proben*analyse".[1117] Die NADA hat drei Risikogruppen gebildet, deren Einteilung sich insbesondere nach physiologischen, empirischen, dopinghistorischen und monetären Risikofaktoren beurteilt.[1118] Spielsportarten zeichnet nach Einschätzung der NADA ein mittleres Dopingrisiko. Sie gehören der Risikogruppe B an.[1119] Dies wirkt sich, wie noch zu zeigen sein wird, in der Einteilung der Testpoolzugehörigkeit aus.[1120]

Der DFB trägt die Kosten von Organisation und Durchführung der Dopingkontrollen. Der derzeitige Finanzierungsbeitrag des DFB beläuft sich jährlich auf rund 840.000 Euro.[1121] Durch die Bereitstellung des Budgets beschränkt der DFB mittelbar die Anzahl der Dopingkontrollen.

Die NADA hat im Jahr 2015 insgesamt im deutschen Spitzensport 12.425 Kontrollen mit 14.746 Proben durchgeführt. Dabei entfielen 12.261 Proben auf Urinproben (83 Prozent) und 2.485 Proben auf Blutproben (17 Prozent).[1122] Im gleichen Zeitraum entfielen im deutschen Fußball 9,7 Prozent der 1.743 genommenen Proben auf Blutproben.[1123] Von den Proben aus Trainingskontrollen betrug die Quote der Blutproben 10,3 Prozent.[1124] 27,8 Prozent der gesamten Proben wurden im Training entnommen,[1125] wohingegen es im deutschen Spitzensport 67,7 Prozent waren[1126].

1117 Art. 2.1.1 Standard für Dopingkontrollen und Ermittlungen der NADA.

1118 Art. 2.2.1 Standard für Dopingkontrollen und Ermittlungen der NADA.

1119 Vgl. Übersicht Risikogruppen der NADA, im Internet abrufbar unter: http://www.nada.de/fileadmin/user_upload/nada/DKS/160729_UEbersicht_Risikogruppen.pdf (zuletzt aufgerufen am 6.1.2017).

1120 Ausführlich hierzu unten Zweiter Teil Kapitel 2 § 2 D I.

1121 E-Mail der NADA vom 4.11.2016 an den Verfasser.

1122 NADA-Jahresbericht 2015, S. 8, im Internet abrufbar unter: http://www.nada.de/de/service-infos/jahresberichte/ (zuletzt aufgerufen am 6.1.2017).

1123 NADA-Jahresbericht 2015, S. 28, im Internet abrufbar unter: http://www.nada.de/de/service-infos/jahresberichte/ (zuletzt aufgerufen am 6.1.2017).

1124 NADA-Jahresbericht 2015, S. 28, im Internet abrufbar unter: http://www.nada.de/de/service-infos/jahresberichte/ (zuletzt aufgerufen am 6.1.2017).

1125 NADA-Jahresbericht 2015, S. 28, im Internet abrufbar unter: http://www.nada.de/de/service-infos/jahresberichte/ (zuletzt aufgerufen am 6.1.2017).

1126 NADA-Jahresbericht 2015, S. 8, im Internet abrufbar unter: http://www.nada.de/de/service-infos/jahresberichte/ (zuletzt aufgerufen am 6.1.2017).

12,6 Prozent der Proben wurden auf Erythropoese-stimulierende Stoffe, sog. ESAs, getestet.[1127]

II. Bewertung

Die dargestellte Zahl der im deutschen Fußball im Jahr 2015 entnommenen Proben berücksichtigt sämtliche der in den 16 Wettbewerben/Spielklassen[1128] durchgeführten Kontrollen. Zur Saison 2015/2016 haben an Bundesliga und 2. Bundesliga 1.031 Lizenzspieler teilgenommen.[1129] Hinzu kommen die Teilnehmer der anderen Wettbewerbe. Zu beachten ist ferner, dass von einem Spieler alternativ oder kumulativ zur Urinprobe die Blutprobe verlangt werden kann.[1130] Letzteres bedeutet, dass die Zahl der Dopingkontrollen nicht der Zahl der Dopingproben entspricht. In der Saison 2015/2016 wurden in rund zehn Prozent der Trainings- und Wettkampfkontrollen kumulativ Blut- und Urinproben durchgeführt.[1131] Tatsächlich liegt die Zahl der Kontrollen deshalb unterhalb der Zahl der Proben.

Die NADA hat bislang darauf verzichtet, von der Möglichkeit des indirekten Nachweises von Blutdoping durch Erstellung eines sog. Biologischen Athletenpasses[1132] im Fußballsport Gebrauch zu machen. Bei der indirekten Nachweismethode von Blutdoping werden durch Aufzeichnung verschiedener Blutparameter Veränderungen dokumentiert. Vollblutproben, die zur Erstellung von Langzeit-Profilen notwendig sind, werden im Lizenzfußball nicht durchgeführt.[1133] Blutserumproben werden, wie besehen, nur selten durchgeführt. Dies ist deswegen problematisch, da bestimmte Dopingsubstanzen entweder ausschließlich oder aber zuverlässiger durch die Blutanalytik nachgewiesen werden können. Beispielsweise ist der sichere Nachweis von Blutmanipulationen durch Fremdblut lediglich im Wege der Blutkontrolle zu erbringen.[1134] Auch das EPO-Präparat CERA hat eine geringere Ausscheidung in den Urin als herkömmliche EPO-Präparate. Ein Nachweis dieser verbotenen Substanz ist demnach wesentlich einfacher im Blut zu erbringen als im Urin.[1135] Dies belegt insbesondere eine Studie des Kopenhagener Zentrums für Muskelforschung, wonach Pro-

---

1127 NADA-Jahresbericht 2015, S. 28, im Internet abrufbar unter: http://www.nada.de/de/service-infos/jahresberichte/ (zuletzt aufgerufen am 6.1.2017). Nach dem Technischen Dokument der WADA für sportspezifische Analysen gilt für den Fußball, dass zehn Prozent der Proben auf das Vorhandensein von ESAs hin untersucht werden müssen, siehe Anhang 1 – TD2014SSA.

1128 Siehe hierzu oben Erster Teil Kapitel 3 § 1 A.

1129 Siehe für die Bundesliga http://www.transfermarkt.de/1-bundesliga/startseite/wettbewerb/L1 (zuletzt aufgerufen am 6.1.2017); siehe für die 2. Bundesliga http://www.transfermarkt.de/2-bundesliga/startseite/wettbewerb/L2/plus/?saison_id=2015 (zuletzt aufgerufen am 6.1.2017). Vgl. auch Fn. 749; hiernach waren im Oktober 2014 in den beiden höchsten deutschen Ligen 1.022 Lizenzspieler spielberechtigt.

1130 § 10 Nr. 1 Satz 1 DFB-ADR.

1131 E-Mail der NADA vom 16.6.2016 an den Verfasser.

1132 Vgl. hierzu die Athlete Biological Passport Operating Guidelines der WADA, im Internet abrufbar unter: https://www.wada-ama.org/en/resources/athlete-biological-passport/athlete-biological-passport-abp-operating-guidelines (zuletzt aufgerufen am 6.1.2017).

1133 E-Mail der NADA vom 16.6.2016 an den Verfasser.

1134 *Donike*, in: ders. et al. (Hrsg.), Blut und/oder Urin zur Dopingkontrolle, S. 127, 132 ff.

1135 *Schänzer*, in: NADA-Jahrbuch 2009, S. 107, 108.

banden vier Wochen lang mit EPO behandelt worden waren.[1136] Urinproben der Probanden wurden an zwei von der WADA-akkreditierte Labore zu sieben verschiedenen Zeitpunkten versendet. Ein lückenloser Nachweis von EPO scheiterte in einem Labor vollumfänglich; das andere Labor vermochte die künstliche Zuführung von EPO lediglich partiell nachzuweisen. Ein Nachweis des Blutdopings konnte jedoch problemlos über die Veränderungen des Blutbilds (indirekter Nachweis) erbracht werden. Auch das Wachstumshormon hGH lässt sich fast ausschließlich im Blut nachweisen.[1137] Lediglich in weniger als ein Prozent aller wegen hGH positiven Fälle ist ein Nachweis im Urin möglich.[1138] Auch das Nachweisverfahren der manipulativen Genveränderung[1139] setzt sowohl im indirekten als auch im direkten Verfahren die Analyse von Vollblutproben voraus.[1140] Die vergleichsweise geringe Zahl der Proben absolut als auch der Blutproben und Trainingskontrollen relativ offenbart ein Vollzugsdefizit. Hinzu kommt, dass Dopingkontrollen zwar ohne Vorankündigung stattfinden,[1141] in der Zeit von 23.00 Uhr bis 06.00 Uhr jedoch grundsätzlich keine Dopingkontrollen (Kontrollen außerhalb des Wettkampfs) durchgeführt werden.[1142] Spieler, die nicht dem NTP[1143] angehören, brauchen de facto mit Kontrollen außerhalb von Wettbewerbsspielen und Mannschaftstraining bzw. außerhalb der statt der Trainingsmaßnahmen gemeldeten Erreichbarkeit nicht zu rechnen.[1144] Dies kann sich ein Spieler – beispielsweise durch Anwendung des *Low-dose-Schema*[1145] – zu Nutze machen. Ein Nachweis des Blutdopings, der über den Hämoglobingehalt problemlos zu erbringen wäre, ist mangels Vollblutprobe nicht zu führen. Hinzu kommt die ohnehin geringe Zahl an ESA-Untersuchungen und Dopingkontrollen.

Indem der DFB also seiner Verpflichtung nachkommt und die Verbotsliste der WADA umsetzt, ergibt sich im deutschen Fußballsport eine paradoxe Situation: Die Verbotsliste weist Substanzen und Methoden aus, deren Gebrauch und Anwendung der DFB mangels Kenntnis hierüber aus den dargelegten Gründen unter Umständen gar nicht in der Lage ist zu bestrafen. Dies führt seinerseits wieder dazu, dass die NADA wegen fehlender positiver Dopingbefunde den Fußballsport auch weiterhin als Sportart mit mittlerem Dopingrisiko einstuft. Ein Anreiz für die Erhöhung der nach dem Dopingkontrollplan vorgesehenen Dopingkontrollen ist somit nicht gegeben. Dies ist insbesondere deswegen fragwürdig, da es im Fußballsport aufgrund der hohen Liquidität zumindest denkbar ist, dass unter Zuhilfenahme von fachkundigen

---

1136 *Lundby/Achman-Andersen/Thomsen et al.*, J Appl Physiol 105: 417-419; 2008.

1137 Siehe dazu *Schänzer*, in: NADA-Jahrbuch 2009, S. 107, 108.

1138 https://www.wada-ama.org/en/questions-answers/human-growth-hormone-hgh-testing (zuletzt aufgerufen am 6.1.2017).

1139 Durch gentherapeutische Verfahren beabsichtigt der dopende Sportler die gezielte Veränderung des menschlichen Genoms, siehe dazu *Tug/Lauer/Simon*, Dtsch Arztebl 2012; 109 (3): A 80.

1140 *Tug/Lauer/Simon*, Dtsch Arztebl 2012; 109 (3): A 80, 82.

1141 Art. 2.6.3 Standard für Dopingkontrollen und Ermittlungen der NADA.

1142 Kommentar zu Art. 5.3.2 NADC. Eine Ausnahme gilt nur für den Fall, dass ein ernsthafter und konkreter Verdacht vorliegt, dass der Spieler dopt oder sich mit der Durchführung der Dopingkontrolle in diesem Zeitraum einverstanden erklärt hat, siehe Kommentar zu Art. 5.3.2 NADC.

1143 Siehe hierzu ausführlich unten Zweiter Teil Kapitel 2 § 2 D I 1.

1144 Siehe hierzu ausführlich unten Zweiter Teil Kapitel 2 § 2 D II.

1145 Siehe hierzu oben Erster Teil Kapitel 3 § 1 B.

Medizinern/Analytikern ein gezieltes Ausnutzen dieser Lücken geschieht. Jedenfalls zeigen die Fälle *Juventus Turin* und *Olympique Marseille*, dass die Anwendung von EPO auch in der Sportart Fußball nicht nur theoretischer Natur ist.[1146]

C. Aufbewahrung der Proben

Auf Anweisung der NADA kann eine genommene Probe erneut überprüft werden.[1147] Dies macht insbesondere im Hinblick auf Substanzen und Methoden Sinn, deren Nachweis erst im Nachgang des Tests durch den wissenschaftlichen Fortschritt ermöglicht worden ist. Verfahrenseinleitende Maßnahmen unterbrechen die Verjährung.[1148] Dopingproben werden nach den Vorgaben des Internationalen Standards der WADA für Labors aufbewahrt.[1149] Nach § 15 Nr. 7 DFB-ADR wird die B-Probe bei Vorliegen einer negativen A-Probe gemäß dem vorgenannten Standard nach Ablauf der Mindestaufbewahrungsdauer vernichtet, soweit keine anderslautende schriftliche Anweisung des Vorsitzenden der Anti-Doping-Kommission oder seines Vertreters vorliegt. Sowohl für die Urin- als auch die Blutprobe beträgt die Dauer der Aufbewahrung der A- und B-Probe zwischen drei Monaten und zehn Jahren.[1150] Die Bestimmung der Aufbewahrungsfrist obliegt der NADA.[1151] Grundsätzlich wird im Falle des Vorliegens einer negativen A-Probe die B-Probe drei Monate nach Übermittlung des Analyseberichts des Labors an die Testing Authority (NADA) vernichtet.[1152] Eine Aufbewahrung für die Dauer von bis zu zehn Jahren erfolgt lediglich auf Anordnung der NADA.[1153] Die Anordnung bleibt also der Beurteilung des Einzelfalles vorbehalten; dies bedeutet, dass die NADA in jedem einzelnen Fall entscheidet, ob eine Probe eingefroren und gegebenenfalls später reanalysiert werden soll. Schon die Ausgestaltung der Norm im Sinne eines Regel-Ausnahme-Verhältnisses macht deutlich, dass die Anordnung der Langzeitlagerung, wohl auch schon aus Gründen der logistischen Anforderungen an die Lagerung, nur selten der Fall sein wird.

Damit ist ein Gleichlauf zwischen der Dauer der Aufbewahrung der Probe und der Dauer des Laufs der zehnjährigen Verjährungsfrist[1154] regelmäßig nicht gegeben. Die positive Dopingprobe liefert Beweis über das Vorliegen eines Dopingverstoßes.

1146 Siehe hierzu oben Erster Teil Kapitel 2 § 2 B I.

1147 Art. 6.5 Abs. 2 NADC.

1148 § 10 Nr. 1 Abs. 2 DFB-RuVO.

1149 § 15 Nr. 7 DFB-ADR.

1150 Art. 5.2.2.6 International Standard for Laboratories, gerechnet ab Übermittlung des Analyseberichts des Labors an die Testing Authority.

1151 § 13 Nr. 5 DFB-ADR i. V. m. Artt. 5.2.2.6 Abs. 3, 6.2.2.5 Abs. 4 International Standard for Laboratories. Gleiches gilt hiernach für die A-Probe.

1152 § 13 Nr. 5 DFB-ADR i. V. m. Artt. 5.2.2.6 Abs. 3, 6.2.2.5 Abs. 4 International Standard for Laboratories. Gleiches gilt hiernach für die A-Probe. Ferner können die Proben für Forschungszwecke verwendet werden, sofern die Analysen abgeschlossen und die Proben anonymisiert sind und der Athlet hierzu sein Einverständnis erteilt hat.

1153 § 13 Nr. 5 DFB-ADR i. V. m. Artt. 5.2.2.6 Abs. 3, 6.2.2.5 Abs. 4 International Standard for Laboratories.

1154 § 10 Nr. 1 Abs. 1 DFB-RuVO.

Sie ist regelmäßig unverzichtbarer Beweis für die Bestrafung des Spielers. Durch vorzeitige Vernichtung der Probe befindet sich der DFB in dem Dilemma, dass eine ursprünglich für negativ befundene Probe aufgrund neuer Nachweismethoden zwar positiv getestet werden könnte, NADA und DFB jedoch nicht mehr im Besitz der Probe sind. Dies führt letztlich dazu, dass die zehnjährige Verjährungsfrist de facto leerläuft.

Zur Erzeugung einer größeren Abschreckungswirkung sollte zukünftig im Lizenzvertrag auf die Möglichkeit der Langzeitlagerung und der Nachuntersuchung ausdrücklich hingewiesen werden. Ferner sollte von der Möglichkeit der Anordnung der Langzeitlagerung Gebrauch gemacht werden. Das IOC bewahrt seit den olympischen Sommerspielen 2004 negativ getestete Dopingproben für die Höchstdauer von acht (nunmehr zehn) Jahren auf. Durch die Nachuntersuchung der Dopingproben ist es dem IOC in der Vergangenheit gelungen, Sportler im Nachgang wegen eines Dopingverstoßes zu sanktionieren.[1155] Die tatsächliche und rechtliche Möglichkeit, Proben zu re-analysieren, erschüttert die Gewissheit des dopenden Spielers, dass eine bislang unentdeckbare Substanz oder Methode innerhalb der laufenden Verjährungsfrist nicht doch noch nachgewiesen werden kann. Dadurch wird dem Spieler der Anreiz genommen, verbotene Substanzen und/oder Methoden anzuwenden, die nach dem aktuellen Stand der medizinischen Analytik nicht nachzuweisen sind.[1156]

D. Meldepflichten

I. Testpools

Die Spieler der Lizenzligen unterliegen unterschiedlichen Meldepflichten. Der NADA-Code teilt die Sportler in diverse Testpools ein. Details richten sich nach dem Standard für Meldepflichten der NADA.[1157] Hiernach ist in einem ersten Schritt zu prüfen, ob die Spieler einem Testpool angehören. In einem nächsten Schritt ist hinsichtlich der Spieler, welche einem Testpool angehören, danach zu fragen, welchem Testpool der einzelne Spieler angehört. Zu unterscheiden ist zwischen den Individualtestpools Registered Testing Pool (RTP), Nationaler Testpool (NTP) und Allgemeiner Testpool (ATP) sowie dem Teamtestpool (TTP).

1155 So hat zuletzt etwa die Re-Analyse von 265 A-Proben von Athleten, welche an den Olympischen Spielen 2012 in London teilgenommen hatten, in 23 Fällen einen Positivbefund offenbart, vgl. Pressemitteilung des IOC vom 27.5.2016, im Internet abrufbar unter: http://www.olympic.org/news/reanalysis-reveals-banned-substances-in-23-a-samples-from-london-2012 (zuletzt aufgerufen am 6.1.2017).

1156 Dies ist wegen der mit einem Positivbefund einhergehenden Reputationsschäden selbst für Spieler von Belang, die beabsichtigen, innerhalb der Verjährungsfrist ihre sportliche Karrierelaufbahn zu beenden.

1157 Dieser findet in den Anti-Doping-Bestimmungen des DFB nicht ausdrücklich Erwähnung, ist aber über den MuArbV und die Bestätigung über den Erhalt, die Kenntnisnahme und Anerkennung der geltenden Anti-Doping-Richtlinien des DFB sowie der NADA, die der Spieler vor Saisonbeginn durch Unterschrift bestätigen muss, wirksam einbezogen.

Meldepflichtig für den RTP sind alle Athleten mit Kaderstatus eines nationalen Sportfachverbandes, die einem International Registered Testing Pool (IRTP) angehören, sowie solche eines A-Kader einer Sportart der Risikogruppe A.[1158] Nach dem FIFA-ADR gehören insbesondere Spieler dem International Registered Testing Pool an, die kraft eines Entscheids einer FIFA-Instanz nicht spielberechtigt sind oder welche einer Risikogruppe zugehören.[1159] Bei letzteren kann es sich etwa um Verdachtsfälle oder Langzeitverletzte handeln. Die Zugehörigkeit eines Spielers zum IRTP wird durch die Bestimmung der FIFA-Anti-Doping-Stelle einzeln begründet.[1160] Dem RTP gehören derzeit keine Spieler der Bundesliga oder 2. Bundesliga an.[1161]

Meldepflichtig für den NTP sind alle Athleten, die einem A-Kader einer Sportart der Risikogruppe B und C angehören, sowie alle Athleten des erweiterten Kreises der Mannschaft für die Olympischen Spiele.[1162] Meldepflichtig für den ATP sind alle Bundeskaderathleten, die nicht bereits Mitglieder des RTP oder des NTP sind.[1163] Meldepflichtig für den TTP sind alle Athleten, die auf Grund einer Lizenz eines nationalen Ligaspielbetriebs spielberechtigt sind, soweit sie nicht bereits Mitglieder des RTP, NTP oder ATP sind.[1164]

Spieler der A-Nationalmannschaft des DFB sind dem NTP zugeordnet. Spieler der U19- und U21-Nationalmannschaft sind – soweit sie nicht Mitglied der erweiterten deutschen Olympia-Nationalmannschaft sind – keinem Testpool zugewiesen. Sofern sie jedoch als Lizenzspieler spielberechtigt sind für Bundesliga, 2. Bundesliga und 3. Liga, sind sie dem TTP zugeordnet. Gleiches gilt für deutsche Lizenzspieler, die nicht einem Kader des DFB angehören. Ausländische Nationalspieler, die als Lizenzspieler spielberechtigt sind für Bundesliga, 2. Bundesliga und 3. Liga, sind ebenfalls dem TTP zugeordnet. Des Weiteren sind diese Spieler, eine wirksame Unterwerfung vorausgesetzt, den Meldepflichten unterworfen, die sich aus den Regelwerken der Nationalen Anti-Doping-Organisation ihres Landes ergeben. Vertragsspieler (und Amateure), die an Bundesliga, 2. Bundesliga und 3. Liga teilnehmen, gehören mangels Lizenz keinem Testpool an.[1165]

Die NADA legt in Abstimmung mit der Anti-Doping-Kommission des DFB den jeweiligen Testpool fest.[1166] Dazu übermittelt der DFB einmal jährlich der NADA den Kreis der Spieler, die den von der NADA festgelegten Testpoolkriterien unterfallen.[1167] Der Testpool besteht unabhängig von der Kaderzugehörigkeit des Spielers je-

1158 Art. 2.3.1 Standard für Dopingkontrollen und Ermittlungen der NADA.

1159 Art. 1 Abs. 2 lit. a) Satz 1 Anhang C – FIFA-ADR.

1160 Art. 1 Abs. 2 lit. a) Satz 2 Anhang C – FIFA-ADR.

1161 E-Mail der NADA vom 17.6.2016 an den Verfasser. Von weiteren Ausführungen der Meldepflichten von Sportlern des RTP wird daher abgesehen.

1162 Art. 2.3.2 Standard für Dopingkontrollen und Ermittlungen der NADA.

1163 Art. 2.3.3 Standard für Dopingkontrollen und Ermittlungen der NADA.

1164 Art. 2.3.4, 2.3.5 Standard für Dopingkontrollen und Ermittlungen der NADA.

1165 Bei den Spielern der A-Nationalmannschaft des DFB handelt es sich um Lizenzspieler. Abweichungen hiervon sind dem Verfasser nicht bekannt.

1166 Art. 2.3 Abs. 1 Standard für Meldepflichten der NADA; für den NTP vgl. § 4 Nr. 1 Satz 3 DFB-ADR.

1167 Art. 2.3 Abs. 1 Standard für Meldepflichten der NADA.

weils für ein Kalenderjahr (zwölf Monate); Höherstufungen während des laufenden Kalenderjahres sind hierbei möglich.[1168]

Die Meldepflichten der Spieler richten sich nach ihrer jeweiligen Testpoolzugehörigkeit.

1. NTP

Spieler des NTP müssen der NADA drei Monate im Voraus jeweils zum 25. des Vormonats für jeden Tag des folgenden Quartals Angaben zur Erreichbarkeit, insbesondere ihrem Aufenthaltsort, machen.[1169] Zu nennen sind insbesondere Wettkampfplan, Trainingsplan, Postanschrift, telefonische Erreichbarkeit (Mobiltelefonnummer, d. h. insbesondere auch per SMS Textnachrichten), E-Mail-Adresse, Empfangsvertreter für den Fall von Kommunikationsschwierigkeiten und Anschrift des jeweiligen Ortes, an welchem der Spieler am Ende des Tages zu Bett gehen wird.[1170] Hierdurch soll sichergestellt werden, dass der jeweilige Spieler für die jederzeitige[1171] Durchführung von Dopingkontrollen angetroffen werden kann. Dies verlangt, dass die Angaben des Spielers genau und detailliert genug sind.[1172] Änderungen muss der Spieler so früh wie möglich anzeigen.[1173] Im Unterschied zur bestehenden Meldepflicht der dem RTP angehörenden Sportler wird im Lizenzfußball auf die Meldung eines täglichen 60-minütigen Zeitraumes (sog. Ein-Stunden-Regelung), in welchem der Sportler sich verlässlich an dem angegebenen Ort befinden muss,[1174] verzichtet.

2. TTP

Für Spieler, die dem TTP zugehören gilt die sog. Teamabmeldung.[1175] Es obliegt hiernach dem Verein, wöchentlich die NADA über sämtliche Trainingsmaßnahmen zu informieren.[1176] Dies umfasst: Adresse der Trainingsstätte des Spielers, Ansprechpartner, Wochenplan der Mannschaft und weiterer Mannschaften, sofern Spieler von der Spielberechtigtenliste dort mittrainieren, abwesende Athleten (nebst Begründung der Abwesenheit, Nennung des Zeitraums der Abwesenheit und alternativer Erreichbarkeit) und Hinweis auf Spieler, die nicht am Training der benannten Mannschaft teil-

1168 Art. 2.3 Abs. 3 Standard für Meldepflichten der NADA.

1169 Art. 3.2 Standard für Meldepflichten der NADA. Die Meldung erfolgt online auf Basis des Systems ADAMS (Anti-Doping Administration & Management System), Art. 3.9 Standard für Meldepflichten der NADA.

1170 Art. 3.2.1 Standard für Meldepflichten der NADA.

1171 Grundsätzlich wird aber zwischen 23.00 Uhr und 06.00 Uhr auf die Durchführung von Dopingkontrollen verzichtet, siehe Fn. 1142.

1172 Art. 3.2.2 Standard für Meldepflichten der NADA.

1173 Änderungen kann der Spieler per SMS oder per ADAMS-App vornehmen. In Notfällen ist es auch möglich, der NADA Änderungen per E-Mail oder Anruf (außerhalb der Geschäftszeiten Anrufbeantworter) zu übermitteln, Kommentar zu Art. 3.2.3 Standard für Meldepflichten der NADA.

1174 Art. 4.1 Standard für Meldepflichten der NADA.

1175 Art. 3.4.1 Standard für Meldepflichten der NADA.

1176 § 4 Nr. 2 Satz. 1 DFB-ADR.

nehmen, sondern in einer anderen Mannschaft.[1177] Umfasst ist auch die Mitteilung von Freundschaftsspielen und Trainingslagern unverzüglich nach deren Festsetzung in der spielfreien Zeit.[1178] Änderungen, die sich im Laufe der Woche ergeben, sind der NADA anzuzeigen.[1179] Den Spieler selbst trifft keine Meldepflicht. Anders als der meldepflichtige Verein kann er daher nicht für die Nichterreichbarkeit im Training sanktioniert werden.

II. Bewertung

Mitglieder der A-Nationalmannschaft des DFB unterliegen den Meldepflichten des Individualtestpools NTP. Die Spieler müssen zu jeder Zeit und an jedem Ort für Dopingkontrollen zur Verfügung stehen.[1180] Im Unterschied zu den Spielern, welche sich nur in dem TTP oder aber in keinem Testpool befinden, müssen Spieler der A-Nationalmannschaft des DFB sicherstellen, dass ihre Angaben zu Aufenthaltsort und Erreichbarkeit ausreichen, damit die NADA sie an jedem Tag des Quartals für Dopingkontrollen auffinden kann.[1181] Hier wirkt sich die Unterscheidung zwischen Individualtestpool und Teamtestpool aus: Unterlässt es der dem NTP zugehörende Spieler schuldhaft, Angaben zum Aufenthaltsort zu liefern, oder verpasst er Kontrollen, die aufgrund von zumutbaren Regeln angekündigt wurden, stellt jede Kombination von drei versäumten Kontrollen und/oder Verstößen gegen die Meldepflicht, die innerhalb eines 12-Monatszeitraums erfolgt, einen Dopingverstoß dar.[1182] Spieler, welche sich in dem TTP befinden oder keinem Testpool angehören, können einen solchen Dopingverstoß nicht begehen, da eine Meldepflicht der Spieler schon nicht gegeben ist. Es ist daher zu konstatieren, dass Nationalspieler der A-Mannschaft des DFB damit zu rechnen haben, für die Begehung eines Meldepflichtverstoßes mit einer Mindestsperre von sechs Monaten (bei Fahrlässigkeit) belegt zu werden,[1183] wohingegen die sonstigen Teilnehmer der Lizenzligen (sofern diese nicht der Meldepflicht einer anderen NADO unterliegen) mit einer solchen Bestrafung nicht in Konflikt geraten.

Die NADA rechtfertigt diese ungleiche Behandlung damit, dass bei der Risikobewertung nicht lediglich auf die Sportart abzustellen sei, sondern ebenfalls auf die Stellung der Spieler innerhalb der Sportart.[1184] Zwar sei das physische Dopingpotential für aller Spieler gleich, Nationalspieler befänden sich jedoch wegen des „medialen und pekuniären Interesses“ in einer größeren Drucksituation, indem diese stellvertretend für ein Land spielten; Nationalspieler seien Vorbilder gegenüber Nachwuchs und Gesellschaft und hätten daher eine gesteigerte Verantwortung zu tragen.[1185] Hieraus schließt die NADA, dass es insbesondere mit Blick auf die trainingsfreie Zeit Sinn

1177 Art. 3.4.1 Standard für Meldepflichten der NADA.
1178 § 4 Nr. 2 Satz 2 DFB-ADR.
1179 Art. 3.4.3 Standard für Meldepflichten der NADA.
1180 Art. 4.1 Satz 1 Standard für Meldepflichten der NADA.
1181 Art. 4.2 Satz 1 Standard für Meldepflichten der NADA.
1182 § 1 Nr. 2 lit. d) DFB-ADR.
1183 §§ 8b Nr. 4, 8c Nr. 2 lit. b) DFB-RuVO.
1184 *Berninger*, in: NADA-Jahrbuch 2009, S. 17, 23.
1185 *Berninger*, in: NADA-Jahrbuch 2009, S. 17, 23.

mache, individuelle Aufenthaltsangaben von den (A-)Nationalspielern zu verlangen.[1186]

Tatsächlich befinden sich sämtliche Spieler in einer Drucksituation.[1187] Die Teilnehmer der beiden höchsten deutschen Spielklassen stehen fortwährend einer immensen Erwartungshaltung von Medien, Zuschauern, Wirtschaft und Politik gegenüber. Es dürften keine Zweifel daran bestehen, dass im Lizenzfußball, speziell aber in der Bundesliga, pekuniäre Interessen aller Beteiligten ganz offensichtlich eine tragende Rolle spielen. Eine Unterscheidung zwischen deutschen Nationalspielern und sonstigen Spielern berücksichtigt dies nicht ausreichend bzw. verkennt die tatsächlichen Gegebenheiten. Weshalb sollte sich ein Nationalspieler in einer anderen Drucksituation befinden als ein Spieler, der in einem europäischen Wettbewerb wöchentlich Leistung auf einem konstant hohen Niveau zu erbringen hat oder gar den Abstieg seines Vereins verhindern soll? Ist es denn nicht so, dass gerade leistungsphysiologisch unterlegene Spieler, die nicht den Weg in die Nationalmannschaft schaffen, einen starken Anreiz haben, diese Defizite auszugleichen? Auch die Vorbildfunktion nehmen zuweilen – zugestanden, wenn wie im Falle eines Nationalspielers vielleicht auch nicht bundesweit, zumindest aber regional – mit Blick auf die mediale Inszenierung des Produkts „Fußball-Bundesliga“ auch Spieler ein, die nicht dem A-Kader einer Nationalmannschaft angehören.[1188] Führt man sich insbesondere vor Augen, dass es gerade außerhalb von Mannschaftstraining und Wettkampf zur Anwendung von verbotenen Substanzen und Methoden kommen kann, deren Nachweis nur innerhalb eines engen Zeitfensters erbracht werden kann, so ist es nicht gerechtfertigt, die individuelle Meldepflicht auf den selektierten Kreis der deutschen A-Nationalspieler zu beschränken. Eine solche Unterscheidung beraubt die Dopingbekämpfung ihres mitunter stärksten Mittels: des Abschreckungseffekts, der von den nicht angekündigten Dopingkontrollen ausgeht – die Unberechenbarkeit von Zeitpunkt und Umfang der Dopingkontrollen.

Zu medialem Aufsehen hat im Juni 2016 der Fall des spanischen Nationalspielers *Thiago Alcántara* geführt. *Thiago* konnte bei einer im Oktober 2014 durchgeführten allgemeinen Trainingskontrolle der NADA bei seinem Verein, dem *FC Bayern München*, nicht angetroffen werden. Der Verein hatte zutreffend mitgeteilt, dass sich der Spieler im Krankenhaus befand. Eine Kontrolle in einer Klinik in Barcelona konnte jedoch nicht erfolgen, da der Dopingkontrolleur am Eingang der Klinik trotz mehrmaliger Versuche keine ausreichende Information darüber erhalten hatte, ob der Spieler sich in der Klinik tatsächlich aufhielt oder nicht.[1189] Aufgrund der Zugehörig-

1186 *Berninger*, in: NADA-Jahrbuch 2009, S. 17, 24.
1187 Siehe hierzu ausführlich oben Erster Teil Kapitel 3 § 2 B II 2 b.
1188 *Schmidt/Högele*, Deutschland braucht den Superstar, S. 13 ff.
1189 Stellungnahme des DFB vom 23.6.2016, im Internet abrufbar unter: http://www.dfb.de/news/detail/stellungnahme-des-dfb-zum-meldesystem-bei-dopingkontrollen-148780/ (zuletzt aufgerufen am 6.1.2017); siehe auch Deutschlandfunk vom 26.6.2016, Beitrag im Internet abrufbar unter: http://www.deutschlandfunk.de/doping-verpasster-test-bei-thiago.1346.de.html?dram:article_id=358343 (zuletzt aufgerufen am 6.1.2017).

keit zu dem TTP traf den Spieler keine individuelle Meldepflicht. Der Verein war nach Auffassung von DFB und NADA seiner Meldepflicht nachgekommen.[1190]

Dieser praktische Fall macht deutlich, wie die Lücken des Meldesystems für den Spieler günstig ausgenutzt werden können. Mangels individueller Meldepflichten braucht ein Spieler des TTP unter Ausnutzung bestimmter Umstände (anders als Spieler des NTP verfügt der Kontrolleur nicht über die Kontaktdaten des Spielers selbst; dies kann dazu führen, dass der Spieler nicht benachrichtigt werden kann und sich folglich auch nicht zur Verfügung halten muss) außerhalb des Wettkampfs nicht mit Dopingkontrollen zu rechnen. Vertragsspieler (und Amateure) sind von den Testpools erst gar nicht erfasst. Hier trifft auch den Verein keine Meldepflicht.

Zukünftig sollten sämtliche der an Bundesligen und 3. Liga teilnehmenden Spieler der individuellen Meldepflicht des NTP unterworfen werden. Dies bedingt selbstverständlich, dass von der Möglichkeit der Durchführung von Dopingkontrollen auch außerhalb des Mannschaftstrainings jederzeit Gebrauch gemacht wird.

E. Ergebnis

Den deutschen Lizenzfußball zeichnet ein Vollzugsdefizitproblem. Setzt man die Zahl der durchgeführten Kontrollen in Relation zu der Zahl der dem Dopingkontrollverfahren unterliegenden Spielerinnen und Spielern, wird offenkundig, dass die Zahl der durchgeführten Kontrollen gering ist. Auf bestimmte verbotene Substanzen, wie etwa ESAs, die auch im Fußball geeignet sind, die Leistung zu steigern und deren Anwendung im ausländischen Fußball bereits nachgewiesen wurde, werden Proben nur vereinzelt untersucht. Langzeitblutprofile der Spieler werden mangels Vollblutproben nicht erstellt. Dies wäre notwendig, wollte man das Blut- und Gendoping engmaschig erfassen. Kontrolliert wird grundsätzlich nur im Zeitraum zwischen 06.00 Uhr und 23.00 Uhr. Dabei trifft den Großteil der an der Bundesliga teilnehmenden Spieler keine individuelle Meldepflicht. Dies führt dazu, dass Dopingkontrollen, insoweit für den Spieler leicht auszurechnen, in Wettkampf und Mannschaftstraining durchgeführt werden. Wird kontrolliert, so entspricht es der normativen Regel, Proben nicht bis zum Ablauf der zehnjährigen Verjährungsfrist aufzubewahren. Reanalysen werden durch Vernichtung der Proben unmöglich.

Eine effektive Bekämpfung von Doping setzt demnach voraus, dass die Dopingproben für die Dauer der laufenden Verjährungsfrist aufbewahrt und einer Re-Analyse unterzogen werden. Hinzukommen muss, dass die Verbotsliste möglichst sämtliche der leistungssteigernden Substanzen und Methoden umfasst, welche die Kriterien für die Aufnahme in die Verbotsliste der WADA erfüllen. Andernfalls verwenden Spieler straffrei Substanzen und Methoden, die zwar unter moralischen Gesichts-

1190 Stellungnahme des DFB vom 23.6.2016, im Internet abrufbar unter: http://www.dfb.de/news/detail/stellungnahme-des-dfb-zum-meldesystem-bei-dopingkontrollen-148780/ (zuletzt aufgerufen am 6.1.2017).

punkten, nicht aber juristisch betrachtet, den verbotenen Substanzen und Methoden gleichstehen.

§ 3 Disziplinarverfahren

Gelangt die Anti-Doping-Kommission des DFB zu der Erkenntnis, dass ein Verstoß gegen geltende Anti-Doping-Bestimmungen des DFB nicht ausgeschlossen werden kann, setzt sie den DFB-Kontrollausschuss hierüber in Kenntnis.[1191] Ergibt der Sachverhalt aus der Sicht des DFB-Kontrollausschusses einen hinreichenden Tatverdacht, leitet er ein Disziplinarverfahren gegen den Spieler ein und hört diesen an.[1192] Bestätigt sich der Tatverdacht, führt dies zur Anklageerhebung vor dem zuständigen DFB-Sportgericht.[1193] Das DFB-Sportgericht entscheidet als Disziplinarorgan in der Regel nach mündlicher Verhandlung.[1194] Die NADA ist befugt, der mündlichen Verhandlung beizuwohnen.[1195]

Leitet der DFB-Kontrollausschuss ein Disziplinarverfahren nicht innerhalb von zwei Monaten ab Kenntnis von einem möglichen Verstoß gegen Anti-Doping-Bestimmungen ein, obwohl ein solcher nicht auszuschließen ist, ist die NADA befugt, selbst ein Disziplinarverfahren beim DFB-Sportgericht einzuleiten. Geschieht dies, so wird die NADA selbst Partei des Verfahrens.[1196] Art. 70 Abs. 2 FIFA-DR eröffnet zugunsten der FIFA ebenso die Möglichkeit, bei schweren Verstößen gegen den statutarischen Zweck der FIFA Rechtsorgane der FIFA zur Entscheidung zu berufen, soweit der Spieler sich hierunter wirksam unterworfen hat.[1197]

A. Beweislast

Die objektive Beweislast regelt, welche Partei das Risiko zu tragen hat, dass ein Beweis misslingt.[1198] Nach der subjektiven Beweislast obliegt es der objektiv beweisbelasteten Partei, dafür zu sorgen, dass das Gericht zu einer ihr günstigen Erkenntnis gelangt.[1199] Entsprechend obliegt es ihr, für ihre Behauptungen Beweis anzubieten, um ein ihr ungünstiges Ergebnis zu vermeiden. Zur Beurteilung der objektiven Beweislast ist im Rahmen des Dopingsanktionsverfahrens die Tatbestandsseite von der Rechtsfolgenseite zu unterscheiden.

1191 § 14 Nr. 6 DFB-ADR.
1192 § 17 Nr. 1 DFB-ADR; *Schmidt*, in: Stopper/Lentze (Hrsg.), Handbuch Fußball-Recht, III/19 Rn. 43.
1193 §§ 50 Nr. 1 Abs. 1, 42 Nr. 2 lit. a) DFB-Satzung, § 13 Nr. 1 lit. a) DFB-RuVO.
1194 *Schmidt*, in: Stopper/Lentze (Hrsg.), Handbuch Fußball-Recht, III/19 Rn. 43.
1195 *Schmidt*, in: Stopper/Lentze (Hrsg.), Handbuch Fußball-Recht, III/19 Rn. 43.
1196 § 17 Nr. 3 Satz 2 DFB-ADR.
1197 Siehe dazu oben Zweiter Teil Kapitel 1 § 3 A, B.
1198 *Foerste*, in: Musielak/Voit, Kommentar zur ZPO, § 286 Rn. 32.
1199 *Foerste*, in: Musielak/Voit, Kommentar zur ZPO, § 286 Rn. 33.

I. Tatbestandsseite

Die Beweislast für das Vorliegen eines Verstoßes des Spielers gegen Anti-Doping-Vorschriften trägt der DFB.[1200] Dies betrifft auch den Nachweis der subjektiven Voraussetzungen, wo diese Bestandteil des Dopingtatbestandes sind. Wie an anderer Stelle schon aufgezeigt, genügt wegen des *Strict Liability*-Prinzips regelmäßig schon der Nachweis, dass ein verbotener Wirkstoff im Körper des Spielers vorhanden ist/war.[1201] Anderes gilt für Substanzen, die auch endogen produzierbar sind. Bei diesen muss zusätzlich nachgewiesen werden, dass die im Körper vorhandene verbotene Substanz exogen zugeführt worden ist.[1202] Dies geschieht regelmäßig dadurch, dass die Normalwerte überschritten sind, eine Normabweichung mithin gegeben ist.[1203] So hatte die NADA im Fall des Spielers *Marco Russ* nach dem positiven Befund auf das auch körpereigen (endogen) produzierbare hCG eine klinische Untersuchung zur Abklärung gefordert.[1204] Diese hat schließlich eine krankheitsbedingte endogene Produktion von hCG zu Tage gebracht.[1205]

Es obliegt dem Spieler, Vermutungen zu widerlegen und Tatsachen nachzuweisen, die eine von den Feststellungen des DFB abweichende andere Beurteilung der Sachlage zulassen. DFB, NADA und Spieler können den Nachweis durch alle verlässlichen Mittel erbringen; es gilt der Freibeweis.[1206]

In dem Fall eines positiven Befunds der Dopingprobe (A- und B-Probe)[1207] wird zu Lasten des Spielers davon ausgegangen, „dass WADA-akkreditierte oder auf andere Weise von der WADA genehmigte Labors die Analysen sowie die Aufbewahrung der Proben nach dem Internationalen Standard der WADA für Labors durchgeführt haben".[1208] Es obliegt daher dem Spieler, eine Abweichung vom Internationalen Standard der WADA für Labors nachzuweisen, „die nach vernünftigem Ermessen den positiven Befund verursacht haben könnte". Gelingt dies dem Spieler, trägt der DFB unter Hinzuziehung der NADA die Beweislast dafür, „dass diese Abweichung nicht Ursache des positiven Befunds war".[1209]

Abweichungen vom Internationalen Standard der WADA für Dopingkontrollen bleiben unbeachtlich, solange sie nicht „Ursache für einen positiven Befund oder für

1200 § 6 Nr. 5 lit. a) DFB-RuVO.
1201 Siehe hierzu oben Zweiter Teil Kapitel 2 § 1 B I 3.
1202 *Lehner*, in: Adolphsen/Nolte/Lehner/Gerlinger (Hrsg.), Sportrecht in der Praxis, Rn. 1380.
1203 *Nickel/Rous*, Anti-Doping-Handbuch, S. 15 ff.
1204 Pressemitteilung der NADA vom 19.5.2016, im Internet abrufbar unter: http://www.nada.de/filead min/user_upload/nada/Presse/7-PM_160519_Statement_der_NADA_Russ.pdf (zuletzt aufgerufen am 6.1.2017).
1205 Pressemitteilung des DFB vom 10.6.2016, im Internet abrufbar unter: http://www.dfb.de/news/det ail/verfahren-gegen-marco-russ-und-aenis-ben-hatira-eingestellt-147759/ (zuletzt aufgerufen am 6.1.2017).
1206 § 6 Nr. 5 lit. b) DFB-RuVO.
1207 Fordert der Spieler nach dem positivem Befund der Dopingprobe keine B-Probe an, wird davon ausgegangen, dass der Spieler das Resultat der A-Probe uneingeschränkt anerkennt und akzeptiert, § 15 Nr. 2 DFB-ADR.
1208 § 6 Nr. 5 lit. b) Abs. 4 DFB-RuVO.
1209 § 6 Nr. 5 lit. b) Abs. 5 DFB-RuVO.

andere Verstöße gegen Anti-Doping-Vorschriften“ sind.[1210] Soll diese Vermutung widerlegt werden, muss der Spieler nachweisen, dass eine Abweichung vom Internationalen Standard der WADA für Dopingkontrollen gegeben ist, „die nach vernünftigem Ermessen den positiven Befund oder einen anderen Verstoß gegen die Anti-Doping-Vorschriften verursacht haben könnte“.[1211] Gelingt dies dem Spieler, obliegt es dem DFB bzw. der NADA nachzuweisen, „dass die Abweichung nicht die Ursache für den positiven Befund war bzw. worin der tatsächliche Grund für den Verstoß gegen die Anti-Doping-Vorschriften bestand“.[1212]

Tatsächlich wird für den Spieler ein solcher Nachweis nur schwerlich zu erbringen sein; der Spieler, der den Spieler zur Dopingkontrolle begleitende Mannschaftsvertreter und der Dopingkontrolleur bestätigen durch Unterzeichnung des Dopingkontrollformulars, dass die Probeentnahme in Übereinstimmung mit den jeweiligen Verfahrensanweisungen für Probeentnahmen erfolgte.[1213] Ungeachtet der Frage, ob man dieser Erklärung einen rechtsverbindlichen Charakter beimisst oder nicht,[1214] stellt die (dreifache) Unterzeichnung ein starkes Indiz dafür dar, dass die Durchführung der Kontrolle ordnungsgemäß erfolgt ist.[1215]

II. Rechtsfolgenseite

Auf der Rechtsfolgenseite muss differenziert werden zwischen der Festsetzung der Höhe der Sperre auf der einen Seite (1.) sowie der verschuldensabhängigen Aufhebung oder Minderung der Sperre und Herabsetzung der Sanktionen für spezifische Substanzen oder verunreinigte Produkte auf der anderen Seite (2.).

1. Festsetzung der Höhe der Sperre

Wie bereits dargestellt, trägt der Spieler die Beweislast dafür, dass der Verstoß nicht absichtlich begangen wurde, soweit es sich um die Tatbegehungsformen des Vorhandenseins, der Anwendung, des Besitzes oder der versuchten Anwendung von verbotenen nicht-spezifischen Substanzen und Methoden sowie dem Versäumnis, eine Probe abzugeben, handelt. Kann der Spieler einen entsprechenden Nachweis nicht überzeugend führen, bleibt es bei der Regelsperre von vier Jahren.[1216]

1210 § 6 Nr. 5 lit. c) Satz 1 DFB-RuVO.
1211 § 6 Nr. 5 lit. c) Satz 2 DFB-RuVO.
1212 § 6 Nr. 5 lit. c) Satz 2 DFB-RuVO.
1213 Art. 5.3.5 und 5.3.6 Standard für Dopingkontrollen und Ermittlungen der NADA, §§ 11 Nr. 2 lit. e), 12 Nr. 3 lit. g) DFB-ADR.
1214 Jedenfalls mit Blick auf die Unerfahrenheit und Unkenntnis der Regularien durch den Spieler könnten hierbei rechtliche Bedenken bestehen.
1215 Anderes gilt nur dann, wenn dies aus dem Feld „Bemerkungen“ auf dem Doping-Kontrollformular hervorgeht.
1216 Ausführlich hierzu oben Zweiter Teil Kapitel 2 § 1 B II 1 a.

2. Verschuldensabhängige Aufhebung, Minderung, Herabsetzung der Sperre

Für die dem Spieler günstige verschuldensabhängige Aufhebung oder Minderung der Sperre sowie für die Herabsetzung der Sanktionen im Falle der spezifischen Substanzen oder verunreinigten Produkte liegt es am Spieler nachzuweisen, dass ihn kein Verschulden oder kein schwerwiegendes Verschulden an dem Verstoß gegen Anti-Doping-Bestimmungen trifft.[1217]

B. Beweismaß

Das Beweismaß regelt den Grad der richterlichen Überzeugung, der zum Nachweis einer behaupteten Tatsache durch Beweis vorhanden sein muss, damit der Richter sie seinem Urteil zugrunde legen darf und muss.[1218] Das Beweismaß definiert also die Schwelle, deren Überschreitung die beweisbelastete Partei herbeiführen muss, damit zu ihren Gunsten entschieden werden darf (und muss).[1219] Schließlich vergleicht der Richter in der Beweiswürdigung das durch ihn bewertete Beweisergebnis mit dem Beweismaß, welches zur erfolgreichen Beweisführung zu erzielen ist.[1220]

Im Dopingsanktionsverfahren richtet sich das Beweismaß nach dem Träger der Beweislast.[1221]

I. DFB als Träger der Beweislast

Trägt der DFB die Beweislast, liegt das Beweismaß „über der bloßen Wahrscheinlichkeit, jedoch unter dem strikten Beweis".[1222] Für das Begriffsverständnis des in § 6 Nr. 5 lit. a) Abs. 2 DFB-RuVO normierten strikten Beweis ist die Tatsache bedeutsam, dass die Normierung dieses Begriffs in Umsetzung der Vorgaben des NADC/WADC sowie des FIFA-ADR erfolgt ist. Der DFB hat diese Formulierung wortgetreu von der FIFA übernommen.[1223] Art. 3.1 Abs. 1 Satz 3 NADC statuiert: „Die Anforderungen an das Beweismaß sind in jedem Fall höher als die gleich hohe Wahrscheinlichkeit, jedoch geringer als ein Beweis, der jeden vernünftigen Zweifel ausschließt." Die Formulierung „jeden vernünftigen Zweifel ausschließt" erinnert an den zivilprozessualen Vollbeweis (§ 286 ZPO). So darf und muss sich der Richter nach gefestigter Rechtsprechung des BGH bei Geltung des zivilrechtlichen Vollbeweises „in tatsächlich zweifelhaften Fällen mit einem für das praktische Leben brauchbaren Grad von Gewißheit begnügen, der den Zweifeln Schweigen gebietet, ohne sie völlig auszuschlie-

---

1217 § 8c Nrn. 1, 2 lit. a), lit. b) DFB-RuVO.

1218 *Foerste*, in: Musielak/Voit, Kommentar zur ZPO, § 286 Rn. 17; *Dallmeier*, Dopingregeln, S. 148; *Schweizer*, Beweiswürdigung und Beweismaß, S. 15.

1219 *Schweizer*, Beweiswürdigung und Beweismaß, S. 15.

1220 *Foerste*, in: Musielak/Voit, Kommentar zur ZPO, § 286 Rn. 17.

1221 § 6 Nr. 5 lit. a) DFB-RuVO.

1222 § 6 Nr. 5 lit. a) Abs. 2 DFB-RuVO.

1223 Art. 66 Abs. 1 Satz 3 FIFA-ADR.

ßen".[1224] Als Stiftung schweizerischen Rechts gründet das Rechtsverständnis der FIFA auf schweizerischem Recht.[1225] Unter dem „strikten Beweis" wird auch hier der Vollbeweis verstanden. Dieser gilt als erbracht „wenn das Gericht am Vorliegen der behaupteten Tatsache keine ernsthaften Zweifel mehr hat oder allenfalls verbleibende Zweifel als leicht erscheinen".[1226] Der „strikte Beweis" stellt auch nach schweizerischem Verständnis einen hohen Grad der Wahrscheinlichkeit dar.[1227] Auch im Strafverfahren gilt, dass eine Verurteilung nicht erfolgen darf, wenn nach § 261 StPO vernünftige Zweifel bezüglich eines bestimmten Geschehensablaufes vorliegen.[1228] Der Schuldspruch muss „auf einer tragfähigen Beweisgrundlage aufbau[en], die die objektiv hohe Wahrscheinlichkeit der Richtigkeit des Beweisergebnisses ergibt".[1229] Nach dem NADA-Kommentar sind die Anforderungen an das Beweismaß „höher als die bloße Wahrscheinlichkeit (größer als 50 %), jedoch geringer als der Beweis, der jeden Zweifel ausschließt (kleiner als 100 %)".[1230] Ausreichend ist demnach, dass das Sportgericht zu der Überzeugung gelangt, dass für das Vorliegen des durch den Kontrollausschuss des DFB vorgetragenen Sachverhalts eine Wahrscheinlichkeit besteht, die die Schwelle von 50 Prozent überschreitet.[1231]

II. Spieler als Träger der Beweislast

Obliegt die Beweislast dem Spieler, so „genügt für den entsprechenden Beweis bereits bloße Wahrscheinlichkeit".[1232] Von Bedeutung ist dies insbesondere für die verschuldensabhängige Minderung der Sanktion. Eine Ausnahme hiervon macht § 6 Nr. 5 lit. a) Abs. 3 DFB-RuVO für den Fall, dass Sanktionen für spezifische Substanzen oder verunreinigte Produkte herabgesetzt werden sollen. Hier hat der Spieler „ein höheres Beweismaß zu erfüllen".

„Bloße Wahrscheinlichkeit" verlangt nach der Rechtsprechung des CAS, dass der Spieler seinen Standpunkt so darlegt, dass sich die Waagschale zu Gunsten seines Standpunktes neigt.[1233] Der Spieler muss es demnach also als wahrscheinlich erscheinen lassen, dass ein Verstoß gegen Anti-Doping-Bestimmungen nicht vorliegt oder, falls doch, dass ihn hieran kein Verschulden trifft. Dafür genügt es, dass für das Auf-

1224 BGH, Urteil vom 17.2.1970 – III ZR 139/67, BGHZ 53, 245, 256 = NJW 1970, 946, 948; BGH, Urteil vom 14.1.1993 – IV ZR 238/91, NJW, 1993, 935, 937; BGH, Urteil vom 18.1.2000 – VI ZR 375/98, NJW 2000, 953, 954.

1225 Nach Art. 154 IPRG richtet sich das vorherrschende Recht nach dem Recht des Staates, nach dessen Vorschriften der Verband organisiert ist.

1226 SchweizBG, Urteil vom 29.1.2004 – BGE 130 III 321, 324, E. 3.2.

1227 *Schumacher*, in: FS Eichenberger, S. 157, 164, 168.

1228 BGH, Urteil vom 22.10.1969 – 4 StR 285/69, JurionRs 1969, 15132; *Roxin*, Strafverfahrensrecht, § 45 D. II. Rn. 43, E. I. Rn. 56.

1229 BVerfG, Beschluss vom 30.4.2003 – 2 BvR 2045/02, BVerfGK 1, 145, 151 = NJW 2003, 2444, 2445 m. w. N.

1230 NADA-Kommentar zu Art. 3.1 NADC.

1231 CAS 2009/A/1926&1930, WADA v./ ITF & Richard Gasquet, Schiedsspruch vom 17.12.2009, Tz. 31.

1232 § 6 Nr. 5 lit. a) Abs. 3 DFB-RuVO.

1233 CAS 2015/A/1, ASADA v./ Tate Smith, Schiedsspruch vom 2.10.2015, Tz. 32.

treten eines bestimmten Ereignisses der entlastenden Umstände die Wahrscheinlichkeit höher ist als die Wahrscheinlichkeit des anderen Vortrags, der den Verstoß gegen Anti-Doping-Bestimmungen begründen soll.[1234] Dies gilt auch für den Nachweis, wie die verbotene Substanz in den Körper des Spielers gelangt ist.[1235] Nach Art. 3.1 Abs. 2 NADC genügt hingegen bereits die „gleich hohe Wahrscheinlichkeit". Dies meint nach der offiziellen Kommentierung des NADC eine Wahrscheinlichkeit von 50 Prozent. Wegen der Bindung des DFB an den NADC und dessen Bestrebungen, den NADC vorgabenkonform umzusetzen, muss dies bei der Auslegung des Begriffs der „bloßen Wahrscheinlichkeit" zu Gunsten des Spielers berücksichtigt werden.

C. Verstoß gegen Rechtsgrundsätze des Strafprozesses

Das Beweismaß des DFB weicht von dem zivil- und strafprozessualen Überzeugungsgrad bedeutsam nach unten ab und erleichtert es dem DFB auf diese Weise, Beweis über das Vorliegen eines Verstoßes gegen Anti-Doping-Bestimmungen führen zu können. Dies ist aus der Perspektive einer effizienten Bekämpfung von Doping durchaus begrüßenswert. Auf der anderen Seite darf nicht aus den Augen verloren werden, dass die wegen eines Dopingverstoßes gegen einen Spieler verhängte Sperre einen empfindlichen Eingriff in dessen Recht auf freie Berufsausübung markiert. Durch die Anhebung der Regelsperre auf vier Jahre trifft dies den Spieler noch stärker, als dies bei Geltung der Regelsperre von zwei Jahren der Fall war. Hinzu kommt, dass der DFB bei dem Nachweis eines Verstoßes des Spielers gegen Anti-Doping-Regelung nicht den Vollbeweis zu erbringen hat. Genügt der Nachweis dem Beweismaß, liegt ein Dopingverstoß vor. Der Spieler selbst ist dann nur noch in der Lage, die Rechtsfolge durch entlastenden Nachweis des Grades seines Verschuldens oder durch entsprechendes Mitwirken für ihn günstig zu beeinflussen. Es fragt sich, ob die gegenwärtige Regelung des Dopingsanktionsverfahrens den Grundsätzen der Unschuldsvermutung und des *in dubio pro reo* genügen. Unschuldsvermutung und Zweifelssatz sind straf- bzw. strafverfahrensrechtliche Grundsätze.[1236] Relevanz erzeugt die Beantwortung dieser Frage daher nur, wenn die für das Strafrecht geltenden Rechtsgrundsätze auch für das sportverbandrechtliche Dopingverfahren Geltung beanspruchen können.

1234 CAS 2009/A/1918, Jakub Wawrzyyniak v./ HFF, Schiedsspruch vom 21.1.2010, Tz. 53; CAS 2007/A/1370&1376, FIFA, WADA v./ CBF, STJD, Ricarda Lucas Dodô, Schiedsspruch vom 11.9.2008, Tz. 127 ff.

1235 CAS 2009/A/1926&1930, WADA v./ ITF & Richard Gasquet, Schiedsspruch vom 17.12.2009, Tz. 31.

1236 *Wilkmann*, Dopingverfahren, S. 24, 42.

I. Unschuldsvermutung und Grundsatz des in dubio pro reo

Die Unschuldsvermutung ist nach ständiger Rechtsprechung des BVerfG eine besondere Ausprägung des Rechtsstaatsprinzips.[1237] Sie besitzt Verfassungsrang und gehört zum Wesensgehalt der Verfassung.[1238] Die Unschuldsvermutung soll den Angeklagten vor einer ungerechtfertigten Verurteilung im Strafverfahren durch falsche oder fehlende Überzeugung von der Schuld und vor ungerechtfertigten Eingriffen des Staates in seine grundrechtlich geschützten Freiheitsrechte beschützen.[1239] Die Unschuldsvermutung verbietet die Bestrafung, sofern ein Schuldnachweis gesetzlich und prozessordnungsmäßig rechtskräftig nicht erbracht ist. Von diesem Verbot umfasst ist auch die Belastung mit Maßnahmen, die in ihrer Wirkung einer Strafe gleichkommen.[1240] Erfasst sind neben Kriminalstrafen etwa auch beamtenrechtliche Disziplinarstrafen.[1241] Schon der Geltungsgrund der Unschuldsvermutung, das Rechtsstaatsprinzip, lässt erkennen, dass ihre Reichweite nicht partout auf das Strafverfahren beschränkt ist. Demnach stellt es etwa einen Verstoß gegen die Unschuldsvermutung dar, wenn der von einem strafrechtlichen Vorwurf Freigesprochene von öffentlicher Seite aus so behandelt wird, als hätte er die vorgeworfene Tat schuldhaft begangen.[1242] Es obliegt der Strafverfolgungsbehörde, die Schuld des Angeklagten zur Überzeugung des Spruchkörpers nachzuweisen.[1243] Die Beweiswürdigung erfordert eine lückenlose, nachvollziehbare, mit den allgemeingültigen und naturwissenschaftlichen Erfahrungssätzen im Einklang stehende, logische und erschöpfende Auseinandersetzung mit den Beweisen.[1244] Dabei stellt es keinen Verstoß gegen die strafrechtliche Unschuldsvermutung dar, wenn sich Indizien letztlich in einer Gesamtwürdigung zum Beweis verdichten, auf dessen Grundlage der Schuldspruch basiert.[1245] Die Beweisführung ist erfolgreich, wenn „ein nach der Lebenserfahrung ausreichendes Maß an Sicherheit besteht, dem gegenüber vernünftige Zweifel nicht mehr laut werden können".[1246] Der Schuldspruch muss „auf einer tragfähigen Beweisgrundlage [aufbauen], die die objektiv hohe Wahrscheinlichkeit der Richtigkeit des Beweisergebnisses er-

1237 BVerfG, Beschluss vom 15.12.1965 – 1 BvR 513/65, BVerfGE 19, 342, 347 = NJW 1966, 243, 244; BVerfG, Beschluss vom 19.7.1967 – 2 BvR 489/66, BVerfGE 22, 254, 265 = NJW 1967, 2151, 2153; BVerfG, Beschluss vom 26.3.1987 – 2 BvR 589/79, 2 BvR 740/81, 2 BvR 284/85, BVerfGE 74, 358, 370 = NJW 1987, 2427; BVerfG, Beschluss vom 29.5.1990 – 2 BvR 254/88, 2 BvR 1343/88, BVerfGE 82, 106, 114 = NJW 1990, 2741; BGH, Beschluss vom 8.6.1999 – 4 StR 595/97, BGHSt 45, 108, 116 = NJW 1999, 3644, 3646; *Di Fabio*, in: Maunz/Dürig, GG-Kommentar, Art. 2 Rn. 70; *Stuckenberg*, StV 2007, 655, 657.

1238 *Sommermann*, in: v. Mangoldt/Klein/Starck, GG, Art. 20 Rn. 324, 238.

1239 *Frister*, Schuldprinzip, S. 84, 92.

1240 BVerfG, Beschluss vom 5.5.2001 – 2 BvR 413/00, Tz. 11, im Internet aufrufbar unter: http://www.bverfg.de (zuletzt aufgerufen am 6.1.2017); BVerfG, Beschluss vom 5.4.2010 – 2 BvR 366/10, BVerfGK 17, 223, 224.

1241 BVerwG, Urteil vom 24.11.1999 – 1 D 68/98, NVwZ-RR, 2000, 364; BVerwG, Urteil vom 8.12.2009 –2 WD 36.09, Tz. 14.

1242 *Rostalski*, HRRS 2015, 315, 316.

1243 *Mertens*, SpuRt 2006, 177.

1244 BVerfG, Beschluss vom 29.10.2007 – 2 BvR 1461/06, BVerfGK 12, 364, 368.

1245 BGH, Urteil vom 2.9.2009 – 2 StR 229/09, NStZ 2010, 102, 103.

1246 BGH, Urteil vom 28.11.1950 – 2 StR 42/50, NJW 1951, 122.

gibt".[1247] Dies setzt voraus, dass die konkrete und praktische Möglichkeit eines tätergünstigen Alternativsachverhalts besteht.[1248] Demnach ist für den Angeklagten zu entscheiden, wenn das Gericht „nach abgeschlossener Beweiswürdigung nicht die volle Überzeugung vom Vorliegen einer für den Schuld- oder Rechtsfolgenausspruch unmittelbar entscheidungserheblichen Tatsache zu gewinnen vermag".[1249] Liegen vernünftige Zweifel vor, gebietet es die Entscheidungsregel des *in dubio pro reo*, dass eine Verurteilung im Sinne der rechtskräftigen Feststellung von Tat und Schuld nicht erfolgt.[1250] Die Unschuldsvermutung ist eine Beweislastregelung,[1251] welche materiell die Antizipation der Schuld verbietet.[1252] Eine Beweislastregelung dergestalt, dass der Beschuldigte den Nachweis darüber zu erbringen hat, dass Tat und/oder Schuld nicht gegeben sind, verstößt gegen die dargestellten Grundsätze.[1253]

1. Anwendbarkeit im Verbandsrecht

a. Inhalt und Reichweite der grundgesetzlichen Unschuldsvermutung

Bei der Bestimmung von Inhalt und Reichweite der grundgesetzlichen Unschuldsvermutung sind nach der Rechtsprechung des BVerfG die in Art. 6 Abs. 2 EMRK normierte Unschuldsvermutung und die hierzu ergangene Rechtsprechung des EGMR als Auslegungshilfe heranzuziehen.[1254] Unter der offiziellen Überschrift „Recht auf ein faires Verfahren" regelt Art. 6 EMRK in Absatz 2:

> „Jede Person, die einer Straftat angeklagt ist, gilt bis zum gesetzlichen Beweis ihrer Schuld als unschuldig."[1255]

Die Unschuldsvermutung wendet sich an staatliche Organe und Behörden.[1256] Das sportverbandliche Dopingsanktionsverfahren hat seinen Ursprung im Zivilrecht und erfolgt zwischen Personen des Zivilrechts. Eine unmittelbare Anwendung der Unschuldsvermutung scheidet daher aus. Dies schließt jedoch nicht die Möglichkeit einer entsprechenden Anwendung im verbandsrechtlichen Verfahren aus.

Die Anwendbarkeit des Art. 6 Abs. 2 EMRK bezieht sich auf strafrechtliche Sachverhalte. Vorausgesetzt wird, dass eine Person „einer Straftat angeklagt ist". In seiner Entscheidung Engel u. a. v./ Niederlande hat der EGMR Kriterien (sog. „*Engel*"-Kriterien) aufgestellt, die eine autonome Bestimmung des Straftatbegriffs, also fernab der

1247 BVerfG, Beschluss vom 30.4.2003 – 2 BvR 2045/02, BVerfGK 1, 145, 151 = NJW 2003, 2444, 2445 m. w. N.

1248 BGH, Urteil vom 11.1.2005 – 1 StR 478/04, NStZ-RR 2005, 147; *Walter*, JZ 2006, 340, 347.

1249 BGH, Urteil vom 27.6.2001 – 3 StR 136/01, NStZ 2001, 609.

1250 BGH, Urteil vom 2.9.2009 – 2 StR 229/09, NStZ 2010, 102, 103; *Roxin*, Strafverfahrensrecht, § 45 D. II. Rn. 43, E. I. Rn. 56.

1251 *Rogall*, Der Beschuldigte als Beweismittel gegen sich selbst, S. 110.

1252 *Rogall*, Der Beschuldigte als Beweismittel gegen sich selbst, S. 111; *Barrot*, ZJS 2010, 701, 704.

1253 EGMR, Entscheidung vom 20.3.2001 (Telfner v./ Österreich) – 33501/96, Tz. 15.

1254 BVerfG, Beschluss vom 14.10.2004 – 2 BvR 1481/04, BVerfGE 111, 307, 315 ff. = NJW 2004, 3407, 3409 ff.; BVerfG, Beschluss vom 5.4.2010 – 2 BvR 366/10, BVerfGK 17, 223, 224.

1255 Art. 6 Abs. 2 ECHR: „Everyone charged with a criminal offence shall be presumed innocent until proved guilty according to law."

1256 EGMR, Urteil vom 2.6.2009 (Borovský v./ Slowakei) – 24528/02, Tz. 46.

Disposition des nationalen Gesetzgebers, ermöglichen sollen.[1257] Ein strafrechtlicher Sachverhalt kann vorliegen, wenn dieser dem Bereich des Kriminalstrafrechts des jeweiligen Mitgliedsstaates zuzuordnen ist.[1258] Der Klassifizierung nach der nationalen Rechtsordnung kommt lediglich eine indizielle Wirkung zu.[1259] Die Reichweite des Schutzbereichs von Art. 6 Abs. 2 EMRK soll nicht zur Disposition der jeweiligen nationalen Gesetzgeber stehen.[1260] Als zweiter Schritt richtet sich der Blick auf die Natur des vorgeworfenen Vergehens.[1261] Bedeutung kommt dem Adressatenkreis der Regelung zu. Erschöpft sich dieser eher in Bezug auf eine Personengruppe mit speziellem Status, wie etwa Beamte oder Soldaten, kann dies dafür sprechen, dass eher von einem disziplinarrechtlichen Charakter auszugehen ist.[1262] Eng an den zweiten Schritt knüpft der dritte Schritt an, der den Grad der Schwere der drohenden Sanktion sowie deren Zweck betrachtet.[1263] Hiernach verlangt der Anwendungsbereich des Art. 6 Abs. 2 EMRK, dass die angedrohte Sanktion sowohl einen abschreckenden (präventiven) als auch einen unrechtsausgleichenden (repressiven) Charakter aufweist.[1264] Nach der Rechtsprechung des EGMR begründen die „*Engel*"-Kriterien alternativ und nicht kumulativ die Anwendbarkeit des Art. 6 EMRK.[1265]

Der Zweck der Kriminalstrafe stellt sich aus Sicht der deutschen Strafrechtswissenschaft differenziert dar. Ausgehend von dem Schutz hochstehender Rechtsgüter als besonderer Aufgabe des Strafrechts betrachten die Befürworter der sog. relativen Theorien[1266] die Prävention, d. h. die Vermeidung von Straftaten, als obersten Zweck der Strafe.[1267] Dabei teilen sich die Vertreter der relativen Theorie in zwei Lager. Die Befürworter der generalpräventiven Theorien verstehen die Strafe zum einen als Instrument zur Abschreckung der Allgemeinheit (sog. negative Generalprävention) und zum anderen als Manifestation der Wehrhaftigkeit der Rechtsordnung, die Einfluss auf Wertvorstellung bzw. Rechtsbewusstsein und Rechtstreue der Bevölkerung hat (sog. positive Generalprävention).[1268] Die spezialpräventiven Theorien[1269] behandeln

---

1257 EGMR, Urteil vom 8.6.1976 (Engel u. a. v./ Niederlande) – 5100/71.

1258 EGMR, Urteil vom 8.6.1976 (Engel u. a. v./ Niederlande) – 5100/71, Tz. 82.

1259 EGMR, Urteil vom 8.6.1976 (Engel u. a. v./ Niederlande) – 5100/71, Tz. 82: „This however provides no more than a starting point."

1260 *Barrot*, ZJS 2010, 701.

1261 EGMR, Urteil vom 8.6.1976 (Engel u. a. v./ Niederlande) – 5100/71, Tz. 82.

1262 *Meyer-Ladewig*, EMRK, Art. 6 Rn. 24.

1263 EGMR, Urteil vom 25.8.1987 (Lutz v./ Deutschland) – 9912/82, Tz. 54.

1264 EGMR, Urteil vom 8.6.1976 (Engel u. a. v./ Niederlande) – 5100/7, Tz. 83

1265 EGMR, Urteil vom 25.8.1987 (Lutz v./ Deutschland) – 9912/82, Tz. 55; EGMR, Urteil vom 9.10.2003 (Ezeh und Connors v./ Großbritannien) – 39665/98 u. 40086/9, Tz. 86; *Meyer-Ladewig*, EMRK, Art. 6 Rn. 28.

1266 Als bekanntester Vertreter der relativen Theorie ist neben *Paul Johann Anselm von Feuerbach Franz von Liszt* zu nennen; zu Letzterem siehe *von Liszt*, ZStW 3 (1883), 1 ff.

1267 *Eisele*, in: Baumann/Weber/Mitsch/Eisele, Strafrecht AT, § 2 Rn. 21 ff.

1268 Vgl. BVerfG, Urteil vom 25.2.1975 – 1 BvF 1/74, 1 BvF 2/74, 1 BvF 3/74, 1 BvF 4/74, 1 BvF 5/74, 1 BvF 6/74, BVerfGE 39, 1, 60 = NJW 1975, 573, 579; BVerfG, Urteil vom 21.6.1977 – 1 BvL 14/76, BVerfGE 45, 187, 256 = NJW 1977, 1525, 1531; *Stree/Kinzig*, in: Schönke/Schröder, StGB, Vorbem. §§ 38 ff. Rn. 3.

1269 BVerfG, Urteil vom 21.6.1977 – 1 BvL 14/76, BVerfGE 45, 187, 255 = NJW 1977, 1525, 1531; *Fischer*, StGB, § 46 Rn. 3.

die Strafe als ein Mittel zur Einwirkung auf den Täter. Zweck der Strafe ist es demnach, den Täter davon abzuhalten, weitere Taten zu begehen (sog. negative Spezialprävention)[1270]. Ferner soll auf den Täter dergestalt erzieherisch eingewirkt werden, dass eine zukünftige Straffälligkeit durch dessen Besserung vermieden wird (sog. positive Spezialprävention).[1271]

Die relativen Theorien weisen Schwächen auf. Die Ausrichtung des Blickes auf die Allgemeinheit kann bewirken, dass eine schuldangemessene Bestrafung ausbleibt, der Täter zum Objekt des Strafens herabgewürdigt wird. Die spezialpräventiven Theorien versagen indes, sofern es sich bei dem Täter, wie etwa in den bekannten Fällen der Mauerschützen, um mittlerweile vollsozialisierte Täter handelt und eine Wiederholungsgefahr ausgeschlossen werden kann.[1272] Von einer abschreckenden oder sichernden Wirkung kann hier nicht ausgegangen werden.

Einen anderen Ansatz verfolgen die absoluten Theorien. Sie betrachten die Strafe als repressives Instrument. Der Zweck der Strafe liegt in der Reaktion auf eine begangene, rechtlich verbotene Tat. Der Täter soll sich durch die Strafe mit der verletzten Rechtsordnung aussöhnen. Der Unrechtsausgleich soll der Gerechtigkeit zum Sieg über das Unrecht verhelfen.[1273] Die absoluten Theorien richten ihren Blick demnach auf die Vergeltung eines rechtlich verbotenen Verhaltens.[1274] Dabei versäumen sie es, die individuellen und sozialen Auswirkungen der Strafe zu berücksichtigen. Eine zweckfreie Vergeltung ist aus verfassungsrechtlicher Sicht äußerst bedenklich.[1275] Die von geltendem Strafrecht und Rechtsprechung vertretene Vereinigungstheorie führt zur Harmonisierung der vorstehenden Theorien und erblickt den Strafzweck in der Repression, der Spezialprävention und der Generalprävention.[1276] Eine Bestrafung hat demnach unter Berücksichtigung von Täter, Allgemeinheit, Opfer, Schuld, Gerechtigkeit und Unverbrüchlichkeit der Rechtsordnung zu erfolgen.

1270 BVerfG, Urteil vom 21.6.1977 – 1 BvL 14/76, BVerfGE 45, 187, 257 = NJW 1977, 1525, 1531 f.

1271 BVerfG, Urteil vom 21.6.1977 – 1 BvL 14/76, BVerfGE 45, 187, 258 = NJW 1977, 1525, 1532; *Weigend*, in: LK-StGB, Einl. Rn. 58.

1272 *Jäger*, Strafrecht AT, Rn. 6.

1273 *Eisele*, in: Baumann/Weber/Mitsch/Eisele, Strafrecht AT, § 2 Rn. 43 f.

1274 BVerfG, Beschluss vom 4.2.1959 – 1 BvR 197/53, BVerfGE 9, 167, 171 = NJW 1959, 619; BVerfG, Beschluss vom 24.10.1996 – 2 BvR 1851/94, BVerfGE 95, 96, 140 = NJW 1997, 929, 932; BVerfG, Urteil vom 5.2.2004 – 2 BvR 2029/01, BVerfGE 109, 133, 168 = NJW 2004, 739, 744; BVerfG, Beschluss vom 14.1.2004 – 2 BvR 564/95, BVerfGE 110, 1, 13 = NJW 2004, 2073, 2075. Nach BVerfG, Beschluss vom 24.4.1986 – 2 BvR 1146/85, BVerfGE 72, 105, 117 = NJW 1986, 2241 darf die Strafe niemals Selbstzweck sein. Nach *Roxin*, in: FS Volk, S. 601, 613 unterfällt die Auffassung des BVerfG daher nicht den absoluten Theorien. Der Zweck der Strafe folgt nach *Roxin* aus der Prävention (a. a. O.).

1275 Die absoluten Theorien als verfassungswidrig erachtend *Leyendecker*, (Re-)Sozialisierung und Verfassungsrecht, S. 70 ff., 73.

1276 BVerfG, Beschluss vom 19.10.1971 – 1 BvR 387/65, BVerfGE 32, 98, 109 = NJW 1972, 327, 330; BVerfG, Urteil vom 21.6.1977 – 1 BvL 14/76, BVerfGE 45, 187, 253 f. = NJW 1977, 1525, 1531; BVerfG, Urteil vom 5.2.2004 – 2 BvR 2029/01, BVerfGE 109, 133, 173 = NJW 2004, 739, 745.

b. Entsprechende Anwendung der Unschuldsvermutung im Dopingsanktionsverfahren

(1) Strukturelle Vergleichbarkeit

Aufgrund des Ein-Platz-Prinzips besteht zwischen DFB und DFL e. V. einerseits und Spieler andererseits ein Über- und Unterordnungsverhältnis. Der Spieler muss sich den Verbandsbestimmungen unterwerfen, möchte er am Wettbewerb teilnehmen. Dabei kann er keinen Einfluss nehmen auf den Inhalt der Sportregeln. Bei Verstößen gegen Anti-Doping-Vorschriften leitet der DFB gegen den Spieler ein Disziplinarverfahren ein, nachdem die Anti-Doping-Kommission ein Dopingvergehen festgestellt hat. Der Entscheidung des Sportgerichts geht die Erhebung der schriftlichen Anklage durch den Kontrollausschuss voraus. Die Organisationsstruktur des DFB gleicht der des staatlichen Strafverfahrens; hier ist es die Staatsanwaltschaft, die das Verfahren einleitet und Anklage erhebt. Im Dopingsanktionsverfahren stehen DFB und DFL e. V. dem Spieler gegenüber wie Staat und Bürger im staatlichen Strafverfahren.[1277]

(2) Zweck der Dopingsanktion

Das Bundesgericht des DFB folgt der Vereinigungstheorie. So hat es im Fall des Spielers *Roland Wohlfarth*[1278] bei der Strafzumessung sowohl spezialpräventive, generalpräventive als auch repressive Zwecke berücksichtigt. Hervorgehoben hat das Bundesgericht dabei insbesondere den positiven generalpräventiven Zweck der Strafe, das Vertrauen in die Bestands- und Durchsetzungskraft der Dopingordnung zu erhalten und zu stärken.[1279] Verdeutlicht wird diese Zwecksetzung durch die statutarisch verbriefte Absicht des DFB, mit der Verfolgung von Dopingverstößen die Glaubwürdigkeit des Fußballsports zu schützen und zu stärken.[1280] Während die Vorinstanz der Strafe ihren negativen generalpräventiven Charakter mit der Begründung abgesprochen hatte, Doping spiele im Lizenzfußball keine Rolle, hat es das Bundesgericht als das oberste Ziel der Strafe ausgegeben, Vergehen entgegenzutreten.[1281] Abschreckende Wirkung kommt auch den angedrohten Strafen zu. Soweit der resozialisierende Gedanke im Falle des mit der Sanktion verbundenen Karriereendes eines Spielers tatsächlich nicht umgesetzt werden kann, liegt der Schwerpunkt auf den generalpräventiven Zwecksetzungen und der Erzielung eines angemessenen Schuldausgleichs. Dieser hat in die Anti-Doping-Bestimmungen des DFB Eingang gefunden. Durch die Sperre des dopenden Spielers soll die schuldhafte Handlung des Spielers gesühnt wer-

1277 Ebenso *Wilkmann*, Dopingverfahren, S. 42 und OLG Frankfurt a. M., Urteil vom 18.5.2000 – 13 W 29/00, NJW-RR 2000, 1117, 1121 für das sportverbandliche Dopingverfahren allgemein.

1278 DFB-BGer, Urteil vom 16.2.1995 – 9/94/95, SpuRt 1995, 233, 236.

1279 DFB-BGer, Urteil vom 16.2.1995 – 9/94/95, SpuRt 1995, 233, 236.

1280 Vgl. Präambel DFB-ADR: „Der DFB bekennt sich zum Dopingverbot, um die Spieler und Spielerinnen vor Gesundheitsschäden zu bewahren und die Fairness im sportlichen Wettbewerb zu erhalten. Deshalb werden, auch zur Sicherung der Glaubwürdigkeit des Fußballsports, Dopingkontrollen durchgeführt und die nachstehenden Bestimmungen erlassen."

1281 DFB-BGer, Urteil vom 16.2.1995 – 9/94/95, SpuRt 1995, 233, 236.

den. Dies folgt aus den Bestimmungen, wonach die angemessene Strafe an der Schuld des Spielers festgemacht werden soll. Schuldloses Handeln des Spielers führt demnach zu einer Aufhebung der Sperre, leichtes Verschulden zu einer Minderung der Sperre. Schuldhaftes Handeln ist Voraussetzung für die Verhängung einer Verbandssanktion.[1282] Eine Bestrafung erfolgt demnach durch die Ausrichtung an der Schuld.[1283] Damit steht fest, dass Verbandssanktionen, die wegen eines Dopingvergehens gegen den Spieler verhängt werden, den Strafzweck der Kriminalstrafe erfüllen.

(3) Strafcharakter der Dopingsanktion

Es entspricht der überwiegenden Auffassung, der Strafe die sozialethische Missbilligung eines pönalisierten schuldhaften rechtswidrigen Verhaltens zuzuschreiben.[1284] *Roxin* beschreibt in Abkehr von der sozialethischen Determination das Wesen der Strafe als „eine staatliche Übelszufügung auf Grund eines vorwerfbaren, in erhöhtem Maße sozialschädlichen Verhaltens".[1285] Der Strafausspruch bringt einen Tadel oder Vorwurf zum Ausdruck, den das BVerfG im Sinne eines sozialethischen Vorwurfs oder einer besonderen sittlichen Missbilligung versteht.[1286]

Durch Doping verstößt der Spieler gegen die Grundwerte des Sports: die Chancengleichheit und das Gebot des Fairplay. Es kommt zur Verletzung der Glaubwürdigkeit des Fußballsports. In der öffentlichen Wahrnehmung handelt es sich bei dem sich dopenden Spieler dauerhaft um einen „Betrüger".[1287] Die FIFA stellt in ihrem Vorwort des FIFA-ADR klar, mit den Dopingkontrollen das Ziel zu verfolgen, ethisches Verhalten, Fairness im Sport und Chancengleichheit für alle Teilnehmer sichern zu wollen. Auch der DFB bekennt sich zum Dopingverbot, „um die Spieler [...] vor Gesundheitsschäden zu bewahren und die Fairness im sportlichen Wettbewerb zu erhalten".[1288] Daraus folgt, dass der Bestrafung des dopenden Spielers der ethische Schuldvorwurf der Verbandsgemeinschaft inhärent ist. Die Dopingsanktion ist mithin Ausdruck der sportethischen Missbilligung. Schließlich hat auch der Gesetzgeber

---

1282 OLG Frankfurt a. M., Urteil vom 18.5.2000 – 13 W 29/00, SpuRt 2000, 197, 198; DFB-Sportgericht, Urteil vom 11.10.1999 – 30/1999/2000, SpuRt 2000, 78, 79; *Reuter*, in: Münchener Kommentar zum BGB, § 25 Rn. 46; *Summerer*, in: Fritzweiler/Pfister/Summerer, Praxishandbuch Sportrecht, II/3 Rn. 352; *Adolphsen/Hoefer/Nolte*, in: Adolphsen/Nolte/Lehner/Gerlinger (Hrsg.), Sportrecht in der Praxis, Rn. 182; differenzierend hingegen *Walker*, NJW 2014, 119, 121 ff. (für die Haftung der Sportvereine bei Zuschauerausschreitungen).

1283 DFB-Sportgericht, Urteil vom 11.10.1999 – 30/1999/2000, SpuRt 2000, 78, 81.

1284 BVerfG, Beschluss vom 24.10.1996 – 2 BvR 1851/94, BVerfGE 95, 96, 140 = NJW 1997, 929, 932; BVerfG, Beschluss vom 14.1.2004 – 2 BvR 564/95, BVerfGE 110, 1, 13 = NJW 2004, 2073; BVerfG, Urteil vom 19.3.2013 – 2 BvR 2628/10, 2 BvR 2883/10, 2 BvR 2155/11, BVerfGE 133, 168, 198 (Tz. 54) = NJW 2013, 1058, 1059; BVerfG, Beschluss vom 15.12.2015 – 2 BvR 2735/14, NJW 2016, 1149, 1153; *Kühl*, in: FS Eser, S. 149, 156 ff.; *ders.*, Unschuldsvermutung, S. 15.

1285 *Roxin*, in: FS Volk, S. 601, 604; zur Bedeutung der Übelszufügung siehe *Kühl*, in: FS Eser, S. 149, 160 f.

1286 BVerfG, Beschluss vom 15.12.2015 – 2 BvR 2735/14, NJW 2016, 1149, 1153.

1287 DFB-BGer, Urteil vom 16.2.1995 – 9/94/95, SpuRt 1995, 233, 236; *Summerer*, in: Fritzweiler/Pfister/Summerer (Hrsg.), Praxishandbuch Sportrecht, II/3 Rn. 355.

1288 Präambel DFB-ADR.

mit Einführung des AntiDopG in § 1 klargestellt, dass mit der Bestrafung der Verletzung von Fairness und Chancengleichheit bei Sportwettbewerben, kurz der Integrität des Sports, durch Doping ein sozialethisches Unwerturteil zum Ausdruck gebracht werden soll.

(4) Wirkung der Dopingsanktion

Aufgrund des schon dargestellten Ein-Platz-Prinzips kommt die Verhängung einer Sperre, aus der Perspektive des Spielers, einer staatlichen Strafe gleich. Der alleinige Unterschied besteht darin, dass durch den Verband eine Freiheitsstrafe nicht verhängt werden kann. Dem Spieler ist es durch die Sperre verwehrt, an Training und Wettbewerb teilzunehmen. Hierdurch verfügt der Verband über eine Sanktionsform, die das staatliche Strafrecht im Gewand der Anordnung des Berufsverbots (§ 70 StGB) als Maßregel der Besserung und Sicherung zum Schutz der Gemeinschaft kennt.[1289] In der Sache stellt es für den Spieler aber keinen Unterschied dar, ob er in seinen Freiheitsrechten durch den Staat oder durch den Verband betroffen ist. Anders als im staatlichen Strafrecht wirkt die verhängte Sperre über die deutschen Grenzen hinweg und in die Freizeitgestaltung des Spielers hinein. Aufgrund der monopolistischen Verbandsstruktur wird an der Verbindlichkeit der Sperre weltumfassend festgehalten. Über die Einhaltung wacht die FIFA. Dies bedeutet für den Spieler, dass er während der Sperre seinen Beruf als Sportler weltweit nicht ausüben darf,[1290] und stellt eine deutliche Verschärfung gegenüber dem strafrechtlich angeordneten Berufsverbot dar. Schon mit der Bekanntgabe der Einleitung des Disziplinarverfahrens geht eine Stigmatisierung des Spielers in der Öffentlichkeit einher. Durch die (zeitweise oder dauerhafte) Entziehung der Berufsgrundlage wird der Sportler davon abgehalten, ein normales Leben zu führen. Der Spieler ist nicht in der Lage, seinen Lebensunterhalt in seinem „erlernten“ Beruf zu verdienen. Die Sperre wirkt wegen ihres – im Unterschied zur Maßregel der Besserung und Sicherung – nicht lediglich spezialpräventiven Charakters als Folge des in ihr enthaltenen Unwerturteils wie eine Strafe, die wertungsmäßig je nach Intensität zwischen Geldstrafe (der Spieler ist gezwungen, auf sein Einkommen als Berufsfußballspieler zu verzichten) und Freiheitsstrafe (Eingriff in die Freiheit der Berufsausübung durch weltweites Verbot der Teilnahme an Training und Wettbewerb in sämtlichen Sportarten) anzusiedeln ist. Jedenfalls soweit die Regelsperre betroffen ist, kommen die Auswirkungen der Sperre, Härte und Stigma einer Kriminalstrafe gleich.[1291]

1289 So richtig *Rössner*, in: FS Meyer-Gossner, S. 741, 744.

1290 Ausführlich hierzu oben Zweiter Teil Kapitel 2 § 1 B II 2.

1291 Nach *Wilkmann*, Dopingverfahren, S. 44 kommt die Sperre „der Strafe im strafrechtlichen Sinne nahe“. A. A. CAS 2010/A/2268, I. v./ FIA , Schiedsspruch vom 15.9.2011, Tz. 99 ff.

(5) Fazit

Die Sperre als Dopingsanktion ist in ihrer Zwecksetzung, ihrem Charakter und (jedenfalls bezüglich längerer oder lebenslanger Sperren) in ihrer Wirkung der Kriminalstrafe gleichzusetzen. Es handelt sich um eine strafähnliche Sanktion,[1292] beschränkt man die begriffliche Verwendung von Strafe lediglich auf die hoheitliche Sanktion eines sozialethisch missbilligten und schuldhaften Verhaltens.[1293] Betrachtet man Art und Schwere der angedrohten Sperre und deren Sinn und Zweck, ist nach der Rechtsprechung des EGMR der Anwendungsbereich des Art. 6 Abs. 2 EMRK eröffnet. Unerheblich ist, dass sich die sanktionsregelnden Anti-Doping-Bestimmungen nur an eine bestimmte Personengruppe, namentlich die Fußballspieler, richten.

Sofern verbandsrechtliche Sanktionen in Zweck und/oder Wirkung der Kriminalstrafe entsprechen, müssen auch die „wesentliche[n] Strafrechtsgrundsätze“[1294] zur Anwendung kommen. Nur auf diesem Weg kann eine Kompensation der Schwere des Eingriffs erfolgen.

Für die Gleichbehandlung der Dopingsanktion mit der Kriminalstrafe streitet auch die strafprozessuale Struktur des Dopingsanktionsverfahrens. So ist zunächst die Erhebung der Anklage durch den Kontrollausschuss des DFB (der Staatsanwaltschaft des DFB) Voraussetzung für die Sanktionierung eines Spielers.[1295] Der Anklageschrift des Kontrollausschusses liegt das Ermittlungsergebnis der Anti-Doping-Kommission (der Ermittlungsbehörde des DFB) zu Grunde. Eine Entscheidung ergeht regelmäßig erst nach Durchführung eines mündlichen Verfahrens durch das Sportgericht. § 16 DFB-RuVO gewährt dem Spieler zahlreiche Verfahrensrechte, die denen im rechtsstaatlichen Strafverfahren entsprechen. Hervorzuheben ist insbesondere das Recht des beschuldigten Spielers auf Beiziehung eines Rechtsbeistandes[1296] und des letzten Wortes.[1297] Daneben zieht der DFB weitere Grundsätze heran, die originär im Strafverfahren verwurzelt sind. So bringt eine Untersuchung von *Eufe* zutage, dass im Dopingverfahren des DFB die strafprozessualen Prozessmaximen faktisch zur Geltung gelangen.[1298] Überzeugend weist *Eufe* nach, dass im Bereich des DFB folgende strafrechtlichen/-prozessualen Grundsätze angewendet werden, bereits angewendet wurden oder anzuwenden sind: Akkusationsprinzip, Offizialmaxime, Legalitätsprinzip, Opportunitätsprinzip, Grundsatz der freien Beweiswürdigung, Unmittelbarkeitsgrundsatz, Mündlichkeitsgrundsatz, Öffentlichkeitsgrundsatz, Grundsatz des rechtlichen Gehörs, Recht auf Verteidigung, Grundsatz des gesetzlichen Richters, Bestimmtheitsgrundsatz, Rückwirkungsverbot, Doppelbestrafungsverbot (*ne bis in idem*) und *Fair trial*-Prinzip.[1299] Zu ergänzen ist diese Feststellung um das in § 28 DFB-RuVO

1292 *Eufe*, Die Unschuldsvermutung im Dopingverfahren, S. 39 ff.
1293 So BVerfG, Urteil vom 20.3.2002 – 2 BvR 794/95, BVerfGE 105, 135, 153 = NJW 2002, 1779, 1780.
1294 *Rössner*, in: FS Meyer-Gossner, S. 741, 744.
1295 § 13 Nr. 1 lit. a) DFB-RuVO.
1296 § 16 Nr. 5 DFB-RuVO.
1297 § 16 Nr. 6 Abs. 2 Satz 2 DFB-RuVO.
1298 *Eufe*, Die Unschuldsvermutung im Dopingverfahren, S. 42 ff.
1299 *Eufe*, Die Unschuldsvermutung im Dopingverfahren, S. 42 ff.

normierte Verschlechterungsverbot (*reformatio in peius*) und um die in § 32 DFB-RuVO vorgesehene Möglichkeit der Wiederaufnahme des durch rechtskräftige Entscheidung abgeschlossenen Verfahrens. Eine Anwendung dieser strafprozessualen Grundsätze im Dopingverfahren ist nicht nur wünschenswert, sondern auch richtig. Schließlich verweist auch der Kommentar zu Art. 8.1 WADC hinsichtlich der fairen und unparteiischen Anhörung auf Art. 6 Abs. 1 ERMK.

Soweit teilweise unter Verweis auf die ausschließlich privatrechtliche Einbindung der Sanktionsgewalt des Verbands von der Nichtanwendbarkeit strafrechtlicher bzw. strafprozessualer Grundsätze im Zivilrecht ausgegangen wird,[1300] geht diese Annahme aufgrund der dargestellten Praxis und der Strafähnlichkeit der Verhängung von Sperren fehl. Bei der Sanktionierung des Spielers handelt es sich keineswegs nur um eine „vereinbarte privatrechtliche Rechtsfolge[ ] eines Verstoßes gegen privatrechtliche Pflichten".[1301] Nach der hier vertretenen Auffassung ist maßgeblich, welcher Zweck und welche Wirkung der Sanktionierung durch den Verband zukommt.[1302] Jedenfalls mit Blick auf Sperren, die nicht nur vorübergehender Natur sind, führt dies dazu, dass aufgrund der strafähnlichen Struktur des Dopingverfahrens und der strafähnlichen Eingriffsintensität der Sperre das Disziplinarorgan an die elementaren strafrechtlichen/-prozessualen Grundsätze gebunden ist.[1303] Dies muss auch für den Grundsatz des *in dubio pro reo* gelten,[1304] soweit man diesen nicht schon als in der Unschuldsvermutung enthalten ansieht.[1305]

Das Freiheitsinteresse des Spielers, seinen Beruf als Fußballspieler auszuüben bzw. im Falle junger Spieler zukünftig ausüben zu können und damit den Lebensunterhalt zu verdienen, wiegt insbesondere auch vor dem Hintergrund der biografischen Fixierung des Spielers und seiner getätigten Investitionen in die berufliche Laufbahn als Berufssportler schwerer als der Verbandsstrafanspruch als Ausdruck ebenfalls grundgesetzlich gewährleisteten Verbandsautonomie.[1306] Im Rahmen der Abwägung der vorgenannten Interessen kann es im Sinne einer effektiven Bekämpfung von Doping angezeigt sein, das Beweismaß für den Nachweis eines Verstoßes gegen Anti-Doping-Bestimmungen zugunsten des Verbands zu senken. Dies darf jedoch nicht dazu führen, dass der Spieler beweisbelastet ist. Eine solche Regelung würde die Freiheitinteressen des Spielers nur unzureichend berücksichtigen. Unproblematisch ist es nach der in Schrifttum und Rechtssprechung überwiegend vertretenen

---

1300 CAS 2006/A/1102, Johannes Eder v./ Ski Austria, Schiedsspruch vom 13.11.2006, Tz. 52; *Fuchs*, Vereinsstrafe, S. 319; *Krähe*, in: Fritzweiler (Hrsg.), Doping, S. 39, 42; *Dury*, SpuRt 2005, 137, 140. Für die Schweiz: SchweizBG, Urteil vom 10.2.2010 – 4A_612/2009, Tz. 6.3.2; SchweizBG, Urteil vom 31.3.1999 – 5P.83/1999, Tz. 3.d.

1301 So aber *Hillgruber*, in: *Maunz/Dürig*, GG-Kommentar, Art. 92 Rn. 89.

1302 So bereits *Eufe*, Die Unschuldsvermutung im Dopingverfahren, S. 40 f.; *Wilkmann*, Dopingverfahren, S. 53.

1303 Vgl. unter Hinweis auf die Eingriffsintensität *Rössner*, in: FS Meyer-Gossner, S. 741, 744.

1304 *Rössner*, in: FS Meyer-Gossner, S. 741, 749 f.; *Summerer*, in: Fritzweiler/Pfister/Summerer (Hrsg.), Praxishandbuch Sportrecht, II/3 Rn. 354.

1305 Nach *Hilpert*, Fußballstrafrecht, § 16 Rn. 24 gilt im Sportstrafverfahren die Unschuldsvermutung, nicht aber der Grundsatz *in dubio pro reo*, obwohl dieser nach *Hilpert* (a. a. O.) (für das staatliche Verfahren) aus der Unschuldsvermutung abzuleiten ist.

1306 OLG Frankfurt a. M., Urteil vom 18.5.2000 – 13 W 29/00, NJW-RR 2000, 1117, 1121.

Auffassung hingegen, die Grundsätze des Anscheinsbeweises anzuwenden.[1307] Widerlegliche Schuldvermutungen verstoßen, anders als die Umkehr der Beweislast, nicht gegen die Unschuldsvermutung, soweit das Verhalten in seiner konkreten Form typischerweise auf die schuldhafte Begehung des Dopingverstoßes schließen lässt.[1308] Der Anscheinsbeweis wird in Fällen herangezogen, in denen die Beweiserleichterung zu Gunsten der beweisbelasteten Partei geboten scheint. Dies sind vorwiegend Fälle der (unverschuldeten) Beweisnot.[1309] Es obliegt dann der anderen Partei, den Anscheinsbeweis zu erschüttern. Dies hat durch den vollen Beweis der Tatsachen zu geschehen, welche die ernsthafte Möglichkeit eines abweichenden Geschehensablaufs wahrscheinlich erscheinen lassen.[1310] Es steht den Parteien jedoch frei, niedrigere Anforderungen an die Erschütterung des Anscheinsbeweises zu normieren.[1311] Im Bereich des Sports gilt der Erfahrungssatz, dass die innerhalb eines rechtmäßigen Analyseverfahrens aufgefundenen verbotenen Substanzen im Körper des Sportlers nach allgemeiner Lebenserfahrung typischerweise die Folge eines durch den Sportler schuldhaft herbeigeführten Dopingverstoßes sind.[1312] Der Spieler hat die Möglichkeit, den Anschein auf der Rechtsfolgenebene zu zerstören. Hierbei gilt das in § 6 Nr. 5 lit. a) DFB-RuVO normierte Beweismaß. Auf der Tatbestandsebene schließt die Geltung des *Strict Liability*-Prinzips den Anscheinsbeweis aus. Der Anscheinsbeweis bewirkt keine Änderung der Beweislastverteilung; der Sportfachverband trägt unverändert die Beweislast für das Verschulden des Sportlers.[1313] Als Form der Beweiserleichterung hat der Anscheinsbeweis aber Auswirkungen auf das Beweismaß. Der DFB trägt (zunächst) aufgrund des auf der Rechtsfolgenebene vermuteten Verschuldens des Spielers nicht das Beweisrisiko, um den Spieler zu bestrafen.[1314] Schafft es allerdings der Spieler, den Anscheinsbeweis zu erschüttern, so trägt der DFB zur Bestrafung des Spielers die volle Beweislast für das Verschulden des Spielers.[1315]

1307 OLG Frankfurt a. M., Urteil vom 18.5.2000 – 13 W 29/00, NJW-RR 2000, 1117, 1121; OLG Dresden, Beschluss vom 18.12.2003 – W 0350/03 Kart, SpuRt 2004, 74, 77; LG Stuttgart, Urteil vom 2.4.2002 – 17 O 611/00, SpuRt 2002, 245, 249; *Lehner*, in: Adolphsen/Nolte/Lehner/Gerlinger (Hrsg.), Sportrecht in der Praxis, Rn. 1379; *Summerer*, in: Fritzweiler/Pfister/Summerer (Hrsg.), Praxishandbuch Sportrecht, II/3 Rn. 355, 305; *Rössner*, in: FS Meyer-Gossner, S. 741, 750; *Eufe*, Die Unschuldsvermutung im Dopingverfahren, S. 58 ff.; *Petri*, Die Dopingsanktion, S. 282 f.; *Natsch*, Dopingbekämpfung und Unschuldsvermutung, S. 188 ff., 194 f.; *Fenn/Petri*, SpuRt 2000, 232 ff.; *Wilkmann*, Dopingverfahren, S. 176 ff.

1308 Vgl. BVerfG, Beschluss vom 4.2.1959 – 1 BvR 197/53, BVerfGE 9, 167, 169 = NJW 1959, 619; BVerfG, Beschluss vom 23.4.1991 – 1 BvR 1443/87, BVerfGE 84, 82 = NJW 1991, 3139 f.; *Böse*, Wirtschaftsaufsicht, S. 176.

1309 *Walter*, ZZP 1977, 270, 283.

1310 BGH, Urteil vom 3.7.1990 – VI ZR 239/89, NJW 1991, 230, 231; BGH, Urteil vom 30.9.1993 – IX ZR 73/93, BGHZ 123, 311, 315 = NJW 1993, 3259; BGH, Urteil vom 17.6.1997 – X ZR 119/94, NJW 1998, 79, 81 f.

1311 *Adolphsen*, SpuRt 2000, 97, 99.

1312 *Hilpert*, Fußballstrafrecht, § 6 Rn. 34; *Paul*, Grenzwerte, S. 227.

1313 *Wilkmann*, Dopingverfahren, S. 167, 170.

1314 Vgl. OLG Dresden, Beschluss vom 18.12.2003 – W 0350/03 Kart, SpuRt 2004, 74, 77; *Hilpert*, Fußballstrafrecht, § 6 Rn. 34.

1315 OLG Frankfurt a. M., NJW-RR 2000, 1117, 1121; *Lehner*, in: Adolphsen/Nolte/Lehner/Gerlinger (Hrsg.), Sportrecht in der Praxis, Rn. 1379.

2. Geltung im Verbandsrecht

a. Unmittelbare Drittwirkung

Bei den rechtsstaatlichen Verfahrensgrundsätzen handelt es sich – wie auch bei den Grundrechten und den grundgesetzlichen Verfahrensvorschriften – um geschriebene und ungeschriebene Bestimmungen, die den Einzelnen vor der willkürlichen Ausübung der Staatsmacht und damit vor ungerechtfertigten Eingriffen des Staates in die persönlichen Freiheitsrechte des Einzelnen schützen sollen. Sie sind Abwehrrechte gegen den Staat.[1316] Die deutschen Sportfachverbände und selbstverständlich auch der DFB sind eigene, staatsferne Rechtssubjekte. Sie unterliegen nicht der (unmittelbaren) staatlichen Einflussnahme. Eine unmittelbare Drittwirkung könnte aber in Erwägung gezogen werden, betrachtet man die aus dem Ein-Platz-Prinzip resultierende Monopolstellung von DFB und DFL e. V. Dem Spieler bleibt letztlich nur die Möglichkeit, sich der Verbandsgewalt zu beugen, möchte er am Spielbetrieb teilnehmen. Das Verhältnis zwischen Verband und Spieler ähnelt daher dem Über- und Unterordnungsverhältnis zwischen Staat und Bürger. Eine unmittelbare Drittwirkung scheidet dennoch aus.[1317] Art. 1 Abs. 3 GG beschränkt den Anwendungsbereich der Grundrechte auf Gesetzgebung, vollziehende Gewalt und Rechtsprechung. Gleiches gilt nach Art. 20 Abs. 3 GG für die Bindung an rechtsstaatliche Grundsätze. Private Subjekte sind hiervon nicht erfasst. Auch der Rechtsprechungsbegriff umfasst nach Art. 92 GG lediglich (unmittelbare und mittelbare) staatliche Gerichte,[1318] nicht auch Verbandsgerichte.[1319] Aus der unmittelbaren Einbeziehung Privater in den Anwendungsbereich der Artt.9 Abs. 3 Satz 2, 20 Abs. 4 GG sowie Art. 48 Abs. 1 und 2 GG folgt im Umkehrschluss das Fehlen einer unmittelbaren Drittwirkung hinsichtlich der sonstigen Normen des Grundgesetzes. Eine unmittelbare Bindung privater Dritter an die Wahrung der Grundrechte und der grundrechtsgleichen (Verfahrens-) Rechte hätte zudem eine freiheitsbeschränkende Wirkung zur Folge. Dies widerspräche dem Sinn und Zweck der Grundrechte, die als Abwehrrechte gegen den Staat die Freiheitsrechte des Einzelnen und damit auch des Monopolverbandes schützen sollen. Gleichwohl kann vor dem Hintergrund der Schutzpflicht des Staates nicht hingenommen werden, dass es unter dem Deckmantel der grundrechtlich geschützten Privatautonomie zur Missachtung rechtsstaatlicher Verfahrensgrundsätze kommen kann. Allgemein anerkannt ist daher, dass Grundrechte und grundrechtsgleiche (Verfahrens-)Rechte auch im Privatrechtsverkehr mittelbare Wirkung entfalten (sog. mittelbare Drittwirkung). Dies gilt insbesondere in den Fällen der Monopolverbände.

1316 BVerfG, Urteil vom 15.1.1958 – 1 BvR 400/57, BVerfGE 7, 198, 204 = NJW 1958, 257. Zu den Grundrechten als Abwehrrechte ausführlich *Poscher*, Grundrechte als Abwehrrechte.

1317 Eine unmittelbare Geltung bzw. Drittwirkung der Grundrechte bejahend: *Nipperdey*, RdA 1950, 121, 124 f.; *Leisner*, Grundrechte und Privatrecht, S. 354 ff., 403; *Schwabe*, Drittwirkung der Grundrechte, S. 155 ff.; *Bleckmann*, DVBl. 1988, 938 ff.

1318 *Lorenz*, Der Rechtsschutz des Bürgers, S. 208 ff. Unbeachtlich ist demnach die Bezeichnung der Disziplinarorgane durch den DFB als „Gericht", namentlich Sportgericht und Bundesgericht.

1319 *Rückert*, in: Schroeder/Kaufmann (Hrsg.), Sport und Recht, S. 175, 181; *Burmeister*, DÖV 1978, 1, 8.

b. Mittelbare Drittwirkung

Wirkung entfalten die Grundrechte, die grundrechtsgleichen Rechte und die rechtsstaatlichen Verfahrensgrundsätze[1320] durch die Tätigkeit der Zivilgerichte. Das Grundgesetz stellt keine wertneutrale Ordnung dar. Grundrechte und rechtsstaatliche Verfahrensgrundsätze bilden eine „objektive Wertordnung",[1321] die als „Grundsatzentscheidungen der Verfassung"[1322] in alle Bereiche des Rechts, also auch in den Privatrechtsbereich, ausstrahlt.[1323] Der Zivilrichter hat kraft seiner Grundrechtsbindung durch grundrechtskonforme Auslegung und gegebenenfalls Fortbildung des einfachen Rechts, dem Einzelnen Schutz zu gewähren.[1324] Maßgebliche Bedeutung kommt hierbei ganz allgemein den zivilrechtlichen Gerechtigkeitskorrektiven zu, namentlich §§ 134, 138, 242, 307 Abs. 1 und 2, 315, 317, 343, 826 BGB und § 1059 Abs. 2 Nr. 2 lit. b) ZPO bzw. § 1061 ZPO i. V. m. Art. V Abs. 2 lit. b) UNÜ.

(1) Schiedssprüche

Maßgebend für die Versagung der Anerkennung bzw. die Aufhebung von Schiedssprüchen ist der deutsche *ordre public*[1325] bzw. der deutsche *ordre public international*[1326]. Ein Verstoß gegen die öffentliche Ordnung wird angenommen, wenn der Schiedsspruch „zu einem Ergebnis führt, das mit wesentlichen Grundsätzen des deutschen Rechts offensichtlich unvereinbar ist, d. h. wenn der Schiedsspruch eine Norm verletzt, die die Grundlagen des staatlichen oder wirtschaftlichen Lebens regelt, oder wenn er zu deutschen Gerechtigkeitsvorstellungen in einem untragbaren Widerspruch steht; der Schiedsspruch muss mithin die elementaren Grundlagen der Rechtsordnung verletzen".[1327] Von einer Unvereinbarkeit des ausländischen Schiedsspruchs mit den wesentlichen Grundsätzen des deutschen Rechts kann erst ausgegangen werden, wenn „das Ergebnis der Anwendung des ausländischen Rechts zu den Grundgedanken der deutschen Regelungen und der in ihnen enthaltenen Gerechtigkeitsvorstellungen in so starkem Widerspruch steht, daß es nach inländischen Vor-

1320 Vgl. für das rechtliche Gehör, das Recht auf Beiziehung eines Rechtsanwaltes und die Begründung des Ausschlusses *Vieweg*, Normsetzung, S. 208.

1321 BVerfG, Urteil vom 15.1.1958 – 1 BvR 400/57, BVerfGE 7, 198, 205 = NJW 1958, 257.

1322 BGH, Urteil vom 27.9.1999 – II ZR 377/98, NJW 2000, 1028.

1323 BVerfG, Urteil vom 15.1.1958 – 1 BvR 400/57, BVerfGE 7, 198, 207 = NJW 1958, 257; BVerfG, Beschluss vom 11.5.1976 – 1 BvR 671/70, BVerfGE 42, 143, 148 = NJW 1976, 1677; BVerfG, Beschluss vom 7.2.1990 – 1 BvR 26/84, BVerfGE 81, 242, 256 = NJW 1990, 1469, 1470; BVerfG, Beschluss vom 19.10.1993 – 1 BvR 567/89, BVerfGE 89, 214, 229 = NJW 1994, 36, 38; BGH, Urteil vom 27.9.1999 – II ZR 305/98, BGHZ 142, 304, 307 = NJW 1999, 3552.

1324 BVerfG, Beschluss vom 19.10.1993 – 1 BvR 567/89, BVerfGE 89, 214, 229 f. = NJW 1994, 36, 38; *Armbrüster*, in: Münchener Kommentar zum BGB, § 134 Rn. 34.

1325 *Wilske/Markert*, in: BeckOK ZPO (Stand: 1.9.2016), § 1059 Rn. 60.

1326 *Wilske/Markert*, in: BeckOK ZPO (Stand: 1.9.2016), § 1061 Rn. 48.

1327 BGH, Beschluss vom 30.10.2008 – III ZB 17/08, NJW 2009, 1215, 1216 bestätigt durch BGH, Beschluss vom 28.1.2014 – III ZB 40/13, NJW 2014, 1597, 1598.

stellungen untragbar erscheint".[1328] Die deutsche Rechtsprechung pflegt damit im Einklang mit der Rechtsprechung des EuGH[1329] eine restriktive Anwendung des *ordre public*. Selbst die Beschränkung des Wirkbereichs der Grundrechte ist hiernach zulässig, wenn das Allgemeininteresse dies rechtfertigt. Mittel und Zweck dürfen dabei jedoch nicht zu einer offensichtlich unverhältnismäßigen „Beeinträchtigung der auf diese Weise gewährleisteten Rechte" führen.[1330]

Der Grundsatz des *in dubio pro reo* ist – anders als die Unschuldsvermutung in Art. 6 Abs. 2 EMRK – nicht positiv gesetzlich normiert. Das BVerfG hat es bislang offengelassen, ob dem Zweifelssatz Verfassungsrang zukommt.[1331] Aus der Tatsache, dass sich das BVerfG bislang zu dem Verfassungsrang der Unschuldsvermutung, nicht aber zur verfassungsrechtlichen Bedeutung des Grundsatzes des *in dubio pro reo* eingelassen hat, könnte geschlossen werden, dass das BVerfG den Zweifelssatz als eigenen, von der Unschuldsvermutung unabhängigen Grundsatz verstanden wissen möchte. Teilweise wird der Grundsatz aus der Unschuldsvermutung abgeleitet.[1332] Andere betrachten den Zweifelssatz als Ausprägung des rechtsstaatlichen Schuldprinzips.[1333] Aus der Pflicht zum Nachweis der Schuld folge die Pflicht, den Angeklagten freizusprechen, wenn Zweifel über dessen Schuld bestünden. Wiederum andere behandeln den Zweifelssatz als prozessuales Gewohnheitsrecht.[1334] Nach der bei Bestimmung von Inhalt und Reichweite der Unschuldsvermutung als Auslegungshilfe zu berücksichtigenden Rechtsprechung des EGMR zu Art. 6 Abs. 2 EMRK ist der *in dubio pro reo*-Grundsatz eine besondere Ausprägung der Unschuldsvermutung.[1335] Das BVerfG leitet, wie schon ausgeführt, die Geltung der Unschuldsvermutung aus dem Rechtsstaatsprinzip ab. Hierzu passt, dass das BVerwG die Grundlage des Zweifelsatzes in der Unschuldsvermutung und im Rechtsstaatsprinzip verortet.[1336] Gleich ob man also den Grundsatz des *in dubio pro reo* als Ausprägung der Unschuldsvermutung, als unmittelbaren Ausdruck des Rechtsstaatsprinzip oder als Ausprägung von Rechtsstaatsprinzip und Unschuldsvermutung ansieht, führt dies zur Geltung des

1328 BGH, Urteil vom 4.6.1992 – IX ZR 149/91, BGHZ 118, 312, 330 = NJW 1992, 3096, 3101.

1329 EuGH, Urteil vom 2.4.2009 – C-394/07, Slg. 2009, I-2563, Marco Gambazzi v./ Daimler Chrysler Canada Inc. = EuZW 2009, 422, 423 f.

1330 BGH, Beschluss vom 2.9.2009 – XII ZB 50/06, BGHZ 182, 204, 214 (Tz. 30) = NJW 2010, 153, 155.

1331 BVerfG, Beschluss vom 23.9.1987 – 2 BvR 814/87, NJW 1988, 477.

1332 *Schwacke*, Recht der Ordnungswidrigkeiten, S. 87; *Noack*, Jura 2004, 539. Nach *Heber*, JA 2002, 193, 194 ist der *in dubio pro reo*-Grundsatz wie die Unschuldsvermutung in Art. 6 Abs. 2 EMRK verankert. Es liegt nahe, dass *Heber* den *in dubio pro reo*-Grundsatz und die Unschuldsvermutung als Einheit versteht. Hierfür spricht der Verweis auf BVerfG, Beschluss vom 29.5.1990 – 2 BvR 254/88, 2 BvR 1343/88, BVerfGE 82, 106. Dieser Entscheidung lag lediglich die Unschuldsvermutung zu Grunde. Auch *Roxin* erblickt den Ursprung des Grundsatzes des *in dubio pro reo* in der Unschuldsvermutung, vgl. *Roxin*, Strafverfahrensrecht, § 45 E. I. Rn. 56; siehe dazu auch *Kühne*, Strafprozessrecht, Rn. 955.

1333 *Heine*, JZ 1995, 651, 652 f.

1334 *Zopfs*, In dubio pro reo, S. 328 ff.

1335 EGMR, Urteil vom 15.1.2015 (Cleve v./ Deutschland) – 48144/09, Tz. 52.

1336 BVerwG, Beschluss vom 8.12.2009 – BVerwG 2 WD 36.09, Tz. 14; vgl. für den Fall von Zweifeln des Richters, ob der Angeklagte den objektiven Tatbestand der Strafnorm vorsätzlich oder fahrlässig verschuldet hat, *in dubio pro reo* als Teil des verfassungsrechtlichen Grundsatzes *nulla poena sine culpa*, BayVerfGH, Entscheidung vom 23.4.1982 – Vf. 23 – VII/80, NJW 1983, 1600, 1602.

Rechtsstaatsprinzips. Das Rechtsstaatsprinzip dient insbesondere der Schaffung und Sicherung der materiellen Gerechtigkeit im staatlichen und staatlich beeinflussbaren Bereich.[1337] Belastende Maßnahmen bedürfen daher des Vorliegens der gesetzlichen Voraussetzungen. Unschuldsvermutung und Zweifelssatz sind wichtige Errungenschaften der Entwicklung vom Inquisitionsprozess hin zum rechtsstaatlichen Strafverfahren.[1338] Der Grundsatz des *in dubio pro reo* schützt den Angeklagten vor der Willkür des Staates. Er zwingt den Richter, den Angeklagten nicht als Objekt zu betrachten, sondern dessen Menschenwürde, insbesondere durch Berücksichtigung des besonderen Ranges von dessen individuellen Freiheitsrechten, zu achten. Unschuldsvermutung und Zweifelssatz sind damit unmittelbarer Ausdruck der aufgeklärten rechtsstaatlichen Gerechtigkeitsvorstellung, die in rechtstaatlicher Hinsicht einen „unverzichtbaren Mindeststandard"[1339] statuieren. Ihre Verletzung erscheint nach inländischen Gerechtigkeitsvorstellung untragbar. *Wilkmann* weist zutreffend darauf hin, dass eine Vielzahl an Autoren die Unschuldsvermutung aus dem Gebot des Schutzes der Menschenwürde ableitet und hierdurch die „immense Bedeutung der Unschuldsvermutung für den Rechtsstaat" unterstreicht.[1340] Dieser Bedeutung entspricht es auch, wenn der EGMR den Zweifelssatz in der wesentlichen Rechtsgarantie[1341] der Unschuldsvermutung (Art. 6 Abs. 2 EMRK) verortet.

Für eine Einbeziehung in den Kernbereich des *ordre public* spricht auch die folgende Überlegung: Das Aufhebungs- und Anerkennungsverfahren ist die einzige Möglichkeit des Spielers, gegen den ihn belastenden Schiedsspruch vorzugehen. Damit der Schiedsspruch Bestand hat, müssen die grundlegenden Rechtsregeln der staatlichen Rechtsordnung erfüllt sein. Durch die Möglichkeit, inländische Schiedssprüche aufheben und ausländischen Schiedssprüchen die Anerkennung versagen zu lassen, soll gewährleistet werden, dass private Schiedsgerichte die ihnen zugestandene Rechtssprechungsbefugnis nicht missbrauchen. Vor dem Hintergrund, dass der Gesetzgeber die Schiedsgerichtsbarkeit mit der staatlichen Gerichtsbarkeit gleichsetzen wollte, muss die staatliche Kontrolle restriktiv geführt werden. Die Fremdbestimmtheit des Spielers bei der Vereinbarung der Zuständigkeit der Schiedsgerichte macht es aber notwendig, dass auch die Unschuldsvermutung und der Zweifelssatz dem Begriff des *ordre public* unterfallen,[1342] denn zumindest in der Rechtsprechung des CAS finden beide Grundsätze keine Anwendung[1343]. Gehörten Unschuldsvermutung und Zweifelssatz nicht zum Kern des *ordre public*, hätte dies für den Spieler zur Folge, dass wesentliche Grundsätze missachtet würden, die vor staatlichen Gerichten Beachtung fänden.

1337 BVerfG, Beschluss vom 25.7.1979 – 2 BvR 878/74, BVerfGE 52, 131, 145 = NJW 1979, 1925.

1338 *Wilkmann*, Dopingverfahren, S. 13.

1339 *Voit*, in: Musielak, Kommentar zur ZPO, § 1059 Rn. 29.

1340 *Wilkmann*, Dopingverfahren, S. 89.

1341 *Wilkmann*, Dopingverfahren, S. 90.

1342 Zur Fremdbestimmtheit siehe ausführlich unten Zweiter Teil Kapitel 2 § 4 B IV 2 b.

1343 CAS 2000/A/317, A. v./ FILA, Schiedsspruch vom 9.7.2001, Tz. 26; CAS 2001/A/337, B. v./ FINA, Schiedsspruch vom 22.3.2002, Tz. 26; CAS 2005/C/976 & 986, FIFA & WADA, Gutachten vom 21.4.2006, Tz. 127; CAS 2009/A/1912-1913, DESG v./ ISU, Schiedsspruch vom 25.11.2009, Tz. 55.

(2) Verbandsentscheide

Soweit die Zuständigkeit eines (echten) Schiedsgerichts nicht vereinbart ist, erfolgt eine Berücksichtigung von Unschuldsvermutung und Zweifelssatz als Grundsatzentscheidungen der Verfassung im Rahmen der richterlichen Prüfung der Generalklauseln.

3. Verstoß gegen Unschuldsvermutung und Grundsatz des in dubio pro reo

a. Unschuldsvermutung

Weist der DFB-Kontrollausschuss mit dem für die erfolgreiche Beweisführung geltenden Beweismaß nach, dass die Voraussetzungen eines Verstoßes gegen Anti-Doping-Bestimmungen des DFB gegeben sind, führt dies dazu, dass das DFB-Sportgericht das Vorliegen eines Verstoßes gegen Anti-Doping-Bestimmungen feststellt. In den Tatbestandsalternativen des Vorhandenseins einer verbotenen Substanz, ihrer Metaboliten oder Marker in einer dem Körper entnommenen Probe und der Anwendung oder versuchten Anwendung einer verbotenen Substanz oder einer verbotenen Methode durch den Spieler wird die Sperre aufgehoben, wenn der Spieler den Nachweis erbringt, dass ihn kein Verschulden trifft.[1344] Das Gestaltungsmittel der Aufhebung erstreckt sich allerdings nicht auch auf die Feststellung des DFB-Sportgerichts, dass ein Verstoß gegen Anti-Doping-Bestimmungen vorliegt.[1345] Tatsächlich handelt es sich bei der Aufhebung daher um die Minderung der Sperre auf Null.[1346] Der Tatbestand der vorgenannten Dopingverstöße bleibt demnach auch dann festgestellt, wenn es dem Spieler gelungen ist nachzuweisen, dass ihn ein Verschulden nicht trifft und die Sperre daraufhin aufgehoben worden ist. Der Spieler kann also lediglich noch auf der Rechtsfolgenseite versuchen, Einfluss auf die Entscheidung zu nehmen.

Gemäß Art. 14.3.2 NADC wird 20 Tage nach der rechtskräftigen Feststellung, dass ein Verstoß gegen Anti-Doping-Bestimmungen vorliegt, die Entscheidung nebst Namen des Spielers veröffentlicht. Eine Veröffentlichung erfolgt in der Datenbank der NADA (NADAjus-Datenbank). Dies hat zur Folge, dass der Spieler von der Öffentlichkeit so wahrgenommen wird, als habe er den Tatbestand des Dopingverstoßes erfüllt. Daraus können sich einschneidende Auswirkungen auf die Karriere des Spielers ergeben. So kann für die Kündigung eines Sponsorenvertrages bereits genügen, dass ein Dopingverstoß rechtskräftig festgestellt worden ist.[1347] Die Feststellung gedopt zu haben, kann den Spieler insbesondere bei der Suche nach einem neuen Verein vor Probleme stellen und somit erheblich auf dessen Berufsausübungsfreiheit ausstrahlen.[1348]

1344 § 8c Nr. 2 lit. a) DFB-RuVO.

1345 Vgl. Kommentar zu Art. 10.4 NADC.

1346 *Lehner*, in: Adolphsen/Nolte/Lehner/Gerlinger (Hrsg.), Sportrecht in der Praxis, Rn. 1385.

1347 Vgl. etwa den Formulierungsvorschlag bei *Nesemann*, NJW 2007, 2083, 2086.

1348 Nach D.3.1. MuArbV hat der Spieler zu versichern, dass er bisher nicht wissentlich gegen Anti-Doping-Vorschriften verstoßen hat.

Ein solches Konzept, welches den Spruchkörper nicht in die Lage versetzt, bei durch den Spieler erwiesener Unschuld den Spieler vollumfänglich freizusprechen, verletzt die Unschuldsvermutung. Dies folgt zum einen daraus, dass das Recht des Spielers auf Verteidigung wegen deren Beschränkung auf die Rechtsfolgenseite durch die geltenden Verfahrensregeln nicht angemessen berücksichtigt wird.[1349] Zum anderen liegt nach Auffassung des EGMR selbst dann ein Verstoß gegen die Unschuldsvermutung vor, wenn trotz ergangenem freisprechenden Urteil dessen Urteilsgründe die Haltung des Gerichts zum Ausdruck bringen, dass der Anklagte tatsächlich schuldig ist.[1350] Eben dies ist aber der Fall, setzt man die Aufhebung der Sperre nicht mit einem Freispruch gleich. Dem Spieler haftet aufgrund des festgestellten (objektiven) Dopingverstoßes in der öffentlichen Wahrnehmung – wie von *Wilkmann* zutreffend formuliert – der „Makel eines Dopingverstoßes und damit der Makel einer sportwidrigen und unfairen, dem ‚spirit of sport' widersprechenden Verhaltensweise"[1351] an. Die Feststellung des Dopingverstoßes ist mit einem Vorwurf verbunden und drückt aus, dass der Spieler sich das Recht anmaßt, seine eigenen Maximen über das Recht zu stellen.[1352] Bezeichnend ist insoweit Art. 10.13 NADC. Hiernach ist die Veröffentlichung nach Art. 14.3 NADC „zwingender Bestandteil jeder Sanktion".[1353] Die Veröffentlichung des festgestellten Dopingverstoßes – trotz des durch den Spieler erfolgreich geführten Nachweises über seine Unschuld (!) – ist Teil der Sanktionierung des Spielers und bedeutet einen intensiven Rechtseingriff in den Status des Spielers[1354].

Die Lösung dieses Problems läge freilich darin, das Gestaltungsmittel der Aufhebung auf die Feststellung des Dopingverstoßes zu erstrecken und den Spieler freizusprechen, soweit dieser bei Anwendung des geltenden (herabgesetzten) Beweismaßes seine Unschuld nachgewiesen hat und der DFB nicht den Vollbeweis über die Schuld des Spielers erbracht hat. Eine solche Möglichkeit sehen die Anti-Doping-Bestimmungen des DFB im Gleichlauf mit WADC und NADC freilich nicht vor.

Beim Vorhandensein einer verbotenen Substanz, ihrer Metaboliten oder Marker, muss der Spieler neben des fehlenden Verschuldens zur Aufhebung der Sperre ebenfalls nachweisen, wie die verbotene Substanz in seinen Körper gelangt ist.[1355] Anders als demjenigen Spieler, der wissentlich und willentlich gegen das Dopingverbot verstößt, wird es dem unschuldigen Spieler aber mangels ausreichender Kenntnis der Umstände, die zu dem positiven Probenbefund geführt haben, selbst bei Anwendung des ihn begünstigenden Beweismaßes regelmäßig nicht möglich sein, die den Dopingverstoß begründenden Umstände darzutun.[1356] Seine Verteidigungsmöglichkeiten stellen sich erheblich schlechter dar als diejenigen eines Spielers, der den Doping-

---

1349 Vgl. EGMR, Entscheidung vom 7.10.1988 (Salabiaku v./ Frankreich) – 10519/83, Tz. 28; EGMR, Entscheidung vom 18.3.2010 (Krumpholz v./ Österreich) – 13201/05, Tz. 34.

1350 EGMR, Entscheidung vom 15.1.2015 (Cleve v. Deutschland) – 48144/09, Tz. 63 f.

1351 *Wilkmann*, Dopingverfahren, S. 183.

1352 Vgl. für den staatlichen Schuldspruch *Rostalski*, HRRS 2015, 315, 319.

1353 Eine Veröffentlichung kann nach Art. 14.3.5 NADC indes unterbleiben, wenn der Spieler minderjährig ist.

1354 Vgl. für den staatlichen Schuldspruch *Rostalski*, HRRS 2015, 315, 319.

1355 § 8c Nr. 2 lit. a) DFB-RuVO.

1356 *Lehner*, in: Adolphsen/Nolte/Lehner/Gerlinger (Hrsg.), Sportrecht in der Praxis, Rn. 1387 m. w. N.

verstoß schuldhaft begangen hat.[1357] Der Spieler muss einen Beweis führen, den der DFB – als eigentlich beweisbelastete Partei – aufgrund der Geltung des Anscheinsbeweises nicht zu erbringen hat. Nach § 1 Nr. 2 lit. a) aa), lit. b) aa) DFB-ADR beschränkt sich der Anwendungsbereich des Anscheinsbeweises auf die Annahme des Vorliegens von „Absicht", „Verschulden", „Fahrlässigkeit" bzw. „bewusste[r] Anwendung durch den Spieler". Nach der allgemein zu dem Anscheinsbeweis ergangenen Rechtsprechung genügt es für dessen Erschütterung, dass ein atypischer Verlauf, der die Verschuldensfrage in einem anderen Lichte erscheinen lässt, dargelegt und entsprechend dem geltenden Beweismaß bewiesen wird.[1358]

Die erweiterte Nachweispflicht übersteigt die durch die Rechtsprechung aufgestellte Anforderung an die Erschütterung. Der Spieler muss daher frei sein in der Art und Weise, wie er den typischen Verlauf erschüttert. Vorkommnisse wie die im ersten Teil angeführten Fälle des *doping to lose* machen zudem deutlich, dass Manipulationen durch Dritte, die von einer Schädigungsabsicht des Konkurrenten getragen werden, durchaus nicht nur Schutzbehauptungen des Spielers darstellen können.

b. Grundsatz des in dubio pro reo

Der DFB muss nicht den Vollbeweis für das Vorliegen eines Verstoßes des Spielers gegen Anti-Doping-Bestimmungen des DFB erbringen. So ist nach der Rechtsprechung des CAS nicht erforderlich, „dass jeder ernsthafte Zweifel ausgeschlossen sein muss".[1359] Die Schiedsrichter lassen es genügen, dass „im Hinblick auf die strittigen Tatsachen das normale Maß der „ausreichenden Überzeugung" zur Anwendung gelangt [...], ohne dass es weiterer Nachweise bedarf".[1360] Unbeachtlich sind also vernünftige Zweifel, soweit das Disziplinarorgan eine „ausreichende Überzeugung" gewonnen hat.[1361] Hierfür genügt es – wie schon aufgezeigt –[1362], dass für den Verstoß gegen Anti-Doping-Bestimmungen eine Wahrscheinlichkeit spricht, welche die Schwelle von 50 Prozent überschreitet. Auch für den Nachweis seiner Unschuld ist es nicht erforderlich, dass der Spieler jegliche ernsthafte Zweifel ausschließt. Die Anforderungen an den Nachweis sind niedriger als diejenigen, welche der DFB für eine erfolgreiche Beweisführung zu erfüllen hat. Gleichwohl ändert diese den Spieler augenscheinlich bevorteilende Beweismaßregelung nichts an der Tatsache, dass die erfolgreiche Beweisführung des Spielers lediglich insoweit Auswirkungen zu entfalten vermag, als der Spieler die Beweislast trägt. Dies betrifft die Rechtsfolgenseite.

1357 *Lehner*, in: Adolphsen/Nolte/Lehner/Gerlinger (Hrsg.), Sportrecht in der Praxis, Rn. 1387.

1358 BGH, Urteil vom 3.7.1990 – VI ZR 239/89, NJW 1991, 230, 231.

1359 CAS 2009/A/1912-1913, Pechstein, DESG v/ ISU, Schiedsspruch v. 25.11.2009, Tz. 125.

1360 CAS 2009/A/1912-1913, Pechstein, DESG v/ ISU, Schiedsspruch v. 25.11.2009, Tz. 126.

1361 *Valloni/Pachmann* weisen in ihrer Beschwerdeschrift vom 11.1.2010, S. 67 gegen den Schiedsspruch des CAS im Verfahren CAS 2009/A/1912-1913, im Internet abrufbar unter: http://www.claudia-pechstein.de/Gerichtsunterlagen/Beschwerde_2.pdf (zuletzt aufgerufen am 6.1.2017), darauf hin, dass der Wahrscheinlichkeitsgrad „bei ca. 75 Prozent liegen soll", hinzufügend, dass der CAS einen Wahrscheinlichkeitsgrad bislang nicht konkret benannt hat.

1362 Siehe hierzu oben Zweiter Teil Kapitel 2 § 3 B I.

Verbleibende „vernünftige Zweifel“[1363] des Disziplinarorgans bzw. Spruchkörpers am Verschulden des Spielers gehen zu Lasten des Spielers, soweit der DFB-Kontrollausschuss nach dem herabgesenkten Beweismaß erfolgreich Beweis darüber geführt hat, dass der Spieler gegen Anti-Doping-Bestimmungen verstoßen hat. Eine solche Feststellung des Dopingverstoßes verstößt gegen den Grundsatz des *in dubio pro reo*, soweit nach der Würdigung der Vorträge von DFB und Spieler tatsächlich vernünftige Zweifel am Verschulden des Spielers verbleiben.

II. Ergebnis

Endgültige Dopingsperren entsprechen in Zweck und Wirkung der Kriminalstrafe. Dies und der Umstand der strukturellen Vergleichbarkeit des Dopingverfahrens mit dem staatlichen Strafverfahren führen dazu, dass Unschuldsvermutung und Zweifelssatz über die Rechtsfigur der mittelbaren Drittwirkung auch im Dopingverfahren Geltung erlangen. Gleichgültig, ob man den Zweifelssatz als Bestandteil der Unschuldsvermutung oder als selbstständigen Grundsatz des Rechtsstaats ansieht, ist der Zweifelssatz wie auch die Unschuldsvermutung Bestandteil des *ordre public*-Begriffs. Zweifelssatz und Unschuldsvermutung müssen zudem bei der Auslegung der zivilrechtlichen Generalklauseln berücksichtigt werden. Verletzungen führen daher zur Versagung der Anerkennung und Vollstreckung ausländischer Schiedssprüche, zur Aufhebung national ergangener Schiedssprüche oder zur Aufhebung von Verbandsentscheidungen. Der durch das Sportgericht festgestellte Tatbestand eines Dopingverstoßes bleibt in den Alternativen des Vorhandenseins und der Anwendung verbotener Substanzen bzw. Methoden auch dann festgestellt, wenn es dem Spieler auf der Rechtsfolgenseite gelungen ist nachzuweisen, dass ihn ein Verschulden am Dopingverstoß nicht trifft und die Sperre daraufhin aufgehoben worden ist. Eine solche Feststellung des Dopingverstoßes verletzt den Grundsatz der Unschuldsvermutung und verstößt gegen den Zweifelssatz, wenn unter Anwendung des jeweiligen Beweismaßes vernünftige Zweifel am Verschulden des Spielers bestehen bleiben.

§ 4 Schiedsgerichtsbarkeit – Ausschluss staatlicher Gerichte

Gegen die Entscheidung des Sportgerichts ist die Berufung zum DFB-Bundesgericht zulässig.[1364] Die Möglichkeit, die Entscheidung des Verbands nach Ausschöpfung des innerverbandlichen Rechtswegs vor den staatlichen Richter zu bringen,[1365] soll nach dem Willen der Verbände ausgeschlossen sein. An die Stelle des staatlichen Gerichts soll die schiedsgerichtliche Streitentscheidung treten.[1366] Art. 59 Abs. 3 FIFA-Statuten

1363 BGH, Urteil vom 28.11.1950 – 2 StR 42/50, NJW 1951, 122.

1364 § 43 Nr. 1 lit. a) DFB-Satzung i. V. m. § 24 DFB-RuVO.

1365 Hiervon ausgenommen ist der einstweilige Rechtsschutz, vgl. hierzu OLG Frankfurt a. M., Urteil vom 18.5.2000 – 13 W 29/00, NJW-RR 2000, 1117, 1119; *Brinkmann*, Schiedsgerichtsbarkeit, S. 17 f.; a. A. *Schmitt*, Die Einrede des Schiedsvertrages, S. 79.

1366 Art. 59 Abs. 2 FIFA-Statuten. Entsprechendes regelt Art. 60 UEFA-Statuten.

verpflichtet den DFB dazu, in Statuten und Reglementen für Streitigkeiten, die insbesondere Ligen, Mitglieder der Ligen, Klubs, Mitglieder der Klubs und Spieler betreffen, eine Schiedsklausel aufzunehmen, „soweit die FIFA-Reglemente oder zwingende Gesetzesvorschriften die Anrufung staatlicher Gerichte nicht ausdrücklich vorsehen oder vorschreiben". Der DFB hat diese Pflicht statutarisch an seine Mitglieder, also auch an den DFL e. V., weitergegeben.[1367] Nach § 3 Nr. 6 DFL e. V.-Satzung erkennen der DFL e. V. und seine Mitglieder den CAS als „unabhängige schiedsgerichtliche Instanz" an. Eine Überprüfung der Verbandsentscheidung soll im deutschen Lizenzfußball ausschließlich durch das Ständige Schiedsgericht der Lizenzspieler und/oder den CAS rechtlich zulässig sein.[1368]

Wirksame Schiedsvereinbarungen und/oder Schiedsklauseln schließen die Zuständigkeit des ordentlichen Gerichts aus.[1369] Der wirksam ergangene Schiedsspruch eines sog. „echten" Schiedsgerichts wirkt wie ein rechtskräftig ergangenes Urteil eines staatlichen Gerichts.[1370] Die Schiedsgerichtsbarkeit soll vermeiden, dass einzelstaatliche Gerichte dieses staatenfern geschaffene Recht unter dem Einfluss von international unterschiedlich geltenden Rechtsgrundsätzen und Rechtsstandards durchbrechen.[1371] Der Umfang der Überprüfung einer schiedsgerichtlichen Entscheidung durch ein staatliches deutsches Gericht beschränkt sich folglich auf die Überprüfung der in § 1059 ZPO bzw. § 1061 ZPO i. V. m. UNÜ normierten „Kardinalmängel".[1372, 1373] Eine umfassende Prüfung verbandsseitig verhängter Dopingstrafen bleibt damit ausschließlich den außerstaatlichen Sportschiedsgerichten vorbehalten. Dies ermöglicht es, ein einheitliches, anationales Recht zu schaffen, welches als *lex sportiva* national und international zur Anwendung gelangt.[1374] Auf diese Weise soll für sämtliche Teilnehmer des Leistungssports die flächendeckende Anwendung und Durchsetzung nach einheitlichen Maßstäben gewährleistet werden.[1375] Die einheitliche Anwendung der Anti-Doping-Bestimmungen der Verbände und des WADC/NADC ist schließlich Voraussetzung für einen fairen internationalen Wettbewerb.[1376] Neben der einheitlichen Regelanwendung, -durchsetzung und -fortbildung durch ein einheitliches Sportschiedsgericht bietet dieses gegenüber staatlichen Gerichten die Vorteile, dass Schiedsrichter eine besondere Fachkompetenz und Sachnähe aufweisen und die Entscheidungsfindung zügig erfolgt.[1377]

1367 § 14 Nr. 1 lit. f) DFB-Satzung.

1368 § 19 Nr. 3 LOS, § 17a DFB-Satzung.

1369 § 1032 Abs. 1 ZPO.

1370 § 1055 ZPO. Zu den Voraussetzungen für das Vorliegen eines Schiedsgerichts vgl. BGH, Beschluss vom 27.5.2004 – III ZB 53/03, BGHZ 159, 207, 211 f. = NJW 2004, 2226, 2227.

1371 *Heermann*, SchiedsVZ 2014, 66, 75.

1372 *Adolphsen*, Internationale Dopingstrafen, S. 499.

1373 Siehe Art. 190 ff. IPRG und Art. 77 Bundesgerichtsgesetz für die Überprüfung von Schiedssprüchen des CAS durch das SchweizBG.

1374 *Heermann*, SchiedsVZ 2014, 66, 75.

1375 BGH, Urteil vom 7.6.2016 – KZR 6/15, NJW 2016, 2266, 2272; *Adolphsen*, SchiedsVZ 2004, 169, 174.

1376 BGH, Urteil vom 7.6.2016 – KZR 6/15, NJW 2016, 2266, 2272.

1377 BGH, Urteil vom 7.6.2016 – KZR 6/15, NJW 2016, 2266, 2272; BT-Drs. 18/4898, S. 38; *Heermann*, SchiedsVZ 2014, 66, 75; *Duve/Rösch*, SchiedsVZ 2014, 216, 223 f.; *Orth*, SpuRt 2015, 230.

Unwirksame Schiedsvereinbarungen bzw. nicht anerkennnungsfähige Schiedssprüche könnten hierbei die sportartenübergreifende, weltweit einheitliche Bekämpfung von Doping gefährden, schlimmstenfalls empfindlich beeinträchtigen: Schiedssprüche drohten aufgehoben zu werden,[1378] internationalen Schiedssprüchen drohte die nationale Anerkennung versagt zu werden[1379]. Spieler könnten Verbände vor ordentlichen Gerichten auf Zahlung von Schadensersatz verklagen mit der Begründung, dass Dopingstrafen rechtswidrig ergangen sind.[1380] Dies könnte Verbände dazu veranlassen, zukünftig Strafen gegen Spieler nur noch in wenigen Ausnahmefällen zu verhängen. Nicht ausgeschlossen wären ferner widersprüchliche Entscheidungen in unterschiedlichen Staaten, die zu einer unterschiedlichen Bestrafung der Sportler führten und einzelnen Sportlern die Berufsausübung gestatteten, wohingegen andere Sportler gesperrt würden. Hinzu käme die Gefahr langjähriger Verfahren.

Die für den Spieler zur Teilnahme erforderliche Vereinbarung der Zuständigkeit der Sportschiedsgerichtsbarkeit darf jedoch nicht dazu führen, dass Spieler unter dem Deckmantel des sportlichen Wohls in ihren rechtsstaatlich verbürgten Verfahrensrechten oder Grund- und Menschenrechten verletzt werden.[1381] Bei den Schiedsgerichten handelt es sich schließlich um private Spruchkörper, deren Zuständigkeit ausschließlich aus der Privat- und Verbandsautonomie fließt. Schiedsgerichte sind daher – anders als staatliche Gerichte – nicht unmittelbar Adressat von rechtsstaatlichen Grundsätzen und Grundrechten.[1382] Dies könnte dazu führen, dass das Verfassungsrecht in der schiedsgerichtlichen Prüfung nicht oder nur unzureichend Berücksichtigung findet.

Unter dem Eindruck der dem Sportler „aufgezwungenen" schiedsgerichtlichen Streitbeilegung und der strukturellen Unterlegenheit des Sportlers ist in letzter Zeit die rechtliche Wirksamkeit von Schiedsvereinbarungen zwischen Sportverbänden und Athleten auch in der Rechtsprechung fragwürdig geworden. Insbesondere die Entscheidung des LG München I vom 26.2.2014[1383] zur Frage der Unwirksamkeit einer Schiedsvereinbarung der Eisschnellläuferin *Claudia Pechstein* hat offensichtlich den Gesetzgeber dazu bewogen, in Gestalt des § 11 eine Bestimmung in das AntiDopG aufzunehmen, welche die Schiedsgerichtsbarkeit in der organisierten Sportausübung zum Gegenstand hat. Die Effizienz der verbandsrechtlichen Regelungen und Maßnahmen zur Bekämpfung von Doping hängt maßgeblich davon ab, dass sowohl national als auch international in gleichgelagerten Fällen auf der Grundlage gleicher Zuständigkeits- und Verfahrensregelungen einheitliche Entscheidungen ergehen.[1384]

1378 Vgl. § 1059 ZPO.
1379 Vgl. § 1061 ZPO.
1380 Siehe aber § 5 Lizenzvertrag Spieler. Hiernach ist Voraussetzung für die Geltendmachung von Schadensersatzansprüchen, dass eine vorsätzliche oder grob fahrlässige Schädigung durch ein Organ oder einen Beauftragten des DFL e. V., der DFL GmbH oder des DFB gegeben ist.
1381 *Adolphsen*, SchiedsVZ 2004, 169, 174 f.
1382 *Bleistein/Degenhart*, NJW 2015, 1353, 1355.
1383 LG München I, Urteil vom 26.2.2014 – 37 O 28331/12, SchiedsVZ 2014, 100.
1384 BT-Drs. 18/4898, S. 38.

Im Folgenden ist zu prüfen, ob und inwieweit im deutschen Lizenzfußball die Voraussetzungen einer effektiven Schiedsgerichtsbarkeit gegeben sind.

A. Schiedsgerichte

I. Ständiges Schiedsgericht für Lizenzspieler

1. Lizenzspieler

Der Lizenzspieler schließt mit DFL e. V., DFL und DFB einen separaten Schiedsgerichtsvertrag.[1385] Das Ständige Schiedsgericht für Lizenzspieler entscheidet hiernach über sämtliche Streitigkeiten zwischen dem DFL e. V., der DFL und/oder dem DFB einerseits sowie dem Lizenzspieler andererseits.[1386] „Das Schiedsgericht ist auch berufen zur Entscheidung über die Vereinssanktionen, die von Organen des Ligaverbandes oder des DFB gegenüber dem Lizenzspieler nach dem Lizenzvertrag verhängt worden sind".[1387] In den Zuständigkeitsbereich fallen demnach auch Entscheide von DFL e. V. und DFB in Dopingstreitigkeiten sowie Schadenersatz und Zahlungsansprüche. § 2 LOS erhebt die zu Gunsten des Ständigen Schiedsgerichts für Lizenzspieler geschlossene Schiedsvereinbarung nicht ausdrücklich zur Voraussetzung für die Erteilung der Lizenz. Der Schiedsgerichtsvertrag findet in den in § 2 LOS enumerativ benannten Voraussetzungen der Lizenzerteilung keine unmittelbare Erwähnung. Nach § 19 Nr. 3 LOS gilt aber: „Streitigkeiten zwischen dem Ligaverband, der DFL und dem DFB sowie den Lizenzspielern können nach Ausschöpfung des verbandsinternen Instanzenweges durch ein neutrales Ständiges Schiedsgericht für Lizenzspieler entschieden werden. Die Parteien **schließen** dahingehend einen Schiedsgerichtsvertrag."[1388] Der Schiedsgerichtsvertrag ist sowohl der LOS als auch der DFB-RuVO als Anhang II beigefügt. Nach § 1 Abs. 1 des Schiedsgerichtsvertrages beansprucht dieser Geltung von der Abgabe der Bewerbung um eine Lizenz bis zum rechtskräftigen Ausscheiden des Spielers aus den Lizenzligen. Auch der Schiedsgerichtsvertrag geht also davon aus, dass dieser bereits zum Zeitpunkt der Bewerbung abzuschließen ist. Der Spieler hat mithin die Pflicht, neben dem Lizenzvertrag auch den Schiedsgerichtsvertrag zu unterzeichnen. Verletzt der Spieler schuldhaft seine Pflicht als Lizenzspieler oder erfüllt er bestehende Verpflichtungen gegenüber DFL e. V. und DFB nicht, kann die Lizenz entzogen werden.[1389] Der Lizenzspieler muss mithin, in Umsetzung der statutarischen Vorgaben von FIFA,[1390] UEFA[1391] und DFB[1392], seine Willenserklärung zum Abschluss des durch DFL e. V. und DFB vorgegebenen Schiedsgerichtsvertrages

1385 § 19 Nr. 3 LOS.
1386 § 1 Abs. 1 Schiedsgerichtsvertrag Ständiges Schiedsgericht für Lizenzspieler.
1387 § 1 Abs. 1 Schiedsgerichtsvertrag Ständiges Schiedsgericht für Lizenzspieler.
1388 Hervorhebung durch den Verfasser.
1389 § 3 Nr. 2 LOS.
1390 Art. 59 Abs. 3 FIFA-Statuten.
1391 Art. 60 UEFA-Statuten.
1392 § 14 Nr. 1 lit. f) DFB-Satzung.

abgeben; anderenfalls ist dem Spieler die Ausübung des professionellen Fußballsports als Lizenzspieler nicht möglich.[1393] Aus den Vorgaben von WADC und NADC folgt eine solche Pflicht mit Blick auf nationale Athleten hingegen nicht.[1394]

2. Vertragsspieler

Sofern und soweit Vertragsspieler (und Amateure) in Bundesliga, 2. Bundesliga und 3. Liga zum Einsatz kommen, ist eine solche Schiedsgerichtsvereinbarung nicht gegeben.[1395] Vorbehaltlich anderweitiger statutarischer Regelungen des jeweiligen Vereins des Spielers ist der Spieler in der Lage, eine gegen ihn verhängte nachteilige Verbandsentscheidung durch ein staatliches Gericht überprüfen zu lassen.[1396] Insoweit ist die Abkoppelung der Sportrechtsprechung von den staatlichen Gerichten durchbrochen. Es kann also nicht ausgeschlossen werden, dass gleichartige Dopingvergehen von Lizenzspieler, Vertragsspieler (und Amateur) letztlich abweichend sanktioniert werden. Der DFB kommt in diesem Punkt der in seiner Satzung in § 17a Abs. 1 verankerten Pflicht, „in den ihm unterstellten Spielklassen nach Ausschöpfung des verbandsinternen Rechtswegs anstelle der ordentlichen Gerichtsbarkeit eine Schiedsgerichtsbarkeit im Sinne des §§ 1025 ff. ZPO vorzusehen, soweit zwingendes oder internationales Recht nicht entgegenstehen", nur unzureichend nach. Nach Art. 59 Abs. 3 FIFA-Statuten und Art. 60 UEFA-Statuten hat der DFB qua Mitgliedschaft die Pflicht, für den Ausschluss der staatlichen Gerichtsbarkeit - mitunter auch durch entsprechendes Einwirken auf untätige Mitglieder - zu sorgen. Gleiches gilt wegen § 14 Nr. 1 lit. f) DFB-Satzung für den DFL e. V.

3. NADA, FIFA

Lizenzvertrag Spieler, MuArbV Lizenzspieler, Mustervertrag für Vertragsspieler und Satzung des DFB verweisen auf DFB-ADR. § 17 Nr. 4 DFB-ADR sieht vor, dass die NADA gegen Entscheidungen, die durch das zuständige Disziplinarorgan (DFB-Sportgericht) ergangen sind, Rechtsbehelfe nach Art. 13.2.3 NADC einlegen kann. Nach Art. 13.2.3.2 Abs. 1 lit. d) NADC umfasst dies insbesondere den Rechtsbehelf vor dem Ständigen Schiedsgericht für Lizenzspieler. Dies soll für sämtliche Spieler gelten, gegen die Entscheidungen ergangen sind und welche nicht einem internatio-

---

1393 Im Ergebnis ebenso: *Monheim*, Sportlerrechte und Sportgerichte, S. 200; *ders.*, SpuRt 2008, 8, 10 (Fn. 29); *Eggerstedt*, Probleme der Lizenz- und Schiedsgerichtsverträge, S. 130; *Grunsky*, in: FS Röhricht, S. 1137, 1147; *Sengle*, in: FS Röhricht, S. 1205, 1219. A. A. *Hofmann*, Sportschiedsgericht, S. 345.

1394 Art. 13.2.3.2 WADC, Art. 13.2.3.2 NADC; *Adolphsen*, in: Adolphsen/Nolte/Lehner/Gerlinger (Hrsg.), Sportrecht in der Praxis, Rn. 1211; *Wilkmann*, Dopingverfahren, S. 80.

1395 Ein Ständiges Schiedsgericht für Vertragsspieler bzw. Amateure gibt es derzeit nicht, vgl. *Koch*, in: Stopper/Lentze (Hrsg.), Handbuch Fußball-Recht, III/20 Rn. 12 Fn. 42; *Sengle*, in: FS Röhricht, S. 1205, 1219.

1396 *Sengle*, in: FS Röhricht, S. 1205, 1219. Für die Entscheidungen der Monopolverbände gilt hierbei ein uneingeschränkter Prüfungsumfang. Zur Überprüfung verbandsrechtlicher Maßnahmen vgl. *Summerer*, in: Fritzweiler/Pfister/Summerer (Hrsg.), Praxishandbuch Sportrecht, II/5 430 ff.

nalen Testpool angehören. Art. 75 Abs. 3 FIFA-ADR berechtigt schließlich auch die FIFA, Entscheide vor dem Ständigen Schiedsgericht für Lizenzspieler anzufechten.[1397]

II. CAS

WADC und NADC normieren die ausschließliche Zuständigkeit des CAS in Dopingangelegenheiten, welche einen Bezug aufweisen zu der Teilnahme an einer internationalen Wettkampfveranstaltung oder Athleten anbelangen, die einem internationalen Testpool angehören.[1398] Bezüglich der Entscheidungen, die andere Athleten betreffen, muss ebenfalls die Möglichkeit gegeben sein, Rechtsbehelfe beim CAS einzulegen.[1399] Die WADA ist nach den Bestimmungen der FIFA berechtigt, gegen jegliche verbandsintern endgültigen Entscheide in Dopingangelegenheiten, gleich ob aus der Sphäre von FIFA, Konföderationen, Mitgliedern oder nationalen Ligen stammend und gleich ob internationale Athleten oder sonstige Athleten betreffend, Berufung beim CAS einzulegen.[1400] Auch die FIFA verfügt über ein solches uneingeschränktes Berufungsrecht.[1401] Nach Art. 76 Abs. 2 FIFA-ADR soll die FIFA zudem beim CAS Rechtsmittel einlegen können, wenn der Mitgliedsverband „in einem besonderen Fall" nicht innerhalb einer von der FIFA gesetzten Frist über das Vorliegen eines Verstosses gegen Anti-Doping-Bestimmungen entscheidet. Konföderationen, Mitglieder und nationale Ligen sind verpflichtet, den CAS anzuerkennen und „dafür zu sorgen, dass sich ihre Mitglieder sowie die ihnen angeschlossenen Spieler und Offiziellen den Entscheiden des CAS fügen".[1402]

Verstöße bei der Um- und Durchsetzung können zu Sanktionen führen.[1403] Dies gilt über den Weg des DOSB auch für das Verhältnis zum IOC.[1404] Der DFB regelt in § 17a Abs. 2 und 3 seiner Satzung:

> „Der DFB anerkennt den Court of Arbitration for Sport (CAS) mit Sitz in Lausanne (Schweiz) als unabhängige richterliche Instanz in internationalen Streitigkeiten und unterwirft sich den Entscheidungen des CAS, soweit zwingendes nationales oder internationales Recht nicht entgegensteht oder die FIFA- oder UEFA-Reglemente Ausnahmen zulassen. Eine inhaltliche Prüfung des Schiedsspruchs ist damit nicht verbunden.
> Der DFB anerkennt weiter, dass der FIFA und der Welt-Anti-Doping-Agentur (WADA) gegen verbandsintern endgültige Entscheidungen in Dopingangelegenheiten, die der FIFA und der WADA umgehend vorzulegen sind, ein Berufungsrecht beim CAS zusteht."

§ 17a Abs. 3 DFB-Satzung sieht demnach ein Berufungsrecht für FIFA und WADA vor für verbandsintern endgültige Entscheidungen. Dies sind Entscheidungen des

1397 Zur Frage der Bindung der Spieler an das FIFA-ADR siehe oben Zweiter Teil Kapitel 1 § 3.

1398 Art. 13.2.1 WADC, Art. 13.2.1 NADC. Zum internationalen Testpool siehe oben Zweiter Teil Kapitel 2 § 2 D I.

1399 Art. 13.2.3.2 WADC, Art. 13.2.3.2 NADC.

1400 Art. 58 Abs. 6 FIFA-Statuten. Erstmalig hat die WADA von ihrem Berufungsrecht im Fall des Spielers *Cari James*, CAS 2007/A/1364, WADA v./ FAW und James, Schiedsspruch vom 21.12.2007, Gebrauch gemacht.

1401 Art. 58 Abs. 5 FIFA-Statuten.

1402 Art. 59 Abs. 1 FIFA-Statuten.

1403 Siehe hierzu oben Zweiter Teil Kapitel 1 § 2 D I.

1404 Siehe hierzu oben Zweiter Teil Kapitel 1 § 2 D II.

DFB-Sportgerichts, soweit gegen diese keine Berufung zum DFB-Bundesgericht eingelegt wurde, oder Entscheidungen des DFB-Bundesgerichts. Unbeachtlich bleibt insoweit die Anrufung des Ständigen Schiedsgerichts für Lizenzspieler durch die beteiligten Parteien des vorinstanzlichen Verfahrens.[1405] Auch die NADA ist nach § 17 Nr. 4 DFB-ADR i. V. m. Art. 13.2.3.2 Abs. 2 NADC berechtigt, Rechtsbehelfe gegen Entscheidungen der Disziplinarorgane des DFB in Dopingangelegenheiten beim CAS einzulegen.[1406] Ein Berufungsrecht des Spielers zum CAS sehen die Regelungen – entgegen der insoweit klaren Bestimmungen von WADC und NADC –[1407] nicht vor.[1408] Eine gesonderte schriftliche Schiedsgerichtsvereinbarung zwischen Spieler, DFL e. V., DFL, FIFA, WADA und NADA besteht nicht. Spieler können den CAS demnach nicht anrufen.

Dogmatisch besehen handelt es sich sowohl bei dem statutarisch festgelegten als auch in den Nebenbestimmungen des DFB verankertem Berufungsrecht um Schiedsklauseln zugunsten Dritter. FIFA, WADA und NADA sind am nationalen Instanzenzug des Disziplinarverfahrens nicht beteiligt.[1409] Schiedsvereinbarungen zugunsten Dritter sind zulässig, wenn es der Dritte selbst in der Hand hat, die Entscheidung einer Überprüfung durch das Schiedsgericht zuzuführen.[1410] Durch das Berufungsrecht werden FIFA, WADA und NADA berechtigt aber nicht verpflichtet, Berufung einzulegen. Es liegt in deren eigenem, nicht justiziablem Ermessen, hiervon Gebrauch zu machen. Die hierfür notwendige Überprüfung der nationalen und internationalen Entscheidungen in Dopingangelegenheiten erfordert freilich einen hohen administrativen Aufwand durch WADA, NADA und FIFA. Bei WADA und NADA kommt hinzu, dass diese – eine wirksame Implementierung von WADC bzw. NADC vorausgesetzt – zur Überprüfung bei allen olympischen Sportarten berechtigt sind.

B. Wirksamkeit der Schiedsvereinbarungen

Die Bindung des Spielers an die in § 17a Abs. 2 und 3 DFB-Satzung und § 17 Nr. 4 DFB-ADR enthaltenen Schiedsklauseln auf der einen Seite und die Begründung der Zuständigkeit des Ständigen Schiedsgerichts für Lizenzspieler durch Schiedsabrede

1405 Rainer Koch, Vorsitzender der Anti-Doping-Kommission des DFB, E-Mail vom 7.5.2015 an den Verfasser.

1406 § 17 Nr. 4 DFB-ADR: „Die NADA kann gegen Entscheidungen, die durch das zuständige Disziplinarorgan ergehen, Rechtsbehelfe nach Art. 13.2.3 des NADA-Codes einlegen."

1407 Art. 13.2.3.2 lit. a) WADC, Art. 13.2.3.2 lit. a) NADC.

1408 Eine Ausnahme gilt gemäß § 1 Nr. 4 Abs. 5 DFB-ADR für die ablehnende Entscheidung der WADA bezüglich der Erteilung einer MAG (TUE). Hiergegen kann der Spieler in Übereinstimmung mit WADC Berufung beim CAS einlegen.

1409 Anderes gilt nach § 17 Nr. 3 DFB-ADR aber für den Fall, dass der DFB ein Disziplinarverfahren nicht innerhalb von zwei Monaten ab Kenntnis von einem möglichen Verstoß gegen Anti-Doping-Bestimmungen eingeleitet hat, obwohl ein Verstoß eines Spielers gegen Anti-Doping-Bestimmungen nicht auszuschließen ist. In diesem Fall besitzt die NADA ein Selbsteintrittsrecht und wird selbst Partei des Disziplinarverfahrens.

1410 BGH, Urteil vom 22.5.1967 – VII ZR 188/64, BGHZ 48, 35, 45 = NJW 1967, 2057, 2059; OLG Düsseldorf, Urteil vom 19.5.2006 – I-17 U 162/05, SchiedsVZ 2006, 331, 333.

auf der anderen Seite sind Voraussetzung dafür, dass der Spieler an den jeweiligen Schiedsspruch gebunden ist. Dies setzt voraus, dass eine wirksame Schiedsvereinbarung bzw. -klausel gegeben ist. Eine rechtliche Überprüfung des Schiedsspruchs durch einen deutschen staatlichen Richter kann im Wege des Aufhebungs- oder Anerkennungs- und Vollstreckungsverfahrens geschehen (§ 1059 ZPO bzw. § 1061 Abs. 1 ZPO i. V. m. UNÜ). Die Unzuständigkeit des Schiedsgerichts führt dazu, bereits ergangene Schiedssprüche aufzuheben[1411] oder nicht anzuerkennen,[1412] ihnen die Vollstreckbarkeitserklärung zu versagen[1413] oder den Antrag auf Vollstreckbarerklärung unter Aufhebung des Schiedsspruchs abzulehnen[1414].

Im Falle einer unwirksamen Schiedsvereinbarung können die angegriffenen Verbandsentscheide in ihrer konkreten Ausgestaltung durch die staatlichen Gerichte überprüft werden. Denkbar ist dies etwa im Rahmen einer gegen den sanktionierenden Verband gerichteten Schadensersatzklage des Spielers[1415] oder im Wege der Feststellungsklage. Anträge des Spielers auf Feststellung der Rechtswidrigkeit verhängter Sanktionen sind hingegen nicht zulässiger Gegenstand einer Feststellungsklage, soweit sich diese nicht auf ein Rechtsverhältnis richten.[1416]

Bedenken gegen die Wirksamkeit von Schiedsvereinbarungen und Schiedsklauseln könnten sich zunächst aus prozessualrechtlicher Sicht ergeben. So schließen §§ 2, 4, 101 Abs. 3 ArbGG in arbeitsrechtlichen Streitigkeiten Schiedsverfahren nach den Vorschriften der ZPO aus.[1417] Nach Art. V Abs. 2 lit. a) UNÜ gilt dies auch für Verfahren vor dem CAS. Demnach wird einem Schiedsspruch des CAS die Anerkennung oder Vollstreckbarerklärung versagt, wenn es sich bei den Streitigkeiten über verhängte Dopingstrafen um Streitigkeiten handelt, die aus dem Arbeitsverhältnis des Spielers resultieren und daher nach §§ 2, 4, 101 Abs. 3 ArbGG der staatlichen Gerichtsbarkeit unterliegen.[1418]

I. Arbeitsrechtliche Streitigkeit

Gemäß § 2 Abs. 1 Nr. 3 lit. c) ArbGG ist die ausschließliche Zuständigkeit der Arbeitsgerichtsbarkeit gegeben, wenn eine Rechtsstreitigkeit zwischen Arbeitnehmer und Arbeitgeber betroffen ist, die aus dem Arbeitsverhältnis resultiert. Streitigkeiten aus dem Arbeitsverhältnis zwischen Spieler und Klub sind daher zwingend den Arbeitsgerichten zuzuweisen. Entsprechend sieht § 9 Nr. 1 LOS für Streitigkeiten aus

1411 § 1059 Abs. 2 Nr. 2 lit. b) ZPO
1412 § 1061 Abs. 1 S. 1 ZPO i. V. m. Art. V Abs. 2 lit. b) UNÜ.
1413 § 1061 Abs. 1 S. 1 ZPO i. V. m. Art. V Abs. 2 lit. b) UNÜ.
1414 § 1060 Abs. 2 ZPO.
1415 OLG München, Urteil vom 15.1.2015 – U 1110/14 Kart, SchiedsVZ 2015, 40; LG München I, Urteil vom 26.2.2014 – 37 O 28331/12, SchiedsVZ 2014, 100.
1416 BGH, Urteil vom 20.2.2008 – VIII ZR 139/07, NJW 2008, 1303 m. w. N.; OLG München, Urteil vom 15.1.2015 – U 1110/14 Kart, SchiedsVZ 2015, 40, 46.
1417 Die Möglichkeit einer tarifvertraglichen Vereinbarung der Zuständigkeit der Schiedsgerichtsbarkeit nach § 101 Abs. 1, 2 ArbGG ist im Lizenzfußball mangels Tarifvertrag nicht gegeben.
1418 *Pfister*, in: Fritzweiler/Pfister/Summerer (Hrsg.), Praxishandbuch Sportrecht, VI/4 Rn. 155; *Voit*, in Musielak, Kommentar zur ZPO, § 1061 Rn. 22.

Verträgen zwischen Klubs und Spielern die Zuständigkeit der Arbeitsgerichte vor. Es stellt sich die Frage, ob es sich bei der Einlegung eines Rechtsbehelfs gegen eine durch den DFB verhängte Strafe um eine arbeitsrechtliche Streitigkeit handelt.

Literatur und Rechtsprechung haben für den Zeitraum vor Verpachtung der Lizenzligen ein arbeitsrechtliches Rechtsverhältnis teilweise auch zwischen Lizenzspieler und DFB angenommen. Die Stellung des DFB divergierte hierbei. Die Ausübung von Arbeitgeberbefugnissen durch den DFB deutete ein Teil der Literatur als Handeln als Erfüllungsgehilfe des Vereins. Die Einflussnahme des DFB auf das Arbeitsverhältnis zwischen Klub und Spieler sollte dem Klub als eigene zugerechnet werden.[1419] So stand (und steht) der Arbeitsvertrag des Lizenzspielers unter der aufschiebenden Bedingung der Lizenzerteilung. Sie war (ist) damit Teil der Begründung des Arbeitsverhältnisses. Die verbandsseitige Bestimmung von Spielzeiten und Spielpaarungen wurde als Einflussnahme auf die Festsetzung von Arbeitszeit und Arbeitsort gewertet.[1420] In der Verhängung von Sperren wurde eine Beeinflussung der arbeitsvertraglichen Entlohnung des Spielers mit der Begründung gesehen, dass in diesem Zeitraum Sieg- und/oder Einsatzprämien nicht zu erlangen seien. Der Lizenzentzug beendete gar das Vertragsverhältnis.[1421] Das ArbG Gelsenkirchen hat mit der Begründung, dass der DFB „durch das System der von ihm geschaffenen Satzungs- und Vertragsbestimmungen partiell in die Arbeitgeberstellung [...] eingerückt" sei, die funktionelle Zuständigkeit des Arbeitsgerichts bejaht.[1422] Dem zugrunde lag die Klage eines Spielers, dem der DFB die Lizenz entzogen hatte. Die Richter waren der Ansicht, dass dem Verein durch die damals geltende sofortige Auflösung des Arbeitsvertrages qua Lizenzentzug jegliche Disposition über das Arbeitsverhältnis entzogen war.[1423] Wo es in der Macht des Verbands liege, gestaltend auf das Arbeitsverhältnis einzuwirken, sei es angebracht, insoweit von einer partiellen Arbeitgeberstellung und Beklagtenstellung des Verbands im arbeitsrechtlichen Gerichtsverfahren auszugehen.[1424] Auch *Buchner* mahnte, dass es durch die Lizenzerteilung nicht zum Entzug des arbeitsgerichtlichen Rechtsschutzes kommen dürfe, und plädierte dafür, hier von einer Aufteilung der Arbeitgeberfunktion auszugehen.[1425] Andernfalls drohten durch inzidente Überprüfung der Lizenzentziehungsentscheidung im Kündigungsschutzverfahren zwischen Spieler und Verein und verbandsgerichtliche Überprüfung widersprüchliche Entscheidungen.[1426] Gleiches galt nach *Buchner* für Spielersperren. Das BAG betrachtete – ebenfalls für die Zeit vor Verpachtung der Lizenzligen – die durch den DFB verhängte Strafe als ambivalente Vertragsstrafe:[1427] so bestimme der DFB in dem durch Lizenz-

1419 *Mümmler*, Spielertransfer, S. 54.
1420 *Mümmler*, Spielertransfer, S. 47.
1421 *Mümmler*, Spielertransfer, S. 48.
1422 ArbG Gelsenkirchen, Urteil vom 22.6.1976 – 2 Ca 1019/76, NJW 1977, 598.
1423 ArbG Gelsenkirchen, Urteil vom 22.6.1976 – 2 Ca 1019/76, NJW 1977, 598.
1424 ArbG Gelsenkirchen, Urteil vom 22.6.1976 – 2 Ca 1019/76, NJW 1977, 598.
1425 *Buchner*, RdA 1982, 1, 9.
1426 *Buchner*, RdA 1982, 1, 11.
1427 BAG, Urteil vom 17.1.1979 – 5 AZR 498/77, BAG AP § 611 BGB – Berufssport Nr. 2, spricht von „doppelspuriger Vertragsstrafe"; *Fritzweiler*, in: Fritzweiler/Pfister/Summerer (Hrsg.), Praxishandbuch Sportrecht, III/1 Rn. 18 spricht von der „Zweispurigkeit des Sportrechts".

vertrag begründeten Rechtsverhältnis die Strafe als Gläubiger; in dem Arbeitsverhältnis zwischen Spieler und Verein geschehe dies als Dritter nach § 317 BGB.[1428]

Eine vertragsrechtlich an den Lizenzentzug geknüpfte Beendigung des Arbeitsverhältnisses sieht der MuArbV heute nicht mehr vor. Gleichwohl ist der Klub berechtigt, das Vertragsverhältnis aus wichtigem Grund zu kündigen, wenn die Lizenz des Spielers entzogen wird.[1429] Dies dürfte die Regel sein, da ein Spieler ohne Lizenz seine wesentliche arbeitsvertragliche Hauptleistungspflicht, die Einsatzfähigkeit im Wettbewerb, nicht mehr wird erbringen können. Nach H.2.2. MuArbV ist der Klub zudem berechtigt, das Vertragsverhältnis außerordentlich und fristlos zu kündigen, wenn der Spieler in einem Maße gegen Anti-Doping-Vorschriften verstößt, dass es dem Klub nicht mehr zugemutet werden kann, den Spieler zu beschäftigen. Dies kann – je nach Sachlage – bei Verhängung einer Sperre der Fall sein. Unstreitig ist der Klub berechtigt, Lohnzahlung für die Zeit der Sperre zu verweigern. DFB und DFL e. V. nehmen also auch heute noch, zumindest mittelbar, Einfluss auf das Arbeitsverhältnis zwischen Spieler und Klub. Nach *Busch* tritt der DFB daher im Prozess aufgrund seiner besonderen Arbeitgeberbefugnisse an die Stelle des Vereins und nimmt insoweit die Position eines Rechtsnachfolgers im Sinne von § 3 ArbGG ein.[1430] *Busch* versteht insoweit den Begriff der Rechtsnachfolge im Verfahren weit und erblickt in dem Bestimmungsrecht des DFB eine Ergänzung des Arbeitsvertrages, die als solche eine „Arbeitssache" darstellte.[1431]

Es steht außer Frage, dass die Einbeziehung verbandsrechtlicher Regelwerke in den MuArbV zu einer „Gemengelage von Arbeits- und Verbandsrecht" führt.[1432] Die in A.2.2. MuArbV enthaltene Regelanerkennung und Unterwerfung des Lizenzspielers schließt jedoch keine Lücken im Sinne einer Ergänzung des Arbeitsvertrages.[1433] Sie ist Grundlage des Arbeitsverhältnisses.[1434] Arbeitsvertragliche Pflichten des Spielers, die den Verein zur Verhängung von Vertragsstrafen berechtigen würden, gehen damit grundsätzlich nicht einher. Eine Bestrafung durch den Klub erfolgt nur, soweit diese im Arbeitsvertrag ausdrücklich vereinbart ist.[1435] Der MuArbV sieht in D.4. lediglich die Verpflichtung des Spielers vor, den Klub von finanziellen Sanktionen freizustellen. Soweit Vertragsstrafen vereinbart sind, tritt die Bestrafung durch den Verband neben die Bestrafung durch den Klub. Beide Strafen stehen damit unabhängig nebeneinander. Ein gespaltenes Arbeitsverhältnis, bei welchem der Verband partiell in die Arbeitgeberstellung des Vereins einrückt,[1436] ist demnach nicht gegeben.[1437]

1428 BAG, Urteil vom 17.1.1979 – 5 AZR 498/77, NJW 1980, 470, 471.

1429 H.2.1. MuArbV.

1430 *Busch*, Fußballtrainer, S. 173 f.

1431 *Busch*, Fußballtrainer, S. 174.

1432 *Adolphsen*, Internationale Dopingstrafen, S. 67; für die Zeit, in der die Lizenzerteilung noch durch den DFB erfolgt ist vgl. *Westermann*, JA 1984, 394, 395 f.

1433 Anders noch *Meyer-Cording*, RdA 1982, 13, 14.

1434 A.2. MuArbV.

1435 G.1. MuArbV.

1436 ArbG Gelsenkirchen, Urteil vom 22.6.1976 – 2 Ca 1019/76, NJW 1977, 598.

1437 Ebenso *Fritzweiler*, in: Fritzweiler/Pfister/Summerer (Hrsg.), Praxishandbuch Sportrecht, III/1 Rn. 18.

Der Wortlaut des A.2. MuArbV („unterwerfen sich, auch zugunsten der jeweiligen Verbände") stellt klar, dass es sich bei der Sanktionierung durch die Verbände nicht um die Bestimmungen einer Strafe nach § 317 BGB handeln soll. Die arbeitsvertragliche Begünstigung der Verbände ist als echter Vertrag zugunsten Dritter gemäß § 328 BGB einzuordnen. Die Drittbegünstigung kann sich auf Verträge aller Art beziehen.[1438] Gegenstand der Drittbegünstigung kann jedes zulässige Tun oder Unterlassen sein.[1439] Person des Dritten kann jeder Rechtsträger sein.[1440] Entscheidend für die Einordnung, ob ein echter oder unechter Vertrag zugunsten Dritter vorliegt, sind mangels konkreter Vereinbarung die „Vorstellungen redlicher, mit den allgemeinen Verkehrssitten vertrauter Parteien".[1441] Im Sinne der Aufrechterhaltung eines geregelten und geordneten Spielbetriebs ist es das Interesse von Spielern und Verbänden, dass die Verbände Regelverstöße der Spieler aus eigenem Recht sanktionieren können.[1442] Entscheide bzw. Sanktionen der Verbände gegen den Spieler wegen Regelverstößen ergehen demnach aus eigenem Recht.[1443]

Hinzu kommt, dass die Verbände auf die persönliche Abhängigkeit und Weisungsgebundenheit des Spielers nur mittelbar Einfluss nehmen können. Eine solche Einflussnahme kann nur durch die Vorgaben des rechtlichen und organisatorischen Rahmens erfolgen. So regeln die Bestimmungen von DFL e. V. und DFB etwa den Wechsel des Spielers, der lediglich zu bestimmten Transferfristen unter Wahrung verbandsorganisatorischer Mechanismen vollzogen werden darf,[1444] oder der Abstellung von Spielern für die deutsche Nationalmannschaft und weitere Auswahlmannschaften[1445]. Bei diesen Bestimmungen handelt es sich um die Grundlagen des Arbeitsverhältnisses; Recht, das wie staatliches Recht oder Regelungen des Tarifvertrages den äußeren Rahmen für die innere Ausgestaltung des Arbeitsverhältnisses durch Klub und Spieler darstellt.

Von einer arbeitsrechtlichen Streitigkeit wird für die weiteren Ausführungen im Verhältnis zwischen Spieler und Verbänden vor dem Hintergrund des Vorstehenden nicht ausgegangen. Auch für Vertragsspieler wird – soweit diese Arbeitnehmer sind – nach den obigen Ausführungen von einer Begünstigung der Verbände im Sinne von § 328 BGB und damit nicht von einer arbeitsrechtlichen Streitigkeit ausgegangen. Der Mustervertrag für Vertragsspieler unterscheidet in § 1 Nr. 2 die Unterwerfung des Spielers unter die Strafgewalt der Verbände von der Unterwerfung des Spielers unter die „Vereinsstrafgewalt des Vereins".

Schließlich stellt § 6 Abs. 1 Mustervertrag für Vertragsspieler klar, dass Verstöße gegen die Verpflichtungen – mithin auch die in Bezug genommenen Bestimmungen der Verbände – nicht nur eine Vertragsverletzung darstellen, sondern zugleich zu

1438 BayObLG, Beschluss vom 11.7.2002 – 3Z BR 111/02, NJW-RR 2003, 4, 5.
1439 *Gottwald*, in: Münchener Kommentar zum BGB, § 328 Rn. 21.
1440 *Gottwald*, in: Münchener Kommentar zum BGB, § 328 Rn. 24.
1441 *Gottwald*, in: Münchener Kommentar zum BGB, § 328 Rn. 33.
1442 BGH, Urteil vom 28.11.1994 – II ZR 11/94, BGHZ 128, 93, 98 f. = NJW 1995, 583, 585.
1443 Vgl. *Gottwald*, in: Münchener Kommentar zum BGB, § 328 Rn. 3.
1444 Siehe insbesondere § 4 LOS.
1445 § 18 LOS.

einer sportstrafrechtlichen Ahndung führen. Hieraus folgt das Nebeneinander von Vertragsstrafe und Verbandsstrafe.

II. Anwendbares Recht

Bei der Frage nach dem Prüfungsmaßstab, d. h. also nach dem anwendbaren Recht zur rechtlichen Beurteilung der Wirksamkeit der Schiedsvereinbarung, und den Formerfordernissen der Schiedsvereinbarungen muss die Einredesituation, mithin die Erhebung der Schiedseinrede (§ 1032 Abs. 1 ZPO gegebenenfalls i. V. m. 1025 Abs. 2 ZPO) im Verfahren vor dem staatlichen Gericht, von der Phase der Anerkennung- und Vollstreckung des Schiedsspruchs des CAS (§ 1061 Abs. 1 ZPO i. V. m. Art. V UNÜ) bzw. der Aufhebung und Vollstreckbarerklärung von Schiedssprüchen des Ständigen Schiedsgerichts für Lizenzspieler (§§ 1060 Abs. 1, 794 Abs. 1 Nr. 4a, 1059 Abs. 2 Nr. 1 lit. b) ZPO) unterschieden werden.

1. Einredesituation

a. Ständiges Schiedsgericht für Lizenzspieler

Nach dem in § 1025 Abs. 1 ZPO verankerten Territorialprinzip ist für eine Anwendung der Regelungen des 10. Buches der ZPO maßgebend, dass der Schiedsort[1446] in Deutschland liegt. Unbeachtlich ist insoweit der konkrete Ort der Verhandlung.[1447] Die Schiedsgerichtsvereinbarung sieht keine Bestimmung zum Schiedsort vor. Gleichwohl ergibt sich aus dem inneren Zusammenhang von Schiedsvereinbarung und Lizenzligen, dass das Schiedsgericht als für die deutschen Lizenzligen vorgesehenes Schiedsgericht einen Ort in Deutschland als Ort des schiedsrichterlichen Verfahrens festlegen wird. Mithin richtet sich die Wirksamkeit der Schiedsvereinbarung nach den Bestimmungen der ZPO.

b. CAS

Ohne praktische Bedeutung bleibt die Erhebung der Schiedseinrede mit Blick auf den CAS. § 17a Abs. 3 DFB-Satzung räumt dem Spieler nicht das Recht ein, den CAS zur Entscheidung über verbandsintern endgültige Entscheidungen anzurufen. Der Spieler kann daher nicht auf den Rechtsweg des CAS verwiesen werden. Eine Verweisung kann nur im Hinblick auf die Zuständigkeit des Ständigen Schiedsgerichts für Lizenzspieler erfolgen.

Hinzu kommt, dass ausweislich des Wortlauts von § 17a Abs. 3 DFB-Satzung die Zuständigkeit des CAS sich auf verbandsintern endgültige Entscheidungen in Dopingangelegenheiten bezieht. Schadensersatz und Zahlungsansprüche bilden einen anderen Streitgegenstand. Sie sind, unabhängig von der Tatsache, dass dem Spieler

1446 § 1043 Abs. 1 ZPO.

1447 *Pfister*, in: Fritzweiler/Pfister/Summerer (Hrsg.), Praxishandbuch Sportrecht, VI/3 Rn. 154 (Fn. 502).

kein Berufungsrecht beim CAS zusteht, nicht von der Schiedsvereinbarung umfasst und können Gegenstand eines zivilgerichtlichen Klageverfahrens sein, sofern nicht die Zuständigkeit des Ständigen Schiedsgerichts für Lizenzspieler gegeben ist. Dies ist hinsichtlich der Vertragsspieler der Fall.[1448]

2. Aufhebungs-, Anerkennungs- und Vollstreckungssituation

Der Spieler hat die Möglichkeit, inländische Schiedssprüche qua Antrag auf Aufhebung des Schiedsspruchs durch ein staatliches Gericht nach Maßgabe des § 1059 ZPO überprüfen zu lassen. Schiedssprüche bedürfen ferner der Vollstreckbarerklärung (§§ 1060 Abs. 1, 794 Abs. 1 Nr. 4a ZPO bzw. § 1061 Abs. 1 ZPO i. V. m. UNÜ). Eine Kontrolle ist daher auch gegeben, soweit eine Partei beabsichtigt, den Schiedsspruch zu vollstrecken. Hierfür muss der Schiedsspruch einen Leistungsbefehl, etwa die Zahlung einer Geldstrafe, enthalten.[1449]

Ausländische Schiedssprüche unterliegen innerhalb des Verfahrens auf Anerkennung und Vollstreckung der richterlichen Kontrolle. Der BGH hat unter Aufgabe seiner bisherigen Rechtsprechung eine solche Kontrolle auch für den Fall bejaht, dass ein ausländisches staatliches Gericht den ergangenen Schiedsspruch bereits rechtskräftig für vollstreckbar erklärt hat.[1450]

In Dopingangelegenheiten spielen überwiegend Anträge auf Aufhebung inländischer Schiedssprüche bzw. auf Feststellung, dass der ausländische Schiedsspruch im Inland nicht anzuerkennen ist,[1451] eine Rolle. Hingegen ist dem Antrag auf Vollstreckbarerklärung in der Praxis nur eine geringe Bedeutung beizumessen. Zum einen werden Leistungsbefehle nur selten verhängt,[1452] zum anderen hat die FIFA in Art. 64 FIFA DR ein eigenes verbandsautonomes Vollstreckungssystem geschaffen.[1453]

a. Ständiges Schiedsgericht für Lizenzspieler

Die Prüfung, ob die Schiedsvereinbarung wirksam zustande gekommen ist, richtet sich gemäß § 1059 Abs. 2 lit. a) ZPO nach deutschem Recht, sofern die Parteien eine hiervon abweichende Rechtswahl nicht getroffen haben. Dies ist mit Blick auf das Ständige Schiedsgericht für Lizenzspieler nicht der Fall. Anzuwenden sind für die Frage nach der wirksamen Einbeziehung der Schiedsklausel daher die Regelungen des deutschen Rechts.

1448 Siehe hierzu oben Zweiter Teil Kapitel 2 § 4 A I 2.

1449 *Adolphsen*, Zivilverfahrensrecht, § 3 Rn. 86.

1450 BGH, Urteil vom 2.7.2009 – IX ZR 152/06, SchiedsVZ 2009, 285.

1451 *Voit*, in Musielak, Kommentar zur ZPO, § 1061 Rn. 9. Ein Aufhebungsantrag ist hiernach unzulässig.

1452 *Adolphsen*, Internationale Dopingstrafen, S. 510 f.

1453 Eingehend hierzu *Haas*, in: Höfling/Horst/Nolte (Hrsg.), Fußball – Motor des Sportrechts, S. 65, 67 ff. Zu den Problemen der Bindungswirkung jüngst BGH, Urteil vom 20.9.2016 – II ZR 25/15, NZG 2016, 1315.

b. CAS

Gemäß § 1061 Abs. 1 Satz 1 ZPO richtet sich die Beurteilung der Frage, ob eine Schiedsvereinbarung wirksam zustande gekommen ist, nach den Bestimmungen des UNÜ. Art. V Abs. 1 lit. a) UNÜ führt, bei fehlender Rechtswahl, zur Anwendung des Rechts des Landes, in dem der Schiedsspruch ergangen ist. Eine ausdrückliche Rechtswahl sehen Lizenzvertrag Spieler und Schiedsklausel, auf die verwiesen wird, nicht vor. In Betracht käme aber eine konkludente Rechtswahl, die nach der herrschenden Meinung zulässig ist.[1454] Hierbei wird durch Vertragsauslegung bestimmt, welches Recht nach dem Willen der Parteien für die Schiedsvereinbarung zur Anwendung gelangen soll. Der Lizenzvertrag verweist an mehreren Stellen auf die deutsche Rechtsordnung.[1455] Insoweit könnte sich auch das auf die Schiedsvereinbarung anwendbare Recht nach dem für den Lizenzvertrag geltenden deutschen Recht richten.[1456] Zu beachten ist aber, dass das auf die Schiedsvereinbarung anwendbare Recht nach dem Prinzip der Unabhängigkeit der Schiedsvereinbarung grundsätzlich losgelöst vom sonstigen Vertragstext des Hauptvertrages und für sich zu beurteilen ist.[1457] Eine Rechtswahl für den Hauptvertrag ist nur dann auf die Schiedsvereinbarung zu übertragen, wenn dies dem Willen der Parteien entspricht. Gegen die konkludente Wahl deutschen Rechts kann der Umstand sprechen, dass die Einbeziehung der Schiedsklausel letztlich auf den Vorgaben der FIFA beruht,[1458] welche ihren Sitz in der Schweiz hat und in der Sache ergänzend schweizerisches Recht zur Anwendung beruft.[1459] Ferner sind an dem Berufungsverfahren mit FIFA und/oder WADA Parteien beteiligt, die ihren Sitz nicht in Deutschland haben. Die Wahl des deutschen Rechtes könnte demnach die Wahl einer Rechtsordnung bedeuten, die zu Lasten außerhalb des Vertrages stehender Dritter geht. Es ist fragwürdig, ob eine solche Rechtswahl im Verhältnis zu FIFA und WADA überhaupt wirksam wäre.[1460] Zudem ist zu berücksichtigen, dass auch der Schiedsort in der Schweiz liegt. Es kann daher nicht sicher davon ausgegangen werden, dass eine Einigung zugunsten des deutschen Rechts gewollt war. Verbleiben an der konkludenten Rechtswahl Zweifel, ist es angezeigt, schweizerisches Recht anzuwenden, da der CAS seinen Sitz in der Schweiz hat und das Verfahrensrecht des CAS nach Art. R27 CAS-Code zur Anwendung gelangt.[1461]

Nach der Rechtsprechung des BGH beurteilen sich Zustandekommen und Wirksamkeit einer Schiedsvereinbarung im Kollisionsfall nach den Bestimmungen des

1454 *Adolphsen*, in: Münchener Kommentar zur ZPO, § 1061 Anh. 1 UNÜ, Art. V Rn. 23.

1455 Siehe §§ 3 Abs. 4 und 6, 6 Lizenzvertrag Spieler.

1456 Vgl. hierzu *Voit*, in: Münchener Kommentar zur ZPO, § 1029 Rn. 32.

1457 § 1040 Abs. 1 Satz. 2 ZPO; BGH, Beschluss vom 18.6.2014 – III ZB 89/13, SchiedsVZ 2014, 254, 256; *Kocholl*, CaS 2015, 311, 316.

1458 Artt. 58 Abs. 5, 6, 59 Abs. 1 FIFA-Statuten.

1459 Art. 57 Abs. 2 FIFA-Statuten.

1460 Zum anwendbaren Recht für die Einbeziehung Dritter in eine Schiedsvereinbarung siehe BGH, Urteil vom 8.5.2014 – III ZR 371/12, SchiedsVZ 2014, 151, 153.

1461 Vgl. BGH, Urteil vom 23.4.1998 – III ZR 194/96, NJW 1998, 2452; *Adolphsen*, in: Münchener Kommentar zur ZPO, § 1061 Anh. 1 UNÜ, Art. II Rn. 29, Art V Rn. 24.

deutschen Internationalen Privatrechts.[1462] Nach Art. 9 Abs. 1 Rom I-VO sind zwingende Regeln des deutschen Rechts solche, deren Einhaltung von einem Staat als so entscheidend für die Wahrung seines öffentlichen Interesses angesehen wird, dass sie ungeachtet des anzuwendenden Rechts auf alle Sachverhalte anzuwenden sind, die in ihren Anwendungsbereich fallen. Insoweit normiert § 185 Abs. 1 GWB, dass die Vorschriften des Ersten bis Dritten Teils des GWB auf alle Wettbewerbsbeschränkungen anzuwenden sind, die sich, wie im Fall des Missbrauchs einer marktbeherrschenden Stellung gegenüber einem in Deutschland ansässigen Spieler, im Geltungsbereich des GWB auswirken, auch wenn sie außerhalb des Geltungsbereichs des GWB veranlasst worden sind.[1463] Nach Art. 1 Abs. 2 lit. e) Rom I-VO sind jedoch Schiedsvereinbarungen vom Anwendungsbereich der Verordnung ausgenommen. Allerdings gehören die zwingenden kartellrechtlichen Vorschriften zum *ordre public*.[1464] Die Wirksamkeitsprüfung der Schiedsklausel richtet sich daher, soweit der Anwendungsbereich des GWB eröffnet ist, hinsichtlich des ordre public nach deutschem Recht. Auch die zu Art. 6 Abs. 1 EMRK herausgebildeten Verfahrensgrundsätze können im Rahmen des *ordre public* herangezogen werden.[1465]

III. Formwirksame Schiedsvereinbarung

1. Einredesituation

a. Ständiges Schiedsgericht für Lizenzspieler

Nach § 1031 Abs. 5 ZPO gilt, dass Schiedsvereinbarungen, an denen ein Verbraucher beteiligt ist, in einer von den Parteien eigenhändig unterzeichneten Urkunde enthalten sein müssen.[1466] Gegenstand dieser Urkunde darf lediglich die Schiedsvereinbarung und Verfahrensregelung sein.[1467] Eine Ausnahme soll gelten, wenn die Erklärung von sonstigen Vereinbarungen räumlich klar abgegrenzt und gesondert unterzeichnet ist.[1468] Die Schiedsvereinbarung steht außerhalb des Lizenzvertrages. Auf die Frage der Verbrauchereigenschaft kommt es daher nicht an.[1469]

1462 BGH, Urteil vom 28.11.1963 – VII ZR 112/62, BGHZ 40, 320, 322 = NJW 1964, 591, 592; BGH, Urteil vom 3.5.2011 – XI ZR 373/08, NJW-RR 2011, 1350, 1353; BGH, Urteil vom 7.6.2016 – KZR 6/15, NJW 2016, 2266, 2270.

1463 BGH, Urteil vom 7.6.2016 – KZR 6/15, NJW 2016, 2266, 2270.

1464 BGH, Urteil vom 23.4.1959 – VII ZR 2/58, BGHZ 30, 89, 96 f. = NJW 1959, 1438; BGH, Urteil vom 25.10.1966 – KZR 7/65, BGHZ 46, 365, 366 = NJW 1967, 1178; *Adolphsen*, in: Münchener Kommentar zur ZPO, § 1061 Anh. 1 UNÜ, Art. V Rn. 80.

1465 *Haas*, SchiedsVZ 2009, 73, 77.

1466 Nach *Meier*, SpuRt 2012, 229, 230 sind Berufsfußballer als Arbeitnehmer Verbraucher; a. A. *Kotzenberg*, Bindung, S. 133.

1467 *Voit*, in Musielak, Kommentar zur ZPO, § 1031 Rn. 11.

1468 BGH, Urteil vom 25.10.1962 – II ZR 188/61, BGHZ 38, 155, 165 = NJW 1963, 203, 205 (zu § 1027 ZPO a. F.); *Voit*, in Musielak, Kommentar zur ZPO, § 1031 Rn. 11.

1469 Den Berufsspieler als Verbraucher wertend *Meier*, SpuRt 2012, 229, 230; a. A. *Kotzenberg*, Bindung, S. 133.

b. CAS

Die Beurteilung der Formwirksamkeit richtet sich auch in der Einredesituation für Schiedsvereinbarungen zugunsten des CAS nach Art. II UNÜ. [1470] Wegen der oben dargestellten fehlenden praktischen Relevanz der Einredesituation in puncto CAS wird auf die Ausführungen im Rahmen der Anerkennungs- und Vollstreckungssituation verwiesen.

2. Aufhebungs-, Anerkennungs- und Vollstreckungssituation

a. Ständiges Schiedsgericht für Lizenzspieler

Die Aufhebungs- und Vollstreckungssituation richtet sich, wie oben bereits ausgeführt,[1471] nach deutschem Recht. Es gelten daher die Ausführungen zur Einredesituation entsprechend.

(1) Berufungsrecht von NADA und FIFA

Weiterer Ausführungen bedarf die Rolle von NADA und FIFA. Der Lizenzspieler unterwirft sich im Lizenzvertrag den DFB-ADR. Diese enthalten in § 17 Nr. 4 den Verweis auf Art. 13.2.3 NADC. Nach Art. 13.2.2 und 13.2.3.2 NADC hat die NADA das Recht, gegen Entscheidungen des Sport- oder Bundesgerichts Rechtsbehelf beim Ständigen Schiedsgericht für Lizenzspieler einzulegen. Grundsätzlich gilt wegen des in Art. 101 GG verankerten Justizgewährungsanspruchs, dass nur derjenige eine Schiedsvereinbarung gegen sich gelten lassen muss oder sich auf sie berufen kann, der an ihrem Abschluss beteiligt war, der also zu dem von dem Schiedsvertrag betroffenen Personenkreis gehört.[1472] Rechtlich gesehen handelt es sich hierbei also um die Begründung einer Schiedsgerichtszuständigkeit zugunsten eines Dritten. Der Spieler sieht sich einer weiteren Partei gegenüber. Es stellt sich daher die Frage, ob die Schiedsklausel in den Lizenzvertrag wirksam einbezogen worden ist; eine die NADA begünstigende Schiedsvereinbarung mithin wirksam zustande gekommen ist.

Die gleiche Problematik stellt sich mit Blick auf die FIFA. Nach Art. 75 Abs. 3 FIFA-ADR soll diese ebenfalls berechtigt sein, Entscheide vor dem Ständigen Schiedsgericht für Lizenzspieler anzufechten.

Bedenken begegnet die Tatsache, dass die Schiedsvereinbarung nicht in einer gesonderten Urkunde enthalten ist. Auch enthält der Lizenzvertrag keinen ausdrücklichen Hinweis auf das Berufungsrecht der NADA. Für Verweisungen auf eine Schiedsklausel außerhalb der Urkunde unter Beteiligung von Verbrauchern verlangt § 1031

1470 Vgl. BGH, Urteil vom 8.6.2010 – XI ZR 349/08, NJW-RR 2011, 548, 549; BGH, Urteil vom 8.6.2010 – XI ZR 41/09, NZG 2010, 1351; *Adolphsen*, in: Münchener Kommentar zur ZPO, § 1061 Anh. 1 UNÜ, Art. II Rn. 6; *Hausmann*, in: Reithmann/Martiny, Rn. 8.291.

1471 Siehe hierzu oben Zweiter Teil Kapitel 2 § 4 B II 2 a.

1472 BGH, Urteil vom 12.11.1990 – II ZR 249/89, NJW-RR 1991, 423, 424; OLG München, Urteil vom 13.2.1997 – 29 U 4891-96, NJW-RR 1998, 198.

Abs. 5 ZPO, dass aus der Verweisung selbst erkennbar ist, dass ein Schiedsgericht tätig werden soll.[1473] Hierdurch soll der Verbraucher vor der unbemerkten Unterzeichnung von Schiedsvereinbarungen bewahrt werden, die in umfangreichen Geschäftsbedingungen enthalten sind.[1474] Es ist daher zu klären, ob es sich bei den Lizenzspielern um Verbraucher handelt. Wäre dies der Fall, hätte dies zur Folge, dass die durch Verweisung in § 17 Nr. 4 DFB-ADR und Art. 75 Abs. 3 FIFA-ADR in Bezug genommene Schiedsvereinbarung zugunsten von NADA und FIFA mangels ausdrücklicher Erwähnung im Schiedsgerichtsvertrag und mangels gesonderter Urkunde nach § 1031 Abs. 5 ZPO unwirksam wäre.

Die Verbrauchereigenschaft beurteilt sich auch im Schiedsverfahren nach dem materiellen Recht.[1475] Abzustellen ist daher auf § 13 BGB. Nach § 13 BGB ist „jede natürliche Person [Verbraucher], die ein Rechtsgeschäft zu Zwecken abschließt, die überwiegend weder ihrer gewerblichen noch ihrer selbständigen beruflichen Tätigkeit zugerechnet werden können". Gewerblich tätig ist nach deutschem Rechtsverständnis nur, wer selbstständig tätig ist.[1476] Selbständig tätig ist nach dem für § 13 BGB maßgebenden § 84 Abs. 1 Satz 2 HGB,[1477] wer weisungsfrei tätig ist und seine Tätigkeit im Wesentlichen frei gestalten kann.[1478] Weisungsfreiheit setzt mitunter voraus, dass die Arbeitskraft hinsichtlich Zeit, Dauer, Ort und Durchführung frei eingesetzt werden kann.[1479] Dies ist nach der von Rechtsprechung und Literatur entwickelten Definition des Arbeitnehmerbegriffs für diesen gerade nicht der Fall.

Das rechtsgeschäftliche Handeln einer natürlichen Person kann situationsbedingt der Sphäre des Verbrauchers oder des Unternehmers zuzuordnen sein.[1480] Grundsätzlich ist es jedoch als Verbraucherhandeln zu betrachten.[1481] Zweifel an der Zuordnung des konkreten Handelns sind zu Gunsten der Verbrauchersphäre zu entscheiden.[1482] Nach dem Willen des Gesetzgebers sollen die Rechtsbeziehungen des Arbeitnehmers zu seinem Arbeitgeber dem Verbraucherrecht unterstellt sein.[1483] Gleiches gilt für Rechtsgeschäfte, die der Arbeitnehmer zum Zwecke seiner beruflichen Tätigkeit abschließt.[1484] Rechtsprechung und weite Teile der Literatur werten Berufssport-

---

1473 *Schlosser*, in: Stein/Jonas, ZPO, § 1031 Rn. 25, Anhang § 1061 Rn. 58; *Voit*, in Musielak, Kommentar zur ZPO, § 1031 Rn. 10; *Münch*, in: Münchener Kommentar zur ZPO, § 1031 Rn. 61; *Wolf/Eslami*, in: BeckOK ZPO (Stand: 1.7.2016), § 1031 Rn. 21.

1474 *Wolf/Eslami*, in: BeckOK ZPO (Stand: 1.7.2016), § 1031 Rn. 21.

1475 *Wolf/Eslami*, in: BeckOK ZPO (Stand: 1.7.2016), § 1031 Rn. 20; *Voit*, in Musielak, Kommentar zur ZPO, § 1031 Rn. 8.

1476 *Micklitz/Purnhagen*, in: Münchener Kommentar zum BGB, § 14 Rn. 21.

1477 *Bamberger*, in: BeckOK BGB (Stand: 1.11.2016), § 14 Rn. 11.

1478 *Löwisch*, in: Kommentar zum HGB, § 84 Rn. 19.

1479 *Hagen*, in: BeckOK Arbeitsrecht (Stand: 1.9.2016), HGB, § 84 Rn. 1.

1480 BGH, Urteil vom 30.9.2009 – VIII ZR 7/09, NJW 2009, 3780; *Meier*, SpuRt 2012, 229.

1481 BGH, Urteil vom 30.9.2009 – VIII ZR 7/09, NJW 2009, 3781.

1482 BGH, Urteil vom 30.9.2009 – VIII ZR 7/09, NJW 2009, 3781.

1483 BT-Drs. 14/6040 S. 243.

1484 BT-Drs. 14/6040 S. 243.

ler daher als Verbraucher, soweit es sich bei diesen um Arbeitnehmer handelt.[1485] Wie bereits festgestellt, sind Lizenzspieler als Arbeitnehmer zu erachten.[1486] Die Unterwerfung des Lizenzspielers unter die Regelungen der DFB-ADR und DFB-Satzung (dort § 3) ist Voraussetzung zur Erlangung von Lizenz[1487] und Spielberechtigung[1488]. Sie ist Voraussetzung für die Durchführung des zwischen Spieler und Klub geschlossenen Arbeitsvertrages. So erklärt B.1. MuArbV die Erteilung der Spielerlaubnis nach § 13 LOS durch den DFL e. V. bzw. die DFL zur aufschiebenden Bedingung für den Beginn des Arbeitsvertrages. Nach A.1. MuArbV stellt der Klub den Spieler als „Lizenzspieler" an. Lizenzspieler ist nur, wer den Lizenzvertrag vorbehaltlos unterzeichnet, mithin sich den Verbandsregeln unterwirft. Erkennt der Spieler die DFB-ADR und DFB-Satzung nicht an, tritt der Arbeitsvertrag nicht in Kraft. Die Verbrauchereigenschaft des Spielers ist aufgrund der Konnexität zwischen Unterwerfung unter DFB-ADR und Art. 13.2.3 NADC sowie § 3 DFB-Satzung und Art. 75 Abs. 3 FIFA-ADR im Lizenzvertrag einerseits sowie Arbeitsvertrag zwischen Spieler und Klub andererseits daher gegeben; der Spieler handelt aus Anlass des Arbeitsverhältnisses.[1489] Die Bindung an das schiedsrichterliche Verfahren liegt mithin nicht außerhalb des abhängigen Arbeitsverhältnisses, sondern steht als Bedingung für das Ingangsetzen des Arbeitsvertrages zu diesem in unmittelbarer Beziehung. Umstände, wonach der Abschluss der Schiedsvereinbarung einer selbständigen beruflichen Tätigkeit des Spielers zuzuordnen wäre, sind nicht gegeben.

Schiedsvereinbarungen, an denen ein Verbraucher beteiligt ist, müssen in einer von den Parteien eigenhändig unterzeichneten Urkunde enthalten sein. Diese darf andere Abreden als solche, die sich auf das schiedsrichterliche Verfahren beziehen, nicht aufweisen.[1490] Die Schiedsabrede zugunsten der NADA kraft Verweises auf die DFB-ADR bzw. zugunsten der FIFA durch Verweis auf FIFA-ADR in dem im Lizenzvertrag Bezug genommenen § 3 DFB-Satzung ist daher gemäß § 125 BGB nichtig.[1491] An diesem Ergebnis vermag auch die Unterzeichnung der Bestätigung über den Erhalt, die Kenntnisnahme und Anerkennung der geltenden Anti-Doping-Richtlinien des DFB sowie der NADA durch den Spieler vor Saisonbeginn nichts zu ändern.[1492] Auf die durch Verweis auf Art. 13.2.3 NADC enthaltene Schiedsklausel wird hierin nicht ausdrücklich verwiesen.[1493] Ferner ist eine durch gesonderte Unterzeichnung abgeschlossene Vereinbarung nicht enthalten.

1485 Vgl. BVerfG, Beschluss vom 23.11.2006 – 1 BvR 1909/06, NJW 2007, 286, 287; BAG, Urteil vom 25.5.2005 – 5 AZR 572/04, BAGE 115, 19, 28 ff. = NJW 2005, 3305, 3308; BAG, Urteil vom 19.5.2010 – 5 AZR 253/09, NJW 2010, 2827, 2828 f.; *Micklitz/Purnhagen*, in: Münchener Kommentar zum BGB, § 13 Rn. 57; *Däubler*, NZA 2001, 1329, 1333 f.

1486 Siehe oben Zweiter Teil Kapitel 1 § 3 A II 1 a.

1487 § 2 Abs. 1 Lizenzvertrag Spieler.

1488 § 13 Nr. 2 lit. e) LOS.

1489 So im Ergebnis auch *Meier*, SpuRt 2012, 229, 230; a. A. *Kotzenberg*, Bindung, S. 133 f.

1490 BGH, Urteil vom 19.5.2011 – III ZR 16/11, NJW 2011, 2976.

1491 Vgl. BGH, Urteil vom 19.5.2011 – III ZR 16/11, NJW 2011, 2976 f.

1492 Zum Inhalt der Bestätigung siehe oben Zweiter Teil Kapitel 1 § 3 A IV.

1493 Vgl. *Voit*, in: Musielak, Kommentar zur ZPO, § 1031 Rn. 10 (zum Verweis auf AGB).

Eine Heilung des Formmangels kann nach § 1031 Abs. 6 ZPO eintreten, wenn der Spieler sich trotz der Formwirksamkeit der Schiedsvereinbarung rügelos zur Hauptsache einlässt. Ausreichend ist insoweit die schriftliche Einlassung.[1494] Entscheidet allerdings ein Schiedsgericht trotz durch den Spieler erhobener Rüge, so stellt dies einen Grund dar, um den Schiedsspruch nach § 1059 Abs. 2 Nr. 1 lit. a) ZPO aufzuheben.

(2) Zwischenergebnis

Bei den Lizenzspielern handelt es sich um Verbraucher. Die Bindung der Lizenzspieler an die Schiedsvereinbarung zugunsten von NADA und FIFA durch mittelbare Bezugnahme im Lizenzvertrag geschieht zur Durchführung des zwischen Spieler und Verein vereinbarten Arbeitsverhältnisses. Die bloße Bezugnahme auf Verbandsregelwerke, welche Schiedsklauseln enthalten, genügt nicht den Anforderungen des § 1031 Abs. 5 ZPO. Rechtsbehelfe der NADA und FIFA vor dem Ständigen Schiedsgericht für Lizenzspieler scheitern mithin am Nichtvorliegen einer formwirksamen Schiedsvereinbarung. Anderes gilt gemäß § 1031 Abs. 6 ZPO lediglich dann, wenn der Lizenzspieler sich vor dem Ständigen Schiedsgericht rügelos zur Sache einlässt. Um Rechtssicherheit zu schaffen, sollten zukünftig auch NADA und gegebenenfalls FIFA in den der LOS als Anhang II beigefügten Schiedsvertrag miteinbezogen werden.

b. CAS

Die Wirksamkeit der Form bestimmt sich gemäß Art. V Abs. 1 lit. a) UNÜ nach den in Art. II Abs. 1 und 2 UNÜ geregelten Erfordernissen. Art. II UNÜ ist autonom auszulegen. Ein Rückgriff auf das nationale Sachrecht erfolgt nicht.[1495] Maßstab der Auslegung ist der Sinn und Zweck des UNÜ.[1496] Die einheitliche Formvorschrift des Art. II UNÜ verfolgt neben der Beweisfunktion insbesondere den Zweck, die Parteien vor der übereilten Abbedingung des staatlichen Rechtsweges zu schützen.[1497] Art. II Abs. 1 UNÜ verlangt daher den Abschluss einer schriftlichen Vereinbarung. Eine solche ist nach Art. II Abs. 2 UNÜ gegeben, wenn die Schiedsklausel entweder in einer unterzeichneten Vertragsurkunde enthalten ist oder aus dem Austausch von Briefen oder Telegrammen eine solche Vereinbarung hervorgeht. Zur Zulässigkeit von Schiedsvereinbarungen durch Verweisungen schweigt Art. II Abs. 2 UNÜ. Die Einbeziehung von Schiedsklauseln durch Verweisungen auf AGBs wird von Stimmen der Kommentarliteratur als zulässig erachtet.[1498] Voraussetzung ist aber, dass die Parteien

1494 *Voit*, in: Musielak, Kommentar zur ZPO, § 1031 Rn. 13.

1495 *Schwab/Walter*, Schiedsgerichtsbarkeit, Kap. 44 Rn. 7.

1496 *Adolphsen*, in: Münchener Kommentar zur ZPO, § 1061 Anh. 1 UNÜ, Art. II Rn 3.

1497 *Hausmann*, in: Reithmann/Martiny, Rn. 8.291; *Schwab/Walter*, Schiedsgerichtsbarkeit, Kap. 44 Rn. 7.

1498 *Adolphsen*, in: Münchener Kommentar zur ZPO, § 1061 Anh. 1 UNÜ, Art. II Rn. 19.

sich über die Schiedsklausel geeinigt haben.[1499] Davon ist unproblematisch auszugehen, wenn ausdrücklich auf die externe Schiedsklausel verwiesen wird, der Spieler also positive Kenntnis über die Schiedsklausel hat.[1500] *Adolphsen* lässt es ferner genügen, wenn der Vertragspartner die Möglichkeit hat, AGBs, auf die verwiesen wird, in zumutbarer Weise zur Kenntnis zu nehmen.[1501] Eines ausdrücklichen Hinweises auf die in den AGBs enthaltenen Schiedsklausel(n) bedarf es nach *Adolphsen* dann nicht.[1502] Dahinstehen kann die Frage, ob es sich bei der Verweisung auf die Satzung und ADR des DFB, welche Schiedsklauseln enthalten, um AGBs handelt. Denn aufgrund des dann entfallenden Schutzgedankens aus dem AGB-Recht müssen die vorgenannten geringen Anforderungen an die Wahrung der Form erst recht gelten, wenn es sich bei den Regelwerken nicht um AGBs[1503] handelt. Andere Stimmen des Schrifttums verlangen unter Hinwies auf den Schutzzweck von Art. II Abs. 2 UNÜ für Globalverweisungen, also die pauschale Verweisung auf Satzungen und Ordnungen ohne Hinweis auf die Schiedsklausel, dass die Regelungen, auf die verwiesen wird, der Vereinbarung beigefügt sind oder aber, dass der Gebrauch einer Schiedsklausel branchenüblich ist und es sich bei den Parteien um erfahrene Geschäftsleute handelt.[1504] Insoweit besitzen die Parteien entweder positive Kenntnis von der Schiedsklausel oder sie sind in der Lage, diese ohne Schwierigkeiten zu erlangen.[1505]

Fragwürdig könnte im Einzelfall die Erfahrenheit der Spieler sein. Der Abschluss einer Vereinbarung zwischen Lizenzspieler, DFL, DFL e. V. und DFB über die Zuständigkeit des Ständigen Schiedsgerichts für Lizenzspieler zur Aburteilung sämtlicher Streitigkeiten zwischen DFL e. V., DFL, DFB und Lizenzspieler könnte den Spieler zu der Annahme verleiten, dass auch weitere Schiedsvereinbarungen der ausdrücklichen Vereinbarung bedurften. Das Fehlen einer solchen ausdrücklichen Vereinbarung könnte für den Spieler gleichsam den Schluss zulassen, dass weitere Schiedsvereinbarungen/-klauseln nicht bestehen. Für den unerfahrenen Spieler kann sich damit der Verdacht aufdrängen, dass die Lösung der Dopingproblematik eine rein „nationale Angelegenheit“ ist. Dafür spricht auch die Tatsache, dass, soweit ersichtlich, Dopingverfahren unter Beteiligung deutscher Lizenzspieler, Vertragsspieler und/oder Amateuren vor dem CAS bislang nicht anhängig waren. Daran vermag auch die Tatsache nichts zu ändern, dass durch Dopingverfahren im Radsport die mediale Aufmerksamkeit auf die WADA und den CAS gelenkt worden ist. Aus der juristischen Laiensicht des Spielers handelt es sich um andere Sportarten und Nationalitäten, für die andere Bestimmungen als im deutschen Fußballsport gelten können.

1499 *Hausmann*, in: Reithmann/Martiny, Rn. 8.313, 8.291.

1500 *Oschütz*, Sportschiedsgerichtsbarkeit, S. 193.

1501 *Adolphsen*, in: Münchener Kommentar zur ZPO, § 1061 Anh. 1 UNÜ, Art. II Rn. 19; *ders.*, Internationale Dopingstrafen, S. 551.

1502 *Adolphsen*, in: Münchener Kommentar zur ZPO, § 1061 Anh. 1 UNÜ, Art. II Rn. 19; *ders.*, Internationale Dopingstrafen, S. 551.

1503 BGH, Urteil vom 28.11.1994 – II ZR 11/94, BGHZ 128, 93, 101 f. = NJW 1995, 583, 585.

1504 *Oschütz*, Sportschiedsgerichtsbarkeit, S. 193 m. w. N.; *Kotzenberg*, Bindung, S. 172.

1505 *Oschütz*, Sportschiedsgerichtsbarkeit, S. 193.

Doping ist eine Angelegenheit, mit der Berufsfußballspieler in den Medien nur selten in Berührung kommen. Sport(schieds)gerichtsverfahren wegen sich dopender Fußballspieler stellen nach wie vor eine Seltenheit dar. Entscheidend muss daher sein, worauf der Spieler vertrauen durfte. Aufgrund der Komplexität der Verweisungstechnik werden zumindest junge Spieler zunächst auf den Rat ihres Umfeldes, namentlich der Klubs und rechtlichen Beiständen bzw. Berater, angewiesen sein. Insbesondere für junge Spieler begegnet die Annahme der Kenntnis von der Branchenüblichkeit internationaler Schiedsklauseln aufgrund ihrer geschäftlichen Unerfahrenheit daher Bedenken.[1506]

Nach A.2. MuArbV händigt der Klub dem Spieler auf Verlangen die Satzung und Ordnungen des DFB in Textform aus. Hinzu kommt, dass Satzung und Ordnungen des DFB für den Spieler unproblematisch über das Internet einzusehen sind. Wendet man die Ausführungen von *Adolphsen* direkt oder entsprechend auf Verweisungen in der Regelunterwerfung des Spielers im Lizenzvertrag an, ist die Form des Art. II Abs. 2 UNÜ gewahrt, wenn davon ausgegangen werden kann, dass der Spieler Kenntnis von der Branchenüblichkeit solcher Schiedsklauseln hat. Problematisch bleibt aber auch hinsichtlich des geschäftserfahrenen Spielers, dass die Schiedsklausel für den Spieler nur mit Aufwand zu erkennen ist. Vorzugswürdig ist für die Zukunft daher ein ausdrücklicher Hinweis im Lizenzvertrag auf die Schiedsklausel.

Die vorstehenden Ausführungen betreffen entsprechend auch den Vertragsspieler. Die grundsätzliche Wirksamkeit einer statutarischen Einbeziehung von Schiedsklauseln folgt aus § 1066 ZPO.[1507] Nach dem Meistbegünstigungsgrundsatz des Art. VII Abs. 1 Hs 2 UNÜ ist das Gericht dazu berufen, die Form am Maßstab des nationalen Rechts zu prüfen, wenn dieses geringere Formanforderungen stellt.[1508] Dabei entspricht es der gängigen Meinung, dass Art. VII UNÜ trotz seines Wortlauts, der lediglich Schiedssprüche einschließt, auch auf Schiedsvereinbarungen anwendbar

---

1506 Ebenso *Kotzenberg*, Bindung, S. 130 f.

1507 Nach der heute herrschenden Meinung unterfallen statutarische Schiedsklauseln der Regelung des § 1066 ZPO (einseitige Anordnung) und nicht des § 1029 ZPO (vgl. Begründung der Bundesregierung zum Entwurf des SchiedsverfahrensG, BT-Drs. 13/5274, S. 66; *Münch*, in: Münchener Kommentar zur ZPO, § 1066 Rn. 8; *Voit*, in: Musielak, Kommentar zur ZPO, § 1066 Rn. 7; *Ebbing*, NZG 1999, 754, 756; *Schmidt*, ZHR 162 (1998), 265, 274). Dies gilt nach der herrschenden Meinung indes nur, soweit sich der Spieler im Wege der Mitgliedschaft der Schiedsklausel unterworfen hat (vgl. *Haas/Hauptmann*, SchiedsVZ 2004, 175, 183 f. m. w. N.) Die herrschende Meinung wendet § 1031 ZPO – anders als bei § 1029 ZPO – im Rahmen des § 1066 ZPO nicht an (Schmidt, ZHR 162 (1998), 265, 277; a. A. *Schwab/Walter*, Schiedsgerichtsbarkeit, Kap. 32 Rn. 5 f.). Vgl. zum Ganzen *Reichert*, in: FS Ulmer, S. 511, 529 f. (für die GmbH). Nach *Monheim*, Sportlerrechte und Sportgerichte, S. 151 f. ist auch im Falle einer statutarischen Schiedsklausel § 1031 ZPO anzuwenden (so früher auch *Schlosser*, in: Stein/Jonas, ZPO, § 1066 Rn. 10 unter der Annahme des rechtsgeschäftlichen Charakters des Vereinsbeitritts). Zur Heilung des Mangels siehe § 1031 Abs. 6 ZPO.

1508 BGH, Beschluss vom 21.9.2005 – III ZB 18/05, NJW 2005, 3499, 3500; BGH, Beschluss vom 30.9.2010 – III ZB 69/09, BGHZ 187, 126, 128 ff. = SchiedsVZ 2010, 332, 333; BGH, Urteil vom 3.5.2011 – XI ZR 373/08, NJW-RR 2011, 1350, 1353; BGH, Urteil vom 8.5.2014 – III ZR 371/12, SchiedsVZ 2014, 151, 154.

sein soll.[1509] Als Begründung wird angeführt, dass das UNÜ die Durchsetzung von Schiedsvereinbarungen international erleichtern soll.[1510]

IV. Materielle Wirksamkeit der Schiedsvereinbarung

Lizenzspieler müssen, wie dargestellt, um an den Vereinseinrichtungen Bundesliga und 2. Bundesliga teilnehmen zu können, Schiedsvereinbarungen abschließen. Dies umfasst den Abschluss des Schiedsgerichtsvertrages zur Begründung der Zuständigkeit des Ständigen Schiedsgerichts für Lizenzspieler und die im Lizenzvertrag zwingende Einbeziehung der in § 17a Abs. 3 DFB-Satzung enthaltenen Schiedsklausel zugunsten des CAS. Faktisch haben (potentielle) Lizenzspieler demnach die Wahl, sich entweder der Schiedsgerichtsbarkeit zu unterwerfen und hierdurch den ordentlichen Rechtsweg auszuschließen oder aber eine solche Willenserklärung nicht abzugeben, was dem Spieler hingegen den Zugang zu den Bundesligen grundsätzlich versperrt. Zwar kommt eine Teilnahme an den Bundesligen auch ohne Lizenz als vereinseigener Amateur oder Vertragsspieler in Betracht; als solcher unterliegt der Spieler aber hinsichtlich seiner Einsatzmöglichkeiten diversen Beschränkungen. Diese betreffen insbesondere Anzahl der spielberechtigten (vereinseigenen) Amateure oder Vertragsspieler in Spielen einer Lizenzmannschaft.[1511] Der Einsatz von Amateuren und Vertragsspielern soll nach dem Willen des DFL e. V. die Ausnahme bleiben. Nach § 11 Nr. 1 SpOL dürfen in Lizenzmannschaften grundsätzlich nur Lizenzspieler spielen. Beabsichtigt der Spieler daher, eine Lizenz zu erhalten, um seinen Beruf uneingeschränkt ausüben zu können, so ist ihm nicht möglich, den Rechtsweg zur staatlichen Gerichtsbarkeit zu beschreiten.

Auch Vertragsspieler sind verpflichtet, sich durch Anerkennung der DFB-Satzung der in § 17a Abs. 3 DFB-Satzung enthaltenen Schiedsklausel zugunsten des CAS zu unterwerfen.

Liegt tatsächlich eine Zustimmung des Spielers vor, ist fraglich, ob vor dem Hintergrund dieser von dem Spieler als zwanghaft empfundenen Situation vom Vorliegen einer wirksamen Schiedsvereinbarung ausgegangen werden kann. Bedenken können insoweit aus verfassungsrechtlicher, bürgerlich-rechtlicher, wettbewerbsrechtlicher und europarechtlicher Sicht bestehen. In jüngerer Vergangenheit haben sich insbesondere das Landgericht München I[1512], das Oberlandesgericht München[1513] und der Bundesgerichtshof[1514] im Verfahren der Eisschnellläuferin *Claudia Pechstein* hiermit befasst.

1509 *Niedermaier*, SchiedsVZ 2012, 177, 180.
1510 BGH, Urteil vom 8.5.2014 – III ZR 371/12, SchiedsVZ 2014, 151, 154.
1511 § 11 Nr. 2 lit. b) SpOL i. V. m. § 53 Nr. 2 DFB-SpO.
1512 LG München I, Urteil vom 26.2.2014 – 37 O 283331/12, SchiedsVZ 2014, 100.
1513 OLG München, Urteil vom 15.1.2015 – U 1110/14 Kart, SchiedsVZ 2015, 40.
1514 BGH, Urteil vom 7.6.2016 – KZR 6/15, NJW 2016, 2266.

1. „Echtes" Schiedsgericht

Die Anwendung der §§ 1025 ff. ZPO und damit auch die Frage nach der Wirksamkeit der Schiedsvereinbarung setzt voraus, dass es sich bei Ständigem Schiedsgericht für Lizenzspieler und CAS in Abgrenzung zu den bloßen Verbandsgerichten oder sonstigen Streitschlichtungsstellen um „echte" Schiedsgerichte handelt. Auch für ausländische Schiedssprüche richtet sich die Beantwortung dieser Frage nach den Kriterien des deutschen Rechts.[1515]

Richterliche Tätigkeit muss von nichtbeteiligten Dritten ausgeübt werden[1516] und untersteht daher dem Gebot der Distanz und Neutralität[1517]. Für die Schiedsgerichtsbarkeit hat dies ebenso zu gelten wie für die rechtsprechende Gewalt im Staatsgefüge. Denn die Schiedsgerichtsbarkeit stellt nach Funktion und Wirkung materiell betrachtet Rechtsprechung dar.[1518] Die Schiedsvereinbarung muss daher auf eine Streitentscheidung durch eine strukturell unabhängige und unparteiliche Instanz ausgerichtet sein, die unter Ausschluss des ordentlichen Rechtswegs in einem fairen Verfahren entscheidet.[1519] Andernfalls handelt es sich bei der Entscheidung der Instanz nicht um einen Schiedsspruch, sondern um eine Verbands- oder sonstige Entscheidung, welche vor einem staatlichen Gericht mit einer größeren Kontrolldichte überprüfbar ist, als dies bei einem Schiedsspruch der Fall ist.[1520]

Unabhängigkeit und Unparteilichkeit der Instanz müssen sich nach einem Beschluss des III. Zivilsenats des BGH vom 27. Mai 2004 aus der Gesamtschau der das Schiedsverfahren normierenden Regelungen ergeben.[1521] Der Senat hat die Einordnung als Schiedsgericht in diesem Rahmen insbesondere von der paritätischen Einflussnahme der Parteien auf die Besetzung des Spruchkörpers und von der Berücksichtigung der Frage abhängig gemacht, ob das Schiedsgericht nach Recht und Gesetz oder nach den Grundsätzen der Billigkeit entscheidet.[1522] Eine paritätische Einflussnahme ist nicht gegeben, wenn das schiedsgerichtliche Verfahren abstrakt so ausgestaltet ist, dass einer Streitpartei oder Interessengemeinschaft ein strukturelles Übergewicht eingeräumt wird oder einseitig gewisse Einflussmöglichkeiten gegeben

---

1515 BGH, Urteil vom 8.10.1981 – III ZR 42/80, NJW 1982, 1224, 1226 (zum alten Recht); *Geimer*, in: Zöller, ZPO, § 1061 Rn. 4; *Voit*, in Musielak, Kommentar zur ZPO, § 1061 Rn. 3; *Wilske/Markert*, in: Vorwerk/Wolf (Hrsg.), BeckOK ZPO (Stand: 1.9.2016), § 1061 Rn. 5.

1516 BVerfG, Beschluss vom 29.4.1954 – 1 BvR 328/52, BVerfGE 3, 377, 381 = NJW 1954, 833; BVerfG, Beschluss vom 9.11.1955 – 1 BvL 13/52, 1 BvL 21/52, BVerfGE 4, 331, 346 = NJW 1956, 137, 138; BVerfG, Beschluss vom 9.5.1962 – 2 BvL 13/60, BVerfGE 14, 56, 69 = NJW 1962, 1611; BVerfG, Beschluss vom 24.11.1964 – 2 BvL 19/63, BVerfGE 18, 241, 255 = NJW 1965, 343, 345.

1517 BVerfG, Beschluss vom 8.2.1967 – 2 BvR 235/64, BVerfGE 21, 139, 146 = NJW 1967, 1123.

1518 BGH, Beschluss vom 27.5.2004 – III ZB 53/03, NJW 2004, 2226, 2227; BGH, Urteil vom 7.6.2016 – KZR 6/15, NJW 2016, 2266, 2268.

1519 BGH, Beschluss vom 27.5.2004 – III ZB 53/03, BGHZ 159, 207, 212 = NJW 2004, 2226, 2227; BGH, Urteil vom 23.4.2013 – II ZR 74/12, BGHZ 197, 162, 169 (Tz. 17) = NJW-RR 2013, 873, 874; OLG München, Beschluss vom 28.1.2015 – 34 SchH 16/14, NJOZ 2015, 1104, 1105.

1520 Vgl. die Übersicht des Prüfungsumfangs bei *Summerer*, in: Fritzweiler/Pfister/Summerer (Hrsg.), Praxishandbuch Sportrecht, II/5 Rn. 430 ff.

1521 BGH, Beschluss vom 27.5.2004 – III ZB 53/03, BGHZ 159, 207, 212, 214 = NJW 2004, 2226, 2227.

1522 BGH, Beschluss vom 27.5.2004 – III ZB 53/03, BGHZ 159, 207, 213 = NJW 2004, 2226, 2227 f.

sind.[1523] Für die Ablehnung des Vorliegens einer paritätischen Einflussnahme genügt es nicht schon, dass die Person des Schiedsrichters formularmäßig festgelegt wird.[1524] Die benachteiligte Partei wird auf die Möglichkeit der Ablehnung nach § 1034 Abs. 2 Satz 1 ZPO verwiesen.[1525]

a. Ständiges Schiedsgericht für Lizenzspieler

Das Ständige Schiedsgericht für Lizenzspieler ist erst nach Ausschöpfung des verbandsinternen Instanzenweges zur Entscheidung berufen.[1526] Weder die LOS noch der Schiedsgerichtsvertrag selbst enthalten gleichwohl einen ausdrücklichen Ausschluss der staatlichen Gerichtsbarkeit. Ein solcher Wille folgt aber aus § 7 Schiedsgerichtsvertrag. Hiernach ist für die Hinterlegung des Schiedsspruchs sowie für sonstige Funktionen der ordentlichen Gerichte im Zusammenhang mit dem Schiedsgerichtsverfahren das Landgericht Frankfurt a. M. zuständig. § 7 Schiedsgerichtsvertrag räumt dem Landgericht Frankfurt a. M. also die Zuständigkeit ein, über Anträge zu entscheiden, die das Schiedsgerichtsverfahren betreffen. Dies schließt zwingend einen alternativ zum Schiedsgericht bestehenden Rechtsweg zu einem ordentlichen Gericht aus. Der Ausschluss des ordentlichen Rechtswegs ist von den Parteien demnach beabsichtigt.

Nach § 19 Nr. 3 LOS sollen Streitigkeiten durch ein „neutrales Ständiges Schiedsgericht" entschieden werden. Einzelheiten hierzu regelt § 3 des Schiedsgerichtsvertrages. Das Schiedsgericht entscheidet in der Besetzung mit einem Vorsitzenden und zwei Beisitzern. Sämtliche Schiedsrichter müssen über die Befähigung zum Richteramt verfügen. Der Vorsitzende und sein ständiger Vertreter werden vom DFL e. V., der DFL, dem DFB und dem VdV einvernehmlich bestimmt. Jede Partei benennt zwei Besitzer. Auch diese Funktion nimmt für die Lizenzspieler die VdV war. Ein Lizenzspieler, der bei Anrufung des Schiedsgerichts nicht Mitglied der VdV war, ist berechtigt, fristwahrend einen Beisitzer zu benennen. Mitglied der VdV kann sein, wer gegen Entgelt als Fußballspieler in Deutschland beschäftigt ist oder nachweislich eine solche Beschäftigung anstrebt und das 15. Lebensjahr vollendet hat.[1527] Aufgabe und Zweck der VdV ist insbesondere die Vertretung der Mitglieder und deren Interessen gegenüber DFB und DFL e. V.[1528] Nach § 1035 Abs. 1 und 4 ZPO kann das Ernennungsrecht einem Dritten übertragen werden. Problematisch könnte sein, dass ein Spieler, welcher nicht Mitglied des VdV ist, keinen Einfluss auf die Benennung des Vorsitzenden und seines Vertreters hat. Zweck, Aufgabe und Mitgliederstruktur des VdV machen deutlich, dass dieser auch die Interessen der Lizenzspieler vertreten soll. Das Präsidium des VdV setzt sich überwiegend aus ehemaligen Lizenzspielern zu-

1523 BGH, Beschluss vom 27.5.2004 – III ZB 53/03, BGHZ 159, 207, 213 = NJW 2004, 2226, 2227.
1524 BGH, Urteil vom 1.3.2007 – III ZR 164/06, NJW-RR 2007, 1466.
1525 BGH, Urteil vom 1.3.2007 – III ZR 164/06, NJW-RR 2007, 1466.
1526 § 19 Nr. 3 LOS.
1527 § 6 Abs. 3 VdV-Satzung.
1528 § 2 Abs. 1, Abs. 4 lit. b) VdV-Satzung.

sammen.[1529] Anhaltspunkte für eine einseitige Benachteiligung des Spielers in der Bestellung der Schiedsrichter bestehen daher (gegenwärtig) nicht.[1530] Von der Unabhängigkeit und Neutralität des Schiedsgerichts ist mithin auszugehen. Sollte dennoch eine Benachteiligung im Sinne einer Unparteilichkeit angenommen werden, ist ein Rückgriff auf § 1034 Abs. 2 ZPO geboten.[1531] Bedenken bestehen auch nicht hinsichtlich der Absicht, ein faires Verfahren zu schaffen. So verpflichtet § 4 Schiedsgerichtsvertrag das Schiedsgericht dazu, den Parteien rechtliches Gehör zu gewähren. Der Schiedsspruch ist mit Gründen zu versehen und von den Schiedsrichtern unterzeichnet den Parteien zu übersenden. Die Regelungen der ZPO gelten entsprechend.[1532] Bei Gesamtbetrachtung ist das Ständige Schiedsgericht für Lizenzspieler demnach als „echtes" Schiedsgericht i. S. d. §§ 1025 ff. ZPO einzuordnen.[1533]

b. CAS

Die Beantwortung der Frage nach Unabhängigkeit und Neutralität des CAS war jüngst Gegenstand der Entscheidung des BGH im Verfahren zwischen der Eisschnellläuferin *Claudia Pechstein* und dem internationalen Eisschnelllaufverband (ISU).[1534] Nach Auffassung von BGH und SchweizBG ist der CAS als Institution sowohl von dem IOC als auch sonstigen Parteien, die auf die Dienste des CAS zurückgreifen, unabhängig.[1535] Grund hierfür ist insbesondere die im Jahr 1994 neu geschaffene Trägerschaft durch den ICAS. Hierdurch sollte eine zu große Einflussnahme auf den CAS durch das IOC verhindert werden. Bis zu diesem Zeitpunkt war das IOC alleiniger Träger des CAS.

(1) Struktur des CAS

Der CAS ist als Berufungsinstanz in Dopingangelegenheiten zuständig.[1536] Berufungen richten sich gegen Entscheidungen des DFB und/oder des DFL e. V. Zuständig beim CAS ist die Kammer für Berufungsverfahren, die sog. Berufungsabteilung.[1537]

1529 http://www.spielergewerkschaft.de/de/VDV/Team/Praesidium.htm (zuletzt aufgerufen am 6.1.2017).

1530 Siehe dazu auch *Hilpert*, Die Geschichte des Sportrechts, S. 425.

1531 Vgl. *Hofmann*, Sportschiedsgericht, S. 105 f., 108.

1532 § 4 Nr. 2 Schiedsgerichtsvertrag Ständiges Schiedsgericht für Lizenzspieler.

1533 Im Ergebnis so auch *Grunsky*, in: FS Röhricht, S. 1137, 1144 ff.; *Eggerstedt*, Probleme der Lizenz- und Schiedsgerichtsverträge, S. 122 ff., 151.

1534 BGH, Urteil vom 7.6.2016 – KZR 6/15, NJW 2016, 2266. Der Entscheidung lagen die Verfahrensregeln des CAS von 2004 zugrunde. Vorliegend wird auf die am 1. Januar 2017 in Kraft getretenen Verfahrensregeln abgestellt. Streitentscheidende Abweichungen, die etwa zu einer anderen Entscheidung des BGH geführt hätten, ergeben sich hieraus keine.

1535 BGH, Urteil vom 7.6.2016 – KZR 6/15, NJW 2016, 2266, 2268; SchweizBG, Urteil vom 27.5.2003 – 4P.267-270/2002, SchiedsVZ 2004, 208, 209 ff.

1536 § 17a Abs. 3 DFB-Satzung, § 17 Nr. 4 DFB-ADR i. V. m. Art. 13.2.3.2 Abs. 2 NADC.

1537 Artt. S12 Abs. 3 lit. b), S20 Abs. 1 lit. b), R47 CAS-Code.

Das Berufungsverfahren findet in der Regel vor einem Dreierschiedsgericht statt.[1538] Anderes gilt, wenn sich die Parteien auf die Entscheidung durch einen Einzelschiedsrichter einigen oder wenn der Präsident der Berufungsabteilung eine solche Streitentscheidung unter Berücksichtigung der Umstände für sachgerechter befindet.[1539] Sowohl die Bestimmung des Einzelschiedsrichters als auch des Vorsitzenden des Dreierschiedsgerichts erfolgt durch den Präsidenten der Berufungsabteilung.[1540] Die übrigen Schiedsrichter des Dreierschiedsgerichts werden je von den Parteien aus einer geschlossenen Schiedsrichterliste bestimmt.[1541] Versäumt es der Berufungsbeklagte, einen Schiedsrichter fristwahrend zu bestimmen, erfolgt die Ernennung ebenfalls durch den Präsidenten der Berufungsabteilung.[1542] Im Berufungsverfahren erfolgt eine umfassende Tatsachen- und Rechtsprüfung (sog. *de novo*-Befugnis). Die Kammer ist befugt, ohne Berücksichtigung der unterinstanzlichen tatsächlichen Feststellungen und deren Rechtsanwendung, die angegriffene Entscheidung aufzuheben und zurückzuverweisen oder durch eine eigene Entscheidung abzuändern.[1543] Die Schiedsrichter sind dabei nicht daran gehindert, verschlechternde Entscheidungen zu fällen.[1544] Der Schiedsspruch ergeht im Dreierschiedsgericht mehrheitlich; für den Fall, dass eine Einigung nicht herbeigeführt werden kann, entscheidet die Stimme des durch den Präsidenten der Berufungsabteilung ernannten Vorsitzenden der Spruchkammer.[1545] Die Schiedsentscheidung ist dem Generalsekretär des CAS vor Unterzeichnung durch die/den Schiedsrichter vorzulegen. Der Generalsekretär ist berechtigt, die Kammer auf grundlegende Rechtsfragen aufmerksam zu machen und formelle Fehler abzuändern.[1546]

Eine tragende Rolle bei der Ausgestaltung des Verfahrens vor dem CAS spielt der ICAS. Ernennung des Präsidenten der Berufungsabteilung, des Generalsekretärs und der in die Liste der Schiedsrichter aufzunehmenden Schiedsrichter obliegen dem ICAS.[1547] Ferner ist es die Aufgabe des ICAS, die Verfahrensordnung zu gestalten.[1548] Der ICAS setzt sich aus 20 Juristen zusammen,[1549] die für einen Zeitraum von vier Jahren gewählt werden[1550]. Die Zusammensetzung folgt dabei dem in Art. S4 CAS-Code geregelten Proporz. Die internationalen Sportverbände bestimmen vier Mitglieder. Hiervon entfallen drei Mitglieder auf das Ernennungsrecht der internationalen Sportverbände der Olympischen Sommerspiele; ein weiteres Mitglied wird von den internationalen Sportverbänden der Olympischen Winterspiele benannt. IOC und

1538 *Wittmann*, Schiedssprüche, S. 32.
1539 Art. R50 Abs. 1 CAS-Code.
1540 Art. R54 Abs. 1 und 2 CAS-Code.
1541 Artt. R48 Abs. 1, R53 CAS-Code.
1542 Art. R53 CAS-Code.
1543 Art. R57 Abs. 1 CAS-Code.
1544 Art. R57 Abs. 1 CAS-Code.
1545 Art. R59 Abs. 1 Satz 1 CAS-Code.
1546 Art. R59 Abs. 2 CAS-Code.
1547 Art. S6 Nrn. 2 und 6 CAS-Code.
1548 Art. S6 Nr. 1 CAS-Code.
1549 Art. S4 CAS-Code.
1550 Art. S5 Abs. 1 CAS-Code.

Vereinigung der Nationalen Olympischen Komitees benennen jeweils vier weitere Mitglieder. Für die so zu ernennenden zwölf Personen ist es nach Art. S4 CAS-Code ohne Belang, ob der Einzelne einem der vorerwähnten Verbänden angehört. Diese zwölf ernannten Mitglieder des ICAS ernennen nach ausführlicher Beratung vier weitere Mitglieder, die die Interessen der Sportler schützen und gewährleisten sollen. In einem letzten Schritt ernennt der Kreis dieser 16 ernannten Mitglieder die restlichen vier Mitglieder. Diese können ausschließlich Personen sein, die den vorstehend erwähnten Rechtssubjekten nicht angehören. Möglich ist die Mitgliedschaft in anderen Sportverbänden und -organisationen. Nach Art. S16 CAS-Code können seit dem 1. Januar 2016 nunmehr auch die Athletenvertretungen von IOC, internationalen Sportverbänden und der NOCs den ernennungsberechtigten Sportorganisationen und Sportverbänden potentielle Mitglieder zur Wahl vorschlagen. Eine genaue Ausgestaltung enthält Art. S16 CAS-Code nicht. Weitestgehend unklar bleibt daher, um wen es sich hierbei handeln soll. Organisationen, welche die spezifischen Interessen der Berufssportler vertreten, existieren kaum.[1551] Auch fehlt eine Bindungswirkung.

(2) Bewertung

Lediglich vier der 20 ICAS-Mitgliedern ist es untersagt, in einem Verhältnis zu den stimmberechtigten Sportverbänden und Sportorganisationen zu stehen. Vertreter, welche dazu dienen sollen, die Interessen der Sportler sicherzustellen, sind hiervon nicht umfasst. Denkbar ist insoweit daher, dass etwa auch Verbandsfunktionäre die Funktion der Vertreter der Sportler im ICAS wahrnehmen können.[1552] Selbst wenn man davon ausgehen möchte, dass es sich bei den Vertretern der Sportlerinteressen tatsächlich auch um solche handelt, ist zu konstatieren, dass bei der Ernennung der verbandsunabhängigen Mitglieder die Vertreter der Verbände mit zwölf Mitgliedern die Mehrheit stellen. Sie sind jederzeit in der Lage, Mitglieder zu überstimmen, welche Interessen der Sportler wahrnehmen (sollen). Nicht von der Hand zu weisen ist daher die Gefahr, dass es sich bei den verbandsunabhängigen Mitgliedern des ICAS de facto um Personen handelt, welche die Verbandsinteressen unterstützen, gegebenenfalls sogar teilen.

Auch mit Blick auf eine Wiederwahl könnten verbandsunabhängige Mitglieder darauf angewiesen sein, die Interessen der Verbände zu wahren. Tun sie dies nicht, könnte ihnen drohen, bei der nächsten Wahl nicht mehr ernannt zu werden. Nicht ausgeschlossen werden kann daher, dass verbandsunabhängige Mitglieder einem Anpassungszwang unterliegen, sofern sie das Ziel verfolgen, nach Ablauf ihrer Amtszeit

---

1551 *Schlosser*, SchiedsVZ 2015, 257, 261, der insoweit lediglich FIFPro, EU-Elite Athletes Association and Ice Hockey Players Union nennt.

1552 *Brunk*, Sportschiedsgerichtsbarkeit, S. 238.

wieder zum Mitglied des ICAS gewählt zu werden.[1553] Die verbandstreuen Mitglieder sind, die Beschlussfähigkeit vorausgesetzt,[1554] mehrheitsfähig[1555].

(3) „Pechstein"-Entscheidung des BGH

Aus dem Verfahren der Erstellung der Schiedsrichterliste des CAS kann nach der Auffassung des BGH kein strukturelles Ungleichgewicht hergeleitet werden, welches Unabhängigkeit und Neutralität des CAS „in einem Maße beeinträchtige", dass vom Vorliegen eines „echten" Schiedsgerichts nicht ausgegangen werden kann.[1556] Im Übrigen gewährleisteten Statuten und Verfahrensordnung des CAS „eine hinreichende individuelle Unabhängigkeit und Neutralität der Schiedsrichter".[1557]

(a) Strukturelles Ungleichgewicht

Eine paritätische Besetzung des konkreten Spruchkörpers sieht der BGH in der Regelung gegeben, wonach beiden Parteien gleichermaßen das Recht zusteht, einen Schiedsrichter aus der Schiedsrichterliste auszuwählen.[1558] Unberücksichtigt lässt der BGH die Frage der Bedeutung der Benennung des Vorsitzenden durch den Präsidenten der Berufungsabteilung. Dies ist wohl der falschen Annahme des BGH geschuldet, wonach es zu einer solchen Bestimmung nur in dem Fall kommen soll, wenn sich die beteiligten Parteien insoweit nicht einigen konnten.[1559] Tatsächlich erfolgt die Bestimmung des Vorsitzenden, wie besehen, immer durch den Präsidenten der Berufungsabteilung. Die Nichtberücksichtigung dieser Tatsache bringt das Urteil des BGH nicht zwingend ins Wanken. Denn der BGH erblickt in dem Übergewicht der verbandsgebundenen Mitglieder des ICAS nicht die Gefahr, dass die in die Schiedsrichterliste aufgenommenen Personen mehrheitlich oder sogar vollständig den Verbänden näherstehen als den Sportlern. Denn die Schiedsrichterliste manifestiere keine Institutionalisierung eines Übergewichts des konkret verfahrensbeteiligten Verbands. Dieser verfüge lediglich über einen mittelbaren Einfluss auf die Zusammensetzung der Schiedsrichterliste.[1560] Ein bestimmender Einfluss ginge auch nicht daraus hervor, dass im Sinne einer Lagertheorie Verbände und Athleten gegenteilige Interessen verfolgten, bei welchem das Lager der Verbände dem Lager der Athleten bei der Schiedsrichterbestellung überlegen sei. Denn Verbände und Sportler verträten gleichgerichtete Interessen. Verbände und Sportler bildeten keine gegensätzlichen Lager,

1553 *Brunk*, Sportschiedsgerichtsbarkeit, S. 238 f., 242 f.
1554 Erforderlich ist nach Art. S8 Nr. 1 CAS-Code die Anwesenheit der Hälfte der Mitglieder.
1555 Für die Ernennung der Schiedsrichter genügt gemäß Art. S8 Nr. 1 CAS-Code die einfache Mehrheit.
1556 BGH, Urteil vom 7.6.2016 – KZR 6/15, NJW 2016, 2266, 2268.
1557 BGH, Urteil vom 7.6.2016 – KZR 6/15, NJW 2016, 2266, 2269.
1558 BGH, Urteil vom 7.6.2016 – KZR 6/15, NJW 2016, 2266, 2269.
1559 BGH, Urteil vom 7.6.2016 – KZR 6/15, NJW 2016, 2266, 2268.
1560 BGH, Urteil vom 7.6.2016 – KZR 6/15, NJW 2016, 2266, 2269.

sondern stünden im gleichen Lager. In der Verpflichtung zur Umsetzung des WADC verfolgten sie dasselbe Interesse eines dopingfreien Sports.[1561] Im Übrigen könnten auch innerhalb der Lager von Verbänden und Athleten verschiedene Einzelinteressen bestehen. So könnte wie in dem der Entscheidung zugrunde liegenden Sachverhalt ein Verband (hier: DESG) in der Überzeugung, der Sportler sei unschuldig, diesen unterstützen wollen, wohingegen andere Sportler für eine strikte Verurteilung des Sportlers plädierten. Diese unterschiedlichen Einzelinteressen verhinderten es, von homogenen Lagern auszugehen. Hieraus folgert der BGH, dass die Interessen der übrigen Verbände dem streitbeteiligten Verband nicht in dem Sinne zugerechnet werden können, dass hieraus ein Übergewicht des verfahrensbeteiligten Verbands resultiert.[1562]

(b) Individuelle Unabhängigkeit und Neutralität

Schiedsrichter müssen nach ihrer Ernennung schriftlich versichern, ihr Amt objektiv und unabhängig auszuüben.[1563] Mitglieder des ICAS sind vom Schiedsrichteramt ausgeschlossen.[1564] Umstände, die eine Befangenheit nahelegen könnten, müssen offengelegt werden. Die Parteien haben die Möglichkeit, einen Schiedsrichter als befangen abzulehnen. Statuten und Verfahrensordnung des CAS stellen nach Ansicht des BGH daher eine hinreichende individuelle Unabhängigkeit und Neutralität der Schiedsrichter sicher.[1565] Die Tatsache, dass die Verbände häufiger die Gelegenheit haben, einen Schiedsrichter zu benennen als der einzelne Sportler, genügt dem BGH nicht, um den Schiedsrichter als Sachwalter des Verbands anzusehen.[1566] Keine Beeinträchtigung der Unabhängigkeit normiere schließlich auch das Recht des Generalsekretärs, auf Grundsatzfragen hinzuweisen. Denn dieses Recht diene lediglich zur Wahrung einer einheitlichen Rechtsprechung.[1567]

(4) Würdigung

Das Urteil des BGH steht im Widerspruch zu den Entscheidungen der Vorinstanzen. Sowohl das LG München I als auch das OLG München haben für Streitigkeiten der Verbände mit Athleten die Unabhängigkeit des CAS verneint[1568] bzw. ein strukturelles Übergewicht der Verbände festgestellt, welches die Neutralität des CAS grundlegend in Frage stellt[1569]. Die Richter begründeten dies übereinstimmend mit der ein-

1561 BGH, Urteil vom 7.6.2016 – KZR 6/15, NJW 2016, 2266, 2269.
1562 BGH, Urteil vom 7.6.2016 – KZR 6/15, NJW 2016, 2266, 2269.
1563 Art. S18 Abs. 2 CAS-Code.
1564 Art. S5 Abs. 3 CAS-Code.
1565 BGH, Urteil vom 7.6.2016 – KZR 6/15, NJW 2016, 2266, 2269.
1566 BGH, Urteil vom 7.6.2016 – KZR 6/15, NJW 2016, 2266, 2270.
1567 BGH, Urteil vom 7.6.2016 – KZR 6/15, NJW 2016, 2266, 2270.
1568 LG München I, Urteil vom 26.2.2014 – 37 O 28331/12, SchiedsVZ 2014, 100, 107.
1569 OLG München, Urteil vom 15.1.2015 – U 1110/14 Kart, SchiedsVZ 2015, 40, 44.

seitigen Ausgestaltung der Schiedsrichterbestellung, die den beteiligten Verbänden ein Übergewicht bei der Zusammensetzung des Schiedsgerichts verleihe.[1570] Die in Literatur und Rechtsprechung behandelte Frage, ob es sich beim CAS um ein „echtes“ Schiedsgericht handelt,[1571] hat aufgrund des rechtskräftigen Urteils des BGH (vorerst) eine höchstrichterliche Antwort gefunden. Unumstößlich scheint aber auch diese nicht zu sein. Medienberichten zufolge hat die unterlegene Sportlerin *Pechstein* gegen das Urteil des BGH Verfassungsbeschwerde zum BVerfG erhoben.[1572] Die Frage nach der Schiedsgerichtseigenschaft des CAS könnte also bald schon wieder Gegenstand eines höchstgerichtlichen Urteils sein. Dies ist deswegen von Bedeutung, da die Annahme des BGH nicht unumstritten scheint. Auch der BGH sieht Verbesserungsbedarf in der Ausgestaltung des Verfahrens vor dem CAS. In den Entscheidungsgründen spricht der Kartellsenat davon, die Statuten des CAS stellten in ihrer gegenwärtigen Form „eine noch hinnehmbare Ausgestaltung des Verfahrens bei der Bestellung der Schiedsrichter“ dar.[1573]

Aufgrund des Ein-Platz-Prinzips trifft sämtliche Verbände die rechtliche Verpflichtung, zwingende Bestimmungen des WADC einzuhalten und umzusetzen.[1574] Es liegt im Interesse der zur Ernennung der Mitglieder des ICAS berechtigten Akteure, dafür zu sorgen, dass die Vorgaben des WADC im Sinne einer Null-Toleranz-Politik einheitlich und konsequent um- und durchgesetzt werden.[1575] Sportverbände und -organisationen verfolgen hierbei also als homogene Einheit dasselbe Interesse. Auch der Spieler hat ein Interesse daran, dass faire Wettbewerbsbedingungen geschaffen werden. Hierzu zählt die einheitliche Anwendung und Durchsetzung der geltenden Anti-Doping-Bestimmungen. In Abweichung zum Verbandsinteresse ist es aber auch das Interesse eines Spielers, für ihn nachteilige Strafen zu vermeiden. Eine Konstellation, in der Verband und Sportler – in dem durch den BGH entschiedenen Fall DESG und *Pechstein* – gemeinsam gegen eine den Sportler belastende Entscheidung eines Verbandes vorgehen, ist für den deutschen Fußballsport nicht denkbar. Denn der Spieler hat kein Berufungsrecht beim CAS. Berufungen von FIFA und WADA vor dem CAS gegen verbandsintern endgültige Entscheidungen in Dopingangelegenheiten zielen daher regelmäßig auf die Verschlechterung der Entscheidung. Damit ist ein gleichgerichtetes Einzelinteresse zwischen Verband und Spieler nicht gegeben. Jedenfalls liegt ein solcher Gleichlauf der Interessen aber nicht bei Bestellung der Schiedsrichter durch den ICAS vor. Denn es widerspricht dem Interesse der Sportler, wenn Regelungen ohne sachgerechte Auseinandersetzung mit rechtsstaatlichen Grundsätzen angewendet werden und auf diese Weise zu Sanktionen führen, die den Sportler intensiv in seiner Berufsausübung beeinträchtigen. Die Gewährleistung rechtsstaatlicher Grundsätze kann dazu führen, dass dem Interesse der Sportverbände und -orga-

1570 OLG München, Urteil vom 15.1.2015 – U 1110/14 Kart, SchiedsVZ 2015, 40, 44; LG München I, Urteil vom 26.2.2014 – 37 O 28331/12, SchiedsVZ 2014, 100, 107.

1571 Siehe in jüngster Zeit *Heermann*, SchiedsVZ 2015, 78, 79; *Orth*, SpuRt 2015, 230, 232.

1572 Siehe http://www.claudia-pechstein.de (zuletzt aufgerufen am 6.1.2017).

1573 BGH, Urteil vom 7.6.2016 – KZR 6/15, NJW 2016, 2266, 2271.

1574 Vgl. hierzu oben Zweiter Teil Kapitel 1 § 2 D.

1575 Vgl. hierzu ausführlich *Brunk*, Sportschiedsgerichtsbarkeit, S. 240.

nisationen einer rigorosen Bestrafung von Doping nicht vollumfänglich Genüge getan werden kann und Anti-Doping-Bestimmungen anders angewendet werden müssten. *Bleistein* und *Degenhart* sehen bei strafähnlichen Sanktionen die Anwendung der Unschuldsvermutung, des Grundsatzes des *in dubio pro reo* sowie des Verschuldensprinzips durch die Schiedsgerichte als nicht gewahrt.[1576] Gleiches muss für die Frage der Verhältnismäßigkeit der Dauer der nach dem WADC zu verhängenden Sperren gelten. In der Tat findet sich in der Rechtsprechung des CAS wiederkehrend die Feststellung, dass strafrechtliche Prinzipien, wie etwa *in dubio pro reo, nulla poena sine culpa* und die Unschuldsvermutung, bei der Überprüfung der Bestrafung von Sportlern aufgrund des zivilrechtlich geprägten Verhältnisses zwischen Sportler und Verband nicht anwendbar seien.[1577] Das Vereinsrecht sei klar von strafrechtlichen Sanktionen abzugrenzen.[1578] Damit einher geht unweigerlich ein Widerspruch zwischen den Interessen der Athletenseite und der Verbandsseite zum Ausdruck. Der BGH scheint dies erkannt zu haben. Im Urteil heißt es: „Der Senat verkennt nicht, dass gegebenenfalls gleichwohl das Interesse der „Verbandsseite“ an einer effektiven Regeldurchsetzung und deren öffentlicher Erkennbarkeit in Konflikt mit dem Interesse des betroffenen Athleten an hohen Beweisanforderungen treten kann.“[1579] Gleichwohl vermag auch dies nach Auffassung des BGH die Annahme homogener Lager nicht zu rechtfertigen. Sowohl Verbandsseite als auch Athletenseite verfolgten das Hauptziel eines dopingfreien Sports.[1580] Das Abstellen auf das Hauptziel greift jedoch zu kurz, betrachtet man die Auswirkungen der Nichtanwendung von straf- und strafverfahrensrechtlichen Prinzipien auf den einzelnen Sportler. Tatsächlich haben die Sportverbände und -organisationen durch die Mehrheit im ICAS daher ein Übergewicht bei der Bestellung der Schiedsrichter. Dieses Übergewicht durchzieht das Verfahren vor dem CAS, sodass die Annahme eines strukturellen Übergewichts der Verbände gerechtfertigt ist.

Durch Errichtung der geschlossenen Schiedsrichterliste, Ernennung/Entsendung des Präsidenten der Berufungsabteilung, Ernennung des Generalsekretärs und Ausgestaltung der Schiedsverfahrensordnung agiert der ICAS in einem geschlossenen Kreislauf, auf den der Sportler nur mittelbar und eingeschränkt Einfluss nehmen kann. Denn Handlungen des ICAS werden gelenkt durch die Mehrheit der Sportverbände und -organisationen; Vertreter der Interessen der Athleten stellen lediglich eine Minderheit dar. In Person des Präsidenten der Berufungsabteilung wirkt ein Mitglied des ICAS unmittelbar bei der Bestellung der Schiedsrichter im Schiedsverfahren mit, dem es zudem nicht untersagt ist, Verbandsfunktionär zu sein.[1581] Dies führt dazu, dass gegebenenfalls die Verbandsseite zwei der drei Schiedsrichter des zur Ent-

1576 *Bleistein/Degenhart*, NJW 2015, 1353, 1356.

1577 CAS 2000/A/317, A. v./ FILA, Schiedsspruch vom 9.7.2001, Tz. 26; CAS 2001/A/337, B. v./ FINA, Schiedsspruch vom 22.3.2002, Tz. 26; CAS 2005/C/976 & 986, FIFA & WADA, Gutachten vom 21.4.2006, Tz. 127; CAS 2009/A/1912-1913, DESG v./ ISU, Schiedsspruch vom 25.11.2009, Tz. 55.

1578 CAS 2005/C/976 & 986, FIFA & WADA, Gutachten vom 21.4.2006, Tz. 127.

1579 BGH, Urteil vom 7.6.2016 – KZR 6/15, NJW 2016, 2266, 2269.

1580 BGH, Urteil vom 7.6.2016 – KZR 6/15, NJW 2016, 2266, 2269.

1581 Art. S6 Nr. 2 CAS-Code.

scheidung berufenen Spruchkörpers bestimmt. Von einer paritätischen Besetzung kann – anders als durch den BGH unter der falschen Annahme, der Vorsitzende werde nur durch den Präsidenten der Berufungsabteilung bestimmt, wenn sich die die Streitparteien insoweit nicht einigten,[1582] entschieden – hierbei nicht ausgegangen werden. Der Präsident der Berufungsabteilung muss nicht begründen, weshalb er einen Schiedsrichter zum Einzelschiedsrichter oder Vorsitzenden bestimmt hat. Damit bleibt der Kenntnis der Parteien vorenthalten, nach welchem Verfahren und aus welchen Gründen Einzelschiedsrichter und Vorsitzender bestimmt worden sind.[1583] Bedeutung kommt dem insbesondere zu, soweit eine Einigung im Spruchkörper nicht herbeigeführt werden konnte und schließlich der Vorsitzende alleine zu entscheiden hat.[1584] In der Person des Einzelschiedsrichters entscheidet von vornherein der durch den Präsidenten der Berufungsabteilung bestimmte Schiedsrichter. Der Sportler muss also befürchten, sich Schiedsrichtern gegenüberzusehen, die einzelfallbezogen unter Ausnutzung des strukturellen Übergewichts der Sportverbände und -organisationen bestellt worden sind. Dies schafft ein strukturelles Misstrauen bezüglich Unparteilichkeit und Sachlichkeit des Schiedsgerichts.[1585] Hieran vermag auch die Tatsache nichts zu ändern, dass Schiedsentscheidungen der Berufungskammer regelmäßig auf der Seite des CAS veröffentlicht werden. Dem betroffenen Sportler ist es tatsächlich vor der Benennung des Schiedsrichters nicht möglich, die einzelnen Schiedsrichter (91)[1586] auf die Gefahr der Verbandsnähe hin zu durchleuchten. Hinzu kommt, dass nach Art. R59 Abs. 5 CAS-Code nicht sämtliche Entscheidungen des CAS veröffentlicht werden. So können sich die Parteien darauf einigen, dass Schiedsentscheidungen nicht veröffentlicht werden. Unbeachtlich ist vor dem Hintergrund dieses strukturellen Übergewichts auch, dass im konkreten Einzelfall (zu denken ist etwa an WADA und NADA) beide Parteien keinen direkten Einfluss auf die Erstellung der Schiedsrichterliste nehmen konnten.[1587] Zu beachten ist ferner, dass auch im Dreierschiedsgericht durch die faktische Möglichkeit der Ernennung zweier verbandsnaher Schiedsrichter die Verbände gegenüber dem Sportler stets im Vorteil sind. Im Falle des Einzelschiedsrichters liegt der Vorteil in Gänze bei den Sportverbänden und -organisationen. Als wiederkehrende Parteien des Schiedsverfahrens liegt es darüber hinaus in der Hand der internationalen Sportverbände und -organisationen, durch Gebrauch ihres Berufungsrechts gegen verbandsintern endgültige Entscheidungen für die Durchsetzung des WADC zu sorgen. Schiedsrichter, die zugunsten der Sportler Bestimmungen des WADC kritisch hinterfragen und restriktiv anwenden, könnten damit rechnen müssen, in den Verfahren dieser sog. „repeat player"[1588] nicht mehr

1582 BGH, Urteil vom 7.6.2016 – KZR 6/15, NJW 2016, 2266, 2268.

1583 LG München I, Urteil vom 26.2.2014 – 37 O 28331/12, SchiedsVZ 2014, 100, 107.

1584 Art. R59 Abs. 1 CAS-Code.

1585 Ähnlich OLG München, Urteil vom 15.1.2015 – U 1110/14 Kart, SchiedsVZ 2015, 40, 44.

1586 Siehe List of Arbitrators (football list), im Internet abrufbar unter: http://www.tas-cas.org/en/arbitration/list-of-arbitrators-football-list.html (zuletzt aufgerufen am 6.1.2017).

1587 Zu beachten ist aber, dass Stifter der WADA das IOC ist. Mitstifter der NADA ist das NOK. Siehe hierzu oben Zweiter Teil Kapitel 1 § 1 B I, III.

1588 *Brunk*, Sportschiedsgerichtsbarkeit, S. 240 unter Verweis auf *Murray, P.*, Die Flucht aus der Ziviljustiz, ZZPInt 2006, 295, 304.

ernannt zu werden oder (schlimmstenfalls) abberufen zu werden[1589]. Die Ursache hierfür ist in der Tatsache zu sehen, dass die Schiedsrichter von dem ICAS durch einfachen Mehrheitsbeschluss[1590], d. h. also unter dem prägenden Einfluss der Sportverbände und -organisationen, für die Dauer von vier Jahren ernannt werden[1591].

Dieses System der Abhängigkeiten stellt die Unabhängigkeit und Neutralität sowohl der Organisation des CAS als solche als auch der Spruchkörper selbst fundamental in Frage. Hierbei trägt auch das Recht der Parteien, befangene Schiedsrichter abzulehnen, nicht zur Lösung des Problems bei.[1592] Wird dem Antrag auf Ablehnung stattgegeben, hat dies zur Folge, dass entweder aus der Schiedsrichterliste ein neuer Schiedsrichter bestellt wird oder aber, dass das Schiedsverfahren beendet wird.[1593] An der Frage der strukturellen Unabhängigkeit ändert dies freilich nichts. Die dargestellten strukturellen Abhängigkeiten wirken stattdessen ungehindert fort.[1594] Eine sachliche Rechtfertigung für ein solches strukturelles Übergewicht der Sportverbände und -organisationen ist nicht ersichtlich. Hinzu kommt, dass Berufssportler aufgrund ihrer biographischen Fixierung[1595] in gesteigertem Maße auf die Neutralität und Unabhängigkeit des CAS angewiesen sind.

2. Wirksamkeit der Schiedsvereinbarung

Der Spieler hat angesichts der Monopolstellung des DFL e. V. keine Wahlfreiheit, sich der Zuständigkeit der Schiedsgerichtsbarkeit zu entziehen. Der Einzelne hat von Verfassungs wegen das Recht auf den Zugang zu den staatlichen Gerichten (Justizgewährungsanspruch) und auf den gesetzlichen Richter (Art. 101 Abs. 1 Satz 2 GG). Der Justizgewährungsanspruch findet seine verfassungsrechtliche Grundlage im Rechtsstaatsprinzip in Verbindung mit den Grundrechten, insbesondere Art. 2 Abs. 1 GG.[1596] Der Weg zu den staatlichen Gerichten darf nicht erst in der Rechtsmittelinstanz eröffnet sein.[1597] Soweit der Gesetzgeber die Schiedsgerichtsbarkeit der materiellen Rechtsprechung gleichgestellt hat, ist die Zuständigkeit der Schiedsgerichte daher dennoch Ausfluss des in Art. 2 Abs. 1 GG verankerten Grundrechts der Hand-

1589 Artt. S19 Abs. 2, R35 CAS-Code.
1590 Art. S8 Nr. 1 CAS-Code.
1591 Art. S13 Abs. 1 CAS-Code.
1592 Vgl. Art. R34 CAS-Code.
1593 Art. R36 CAS-Code.
1594 Hinzu kommt, dass gemäß Art. R34 Abs. 1 Satz 2 CAS-Code ein Antrag auf Ablehnung innerhalb einer Frist von sieben Tagen nach Kenntniserlangung des Ablehnungsgrundes gestellt werden muss.
1595 Siehe hierzu oben Erster Teil Kapitel 3 § 2 II 1 b, 2 a.
1596 BVerfG, Beschluss vom 20.6.1995 – 1 BvR 166/93, BVerfGE 93, 99, 107 = NJW 1995, 3173; BVerfG, Beschluss vom 30.4.2003 – 1 PBvU 1/02, BVerfGE 107, 395, 401 = NJW 2003, 1924; BVerfG, Beschluss vom 8.11.2006 – 2 BvR 578/02, 2 BvR 796/02; *Papier*, in: Isensee/Kirchhof, HdBStR, Bd. VIII, § 176 Rn. 5.
1597 LG München I, Urteil vom 26.2.2014 – 37 O 28331/12, SchiedsVZ 2014, 100, 106.

lungsfreiheit und der Privatautonomie.[1598] Denn der Abschluss der Schiedsvereinbarung geschieht als privatrechtlicher Vertrag in Wahrnehmung der grundrechtlichen Privatautonomie.[1599] Voraussetzung einer jeden wirksamen Zuständigkeitsvereinbarung der Schiedsgerichtsbarkeit ist daher grundsätzlich[1600], dass der Verzicht auf die staatliche Rechtsbehelfsmöglichkeit auf den freien Willen des Betroffenen zurückzuführen ist.[1601] Hierfür spricht nicht zuletzt auch die Schutzpflichtfunktion der Grundrechte.[1602] Der Verzicht auf den gesetzlichen Richter und auf die Entscheidung durch staatliche Gerichte muss „bewusst und freiwillig" erfolgen.[1603]

Im Folgenden ist zu klären, ob in der Unterwerfungserklärung des Spielers unter die Zuständigkeit der jeweiligen Schiedsgerichtsbarkeit auch die Erklärung enthalten ist, freiwillig auf Justizgewährungsanspruch und gesetzlichen Richter zu verzichten.

a. Freiwilligkeit

(1) „Körbuch"-Entscheidung des BGH

Erstmalig mit der Frage nach dem Vorliegen von Freiwilligkeit zu beschäftigen hatte sich der BGH in der sog. „*Körbuch*"-Entscheidung.[1604] Dieser lag der Sachverhalt zu Grunde, dass ein Mitglied sich – trotz bestehender Schiedsklausel – vor der ordentlichen Gerichtsbarkeit gegen eine verhängte Vereinsstrafe zur Wehr gesetzt hatte. Der beklagte Verein, „der zuchtbuchführende Rassezuchtverein für den deutschen Schäferhund", hatte hiergegen die Schiedseinrede erhoben. Eine entsprechende Schiedsklausel war im Laufe der vorgerichtlichen Auseinandersetzungen durch satzungsändernden Mehrheitsbeschluss gegen das ablehnende Stimmvotum des klagenden Mitglieds in die Satzung aufgenommen worden. Die Satzungsänderung war noch vor Anhängigkeit des Rechtsstreits in das Vereinsregister eingetragen worden.

Das Bewusstsein über die Tragweite seiner Erklärung werde dem Betroffenen bei Schiedsvereinbarungen „nachhaltig und eindringlich" durch die Formvorschrift des § 1027 ZPO a. F.[1605] „vor Augen [ge]führt".[1606] Die Bundesrichter unterschieden so-

---

1598 BAG, Urteil vom 23.8.1963 – 1 AZR 469/62, NJW 1964, 268, 269; BGH, Urteil vom 3.4.2000 – II ZR 373/98, BGHZ 144, 146, 148 = NJW 2000, 1713; BGH, Urteil vom 7.6.2016 – KZR 6/15, NJW 2016, 2266, 2271.

1599 *Bleistein/Degenhart*, NJW 2015, 1353, 1355; *Zuck*, SpuRt 2014, 5, 7.

1600 BGH, Urteil vom 3.4.2000 – II ZR 373/98, BGHZ 144, 146, 149 = NJW 2000, 1713 („grundsätzlich" freiwillig).

1601 BGH, Urteil vom 3.4.2000 – II ZR 373/98, BGHZ 144, 146, 149 = NJW 2000, 1713; BGH, Urteil vom 6.4.2009 – II ZR 255/08, BGHZ 180, 221, 228 (Tz. 20) = NJW 2009, 1962, 1964 (Zustimmung der Gesellschafter einer GmbH); *Geimer*, in: Zöller, ZPO, Vor § 1025 Rn. 4; *Orth*, SpuRt 2015, 230, 231; *Pfeiffer*, SchiedsVZ 2014, 161, 164; *Steiner*, SchiedsVZ 2013, 15, 17; *Monheim*, SpuRt 2014, 90, 91; *Prütting*, SpuRt 2016, 143, 146.

1602 *Hillgruber*, in: Maunz/Dürig, GG-Kommentar, Art. 92 Rn. 88; *Classen*, in: v. Mangoldt/Klein/Starck, GG, Art. 92 Rn. 44; *Heermann*, GS Unberath, S. 159, 165 (m. w. N. in Fn. 12), 167.

1603 BGH, Urteil vom 3.4.2000 – II ZR 373/98, BGHZ 144, 146, 149 = NJW 2000, 1713.

1604 BGH, Urteil vom 3.4.2000 – II ZR 373/98, BGHZ 144, 146 = NJW 2000, 1713.

1605 § 1031 ZPO n. F.

1606 BGH, Urteil vom 3.4.2000 – II ZR 373/98, BGHZ 144, 146, 149 = NJW 2000, 1713.

dann zwischen Vereinsmitgliedern, die der Aufnahme der Schiedsklausel zugestimmt hatten, und solchen, die einer solchen ihre Zustimmung verweigert hatten. Ein bewusster und freiwilliger Verzicht sei auch bei dem Vereinsmitglied gewahrt, das seine Zustimmung erteilt habe. Insoweit könne „im allgemeinen davon ausgegangen werden, daß das betreffende Vereinsmitglied ausreichende Möglichkeiten hatte, sich bewußt und mit der nötigen Ernsthaftigkeit mit der Regelung auseinanderzusetzen, bevor es ihr seine Zustimmung erteilte".[1607] Anders sei der Fall des Vereinsmitglieds zu beurteilen, das seine Zustimmung zur Satzungsänderung verweigert habe. In diesem Fall läge eine freiwillige und aus eigenem Willen erfolgende Unterwerfung unter die private Schiedsgerichtsbarkeit nicht vor. Der Verzicht sei vielmehr als durch die Mehrheit aufgezwungen zu werten.[1608] Der Kläger sei auf die Mitgliedschaft angewiesen gewesen. Ein Austritt hätte für den Kläger die Aufgabe seiner Tätigkeit als Schäferhundzüchter zur Folge gehabt und damit in seiner Wirkung tatsächlich der angegriffenen Vereinsstrafe gleichgestanden. Auch in dem unterbliebenen Austritt des Klägers vermochten die Bundesrichter daher eine konkludente Äußerung des freien Verzichts nicht zu erblicken.[1609]

(2) „Pechstein"-Entscheidung des BGH

Die „*Pechstein*"-Entscheidung knüpft an die Rechtsprechung des „*Körbuch*"-Urteils an. Letzteres konkretisierend stellt der Senat zunächst fest, dass von einem unfreiwilligen Verzicht auf die Grundrechtsausübung dann auszugehen sei, wenn physische oder psychische Gewalt, etwa durch Drohung mit einem empfindlichen Übel, ausgeübt werde, wenn der Verzichtende getäuscht werde, wenn er sich der Tragweite und Bedeutung seiner Erklärung nicht bewusst sei oder wenn es an der bewussten Abgabe einer Willenserklärung fehlte.[1610] Unter Achtung und Wahrung der Privatautonomie hält es der Kartellsenat für geboten, „vom Grundsatz her" im Falle einer vertraglichen Vereinbarung die erforderliche Freiwilligkeit als gegeben zu erachten.[1611] Denn die Vertragsparteien bestimmten selbst, wie ihre individuellen Interessen zueinander in einen angemessenen Ausgleich gebracht werden und in welcher Gestaltung sich hierdurch Freiheitsausübung und wechselseitige Bindung konkretisierten.[1612] Eine widerrechtliche Drohung oder Täuschung hat der BGH abgelehnt. Das Nichtwollen einer Schiedsvereinbarung stehe einer freiwilligen Vertragsunterzeichnung nicht entgegen.[1613] Unter dem Eindruck der am 2. Januar 2009 durch die Sportlerin unterzeichneten Wettkampfmeldung hat der Kartellsenat die Freiwilligkeit der Schiedsvereinba-

1607 BGH, Urteil vom 3.4.2000 – II ZR 373/98, BGHZ 144, 146, 149 = NJW 2000, 1713.
1608 BGH, Urteil vom 3.4.2000 – II ZR 373/98, BGHZ 144, 146, 149 = NJW 2000, 1713.
1609 BGH, Urteil vom 3.4.2000 – II ZR 373/98, BGHZ 144, 146, 149 f. = NJW 2000, 1713 f.
1610 BGH, Urteil vom 7.6.2016 – KZR 6/15, NJW 2016, 2266, 2271.
1611 BGH, Urteil vom 7.6.2016 – KZR 6/15, NJW 2016, 2266, 2271.
1612 BGH, Urteil vom 7.6.2016 – KZR 6/15, NJW 2016, 2266, 2271.
1613 BGH, Urteil vom 7.6.2016 – KZR 6/15, NJW 2016, 2266, 2271.

rung bejaht.[1614] Es entspreche der Natur der vertraglichen Vereinbarung, dass eigene Positionen aufgegeben und Vertragsbedingungen akzeptiert werden. Dies sei aber zu beanstanden, wenn eine Vertragspartei über ein so starkes Übergewicht verfüge, dass diese vertraglich vereinbarte Regelungen faktisch einseitig setze. Vor dem Hintergrund des durch den monopolistischen Verband gelebten Grundsatzes „keine Teilnahme am Wettbewerb ohne Unterzeichnung der Schiedsvereinbarung" erachtete der BGH eine solche Fremdbestimmung im Fall *Pechstein* als gegeben.[1615] Der faktische Zwang diene den Sportverbänden schließlich im Hinblick auf Art. 13.2.1 WADC i. V. m. Art. 23.2.2 WADC der Erfüllung ihrer Verpflichtung, in Vereinbarungen mit dem Sportler den CAS als Schiedsgericht vorzusehen.[1616] Im Ergebnis lässt sich also festhalten, dass der BGH – wie auch schon das OLG München –[1617] die erforderliche Freiwilligkeit des Verzichts auf Grundrechtsausübung bejaht hat. Gleichwohl erachten es die erkennenden Richter in Anbetracht der vorliegenden Fremdbestimmung als geboten, zur Sicherung des Grundrechtsschutzes zivilrechtliche Generalklauseln ausgleichend heranzuziehen.

(3) Würdigung

Das „*Pechstein*"-Urteil schreibt die mit dem „*Körbuch*"-Urteil begonnene Rechtsprechung fort. Für die Annahme der erforderlichen Freiwilligkeit des Verzichts auf die Grundrechtsausübung des Sportlers genügt es daher, dass eine vertragliche Vereinbarung vorliegt, deren Unterzeichnung durch den anderen Vertragspartner nicht unter Anwendung von widerrechtlicher Drohung, Täuschung oder physischem Zwang veranlasst worden ist.

Freiwilligkeit ist nach der dargelegten Rechtsprechung des BGH mit Blick auf Lizenzspieler, welche den Schiedsgerichtsvertrag des Ständigen Schiedsgerichts für Lizenzspieler unterzeichnet haben, gegeben.

Hiervon zu unterscheiden ist die Vereinbarung der Zuständigkeit des CAS. Dem durch den BGH entschiedenen Fall lag die durch die Sportlerin *Pechstein* unterzeichnete vorformulierte Wettkampfmeldung zugrunde. Ziffer I der Wettkampfmeldung lautete:

> „Ich/Wir, der/die Unterzeichner(in)
>
> I) anerkenne die [Satzung der Beklagten zu 2], die die Zuständigkeit [der Disziplinarkommission der Beklagten zu 2] begründet (Artikel 24) und die den Court of Arbitration for Sports (CAS), in Lausanne, Schweiz als das Schiedsgericht für den Erlass von endgültigen und bindenden Schiedssprüchen betreffend die [Beklagte zu 2], ihre Mitglieder und alle Teilnehmer an Veranstaltungen der [Beklagten zu 2] unter vollständigem Ausschluss der ordentlichen Gerichtsbarkeit anerkannt (Artikel 25 und 26)."[1618]

1614 BGH, Urteil vom 7.6.2016 – KZR 6/15, NJW 2016, 2266, 2271.
1615 BGH, Urteil vom 7.6.2016 – KZR 6/15, NJW 2016, 2266, 2271.
1616 BGH, Urteil vom 7.6.2016 – KZR 6/15, NJW 2016, 2266, 2271.
1617 OLG München, Urteil vom 15.1.2015 – U 1110/14 Kart, SchiedsVZ 2015, 40, 43.
1618 Zit. nach LG München I, Urteil vom 26.2.2014 – 37 O 28331/12, SchiedsVZ 2014, 100 f.

Weder Lizenzvertrag noch sonstige Verweise auf die Satzung des DFB enthalten eine ausdrückliche Benennung von § 17a Abs. 3 DFB-Satzung. Eine ausdrückliche Anerkennung der Zuständigkeit des CAS als Berufungsinstanz über verbandsinterne Entscheidungen über Dopingangelegenheiten unter Ausschluss der ordentlichen Gerichtsbarkeit ist weder in Lizenzvertrag noch den sonstigen Verweisen auf DFB-Satzung enthalten. Auch der Wortlaut des § 17a Abs. 2 und 3 DFB-Satzung, „[d]er DFB anerkennt“, macht nicht deutlich, dass es sich hierbei um ein Anerkenntnis des Spielers handeln soll. Anders als in dem durch den BGH entschiedenen Fall der Eisschnellläuferin *Pechstein* fehlt es im deutschen Lizenzfußball somit an einem ausdrücklichen Hinweis, den CAS anstelle des ordentlichen Rechtswegs als Schiedsgericht vorzusehen. § 17a DFB-Satzung gibt ferner nicht klar zu erkennen, dass der CAS an die Stelle der ordentlichen Gerichtsbarkeit treten sollen. Denn erstens bezieht sich die Verpflichtung des DFB, eine Schiedsgerichtsbarkeit anstelle der ordentlichen Gerichtsbarkeit vorzusehen, nach der gelebten Praxis des Abschlusses eines Schiedsgerichtsvertrages zugunsten des Ständigen Schiedsgerichts für Lizenzspieler augenscheinlich nur auf dieses und zweitens ist von einem Ausschluss der ordentlichen Gerichtsbarkeit in den Regelungen zur Anerkennung des CAS durch den DFB mit keiner Silbe die Rede. Auch das Berufungsrecht der NADA durch Verweis von § 17 Abs. 4 DFB-ADR auf Art. 13.2.3.2 Abs. 2 NADC ist für den Spieler nicht ohne Weiteres zu erkennen. Dies berücksichtigend bestehen hinsichtlich der Zuständigkeit des CAS und dem Ausschluss der ordentlichen Gerichtsbarkeit große Bedenken, ob sich der Spieler bei Unterwerfung unter die Wettbewerbsbedingungen auch der Tragweite und Bedeutung seiner Erklärung bewusst ist bzw. ob hier überhaupt vom Vorliegen einer bewussten Abgabe einer Willenserklärung ausgegangen werden kann. So ist bereits fraglich, ob aus Sicht eines verständigen Dritten aus der Formulierung „der DFB anerkennt“ überhaupt geschlossen werden kann, dass auch der Spieler durch Unterwerfung unter die Satzung des DFB dieses Anerkenntnis seinerseits anerkennt. Aus dem bloßen Verweis auf die Satzung des DFB wird sich ein solches Bewusstsein nicht herleiten lassen. Fehlt es aber am Bewusstsein des Spielers, den Verzicht auf die Grundrechtsausübung zu erklären, fehlt es nach der Rechtsprechung des BGH auch an der Freiwilligkeit dieser Verzichtserklärung. Das Ergebnis einer Eruierung des wahren Willens des Spielers verbleibt letztlich eine Frage des Einzelfalles.

b. Fremdbestimmtheit

(1) GWB

Die Wirksamkeit der fremdbestimmt getroffenen Schiedsvereinbarung, ist nach Meinung des BGH am Maßstab des § 19 GWB zu messen.[1619] Der BGH hat die Unternehmereigenschaft des Verbandes offengelassen.[1620] Nach der *„MOTOE“*-Entscheidung des EuGH umfasst der Begriff des Unternehmens „jede eine wirtschaftliche Tä-

1619 BGH, Urteil vom 7.6.2016 – KZR 6/15, NJW 2016, 2266, 2270.
1620 BGH, Urteil vom 7.6.2016 – KZR 6/15, NJW 2016, 2266, 2270.

tigkeit ausübende Einrichtung unabhängig von ihrer Rechtsform und Art ihrer Finanzierung".[1621] Eine wirtschaftliche Tätigkeit ist hiernach „jede Tätigkeit, die darin besteht, Güter oder Dienstleistungen auf einem bestimmten Markt anzubieten [...]".[1622] Um einen effektiven Schutz der von den wettbewerbsbeschränkenden Wirkungen Betroffenen sicherzustellen, legt der EuGH das Tatbestandsmerkmal der unternehmerischen Tätigkeit weit aus.[1623] Soweit allerdings ein wettbewerbswidriges Verhalten durch den nationalen Gesetzgeber vorgeschrieben wird, schließt dies die Anwendbarkeit des Kartellrechts aus.[1624] Das AntiDopG schreibt den Ausschluss des ordentlichen Rechtswegs durch Begründung der Zuständigkeit der Sportschiedsgerichtsbarkeit nicht vor.[1625] Sportvereine sind Unternehmen, als sie sich auf dem Markt der Sportveranstaltungen betätigen.[1626] Dies ist sowohl mit Blick auf den DFL e. V. als auch auf den DFB der Fall. Der DFB erhält für die Verpachtung von Bundesliga und 2. Bundesliga vom DFL e. V. nach dem Grundlagenvertrag eine Pacht. Die faktische Pflicht zur Unterwerfung unter die Zuständigkeit der Sportschiedsgerichtsbarkeit wirkt sich auf die wirtschaftliche Tätigkeit von DFL e. V. und DFB einerseits und der Spieler andererseits aus. Von einer unternehmerischen Tätigkeit der Sportverbände und mithin der Anwendbarkeit kartellrechtlicher Vorschriften ist daher auszugehen.[1627]

(a) „Pechstein"-Entscheidung des BGH

Nach Ansicht des erkennenden Senats konnte offenbleiben, an welchem Maßstab das Verlangen nach Abschluss der Schiedsvereinbarung zu messen war.[1628] Denn sowohl Konditionenmissbrauch (§ 19 Abs. 2 Nr. 2 GWB n. F.)[1629] als auch Generalklausel (§ 19 Abs. 1 GWB) erfordern eine umfassende Interessenabwägung. Das Verlangen nach einer Schiedsvereinbarung verstößt hiernach nicht gegen das kartellrechtliche Missbrauchsverbot aus § 19 GWB, soweit dieses durch sachliche Gründe gerechtfertigt ist und nicht gegen allgemeine Wertentscheidungen des Gesetzgebers verstößt.[1630] Neben dem Anspruch auf Justizgewährung hat der BGH auf Seiten der Sportlerin das

---

1621 EuGH, Urteil vom 1.7.2008 – C-49/07, Slg. 2008, I-4863, MOTOE v./ Elliniko Dimosio = EuZW 2008, 605, 607, Tz. 21.

1622 EuGH, Urteil vom 1.7.2008 – C-49/07, Slg. 2008, I-4863, MOTOE v./ Elliniko Dimosio = EuZW 2008, 605, 607, Tz. 24.

1623 Vgl. *Heermann*, WRP 2016, 1053, 1054 f., 1059.

1624 Vgl. *Heermann*, WRP 2016, 1053, 1055.

1625 Siehe § 11 AntiDopG: „Sportverbände und Sportlerinnen und Sportler können als Voraussetzung der Teilnahme von Sportlerinnen und Sportlern an der organisierten Sportausübung Schiedsvereinbarungen über die Beilegung von Rechtsstreitigkeiten mit Bezug auf diese Teilnahme schließen, [...]."

1626 OLG München, Urteil vom 15.1.2015 – U 1110/14 Kart, SchiedsVZ 2015, 40, 43.

1627 Vgl. *Heermann*, WRP 2016, 1053, 1059.

1628 BGH, Urteil vom 7.6.2016 – KZR 6/15, NJW 2016, 2266, 2270.

1629 § 19 Abs. 4 Nr. 2 GWB a. F.

1630 BGH, Urteil vom 7.6.2016 – KZR 6/15, NJW 2016, 2266, 2270.

Grundrecht auf freie Berufsausübung (Art. 12 Abs. 1 GG)[1631] und das Interesse *Pechsteins* an einer Entscheidung durch ein unabhängiges Schiedsgericht in einem fairen Verfahren[1632] berücksichtigt. Auf Verbandsseite bewertete der BGH die verfassungsrechtlich gewährleistete Verbandsautonomie (Art. 9 Abs. 1 GG), insbesondere das Interesse der Sportverbände an einer funktionierenden weltweiten Sportschiedsgerichtsbarkeit.[1633] Nach Abwägung der vorstehenden Interessen ist der BGH zu dem Ergebnis gelangt, dass der Verband, indem er auf die Sportlerin faktisch den Zwang ausgeübt hatte, die vorgegebene Schiedsvereinbarung abzuschließen, nicht seine Marktmacht missbraucht habe. Denn der Zwang zur Schiedsgerichtsbarkeit diente endlich dazu, die grundgesetzlich gewährleistete Verbandsautonomie abzusichern. Der BGH betont, dass einer einheitlichen Sportschiedsgerichtsbarkeit die Funktion zukommt, die Anti-Doping-Bestimmung-en des WADC wirksam und nach einheitlicher Spruchpraxis umzusetzen. Es würde das mit der internationalen Sportschiedsgerichtsbarkeit gesetzte Ziel ernsthaft gefährden, bliebe diese Aufgabe den einzelstaatlichen Gerichten überlassen.[1634] Es entspräche sowohl dem Interesse der Sportler als auch der Sportverbände, dass durch unabhängige und faire Sportschiedsgerichtsbarkeit mutmaßliche Verstöße gegen Anti-Doping-Regeln auf internationaler Ebene nach einheitlichen Maßstäben und unter Gleichbehandlung der betroffenen Sportler aus unterschiedlichen Ländern aufgeklärt und sanktioniert werde.[1635] Zu den weiteren Vorteilen der internationalen Sportschiedsgerichtsbarkeit zählten für Verband und Sportler ferner die besondere Fachkunde der Schiedsrichter, die Schnelligkeit der Verfahren sowie die internationale Anerkennung und Vollstreckung der Schiedssprüche.[1636] Der BGH stellt klar, dass der Schutz der Grundrechte der Sportlerin es erfordert, die Anforderungen an Unabhängigkeit und Neutralität des CAS nicht zu gering anzusetzen.[1637] Vor dem Hintergrund, dass die Schiedsrichterliste grundsätzliche eine ausreichende Anzahl unabhängiger und neutraler Personen enthalte und dem Sportverband kein institutionalisiertes Übergewicht bei Zusammenstellung der Schiedsrichterliste und Besetzung des Schiedsgerichts zukomme, erachtet der BGH diese Anforderungen als gewahrt.[1638] Eine Regelung, die bei Aufrechterhaltung der internationalen Sportschiedsgerichtsbarkeit die Schwächen bei der Bestellung unabhängiger Schiedsrichter und dem sonstigen Verfahren, die sich aus dem maßgeblichen Einfluss der internationalen Sportverbände und der Olympischen Komitees ergeben, völlig vermeiden könne, betrachtet der BGH an anderer Stelle des Urteils als nicht ersichtlich.[1639] Der BGH verweist stattdessen auf die Möglichkeit des Sportlers, zum einen bei konkreten Bedenken gegen die Unabhängigkeit und Neutralität des Schiedsge-

1631 BGH, Urteil vom 7.6.2016 – KZR 6/15, NJW 2016, 2266, 2272.
1632 BGH, Urteil vom 7.6.2016 – KZR 6/15, NJW 2016, 2266, 2270.
1633 BGH, Urteil vom 7.6.2016 – KZR 6/15, NJW 2016, 2266, 2270.
1634 BGH, Urteil vom 7.6.2016 – KZR 6/15, NJW 2016, 2266, 2271.
1635 BGH, Urteil vom 7.6.2016 – KZR 6/15, NJW 2016, 2266, 2270.
1636 BGH, Urteil vom 7.6.2016 – KZR 6/15, NJW 2016, 2266, 2272.
1637 BGH, Urteil vom 7.6.2016 – KZR 6/15, NJW 2016, 2266, 2272.
1638 BGH, Urteil vom 7.6.2016 – KZR 6/15, NJW 2016, 2266, 2272.
1639 BGH, Urteil vom 7.6.2016 – KZR 6/15, NJW 2016, 2266, 2271.

richts von den Befangenheitsregelungen des CAS Gebrauch zu machen sowie zum anderen den Schiedsspruch durch die staatlichen Gerichte der Schweiz überprüfen zu lassen.[1640] Der BGH betont, dass es nach dem Willen des deutschen Gesetzgebers möglich sein soll, in den Fällen der vorliegenden Art Schiedsvereinbarungen wirksam abzuschließen. So stelle § 11 AntiDopG in Verbindung mit dessen Gesetzesbegründung klar, dass die von Sportverbänden vorformulierten Schiedsvereinbarungen nicht aufgrund unfreiwilliger Unterzeichnung unwirksam seien.[1641] Eine solche Verpflichtung zur Rechtsanwendung ergebe sich auch aus Art. 4 Abs. 1 des Internationalen Übereinkommens vom 19. Oktober 2005 gegen Doping im Sport. Entsprechendes habe der Gesetzgeber durch den Wegfall des § 1025 Abs. 2 ZPO a. F. zum Ausdruck gebracht.[1642]

(b) Würdigung

Bei dem Angebot von Sportveranstaltungen handelt es sich um eine wirtschaftliche Tätigkeit. DFB und DFL e. V. sind auf dem sachlich-relevanten Markt der Durchführung von Bundesliga, 2. Bundesliga und 3. Liga im Hinblick auf das Ein-Platz-Prinzip Monopolisten. DFB und DFL e. V. sind damit Normadressaten des § 19 GWB.

(aa) Ständiges Schiedsgericht für Lizenzspieler

Das „*Pechstein*"-Urteil des BGH befasst sich mit der internationalen Sportschiedsgerichtsbarkeit. Die dort angestellten Erwägungen sind entsprechend auf die nationale Sportschiedsgerichtsbarkeit zu übertragen.

Möchte der Spieler seinen Beruf als Lizenzspieler in Deutschland ausüben, bedingt dies zwingend den Abschluss der Schiedsvereinbarung. Der auf diese Weise auf den Lizenzspieler wirkende faktische Zwang stellt einen empfindlichen Eingriff sowohl in die Freiheit der Berufsausübung (Art. 12 Abs. 1 GG)[1643] als auch in die Entschließungsfreiheit des Lizenzspielers (Art. 2 Abs. 1 GG) dar. Der zwangsweise herbeigeführte Verzicht auf den ordentlichen Rechtsweg hat für den Spieler zur Folge, dass die Möglichkeit – wie sonst im Zivilverfahrensrecht üblich – den Instanzenzug auszuschöpfen, dem Spieler verwehrt bleibt. Dem Spieler verbleibt lediglich die Möglichkeit, den Schiedsspruch im Aufhebungsstadium durch ein staatliches Gericht

---

1640 BGH, Urteil vom 7.6.2016 – KZR 6/15, NJW 2016, 2266, 2272.

1641 BGH, Urteil vom 7.6.2016 – KZR 6/15, NJW 2016, 2266, 2272.

1642 BGH, Urteil vom 7.6.2016 – KZR 6/15, NJW 2016, 2266, 2272. Nach § 1025 Abs. 2 ZPO a. F. war ein Schiedsvertrag dann unwirksam, wenn eine Partei ihre wirtschaftliche oder soziale Überlegenheit dazu ausgenutzt hatte, den anderen Teil zu seinem Abschluss oder zur Annahme von Bestimmungen zu nötigen, die ihr im Verfahren, insbesondere hinsichtlich der Ernennung oder Ablehnung der Schiedsrichter, ein Übergewicht über den anderen Teil einräumten.

1643 Dies setzt freilich voraus, dass es sich bei dem Lizenzspieler um einen deutschen Staatsangehörigen handelt. Ansonsten gilt das Auffanggrundrecht in Gestalt von Art. 2 Abs. 1 GG. Zur Problematik der EU-Bürger siehe Fn. 1066.

überprüfen zu lassen. Eine Überprüfung der Richtigkeit des Schiedsspruchs erfolgt wegen des Verbots der *révision au fond* im Aufhebungsverfahren nicht.[1644] Auch vermag es das Aufhebungsverfahren nicht zu vermeiden, dass DFL e. V., DFL und DFB eine durch das Schiedsgericht bestätigte Dopingsperre selbst vollstrecken.

Auf der anderen Seite stehen die Interessen und Grundrechte von DFB und DFL e. V. Die Verbandsautonomie (Art. 9 Abs. 1 GG) gewährt den Verbänden neben der Schaffung eigener Regeln auch das Recht, deren einheitliche Anwendung und Durchsetzung sicherzustellen.[1645] Für Lizenzspieler, die nicht einem internationalen Testpool angehören, sehen WADC und NADC nicht die Verpflichtung vor, Schiedsvereinbarungen abzuschließen.[1646] Nach den Bestimmungen von WADC/NADC hätte diesbezüglich der Weg zu den staatlichen Gerichten offen bleiben können.[1647] Indem im deutschen Lizenzfußball der Abschluss von Schiedsvereinbarungen zur Voraussetzung für die Teilnahme als Lizenzspieler am Spielbetrieb erhoben wird, geschieht dies nicht, wie in § 11 Satz 2 AntiDopG erwähnt, um verpflichtende Vorgaben des WADC umzusetzen. Der Abschluss dient der Umsetzung der mitgliedschaftlichen Pflichten von DFB und DFL e. V.[1648] Nach den Vorgaben der FIFA hat dies staatenfern, d. h. unter Ausschluss der staatlichen Gerichtsbarkeit zu geschehen.[1649] Durch den Ausschluss des staatlichen Rechtswegs soll die organisierte Sportausübung ermöglicht, gesichert und gefördert werden.

Entscheidungen aus dem laufenden Spielbetrieb, wie die Verhängung einer Sperre wegen eines Dopingverstoßes, haben unmittelbare Auswirkungen auf den laufenden Wettbewerb. Es liegt sowohl im Interesse des Spielers als auch des Verbands, dass Entscheidungen ohne zeitliche Verzögerungen ergehen. Die Überprüfung verbandsrechtlicher Entscheidungen durch ordentliche Gerichte würde für den Spieler bedeuten, dass – sofern eine aufschiebende Wirkung nicht gewährt wird – erst mit teilweise jahrelanger Verspätung feststünde, ob eine Dopingsperre rechtmäßig gegen ihn verhängt wurde oder nicht. Bis zu einer endgültigen gerichtlichen Klärung wäre der Spieler von der Teilnahme am Wettbewerb und am Training[1650] ausgeschlossen. Nicht ausgeschlossen werden kann daher, dass der Spieler zum Zeitpunkt der gerichtlichen Entscheidung die Sperre bereits verbüßt hat. Ein solcher Rechtsschutz widerliefe dem eigentlichen Ziel des Rechtsschutzes, die rechtsschutzbegehrende Partei vor unrechtmäßigen Handlungen zu bewahren. Dem Spieler bliebe lediglich die Möglichkeit, den eingetretenen Schaden gerichtlich geltend zu machen. Dies wiederum widerspräche dem originären Interesse des Spielers, den Fußballsport professionell auszuüben. Um seinen Marktwert zu erhalten bzw. zu steigern, ist der Spieler darauf angewiesen, dass

---

1644 BGH, Beschluss vom 28.1.2014 – III ZB 40/13, NJW 2014, 1597, 1598.

1645 *Duve/Rösch*, SchiedsVZ 2014, 216, 225.

1646 *Adolphsen*, in: Adolphsen/Nolte/Lehner/Gerlinger (Hrsg.), Sportrecht in der Praxis, Rn. 1211; *Wilkmann*, Dopingverfahren, S. 80.

1647 *Adolphsen*, in: Adolphsen/Nolte/Lehner/Gerlinger (Hrsg.), Sportrecht in der Praxis, Rn. 1211.

1648 Siehe hierzu oben Zweiter Teil Kapitel 1 § 2 D I.

1649 Die Nichtbefolgung kann für den deutschen Fußball schwerwiegende Folgen habe. Vgl. hierzu den Fall des *FC Sion*, CaS 2011, 376.

1650 Siehe oben Zweiter Teil Kapitel 2 § 1 B II 2.

er in Wettbewerb und Training möglichst oft mitwirken kann. Die sportliche Karriere des Spielers ist zeitlich begrenzt. Erfolg und Dauer sind nicht zu prognostizieren. Eine (unrechtmäßige) Sperre kann für den Spieler daher schlimmstenfalls gleichbedeutend mit dessen Karriereende sein. Der Verzicht auf den Instanzenzug im staatlichen Rechtsweg scheint daher im Sinne einer schnellen Herbeiführung von Rechtssicherheit für den Spieler hinnehmbar zu sein.

Sowohl die Herstellung gleicher Wettbewerbsbedingungen als auch die Sicherstellung der organisatorischen Durchführung eines geregelten Sport- und Wettkampfbetriebs erfordern es, dass die Sportregeln möglichst umfassend und einheitlich angewendet werden. Hierzu gehört auch, dass die Anti-Doping-Bestimmungen des DFB einheitlich durchgesetzt werden. Sportler und Verband verbindet „das grundsätzlich in die gleiche Richtung weisende Anliegen der Aufrechterhaltung eines geregelten und geordneten Sportbetriebs miteinander“[1651]. Regelanerkennung und Unterwerfung unter die Verbandsgewalt sind für den Spieler nur hinnehmbar, wenn sichergestellt ist, dass sämtliche Spieler denselben Regeln unterliegen und eine Durchsetzung einheitlich erfolgt.[1652] Dieses Ansinnen wäre gefährdet, könnten Spieler frei zwischen dem staatlichen Rechtsweg und der Sportschiedsgerichtsbarkeit wählen.[1653] Der Gang vor unterschiedliche Spruchkörper begründete die Gefahr von unterschiedlichen Entscheidungen, was in der Konsequenz bedeutete, dass Spieler unterschiedlich behandelt werden würden.[1654] Ein solches Ergebnis ließe sich mit dem aus der inneren Logik des Leistungssports folgenden Gleichheitsgrundsatz nicht vereinbaren.[1655] Spieler und Verband verfolgen regelmäßig das gleichgerichtete Interesse, Dopingregelwerke einheitlich anzuwenden und durchzusetzen. Die Vorteile der Schiedsgerichtsbarkeit dienen damit nicht einseitig den Sportverbänden, sondern auch dem Spieler. Nach § 4 Abs. 2 des Schiedsgerichtsvertrages gelten für das Verfahren vor dem Ständigen Schiedsgericht für Lizenzspieler die Vorschriften der ZPO entsprechend. Den Parteien wird ausdrücklich rechtliches Gehör gewährt,[1656] der Schiedsspruch ist mit Gründen zu versehen und den Parteien zu übersenden[1657]. Bedenken gegen die Unabhängigkeit des Schiedsgerichts bestehen nicht.[1658] Durch die entsprechende Anwendung der ZPO wird sichergestellt, dass die Interessen der Parteien in gleicher Weise berücksichtigt werden.[1659] Verletzungen, die einen Verstoß gegen den *ordre public* darstellen, können im Aufhebungsverfahren geltend gemacht werden.

Bei einer umfassenden Abwägung der beiderseitigen Interessen stellt das Verlangen nach einer Schiedsvereinbarung, die das Ständige Schiedsgericht für Lizenzspieler als Schiedsgericht vorsieht, keinen Missbrauch einer marktbeherrschenden Stellung

1651 BGH, Urteil vom 28.11.1994 – II ZR 11/94, BGHZ 128, 93, 102 = NJW 1995, 583, 585.
1652 *Holla*, Der Einsatz von Schiedsgerichten, S. 125 f.
1653 Vgl. *Heermann*, SchiedsVZ 2014, 66, 75.
1654 *Adolphsen*, in: Adolphsen/Nolte/Lehner/Gerlinger (Hrsg.), Sportrecht in der Praxis, Rn. 1133.
1655 Vgl. *Adolphsen*, Internationale Dopingstrafen, S. 1.
1656 § 4 Abs. 2 Schiedsvertrag Ständiges Schiedsgericht für Lizenzspieler.
1657 § 4 Abs. 3 Schiedsvertrag Ständiges Schiedsgericht für Lizenzspieler.
1658 Siehe dazu oben Zweiter Teil Kapitel 2 § 4 B IV 1 a.
1659 Siehe etwa §§ 1042 Abs. 1 Satz 1, Abs. 2, 1032, 1040 Abs. 3, 1034 Abs. 2, 1035, 1036 ff. ZPO.

dar. Aufgrund der sachlichen Rechtfertigung scheidet eine Nichtigkeit nach § 138 BGB ebenfalls aus.

(bb) CAS

Der BGH stellt richtig fest, dass im Hinblick auf die betroffenen Grundrechte der Sportler die Anforderungen an Unabhängigkeit und Neutralität des CAS nicht zu gering angesetzt werden dürfen. Es drängt sich die Frage auf, ob der BGH diesem Maßstab letztlich gerecht wird. Legt man die vorgenommene Würdigung der Struktur des CAS zugrunde,[1660] dürfte dies – anders als vom BGH angenommen – nicht der Fall sein. Denn gerade unter Berücksichtigung der hohen Anforderungen an Unabhängigkeit und Neutralität des CAS genügen die geltenden Statuten und Verfahrensregeln des CAS nicht zur Sicherung der erforderlichen Unabhängigkeit und Neutralität. Dies manifestiert sich deutlich an der Aussage des BGH: „Eine Regelung, die bei Aufrechterhaltung der internationalen Sportschiedsgerichtsbarkeit die Schwächen bei der Bestellung unabhängiger Schiedsrichter und dem sonstigen Verfahren, die sich aus dem maßgeblichen Einfluss der internationalen Sportverbände und der Olympischen Komitees ergeben, völlig vermeiden könnte, ist nicht ersichtlich."[1661] Naheliegend wäre hier die durch das Deutsche Sportschiedsgericht (DSS) gewählte Lösung, das Bereithalten einer offenen Schiedsrichterliste. Hiernach steht es den Parteien frei, einen Schiedsrichter zu benennen, der nicht auf der Schiedsrichterliste steht.[1662] Der Vorsitzende des Dreierschiedsgerichts wird durch die beiden parteibenannten Schiedsrichter benannt.[1663] Das DSS übersendet dazu den parteibenannten Schiedsrichtern eine Liste mit drei Personen nach dem Zufallsprinzip. Diese können Juristen sein, welche die von der DIS festgelegten und veröffentlichten Qualifikationen für die Leitung eines Schiedsverfahrens über Anti-Doping-Streitigkeiten erfüllen.[1664] Dabei sollen die parteibenannten Schiedsrichter übereinstimmende Wünsche der Parteien berücksichtigen.[1665] Unklar ist, weshalb der BGH diesen Lösungsweg unerwähnt lässt. Die durch den BGH gewählte Rechtfertigung der Ungleichheit mit den Befangenheitsregelungen des CAS vermögen über die strukturelle Ungleichheit nicht hinwegzuhelfen. Die Sportler sind demnach unverhältnismäßig behindert.[1666] Der durch den BGH in Bezug genommene § 11 AntiDopG ändert hieran nichts. Die Begründung des Gesetzesentwurfs beschäftigt sich mit den Gründen für die bevorzugte Streitbeilegung durch Schiedsgerichte im organisierten Sport.[1667] Die Nachteile der Schiedsgerichtsbarkeit für den Sportler werden nicht erwähnt. Lapidar wird ausgeführt, dass in letzter Zeit

1660 Siehe oben Zweiter Teil Kapitel 2 § 4 B IV 1 b (4).
1661 BGH, Urteil vom 7.6.2016 – KZR 6/15, NJW 2016, 2266, 2671.
1662 §§ 3.1 Satz 2, 6.2 DIS-SportSchO.
1663 § 12.2 Satz 1 DIS-SportSchO.
1664 § 53.4, 53.2, 53.1 DIS-SportSchO.
1665 § 12.2 Satz 2 DIS-SportSchO.
1666 Vgl. *Heermann*, NJW 2016, 2224, 2226.
1667 BT-Drs. 18/4898, S. 38.

vereinzelt die Unwirksamkeit solcher Schiedsvereinbarungen vorgebracht worden sei, weil die Sportlerinnen und Sportler sich den Verbänden gegenüber in einer unterlegenen Stellung befänden und weil ihnen die schiedsrichterliche Streitbeilegung aufgezwungen werde.[1668] Eine inhaltliche Auseinandersetzung mit den in Rechtsprechung und Literatur gewechselten Argumenten fällt gänzlich aus. Stattdessen begnügt sich die Begründung damit, generalklauselartig auf die „sportspezifischen Besonderheiten" abzustellen.[1669] Bei § 11 AntiDopG, so die Begründung weiter, handele es sich „lediglich" um eine „Klarstellung", die Zweifel an der Wirksamkeit des Abschlusses von Schiedsvereinbarungen zwischen Sportlerinnen und Sportlern mit den Verbänden ausräumen soll.[1670] Der Abschluss solcher Vereinbarungen als Voraussetzung für die Teilnahme am organisierten Sport halte „in der Regel" einer rechtlichen Prüfung am Maßstab des § 138 BGB auch unter Berücksichtigung der Grundrechte und der Konvention zum Schutz der Menschenrechte und Grundfreiheiten vor dem Hintergrund der besonderen Umstände des Leistungssports stand.[1671] Eine Aussage über die Ausgestaltung des CAS mit Blick auf dessen Unabhängigkeit und Neutralität ist hiermit nicht verbunden. Gleiches gilt für den Hinweis des BGH auf Art. 4 Abs. 1 des Internationalen Übereinkommens vom 19. Oktober 2005 gegen Doping im Sport. Hiernach haben sich die Vertragsstaaten des Übereinkommens den Grundsätzen des Codes als Grundlage für die in Art. 5 des Übereinkommens vorgesehenen Maßnahmen verpflichtet. Die Ausgestaltung der Maßnahmen bleibt den Vertragsstaaten vorbehalten („geeignete Maßnahmen").[1672] Eine Anerkennung des CAS um jeden Preis, d. h. losgelöst von jeder rechtsstaatlichen Betrachtung, nennt das Übereinkommen nicht.

Nicht ausgeschlossen werden kann demnach, dass das vom BGH erzielte Ergebnis mangels hinreichender Gewichtung bzw. Bewertung der Grundrechte des Sportlers, allen voran dem Justizgewährleistungsanspruch, nach Prüfung des BVerfG der von *Pechstein* gerügten materiellen Grundrechtsverletzungen keinen Bestand mehr haben wird.[1673]

(2) ZGB

Das LG München I hat sich bei der Prüfung der zwingenden Schranken des Art. 27 Abs. 2 ZGB bewusst über die hierzu bereits ergangene höchstrichterliche schweizerische Rechtsprechung hinweggesetzt. Es legte die Bestimmung des Art. 27 Abs. 2 ZGB eigenständig am Maßstab von Artt. 6 und 13 EMRK aus. Eine solche Anwen-

1668 BT-Drs. 18/4898, S. 38.
1669 BT-Drs. 18/4898, S. 39.
1670 BT-Drs. 18/4898, S. 39.
1671 BT-Drs. 18/4898, S. 38 f.
1672 Art. 5 Internationales Übereinkommen vom 19. Oktober 2005 gegen Doping im Sport (BGBl. 2007 II S. 361).
1673 Ähnlich *Prütting*, SpuRt 2016, 143, 147, der das erzielte Ergebnis des BGH „als nicht sonderlich zwingend" erachtet.

dung ausländischen Rechts begegnet vor dem Hintergrund des § 293 ZPO Bedenken. Deutsche Gerichte haben nach der ständigen und durch die „*Pechstein*"-Entscheidung erneut bestätigten Rechtsprechung des BGH[1674] das ausländische Recht so anzuwenden, „wie es der Richter des betreffenden Landes auslegt und anwendet"[1675]. Die Fortentwicklung der ausländischen höchstrichterlichen Rechtsprechung durch den BGH ist ausgeschlossen.[1676] Endgültige Klärung ungeklärter Fragen des ausländischen Rechts und richtungsweisende Klärung für die Zukunft zur Fortbildung des Rechts bleiben der ausländischen Rechtspraxis vorbehalten.[1677] Dies muss konsequenterweise entsprechend auch für die Instanzgerichte gelten.[1678] Ein solches Ergebnis ist keineswegs unbefriedigend. So können Ergebnisse, die mit wesentlichen Grundsätzen des deutschen Rechts offensichtlich nicht zu vereinbaren sind, durch den ordre public-Vorbehalt gelöst werden, wenn die Fremdrechtsanwendung in dem konkreten Einzelfall zu einem nicht hinnehmbaren Ergebnis führt.[1679] Das SchweizBG betrachtet „aufgezwungene" Unterwerfungen des Sportlers unter die Zuständigkeit des CAS „mit Wohlwollen" als wirksam.[1680] Voraussetzung ist aber auch hiernach, dass eine unabhängige Rechtsprechung garantiert ist.[1681] In den Fällen *Nagel* sowie *Danilova und Latsutina* hat das SchweizBG die Unabhängigkeit des CAS als Institution von den ihn tragenden Sportverbänden und Olympischen Komitees festgestellt.[1682] Nicht höchstrichterlich in der Schweiz geklärt ist damit die Frage nach der strukturellen Unabhängigkeit des CAS im Hinblick auf die Ausgestaltung des Verfahrens, namentlich Statuten und Verfahrensregeln des CAS.

(3) EMRK

Durch den Verzicht auf den staatlichen Rechtsweg verzichtet der Spieler nicht lediglich auf seinen verfassungsrechtlichen Justizgewährungsanspruch. Der Verzicht umfasst ebenfalls den Justizgewährungsanspruch aus Art. 6 Abs. 1 EMRK. Auch ein solcher muss, um wirksam zu sein, freiwillig erfolgen.[1683] Im Fall *Suda* hat der EGMR

1674 BGH, Urteil vom 22.6.2003 – II ZR 305/01, NJW 2003, 2685, 2686; BGH, Urteil vom 25.10.2006 – VII ZB 24/06, NJW-RR 2007, 574, 575; BGH, Beschluss vom 4.7.2013 – V ZB 197/12, BGHZ 198, 14 = NJW 2013, 3656, 3658; BGH, Urteil vom 14.1.2014 – II ZR 192/13, NJW 2014, 1244, 1245; BGH, Urteil vom 7.6.2016 – KZR 6/15, NJW 2016, 2266, 2273.

1675 BGH, Beschluss vom 4.7.2013 – V ZB 197/12, BGHZ 198, 14, 20 (Tz. 21) = NJW 2013, 3656, 3658.

1676 A. A. RGZ 126, 196 (202).

1677 BGH, Beschluss vom 4.7.2013 – V ZB 197/12, BGHZ 198, 14, 21 (Tz. 21) = NJW 2013, 3656, 3658; a. A. *Schulze*, SpuRt 2014, 139, 140, der bei nicht entschiedenen Fallgestaltungen von der Befugnis des deutschen Gerichts ausgeht, das ausländische Recht fortzuentwickeln.

1678 BGH, Beschluss vom 4.7.2013 – V ZB 197/12, BGHZ 198, 14, 21 (Tz. 21) = NJW 2013, 3656, 3658; *Sturm*, JZ 2011, 74, 76.

1679 BGH, Urteil vom 10.9.2015 – IX ZR 304/13, NZI 2016, 93, 94; *Schulze*, SpuRt 2014, 139, 141.

1680 SchweizBG, Urteil vom 22.3.2007 – BGE 133 III 235, S. 242 ff.

1681 SchweizBG, Urteil vom 15.12.1959 – BGE 85 II 489, S. 501 ff.

1682 SchweizBG, Urteil vom 22.3.2007 – BGE 133 III 235, S. 242 ff.; SchweizBG, Urteil vom 27.5.2003 – 4P.267-270/2002, SchiedsVZ 2004, 208, 209 ff.

1683 *Grabenwarter/Pabel*, in: Dörr/Grote/Marauhn, EMRK, Kap. 14 Rn. 46; *Marauhn/Merhof*, in: Dörr/Grote/Marauhn, EMRK, Kap. 7 Rn. 68.

über die Problematik der Wirksamkeit von fremdbestimmten Schiedsvereinbarungen unter Privaten zu entscheiden.[1684] Hiernach dient Art. 6 Abs. 1 EMRK auch zum Schutz der schwächeren Marktteilnehmer und soll sicherstellen, dass diese über angemessene Verteidigungsmittel verfügen. Dies kann nach der Auffassung des EGMR im Fall der fremdbestimmten Schiedsvereinbarung nur dadurch geschehen, indem die Schiedsgerichtsbarkeit sämtliche Teilgehalte des Art. 6 Abs. 1 EMRK[1685] vollumfänglich wahrt.[1686] Die Wahrung dieser Gewährleistungsinhalte wirkt gewissermaßen wie ein Gegengewicht zum Zwang. Je stärker der Zwang wirkt, desto bedeutsamer ist die Rolle der Gewährleistungsinhalte und mithin auch der Unabhängigkeit des Schiedsgerichts. Das Schiedsgericht muss also in Unabhängigkeit und Neutralität, Organisationsaufbau und Ausgestaltung des Verfahrens (faires Verfahren, öffentliches Verfahren) einem die rechtsstaatlichen Anforderungen berücksichtigenden Gericht gleichstehen.[1687] Ist dies nicht sichergestellt, führt dies dazu, dass der Spieler unverhältnismäßig benachteiligt ist und der Schiedsspruch aufzuheben ist.[1688] Wie im Rahmen der Prüfung der Echtheit des Schiedsgerichtscharakters ausführlich dargelegt worden ist, bestehen hinsichtlich der Unabhängigkeit und Neutralität des CAS hinsichtlich der Einflussmöglichkeiten von Sportverbänden und -organisationen berechtigte Bedenken.[1689] Hinzu kommt, dass Berufungsverfahren vor dem CAS grundsätzlich nicht öffentlich sind.[1690] *Pechstein* hat vor dem EGMR die Verletzung des Rechts auf ein faires Verfahren (Art. 6 Abs. 1 EMRK) durch den CAS gerügt.[1691] Es ist daher davon auszugehen, dass die Vereinbarkeit der Ausgestaltung des schiedsgerichtlichen Verfahrens vor dem CAS sowie dessen Organisation mit den Gewährleistungsinhal-

1684 EGMR, Urteil vom 28.10.2010 (Suda v./ Tschechische Republik) – 1643/06. Dem Urteil lag der Sachverhalt zugrunde, wonach im Rahmen der Auflösung einer Aktiengesellschaft ein Vertrag zwischen der Gesellschaft und einem Aktionär geschlossen worden war. Enthalten war auch eine Schiedsklausel, die Streitigkeiten zum Gegenstand hatte, an denen mit den übrigen Aktionären auch Personen beteiligt waren, die nicht direkt Parteien des Vertrags waren. Einige Aktionäre hatten gegen den Abschluss des Vertrags gestimmt. Es kam zum Rechtsstreit. Gegen die Schiedsklausel, d. h. also den Ausschluss der staatlichen Gerichtsbarkeit, setzte sich schließlich ein Aktionär zur Wehr, welcher dem Vertragsabschluss nicht zugestimmt hatte. Der EGMR hat eine Verletzung des in Art. 6 Abs. 1 EMRK sichergestellten Rechts auf Zugang des Einzelnen zu einem staatlichen Gericht bejaht.

1685 Siehe die Auflistung der Teilgehalte bei *Muresan/Korff*, CaS 2014, 199, 205.

1686 EGMR, Urteil vom 28.10.2010 (Suda v./ Tschechische Republik) – 1643/06, Tz. 55; *Muresan/Korff*, CaS 2014, 199, 206.

1687 *Wittmann*, Schiedssprüche, S. 68.

1688 *Wittmann*, Schiedssprüche, S. 69.

1689 Ausführlich hierzu oben Zweiter Teil Kapitel 2 § 4 B IV 1 b (4).

1690 *Muresan/Korff*, CaS 2014, 199, 206 (insbesondere Fn. 73). Für die Veröffentlichung des Schiedsspruchs gilt nach Art. R59 Abs. 6 Satz 1 CAS-Code, dass es dem CAS überlassen ist, das Urteil, eine Zusammenfassung und/oder Pressemitteilung der wesentlichen Ergebnisse des Verfahrens zu veröffentlichen (soweit die Parteien nicht Vertraulichkeit vereinbart haben). Die sonstigen Aufzeichnungen des Verfahrens bleiben nach Art. R59 Abs. 7 Satz 2 CAS-Code der Öffentlichkeit vorenthalten.

1691 EGMR, Verfahren Nr. 67474/10. Auch der Fußballspieler *Mutu* hat eine solche Rüge erhoben, siehe EGMR, Verfahren Nr. 40575/10.

ten des Art. 6 Abs. 1 EMRK schon bald Gegenstand einer Entscheidung des EGMR sein wird.

V. Verhältnis Ständiges Schiedsgericht für Lizenzspieler und CAS

Aufgrund der Parallelzuständigkeit von Ständigem Schiedsgericht für Lizenzspieler und CAS kann es zu der Situation kommen, dass ein Lizenzspieler das Ständige Schiedsgericht für Lizenzspieler anruft, wohingegen FIFA, WADA und/oder NADA Berufung beim CAS einlegen. Gemäß Art. 186 Abs. 1bis IPRG muss ein Schweizer Schiedsgericht kein paralleles Verfahren beachten, gleich ob es sich hierbei um ein inländisches oder ausländisches Schiedsgericht handelt.[1692] Zum selben Zeitpunkt können daher Verfahren vor dem Ständigen Schiedsgericht für Lizenzspieler und CAS rechtshängig sein, die den verbandsinternen Entscheid des DFB betreffen. Der CAS ist auch dann nicht gehindert, einen Schiedsspruch zu erlassen, wenn ein Schiedsspruch durch das Ständige Schiedsgericht für Lizenzspieler bereits ergangen ist. Fraglich ist aber, ob es hinsichtlich ein und desselben Verbandsentscheids des DFB tatsächlich zu widerstreitenden Entscheidungen kommen kann. Gemäß § 328 Abs. 1 Nr. 3 Hs 1 Var. 1 ZPO steht der Anerkennung eines ausländischen Schiedsspruchs der nationale Schiedsspruch entgegen. Denn § 328 Abs. 1 Nr. 3 Hs 1 Var. 1 ZPO konkretisiert den nach Art. V Abs. 2 lit. b) UNÜ zu beachtenden *ordre public.*[1693] Problematisch ist allerdings, dass die Parteien der Schiedsverfahren personenverschieden sind. Im Unterschied zum Verfahren vor dem CAS stehen sich im Verfahren vor dem Ständigen Schiedsgericht für Lizenzspieler nicht FIFA, WADA, NADA und Spieler gegenüber, sondern DFB und Spieler. Vor dem CAS sind DFB und Spieler Beklagte, denn regelmäßig werden FIFA, WADA und NADA eine Verschlechterung der Verbandsentscheidung bewirken wollen. FIFA, WADA und NADA haben vor dem Ständigen Schiedsgericht für Lizenzspieler grundsätzlich nicht die Möglichkeit, für eine solche Verschlechterung zu sorgen, denn zum einen sind sie nicht Partei des Verfahrens und zum anderen entscheidet das Ständige Schiedsgericht für Lizenzspieler – anders als der CAS – nicht *de novo* über den Sachverhalt, sondern nur über die Wirksamkeit des ergangenen Verbandsentscheids. Unabhängig von Anwendung oder Nichtanwendung des § 328 Abs. 1 Nr. 3 ZPO hindert die Rechtskraft des Schiedsspruchs des Ständigen Schiedsgerichts für Lizenzspieler den DFB daran, einen Entscheid zu vollstrecken, sofern dessen Unwirksamkeit festgestellt worden ist. Denn der DFB ist an den Schiedsspruch gebunden. Seine Rechtskraft steht gemäß § 1055 ZPO derjenigen eines staatlichen Urteils gleich. Gleich ob man also von einer Geltung des § 328 Abs. 1 Nr. 3 ZPO ausgeht oder nicht, unterläuft ein früherer Schiedsspruch des Ständigen Schiedsgerichts für Lizenzspieler den späteren, divergierenden Schiedsspruch des CAS. Eine einheitliche, sportartenübergreifende Anwendung und Durchsetzung der Vorgaben des WADC kann demnach situationsbedingt gefährdet sein.

1692 *Dasser*, Rechtshängigkeit, S. 95, 115.
1693 *Lühmann*, Rechtskraft, S. 286.

C. Ergebnis

Verbandsinterne Entscheidungen des DFB in Dopingangelegenheiten können Gegenstand sowohl von Verfahren vor dem Ständigen Schiedsgericht für Lizenzspieler als auch vor dem CAS sein. NADA und FIFA steht mangels gesondert geschlossener Schiedsvereinbarung aufgrund der Verbraucherstellung der Lizenzspieler kein Rechtsbehelf zum Ständigen Schiedsgericht für Lizenzspieler zu. Der fremdbestimmte Abschluss der Schiedsvereinbarung zur Begründung der Zuständigkeit des CAS im Sinne eines Berufungsrechts von FIFA, WADA und NADA ist nach der Rechtsprechung des BGH derzeit als wirksam zu erachten. Aufgrund des strukturellen Übergewichts der Sportverbände und olympischen Komitees in der Ausgestaltung des Verfahrens vor dem CAS bestehen jedoch Zweifel an der Unabhängigkeit und Neutralität des CAS. Diese Zweifel könnten BVerfG oder EGMR dazu veranlassen, im Hinblick auf Justizgewährleistungsanspruch und Berufsausübungsfreiheit des Spielers einerseits und Recht auf ein faires Verfahren andererseits die Wirksamkeit der Schiedsvereinbarung abzulehnen. Dafür könnte insbesondere sprechen, dass mit Blick auf die intransparente Einbeziehung der Schiedsklauseln fraglich ist, ob der Spieler bewusst auf sein Grundrecht der Justizgewährung verzichtet. Dies müsste er aber, möchte man mit dem BGH von einer freiwilligen Verzichtserklärung ausgehen. Hinzu kommt, dass Berufsspieler aufgrund ihrer biographischen Fixierung[1694] in gesteigertem Maße auf die Neutralität und Unabhängigkeit des CAS angewiesen sind. Die Unwirksamkeit der Schiedsvereinbarung führte dazu, dass Schiedssprüche des CAS in Deutschland nicht anerkennungsfähig wären. Gemäß § 17a Abs. 2 DFB-Satzung unterwirft sich der DFB nur soweit den Entscheidungen des CAS, als diesen nicht nationales oder internationales Recht entgegensteht. Dem DFB wäre daher eine Vollstreckung des Schiedsspruchs des CAS auch verbandsrechtlich versagt. Eine einheitliche Anwendung und Durchsetzung der Anti-Doping-Bestimmungen wäre in Deutschland demnach nur durch das Ständige Schiedsgericht für Lizenzspieler, nicht aber durch den CAS gewährleistet. Da für Vertragsspieler (und Amateure) eine sonstige Schiedsgerichtszuständigkeit nicht begründet ist, hätte dies zur Folge, dass diese Spieler der Verbandsgerichtsbarkeit und der ordentlichen Gerichtsbarkeit unterlägen.

§ 5 Bewertung der verbandsrechtlichen Bestrafung

Der deutsche Lizenzfußball hat unter dem Einfluss der Vorgaben von FIFA, UEFA, WADA und NADA seit dem Jahr 1988 ein fein ziseliertes Regelwerk gegen Doping im professionell betriebenen Fußballsport geschaffen. Die durch das Ein-Platz-Prinzip bedingte Einbettung von DFB, DFL e. V. und Vereinen in die intra- und interdisziplinären Verbandssysteme schafft Bindungen hinsichtlich Implementierung und Wahrung von Anti-Doping-Bestimmungen. Verstöße hiergegen führen zu Sanktionen im jeweiligen Verhältnis. Dies begründet die rechtliche Unsicherheit, dass unter dem

1694 Siehe oben Erster Teil Kapitel 3 § 2 B II 2 a.

Einfluss des wirkenden Zwangs zur Umsetzung verbandsrechtlicher Vorgaben mitunter auch gegen geltendes Recht verstoßen wird. Verstöße hiergegen können zur Folge haben, dass Vereinssanktionen nicht wirksam sind und damit in der Konsequenz eine Durchsetzung nicht möglich ist. Konfliktpotential bieten insoweit die vierjährige Regelsperre hinsichtlich der Verhältnismäßigkeit, das herabgesenkte Beweismaß für den Nachweis von Dopingverstößen hinsichtlich des Zweifelssatzes sowie die Feststellung des Vorliegens eines unverschuldet begangenen Dopingverstoßes hinsichtlich der Unschuldsvermutung.

Problematisch ist ferner die Bindung der Spieler an die Anti-Doping-Bestimmungen der FIFA. Nach der derzeitigen Technik der Unterwerfung über die vertragliche Gestaltung des Verhältnisses zwischen Spieler und Klub/Verein sind Lücken im Hinblick auf FIFA-ADR und FIFA-DR denkbar. Die unzureichende Unterwerfung des Spielers unter die Verbandsgewalt der FIFA kann bedeuten, dass national ergangenen Dopingsperren durch die FIFA nicht weltweite Gültigkeit verliehen werden kann.

Offenkundig besteht im deutschen Lizenzfußball ein Vollzugsdefizit. Dies beruht unter anderem auf dem geltenden System der Meldepflichten. Ein Großteil der am Lizenzfußball mitwirkenden Spieler unterliegt keiner individuellen Meldepflicht. Vertragsspieler stehen völlig außerhalb des Testpoolsystems der NADA. Damit ist die Möglichkeit gegeben, dass sich Spieler die Wirkungen von zeitlich nur beschränkt nachweisbaren Dopingmitteln/-methoden zu Nutze machen. Dies wird durch die Regel begünstigt, dass in der Zeit zwischen 23.00 Uhr und 06.00 Uhr grundsätzlich nicht kontrolliert wird. Nachkontrollen genommener Proben finden regelmäßig nicht statt. Verjährungsfristen vermögen mithin keine abschreckende Wirkung zu entfalten. Schließlich ist die Zahl der durchgeführten Dopingkontrollen in der Relation zu den am Dopingprogramm teilnehmenden Spielerinnen und Spielern als gering zu erachten. Dopingfunde bleiben somit die Ausnahme. Letztlich ist auch nach Übertragung der Zuständigkeit für die Durchführung von Dopingkontrollen auf die NADA fraglich, ob vor dem Hintergrund der wirtschaftlichen Bedeutung des Lizenzfußballs am Ende nicht doch ein Eigeninteresse der Beteiligten daran besteht, Dopingvorfälle schlicht als die Verfehlung einzelner Weniger zu behandeln.[1695] Schließlich liegt die Kompetenz zur Bestrafung von Dopingverstößen beim DFB. Nicht vorauszusehen ist, inwieweit NADA, WADA und/oder FIFA von ihrem Recht, gegebenenfalls bei Untätigkeit einzutreten oder Verbandsentscheide anzugreifen, Gebrauch machen. Bislang ist dies nicht erfolgt. Letztlich kann der DFB als maßgebliche „Zahlstelle“ der Dopingkontrollen mittelbar auch die Anzahl der durch die NADA festgelegten Dopingkontrollen beeinflussen.

Der Absicht der Verbände, durch eine weltweite Berufungszuständigkeit des CAS eine einheitliche Anwendung und Durchsetzung gemeinsamer Anti-Doping-Bestimmungen sicherzustellen, stehen Bedenken hinsichtlich der Unabhängigkeit des CAS gegenüber. Gewichtige Argumente sprechen gegen die durch den BGH festgestellte Unabhängigkeit und gegen die Annahme der „Ein-Lagertheorie“. Mit einer Entscheidung sowohl des BVerfG als auch des EGMR ist in absehbarer Zeit zu rechnen. Recht-

1695 *Ott*, Strafwürdigkeit und Strafbedürftigkeit, S. 201.

liche Unsicherheiten resultieren letztlich auch aus der Tatsache, dass dem Spieler ein Berufungsrecht zum CAS nicht zusteht. Bezogen auf den Lizenzspieler bedeutet dies, dass ein zeitlich früherer Schiedsspruch des Ständigen Schiedsgerichts für Lizenzspieler einem späteren Schiedsspruch des CAS die Anerkennungsfähigkeit entzieht.

Kapitel 3: Zivilrechtliche Folgen des Dopingverstoßes

Ein schuldhaft dopender Spieler muss neben der verbandsrechtlichen Bestrafung ferner mit zivilrechtlichen Konsequenzen rechnen. Am empfindlichsten treffen den Spieler hierbei die unmittelbaren Auswirkungen, die der Dopingverstoß auf seinen Arbeitsvertrag hat.[1696, 1697] Hierzu gehört auch die Thematisierung verbandsrechtlicher Entschädigungsansprüche des Vereins.

§ 1 Zivilrechtliche Folgen

Aus der Sicht des Klubs stellt sich die Frage, ob weiterhin am Arbeitsverhältnis mit dem Spieler festgehalten werden soll. Die Anwendung von Arbeitsrecht gilt im Lizenzfußball ohne Einschränkungen; Besonderheiten des Bezahlfußballs bleiben unbeachtlich.[1698] Als Beendigungstatbestand kommt neben der Aussprache einer außerordentlichen Kündigung[1699] auch die einvernehmliche Vertragsauflösung (Aufhebungsvertrag) in Betracht.

1696 Im Folgenden wird davon ausgegangen, dass der Verstoß des Spielers gegen Anti-Doping-Bestimmungen nicht im Einvernehmen mit dessen Klub erfolgt ist.

1697 Vgl. *Schröder/Bedau*, NJW 1999, 3362 ff. eingehend zu den Ansprüchen der Konkurrenten. Für die weitere Auseinandersetzung mit den Ansprüchen von Veranstaltern, Sponsoren und Zuschauern vgl. *Turner*, NJW 1992, 720, 722 f.; *Friedrich*, SpuRt 1995, 8, 9 f.

1698 ArbG Aachen, Urteil vom 22.2.2013 – 6 Ca 3662/12, BeckRS 2013, 69102.

1699 Im Fall der unwidersprochenen, wirksamen fristlosen Kündigung durch den Klub oder des Vorliegens einer durch rechtskräftiges staatliches Gerichtsurteil festgestellten wirksamen fristlosen Kündigung, soll nach § 8 Nr. 2 LOS „der Spieler nur in begründeten Ausnahmefällen für das laufende Spieljahr einen neuen Vertrag schließen können mit der Folge der sofortigen Spielerlaubnis in der nachfolgenden Wechselperiode". Die ordentliche Kündigung ist gemäß H.1. MuArbV ausgeschlossen.

A. Außerordentliche, fristlose Kündigung des Arbeitsverhältnisses

Für die Möglichkeit der Kündigung hatte sich der Bundesligist *Borussia Dortmund* im Falle des Spielers *Ibrahim Tanko* entschieden.[1700] *Tanko* war nach einem Pokalspiel im Jahr 2000 positiv auf THC getestet worden, nachdem er – seiner Einlassung folgend – auf einer niederländischen Hochzeitsfeier Tage zuvor Marihuana konsumiert hatte. Der DFB verhängte gegen *Tanko* eine Sperre von vier Monaten sowie eine Geldstrafe in Höhe von 15.000 D-Mark.[1701] Auch der 1. FC Saarbrücken hat im Februar 2014 das Arbeitsverhältnis mit dem Spieler *François Marque* fristlos gekündigt, nachdem dieser wegen einer positiven Dopingprobe durch das DFB-Sportgericht für sechs Spiele gesperrt worden war. *Marque* hatte es unterlassen, den Gebrauch eines Medikaments anzuzeigen, das zur Gruppe der im Wettkampf verbotenen Glucocorticosteroide gehört. Das DFB-Sportgericht wertete dies als einen leichteren Verstoß, da es sich beim Wirkstoff um eine spezifische Substanz handelte, die „nicht zu den klassischen Wirkstoffen zur Steigerung von Kraft- und Ausdauerleistung gehört".[1702]

I. Recht des Klubs zur außerordentlichen Kündigung

Nach H.2. MuArbV ist der Klub berechtigt, das mit dem Lizenzspieler eingegangene Arbeitsverhältnis außerordentlich zu kündigen, wenn ein wichtiger Grund vorliegt. Ein wichtiger Grund kann für den Klub insbesondere gegeben sein, wenn „der Spieler gegen die Anti-Doping-Vorschriften in einem Maße verstößt, dass es dem Club unter Berücksichtigung aller Umstände und unter Abwägung der beiderseitigen Interessen nicht mehr zugemutet werden kann, den Spieler zu beschäftigen".[1703] Dies entspricht der Regelung des § 626 Abs. 1 BGB. Für die Beantwortung der Frage, wann die vorgenannten Tatbestandsvoraussetzungen zur vorzeitigen Beendigung des Vertragsverhältnisses gegeben sind, ist daher entsprechend auf Literatur und Rechtsprechung zu § 626 BGB zu rekurrieren. Der Dopingverstoß sowohl durch den Lizenzspieler als auch durch den Vertragsspieler kann eine personen- oder verhaltensbedingte außerordentliche Kündigung des Arbeitsvertrages durch den Klub rechtfertigen.

1. Personenbedingte außerordentliche Kündigung

Der Spieler ist verpflichtet, seine gesamte fußballerische Leistungsfähigkeit ausschließlich für seinen Klub einzusetzen.[1704] Dies umfasst vor allem das Bestreiten von Spielen des Klubs sowie die Vorbereitung von Pflichtspiel- und sonstigen Einsätzen für den Klub, insbesondere die Teilnahme an Lehrgängen, Training, Spieler- und

---

1700 Wa.de vom 24.10.2012, Artikel im Internet abrufbar unter: http://www.wa.de/sport/bvb/bvb-dopingsuender-ibrahim-tanko-werbe-aktion-vergessen-2564188.html (zuletzt aufgerufen am 6.1.2017).

1701 *Hilpert*, Sportrecht, VIII 4 S. 328.

1702 Pressemitteilung des DFB-Sportgerichts, im Internet abrufbar unter: http://www.dfb.de/news/detail/sechs-spiele-sperre-fuer-saarbrueckens-marque-55599/ (zuletzt aufgerufen am 6.1.2017).

1703 H.2.2. MuArbV.

1704 D.1. MuArbV.

Spielbesprechungen und allen sonstigen der Spiel- und Wettkampfvorbereitung dienenden Veranstaltungen.[1705] Wird dies dem Spieler aufgrund seiner persönlichen Fähigkeiten und Eigenschaften unmöglich, sind die Voraussetzungen der außerordentlichen personenbedingten Kündigung gegeben, soweit dem Verein die Fortsetzung des Arbeitsverhältnisses bis zu dessen ordentlicher Beendigung nicht weiter zugemutet werden kann.[1706] Nach dem Haftungsregime der §§ 6 Nr. 2, 8b und 8c DFB-RuVO wird der Spieler im Falle eines schuldhaft begangenen Dopingverstoßes regelmäßig mit einer Dopingsperre belegt, die den Zeitraum von einem oder zwei Jahren nicht unterschreitet.[1707] Die Sperre erstreckt sich auf Training und Wettkampf/Wettbewerb. Der Spieler darf während dieser Zeit[1708] in keiner Eigenschaft an Spielen oder Tätigkeiten teilnehmen.[1709] Aufgrund der rechtskräftig verhängten Sperre ist er nicht in der Lage, im Zeitraum der Sperre seine arbeitsvertraglich geschuldete Leistung zu erbringen. Der Klub kann in dieser Zeit mit der Arbeitskraft des Spielers nicht rechnen. Dem Spieler ist lediglich die Teilnahme an Aufklärungsprogrammen zu Doping und Präventionsprogrammen erlaubt. Die Zeit der Dopingsperre ist für den Klub gleichzusetzen mit der vollständigen Arbeitsunfähigkeit des Spielers. Für die Beurteilung der (Un-)Zumutbarkeit der Fortsetzung des Arbeitsverhältnisses ist im Rahmen einer Interessenabwägung die Dauer der Sperre im Verhältnis zur verbleibenden Vertragslaufzeit zu würdigen.[1710] Unproblematisch ist von einer Unzumutbarkeit auszugehen, wenn die Zeit der Sperre die Befristung überdauert. Liegt kein einfacher Dopingverstoß vor, dürfte jedoch auch in den anderen Fällen für den Verein eine Fortsetzung des Arbeitsverhältnisses nicht zumutbar sein, wenn die Sperre die Dauer von einem Jahr erfüllt/überschreitet. Denn tatsächlich hat es mit dem Ablauf der Sperre für den Klub nicht sein Bewenden. Indem sich die Dopingsperre auch auf die Trainingsaktivitäten des Spielers bezieht, steht der Spieler dem Klub in der Regel auch nach Ablauf der Sperre nicht nahtlos zur Verfügung. Der Klub ist darauf angewiesen, gegebenenfalls durch Individualtraining den Spieler sukzessive wieder an das Mannschaftsniveau heranzuführen. Dies hat, wie auch die verhängte Sperre, nicht zuletzt auch nachteilige Auswirkungen auf den Marktwert des Spielers und damit zumindest partiell auf den Markterfolg des Klubs.[1711] Es dürfte für den Klub weiter mit praktischen Schwierigkeiten verbunden sein, den Platz des gesperrten Spielers im Mannschaftskader bis zur Rückkehr des Spielers freizuhalten. Insbesondere auf Grund der nur begrenzten Kadergröße muss der Klub verlässlich für die Zukunft planen können. Dazu

1705 D.1.2. MuArbV.

1706 *Teschner*, NZA 2001, 1233, 1236.

1707 Anderes gilt nur bei fahrlässigen Meldepflichtverstößen (sechs Monate, §§ 8b Nr. 4, 8c Nr. 2 lit. b) DFB-RuVO), Verletzung des Umgangsverbots (eine Woche, §§ 8b Nr. 5, 8c Nr. 2 lit. b) DFB-RuVO, bis zu einem Jahr, § 8b Nr. 5 DFB-RuVO), Beihilfe-/Unterstützungshandlungen, vorsätzlicher Tatbeteiligung oder Verabreichung bzw. versuchter Verabreichung an Spielern (zwei Wochen bis zu einem Jahr, § 8b Nr. 5 DFB-RuVO).

1708 Siehe aber § 8f Nr. 2 DFB-RuVO.

1709 § 8f Nr. 1 DFB-RuVO.

1710 *Teschner*, NZA 2001, 1233, 1237.

1711 So auch *Fischer*, EuZW 2002, 297, 300.

gehört auch die selektive Zusammensetzung des Kaders. Ein vorübergehender Ersatz des gesperrten Spielers kommt nur in absoluten Einzelfällen in Betracht.

2. Verhaltensbedingte außerordentliche Kündigung

Ein verhaltensbedingter Grund zur außerordentlichen Kündigung liegt vor, wenn der Spieler eine vertragliche Verhaltens- oder Leistungspflicht verletzt.[1712] Der Spieler ist verpflichtet, während der Laufzeit des MuArbV/Mustervertrages für Vertragsspieler nicht gegen Anti-Doping-Vorschriften zu verstoßen.[1713] Hiervon umfasst ist insbesondere auch die Verpflichtung, an Dopingkontrollen teilzunehmen und Meldepflichten einzuhalten. Als Arbeitnehmer hat er ferner dafür zu sorgen, dass er in der Lage ist, seine Arbeit in der geschuldeten Art und Weise während eines erheblichen Zeitraums für den Arbeitgeber zu erbringen.[1714] Verstößt der Spieler willentlich und wissentlich bzw. fahrlässig gegen Anti-Doping-Bestimmungen, beruht die Pflichtverletzung auf steuerbarem Verhalten des Spielers und wird diesem zugerechnet. Ein schuldhaftes Verhalten braucht dabei jedoch nicht notwendig vorzuliegen.[1715] Auch eine unverschuldete Pflichtverletzung kann zu einer außerordentlichen Kündigung berechtigen, wenn mit weiteren Vertragspflichtverletzungen oder erheblichen künftigen Auswirkungen zu rechnen ist, die eine Fortsetzung des Arbeitsverhältnisses bis zum vereinbarten Vertragsende für den Klub unzumutbar werden lassen.[1716] Dies wird bei unverschuldeten Verstößen gegen Anti-Doping-Bestimmungen regelmäßig nicht der Fall sein.[1717] Schwere wirtschaftliche Schäden, beispielsweise durch den Abbruch der Geschäftsbeziehungen von Sponsoren oder Werbepartnern, dürften, wenn überhaupt, die Ausnahme darstellen. Die Umstände, anhand derer zu entscheiden ist, ob dem Arbeitgeber die Fortsetzung des Arbeitsverhältnisses zumutbar ist oder nicht, lassen sich nicht abschließend bestimmen. Zu berücksichtigen sind aber regelmäßig die Schwere und die Folgen der Vertragspflichtverletzung – beispielsweise mit Blick auf das Maß eines durch sie bewirkten Vertrauensverlusts und ihre wirtschaftlichen Auswirkungen –, der Grad des Verschuldens des Arbeitnehmers, die Zukunftsprognose, d. h. also eine mögliche Wiederholungsgefahr, sowie die Dauer des Arbeitsverhältnisses und dessen störungsfreier Verlauf.[1718] Die außerordentliche Kündigung kommt unter Wahrung der Verhältnismäßigkeit als *Ultima Ratio* nur in Betracht, wenn es keinen angemessenen Weg gibt, das Arbeitsverhältnis aufrechtzuerhalten, weil für den Arbeitgeber sämtliche der den Arbeitnehmer weniger belastenden Reak-

---

1712 Vgl. *Wank*, in Münchener Handbuch zum Arbeitsrecht, § 98 Rn. 59.
1713 D.3.1. MuArbV; § 4 Mustervertrag für Vertragsspieler.
1714 Vgl. zur personenbedingten Kündigung bei mehrjähriger Haftstrafe, BAG, Urteil vom 24.3.2011 – 2 AZR 790/09, NZA 2011, 1084, 1085.
1715 BAG, Urteil vom 21.1.1999 – 2 AZR 665/98, BAGE 90, 367, 371 ff. = NZA 1999, 863, 865.
1716 BAG, Urteil vom 21.1.1999 – 2 AZR 665/98, BAGE 90, 367, 374 = NZA 1999, 863, 865; *Teschner*, NZA 2001, 1233, 1235 f.
1717 *Teschner*, NZA 2001, 1233, 1236.
1718 BAG, Urteil vom 10.11.2005 – 2 AZR 623/04, NZA 2006, 491, 493; BAG, Urteil vom 10.6.2010 – 2 AZR 541/09, NZA 2010, 1227, 1231.

tionsmöglichkeiten unzumutbar sind.[1719] Als mildere Reaktion ist die Abmahnung anzusehen. Einer Abmahnung bedarf es indes nicht, wenn die Pflichtverletzung besonders schwerwiegend ist und der Spieler die Rechtswidrigkeit seiner Pflichtverletzung kannte und wusste, dass eine Hinnahme seines Verhaltens durch den Verein offensichtlich ausgeschlossen ist.[1720] Dabei wird es an der Zumutbarkeit der Weiterbeschäftigung des Spielers fehlen, wenn dieser erheblich schuldhaft gegen Anti-Doping-Bestimmungen verstoßen hat, die eine Geschäfts- und Rufschädigung des Klubs erwarten lassen.[1721] Von Bedeutung sein können ferner die Dauer der Sperre sowie das Vorverhalten des Spielers. Entsprechend normiert § 6 Abs. 2 Mustervertrag für Vertragsspieler: „In einem Verstoß des Spielers, der eine rechtskräftige Spielsperre des Spielers zur Folge hat, sehen die Vertragsparteien übereinstimmend einen wichtigen Grund, der es dem Verein erlaubt, das Vertragsverhältnis außerordentlich fristlos zu kündigen".

II. Schadensersatz als Folge der Kündigung

Kündigt der Klub aufgrund eines schuldhaften Dopingverstoßes des Spielers wirksam das Vertragsverhältnis, ist der Klub nach § 628 Abs. 2 BGB berechtigt, von dem Spieler den Schaden ersetzt zu verlangen, den dieser dadurch adäquat kausal verursacht hat, dass er das Kündigungsrecht des Klubs begründet hat.[1722] Die außerordentliche Kündigung muss ihren Grund in dem vertragswidrigen, schuldhaften Verhalten des Spielers haben (sog. Auflösungsverschulden).[1723] Im Hinblick auf die schwere Folge des § 628 Abs. 2 BGB ist der Anwendungsbereich des § 628 Abs. 2 BGB enger als der des § 626 BGB.[1724] Die bloß geringfügig schuldhafte Vertragsverletzung des Spielers, der nicht das Gewicht eines wichtigen Grundes zukommt, genügt daher nicht.[1725] Sämtliche Voraussetzungen einer verhaltensbedingten wirksamen Kündigung müssen im Zeitpunkt des Zugangs der Kündigungserklärung vorgelegen haben.[1726] Der ersatzfähige Schaden bestimmt sich nach §§ 249 ff. BGB. Der Klub ist so zu stellen, wie er bei Fortbestand des Arbeitsverhältnisses gestanden hätte.[1727] Ersatzfähig sind daher lediglich solche Schäden, die durch die vorzeitige Beendigung des Arbeitsverhältnisses verursacht sind. Dies betrifft hauptsächlich die Mehrausgaben des Klubs, die dieser, etwa durch die Einstellung eines gleichwertigen Ersatzes (Kosten der Neuverpflichtung, Lohndifferenz), erleidet.[1728] Inwieweit hierbei die Amortisierung der

---

1719 BAG, Urteil vom 10.6.2010 – 2 AZR 541/09, NZA 2010, 1227, 1231; BAG, Urteil vom 9.6.2011 – 2 AZR 381/10, NZA 2011, 1027, 1029.

1720 Vgl. BAG, Urteil vom 10.6.2010 – 2 AZR 541/09, NZA 2010, 1227, 1231; BAG, Urteil vom 26.9.2013 – 2 AZR 741/12, NZA 2014, 529, 531.

1721 *Teschner*, NZA 2001, 1233, 1236.

1722 Vgl. *Müller-Glöge*, in: ErfK, § 628 Rn. 14a, 22.

1723 BAG, Urteil vom 8.8.2002 – 8 AZR 574/01, NZA 2002, 1323, 1325.

1724 *Müller-Glöge*, in: ErfK, § 628 Rn. 16.

1725 BAG, Urteil vom 8.8.2002 – 8 AZR 574/011, NZA 2002, 1323, 1325.

1726 *Müller-Glöge*, in: ErfK, § 628 Rn. 17.

1727 Vgl. BAG, Urteil vom 20.11.1996 – 5 AZR 518/95, BAGE 84, 344, 352 = NZA 1997, 647, 649.

1728 Vgl. *Müller-Glöge*, in: ErfK, § 628 Rn. 34 f.

Transferzahlung für die Zeit nach dem vorzeitigen Vertragsende zu berücksichtigen ist, bleibt durch die Rechtsprechung noch zu klären. So ist es vorstellbar, dass der Klub mit einem neuen Spieler einen Vertrag abschließt, der die Restlaufzeit des Vertrags des „alten" Spielers überdauert. Dies versetzt den Klub in die für ihn günstige Lage, den neuen, gleichwertigen[1729] Spieler über einen längeren Zeitraum verkaufen zu können, als dies bezüglich des alten Spielers möglich gewesen wäre. In diesem Fall sprechen die besseren Argumente dafür, die Transfersumme im Wege der Vorteilsausgleichung bzw. des schadensrechtlichen Bereicherungsverbotes nach der eigentlichen Restlaufzeit des beendeten Vertrages anteilig zu bestimmen. Ungewiss ist ferner, welche Pflichten dem Klub im Hinblick auf die Schadensminderungspflicht (§ 254 Abs. 2 BGB) bei der Beschaffung eines Ersatzspielers obliegen. Ergeben sich für den Klub Verdiensteinbußen, sind diese als entgangener Gewinn nach § 252 BGB ebenfalls ersatzfähig.[1730] Der Nachweis eines Schadens dürfte für den Klub regelmäßig mit Schwierigkeiten verbunden sein. Zwar enthält § 252 Satz 2 BGB insoweit eine Beweiserleichterung. Der abstrakte Nachweis, dass der Gewinn ohne die Beendigung des Arbeitsverhältnisses gezogen worden wäre,[1731] bzw. der konkrete Nachweis, dass der Klub an der Durchführung bestimmter Geschäfte gehindert worden und ihm aufgrund dessen der Gewinn entgangen ist,[1732] wird wegen der häufig anzutreffenden Vielschichtigkeit bestehender Ursachen regelmäßig nicht mit der nach § 287 ZPO notwendigen Sicherheit zu erbringen sein.[1733] Weitergehenden Schaden hat der Klub im Rahmen des § 280 Abs. 1 BGB geltend zu machen.[1734] Ferner kann der Klub zur Geltendmachung von Vertragsstrafen berechtigt sein, soweit diese, wie im MuArbV in D.3.4. erfolgt, arbeitsvertraglich vereinbart sind.[1735] Nach D.3.4. MuArbV verpflichtet sich der Spieler im Falle eines schuldhaften Verstoßes gegen Anti-Doping-Vorschriften, den Klub auf erstes schriftliches Anfordern bis zu einer vereinbarten Höhe von Bruttomonatsgehältern von finanziellen Sanktionen freizustellen. Dies gilt insbesondere für Sanktionen durch den DFB, den DFL e. V. oder andere zuständige nationale und internationale Institutionen. Weitergehende Schadensersatzansprüche bleiben hiervon freilich unberührt.

§ 14 Mustervertrag für Vertragsspieler ermächtigt den Verein, bei Verstößen des Spielers gegen das Dopingverbot, unbeschadet des Rechts zur Kündigung des Vertrages aus wichtigem Grund, Vertragsstrafen festzusetzen. Dies können neben Verweis und Ausschluss von Vereinsveranstaltungen auch Geldstrafen bis zur Höhe von maximal der monatlichen Grundvergütung sein.

1729 Wesentliche Bedeutung kommt hierbei dem Marktwert zu.

1730 *Müller-Glöge*, in: ErfK, § 628 Rn. 37.

1731 Siehe dazu *Müller-Glöge*, in: ErfK, § 628 Rn. 37a.

1732 Siehe dazu *Müller-Glöge*, in: ErfK, § 628 Rn. 37.

1733 So auch *Horst/Jacobs*, RdA 2003, 215, 220.

1734 *Müller-Glöge*, in: ErfK, § 628 Rn. 33a.

1735 Zu den Besonderheiten der Wirksamkeit der Vereinbarung von Vertragsstrafen im Sport vgl. LAG Berlin, Urteil vom 25.8.2004 – 9 Sa 877/04, SpuRt 2005, 75; LAG Düsseldorf, Urteil vom 1.3.2006 – 4 Sa 1568/05, SpuRt 2008, 213.

III. Verbandsrechtliche Auswirkung der Kündigung

1. Spielerlaubnis

Die außerordentliche Kündigung durch den Klub kann für den Spieler auch im Hinblick auf einen avisierten Vereinswechsel erhebliche Auswirkungen haben. Eine Spielerlaubnis wird dem Spieler nur in begründeten Ausnahmefällen erteilt.[1736] Liegt ein solcher Ausnahmefall vor, gilt die Spielerlaubnis für die Zeit der nachfolgenden Wechselperiode.[1737] Bis zur nächsten Wechselperiode ist der Spieler also nicht spielberechtigt. Praktisch beschränkt sich der Anwendungsbereich dieser Regelung auf die Fälle, in denen zwar eine Sperre gegen den Spieler nicht verhängt worden, die außerordentliche Kündigung jedoch unwidersprochen wirksam geworden oder in einem staatlichen Gerichtsverfahren durch rechtkräftiges Urteil als rechtswirksam anerkannt worden ist, sowie auf alle Fälle, in welchen die Dauer der verhängten Sperre die Zeit eines Spieljahres unterschreitet. Zur Vermeidung dieser nachteiligen Rechtsfolgen obliegt es dem Spieler, fristwahrend der Kündigung durch Erhebung einer Kündigungsschutzklage zu widersprechen. Andernfalls wird der Spieler trotz der nicht gegebenen Sperre auch im Falle einer nicht gerechtfertigten außerordentlichen Kündigung faktisch an der Teilnahme am deutschen Lizenzfußball gehindert.

2. Entschädigungsanspruch des Vereins

a. Der Fall „Mutu"

Aufsehen erregt hat im Jahr 2009 eine Entscheidung des CAS.[1738] Im Körper des Spielers *Adrian Mutu* war im Oktober 2004 anlässlich einer durch den englischen Fußballverband durchgeführten zielgerichteten Dopingkontrolle das verbotene Stimulans Kokain nachgewiesen worden. Die Disziplinarkommission des englischen Fußballverbandes hatte hieraufhin gegen *Mutu* eine Sperre von sieben Monaten verhängt. Diese begann am 25. Oktober 2004 zu laufen.[1739] Der arbeitgebende Verein von *Mutu*, der englische Klub *Chelsea Football Club*, wertete den Dopingverstoß als einseitigen Vertragsbruch *Mutus*. Hierauf stützend erklärte er in einem ersten Schritt mit Schreiben vom 28. Oktober 2004 gegenüber *Mutu* die außerordentliche, fristlose Kündigung des Arbeitsverhältnisses.[1740] In einem weiteren Schritt forderte er am 11. Mai 2006 die KBS der FIFA auf, auf Grundlage der Artt. 21 Abs. 1 lit. a), 22 FIFA-RSTS 2001, *Mutu* zur Zahlung einer Entschädigung zu verurteilen.[1741] Nach einem fast fünfjährigen

---

1736 § 8 Nr. 2 LOS. Vgl. hierzu *Rüsing*, Sportarbeitsrecht, S. 120 ff., der hierin eine unzulässige Einschränkung der Berufsausübung des Spielers erblickt.

1737 § 8 Nr. 2 LOS.

1738 CAS 2008/A/1644, Mutu v./ Chelsea FC, Schiedsspruch vom 31.7.2009.

1739 CAS 2008/A/1644, Mutu v./ Chelsea FC, Schiedsspruch vom 31.7.2009, Tz. 4, 6.

1740 CAS 2008/A/1644, Mutu v./ Chelsea FC, Schiedsspruch vom 31.7.2009, Tz. 5.

1741 Art. 21 Abs. 1 lit. a) FIFA-RSTS 2001 normierte: „Für Verträge, die bis zum 28. Geburtstag geschlossen wurden: im Falle eines einseitigen Vertragsbruchs ohne triftigen Grund oder sportlich triftigen Grund während der ersten drei Jahre der Vertragslaufzeit sind sportliche Sanktionen zu verhängen und Schadensersatz zu bezahlen." Für Spieler, die den Vertrag nach dem 28. Geburtstag

Rechtsstreit, geprägt von mehreren verbandsgerichtlichen Entscheidungen und Schiedssprüchen des CAS, bestätigte der CAS mit Schiedsspruch vom 31. Juli 2009 schließlich eine Entscheidung der KBS der FIFA vom 7. Mai 2008, wonach *Mutu* zur Zahlung einer Entschädigung in Höhe von 17.173.990 Euro an den *Chelsea Football Club* verurteilt worden war.

Bereits mit Schiedsspruch vom 15. Dezember 2015 hatte der CAS klargestellt, dass *Mutu* durch das verbotene Vorhandensein von Kokain einseitig ohne triftigen Grund gegen den Arbeitsvertrag verstoßen hatte.[1742] Die Schiedsrichter folgten nicht der Argumentation von *Mutu*, wonach dieser dem Klub keine Entschädigung schulde, da eine Auflösung des Vertragsverhältnisses durch den Klub und nicht durch den Spieler erfolgt sei.[1743] Die Schiedsrichter hielten es für denkbar, dass der Spieler auch dann eine Entschädigung zu leisten habe, wenn der Verein sich dazu entschieden habe, dass der Vertrag trotz des einseitigen Vertragsbruchs weiterlaufen solle.[1744] Der Konstellation, in welcher der Spieler den Vertrag einseitig ohne triftigen Grund aufgelöst habe, bedurfte es für die Anwendung des Art. 21 FIFA-RSTS 2001 daher nicht. Demnach stand für Art. 21 FIFA-RSTS 2001 fest, dass ein Entschädigungsanspruch des Vereins gegeben war, wenn der Spieler gegen Anti-Doping-Bestimmungen verstoßen hatte und dies einen Vertragsbruch ohne triftigen Grund darstellte.

Die durch den CAS mit Urteil vom 15. Dezember 2009 bestätigte Entschädigungszahlung errechnete sich zum größten Teil aus der Transfersumme in Höhe von 22.500.000 Euro, die der *Chelsea Football Club* an den früheren Verein *Mutus*, den *AC Parma*, geleistet hatte. Der im August 2003 mit einer Laufzeit von fünf Jahren abgeschlossene Vertrag zwischen Mutu und dem *Chelsea Football Club* wurde bereits nach einem Jahr durch die außerordentliche Kündigung des Londoner Klubs beendet. Das Schiedsgericht ging davon aus, dass sich die ursprünglich gezahlte Transfersumme wegen des schuldhaften Vertragsverstoßes *Mutus* zu 80 Prozent nicht amortisiert hatte. Hinzu kamen die anteiligen nicht amortisierten Kosten des Spielervermittlers (150.436,00 Euro) sowie des für den Vereinswechsel an den Spieler geleisteten Handgelds, sog. „signing fee" (99.264,00 Britische Pfund).[1745] Die Höhe der Entschädigung hing daher maßgeblich von den Variablen Höhe der Ablösesumme und Zeitpunkt des Vertragsbruchs ab. Eine Beschwerde *Mutus* vor dem Bundesgericht blieb erfolglos.[1746]

b. Bewertung

Art. 21 FIFA-RSTS 2001 bestimmte, dass Schadensersatz zu bezahlen war, wenn ein einseitiger Vertragsbruch ohne triftigen Grund gegeben war. Von einer Vertragsauflö-

geschlossen hatten, galt dies entsprechend, soweit der Vertragsbruch in den ersten zwei Jahren erfolgt war (Art. 21 Abs. 1 lit. b) FIFA-RSTS 2001).

1742 CAS 2005/A/876, Mutu v./ Chelsea FC, Schiedsspruch vom 15.12.2005, Tz. 18.

1743 CAS 2005/A/876, Mutu v./ Chelsea FC, Schiedsspruch vom 15.12.2005, Tz. 14.

1744 CAS 2005/A/876, Mutu v./ Chelsea FC, Schiedsspruch vom 15.12.2005, Tz. 18.

1745 CAS 2008/A/1644, Mutu v./ Chelsea FC, Schiedsspruch vom 31.7.2009, Tz. 120. In Tz. 121 hat das Schiedsgericht klargestellt, dass eine höhere Kompensationszahlung möglich gewesen wäre, es jedoch an den bezifferten Antrag von *Chelsea FC* gebunden war.

1746 SchweizBG, Urteil vom 10.6.2010 – 4A_458/2009, E.5.

sung war nicht die Rede. Anders formuliert dies heute Art. 17 FIFA-RSTS, der an die Stelle des Art. 21 FIFA-RSTS 2001 getreten ist. Nach der Überschrift der Bestimmung regelt Art. 17 FIFA-RSTS die „Folgen einer Vertragsauflösung ohne triftigen Grund". Auch der Einleitungssatz stellt klar: „Löst eine Partei einen Vertrag ohne triftigen Grund auf, kommen folgende Bestimmungen zur Anwendung: […]". Unklar ist demnach, ob, anders als Art. 21 FIFA-RSTS 2001, Art. 17 FIFA-RSTS auf diejenigen Fälle beschränkt ist, in welchen eine Partei einseitig ohne triftigen Grund faktisch einen Vertrag „auflöst". Eine solche beschränkte Anwendung der Norm würde dazu führen, dass ein Spieler, der absichtlich eine schlechte Leistung erbringt, anders behandelt werden würde als ein Spieler, der das Vertragsverhältnis ohne triftigen Grund faktisch durch den eigenwilligen Wechsel zu einem anderen Verein oder durch die Weigerung der Erbringung der geschuldeten Leistung auflöst. Dies entspricht nicht der Absicht des Normgebers. So regelt der für die Auslegung heranzuziehende Kommentar der FIFA nach wie vor: „Ein Vertragsbruch, ob innerhalb oder außerhalb der Schutzzeit, gibt Anspruch auf Schadenersatz."[1747] Auch in den verschiedenen Absätzen des Art. 17 FIFA-RSTS ist dann nur noch von „Vertragsbruch" die Rede. Art. 17 FIFA-RSTS dient nicht nur dazu, die Vertragsstabilität zu wahren;[1748] er soll auch die Vertragsstabilität fördern, indem Sanktionen drohen.[1749] Der CAS spricht in diesem Zusammenhang von der Erzeugung einer Abschreckungswirkung und erstreckt diese zutreffend, neben dem Fall der einseitigen Vertragsauflösung ohne triftigen Grund, auch auf den Fall eines schweren Verstoßes gegen vertragliche Pflichten.[1750] Exemplarisch heißt es in dem Schiedsspruch im Fall *Matuzalem Francelino da Silva*: „In other words, both players and club are warned: if one does breach or terminate a contract without just cause […]."[1751] Umfasst sind mithin sämtliche Fälle, in welchen der Spieler seine vertraglichen Pflichten ohne triftigen Grund verletzt hat. D.3.1. MuArbV/§ 4 Mustervertrag für Vertragsspieler zählt zu diesen Pflichten auch die Einhaltung der darin benannten Anti-Doping-Vorschriften. Hinzu tritt im Falle der außerordentlichen Kündigung der Umstand, dass es zwar zur Vertragsauflösung durch den Verein kommt, die Ursache jedoch in dem einseitigen ohne triftigen Grund erfolgten Ver-

1747 Offizieller Kommentar der FIFA zum FIFA-RSTS, Art. 17 Rn. 1. Als „Schutzzeit" wird nach Nr. 7 Definitionen RSTS bezeichnet: „Ein Zeitraum von drei ganzen Spielzeiten oder drei Jahren, was zuerst eintritt, nach Inkrafttreten des Vertrags eines Berufsspielers, sofern der Vertrag vor dessen 28. Geburtstag unterzeichnet wurde, oder ein Zeitraum von zwei ganzen Spielzeiten oder zwei Jahren, was zuerst eintritt, nach Inkrafttreten des Vertrags eines Berufsspielers, sofern der Vertrag nach dessen 28. Geburtstag unterzeichnet wurde."

1748 Vgl. Überschrift Kapitel IV FIFA-RSTS.

1749 CAS 2007/A/1359, FC Pyunik Yerevan v./ Edel Apoula Edima Bete, AFC Rapid Bucaresti & FIFA, Schiedsspruch vom 26.52008, Tz. 26: „[…] the ultimate rationale of this provision of the FIFA Regulations, i.e. to support and foster contractual stability […]"; bestätigt in CAS 2008/A/1519 & 1520, u. a. Matuzalem Francelino da Silva v./ FIFA, Schiedsspruch vom 19.5.2009, Tz. 80.

1750 CAS 2008/A/1519 & 1520, Matuzalem Francelino da Silva v./ FIFA et al., Schiedsspruch vom 19.5.2009, Tz. 82: „The deterrent effect of art. 17 FIFA Regulations shall be achieved through the impending risk for a party to incur disciplinary sanctions […] and, in any event, the risk to have to pay a compensation for the damage caused by the breach or the unjustified termination."

1751 CAS 2008/A/1519 & 1520, u. a. Matuzalem Francelino da Silva v./ FIFA, Schiedsspruch vom 19.5.2009, Tz. 82.

tragsbruch des Spielers liegt; die Auflösung daher dem Spieler zuzurechnen ist.[1752] Der persönliche Anwendungsbereich von Art. 17 FIFA-RSTS beschränkt sich auf professionelle Fußballspieler.[1753] Nicht erfasst sind Amateure.

Bei der Festlegung der Entschädigung sind gemäß Art. 17 Abs. 1 Satz 2 FIFA-RSTS „nationales Recht, die Besonderheit des Sports sowie alle anderen objektiven Kriterien" zu berücksichtigen. „Darunter fallen insbesondere die Entlöhnung und andere Leistungen, die dem Spieler gemäss gegenwärtigem und/oder neuem Vertrag zustehen, die verbleibende Vertragslaufzeit bis maximal fünf Jahre, die Höhe von Gebühren und Ausgaben, für die der ehemalige Verein aufgekommen ist (und die über die Dauer des Vertrages amortisiert wurden) sowie die Frage, ob sich der Vertragsbruch während der Schutzzeit ereignete".[1754] Art. 17 FIFA-RSTS dient dem Zweck der Erhaltung der vertraglichen Stabilität. Hierdurch soll ein geordneter, fairer Wettbewerb ermöglicht werden. Hierzu gehört es, dass Klubs den Kader der bevorstehenden Saison verlässlich planen können, ohne damit rechnen zu müssen, dass Spieler den Klub verlassen.[1755] Es soll dem Klub möglich sein, eine erfolgreiche Einheit zu bilden/formen und mit Spielern während einer bestimmten Zeitspanne zu arbeiten.[1756] Späte Transfers, welche die sportliche Stärke der einen oder anderen Mannschaft nachhaltig zu ändern vermögen, sollen vermieden werden.[1757] Das Fehlverhalten des Spielers, das den Klub dazu bewegt, das Beschäftigungsverhältnis mit Grund aufzuheben, steht der willentlichen Vertragsauflösung durch den Spieler gleich. Die Festlegung der Entschädigung erfolgt unter Berücksichtigung sämtlicher Umstände des Einzelfalles. Hierbei kommt dem Spruchkörper ein erheblicher Ermessensspielraum zu.[1758] Dies manifestiert sich insbesondere in der Berücksichtigung des Kriteriums der „Besonderheit des Sports" und der nicht abschließenden Nennung der „anderen objektiven Kriterien". Die Festlegung der Höhe der Entschädigung soll für die vertragsbrüchige Partei nicht vorhersehbar sein. Dies hat der CAS in der Entscheidung des Spielers *Matuzalem Francelino da Silva* unmissverständlich konstatiert: „[A]ny party should be well advised to respect an existing contract as the financial consequences of a breach or a termination without just cause would be, in their size and amount, rather

---

1752 CAS 2013/A/3365 & 3366, Juventus FC & A.S. Livorno Calcio S. p. A. v./Chelsea FC et al., Schiedsspruch vom 21.1.2015, Tz. 161.

1753 *Zimmermann*, Vertragsstabilität, S. 115 m. w. N.

1754 Art. 17 Abs. 1 Satz 3 FIFA-RSTS. „Nationales Recht" meint hierbei nicht etwa die Rechtswahl, sondern kann neben den anderen Kriterien bei der Festsetzung der Höhe der Entschädigung berücksichtigt werden, vgl. CAS 2007/A/1298, 1299 & 1300, Webster v./ Heart of Midlothian et al., Schiedsspruch vom 24.7.2007, Tz. 22. Dies ist nach Auffassung des Panels (Tz. 89) die Rechtsordnung, mit der die Vertragsstreitigkeit die engste Verbindung aufweist.

1755 *De Dios Crespo Pérez*, Webster, in: Wild (Hrsg.), CAS and Football, S. 68, 77.

1756 CAS 2013/A/3365 & 3366, Juventus FC & A.S. Livorno Calcio S. p. A. v./ Chelsea FC et al., Schiedsspruch vom 21.1.2015, Tz. 162 unter Bezugnahme auf die Entscheidung der Europäischen Kommission vom 28.5.2002 – Case IV/36.583, Tz. 57.

1757 CAS 2013/A/3365 & 3366, Juventus FC & A.S. Livorno Calcio S. p. A. v./Chelsea FC et al., Schiedsspruch vom 21.1.2015, Tz. 162 unter Bezugnahme auf EuGH, Urteil vom 13.4.2000 – C-176/96, Slg. 2000, I-2681, Jyri Lehtonen v./ FRBSB = EuZW 2000, 375, 578, Tz. 54.

1758 CAS 2008/A/1519 & 1520, Matuzalem Francelino da Silva v./ FIFA et al., Schiedsspruch vom 19.5.2009, Tz. 87.

unpredictable."[1759] Nach der Rechtsprechung des CAS soll über das unbestimmte[1760] Kriterium der „Besonderheit des Sports" bewirkt werden, dass der Spruchkörper bei der Festsetzung der Höhe der Entschädigung neben der richtigen und gerechten Anwendung der zivilrechtlichen Vorgaben auch die Eigenheiten und besonderen Bedürfnisse des internationalen Fußballs hinreichend berücksichtigt.[1761] Dies hat die Schiedsrichter des CAS in dem bereits zitierten Fall des Spielers *Matuzalem Francelino da Silva* dazu bewogen, unter Berücksichtigung der herausragenden Stellung des Spielers in der Mannschaft (Kapitän und Wahl zum besten Spieler) und des ungünstigen Zeitpunkts der (faktischen) Vertragsauflösung (wenige Wochen vor dem Qualifikationsspiel zur UEFA Champions League) die Entschädigungssumme um die Summe von sechs Monatsgehältern anzuheben.[1762] Auch im Fall des Torhüters *Morgan de Sanctis* hat der CAS die Entschädigung entsprechend erhöht.[1763]

Diese Billigkeitserwägungen und die Anwendung der nicht abschließend genannten objektiven Kriterien können dazu führen, dass die Entschädigung im Einzelfall höher oder gegebenenfalls auch niedriger ausfällt,[1764] als dies in einem arbeitsgerichtlichen Verfahren unter Anwendung des nationalen Rechts, insbesondere des deutschen Schadensrechts, der Fall wäre.[1765]

c. Übertragbarkeit auf den deutschen Lizenzfußball

Die Grundsätze des Art. 17 FIFA-RSTS gelten nicht unmittelbar auf nationaler Ebene. Das FIFA-RSTS enthält Regelungen für den internationalen Fußball. Gemäß Art. 1 Abs. 3 lit. b) FIFA-RSTS hat jeder nationale Verband, unter Einhaltung des zwingenden nationalen Rechts und der nationalen Tarifverträge, „geeignete Maßnahmen" in sein Reglement aufzunehmen, welche der Wahrung der Vertragsstabilität dienen. Hierbei sollen auch die Grundsätze des Art. 17 FIFA-RSTS berücksichtigt werden. Der DFL e. V. hat es bislang unterlassen, diese Vorgaben in die LOS zu integrieren.

1759 CAS 2008/A/1519 & 1520, Matuzalem Francelino da Silva v./ FIFA et al., Schiedsspruch vom 19.5.2009, Tz. 89.

1760 *De Dios Crespo Pérez*, Matuzalem, in: Wild (Hrsg.), CAS and Football, S. 79, 91.

1761 *Zimmermann*, Vertragsstabilität, S. 300 m. w. N.

1762 CAS 2008/A/1519 & 1520, Matuzalem Francelino da Silva v./ FIFA et al., Schiedsspruch vom 19.5.2009, Tz. 178.

1763 CAS 2010/A/2145, 2146 & 2147, Morgan de Sanctis v./ Udinese Calcio S. p. A. et al., Schiedsspruch vom 28.2.2011, Tz. 102.

1764 Lediglich den Restlohn statt des Marktwertes des Spielers für die Höhe der Entschädigung berücksichtigend CAS 2007/A/1298, 1299 & 1300, Webster v./ Heart of Midlothian et al., Schiedsspruch vom 24.7.2007, Tz. 153 f. Zur Bewertung der Entscheidung vgl. *De Dios Crespo Pérez*, Webster, in: Wild (Hrsg.), CAS and Football, S. 68, 75 ff. Hiernach war die niedrige Entschädigung Resultat der schlechten Behandlung des Spielers vor der Auflösung durch den Spieler und damit Ausfluss der „Besonderheiten des Sports" (a. a. O., S. 76). Zur Entwicklung der Rechtsprechung des CAS in der Zeit nach *Webster* vgl. *Limbert*, in: Wild (Hrsg.), CAS and Football, S. 99 ff.

1765 So wurden etwa im Fall *Morgan de Sanctis* Ersatzkosten zugesprochen, die dadurch entstanden waren, dass der frühere Verein den Abgang des Spielers durch einen erfahrenen und jüngeren Torhüter ersetzte, CAS 2010/A/2145, 2146 & 2147, Morgan de Sanctis v./ Udinese Calcio S. p. A. et al., Schiedsspruch vom 28.2.2011, Tz. 72 – eine Sichtweise, die unter Berücksichtigung der Schadensminderungspflicht problematisch ist.

Bestimmungen, welche die Frage der Entschädigung regeln, sind in der LOS nicht enthalten. Nach H.3. MuArbV ist die vertragsbrüchige Partei „mindestens zur Zahlung einer Entschädigung gemäß Art. 17 Nr. 1 des FIFA-Transferreglements verpflichtet", wenn es zur Kündigung, einseitiger Vertragsbeendigung und/oder -auflösung gekommen ist, rechtlich aber ein außerordentlicher Kündigungsgrund gemäß H.2. MuArbV weder für den Spieler noch für den Klub gegeben ist. Dies ist nicht der Fall, kündigt der Verein berechtigt aufgrund eines Dopingverstoßes des Spielers. Auch über den Verweis im MuArbV ist in diesem Fall Art. 17 FIFA-RSTS nicht Gegenstand des MuArbV geworden.

Gemäß Art. 22 FIFA-RSTS ist die Zuständigkeit der FIFA zur Entscheidung nach Art. 17 FIFA-RSTS gegeben, soweit der vertragsbrüchige Spieler als Folge einer arbeitsrechtlichen Streitigkeit einen Vertrag mit einem Klub eines anderen Verbands unterzeichnet und der neue Verband die Ausstellung eines internationalen Freigabescheins beantragt,[1766] oder eine internationale arbeitsrechtliche Streitigkeit durch die ausländische Staatsangehörigkeit des Spielers vorliegt[1767] und weder Spieler noch Verein ein Arbeitsgericht anrufen[1768].

Eine Zuweisung der Streitigkeit zur FIFA (dort KBS[1769]) scheitert an der Bestimmung des I.3. MuArbV. Hiernach sind für alle Streitigkeiten der Parteien im Zusammenhang mit dem Spielervertrag die deutschen Arbeitsgerichte ausschließlich zuständig.[1770] Eine Entscheidung erfolgt daher auf der Grundlage des nationalen Rechts.[1771]

B. Schadensersatz bei Aufrechterhaltung des Arbeitsverhältnisses

Hält der Klub trotz des Verstoßes gegen Anti-Doping-Bestimmungen durch den Spieler auch weiterhin am Arbeitsverhältnis fest, kann der Spieler wegen der Schlechterfüllung des Arbeitsvertrages gegenüber dem Klub zur Leistung von Schadensersatz verpflichtet sein. Ein Anspruch ergibt sich aus §§ 611 Abs. 1, 280 Abs. 1, 3, 281 bzw. 282 BGB. Der Schadensbegriff ist weiter als der des § 628 Abs. 2 BGB. Letzterer erfasst, wie oben dargestellt, nur Schäden, die durch die vorzeitige Beendigung des Arbeitsverhältnisses verursacht worden sind. Als Schaden kommt jede Einbuße in Be-

1766 Art. 22 lit. a) FIFA-RSTS. Nach Art. 8.1 Abs. 1 Anhang 3 FIFA-RSTS darf ein Spieler, der für einen Verein registriert ist, der einem Verband angehört, erst für einen Verein eines anderen Verbandes registriert werden, wenn der ehemalige Verband einen internationalen Freigabeschein ausgestellt und der neue Verband dessen Empfang bestätigt hat.

1767 CAS 2008/A/1644, Mutu v./ Chelsea FC, Schiedsspruch vom 31.7.2009, Tz. 128; *Zimmermann*, Vertragsstabilität, S. 90 f.

1768 Art. 22 FIFA-RSTS.

1769 Artt. 24 Abs. 1, 22 lit. a), lit. b) FIFA-RSTS.

1770 Siehe auch § 9 Nr. 1 Satz 1 LOS.

1771 *Van Megen*, in: Wild (Hrsg.), CAS and Football, S. 92, 95; *Zimmermann*, Vertragsstabilität, S. 299. Soweit Art. 22 lit. b) FIFA-RSTS auf die ausländische Staatsangehörigkeit abstellt, stellt dies nach *van Megen* (a. a. O.) eine direkte Diskriminierung dar; a. A. CAS 2008/A/1644, Mutu v./ Chelsea FC, Schiedsspruch vom 31.7.2009, Tz. 128.

tracht, die der Klub infolge des schuldhaften Dopingverstoßes des Spielers erleidet. Zu denken ist etwa an das Ausbleiben von Zuschauern, die Verpflichtung eines Ersatzspielers für den gesperrten Spieler, Verlust von Sponsoring- und Geschäftspartnern, insbesondere damit einhergehende Zahlungsverpflichtungen bereits entrichteter Prämien, oder Sanktionen durch den DFB, den DFL e. V. oder andere zuständige nationale und internationale Institutionen. Der Imageverlust ist als bloßer immaterieller Schaden nicht ersatzfähig.[1772] Wie bereits im Rahmen von § 628 Abs. 2 BGB ausgeführt, so gilt auch hier, dass der Nachweis von Kausalität der Pflichtverletzung für den Schaden und des Schadens mit – teils erheblichen – Schwierigkeiten verbunden sein können. Grundsätzlich wird der Klub hinsichtlich des Verlustes von Sponsoren- oder Vermarktungseinnahmen nicht den Beweis führen können, dass das Verhalten des Spielers im Sinne der Äquivalenztheorie kausal für den Eintritt eines Schadens war.[1773] Denn die Entscheidungen von Vertragspartnern sind vielschichtig und beruhen häufig nicht auf homogenen Gründen. Hinzu kommt, dass der Klub möglicherweise von den Bestleistungen des dopenden Spielers wirtschaftlich profitiert hat. Dies hat sich der Klub im Rahmen des Vorteilsausgleichs anrechnen zu lassen.

Fraglich ist, ob der Sportler im Rahmen der Prüfung des Verschuldens den Einwand der Haftungserleichterung vorbringen kann. Das BAG hat den Einwand der Haftungserleichterung für die Haftpflicht der Arbeitnehmer aus betrieblich veranlasster Tätigkeit anerkannt. Eine entsprechende Haftungserleichterung leitet das BAG aus § 254 BGB her.[1774] Demnach trägt der Arbeitgeber das Betriebsrisiko, zu welchem insbesondere auch die Organisation und die Gestaltung der Arbeitsbedingungen gehören. Der Arbeitnehmer soll mit Blick auf die Geltung von Art. 12 Abs. 1 GG und Art. 2 Abs. 1 GG davor geschützt werden, dass Haftpflichtansprüche des Arbeitgebers den Arbeitnehmer existenziell gefährden.[1775] In der Folge hat das BAG verschiedene Haftungsabstufungen abhängig vom Grad des Verschuldens und dem Vorliegen der Umstände des Einzelfalles (u. a. Gefahrgeneigtheit, Schadenshöhe, Entgelt des Arbeitnehmers)[1776] vorgenommen.[1777] Betrieblich veranlasst sind hierbei solche Tätigkeiten, „die arbeitsvertraglich übertragen worden sind oder die der Arbeitnehmer im Interesse des Arbeitgebers für den Betrieb ausführt. Das Handeln braucht dabei nicht zum eigentlichen Aufgabengebiet des Beschäftigten gehören, ausreichend ist, wenn er im wohl verstandenen Interesse des Arbeitgebers tätig wird".[1778] Das Dopingverbot des MuArbV/Mustervertrag für Vertragsspieler legt es nahe, sämtliche Dopingverstöße des Spielers nicht als betrieblich veranlasst zu werten. Es ist die verbandsrechtliche Pflicht des Klubs, Dopingverstöße zu vermeiden und nicht zu dulden. Zu berück-

1772 *Horst/Jacobs*, RdA 2003, 215, 220.

1773 *Horst/Jacobs*, RdA 2003, 215, 220; *Steinigen*, Zivilrechtliche Aspekte des Dopings, S. 48.

1774 BAG, AP Nr. 103 zu § 611 BGB Haftung des Arbeitnehmers

1775 Zur Anwendung der eingeschränkten Arbeitnehmerhaftung vgl. *Steinigen*, Zivilrechtliche Aspekte des Dopings, 39 ff.; eine Anwendung der Haftungserleichterung für den Arbeitnehmer im Sport verneinend *Horst/Jacobs*, RdA 2003, 215, 220.

1776 Vgl. zu den Einzelheiten *Eisenbeis*, in: Moll (Hrsg.), Münchener Anwaltshandbuch Arbeitsrecht, § 17 Rn. 94 f.

1777 BAG, Beschluss vom 27.9.1994, – GS 1/89, NZA 1994, 1083, 1086.

1778 BAG, Urteil vom 28.10.2010 – 8 AZR 418/09, NZA 2011, 345, 347.

sichtigen ist allerdings der Umstand, dass es zu Situationen kommen kann, in denen der Spieler fahrlässig einen Dopingverstoß begeht, mit der Absicht, seine arbeitsrechtlichen Pflichten zu erfüllen. Zu denken sein könnte hierbei etwa in dem Fall, dass der Spieler verunreinigte Nahrungsergänzungsmittel einnimmt, um seine Verletzungsanfälligkeit prophylaktisch zu senken. Eine solche Einnahme diente aus Sicht des Spielers dazu, die Einsatzbereitschaft sicherzustellen. Eine Beurteilung der Umstände, die für eine betrieblich veranlasste Pflichtverletzung sprechen können, hat daher stets einzelfallbezogen zu erfolgen.

§ 2 Bewertung der zivilrechtlichen Folgen

Der Fall *Mutu* macht deutlich, dass der verbandsrechtliche Entschädigungsanspruch (Art. 17 Abs. 1 FIFA-RSTS) den Spieler empfindlich treffen kann.[1779] Die im Fall *Mutu* dem *Chelsea Football Club* zugesprochene Entschädigungssumme beruht auf der Vermutung, dass sich die Ausgaben des Vereins für den Transfer des Spielers über die Vertragslaufzeit vollständig amortisieren. Auch das deutsche Recht kennt mit der Rentabilitätsvermutung ein durch Richterrecht geschaffenes Institut,[1780] welches in der entgangenen Chance der Amortisierung den Schaden gegeben sieht. Ausgangspunkt ist die Überlegung, dass die Aufwendungen auch bei vertragstreuem Verhalten des Schuldners getätigt worden wären.[1781] Dem liegt die widerlegbare Vermutung zu Grunde, dass sich die Aufwendungen des vertragstreuen Vertragspartners bei ordnungsgemäßer Durchführung des Vertrages durch die vereinbarte Gegenleistung der vertragsbrüchigen Partei amortisiert hätten.[1782] Gegen die Geltung dieser Vermutung im professionellen Fußball kann vorgebracht werden, dass die Gleichwertigkeit von Leistung (Ablösesumme, Handgeld, Vermittlungsgebühren etc.) und Gegenleistung (insbesondere Marktwert) oftmals fraglich ist. Zum einen wird die durch den Klub gezahlte Ablösesumme von Faktoren bestimmt, die einer objektiven Bewertung nicht zugänglich sind. Zum anderen kann der Klub wegen Verletzungen und Leistungsschwankungen des Spielers nicht davon ausgehen, dass sich die gezahlte Ablösesumme bspw. durch Merchandising, Punktgewinne, Zuschauer- und Fernseheinnahmen sowie Transfererlös vollumfänglich amortisiert. Eine zuverlässige Kalkulation der Rentabilität wird dem Klub vor der Begründung des Arbeitsverhältnisses daher oftmals nicht möglich sein. Unstreitig kann der Klub im Falle der gerechtfertigten außerordentlichen fristlosen Kündigung vom (schuldhaft handelnden) Spieler diejenige

---

1779 Ob auch in den Fällen *Tanko* und *Marque* (vgl. oben Zweiter Teil Kapitel 3 § 1 A) der Spieler aufgrund seines Dopingverstoßes zur Zahlung einer Entschädigung an seinen ehemaligen Arbeitgeber aufgefordert worden war, ist hingegen nicht bekannt.

1780 Ausführlich *Stoll*, in: FS Duden, S. 641 ff.; *Messer/Schmitt*, in: FS Hagen, S. 425, 426 ff. Die Rentabilitätsvermutung hat auch nach der Schuldrechtsreform im Jahr 2002 noch Gültigkeit, vgl. BGH, Urteil vom 13.6.2006 –X ZR 167/04, NJW-RR 2006, 1309, 1311; LG Bonn, Urteil vom 30.10.2003 – 10 O 27/03, NJW 2004, 74, 75 f.; *Emmerich*, in: FS Otte, S. 101, 108.

1781 BGH, Urteil vom 15.3.2000 – XII ZR 81/97, NJW 2000, 2342, 2343.

1782 BGH, Urteil vom 21.4.1978 – V ZR 235/77, BGHZ 71, 234, 238 f. = NJW 1978, 1805, 1806.

Summe ersetzt verlangen, die er im Falle eines Transfers bei ordnungsgemäßer Erfüllung der vertraglichen Pflichten erhalten hätte. Dies setzt jedoch den Nachweis voraus, dass ein Wechsel des Spielers konkret in Aussicht gestanden hatte, welcher sich durch den Dopingverstoß des Spielers nicht wie vereinbart realisieren lässt.

Die Regelungen des FIFA-RSTS zur Wahrung der Vertragsstabilität beabsichtigen, dieses Ziel durch die Herbeiführung einer Abschreckungswirkung zu erreichen. Prävention durch Abschreckung ist das Motto. Dies soll dadurch geschehen, dass die Festsetzung der Entschädigungssumme zwar transparent und nachvollziehbar, für den Einzelnen jedoch nicht vorhersehbar, erfolgen soll. Insbesondere über die Würdigung der „Besonderheit des Sports" fließen hierbei auch Billigkeitserwägungen ein. Berücksichtigung und Gewichtung der einzelnen in Art. 17 Abs. 1 FIFA-RSTS benannten Kriterien liegen dabei im Ermessen des Spruchkörpers bzw. gegebenenfalls des Schiedsgerichts. Dies kann, wie im Fall *Mutu*, zu Festsetzung von erheblichen Entschädigungssummen führen: Der Konsum von Kokain kostete *Mutu* neben einer siebenmonatigen Sperre schließlich basierend auf der geleisteten Ablösesumme 17.173.990 Euro. Möglich ist nach Art. 17 Abs. 1 FIFA-RSTS auch, dass die Parteien bereits im Arbeitsvertrag eine vertragliche Vereinbarung über die zu zahlende Entschädigung treffen.[1783] Dem gewissermaßen gegenüber stehen die §§ 249 ff. BGB. Die §§ 249 ff. BGB dienen weder der Abschreckung noch der Pönalisierung.[1784] Ihr Zweck ist es, einen Ausgleich für die erlittenen Nachteile zu schaffen.[1785] Der Geschädigte soll vom Verletzer – aus Gründen der korrigierenden Gerechtigkeit – Ersatz für seinen Verlust erhalten.[1786] Das Verständnis des deutschen Schadensersatzrechts ist damit ein anderes als in Art. 17 FIFA-RSTS zum Ausdruck gebracht. Gemäß § 249 Abs. 1 BGB gilt der Grundsatz der Naturalrestitution. Der Schädiger hat den durch das schadenstiftende Ereignis herbeigeführten Zustand zu beseitigen. Ein Ausgleich des Schadens durch Wertersatz ist demgegenüber nachrangig. Die Leistung von Wertersatz nach §§ 251, 252 und 253 BGB stellt nach dem Willen des Gesetzgebers die Ausnahme dar.[1787] Das deutsche Schadensersatzrecht ist daher schon von seinem Grundsatz her zurückhaltender als das verbandsrechtliche Entschädigungsregime. Dies ändert freilich nichts daran, dass der Spieler auch nach dem deutschen Recht mit Schadensersatzansprüchen zu rechnen hat; die größere Abschreckungswirkung geht jedoch von Art. 17 Abs. 1 FIFA-RSTS aus. Durch die einzelfallbezogene Gewichtung der Kriterien ist dieser flexibler und damit nur schwer vorherzusehen. Art. 17 FIFA-RSTS findet auf nationaler Ebene indes keine Anwendung. Soweit überhaupt von einer Präventionswirkung als Nebeneffekt des Schadensersatzrechts ausgegangen

---

1783 Die Entschädigungssumme muss angemessen sein im Verhältnis zum Gehalt des Spielers. Der CAS kann bzw. darf auch bei Anwendung des schweizerischen Rechts nach Art. 163 Abs. 3 OR übermäßige Konventionalstrafen herabsetzen.

1784 *Oetker*, in: Münchener Kommentar zum BGB, § 249 Rn. 8 f.

1785 *Oetker*, in: Münchener Kommentar zum BGB, § 249 Rn. 8.

1786 *Schiemann*, in: Staudinger BGB, Vorbem zu §§ 249 ff. Rn. 3.

1787 *Vieweg*, in: Staudinger/Eckpfeiler, J. Rn. 43 ff.

werden kann,[1788] sinkt diese in dem Maße, wie die Finanzstärke des betroffenen Spielers zunimmt, der Spieler also von der drohenden Schadensersatzpflicht nicht empfindlich getroffen wird. Die Frage, ob der Spieler Schadensersatz zu leisten hat und/oder das Beschäftigungsverhältnis vorzeitig beendet wird, liegt in den Händen des Klubs. Insbesondere in Fällen, in welchen es sich bei dem dopenden Spieler etwa nicht um einen wichtigen Spieler handelt und der Dopingverstoß sich für den Klub (wenn überhaupt) nur unerheblich nachteilig auswirkt, ist fraglich, ob der Verein das Arbeitsverhältnis nicht fortsetzen wird, zumindest aber auf die Geltendmachung von Schadensersatzansprüchen verzichtet. Hemmend können auch die geltenden Fristenregelungen wirken. Möchte der Klub dem Spieler die außerordentliche fristlose Kündigung erklären, so hat er dies innerhalb der gesetzlichen Zwei-Wochen-Frist ab Kenntniserlangung zu tun.[1789] Nach J.2. Abs. 1 MuArbV bzw. § 15 Abs. 1 Mustervertrag für Vertragsspieler müssen Ansprüche aus dem Arbeitsvertrag und solche, die mit dem Arbeitsverhältnis in Verbindung stehen, innerhalb von sechs Monaten nach Fälligkeit gegenüber dem Spieler schriftlich geltend gemacht werden. Kommt es zur Beendigung des Arbeitsverhältnisses, sind diese Ansprüche innerhalb von drei Monaten nach Fälligkeit schriftlich geltend zu machen. Hiervon ausgenommen sind nach J.2. Abs. 5 MuArbV bzw. § 15 Abs. 3 Mustervertrag für Vertragsspieler Ansprüche aus vorsätzlichen Pflichtverletzungen. Insoweit trägt der Klub die Beweislast. Ein solcher Nachweis kann für den Klub unter Umständen nur schwer zu erbringen sein.

Zivilrechtliche Haftung bzw. zivilrechtliche Folgen eines Verstoßes des Spielers gegen Anti-Doping-Bestimmungen hängen demnach von Parametern ab, deren Zweck nicht die Erzeugung einer abschreckenden Wirkung durch Bestrafung ist, sondern die Wahrung der Ausgleichs- und Kompensationsfunktion. Eine abschreckende Wirkung geht hiervon regelmäßig nicht aus. Dies gilt auch – was in dieser Arbeit freilich nicht weiter vertieft werden kann – soweit sich DFL e. V. und DFB zur Schadloshaltung an den Spieler wenden sollten. Denn regelmäßig wird insoweit der Nachweis, dass der konkrete Dopingverstoß des Spielers nach der Äquivalenztheorie (mit-)kausal für den eingetretenen bzw. konkret zu erwartenden Schaden war/ist, nicht möglich sein.[1790] Ferner laufen auf Geldleistung gerichtete Ansprüche in Fällen leer, in welchen der Täter – tatsächlich oder vorgeblich – vermögenslos ist. Soweit der Spieler die Folgen der zivilrechtlichen Haftung überhaupt in seine Entscheidungsfindung zu dopen miteinbezieht, ist es ferner denkbar, dass der Spieler bei Abwägung von Kosten und Nutzen diese bewusst in Kauf nimmt.

1788 Nach BGH, Urteil vom 28.6.2011 – KZR 75/10, BGHZ 190, 145, 164 (Tz. 62) = NJW 2012, 928, 933 ist die Prävention „eine nützliche Folge der Kompensation".

1789 § 626 Abs. 2 Satz 1 BGB. Zum Fristenbeginn bei strafbaren Handlungen siehe BAG, Urteil vom 11.3.1976 – 2 AZR 29/75, NJW 1976, 1766 (Volltext abrufbar über Juris).

1790 *Meier*, SpuRt 2016, 182, 183; *ders.*, Dopingsanktion durch Zahlungsversprechen, S. 124.

Dritter Teil: Staatliche Bekämpfung von Doping mit den Mitteln des Strafrechts

Kapitel 1: Strafbarkeit des dopenden Spielers vor Inkrafttreten des AntiDopG

Der Spieler, der Dopingmittel oder Dopingmethoden bei sich anwendet oder anwenden lässt, war bis zur Einführung des AntiDopG nicht zielgerichtet durch das Strafrecht erfasst. Das deutsche Strafrecht sah keine speziellen Strafvorschriften vor, welche Selbstdoping unter Strafe gestellt haben. Die Bekämpfung von Doping sollte nach der Intention des Gesetzgebers den Sportverbänden vorbehalten bleiben.[1791] In gewisser Hinsicht durchbrochen wurde diese gesetzgeberische Handlungsmaxime durch § 6a AMG a. F. i. V. m. § 95 Abs. 1 Nrn. 2a, 2b AMG a. F., wodurch der Staat auf die Dopingproblematik reagiert hat.[1792] Für die Bewertung der Strafbedürftigkeit aus dem Blickwinkel der bis zur Einführung des AntiDopG bestehenden strafrechtlichen Sanktionsmöglichkeiten ist es angezeigt, die einschlägigen Straftatbestände des Kernstrafrechts und der Nebenstrafgesetze dahingehend zu untersuchen, inwieweit sich das Verhalten des dopenden Spielers hierunter subsumieren lässt. Sollte dies auch vor Inkrafttreten des AntiDopG bereits in ausreichendem Maße möglich gewesen sein, so müsste der Frage nachgegangen werden, ob dennoch von einer Strafbedürftigkeit des Selbstdopings, wie mittlerweile in §§ 4, 3 AntiDopG strafbewehrt verboten, ausgegangen werden kann.

§ 1 Strafbarkeit vor Geltung des AntiDopG

Die Einnahme verbotener Substanzen bzw. die Anwendung verbotener Methoden[1793] stellt in der Regel eine nicht unerhebliche Beeinträchtigung der körperlichen Integrität des Spielers dar. Sämtliche Straftatbestände des StGB, deren Schutzzweck die körperliche Integrität des Einzelnen ist, schließen im Hinblick auf die Geltung des Art. 2

1791 Bericht der Bundesregierung zur Evaluation des Gesetzes zur Verbesserung der Bekämpfung des Dopings im Sport (DBVG), S. 52.

1792 Bezweckt war hiermit nicht die Bestrafung von Selbstdoping, sondern die Unterbindung des Handeltreibens mit Dopingmitteln, BT-Drs. 16/5526, S. 8 f. Insoweit sollte die Bekämpfung von Selbstdoping auch weiterhin primär den Sportverbänden obliegen.

1793 Die nachfolgenden Ausführungen zur Bestrafung des Spielers wegen Dopings beschränken sich auf Vorhandensein bzw. (gegebenenfalls versuchte) Anwendung verbotener Substanzen und Methoden als Kern und Ausgangspunkt des Dopingbegriffs (siehe dazu oben Zweiter Teil Kapitel 2 § 1 B I 1). Nicht eingegangen wird auf die sonstigen verbandsrechtlich normierten Tatbestandsalternativen von Doping.

Abs. 1 GG das Opfer aus dem Kreis der Täter aus. An eine Bestrafung des Spielers wegen des Verstoßes gegen Körperverletzungsdelikte ist daher nur zu denken, wenn der Spieler an der Anwendung von Dopingmitteln und -methoden anderer Spieler zumindest beteiligt ist. Eine solche Strafbarkeit betrifft allerdings das Fremddoping und ist nicht Gegenstand der vorliegenden Untersuchung. Eine Prüfung der Tötungs- und Körperverletzungsdelikte erübrigt sich daher. Rechtswissenschaftliche Abhandlungen, die sich eingehend mit der strafrechtlichen Bewertung von Selbstdoping befassen, sind schon vorhanden.[1794] Die folgenden Ausführungen beschränken sich daher auf die Darstellung der Problematik bezogen auf den Lizenzfußball.

A. Strafbarkeit nach § 263 Abs. 1 StGB

Durch Manipulationshandlungen täuscht der Spieler vor, Leistungen ehrlich zu erbringen bzw. erbracht zu haben. Der Volksmund verwendet daher oftmals „Doping“ und „Betrug“ als untrennbares Begriffspaar. Ein solcher Wortgebrauch lässt außer Acht, dass das geschützte Rechtsgut des Betrugstatbestandes das Vermögen ist.[1795] Die Täuschungshandlung an sich, die im Volksmund eigentliche Betrugshandlung, ist nur ein Merkmal des Betrugstatbestandes. Der bloße Verstoß des Spielers gegen die moralischen und ethischen Grundfesten des Sports vermag für sich betrachtet den Straftatbestand des Betrugs nicht zu verwirklichen.

Ein strafbares Verhalten des Spielers setzt nach § 263 Abs. 1 StGB voraus, dass dieser täuschungsbedingt einen Irrtum über Tatsachen hervorruft, verstärkt oder unterhält, auf Grund dessen es zu einer Vermögensverfügung durch den Getäuschten kommt, wodurch ein Vermögensschaden entsteht. Der Vermögensschaden muss dem Vermögen des täuschenden Spielers spiegelbildlich als Vorteil anwachsen. Neben Wissen und Wollen der Verwirklichung des objektiven Tatbestandes verlangt § 263 Abs. 1 StGB weiter, dass der Spieler im Zeitpunkt der Täuschung auch die Absicht hatte, sich oder einen Dritten rechtswidrig um den Vermögensschaden des Geschädigten stoffgleich zu bereichern. Als mögliche Geschädigte kommen in Betracht der arbeitgebende Klub (I.), der DFL e. V. bzw. der DFB als Veranstalter von Bundesliga, 2. Bundesliga und 3. Liga (II.), die Mitspieler des Spielers (III.), die Zuschauer (IV.) sowie die persönlichen Sponsoren bzw. Ausrüster des Spielers (V.).

1794 *Glocker*, Bedeutung von Doping, S. 139 ff.; *Cherkeh/Momsen*, NJW 2001, 1745, 1748 ff.; *Momsen-Pflanz*, Die sportethische und strafrechtliche Bedeutung des Dopings, S. 215 ff.; *Linck*, NJW 1987, 2545, 2548 ff.; *Reinhart*, in: Fritzweiler/Pfister/Summerer, Praxishandbuch Sportrecht, VIII/4 Rn. 113 ff.; *Ott*, Strafwürdigkeit und Strafbedürftigkeit, S. 86 ff.; *Schattmann*, Betrug, S. 19 ff.; *Haug*, Doping, S. 181 ff.; *Tauschwitz*, Dopingverfolgung, S. 31 ff. unter Darstellung der wesentlichen Erkenntnisse aus der straf- und sportrechtlichen Wissenschaft.

1795 BGH, Beschluss vom 18.7.1961 – 1 StR 606/60, BGHSt 16, 220, 221 = NJW 1961, 1876; *Lackner/Kühl*, StGB, § 263 Rn. 2. *Pawlik*, Das unerlaubte Verhalten beim Betrug, S. 82 f. betrachtet den Betrugstatbestand auf der Ebene der Legitimationsvoraussetzungen als Freiheitsdelikt. Für den unmittelbaren positivrechtlichen Schutz des Vermögens spricht freilich der Vermögensbezug des Wortlauts von § 263 Abs. 1 StGB.

I. Betrug zu Lasten des arbeitgebenden Klubs

1. Täuschung

Der Spieler kann den arbeitgebenden Klub[1796] im Zeitpunkt des Abschlusses des Arbeitsvertrages (a.) oder während des laufenden Arbeitsverhältnisses (b.) täuschen.

a. Täuschung bei Vertragsschluss

Eine ausdrückliche Täuschung des Spielers im Zeitpunkt der Vertragsunterzeichnung kann in der Weise erfolgen, dass der Spieler bei Unterzeichnung gegen Anti-Doping-Bestimmungen verstößt bzw. verstoßen hat oder aber beabsichtigt, während des laufenden Vertragsverhältnisses einen solchen Verstoß zu begehen.

Nach D.3.1. MuArbV versichert der Lizenzspieler, „dass er bisher nicht wissentlich gegen die in D.3.2 aufgeführten Anti-Doping-Vorschriften verstoßen hat. Er wird während der Laufzeit dieses Spielervertrages nicht gegen Anti-Doping-Vorschriften verstoßen". Der Nachweis über die innere Tatsache, dass der Spieler bereits im Zeitpunkt des Vertragsabschlusses die konkrete Absicht hat, zukünftig gegen Anti-Doping-Vorschriften zu verstoßen, wird regelmäßig nicht zu erbringen sein (sog. Eingehungsbetrug). Anderes gilt hinsichtlich der Versicherung des Lizenzspielers, „bisher nicht wissentlich gegen die in D.3.2 aufgeführten Anti-Doping-Vorschriften verstoßen zu [haben]". Hiermit erklärt der Spieler *expressis verbis*, im Zeitpunkt der Vertragsunterzeichnung nicht gedopt zu haben. §§ 2 Nr. 4, 5 Nr. 1 Abs. 5 LOS verpflichten den aufnehmenden Verein dazu, vor Abschluss des Arbeitsvertrages mit dem Spieler eine Sporttauglichkeitsuntersuchung durchzuführen. Der Verein übermittelt den Bericht über die sportärztliche Tauglichkeitsuntersuchung an den DFL e. V., sofern dieser die Sporttauglichkeit nachweist. Andernfalls wird eine Spielerlaubnis durch den DFL e. V. nicht erteilt.[1797] Die Untersuchung erfolgt auf Grundlage des Sportmedizinischen Untersuchungsbogens. Neben der internistischen Anamnese enthält dieser auch die allgemeinmedizinische Anamnese, welche die labortechnische Auswertung bestimmter Blutparameter, insbesondere der für die Dopinganalyse bedeutsamen Parameter Hämatokrit, Hämoglobin und Erythrozyten, zum Gegenstand hat.[1798] Denkbar ist daher, dass der Verein im Zuge der Untersuchung Hinweise auf das Vorhandensein verbotener Substanzen im Körper des Spielers oder deren Anwendung erhält, die zumindest Anlass zu weiteren Nachforschungen geben könnten. Zu einer Vertragsunterzeichnung und der Erklärung des Spielers würde es nicht mehr kommen, sollten sich Zweifel an der Dopingfreiheit des Spielers ergeben. In Betracht käme dann die Begehung als Versuchsdelikt.

1796 Entsprechendes gilt für Vertragsspieler, die kein Arbeitsverhältnis begründen.

1797 § 4 Nr. 6 LOS i. V. m. § 2 Nr. 4 LOS.

1798 Sportmedizinischer Untersuchungsbogen - Bundesliga und 2. Bundesliga - Internistisch-allgemeinmedizinischer Teil - Saison 2012/2103, S. 5. Ausführlich zur Bedeutung des Hämoglobins beim Nachweis von Doping, FAZ.NET vom 12.7.2009, Artikel abrufbar im Internet unter: http://www.faz.net/aktuell/wissen/leben-gene/doping-im-haemoglobin-steckt-die-wahrheit-18 27056.html (zuletzt aufgerufen am 6.1.2017).

b. Täuschung während der Vertragslaufzeit

(1) Täuschung durch aktives Tun

Eine Täuschung durch aktives Tun kann ausdrücklich oder konkludent erfolgen.

(a) Ausdrückliche Täuschungshandlung

Eine ausdrückliche Erklärung des Spielers wird nur auf Grund einer gezielten Befragung durch den Verein zu erwarten sein.[1799] Dies erfordert ein engmaschiges Befragungssystem. Die zwischen den Befragungen liegenden Zeitintervalle müssen dabei so bemessen sein, dass im Falle eines positiven Befundes nachgewiesen werden kann, dass der Spieler bereits bei der Befragung unter Dopingeinfluss gestanden hatte. Es liegen keine Anhaltspunkte vor, wonach solche Befragungen von den Vereinen der Lizenzligen standardmäßig praktiziert werden. Eine ausdrückliche Täuschung kommt daher nur anlassbezogen in Betracht. Einen solchen Anlass könnte etwa die jährlich zu Beginn eines neuen Spieljahres vorgeschriebene ärztliche Untersuchung des Spielers zum Nachweis der Sporttauglichkeit bieten.[1800]

(b) Konkludente Täuschungshandlung

Die konkludente Täuschungshandlung setzt voraus, dass die Verkehrsanschauung bei Betrachtung des gesamten Verhaltens des Spielers zu dem Schluss kommt, dass der Spieler hierdurch stillschweigend erklärt, seine arbeitsvertraglich geschuldete Pflicht der sportlichen Leistung dopingfrei zu erbringen.[1801] Die Frage, ob dem Gesamtverhalten des Spielers ein solcher Erklärungswert beizumessen ist, richtet sich nach dem gesellschaftlichen Verstehenshorizont „unter besonderer Berücksichtigung der im konkreten Fall relevanten Normen, typischen Pflichten und der dem jeweiligen Geschäftstyp zugrunde liegenden Risikoverteilung“[1802].[1803] Soweit der Spieler in D.3.1. MuArbV erklärt, dass er „während der Laufzeit dieses Spielervertrages nicht gegen Anti-Doping-Vorschriften verstoßen“ werde, erklärt der Spieler durch die Teilnahme an Training und Wettbewerb konkludent, die Leistung dopingfrei zu erbringen.[1804]

1799 Zur Frage der Zulässigkeit der Befragung des Spielers nach dessen Dopingverhalten vgl. *Reimann*, Doping im Arbeitsverhältnis des Berufssportlers, S. 98 ff.; siehe dazu auch OLG Stuttgart, Beschluss vom 29.9.2011 – 2 Ws 33/11, BeckRS 2011, 27427.

1800 §§ 2 Nr. 4, 14 Nr. 1 lit. b) LOS.

1801 Vgl. BGH, Urteil vom 26.4.2001 – 4 StR 439/00, BGHSt 47, 1, 3 = NJW 2001, 2187, 2188; BGH, Urteil vom 15.12.2006 – 5 StR 181/06, BGHSt 51, 165, 169 f. (Tz. 19 f.) = NJW 2007, 782, 784; *Dölling/Duttge/Rössner*, HK StGB, § 263 Rn. 10; *Lackner/Kühl*, StGB, § 263 Rn. 7; *Vogel*, in: GS Keller, S. 313, 315.

1802 *Dölling/Duttge/Rössner*, HK StGB, § 263 Rn. 14.

1803 Vgl. BGH, Urteil vom 15.12.2006 – 5 StR 181/06, BGHSt 51, 165, 170 (Tz. 21) = NJW 2007, 782, 784.

1804 So wohl auch *Kindhäuser*, in: NK StGB, § 263, Rn. 110.

Zu dem gleichen Ergebnis ist das OLG Stuttgart in dem Fall des Radprofis *Stefan Schumacher* gelangt. Die Richter erblickten in der Teilnahme *Schumachers* an den Etappen der Tour de France die konkludente Äußerung der Erklärung, „die geschuldete Leistung zu erbringen und nicht gedopt zu sein".[1805] Zur Begründung stellte der Senat insbesondere auf die Erklärung des Radprofis ab, nicht gedopt zu haben. Schumacher war von einem Verantwortlichen des Radrennstalles Gerolsteiner gezielt danach befragt worden, ob er jemals mit CERA gedopt gewesen sei. Dies hatte der Radprofi wahrheitswidrig durch die Aussage verneint, er könne zu 100 Prozent ausschließen, jemals mit dem Dopingmittel CERA in Berührung gekommen zu sein.[1806] Unter Bezugnahme auf die freilich umstrittene Rechtsprechung des BGH im Fall des Schiedsrichter *Robert Hoyzer* stellte der Senat weiter klar, dass von einer konkludenten Erklärung, die auf die Angabe eines unterbliebenen Geschehnisses gerichtet ist (sog. Negativtatsache), insbesondere auszugehen sei, wenn erhebliche vorsätzliche Manipulationen des Vertragsgegenstandes vorlägen, auf die sich das stillschweigende kommunikative Verhalten bezöge.[1807] Insoweit sei auf das aktive Tun und nicht auf das Unterlassen abzustellen. Der relative Handlungsschwerpunkt liege in einem positiven Tun, weil der Täter inzident *Essentialia* zugesichert habe, die zur unverzichtbaren Grundlage des Vertragsverhältnisses zählten.[1808] Nach Ansicht des BGH „ist die Erwartung, dass keine vorsätzliche sittenwidrige Manipulation des Vertragsgegenstands durch einen Vertragspartner in Rede steht, unverzichtbare Grundlage jeden Geschäftsverkehrs und deshalb zugleich miterklärter Inhalt entsprechender rechtsgeschäftlicher Erklärungen".[1809] Dies manifestiert sich im Lizenzfußball in den Anti-Doping-Bestimmungen des DFB, die der Spieler anerkennen muss, um am Spielbetrieb (Wettbewerb und Training) teilnehmen zu können.

(2) Täuschung durch Unterlassen

Von den Befürwortern einer Täuschung durch Unterlassen wird vorgetragen, der Teilnahme des Sportlers fehle der nötige Erklärungswert.[1810] Regelkonformes Verhalten des Sportlers werde durch diesen nicht erklärt, sondern werde von den Teilneh-

1805 OLG Stuttgart, Beschluss vom 29.9.2011 – 2 Ws 33/11, BeckRS 2011, 27427. Berücksichtigt man die Eigenheiten der Mannschaftssportart Fußball, so müsste bereits dann von einer Teilnahme am Wettbewerb ausgegangen werden, wenn ein Spieler auf dem Spielberichtsbogen aufgeführt ist. Unabhängig von der Zugehörigkeit zur Stammformation hat der Spieler hier die Chance, während des Spiels eingesetzt zu werden. Mithin gelten für sämtliche Spieler, die auf dem Spielberichtsbogen stehen, die in der Verbotsliste benannten im Wettkampf verbotenen Substanzen und Methoden.

1806 OLG Stuttgart, Beschluss vom 29.9.2011 –2 Ws 33/11, BeckRS 2011, 27427.

1807 OLG Stuttgart, Beschluss vom 29.9.2011 –2 Ws 33/11, BeckRS 2011, 27427 unter Verweis auf BGH, Urteil vom 15.12.2006 – 5 StR 181/06, BGHSt 51, 165, 171 (Tz. 22) = NJW 2007, 782, 784.

1808 OLG Stuttgart, Beschl. v. 29.9.2011 –2 Ws 33/11, BeckRS 2011, 27427 unter Verweis auf BGH, Urteil vom 15.12.2006 – 5 StR 181/06, BGHSt 51, 165, 173 (Tz. 27) = NJW 2007, 782, 785. Die konkludente Täuschung ebenfalls bejahend: *Glocker*, Bedeutung von Doping, S. 141 ff. m. w. N.; *Kauerhof*, in: Kauerhof/Nagel/Zebisch (Hrsg), Dopingfragen, S. 65, 84.

1809 BGH, Urteil vom 15.12.2006 – 5 StR 181/06, BGHSt 51, 165, 171 (Tz. 22) = NJW 2007, 782, 784.

1810 *Schild*, Doping, S. 28.

mern vorausgesetzt.[1811] Gelegentlich wird die Annahme einer schlüssigen Erklärung auch als konstruiert angesehen, da sie dazu führte, dass die hohen Voraussetzungen des Unterlassungstatbestandes und die damit verbundene Risikoverteilung, also „die Frage, ob die Ausnutzung des Wissensvorsprungs legal oder strafbewehrt ist", unterlaufen werde, indem Handlungspflichten in den Bereich des Tuns eingebettet würden.[1812] Unstreitig muss dem Verhalten des Spielers ein Erklärungswert beizumessen sein, damit überhaupt von einer konkludenten Täuschungshandlung bzw. von schlüssigem Tun ausgegangen werden kann. An einem solchen Erklärungswert fehlt es, wenn der Spieler Dopingmittel bzw. -methoden anwendet, nach außen hin aber nicht die Erbringung der durch ihn geschuldeten Hauptleistungspflichten kenntlich macht. Zu denken wäre etwa an die Einnahme verbotener Substanzen oder die Anwendung verbotener Methoden in der Zeit von krankheitsbedingter Abwesenheit oder arbeitsfreien Tagen. Es fehlt am aktiven kommunikativen Verhalten und insofern an einem Verhalten, das schlüssig die Erklärung enthält, die geschuldete Leistung zu erbringen und nicht gedopt zu sein. Zieht man mit dem OLG Stuttgart die Grenze zwischen einer aktiven konkludenten Täuschung und einer Täuschung durch Unterlassen anhand des zu ermittelnden Erklärungswertes des aktiven Verhaltens,[1813] kommt in solchen Fällen lediglich eine Bestrafung wegen Betrugs durch Unterlassen in Betracht.

Die Täuschung durch Unterlassen (§§ 263, 13 StGB) verlangt, dass den Spieler kraft einer Garantenstellung (§ 13 StGB) die Rechtspflicht trifft, über das Vorhandensein verbotener Substanzen im Körper oder die Anwendung verbotener Methoden aufzuklären, sofern eine solche Aufklärung für den Spieler möglich und zumutbar ist.[1814] Eine solche Rechtspflicht kann u. a. aus Vertrag oder pflichtwidrigem Vorverhalten (Ingerenz) folgen.[1815] Ausnahmsweise kann auch der Grundsatz von Treu und Glauben herangezogen werden.[1816] Nach D.3.1. MuArbV versichert der Spieler gegenüber dem Verein, „bei Verdachtsmomenten gegen ihn oder den Club ggf. zusammen mit dem Club aktiv die Aufklärung und Ausräumung eines Verdachtes [zu] unterstützen, sofern und soweit er sich dabei nicht selbst des Verstoßes gegen Anti-Doping-Vorschriften beschuldigen müsste". Letzteres wäre aber gerade der Fall, träfe den Spieler die vertragliche Rechtspflicht, den Verein über einen begangenen Verstoß gegen Anti-Doping-Bestimmungen aufzuklären. Eine Pflicht zur Aufklärung ist mithin nicht ausdrücklich vertraglich vereinbart. Die Garantenpflicht besteht nur, soweit die Handlungspflicht dem Schutz des betroffenen Rechtsguts dient.[1817] Als Garantenpflichten kommen im Rahmen des § 263 StGB mithin nur diejenigen Handlungspflichten in Betracht, die dem Täter zum Schutz des Opfers vor vermögensbezogenen

1811 *Cherkeh/Momsen*, NJW 2001, 1745, 1749; *Gutheil*, Doping, S. 173.
1812 *Schlösser*, NStZ 2005, 423, 426.
1813 OLG Stuttgart, Beschluss vom 29.9.2011 – 2 Ws 33/11, BeckRS 2011, 27427.
1814 *Lackner/Kühl*, StGB, § 263 Rn. 12 f.
1815 Vgl. *Satzger*, in: Satzger/Schluckebier/Widmaier, StGB, § 263 Rn. 83.
1816 *Satzger*, in: Satzger/Schluckebier/Widmaier, StGB, § 263 Rn. 83.
1817 BGH, Urteil vom 30.4.1997 – 2 StR 670/96, BGHSt 43, 82, 84 = NJW 1997, 2059.

Selbstschädigungen auferlegt sind.[1818] Der Spieler schuldet dem Verein die Erbringung der sportlichen Leistung. Vermögensschutzpflichten sind hiermit nicht verbunden. Durch das vertragliche Dopingverbot kommt der Verein seiner (mitgliedschaftlichen) Pflicht nach, den Spieler an das verbandsrechtliche Anti-Doping-Reglement zu binden. Dies dient dazu, einen fairen und chancengleichen Wettbewerb zu gewährleisten bzw. zu erhalten; der Schutz des Vermögens des Vereins ist hiermit nicht bezweckt. Hinzutreten müsste ferner ein über das bloße Austauschverhältnis hinausgehendes Vertrauensverhältnis, das eine Garantenstellung des Vertragspartners, hier des Spielers, schafft.[1819] Denkbar ist dies in Fällen enger persönlicher Verbundenheit oder in jenen Fällen, denen besondere, insbesondere vermögensbezogene Beratungspflichten zu Grunde liegen.[1820] Bloße vertragliche Beziehungen vermögen hierfür nicht zu genügen.[1821] Betroffen sind Fälle, in welchen nach den Gebräuchen des Geschäftsverkehrs das Unwissenheitsrisiko des Opfers nicht einseitig diesem aufgebürdet werden soll.[1822] Dies wird beispielsweise angenommen bei enger persönlicher (freundschaftlicher) Verbundenheit, langjähriger Geschäftsbeziehung oder fachlicher Unterlegenheit des einen Vertragsteils.[1823] Der Klub hat die Möglichkeit, den Spieler zu untersuchen und gezielt nach der Anwendung verbotener Dopingmittel, -methoden zu befragen. Eine fachliche Unterlegenheit ist nicht gegeben. Die Klubs sind bestrebt, insbesondere durch die Veräußerung wertvoller Spieler, Erlöse zu generieren. Die Veränderung der Mannschaft schafft neue Anreize für das Publikum. Auch Spieler wechseln Klubs in der Absicht, sich finanziell und persönlich weiterzuentwickeln. Eine enge persönliche Verbundenheit oder langjährige Geschäftsbeziehung liegt in der Regel nicht vor. Die rechtliche und tatsächliche Ausgestaltung des Arbeitsverhältnisses vermag nach alledem eine Garantenstellung nicht zu begründen. Nichts anderes folgt aus dem Grundsatz von Treu und Glauben. Denn auch der Grundsatz von Treu und Glauben setzt ein besonderes Vertrauensverhältnis voraus.[1824] Eine Handlungspflicht ergibt sich auch nicht aus Ingerenz. Eine solche scheitert am fehlenden Pflichtwidrigkeitszusammenhang. Die Dopingbestimmungen, gegen die verstoßen wird, dienen nicht dazu, den Klub vor wirtschaftlichem Schaden zu bewahren.

1818 OLG Saarbrücken, Urteil vom 13.8.2007 – Ss 18/2007, NJW 2007, 2868, 2869; *Lackner/Kühl*, StGB, § 263, Rn. 12; *Tiedemann*, in: LK-StGB, § 263 Rn. 51; *Perron*, in: Schönke/Schröder, StGB, § 263 Rn. 19; *Satzger*, in: Satzger/Schluckebier/Widmaier, StGB, § 263 Rn. 82.

1819 Vgl. BGH, Urteil vom 16.11.1993 – 4 StR 648/93, BGHSt 39, 392, 399 = NJW 1994, 950, 951; BGH, Urteil vom 25.7.2000 – 1 StR 162/00, NJW 2000, 3013, 3014; BGH, Beschluss vom 2.2.2010 – 4 StR 345/09, NStZ 2010, 502; *Hefendehl*, in: Münchener Kommentar zum StGB, § 263 Rn. 163; *Tiedemann*, in: LK-StGB, § 263 Rn. 62; *Momsen-Pflanz*, Die sportethische und strafrechtliche Bedeutung des Dopings, S. 235 f.

1820 *Perron*, in: Schönke/Schröder, StGB, § 263 Rn. 22; *Tiedemann*, in: LK-StGB, § 263 Rn. 62 ff.

1821 BGH, Urteil vom 16.11.1993 – 4 StR 648/93, BGHSt 39, 392, 399 = NJW 1994, 950, 951; BGH, Beschluss vom 2.2.2010 – 4 StR 345/09, NStZ 2010, 502.

1822 *Rengier*, Strafecht BT I, § 13 Rn. 29.

1823 BGH, Urteil vom 16.11.1993 – 4 StR 648/93, BGHSt 39, 392, 399 = NJW 1994, 950, 951; *Satzger*, in: Satzger/Schluckebier/Widmaier, StGB, § 263 Rn. 104.

1824 BGH, Urteil vom 16.11.1993 – 4 StR 648/93, BGHSt 39, 392, 401 = NJW 1994, 950, 951.

2. Irrtum

Das Vorliegen eines Irrtums erfordert, dass der Täuschende eine positive Fehlvorstellung beim Getäuschten bezüglich bestimmter Tatsachen erzeugt oder unterhält. Für die Fehlvorstellung genügt nach zutreffender Auffassung das Vorliegen des sog. sachgedanklichen Mitbewusstseins.[1825] Das Opfer muss sich demnach keine konkreten Gedanken über das Vorliegen (bzw. Nichtvorliegen) bestimmter Tatsachen machen. Es genügt das intuitive Bewusstsein der Richtigkeit. Die Vorstellung, alles sei in Ordnung, muss aber auf einem bestimmten Tatsachenkomplex basieren.[1826] Eine Fehlvorstellung ist daher gegeben, sofern der Verein von dem Bewusstsein getragen ist, der Spieler komme unter Beachtung der Anti-Doping-Bestimmungen seinen arbeitsvertraglich geschuldeten Hauptleistungspflichten nach bzw. schließe in der Absicht den Arbeitsvertrag ab, die Anti-Doping-Bestimmungen zu beachten. Teilweise wird für die Annahme eines so begründeten Irrtums verlangt, dass der Verein entsprechende Nachforschungen angestellt hat, auf die er seine Vorstellung gründet.[1827] Andernorts wird unter dem Eindruck der Dopingoffenbarungen im Sport und des weit verbreiteten Dopingmitteleinsatzes in einzelnen Sportarten vertreten, dass von einer generellen Annahme der Dopingfreiheit nicht ausgegangen werden könne.[1828] Seit Einführung der Dopingkontrollen durch den DFB in der Saison 1988/1989 wurden in 25 Fällen Spieler wegen eines Verstoßes gegen Anti-Doping-Bestimmungen bestraft. Dies betraf das gesamte Kontrollsystem, also auch Spielklassen außerhalb des Lizenzfußballs.[1829] Gleichwohl stellt sich aus den schon besprochenen Schwächen des Doping-Kontrollsystems die Frage, ob tatsächlich von der Dopingfreiheit des Lizenzfußballs ausgegangen werden kann. Teilweise wird die geringe Zahl der Verurteilungen im Sport gar auf ein „Schweigekartell" zurückgeführt.[1830]

Es spielt keine Rolle, dass der Getäuschte die Täuschung hätte erkennen können.[1831] Zu weit führte es daher, folgte man auch im Lizenzfußball der Ansicht, ein Irrtum könne wegen der weiten Verbreitung von Doping im Leistungssport allgemein nicht bestehen. Eine solche Annahme entbehrt – jedenfalls im Lizenzfußball – einer empirischen Grundlage. Eine solche ist aber notwendig, wollte man ein generelles Dopingbewusstsein „unterstellen".

Bloße Unsicherheiten am Wahrheitsgehalt der vorgespiegelten Tatsachen schließen einen Irrtum nicht aus. Ausreichend ist, wenn der Getäuschte die Wahrheit für möglich hält und unter dem Einfluss dieser Vorstellung über das Vermögen verfügt.[1832] Vom Vorliegen eines Irrtums ist – jedenfalls mit Blick auf den Lizenzspieler –

1825 *Tiedemann*, in: LK-StGB, § 263 Rn. 83.

1826 *Wessels/Hillenkamp*, Strafrecht BT II, Rn. 511.

1827 *Reinhart*, in: Fritzweiler/Pfister/Summerer, Praxishandbuch Sportrecht, VIII/4 Rn. 132.

1828 *Linck*, NJW 1987, 2545, 2551; *Kühl/Latz*, in: Clasing (Hrsg.), Verbotene Arzneimittel, S. 156, 160; *Momsen-Pflanz*, Die sportethische und strafrechtliche Bedeutung des Dopings, S. 221.

1829 Ausführlich zum Kontrollsystem oben Erster Teil Kapitel 3 § 1 A.

1830 *Dury*, in: FS Röhricht, S. 1097, 1106.

1831 BGH, Urteil vom 15.10.1991 – 4 StR 420/91, wistra 1992, 95, 97.

1832 BGH, Urteil vom 5.12.2002 – 3 StR 161/02, NJW 2003, 1198, 1199; *Rengier*, Strafrecht BT I, § 13 Rn. 50.

auszugehen, soweit dieser in D.3.1. MuArbV versichert, bisher nicht wissentlich gegen Anti-Doping-Bestimmungen verstoßen zu haben, und dies auch während der Laufzeit des Spielervertrages nicht tun wird.

Sachverhalte wie die des Radprofis *Stefan Schumacher* oder von *Juventus Turin* zeigen allerdings, dass eine Würdigung der Einlassungen im Einzelfall durchaus zu einem anderen Ergebnis führen kann. Im Fall *Schumacher* konnte die 16. Große Strafkammer des LG Stuttgart einen Irrtum des Geschäftsführers des Radrennstalls nicht feststellen, weshalb der Radprofi freizusprechen war.[1833] Im Fall von *Juventus Turin* wurde der Mannschaftsarzt, *Riccardo Agricola*, wegen der systematischen Anwendung verbotener Dopingmittel in den Jahren zwischen 1994 und 1998 zu einer Freiheitsstrafe von 22 Monaten verurteilt.[1834] Der Geschäftsführer soll das Doping gefördert haben.[1835]

3. Vermögensverfügung, Vermögensschaden

Eine irrtumsbedingte Vermögensverfügung kann in der Weise erfolgen, dass Arbeitsentgelt an den Spieler geleistet wird oder aber, indem die Aussprache einer fristlosen Kündigung aus wichtigem Grunde unterlassen wird.

a. Zahlungen des Klubs an den Spieler

Der Spieler ist sowohl arbeits- als auch verbandsrechtlich dazu verpflichtet, seine Leistung dopingfrei zu erbringen. Lässt der Verein den Spieler bei Bundesspielen gedopt mitwirken, drohen Strafen.[1836] Eine Bestrafung des Klubs droht nicht, wirkt der Spieler lediglich am Training mit. Allerdings besteht auch außerhalb des Wettbewerbs die Gefahr, dass der Spieler im Rahmen einer Trainingskontrolle positiv getestet und schließlich gesperrt wird. Eine Sperre hat für Klub und Spieler, insbesondere unter Berücksichtigung des einhergehenden Trainingsverbots, gravierende Folgen. Unabdingbare Voraussetzung für die Erbringung der Dienstleistung ist daher die Dopingfreiheit des Spielers. Liegt diese nicht vor, ist der Spieler zur Erbringung der geschuldeten Hauptpflicht nicht geeignet. Die Leistung ist durch den Spieler persönlich zu erbringen und nicht nachholbar. Sie ist für den Spieler unter dem Einfluss von Dopingmitteln/-methoden nach § 275 Abs. 1 BGB unmöglich.[1837] Gemäß § 326 Abs. 1 BGB ist der Klub – gleichgültig ob der Spieler nach außen hin seinen vertraglichen

---

1833 LG Stuttgart, Urteil vom 29.10.2013 – 16 KLs 211 Js 88929/08, S. 24, im Internet im Volltext abrufbar über Juris.

1834 FAZ.NET vom 26.11.2004, Artikel im Internet abrufbar unter: http://www.faz.net/aktuell/sport/fussball/doping-teamarzt-von-juventus-turin-zu-22-monaten-gefaengnis-verurteilt-1193087.html (zuletzt aufgerufen am 6.1.2017). In zweiter Instanz wurde *Agricola* freigesprochen, FAZ vom 15.12.2005, 32.

1835 FAZ.NET vom 26.11.2004, Artikel im Internet abrufbar unter: http://www.faz.net/aktuell/sport/fussball/doping-teamarzt-von-juventus-turin-zu-22-monaten-gefaengnis-verurteilt-1193087.html (zuletzt aufgerufen am 6.1.2017).

1836 Ausführlich hierzu siehe oben Zweiter Teil Kapitel 2 § 1 B II 4.

1837 *Ernst*, in: Münchener Kommentar zum BGB, § 275 Rn. 40.

Pflichten nachkommt oder nicht – während des Vorhandenseins verbotener Substanzen oder der Anwendung verbotener Methoden nicht zur Zahlung des Arbeitsentgelts verpflichtet.[1838] Ferner genügt die Leistung des gedopten Spielers nicht, um die Gegenleistung des Vereins adäquat zu kompensieren. Das OLG Stuttgart betrachtet die Leistung des gedopten Sportlers als wertlos.[1839] Gleichgültig welchen Wert man der Dopingfreiheit des Spielers beimisst, ist der Wert der Leistung des Spielers durch das Dopingverhalten mangels persönlicher Eignung unbestritten gemindert.[1840] Richtigerweise wird man aber nicht nur auf die Äquivalenz von persönlicher Eignung und Arbeitsentgelt abstellen dürfen. So ist nicht auszuschließen, dass der Spieler durch sein Dopingvergehen sportliche Spitzenleistungen erbringt, die dem Verein, jedenfalls solange dieser Umstand nicht offenkundig wird, Mehreinnahmen bescheren, die dieser bei natürlicher Leistungserbringung durch den Spieler nicht erzielt hätte.[1841] Die Feststellung des Vermögensschadens bleibt damit eine Frage der Bewertung der gesamten Umstände des Einzelfalles.[1842] Die pauschale Annahme eines Vermögensschadens, wie im Fall *Schumacher* durch das OLG Stuttgart geschehen, greift aufgrund der Vielschichtigkeit des äußerst komplexen Geschäfts „Lizenzfußball" zu kurz.[1843] Gleiches gilt, soweit der Spieler bereits bei Abschluss des Arbeitsvertrages die Absicht hatte zu dopen und dies gegenüber dem Verein nicht kundgetan hat. Es dürfte erheblichen Schwierigkeiten begegnen, in diesen Fällen sowohl Täuschungsabsicht des Spielers als auch Vermögensschaden nachzuweisen.

b. Unterlassene Kündigungserklärung durch den Klub

Die Verfügung kann auch durch ein Unterlassen erfolgen.[1844] Eine solche liegt vor, wenn der Getäuschte irrtumsbedingt die ihm zustehenden Gestaltungsrechte nicht ausübt.[1845] Sofern der Klub nach der Rechtslage objektiv das Recht hat, den Spieler wegen dessen Dopingverhaltens außerordentlich zu kündigen, der Klub dies mangels Kenntnis des Kündigungsgrundes jedoch unterlässt, ist eine Vermögensverfügung gegeben.[1846] Nach der Theorie der Gesamtsaldierung besteht der Vermögensschaden in

---

1838 OLG Stuttgart, Beschluss vom 29.9.2011 – 2 Ws 33/11, BeckRS 2011, 27427.

1839 Nach *Merk*, in: FS Knemeyer, S. 417, 424 entziehen sich die sportlichen Leistungen einer sinnvollen Bestimmung ihres Marktpreises. Dies gilt erst recht durch die Ungewissheit über Bestehen und ggf. Umfang einer dopingbedingten Wertminderung.

1840 Leistet der Klub in Unkenntnis des Dopingverstoßes dennoch arbeitsvertragliche Zahlungen an den Spieler, kann der Klub diese nach den Regelungen des Rücktrittsrechts von dem Spieler zurückverlangen (§§ 326 Abs. 4, 346 ff. BGB). Der Vermögensschaden des Klubs liegt grundsätzlich in der Risikotragung der Rückzahlung der empfangenen Leistungen, zu denen er (unwissentlich) wegen des Dopingverstoßes nicht verpflichtet war.

1841 *Reinhart*, in: Fritzweiler/Pfister/Summerer (Hrsg.), Praxishandbuch Sportrecht, VIII/4 Rn. 134; *Michel*, Doping, S. 64 f.

1842 *Reinhart*, in: Fritzweiler/Pfister/Summerer (Hrsg.), Praxishandbuch Sportrecht, VIII/4 Rn. 134.

1843 Ebenfalls kritisch *Jahn*, JuS 2012, 181, 183; *Kudlich*, SpuRt 2012, 54, 55.

1844 *Satzger*, in: Satzger/Schluckebier/Widmaier, StGB, § 263 Rn. 167.

1845 OLG Stuttgart, Beschluss vom 29.9.2011 –2 Ws 33/11, BeckRS 2011, 27427; *Satzger*, in: Satzger/Schluckebier/Widmaier, StGB, § 263 Rn. 167.

1846 Zur Kündigung eingehend oben Zweiter Teil Kapitel 3 § 1 A I.

den Zahlungen, welche der Klub bei vorzeitiger Beendigung des Arbeitsverhältnisses an den Spieler nicht hätte leisten müssen. Anderes gilt nur, wenn die durch die dopinggesteigerte Leistung erhöhten Einnahmen des Vereins den durch die Entdeckung des Dopingverhaltens entstandenen Verlust übersteigen.

4. Stoffgleiche Bereicherungsabsicht

Das Merkmal der Bereicherungsabsicht verlangt nicht, dass der Vermögensvorteil der maßgebende Beweggrund für die Täuschung sein muss. Es genügt, dass der Vermögensvorteil erwünschte Folge ist. Dies ist dann nicht der Fall, wenn der Vermögensvorteil Resultat eines auf einen anderen Zweck gerichteten Verhaltens ist, die Vorteilserlangung also unerwünschte Nebenfolge oder lediglich in Kauf genommene notwendige Folge des eigentlich verfolgten Zwecks ist.[1847] Durch sein Dopingverhalten beabsichtigt der Spieler, seine Leistungen zu verbessern. Marktwert und Bedeutung des Spielers sollen gesteigert werden. Durch Täuschung über die Dopingfreiheit soll verhindert werden, dass eine Sperre verhängt, das Arbeitsentgelt nicht mehr geleistet und das Arbeitsverhältnis außerordentlich gekündigt wird. Der Spieler verfolgt demnach auch finanzielle Ziele. Die stoffgleiche Bereicherungsabsicht kann ohne weiteres angenommen werden.

5. Ergebnis

Sofern der Spieler den Klub absichtlich und mit stoffgleicher Bereicherungsabsicht über seine Dopingfreiheit täuscht bzw. bei Vertragsabschluss wahrheitswidrig vorgibt, während der Laufzeit des Vertragsverhältnisses nicht dopen zu wollen, kann eine Strafbarkeit wegen Betrugs in Betracht kommen. Jedoch kann der Nachweis von Täuschungsabsicht, Irrtum und Vermögensschaden im Einzelfall großen Schwierigkeiten begegnen.

II. Betrug zu Lasten des Veranstalters

Die Teilnahme des Spielers an den Lizenzligen setzt dessen Dopingfreiheit voraus. Entsprechend erkennt der Spieler in § 3 Abs. 2 des Lizenzvertrages das Dopingverbot als für sich verbindlich an und erklärt, an der Bundesliga unter Beachtung dieses Verbots teilzunehmen. Der Spieler täuscht die DFL, wenn er bei Abschluss des Lizenzvertrages wahrheitswidrig vorgibt, zukünftig nicht dopen zu wollen. Den DFL e. V. täuscht er, wenn er am Spielbetrieb unter Einfluss verbotener Substanzen oder Methoden mitwirkt. Durch seine Teilnahme am Wettbewerb erklärt der Spieler konkludent,[1848] die Leistung dopingfrei zu erbringen.[1849] Eine Vermögensverfügung könnte in der irrtumsbedingten Erteilung der Lizenz (DFL als Stellvertreterin des DFL e. V.)

1847 *Lackner/Kühl*, StGB, § 263 Rn. 58; *Fischer*, StGB, § 263 Rn. 190.
1848 Vgl. § 3 Abs. 2 und 3 Lizenzvertrag Spieler.
1849 Siehe hierzu auch oben Dritter Teil Kapitel 1 § 1 A I 1 b.

oder in der irrtumsbedingt unterlassenen Entziehung der Lizenz[1850] durch den DFL e. V. gesehen werden. Schwierigkeiten bereitet jedoch der Nachweis des Vermögensschadens. Die Lizenz besitzt keinen Marktwert. Einen Marktpreis für die Lizenz gibt es nicht, da Lizenzen immer höchstpersönlich erteilt bzw. geschlossen werden. Die Lizenz bezieht sich auf den einzelnen Spieler und berechtigt nur diesen, am Spielbetrieb der Bundesligen teilzunehmen. Nach dem von der Rechtsprechung vertretenen wirtschaftlichen Vermögensbegriff bildet das Vermögen die „Summe aller geldwerten Güter nach Abzug der Verbindlichkeiten".[1851] Die Lizenz ist nicht vermarktbar bzw. handelbar. Sie hat wie ein Reisepass oder Führerschein keinen fassbaren wirtschaftlichen Wert.[1852] Folglich ist sie vom Vermögensbegriff nicht umfasst. Eine Betrugsstrafbarkeit zu Lasten des DFL e. V. wäre nur denkbar in der Art und Weise, dass dieser irrtumsbedingt Zahlungen an den Spieler leistet. Zahlungen leistet der DFL e. V. nur an seine Mitglieder. Es liegt im Ermessen der Klubs, diese an die Spieler weiterzureichen, etwa durch die Zahlung bestimmter Prämien. Der Spieler kann hierauf nicht einwirken. Es fehlt also an einer unmittelbaren Vermögensverfügung. Eine Drittbereicherung scheitert regelmäßig an einer entsprechenden Absicht des Spielers; denn der Spieler beabsichtigt durch Doping nicht, das Vermögen des Klubs zu mehren, sondern einen eigenen Vorteil zu erzielen.

Die vorstehenden Ausführungen gelten entsprechend für die Teilnahme des Spielers an der durch den DFB veranstalteten 3. Liga. Auch hier erfolgt die Zulassung durch Unterzeichnung des Zulassungsvertrages; für Lizenzspieler genügt insoweit der Lizenzvertrag.

III. Betrug zu Lasten der Mitspieler

Ein Betrug zu Lasten der Mitspieler dergestalt, dass die Mitspieler des Sportlers durch dessen Dopingverhalten verminderte Gewinnchancen haben, lässt sich für den Mannschaftssportler nicht ohne weiteres begründen. Der Lizenzfußball kennt nicht die Auslobung eines Preises durch den Veranstalter. Spieler erhalten regelmäßig Einsatz- und Siegprämien durch ihre Vereine. Hiernach kann es zu der Konstellation kommen, dass ein Spieler aufgrund seiner dopingbedingt guten Leistungen Prämien erhält, die ein anderer Spieler, der unter normalen Umständen an Stelle des gedopten Spielers zum Einsatz gekommen wäre, nicht erhält. Eine Verfügung der benachteiligten Mitspieler könnte man in der Unterlassung der Geltendmachung des Anspruchs auf Einsatz als Fälligkeitsvoraussetzung für die Auszahlung der Prämie erblicken. Nach D.9. Satz 3 MuArbV werden Einsatz und Tätigkeit des Spielers durch das Trainerteam bestimmt. Der Spieler hat keinen Anspruch auf Einsatzzeiten. Gleiches gilt trotz des Fehlens einer vergleichbaren vertraglichen Normierung für den Vertragsspieler. Denn es liegt in der Natur der Sache, dass der Trainer ein Direktionsrecht besitzt. Zum Verfügungszeitpunkt hat mithin kein Anspruch bestanden, über den der

1850 § 3 Nr. 2 lit. b) LOS i. V. m. § 3 Abs. 2 Lizenzvertrag Spieler, § 4 Abs. 1 Lizenzvertrag Spieler.
1851 BGH, Beschluss vom 18.7.1961 – 1 StR 606/60, BGHSt 16, 220, 221 = NJW 1961, 1876.
1852 Vgl. *Satzger*, in: Satzger/Schluckebier/Widmaier, StGB, § 263 Rn. 156 m. w. N.

benachteiligte Spieler hätte verfügen können. Selbst wenn man von einer Vermögensverfügung und einem Vermögensschaden ausgehen wollte, scheiterte der strafrechtliche Schutz des Mitspielers am Fehlen des Merkmals der Stoffgleichheit. Vermögensvorteil und Vermögensschaden beruhen nicht auf derselben Vermögensverfügung; denn der Spieler möchte sich nicht um den Anspruch eines Mitspielers bereichern, sondern um die individuell arbeitsvertraglich vereinbarte Prämie.[1853] Wollte man einen funktionalen Zusammenhang zwischen Schaden und Vorteil dergestalt genügen lassen, dass der Vorteil des gedopten Spielers zu Lasten des Vermögens des nicht berücksichtigten Spielers geht,[1854] würde das Tatbestandsmerkmal der Stoffgleichheit aufgeweicht. Nicht mehr gewährleistet wäre, dass der Schaden unmittelbare Folge, d. h. Kehrseite bzw. Gegenstück, der irrtumsbedingten Vermögensverfügung ist. Im Übrigen begegnet Bedenken, ob der dopende Spieler seine Mannschaftskameraden konkludent täuscht. Auch Mannschaftssportler treten in Konkurrenz zueinander an. Das innerhalb der Spieltheorie erwähnte Gefangenen-Dilemma[1855] zeigt, dass mit Regelverstößen gerechnet werden muss. Insofern ist es schwer, der Teilnahme des Spielers im Wettbewerb den Wert beizumessen, ein Einsatz erfolge unter strenger Wahrung der Anti-Doping-Bestimmungen.[1856]

IV. Betrug zu Lasten der Zuschauer

Der Zuschauer schließt mit dem gastgebenden Verein den Zuschauervertrag.[1857] Nach überwiegender Ansicht teilt dieser die Rechtsnatur eines Werkvertrags.[1858] Hauptpflicht des Veranstalters[1859] ist neben der Gewährung des gemieteten Platzes die erfolgreiche Organisation und Durchführung des Spiels.[1860] Nicht geschuldet ist die sportliche Leistung durch den einzelnen Spieler. Der Verein schuldet die ordnungsgemäße Durchführung der Veranstaltung nach den geltenden Fußballregeln.[1861] Als Äquivalent verpflichtet sich der Zuschauer, den Eintrittspreis zu bezahlen. Eine vertragliche Beziehung zwischen Zuschauer und Spieler besteht nicht. Insoweit scheint schon fragwürdig, ob überhaupt eine Kommunikationsbeziehung zwischen Spieler und Zuschauer besteht. Von einer konkludenten Täuschung der Zuschauer über die Dopingfreiheit des Spielers kann, sofern man eine solche überhaupt annehmen möchte, nur durch die Teilnahme des gedopten Spielers am jeweiligen

---

1853 *Rössner*, in: Adolphsen/Nolte/Lehner/Gerlinger (Hrsg.), Sportrecht in der Praxis, Rn. 1708.

1854 Vgl. *Kerner/Trüg*, JuS 2004, 140, 144.

1855 Siehe Fn. 423.

1856 *Grotz*, ZJS 2008, 243, 250.

1857 Zum Begriff des Zuschauervertrages vgl. *Heermann*, Haftung im Sport, Rn. 351; *Schulze*, Jura 2011, 481.

1858 LG Rostock, Urteil vom 16.6.2005 – 9 O 328/04, SpuRt 2006, 83, 84; AG Frankfurt a. M., Urteil vom 20.4.2006 – 31 C 3120/05-17, SpuRt 2006, 122, 123; *Sprau*, in: Palandt, Einf. vor § 631 Rn. 29.

1859 Entsprechend OLG Stuttgart, Urteil vom 19.3.2009 – 2 U 47/08, SpuRt 2009, 252, 254 ist Mitveranstalter neben dem gastgebenden Verein der DFL e. V.

1860 *Schulze*, Jura 2011, 481, 484; *Weller*, JuS 2006, 497, 500. Nach *Heger*, JA 2003, 76, 82 haben die Zuschauer einen Anspruch auf die Durchführung eines regelkonformen gültigen Wettkampfs.

1861 *Turner*, NJW 1992, 720, 722; *Schwab*, NJW 2005, 938, 940.

Spiel ausgegangen werden.[1862] Selbst wenn man von einer Täuschungshandlung ausgeht, so ist doch festzustellen, dass im Zeitpunkt der Vermögensverfügung, also bei Zahlung des Eintrittspreises, eine Täuschungshandlung des Spielers gerade nicht vorgelegen hat. Zu diesem Zeitpunkt wissen weder Zuschauer noch Spieler sicher, welcher Spieler endgültig am Spiel mitwirken wird.

Der Zuschauer erleidet regelmäßig auch keinen Vermögensschaden. Zur Beachtung der geltenden Sportregeln gehört auch, dass Verstöße durch den Verband geahndet werden. Auf diese Weise wird die Ordnungsgemäßheit des Spiels wiederhergestellt. Wie in den Fällen des unsportlichen Verhaltens, des rohen Spiels gegen den Gegner, der Tätlichkeiten gegen den Gegner oder die Zuschauer, der Beleidigungen oder Bedrohung von Schiedsrichter und Assistenten während des Spiels handelt es sich auch bei der Verwirklichung der Dopingtatbestände um Regelwidrigkeiten, die bei Aufdeckung geahndet werden (wenngleich auch die Unterschiede in der Sanktionshöhe beachtlich sind). Schadensersatzansprüche oder Rückforderungsansprüche des geleisteten Eintrittspreises erwachsen dem Zuschauer aus dem regelwidrigen Verhalten des Spielers nicht.[1863] Der Zuschauer hat ein Kräftemessen miterlebt, dessen Ausgang im Zeitpunkt der Austragung nach eigener Wahrnehmung ungewiss war.[1864]

Ein Betrug zu Lasten der Zuschauer scheitert schließlich auch an der fehlenden stoffgleichen Bereicherungsabsicht des Spielers. Der Spieler beabsichtigt weder sich noch den Verein um den gezahlten Eintrittspreis zu bereichern. Ansprüche der Zuschauer richten sich gegen den Veranstalter.

V. Betrug zu Lasten der persönlichen Sponsoren und Ausrüster des Spielers

Auch Sponsoring- und Werbe- bzw. Ausrüstungsverträge beinhalten, insbesondere aus Compliance-Gesichtspunkten, Dopingverbote. Klauseln, wonach der Sponsor bzw. Ausrüster berechtigt ist, das Vertragsverhältnis aus wichtigem Grund fristlos zu kündigen, wenn der Gesponserte gegen Anti-Doping-Bestimmungen der nationalen und internationalen Sportverbände verstoßen hat, sind üblich.[1865] Ein Betrug kommt demnach in Betracht, wenn der Spieler bei Abschluss des Vertrages oder bei gezielter Befragung wahrheitswidrig vorgibt, nicht gedopt zu sein und/oder nicht dopen zu wollen bzw. wenn der Spieler durch seine Teilnahme am Spielbetrieb oder an Werbemaßnahmen konkludent erklärt, dies dopingfrei zu tun. Dem Sponsor und Ausrüster

1862 Ablehnend *Reinhart*, in: Fritzweiler/Pfister/Summerer (Hrsg.), Praxishandbuch Sportrecht, VIII/4 Rn. 146. Eine konkludente Täuschung bejahend *Cherkeh*, Betrug, S. 78.

1863 Vgl. hierzu auch *Valerius*, in: FS Rissing-van Saan, S. 717, 720, der die Vorstellung der Zuschauer, die Spieler seien nicht gedopt, als nicht schützenwertes bloßes Affektionsinteresse betrachtet. Den Vermögensschaden ebenfalls verneinend *Reinhart*, in: Fritzweiler/Pfister/Summerer (Hrsg.), Praxishandbuch Sportrecht, VIII/4 Rn. 146. A. A. *Schwab*, NJW 2005, 938, 940.

1864 *Tauschwitz*, Dopingverfolgung, S. 55; *Reinhart*, in: Fritzweiler/Pfister/Summerer (Hrsg.), Praxishandbuch Sportrecht, VIII/4 Rn. 146.

1865 Vgl. etwa *Janka*, in Beck'sche Online-Formulare Vertrag, Mustervertrag 17.2.1.1 Einzelsportler-Sponsoring mit Exklusivsponsor (Stand: 1.9.2016).

des Spielers ist primär das positive Image des Spielers wichtig.[1866] Das Image des Spielers soll auf Sponsor bzw. Ausrüster abstrahlen (sog. Imagetransfer). Der Marktwert des Spielers ist insoweit image-, nicht leistungsbezogen.[1867] Die irrtumsbedingte Vermögensverfügung kann im Abschluss des Vertrages, in der Zahlung von Geldern oder im Unterlassen der Kündigung gesehen werden. Der Irrtum ist freilich nur dann für die Vermögensverfügung kausal, wenn die Täuschungshandlung des Spielers dieser vorausgegangen ist. Maßgeblich ist neben der Handlung des Spielers daher die konkrete Ausgestaltung der Zuwendungsvereinbarung. Geld-, Sach- oder Dienstleistungen können einmalig oder periodisch erbracht werden. Dopt der Spieler, so kann dies seinen Imagemarktwert mindern und einen Schaden verursachen. Denkbar ist aber auch, dass es durch die dopingbedingt erhöhte mediale Aufmerksamkeit zu Mehreinnahmen kommt.[1868] Der Nachweis des Vermögensschadens kann daher im Einzelfall mit erheblichen Schwierigkeiten verbunden sein. Die Annahme, dass wegen des fehlenden Werbewertes des gedopten Spielers aus irrtumsbedingtem Abschluss des Vertrages ein Vermögensschaden resultiert, ließe den wirtschaftlichen Gesamtwert des Vertragsabschlusses unberücksichtigt.[1869]

VI. Bewertung

Der Betrugstatbestand dient dem Schutz des Vermögens. Im Mittelpunkt steht der Vorwurf, der Spieler täusche über die Tatsache, sich den Anti-Doping-Bestimmungen gemäß zu verhalten bzw. verhalten zu haben. Es muss bei dem Getäuschten ein Irrtum über die Dopingfreiheit des Spielers hervorgerufen werden, aufgrund dessen es verfügungsbedingt zu einem Vermögensschaden beim Opfer kommt. Insoweit genügt die Absicht des Spielers; der Versuch ist strafbar (§ 263 Abs. 2 StGB). Was den Dopingverstoß des Spielers anbelangt, markiert der Schutz des Individualrechtsguts Vermögen die Schwachstelle des Betrugstatbestandes. Der Strafvorwurf richtet sich nicht gegen das Dopingverhalten des Spielers an sich, sondern gegen die täuschungsbedingte Herbeiführung des Vermögensschadens. Gelingt der Nachweis von Täuschung und/oder Vermögensschaden (Stoffgleichheit) nicht, ist eine Strafbarkeit wegen Betrugs, trotz des aufgedeckten Dopingvergehens, nicht gegeben. In einem Milieu, in dem das potentielle Opfer vor der Vermögensverfügung Kenntnis von dem (beabsichtigten) Dopingverhalten des Spielers hat und der Spieler dies weiß, ist eine Strafbarkeit des Spielers wegen Dopings ausgeschlossen. Dies gilt erst recht, wenn Klub, Sponsor und/oder Ausrüster das Dopingverhalten des Spielers dulden, fordern oder fördern. In dem Fall *Schumacher* hat die fünfte Große Strafkammer des LG Stuttgart

1866 Bezüglich der Sponsoren und Ausrüster der Mannschaft fehlt es bereits an der kommunikativen Einwirkung des Spielers.

1867 *Reinhart*, in: Fritzweiler/Pfister/Summerer (Hrsg.), Praxishandbuch Sportrecht, VIII/4 Rn. 139.

1868 So etwa im Fall des Schweizer Uhrenherstellers *Festina* nach dem Dopingskandal bei der Tour de France im Jahr 1998: „Wir sind über Nacht zur bekanntesten Uhrenmarke geworden, die Leute rennen uns die Bude ein", Thomas Körner, Geschäftsführer Deutschland Festina, zit. nach *Hacke*, Der Spiegel 41/2004, Artikel im Internet abrufbar unter: http://www.spiegel.de/spiegel/print/d-32362271.html (zuletzt aufgerufen am 6.1.2017).

1869 So aber *Cherkeh/Momsen*, NJW 2001, 1745, 1748; *Schild*, Sportstrafrecht, S. 168 f.

die Eröffnung des Hauptverfahrens mit der Begründung abgelehnt, ein Schaden sei nicht entstanden.[1870] Ferner sei fraglich, ob der Radprofi in Bereicherungsabsicht gehandelt habe und ob ein Irrtum beim Radrennstallbetreiber entstanden sei.[1871] Das auf die sofortige Beschwerde der Staatsanwaltschaft hin eröffnete Hauptverfahren vor der 16. Großen Strafkammer hat dies bestätigt; nach der Überzeugung der Kammer war ein Irrtum tatsächlich nicht entstanden.[1872] Die fehlende Eignung von § 263 StGB zur Bekämpfung von Doping hat schließlich die fünfte Große Strafkammer festgestellt; sie hat das Verhalten der Radprofis als nicht strafwürdig erachtet.[1873] Wörtlich heißt es in dem Beschluss: „Es erscheint daher verfehlt, die bewusst in Kauf genommene Strafbarkeitslücke für Fälle, in denen Anhaltspunkte für einen Besitz einer nicht geringen Menge von Doping-Substanzen nicht vorliegen, durch eine besonders weite Interpretation anderer Strafbestände schließen zu wollen."[1874]

B. Strafbarkeit nach §§ 267 ff. StGB

Eine Strafbarkeit des Spielers kann ferner wegen §§ 267 ff. StGB in Betracht kommen. Denkbar ist das Vorliegen eines Urkundendeliktes, insbesondere durch Manipulation der Dopingproben, beispielsweise durch Fremdurin oder Veränderung von Flaschenaufdruck sowie durch Änderung von Dokumenten, beispielsweise Dopingkontrollformular oder Analyseberichte. Flascheninhalt und Codenummer stellen eine zusammengesetzte Urkunde dar.[1875] Ihr kommt im Dopingkontrollverfahren und dem sich hieran anschließenden Ergebnismanagement bzw. Sanktionsverfahren Beweiswert zu.[1876] Ferner lässt sie den Aussteller (NADA) erkennen. Bisher sind keine Anzeigen gegen Sportler wegen des Verdachtes eines Verstoßes gegen §§ 267 ff. StGB bekannt. Bei den Urkundendelikten handelt es sicher ferner allenfalls um dem eigentlichen Dopingverhalten nachgelagerte Straftaten. Rechtsgut ist die Sicherheit und Zuverlässigkeit des Rechtsverkehrs mit Urkunden.[1877] Geschützt werden soll die Echtheit der Urkunde, nicht deren Richtigkeit.[1878] Eine Ausrichtung auf die Situation des Dopings ist vom Gesetzgeber mithin nicht bedacht. Hinzu kommt, dass aufgrund der in dem Standard für Dopingkontrollen und Ermittlungen der NADA normierten Sicherheitsbestimmungen (insbesondere Sichtkontrolle bei der Urinkontrolle, Verteilung und Verschließung der Proben im Beisein von Spieler und Dopingkontrolleur bzw. Dopingkontrollarzt, gemeinsame Erstellung des Dopingkontrollformulars)[1879] die Mani-

1870 OLG Stuttgart, Beschluss vom 29.9.2011 – 2 Ws 33/11, BeckRS 2011, 27427.
1871 OLG Stuttgart, Beschluss vom 29.9.2011 – 2 Ws 33/11, BeckRS 2011, 27427.
1872 LG Stuttgart, Urteil vom 29.10.2013 – 16 KLs 211 Js 88929/08, S. 24 (Volltext abrufbar über Juris).
1873 OLG Stuttgart, Beschluss vom 29.9.2011 – 2 Ws 33/11, BeckRS 2011, 27427.
1874 LG Stuttgart, Beschluss vom 30.1.2011 – 5 KLs 211 Js 88929/08 (nicht veröffentlicht).
1875 *Ott*, Strafwürdigkeit und Strafbedürftigkeit, S. 106.
1876 Vgl. § 1 Nr. 5 lit. c) DFB-ADR.
1877 BGH, Urteil vom 11.12.1951 – 1 StR 567/51, BGHSt 2, 50, 52 = NJW 1952, 231; *Lackner/Kühl*, StGB, § 267 Rn. 1.
1878 *Lackner/Kühl*, StGB, § 267 Rn. 1.
1879 §§ 11, 12 DFB-ADR.

pulation im Sinne der §§ 267 ff. StGB im Verhältnis zum Selbstdoping eine eher untergeordnete Rolle spielt.

C. Strafbarkeit nach § 298 Abs. 1 StGB

Das strafbewehrte Verbot der wettbewerbsbeschränkenden Absprachen bei Ausschreibungen schützt vorrangig das überindividuelle Interesse an einem freien, lauteren Wettbewerb als Institution des Wirtschaftslebens.[1880] Geschützt werden soll die „Freiheit der Marktkonkurrenz vor unlauteren, nicht offenbarten Einflüssen, die das Austauschverhältnis von Waren und Dienstleistungen einseitig zugunsten eines Beteiligten verzerren".[1881] Nach der herrschenden Meinung entspricht der sportliche Wettbewerb aufgrund seiner mitunter sportlich-idealistischen Interessen nicht dem „freien Wettbewerb". Der freie Wettbewerb ist zuvörderst auf den Austausch von Waren und Leistungen, also den ungestörten Wirtschaftskreislauf, zugeschnitten.[1882] Doping beeinflusst hingegen den sportlichen Beitrag im Wettbewerb, welcher keine gewerbliche Leistung darstellt. Im Übrigen setzte § 298 Abs. 1 StGB weiter eine rechtswidrige Absprache, d. h. eine Verständigung der Bewerber untereinander, voraus.[1883] Eine Absprache liegt aber regelmäßig schon nicht vor. Denn Doping soll den Einzelnen bevorteilen und geschieht daher im Geheimen.[1884]

D. Strafbarkeit nach § 6a Abs. 2a Satz 1 AMG a. F. i. V. m. § 95 Abs. 1 Nr. 2b AMG a. F.

I. Tatbestand

Nach § 6a Abs. 2a Satz 1 AMG a. F. i. V. m. § 95 Abs. 1 Nr. 2b AMG a. F. machte sich strafbar, wer bestimmte Arzneimittel oder Wirkstoffe in nicht geringer Menge zu Dopingzwecken im Sport besaß, sofern das Doping bei Menschen erfolgen sollte. Die verbotenen Stoffe waren im Anhang des AMG enumerativ aufgeführt. Die jeweilige, nicht geringe Menge bestimmte sich nach der Dopingmittel-Mengen-Verordnung. Der Besitzbegriff entsprach dem des Gewahrsams aus §§ 242, 246 StGB.[1885] Auch die fahrlässige Begehung war nach § 95 Abs. 4 AMG a. F. strafbewehrt. Gleiches galt nach Abs. 2 für den Versuch.

Mit der Aufnahme der Besitzstrafbarkeit in das AMG im Jahr 2007 verfolgte der Gesetzgeber das Ziel, die Gesundheit und die Sicherheit des Arzneimittelverkehrs zu schützen.[1886] Die Gewährleistung der sportlichen Fairness sollte den Sportverbänden

1880 BT-Drs. 13/5584, S. 13.
1881 BT-Drs. 13/5584, S. 13.
1882 *Cherkeh/Momsen*, NJW 2001, 1745, 1750; *Schattmann*, Betrug, S. 163; *Ott*, Strafwürdigkeit und Strafbedürftigkeit, S 108; *Heger*, JA 2003, 76, 82.
1883 *Lackner/Kühl*, StGB, § 298 Rn. 3; *Michel*, Doping, S. 77.
1884 *Michel*, Doping, S. 77.
1885 *Kolbe*, Strafprozessuale Aspekte, S. 182.
1886 BT-Drs. 16/5526, S. 9.

vorbehalten bleiben.[1887] Der Besitz nicht geringer Mengen indizierte die Weitergabe der Mittel im Sinne einer unwiderlegbaren Vermutung.[1888] Gleichgültig blieb, ob eine solche Weitergabe erfolgen sollte oder tatsächlich erfolgt war. Der bloße Besitz nicht geringer Mengen stellte aus Sicht des Gesetzgebers eine (strafbare) abstrakte Gesundheitsgefährdung dar.[1889] Gesundheitsschäden sollte frühzeitig vorgebeugt werden.[1890] Nicht geschützt werden sollte der selbstdopende Sportler. Schutzobjekt war der „saubere" Sportler, der sich nicht unter dem Eindruck einer Zwangslage herausgefordert fühlen sollte, zu Dopingmittel zu greifen und damit gesundheitliche Risiken zu begründen.[1891]

Im August 2013 war das Dritte Gesetz zur Änderung arzneimittelrechtlicher und anderer Vorschriften in Kraft getreten.[1892] Hierdurch wurde in § 6a Abs. 2a Satz 1 AMG a. F. i. V. m. § 95 Abs. 1 Nr. 2b AMG a. F der Erwerb nicht geringer Mengen zu Dopingzwecken im Sport dem Besitz nicht geringer Mengen zu Dopingzwecken im Sport gleichgestellt. Durch die Einführung der Erwerbsstrafbarkeit sollten Lücken geschlossen werden, die sich durch die Nachweisschwierigkeiten einer (versuchten) Besitzstrafbarkeit ergeben hatten.[1893] Auf den Besitz durch den Sportler/Erwerber kam es insoweit nicht mehr an.

II. Praktische Bedeutung

Aufschluss über die praktische Bedeutung der Strafbarkeit des Sportlers nach dem AMG a. F. liefert der Bericht der Bundesregierung zur Evaluation des Gesetzes zur Verbesserung der Bekämpfung des Dopings im Sport. Nach Art. 3 des Gesetzes zur Verbesserung der Bekämpfung des Dopings im Sport hatte die Bundesregierung im September 2012 einen Evaluierungsbericht zur Wirksamkeit des Gesetzes veröffentlicht. In die Auswertung eingeflossen waren die Angaben von 60 der insgesamt 116 deutschen Staatsanwaltschaften zur Abbildung der Entwicklung der Fallzahlen unter anderem zur Besitzstrafbarkeit im Erhebungszeitraum 1. Januar 2009 bis 31. Dezember 2011.[1894] Demnach stellte sich die staatsanwaltliche Praxis, einen Anfangsverdacht anzunehmen, als uneinheitlich dar. Einige Staatsanwaltschaften ließen den einfachen Besitz zum Vorliegen eines Anfangsverdachts genügen.[1895] Andere Staatsan-

1887 BT-Drs. 13/9996, S. 13. Nach BGH, Beschluss vom 14.12.2011 – 5 StR 425/11, NStZ 2012, 218, 219 war für das Inverkehrbringen von Dopingmitteln aber in der konkreten Strafzumessung zu bedenken, „ob die Dopingmittel - über die Selbstgefährdung des Einnehmenden hinaus - auch zu Wettkampfzwecken bestimmt waren, wodurch Chancengleichheit und Fairness im Sport, unter Umständen auch Belange von möglichen Konkurrenten, beeinträchtigt sein könnten".

1888 BT-Drs. 16/5526, S. 1; *Mitsch*, NJW 2008, 2295, 2297 f.; *Jahn*, GA 154 (2007), 579, 585.

1889 BT-Drs. 16/5529, S. 9.

1890 BT-Drs. 16/5529, S. 8.

1891 *Freund*, in: Münchener Kommentar zum StGB, § 6a AMG Rn. 10.

1892 BGBl. 2013 I S. 3108 ff.

1893 BT-Drs. 17/13083, S. 6.

1894 Bericht der Bundesregierung zur Evaluation des Gesetzes zur Verbesserung der Bekämpfung des Dopings im Sport (DBVG), S. 11 f.

1895 Bericht der Bundesregierung zur Evaluation des Gesetzes zur Verbesserung der Bekämpfung des Dopings im Sport (DBVG), S. 14.

waltschaften verlangten hingegen das Hinzutreten weiterer Tatsachen oder gar das Auffinden einer nicht geringen Menge.[1896] Nahezu 72 Prozent der angegebenen Strafverfahren wurden im Wege der Einstellung beendet.[1897] Von den Einstellungen dominierte die Einstellung nach § 170 Abs. 2 StPO (knapp 80 Prozent).[1898] Eine Einstellung wegen des Nichtvorliegens eines hinreichenden Verdachts erfolgte überwiegend durch Staatsanwaltschaften, die bereits den einfachen Besitz zur Bejahung des Anfangsverdachts ausreichen ließen.[1899]

Die, relativ betrachtet, hohe Zahl der Einstellungen belegt, dass es weit überwiegend nicht zur Bestrafung wegen des Besitzes nicht geringer Menge gekommen ist. Dabei findet der Spitzensport im Evaluationsbericht nicht ausdrücklich Erwähnung. Auch Auskünfte der Schwerpunktstaatsanwaltschaften München und Freiburg, die Fälle aus den Jahren 2009 bis 2011 betreffen, spiegeln wider, dass der Schwerpunkt der Anwendung der Besitzstrafbarkeit im Breitensport (namentlich dem Bodybuildingsektor) lag: Rund 80 Prozent der bearbeiteten Verfahren resultierten aus diesem Bereich.[1900]

Das Ziel der Bekämpfung von Doping im Sport war es, kriminelle Doping-Netzwerke zu zerschlagen.[1901] Die Bestrafung des selbstdopenden Sportlers sollte den Sportverbänden vorbehalten sein, sofern eine abstrakte Gesundheitsgefährdung nicht bestand. Der dopende Sportler sollte also vom Täterkreis der Strafnormen des AMG grundsätzlich nicht umfasst sein. Sofern der Spieler lediglich geringe Mengen an Dopingsubstanzen besessen bzw. erworben hatte, diese aber nicht an andere Sportler weitergegeben (oder weiterzugeben beabsichtigte) und beim Fremddoping anderer nicht mitgewirkte hatte, drohte dem Sportler keine Bestrafung nach dem AMG. Gleiches galt, hatte sich der Spieler das Dopingmittel durch einen Fremden verabreichen lassen; in diesem Fall verflüchtigte sich die für einen Besitz notwendige Sacheigenschaft durch die Verstoffwechslung des Mittels. Blutmanipulationen oder andere nach dem NADC verbotene Methoden waren von § 6a Abs. 2 Satz 1 AMG a. F. nicht umfasst. Die Anwendung einer verbandsrechtlich verbotenen Methode blieb für den Spieler daher straffrei. Ein Gleichlauf zwischen verbandsrechtlichem und staatlichem Verbot war demnach nicht gegeben. Die Strafbarkeit des Spielers nach den Bestimmungen des AMG a. F. war für den Leistungssport weitgehend bedeutungslos.

1896 Bericht der Bundesregierung zur Evaluation des Gesetzes zur Verbesserung der Bekämpfung des Dopings im Sport (DBVG), S. 14.

1897 Bericht der Bundesregierung zur Evaluation des Gesetzes zur Verbesserung der Bekämpfung des Dopings im Sport (DBVG), S. 13.

1898 Bericht der Bundesregierung zur Evaluation des Gesetzes zur Verbesserung der Bekämpfung des Dopings im Sport (DBVG), S. 14.

1899 Bericht der Bundesregierung zur Evaluation des Gesetzes zur Verbesserung der Bekämpfung des Dopings im Sport (DBVG), S. 13 f.

1900 *Tauschwitz*, Dopingverfolgung, S. 136.

1901 BT-Drs. 16/5526, S. 1.

E. Strafbarkeit nach §§ 29 Abs. 1 Nrn. 1 und 3, 29a Abs. 1 Nr. 2 BtMG

Eine Strafbarkeit des dopenden Spielers kann sich auch aus den Bestimmungen des BtMG ergeben. Insoweit kommen die Tathandlungen des Erwerbs (§ 29 Abs. 1 Nr. 1 BtMG) und des Besitzes (§ 29 Abs. 1 Nr. 3 BtMG) in Betracht. Die Betäubungsmittel ergeben sich aus den Anlagen I bis III des BtMG. Wie das AMG so stellt auch das BtMG den selbstschädigenden Eigenkonsum nicht unter Strafe. Im Unterschied zum AMG beinhaltet das BtMG eine unbeschränkte Besitzstrafbarkeit. Eine Unterscheidung zwischen beschränktem Besitz und unbeschränktem Besitz normiert aber der gesetzliche Strafrahmen: Der Besitz und Erwerb von Betäubungsmitteln wird mit Geldstrafe oder Freiheitsstrafe bis zu fünf Jahren bedroht (§ 29 Abs. 1 Nrn. 1, 3 BtMG). Der Besitz nicht geringer Mengen stellt ein Verbrechen dar, sofern eine Erlaubnis für die Erlangung der Betäubungsmittel (§ 3 Abs. 1 BtMG) nicht vorliegt (§ 29a Abs. 1 Nr. 2 BtMG). In minder schweren Fällen droht eine Freiheitsstrafe von drei Monaten bis zu fünf Jahren. (§ 29a Abs. 2 BtMG). Die umfassende Pönalisierung des Besitzes von Betäubungsmitteln zielt darauf ab, der menschlichen Gesundheit sowohl des Einzelnen als auch der Bevölkerung im Ganzen zu dienen, indem sie diese vor den von Betäubungsmitteln ausgehenden Gefahren schützt und die Bevölkerung vor Abhängigkeit von Betäubungsmitteln bewahrt.[1902] Strafbewehrt verboten sein soll der Umgang mit Suchtstoffen.[1903] Wegen des verfassungsrechtlichen Bestimmtheitsgrundsatzes (Art. 103 Abs. 2 GG) sind nur solche Dopingsubstanzen von dem Strafverbot erfasst, deren Stoffbezeichnungen in den Anlagen I bis III enthalten sind. Dies führt dazu, dass Substanzen mit ähnlicher chemischer Struktur oder ähnlicher biologischer Wirkung, anders als im Falle der verbandsseitig aufgestellten Dopingliste, vom Anwendungsbereich des BtMG nicht umfasst sind. Tatsächlich unterfallen dem Begriff der Betäubungsmittel auch Substanzen, die auf der Dopingliste von WADA und DFB aufgeführt sind. Dies betrifft Stimulantien, Narkotika und Cannabinoide. Insbesondere der Konsum von Cannabinoiden ist auch in der Dopingrechtsprechung des Fußballs bekannt (Fall *Mutu*, Fall *Tanko*). Dies sollte jedoch nicht darüber hinwegtäuschen, dass nur ein Teil der „gängigen" Dopingmittel durch das BtMG erfasst sind. Allein die teilweise Nichtberücksichtigung von Wirkstoffen der Gruppe der anabolen Steroide macht einen Anteil von 40 Prozent der angewendeten Dopingmittel aus, die von den Anlagen I bis III zu § 1 Abs. 1 BtMG nicht erfasst sind.[1904] Verbotene Dopingmethoden zählen wegen der fehlenden Stoffeigenschaft freilich nicht dazu. Zwischen den Stoffbezeichnungen des BtMG und der Dopingliste bestehen, schon aufgrund ihrer unterschiedlichen Schutzrichtung, keine Interdependenzen. Der dem BtMG inhärente Zweck, Abhängigkeiten von potentiellen Suchtstoffen vorzugbeugen, spielt bei der verbandsrechtlichen Dopingbekämpfung allenfalls eine untergeordnete Rolle. Dem BtMG kommt daher bei der Bekämpfung von Doping keine maßgebliche

1902 BR-Drs. 665/70, S. 2; BT-Drs. 8/3551, S. 23 f.

1903 BVerfG, Beschluss vom 9.3.1994 – 2 BvL 43/92, 2 BvL 51/92, 2 BvL 63/92, 2 BvL 64/92, 2 BvL 70/92, 2 BvL 80/92, 2 BvL 2031/92, BVerfGE 90, 145, 174 = NJW 1994, 1577, 1579.

1904 *Hauptmann/Rübenstahl*, HRRS 2007, 143, 146.

Bedeutung zu.[1905] Ferner kann nach § 29 Abs. 5 BtMG von Strafe abgesehen werden, wenn die Betäubungsmittel lediglich zum Eigengebrauch in geringer Menge erworben oder besessen werden. Es ist für den Spieler also ohne Weiteres möglich zu dopen, ohne dabei strafrechtliche Konsequenzen nach dem BtMG fürchten zu müssen.

F. Strafbarkeit nach § 5 Abs. 1 ESchG

Eine Strafbarkeit des Spielers könnte sich auch aus § 5 Abs. 1 ESchG ergeben. Hiernach ist es unter Androhung von Geldstrafe oder Freiheitsstrafe bis zu fünf Jahren verboten, die Erbinformation einer menschlichen Keimbahnzelle zu verändern. Der Versuch ist nach § 5 Abs. 3 ESchG strafbar. Keimbahnzellen sind nach der in § 8 Abs. 3 ESchG normierten Definition „alle Zellen, die in einer Zell-Linie von der befruchteten Eizelle bis zu den Ei- und Samenzellen des aus ihr hervorgegangenen Menschen führen, ferner die Eizelle vom Einbringen oder Eindringen der Samenzelle an bis zu der mit der Kernverschmelzung abgeschlossenen Befruchtung".

Was zunächst für den Sportbereich eher sachfremd wirkt, könnte durch den Transfer von genetischem Material, das sog. Gendoping,[1906] geschehen. Beim Gentransfer werden genetische Informationen in die Körperzellen eines Individuums mit dem Ziel eingeschleust, die sportliche Leistungsfähigkeit zu steigern.[1907] Molekulare Faktoren, welche die körperliche Leistungsfähigkeit limitieren, können durch Einschleusen eines aktivierten leistungsbestimmenden Gens verändert werden.[1908] Derzeit sind über 230 Gene bekannt, welche in der Lage sind, die Leistungsfähigkeit eines Sportlers zu beeinflussen.[1909] Gefördert werden können insbesondere Muskelkraft, Regenerationsfähigkeit[1910] und Ausdauerleistung[1911].[1912] Denkbar ist ferner, dass ein defektes Gen durch ein intaktes ausgetauscht oder ein fehlendes Gen ersetzt wird. Bei Tieren wurde seit Anfang der 1990er Jahre versucht, das die Blutbildung steuernde

1905 A. A *Lüer*, Dopingstrafen im Sport, S. 124, der unter Hinweis auf die Einschlägigkeit diverser Dopingmittel den Beitrag des BtMG im Kampf gegen Doping überhöht.

1906 Siehe BGBl. 2014 II S. 1356, 1367; BGBl. 2007 II S. 354, 391.

1907 *Lahrtz*, NZZ Beilage „Forschung und Technik" vom 10.2.2010, S. 58.

1908 *Diel/Zehner/Parzeller*, StoffR 2016, 5 f.

1909 Bundesamt für Sport (Hrsg.), Gendoping, S. 9, im Internet abrufbar unter: http://www.nada.de/fileadmin/user_upload/nada/Downloads/Broschueren/nada_de_gendop.pdf (zuletzt aufgerufen am 6.1.2017).

1910 *Barton-Davis/Shoturma/Musaro et al.*, Proc. Natl. Acad. Sci. 95 (1998), 15603, 15605 f.

1911 *Calvo/Daniels/Wang/Paul et al.*, J Appl Phyiol 104 (2008), 1304, 1306 ff.

1912 Im Jahr 2004 wurde der Leichtathletiktrainer *Springstein* des Versuchs der Bestellung des Gendopingmittels Repoxygen überführt (*Tug/Lauer/Simon*, Dtsch Arztebl 2012; 109 (3): A 80, 81.). Bei Repoxygen handelt es sich um eine Substanz, die den genetischen Code für die Erzeugung von Erythropoietin in sich trägt. Das Gen ist in einen Virus eingekleidet, der dem Empfänger in Muskelzellen gespritzt wird und schließlich die körpereigene Herstellung von Erythropoietin zur Versorgung der Muskeln mit Sauerstoff steigert, vgl. FAZ.NET vom 27.1.2006, im Internet abrufbar unter: http://www.faz.net/aktuell/sport/hintergrund-repoxygen-was-ist-das-1303027.html (zuletzt aufgerufen am 6.1.2017); *Tug/Lauer/Simon*, Dtsch Arztebl 2012; 109 (3): A 80, 81; *Friedmann/Rabin/Frankel*, Science 2010, 647.

EPO-Gen zu verändern.[1913] Bei der Einbringung von Fremd-DNA, der sog. Transfektion, kann es dazu kommen, dass das Fremd-Gen nicht wie beabsichtigt in die Körperzellen, sondern in Zellen der Keimbahn gelangen.[1914] Die Transfektion von Zellen der Keimbahn führt zu einer generationenübergreifenden Weitergabe des Transgens.[1915]

Der Gesetzgeber verfolgt mit § 5 Abs. 1 ESchG die Absicht, Humanexperimente zu unterbinden. Nach der Überzeugung des Gesetzgebers ist in der Experimentierphase von Misserfolgen, welche die Gefahr der Herbeiführung irreversibler Schäden begründen, auszugehen. Humanexperimente gehen demnach letztlich zu Lasten des menschlichen Lebens, der körperlichen Unversehrtheit und der Menschenwürde; sie sind daher nicht zu verantworten und strafbewehrt verboten.[1916] In der Konsequenz bleiben die somatische Gentherapie, also die Behandlung von Körperzellen, deren Veränderung der Erbinformation nicht an die nächstfolgende Generation weitergegeben wird, und die Verwendung von Stammzellen von § 5 ESchG unberührt.[1917]

Als negatives Tatbestandsmerkmal[1918] schränkt § 5 Abs. 4 Nr. 3 ESchG den Tatbestand ein, sofern die künstliche Veränderung menschlicher Keimbahnzellen im Rahmen einer medizinischen Heilbehandlung erfolgt, die typischerweise die Gefahr einer Veränderung des Erbguts von Keimbahnzellen mit sich bringt. Ist ein solcher Heileingriff gegeben, macht sich nur strafbar, wer die Veränderung der Erbinformation zielgerichtet anstrebt. Nicht ausreichend ist demnach, dass die Nebenwirkung für möglich gehalten und gebilligt oder als sicher vorausgesehen wird.[1919] Soweit jedoch, wie im Falle des Gendopings, die Leistungssteigerung im Vordergrund steht, ist ein medizinischer Heileingriff nicht gegeben; medizinischer Zweck muss die Heilung einer schweren Erkrankung oder die Vermeidung von Krankheiten sein.[1920]

§ 5 Abs. 1 ESchG schützt neben der Gefährdung des unmittelbar Verletzten selbst, das Leben und die Gesundheit von dessen Nachkommen[1921]. Damit ist eine Fremdgefährdung gegeben. Der Spieler macht sich daher strafbar, wenn er die Beeinflussung der Keimbahnzellen zumindest mit dem Wissen in Kauf nimmt, dass mit der Methode des Dopens das Risiko der Weitergabe des Transgens – mit nicht vorhersehbaren Folgen – an seine Abkömmlinge einhergeht. Ist der Spieler nicht die planvoll lenkende Zentralgestalt des Geschehens oder besitzt er nicht die mitgestaltende Tatherrschaft, kommt eine Strafbarkeit in Form der Beteiligung in Betracht. Es bestehen jedoch Zweifel, dass der Nachweis des Vorsatzes des Spielers in der Praxis gelingen mag. Mit Blick auf die Komplexität der medizinischen, und für den medizinischen Laien nur schwer verständlichen, Zusammenhänge, wird es dem Spieler nicht schwerfallen,

1913 *Beiter/Velders*, Dtsch Z Sportmed 63 (2012), 121, 127.
1914 *Gerlinger*, Gendoping, S. 63; *Tug/Lauer/Simon*, Dtsch Arztebl 2012; 109 (3): A 80.
1915 BT-Drs. 11/5460, S. 11; *Tug/Lauer/Simon*, Dtsch Arztebl 2012; 109 (3): A 80.
1916 BT-Drs. 11/5460, S. 11.
1917 *Günther*, in: Günther/Taupitz/Kaiser (Hrsg.), ESchG, C II § 5 Rn. 6.
1918 BT-Drs. 11/5460, S. 11.
1919 *Günther*, in: Günther/Taupitz/Kaiser (Hrsg.), ESchG, C II § 5 Rn. 22.
1920 *Günther*, in: Günther/Taupitz/Kaiser (Hrsg.), ESchG, C II § 5 Rn. 22.
1921 *Günther*, in: Günther/Taupitz/Kaiser (Hrsg.), ESchG, C II § 5 Rn. 25.

sich in die Schutzbehauptung zu flüchten, von dem bestehenden Risiko einer Beeinträchtigung der Keimbahnzellen keine Kenntnis gehabt zu haben. Verbleiben Zweifel über die Schuld des Spielers, ist er freizusprechen.

Da der Gesetzgeber bei Erlass des § 5 Abs. 1 und 4 ESchG die experimentelle Humanwissenschaft im Blick hatte,[1922] findet die Problematik des Gendopings in der Begründung des Regierungsentwurfs des ESchG keine Erwähnung. Aufgrund der nicht zielgerichteten Erfassung von Gendoping spielt das ESchG im Sinne des fragmentarischen Charakters des Strafrechts für die Bestrafung des (Gen-)Dopings nur eine untergeordnete Rolle.

G. Strafbarkeit nach § 16 Abs. 1 UWG

In der Literatur wird eine Strafbarkeit des professionellen Sportler nach § 16 Abs. 1 UWG diskutiert.[1923] Die Vorschrift bezweckt unter anderem den Schutz der Mitbewerber sowie der Erhaltung eines leistungsfähigen Wettbewerbs.[1924] Das abstrakte Gefährdungsdelikt hat die täuschende Publikumswerbung im Blick.[1925] § 16 Abs. 1 UWG beurteilt, im Gegensatz zu § 263 StGB, die Handlung unabhängig von ihren Folgen.[1926] Die Anwendbarkeit des UWG setzt voraus, dass es sich um ein Geschehen handelt, das eine „geschäftliche Handlung" (§ 3 Abs. 1 UWG) darstellt. „Geschäftliche Handlung" meint „jedes Verhalten einer Person zugunsten des eigenen oder fremden Unternehmens vor, bei oder nach einem Geschäftsabschluss, das mit der Förderung des Absatzes oder des Bezugs von Waren oder Dienstleistungen oder mit dem Abschluss oder der Durchführung eines Vertrags über Waren oder Dienstleistungen objektiv zusammenhängt" (§ 2 Abs. 1 Nr. 1 UWG). Lizenz- und Vertragsspieler nehmen durch ihre sportliche Leistung am Wirtschaftswettbewerb teil. Die Anwendung von Doping, gleich ob innerhalb oder außerhalb des Wettkampfs, ist wettbewerbsbezogen; es geht darum, eine Leistungssteigerung herbeizuführen, durch welche Mitbewerber verdrängt werden sollen.[1927] Der Anwendungsbereich des UWG dürfte daher eröffnet sein, sofern potentielle Arbeitgeber, Werbeträger oder Sponsoren betroffen sind. Nach § 16 Abs. 1 UWG macht sich strafbar, „wer in der Absicht, den Anschein eines besonders günstigen Angebots hervorzurufen, in öffentlichen Bekanntmachungen oder in Mitteilungen, die für einen größeren Kreis von Personen bestimmt sind, durch unwahre Angaben irreführend wirbt". Ein irreführendes geschäftliches Handeln durch eine unwahre Angabe könnte in der Teilnahme des dopenden Spielers am Wettkampf in Betracht kommen. Richtigerweise wird es bereits an einer Werbung fehlen. Das UWG definiert den Begriff der Werbung nicht. Systematisch kann für die

1922 BT-Drs. 11/5460, S. 11.

1923 Vgl. *Ott*, Strafwürdigkeit und Strafbedürftigkeit, S. 112 f.; *Michel*, Doping, S. 75 f.

1924 BGH, Urteil vom 26.10.1977 – 2 StR 432/77, BGHSt 27, 293, 294 = NJW 1978, 173.

1925 *Rengier*, in: Fezer, UWG, § 16 Rn. 32.

1926 *Majer/Buchmann*, NJW 2014, 3342, 3343.

1927 *Fischer*, EuZW 2002, 297, 298 f. (noch zu UWG a. F.); *Ott*, Strafwürdigkeit und Strafbedürftigkeit, S. 112.

strafrechtliche Würdigung auf Art. 2 lit. a) der Werberichtlinie RL 2006/114/EG rekurriert werden.[1928] Hiernach kommt es beim Werbebegriff einerseits auf die Ausübung von Handel, Handwerk, Gewerbe oder freiem Beruf und andererseits auf das Ziel an, den Absatz von Waren oder Dienstleistungen zu fördern. Vorausgesetzt wird also ein kommunikatives Verhalten. Ein kommunikatives Einwirken auf potentielle Arbeitgeber oder Sponsoren geht mit der faktischen Erbringung der sportlichen Leistung nicht einher. So dürfte fraglich sein, ob die Teilnahme des Spielers überhaupt zur Irreführung geeignet ist. Zu weit führte es, die gegenüber DFL e. V. und Verein abgegebene Erklärung des Spielers, nicht gegen Anti-Doping-Vorschriften zu verstoßen, auf das unbestimmte Publikum zu übertragen. Eine nachprüfbare Tatsachenbehauptung des Spielers ist in der Teilnahme daher nicht zu erblicken. Auch eine Aufklärungspflicht im Sinne einer strafrechtlichen Garantenstellung kommt nicht in Betracht. Denn aufgrund der tatbestandlich verlangten größeren Verbreitung der irreführenden Werbung wird es mangels hinreichender Konkretisierung des Kreises von möglichen Vertragspartnern regelmäßig an einem besonderen Vertrauensverhältnis fehlen.[1929] Letztlich verfolgt der Spieler mit der Teilnahme am Wettbewerb nicht die Absicht, den Anschein eines besonders günstigen Angebots hervorzurufen.

§ 2 Bewertung

A. Strafrecht

Das deutsche Kern- und Nebenstrafrecht hat bis zum Inkrafttreten des AntiDopG Selbstdoping nicht zielgerichtet erfasst. Einzig die Reformierung(en) des AMG hatte(n) das Ziel, Doping legislativ zu bekämpfen. Eine gezielte Bestrafung von Selbstdoping war vom Gesetzgeber bis zur Einführung des AntiDopG nicht gewünscht. Auch die Dopingbekämpfung im Rahmen des AMG verfolgte nicht den Zweck, den selbstdopenden Sportler zu bestrafen. Ziel war es, über die strafrechtliche Verfolgung der Hintermänner, namentlich der Dopinghändler, die Gelegenheitsstruktur des Dopingmarktes trocken zu legen.[1930] Erfasst werden sollte das Umfeld, nicht aber der Sportler selbst. Dies betraf auch den Gesundheitsschutz des Spielers. Es sollte den Sportverbänden vorbehalten bleiben, verbandsautonom für den Schutz der Fairness im sportlichen Wettbewerb zu sorgen. Das Dopingverbot zählte zum Kernbereich der Sportautonomie. Entsprechende Regelungen sollten der Kompetenz des Sports vorbehalten bleiben. Nicht strafbewehrt war daher die aus Sicht des fairen und chancengleichen Sports maßgebliche Handlung des Spielers, die Anwendung von Dopingmittel und -methoden. Der dopende Spieler konnte sich lediglich nach dem bestehenden, den Sport und den dopenden Sportler nicht zielgerichtet berücksichtigenden Strafrecht strafbar machen.

1928 *Ebert-Weidenfeller*, in: Handbuch Wirtschaftstrafrecht, III 3 Rn. 14.

1929 *Ebert-Weidenfeller*, in: Handbuch Wirtschaftsstrafrecht, III 3 Rn. 16.

1930 *Rössner*, in: Adolphsen/Nolte/Lehner/Gerlinger (Hrsg.), Sportrecht in der Praxis, Rn. 1692.

Die strafrechtliche Relevanz des devianten Handelns des Spielers hing mitunter von Merkmalen ab, deren Gegebensein durch ein geschicktes, kollusives Zusammenwirken der Beteiligten vermieden werden konnte. Ein Spieler, der in einem Umfeld dopte, in dem Doping in starkem Maße verbreitet und/oder geduldet war, brauchte mit einer Betrugsstrafbarkeit zu Lasten des Vereins nicht zu rechnen. Eine solche Strafbarkeit scheiterte spätestens am Irrtum, verneinte man nicht schon eine Täuschungshandlung. Zu erheblichen Nachweisschwierigkeiten konnten ferner Täuschung und Vermögenschaden führen. Die Betrugsstrafbarkeit wirkte wegen der oftmals schwierigen Subsumtionsmethodik in weiten Teilen nicht in ausreichendem Maße abschreckend. Ein Spieler, der Dopingmethoden anwendete oder zu Mitteln griff, bei denen es sich nicht um Betäubungsmittel handelte, machte sich auch nicht nach dem AMG strafbar, sofern er lediglich eine geringe Menge besaß oder aber sich das Dopingmittel durch einen Fremden verabreichen ließ.

B. Strafprozessrecht

Aus der Zeit vor Inkrafttreten des AntiDopG sind keine Fälle bekannt, in denen es wegen eines Dopingverstoßes zur strafrechtlichen Verurteilung eines Sportlers gekommen ist. In den Fällen der Radprofis *Jan Ullrich* und *Patrik Sinkewitz* kam es schon nicht zur Eröffnung des Hauptverfahrens. Die u. a. wegen Betrugs geführten Ermittlungsverfahren wurden nach § 153a StPO eingestellt.[1931] In dem Fall des Radrennfahrers *Stefan Schumacher* verweigerte die fünfte Große Strafkammer des LG Stuttgart die Eröffnung des Hauptverfahrens. Auf die erfolgreiche sofortige Beschwerde der Staatsanwaltschaft hat die 16. Große Strafkammer des LG Stuttgart den Radprofi schließlich nach dem Grundsatz *in dubio pro reo* freigesprochen. Im Fall *Ullrich* wertete die Staatsanwaltschaft Bonn die kriminelle Energie von *Ullrich* bei einer Gesamtschau „als eher gering", da wegen der weiten Verbreitung von Doping zur Tatzeit im Radsport die „Hemmschwelle zur Anwendung verbotener leistungssteigernder Mittel im Wettkampf herabgesetzt" gewesen sei.[1932] Dies führt zu der Annahme, dass der Spieler nicht mit einer Verurteilung zu rechnen brauchte, sofern die Anwendung von Dopingmittel und -methode nur weit genug verbreitet war. Dem Bericht der Bundesregierung zur Evaluation des Gesetzes zur Verbesserung der Bekämpfung des Dopings im Sport lässt sich eine explizite Aussage zum professionellen Sport nicht entnehmen. Entsprechend dem nach Art. 3 DBVG vorgegebenen Prüfungsauftrag hat der Evaluierungsbericht nicht zwischen Breiten- und Spitzensport unterschieden.[1933]

1931 Zum Fall *Ullrich* siehe Pressemitteilung der Staatsanwaltschaft Bonn, im Internet abrufbar unter: http://www.sta-bonn.nrw.de/behoerde/presse/archiv/UllrichEinstellung.pdf (zuletzt aufgerufen am 6.1.2017). Zum Fall *Sinkewitz* siehe Pressemitteilung der Staatsanwaltschaft Bonn, im Internet abrufbar unter: http://www.sta-bonn.nrw.de/behoerde/presse/archiv/sinkewitz-13-11-07.pdf (zuletzt aufgerufen am 6.1.2017).

1932 Pressemitteilung der Staatsanwaltschaft Bonn, S. 2, im Internet abrufbar unter: http://www.sta-bonn.nrw.de/behoerde/presse/archiv/UllrichEinstellung.pdf (zuletzt aufgerufen am 6.1.2017).

1933 *Jahn*, Sportausschuss-Drs. 18 (5) 108, S. 19.

Tatsächlich dürfte die Einleitung eines Verfahrens nach dem AMG schon am Fehlen eines Anfangsverdachts gescheitert sein. Denn es ist nicht davon auszugehen, dass ein Spieler im Wissen um die Strafbarkeit eine Menge erwerben wollte, welche die Schwelle der geringen Menge überschritten hätte.

Doch auch wenn eine Strafbarkeit gegeben sein sollte, so ist für die Einleitung eines Ermittlungsverfahrens notwendig, dass ein Anfangsverdacht gegen den Spieler gegeben ist (§ 152 Abs. 2 StPO). Das Strafverfahrensrecht verbietet Ermittlungsmaßnahmen zur bloßen Ausforschung. Von einem Anfangsverdacht ist auszugehen, wenn konkrete Anhaltspunkte nach der kriminalistischen Erfahrung den Schluss auf eine begangene (bzw. versuchte) Straftat als möglich erscheinen lassen.[1934] Bloße Vermutungen genügen hierfür nicht.[1935] In den bereits erwähnten Fällen des § 263 StGB ergab sich der Anfangsverdacht aus der Überführung des Sportlers aufgrund des positiven Dopingbefundes. Eine solche Annahme wird auch in den Fällen der uneingeschränkten Besitzstrafbarkeit des BtMG gerechtfertigt sein.[1936] Für Verstöße gegen § 6a AMG a. F. divergierte hingegen die Rechtsanwendungspraxis der Staatsanwaltschaften. Der Bericht der Bundesregierung zur Evaluation des Gesetzes zur Verbesserung der Bekämpfung des Dopings im Sport hat gezeigt, dass an die für die Einleitung eines Ermittlungsverfahrens erforderliche Intensität der Verdachtsmomente unterschiedliche Anforderungen gestellt wurden. Teilweise reichte für die Einleitung von Ermittlungen wegen Besitzes einer nicht geringen Menge an Dopingmitteln weder ein positiver Dopingbefund noch das Auffinden von Dopingmitteln in kleineren Mengen aus.[1937]

Die NADA erstattet im Falle eines Dopingfundes grundsätzlich Anzeige bei der zuständigen Staatsanwaltschaft.[1938] Hierbei handelt es sich jedoch um eine Selbstbindung; eine rechtliche Verpflichtung von NADA und DFB besteht freilich nicht. Nach der Einschätzung des Chefanklägers der USADA, *Travis Tygart*, werden hochbezahlte Sportler mit der entsprechenden Infrastruktur und dem nötigen Wissen jedoch stets in der Lage sein, positive Testergebnisse zu umgehen.[1939] Hierfür spricht, dass lediglich 0,3 Prozent der weltweit durchgeführten Tests zu einer Sperre führen[1940] und ein dopender Sportler im Schnitt 150-mal getestet werden muss, ehe er analytisch des Dopings überführt werden kann.[1941] Folgt man dem, so bleibt ein durch die verbandsseitige Verfolgung erzeugter Anfangsverdacht die absolute Ausnahme. Tatsäch-

1934 *Beulke*, Strafprozessrecht, Rn. 311.

1935 BVerfG, Beschluss vom 28.4.2003 – 2 BvR 358/03, BVerfGK 1, 126, 131 = NJW 2003, 2669, 2670; BVerfG, Beschluss vom 3.7.2006 – 2 BvR 299/06, NJW 2007, 1804, 1805; *Beulke*, Strafprozessrecht, Rn. 311.

1936 *Hauptmann/Rübenstahl*, HRRS 2007, 143, 146.

1937 Bericht der Bundesregierung zur Evaluation des Gesetzes zur Verbesserung der Bekämpfung des Dopings im Sport (DBVG), S. 14.

1938 Art. 14.2 NADC.

1939 BT- Prot. 17/69, S. 6.

1940 *Simon*, Faktenauflistung, Punkt 2, im Internet abrufbar unter: http://www.sportmedizin.uni-mainz.de/Dateien/Sportausschuss_Prof.Dr.Dr.P.Simon_10.11.2010.pdf (zuletzt aufgerufen am 6.1.2017).

1941 *Simon*, Faktenauflistung, Punkt 3, im Internet abrufbar unter: http://www.sportmedizin.uni-mainz.de/Dateien/Sportausschuss_Prof.Dr.Dr.P.Simon_10.11.2010.pdf (zuletzt aufgerufen am 6.1.2017).

lich sind Positivbefunde aus dem hochbezahlten Lizenzfußball bisher nahezu unbekannt.[1942] Betrachtet man weiter die Lücken des Doping-Kontrollsystems im deutschen Lizenzfußball und das hieraus resultierende Vollzugsdefizit,[1943] wird klar, dass die bis zum Inkrafttreten des AntiDopG bestehenden Strafnormen nicht geeignet waren, um das Dopingverhalten des Spielers wirksam unter Strafe zu stellen: Zum einen überträgt sich das verbandsseitige Vollzugsdefizit auf die strafrechtliche Ahndung, zum anderen vermochten die bis zur Einführung des AntiDopG einschlägigen Straftatbestände das Dopingverhalten des Spielers nicht lückenlos zu erfassen.

Geständnisse und/oder Whistleblower-Akte sind aus dem Bereich des Lizenzfußballs bislang nicht bekannt. Der dopende Spieler war daher regelmäßig nicht Beschuldigter, sondern unbeteiligter Dritter. Damit fehlten oftmals Ermittlungsmaßnahmen, die unmittelbar an die Beschuldigteneigenschaft des Spielers anknüpfen und über die nur der Staat in Gestalt von Polizei, Staatsanwaltschaft, Bundeskriminalamt und Zoll, nicht aber auch ein Sportverband, verfügen darf. Offene und verdeckte Ermittlungsmaßnahmen wie Beschuldigtenvernehmung (gegebenenfalls unter Vereidigung), richterliche Vernehmung, Durchsuchung, Beschlagnahme und längerfristige Observationen, die sich gegen den Spieler als Beschuldigten richten, schieden somit typischerweise bislang von vornherein aus. Als strafverfahrensrechtliche Ermittlungsmaßnahmen standen nur solche zur Verfügung, die sich gegen den Spieler als Dritten, nicht aber als Beschuldigten richteten. Zulässig war eine Durchsuchung beim Spieler daher gemäß § 103 Abs. 1 Satz 1 StPO nur dann, wenn sie zur Ergreifung des Beschuldigten oder zur Verfolgung von Spuren einer Straftat oder zur Beschlagnahme bestimmter Gegenstände dienen sollte. Dies setzte notwendig voraus, dass Tatsachen vorlagen, aus denen zu schließen war, dass die gesuchte Person, Spur oder Sache sich in den zu durchsuchenden Räumen befand.[1944] Mit Blick auf die schutzbedürftige Stellung des Spielers als nichtverdächtiger Dritter, waren an die Prüfung der Verhältnismäßigkeit erhöhte Anforderungen zu stellen.[1945] Durchsuchungen am Körper des Spielers selbst waren ohne dessen Beschuldigtenstellung von der Ermächtigung zur Durchsuchung nicht umfasst. Eine körperliche Untersuchung bei dem Spieler als nicht verdächtiger Dritter unterlag jedoch wegen der Geltung des Verhältnismäßigkeitsgrundsatzes höheren Voraussetzungen als bei dem Spieler als Beschuldigten. Eine Anordnung der Untersuchung des Spielers als Zeugen war nur zulässig, soweit zur Erforschung der Wahrheit festgestellt werden musste, ob sich an seinem Körper eine bestimmte Spur oder Folge einer Straftat befand (§ 81c Abs. 1 StPO). Der grundrechtsintensive Eingriff einer Blutprobe durfte nur angeordnet werden, wenn diese zur Erforschung der Wahrheit unerlässlich war (§ 81c Abs. 2 StPO). Die Möglichkeit der körperlichen Untersuchung des (strafrechtlich) unbeteiligten Spielers ohne dessen Einwilligung schied gemäß § 81c Abs. 1 und 2 StPO daher regelmäßig aus.[1946] Die längerfristige Observation kann sich gemäß § 163f Abs. 1 Satz 3 StPO auch gegen an-

1942 Siehe oben Erster Teil Kapitel 3 § 1 A.
1943 Ausführlich hierzu siehe oben Zweiter Teil Kapitel 2 § 2.
1944 BVerfG, Beschluss vom 3.7.2006 – 2 BvR 299/06, NJW 2007, 1804, 1805.
1945 Vgl. BVerfG, Beschluss vom 3.7.2006 – 2 BvR 299/06, NJW 2007, 1804, 1805.
1946 *Hauptmann/Rübenstahl*, HRRS 2007, 143, 148.

dere Personen als den Beschuldigten richten. Es gelten jedoch höhere Anforderungen als bei längerfristiger Observation des Beschuldigten (§ 163f Abs. 1 Satz 1 f. StPO). Eine längerfristige Observation des Spielers als Kontaktperson durfte daher nur angeordnet werden, wenn dies zur Erforschung des Sachverhalts oder zur Ermittlung des Aufenthaltsortes des Täters geführt hätte und dies auf andere Weise erheblich weniger Erfolg versprechend oder wesentlich erschwert worden wäre (§ 163f Abs. 1 Satz 3 StPO). Hinsichtlich der Abhörmaßnahmen des nichtöffentlich gesprochenen Wortes mit technischen Mitteln außerhalb von Wohnungen (§ 100f Abs. 2 Satz 2 StPO) und des Einsatzes von verdeckten Ermittlern (§ 110a Abs. 1 Satz 1 StPO) muss eine schwere Straftat bzw. im letzteren Fall eine Straftat von erheblicher Bedeutung gegeben sein. Vom Vorliegen einer solchen Straftat konnte mit Blick auf den Spieler regelmäßig nicht ausgegangen werden.

In den bekannt gewordenen Dopingfällen aus Italien und Frankreich waren es die Ermittlungstätigkeiten der staatlichen Strafverfolgungsbehörden, die mit Hilfe von strafprozessualen Ermittlungsmaßnahmen Dopingverstöße aufgedeckt und dopingunterstützende Helfer überführt hatten.[1947] In Italien resultieren 90 Prozent der gegen das Umfeld des Sportlers geführten Verfahren nicht aus analytischen Funden, sondern aus strafprozessualen Ermittlungen.[1948] Auch die systematischen Dopingpraktiken des österreichischen Langlauf- und Biathlonteams bei den Olympischen Spielen 2006 in Turin, konnten nur auf Grundlage des italienischen Anti-Doping-Rechts aufgedeckt werden. Sämtliche der zuvor genommenen Dopingproben waren negativ ausgefallen.[1949] Diese Aufdeckung der Dopingpraktiken zeigt das Potential, welches durch eine effektive Zusammenarbeit von Verband und Staat ausgeschöpft werden kann. Umfangreiche staatliche Ermittlungsmaßnahmen vermögen eine wirksamere Dopingaufklärung zu betreiben, als dies der Sachverhaltsaufklärung bloß durch die Sportverbände möglich ist. Daran wird wohl auch die mit Inkrafttreten des NADC 2015 eingeführte Kronzeugenregelung[1950] nichts ändern. Denn vor dem Hintergrund, dass Doping heimlich geschieht und mannigfaltige monetäre Interessen betroffen sind, ist auf der Grundlage der bisherigen Dopingerfahrungen im Lizenzfußball nicht damit zu rechnen, dass Spieler freiwillig Informationen über das Dopingverhalten der anderen preisgeben.

Eine wirksame und lückenlose Bekämpfung von Doping mit den Mitteln des materiellen und prozessualen Strafrechts war daher *summa summarum* vor Inkrafttreten des AntiDopG nicht möglich.

1947 *Rössner*, in: FS Mehle, S. 567, 579.

1948 *Paoli/Donati*, Paoli and Donati Report, S. 28, im Internet abrufbar unter: https://www.wada-ama.org/sites/default/files/resources/files/2013-Paoli-Donati-Report-Executive-Summary-EN.pdf (zuletzt aufgerufen am 25.7.2017).

1949 *Ljungqvist*, Anti-Doping-Kampf, S. 19, 27 f.

1950 § 8c Nr. 2 lit. c) DFB-RuVO.

Kapitel 2: Strafbarkeit des Spielers nach dem AntiDopG

§ 1 Strafbarkeit nach dem AntiDopG

Das AntiDopG hat die bislang im AMG enthaltenen Strafvorschriften zur Bekämpfung von Doping in das AntiDopG überführt, teilweise modifiziert/erweitert und neue Straftatbestände kodifiziert. Als sog. Stammgesetz bündelt es die Vorschriften zur Dopingbekämpfung. Nach intensiven, meist kontrovers geführten Diskussionen hat sich der Gesetzgeber endlich dafür entschieden, Sportler zielgerichtet strafrechtlich zu erfassen.[1951] Sportler unterliegen fortan einer eigenständigen strafrechtlichen Verantwortung. Mit der Einführung einer rechtlichen Grundlage für den Austausch von Informationen von Staatsanwaltschaften/Gerichten und NADA beabsichtigt der Gesetzgeber die Zusammenarbeit zwischen Staat und organisiertem Sport in der Bekämpfung von Doping zu stärken.[1952] Eine Verordnungsermächtigung für die Länder zur Konzentration der Rechtsprechung soll Fachkompetenzen bündeln und Strafverfahren beschleunigen.[1953]

A. Fremddoping

Strafbewehrt sind neben des schon in § 6a Abs. 1 AMG a. F. enthaltenen Verbots, Arzneimittel in den Verkehr zu bringen und zu verschreiben, nunmehr auch das Herstellen, das Handeltreiben, das Veräußern und die Abgabe von Dopingmitteln zum Zwecke des Dopings beim Menschen im Sport.[1954] Ferner macht sich strafbar, wer Dopingmittel zum Zwecke des Dopings im Sport bei anderen Personen anwendet. Neu ist die Erweiterung der Tatbegehungsweise auf Dopingmethoden.[1955] Die Dopingmittel und Dopingmethoden bestimmen sich nach der Anlage I des Internationalen Übereinkommens vom 19. Oktober 2005 gegen Doping im Sport (BGBl. 2007 II S. 354, 355) in der vom Bundesministerium des Inneren jeweils im Bundesgesetzblatt Teil II bekannt gemachten Fassung. Dabei handelt es sich um die Übernahme der WADA-Liste.[1956] Die Bekanntmachung im Bundesgesetzesblatt Teil II hat nach den Grundsätzen des Völkerrechts konstitutive Wirkung. Es bleibt dem nationalen Norm-

---

1951 Zur Entstehungsgeschichte des AntiDopG siehe *Rössner*, in: Lehner/Nolte/Putzke (Hrsg.), AntiDopG, Vor. §§ 1 ff. Rn. 1 ff.

1952 *Rössner*, in: Lehner/Nolte/Putzke (Hrsg.), AntiDopG, Vor. §§ 1 ff. Rn. 18.

1953 BT-Drs. 18/4898, S. 39.

1954 § 2 Abs. 1 AntiDopG i. V. m. § 4 Abs. 1 Nr. 1 AntiDopG.

1955 § 2 Abs. 2 AntiDopG i. V. m. § 4 Abs. 1 Nr. 2 AntiDopG.

1956 Art. 34 Abs. 1 Internationales Übereinkommen vom 19. Oktober 2005 gegen Doping im Sport (BGBl. 2007 II S. 354, 371).

geber vorbehalten, künftigen Änderungen der Anlage I strafrechtliche Bedeutung zu verleihen oder diese zu versagen, indem dem Generaldirektor der UNESCO vor Inkrafttreten der Änderungen notifiziert wird, dass Änderungen nicht angenommen werden.[1957] Kern dieser Tatbegehungsweisen ist es nicht, den Sportler zu bestrafen; die Normen richten sich gegen die Hintermänner und das Umfeld des Sportlers. Hierdurch soll die körperliche Integrität der Sportlerinnen und Sportler geschützt werden.[1958] Mit dieser Form der Tatbegehung wird der Spieler daher nichts zu tun haben, solange er nicht als Hintermann agiert.

Für den Spieler von Bedeutung ist die Tatbegehungsweise des Besitzes oder des Erwerbs eines Dopingmittels in nicht geringer Menge oder des Verbringens eines Dopingmittels in nicht geringer Menge in den Geltungsbereich des AntiDopG. Dies setzt voraus, dass es sich bei dem Dopingmittel um einen in der Anlage zu dem AntiDopG aufgeführten Stoff handelt oder dass das Dopingmittel einen solchen Stoff enthält.[1959] Die nicht geringe Menge des verbotenen Stoffes wird unverändert durch Rechtsverordnung festgelegt.[1960] Der Versuch ist ebenso strafbewehrt[1961] wie die fahrlässige Tatbegehung[1962]. Auch wenn hierdurch Handlungen erfasst werden sollen, die erfahrungsgemäß Vorstufen für einen Handel mit den verbotenen Stoffen darstellen und hierdurch der Gefahr der Weitergabe wirksam begegnet werden soll, schließt dies nicht aus, dass ein Spieler hiernach zu bestrafen ist.

B. Selbstdoping

Erstmalig seit Einführung der Bekämpfung von Doping hat der Strafgesetzgeber seinen Blick auf das Verhalten des Spitzensportlers gerichtet: Strafbewehrt ist nunmehr auch das Verbot des Selbstdopings. Die verbotenen Dopingmittel und Dopingmethoden folgen auch hier aus Anlage I des Internationalen Übereinkommens vom 19. Oktober 2005 gegen Doping im Sport (BGBl. 2007 II S. 354, 355). Das Verbot beschränkt sich auf Stoffe, die nicht nur in bestimmten Sportarten verboten sind (§ 3 Abs. 1 Satz 1 Nr. 1 AntiDopG). Letzteres betrifft derzeit lediglich Alkohol und Betablocker.

I. Tatbestandsmerkmale

1. Täterkreis

Vom Täterkreis des Selbstdopings (§ 3 AntiDopG) erfasst sind Spitzensportler, die an einem Wettbewerb des organisierten Sports entweder teilnehmen oder beabsichtigen, hieran teilzunehmen. Dahinter steht die Absicht des Gesetzgebers, nur Sportlerinnen

1957 Art. 34 Abs. 3 Internationales Übereinkommen vom 19. Oktober 2005 gegen Doping im Sport (BGBl. 2007 II S. 354, 371).
1958 BT-Drs. 18/4898, S. 20.
1959 § 2 Abs. 3 AntiDopG.
1960 § 6 Abs. 1 Satz 1 Nr. 1 AntiDopG.
1961 §§ 4 Abs. 3, Abs. 1 Nrn. 1, 2, 3 AntiDopG i. V. m. § 2 Abs. 1, 2, 3 AntiDopG.
1962 §§ 4 Abs. 6, Abs. 1 Nrn. 1, 2, 3 AntiDopG i. V. m. § 2 Abs. 1, 2, 3 AntiDopG.

und Sportler zu bestrafen, denen aufgrund ihrer Erbringung von Spitzenleistungen Vorbildfunktion zukommt und die als solche für sich das Vertrauen in Anspruch nehmen, die sportlichen Erfolge aus eigener Kraft erzielt zu haben.[1963] Als Spitzensportler des organisierten Sports gilt nach § 4 Abs. 7 Nr. 1 AntiDopG, wer als Mitglied eines Testpools im Rahmen des Dopingkontrollsystems Trainingskontrollen unterliegt. Erfasst sind neben den Lizenzspielern, die dem NTP oder dem TTP angehören,[1964] auch ausländische Spieler, die einem Testpool in ihren jeweiligen Herkunftsländern angehören.[1965] Nicht einem Testpool zugehörig sind deutsche Vertragsspieler und Amateure sowie ausländische Vertragsspieler und Amateure, sofern sie nicht einem Testpool ihrer NADO angehören. Ferner vom Sonderdelikt erfasst ist nach § 4 Abs. 7 Nr. 2 AntiDopG, wer zwar nicht Spitzensportler ist, aus der sportlichen Betätigung aber unmittelbar oder mittelbar Einnahmen von erheblichem Umfang erzielt. Hierdurch soll dem Umstand Rechnung getragen werden, dass die wiederholte Erzielung von Einnahmen von insgesamt erheblichem Umfang einen besonderen Anreiz schaffen können, verbotene Dopingmittel bzw. -methoden anzuwenden.[1966] Die Einnahmen müssen zum Zeitpunkt der Tatbegehung, also bis zum Zeitpunkt der Anwendung, erzielt werden. Es bleibt der Rechtsprechung vorbehalten, etwa wie im Falle des „nicht bedeutenden Sachschadens" innerhalb von § 142 Abs. 4 StGB, eine verlässliche Erheblichkeitsschwelle des Überschusses, also der Differenz von Einnahmen und Kosten, herauszuarbeiten. Im Hinblick auf die Wahrung des Verhältnismäßigkeitsgrundsatzes wird es sich dabei um Leistungen handeln müssen, welche die bloße Kostenerstattung deutlich übersteigen.[1967] Die verbandsrechtliche Grenze von 249,99 Euro, welche dazu dient, Vertragsspieler und Amateur zu unterscheiden, wird hierzu nicht genügen.[1968] Amateure und Vertragsspieler gehören demnach dann nicht dem Kreis der Täter an, sofern ihnen nicht Einnahmen von erheblichem Umfang aus der sportlichen Betätigung erwachsen sind. Dies kann insbesondere Nachwuchsspieler betreffen, die zur Tatzeit noch nicht nennenswerte Einnahmen aus dem Fußballsport erzielt haben.

2. Wettbewerb des organisierten Sports

§ 3 Abs. 3 AntiDopG bestimmt als Wettbewerb des organisierten Sports u. a. jede Sportveranstaltung, die von einer nationalen Sportorganisation oder in deren Auftrag organisiert wird und „bei der Regeln einzuhalten sind, die von einer nationalen oder internationalen Sportorganisation mit verpflichtender Wirkung für ihre Mitgliedsor-

1963 BT-Drs. 18/4898, S. 31.
1964 Siehe oben Zweiter Teil Kapitel 2 § 2 D I.
1965 BT-Drs. 18/4898, S. 32.
1966 BT-Drs. 18/4898, S. 32.
1967 BT-Drs. 18/4898, S. 32.
1968 *Heger*, Sportausschuss-Drs. 18 (5) 111, S. 6 schlägt einen Überschuss von monatlich zumindest 450,00 Euro vor. Nach *Putzke*, in: Lehner/Nolte/Putzke (Hrsg.), AntiDopG, § 4 Rn. 34 sind Einnahmen jedenfalls ab einer dreimaligen Zahlung von je 1.500,00 Euro erheblich.

ganisationen verabschiedet wurden". Diese Voraussetzungen sind durch die deutschen Lizenzligen des DFB sowie durch die 3. Liga erfüllt.

3. Tatbestandshandlungen

Selbstdoping kann strafbewehrt auf drei Weisen begangen werden: durch die Anwendung eines Dopingmittels bzw. einer Dopingmethode, die durch Teilnahme am Wettbewerb unter Anwendung eines Dopingmittels oder einer Dopingmethode sowie durch den Besitz und Erwerb eines Dopingmittels.[1969] In allen Fällen des Selbstdopings meint Vorteilsabsicht die Absicht, sich in einem Wettbewerb des organisierten Sports einen Vorteil zu verschaffen.[1970] Eine Bereicherungsabsicht im Sinne der Erzielung eines finanziellen Vorteils muss damit nicht verbunden sein. Absicht meint, wie auch im Falle der Besitzstrafbarkeit, Absicht im Sinne eines zielgerichteten Wollens.[1971] Nicht ausreichend ist es daher, wenn der Sportler lediglich mit bedingtem Vorsatz sich einen Vorteil verschaffen oder, im Falle der Besitzstrafbarkeit, Dopingmittel anwendet bzw. bei sich anwenden lassen möchte. Die fahrlässige Begehung von Selbstdoping ist nicht strafbar.

a. Anwendung von Dopingmittel/-methode

§ 4 Abs. 1 Nr. 4 AntiDopG i. V. m. § 3 Abs. 1 Satz 1 AntiDopG verbieten bei Androhung einer Freiheitsstrafe von bis zu drei Jahren oder Geldstrafe, ein Dopingmittel oder eine Dopingmethode ohne medizinische Indikation, also nicht zum Zwecke der medizinisch gerechtfertigten Herbeiführung eines therapeutischen (Heilungs-)Erfolgs,[1972] bei sich anzuwenden oder anwenden zu lassen in der Absicht, sich in einem Wettbewerb des organisierten Sports einen Vorteil zu verschaffen. Unbeachtlich ist wegen des Merkmals der Absicht, ob es tatsächlich zur Teilnahme am Wettbewerb kommt bzw. gekommen ist. Ausgenommen vom Verbot ist die Anwendung des Dopingmittels außerhalb eines Wettbewerbs des organisierten Sports, sofern es sich um ein Dopingmittel handelt, das ein Stoff ist oder einen solchen enthält, der nach der Anlage I des Internationalen Übereinkommens gegen Doping nur im Wettbewerb verboten ist (§ 3 Abs. 1 Satz 2 AntiDopG). Damit hat der Strafgesetzgeber klargestellt, dass das Verbot nicht weiter reicht als die Verbotsliste, auf die Bezug genommen wird. Der Versuch ist strafbar.[1973]

b. Teilnahme am Wettbewerb

Nach § 3 StGB beschränkt sich der Geltungsbereich des deutschen Strafrechts auf Taten, die im Inland begangen werden. Nach § 9 Abs. 1 StGB ist eine Tat an jenem Ort

1969 § 4 Abs. 2, Abs. 1 Nrn. 4, 5 AntiDopG.
1970 BT-Drs. 18/4898, S. 27.
1971 *Heger*, Sportausschuss-Drs. 18 (5) 111, S. 6.
1972 BT-Drs. 18/4898, S. 27
1973 § 4 Abs. 3, Abs. 1 Nr. 4 AntiDopG.

begangen, an dem der Täter gehandelt hat. Da das Verbot des Selbstdopings bislang lediglich in wenigen Staaten strafbewehrt ist und Täter auch ein Ausländer sein kann, käme eine Geltung des deutschen Strafrechts nach § 7 StGB dann nicht in Betracht, wenn die Anwendungs- bzw. Besitz und/oder Erwerbshandlung im Ausland vorgenommen worden wäre. Strafbar macht sich nach § 4 Abs. 1 Nr. 5 AntiDopG i. V. m. § 3 Abs. 2 AntiDopG daher auch, wer unter Anwendung eines Dopingmittels oder einer Dopingmethode ohne medizinische Indikation an einem Wettbewerb des organisierten Sports teilnimmt und mit der Anwendung die Absicht verfolgt, sich in dem Wettbewerb einen Vorteil zu verschaffen. Der Versuch ist strafbar.[1974]

c. Besitz und Erwerb

Die strafrechtliche Erfassung des Selbstdopings wird durch ein in § 3 Abs. 4 AntiDopG normiertes unbeschränktes Besitzverbot von Dopingmitteln komplettiert. Erwirbt oder besitzt ein Sportler demnach ein verbotenes Dopingmittel, um es ohne medizinische Indikation bei sich anzuwenden oder anwenden zu lassen und um sich dadurch in einem Wettbewerb des organisierten Sports einen Vorteil zu verschaffen, drohen gemäß § 4 Abs. 2 AntiDopG Freiheitsstrafen bis zu zwei Jahren oder Geldstrafe. Dies gilt freilich nicht, wenn Gegenstand ein Dopingmittel ist, das außerhalb des Wettbewerbs nicht verboten ist und der Spieler das Dopingmittel ausschließlich für diesen Zweck erwirbt/besitzt.[1975]

II. Straffreiheit

Der Spieler erlangt nach dem in § 4 Abs. 8 AntiDopG geregelten Fall der tätigen Reue Straffreiheit, wenn er trotz Verwirklichung des Erwerb- und Besitzstraftatbestandes (§ 3 Abs. 4 AntiDopG) vom Selbstdoping Abstand nimmt. Dieser persönliche Strafaufhebungsgrund[1976] verlangt, dass der Sportler freiwillig und nach außen hin sichtbar die tatsächliche Verfügungsgewalt über das Dopingmittel aufgibt, bevor er das Dopingmittel anwendet oder anwenden lässt. Dies kann etwa dadurch geschehen, dass der Sportler Dopingmittel bei einer Behörde abgibt. Nicht ausreichend ist es, wenn der Sportler statt des unmittelbaren Besitzes den mittelbaren Besitz an dem Dopingmittel hält. Denn es fehlt insoweit an der Aufgabe der Verfügungsgewalt.[1977] Freiwilligkeit ist, entsprechend den zu § 24 StGB entwickelten Grundsätzen,[1978] gegeben, wenn der Sportler autonom, d. h. aus selbstgesetzten Motiven heraus, die Verfügungsgewalt über die Dopingmittel aufgibt. Dies ist nicht der Fall, wenn der Sportler ein Behalten der Dopingmittel, sei es wegen des äußeren Zwangs oder des seelischen Drucks, nicht für möglich hält.[1979]

1974 § 4 Abs. 3, Abs. 1 Nr. 5 AntiDopG.
1975 § 3 Abs. 4 Satz 2 AntiDopG.
1976 BT-Drs. 18/6677, S. 13.
1977 BT-Drs. 18/6677, S. 12.
1978 *Putzke*, in: Lehner/Nolte/Putzke (Hrsg.), AntiDopG, § 4 Rn. 95.
1979 BT-Drs. 18/6677, S. 13.

§ 2 Bewertung

A. Materielle Auswirkung

I. Darstellung

Das Verbot des Selbstdopings stellt nach dem Willen des Strafgesetzgebers den „Kern der Neuausrichtung in der strafrechtlichen Dopingbekämpfung dar".[1980] Es dient dem Schutz der Integrität des organisierten Sports und rückt daher den Leistungssportler in den Mittelpunkt der Betrachtung.[1981] Ein solcher Schutz war nach alter Rechtslage weder unmittelbar noch mittelbar vorgesehen. Erstmalig sind nunmehr auch Dopingmethoden, insbesondere Gendoping, ausdrücklich durch das deutsche Strafrecht erfasst. Dabei spielt es keine Rolle, ob Gendoping *in vivo* oder *ex vivo* zur Anwendung gelangen soll und ob Keimbahnzellen verändert werden sollen. Die abstrakte Gefährdung der Integrität des Sports genügt.[1982] Mit Aufnahme des strafbewehrten mengenunabhängigen Erwerbs- und Besitzverbots für Dopingmittel ohne medizinische Indikation zum Zwecke des Selbstdopings hat der Gesetzgeber die Strafbarkeit erheblich vorverlagert. Der Erwerb bedeutet gegenüber dem Besitz eine weitere Vorverlagerung. Bestraft werden fortan auch Handlungen, die dem Vorbereitungsstadium und damit einem (wenn überhaupt) abstrakten Gefährdungsstadium angehören. Der weite objektive Tatbestand verliert an Schärfe, indem auf subjektiver Tatbestandseite eine Dopingabsicht, d. h. die Absicht zur Leistungssteigerung und Wettbewerbsverzerrung,[1983] verlangt wird. Es muss jedoch abgewartet werden, welche Rolle die Absicht in der staatsanwaltlichen Strafverfolgungspraxis spielen wird. Erfahrungen hiermit sind aus dem Bereich der BtM-Strafbarkeit bekannt. Um Schutzbehauptungen vorzubeugen, greifen Staatsanwaltschaften hier de facto zu dem (nicht unumstrittenen) Mittel der Absichtsvermutung, die der Beschuldigte zu widerlegen hat.[1984] Eine solche Anwendung im Bereich des AntiDopG würde für den Spieler bedeuten, dass ein Anfangsverdacht schon dann vorläge, wenn Spieler Dopingmittel bloß besäßen oder erwürben. Auf den Verwendungszweck käme es dann lediglich im Falle des Erstarkens

---

1980 BT-Drs. 18/4898, S. 26.

1981 BT-Drs. 18/4898, S. 19, 26.

1982 Tatsächlich ist wegen der unvorhersehbaren Folgen des Gendopings auch die Volksgesundheit betroffen.

1983 BT-Prot. 18/107, 10252 (C-D).

1984 *Jahn*, SpuRt 2015, 149, 152. Entsprechend haben auch führende Sportler den Gesetzgeber dazu aufgefordert, im Gesetzesentwurf klarstellend zu erwähnen, dass das *Strict Liability*-Prinzip im Emittlungs- und Hauptverfahren keine Anwendung findet, vgl. Stellungnahme *Harting/Heidler/Brink/Lehner/Schneehagen*, S. 3, im Internet abrufbar unter: http://www.zdf.de/ZDF/zdfportal/blob/38550852/2/data.pdf (zuletzt aufgerufen am 6.1.2017). Der Entwurf des AntiDopG führt hierzu aus: „Eine Beweislastumkehr im Sinne einer ‚strict liablity', wie sie im Sportrecht existiert, wäre mit dem System des deutschen Strafprozessrechts nicht vereinbar." Strafverfolgungsbehörden müssen daher die Erfüllung sämtlicher Tatbestandsmerkmale nachweisen, BT-Drs. 18/4898, S. 29. Da sich der subjektive Tatbestand aber regelmäßig erst aus den Umständen des objektiven Tatbestandes ergibt, deren Aufklärung Gegenstand des Ermittlungsverfahrens ist, wird für die Bejahung des Anfangsverdachts die Absichtsvermutung genügen.

des Anfangsverdachts zu einem hinreichenden Tatverdacht in der dann stattfindenden strafrechtlichen Hauptverhandlung an. Der Spieler müsste durch sein Einlassungsverhalten den Schein der bloßen Schutzbehauptung entkräften.[1985] Damit würde der weite objektive Tatbestand zu Lasten des Spielers tatsächlich (zunächst) sachlich nicht beschränkt. Gleichwohl eröffnete sich den Strafverfolgungsbehörden hierdurch die bislang nicht gegebene Möglichkeit, Ermittlungsverfahren einzuleiten.

Nach der zu den Betäubungsmitteln ergangenen Rechtsprechung genügt bereits das Abfangen durch die Zollbehörde, um eine versuchte Erwerbshandlung zu begründen, sofern die Aufgabe der Drogen zur Post oder anderen Versandkanälen vereinbarungsgemäß erfolgt und bei ungestörtem Fortgang die Tatbestandsverwirklichung (Ausübung der Verfügungsgewalt nach eigenem Willen) erreicht worden wäre.[1986] Mit der Aufgabe zur Post ist nach der Vorstellung beider Vertragsteile alles bewirkt, um den Erwerb herbeizuführen. Der Gesetzgeber hat sich entgegen seines anfänglichen Bestrebens[1987] letztendlich dafür entschieden, versuchten Besitz und/oder Erwerb von Dopingmitteln nicht unter Strafe zu stellen. Die Versuchsstrafbarkeit ist gemäß § 4 Abs. 3 AntiDopG auf die Tathandlungen der Anwendung bzw. des Anwenden-Lassens von Dopingmittel oder Dopingmethode (§ 3 Abs. 1 Satz 1 AntiDopG) und die Teilnahme unter Anwendung eines Dopingmittels oder einer Dopingmethode (§ 3 Abs. 2 AntiDopG) beschränkt. Die Beschränkung ist mit Blick auf die weite Vorverlagerung der Erwerbs- und Besitzstrafbarkeit zur eigentlichen Rechtsgutverletzung, der Anwendung zur Wettbewerbsverzerrung, unter dem Gesichtspunkt der Verhältnismäßigkeit geboten. Etwaige Strafbarkeitslücken können dennoch dadurch geschlossen werden, dass der Zoll die Weiterleitung der Dopingmittel an den Spieler trotz des Auffindens nicht verhindert.

Schließlich macht sich nunmehr auch derjenige Spieler strafbar, der sich irrtümlich eine Sachlage vorstellt, bei deren wirklichen Vorliegen der Tatbestand des Selbstdopings erfüllt wäre (untauglicher Versuch). So ist ein Spieler, der einen Stoff bzw. eine Methode mit mit der Absicht zu dopen anwendet bzw. bei sich anwenden lässt, auch dann zu bestrafen, wenn er den Stoff oder die Methode nur irrig für verboten hält.

II. Fazit

Das AntiDopG statuiert ein umfassendes Dopingverbot, welches einen Rückgriff auf die bisher weitgehend wirkungslosen Straftatbestände nicht mehr notwendig macht. Dies ermöglicht es, dopende Sportler gezielt wegen des Angriffs auf die Integrität des

1985 *BRAK*, Stellungnahme Nr. 29/2015, S. 8, im Internet abrufbar unter: http://www.brak.de/zur-rechtspolitik/stellungnahmen-pdf/stellungnahmen-deutschland/2015/ (zuletzt aufgerufen am 6.1.2017).

1986 BayObLG, Beschluss vom 25.4.1994 – 4 St RR 48/94, NJW 1994, 2164. Zum Versuch des Inverkehrbringens bei Abfangen der Arzneimittel zu Dopingzwecken durch die Zollbehörde vgl. BGH, Urteil vom 18.9.2013 – 2 StR 535/12, BGHSt 59, 16, 20 (Tz. 13 ff.) = NJW 2014, 325.

1987 BT-Drs. 18/4898, S. 8, dort § 4 Abs. 3 AntiDopG-E.

sportlichen Wettbewerbs zu bestrafen. Damit ist ein weitgehender Gleichlauf mit der verbandsrechtlichen Ausrichtung der Dopingbekämpfung hergestellt.

B. Strafprozessuale Auswirkung

I. Zwangsmaßnahmen

Neben den aufgezeigten systemischen Lücken war eine weitere bedeutsame Schwachstelle der strafrechtlichen Dopingbekämpfung, dass sich die Bejahung eines Anfangsverdachts in der staatsanwaltlichen Praxis der Strafverfolgung als uneinheitlich darstellte; ein Verstoß gegen eine Strafnorm oftmals schon nicht als möglich erschien. Mangels Anfangsverdacht war der Spieler überwiegend nicht Beschuldigter, sondern unverdächtiger Dritter/Zeuge. Die Voraussetzungen zum Einsatz strafprozessualer Maßnahmen waren nicht gegeben. Dies hat sich mit der Strafbarkeit des Selbstdopings geändert. Von einem Anfangsverdacht ist auszugehen, wenn ein Spieler positiv getestet wird. Auch der Besitz von mengenmäßig geringen Dopingmitteln lässt es als möglich erscheinen, dass der Spieler gegen § 3 AntiDopG verstoßen hat. Der Sportler ist neben den Hintermännern Zentralgestalt der Dopingbekämpfung. Der Anfangsverdacht eröffnet den Strafverfolgungsbehörden eine Palette an möglichen Ermittlungsmaßnahmen. § 102 StPO ermächtigt zur Durchsuchung der Wohnung des Spielers. Beweismittel können beschlagnahmt, Zufallsfunde sichergestellt werden.[1988] Körperliche Untersuchungen können auf der Grundlage des § 81a Abs. 1 StPO, freilich unter Wahrung der Verhältnismäßigkeit,[1989] da der Körper des Spielers zum Beweismittel gegen ihn selbst wird,[1990] durchgeführt werden. Ferner ist es denkbar, dass V-Personen oder Informanten eingesetzt werden.[1991] Verdichtet sich der nunmehr leichter anzunehmende Anfangsverdacht hin zum dringenden Tatverdacht, kann dies für den Spieler bis hin zur Anordnung der Untersuchungshaft führen. Denkbar könnte insoweit das Bestehen von Fluchtgefahr sein.

Im Zuge der Ermittlungen gegen den Spieler kann auch das dopingunterstützende Umfeld (Ärzte, Funktionäre, Berater, Trainer, Apotheker etc.) in das Visier der Strafverfolgungsbehörden geraten. Denkbar ist aber auch, dass ein Spieler im Rahmen von Ermittlungen gegen Hintermänner überführt wird. Bedeutsam können daher auch Ermittlungsmaßnahmen sein, die sich nicht gegen den Spieler, sondern gegen das dopingunterstützende Umfeld richten. Zu denken ist hierbei etwa an Überwachungsmaßnahmen. Mit Inkrafttreten des AntiDopG wurde auch § 100a StPO geändert. Möglich sind nunmehr auch Telefonüberwachung oder akustische Überwachung in Fällen, in welchen der Beschuldigte gewerbs- oder bandenmäßig Dopingmittel herstellt, mit ihm Handel treibt, es, ohne mit ihm Handel zu treiben veräußert,

1988 § 94 Abs. 1 StPO.

1989 Vgl. BVerfG, Beschluss vom 10.6.1963 – 1 BvR 790/58, BVerfGE 16, 194, 202 = NJW 1963, 1597, 1598.

1990 *Jahn*, SpuRt 2005, 141, 146.

1991 *Jahn*, SpuRt 2005, 141, 144.

abgibt, sonst in den Verkehr bringt, verschreibt, oder eine Dopingmethode bei einer anderen Person anwendet.[1992] Nicht ausgeschlossen ist auch der Einsatz von verdeckten Ermittlern (§ 110a Abs. 1 Nrn. 3, 4 StPO). Dieser setzt jedoch das Vorliegen einer Straftat von erheblicher Bedeutung voraus. Von einer solchen wird in den Fällen der Dopingkriminalität auch nach Inkrafttreten des AntiDopG lediglich ausnahmsweise auszugehen sein.[1993] Nach § 1 ZollVG sichert die zollamtliche Überwachung die Einhaltung der nationalen Vorschriften, die das Verbringen von Waren in den, durch den und aus dem Geltungsbereich des ZollVG verbieten oder beschränken. Dabei legt insbesondere die Deutsche Post AG der zuständigen Zollstelle Sendungen zur Nachprüfung vor, bei denen zureichende tatsächliche Anhaltspunkte dafür bestehen, dass Waren unter Verstoß gegen ein Einfuhr-, Durchfuhr oder Ausfuhrverbot in den Geltungsbereich des ZollVG verbracht werden.[1994] Das in § 2 Abs. 3 AntiDopG normierte Verbot, ein Dopingmittel, das ein in der Anlage des AntiDopG aufgeführter Stoff ist oder einen solchen enthält, in nicht geringer Menge zum Zwecke des Dopings beim Menschen im Sport in oder durch den Geltungsbereich des AntiDopG zu verbringen, eröffnet mittelbar über die Ermittlung gegen Hintermänner oder unmittelbar durch Ermittlung gegen den Spieler – insbesondere unter Ausnutzung weiterer Ermittlungsmaßnahmen – die Möglichkeit, den dopenden oder den dopinggeneigten Spieler zu überführen.

Indem das AntiDopG den dopenden Sportler in den Rang der Zentralfigur erhebt, schafft es die Grundlagen, um durch umfassende Zwangsmaßnahmen kollusiv agierende Dopingnetzwerke offenzulegen und zu bestrafen. Die in § 12 AntiDopG normierte Möglichkeit, Spezialzuständigkeiten einzurichten schafft die Voraussetzung, um Strafverfahren zu beschleunigen bzw. schneller zu erledigen und Fachkompetenzen zu bündeln.[1995] Letzteres ist insbesondere mit Blick auf medizinische Komplexität des Dopens und Komplexität der Organisationsstrukturen von großer Bedeutung. Durch Zusammenwirken mit den bereits bestehenden Schwerpunktstaatsanwaltschaften (Baden-Württemberg und Bayern)[1996] ergibt sich hieraus ein Instrumentarium, das mit den Abläufen des devianten Dopingverhaltens, den kriminellen Strukturen sowie der Materie vertraut ist und hierdurch eine wirksame Strafverfolgung ermöglicht.

Es stellt sich jedoch die Frage, ob die verbands- und strafrechtliche Verfolgung ein und desselben Dopingverstoßes gegen das verfassungsrechtliche Verbot der Doppelbestrafung verstößt. Die Geltung des Verbots der Doppelbestrafung bewirkte ein Strafverfolgungshindernis,[1997] welches letztlich die Vorteile im Rahmen des Ermittlungsverfahrens konterkarieren würde.

1992 § 100a Abs. 2 Nr. 3 StPO i. V. m. § 4 Abs. 4 Nr. 2 lit. b) AntiDopG.

1993 *Lutz*, HRRS 2016, 21, 24.

1994 § 5 Abs. 1 Satz 1 ZollVG.

1995 BT-Drs. 18/4898, S. 39.

1996 Vgl Pressemitteilung des Ministeriums der Justiz und für Europa Baden-Württemberg vom 2.5.2013, im Internet abrufbar unter: http://www.jum.baden-wuerttemberg.de/pb/Lde/2248966/? (zuletzt aufgerufen am 25.7.2017).

1997 *Kühne*, Strafprozessrecht, Rn. 60.

II. Geltung des Verbots der Doppelbestrafung

Art. 103 Abs. 3 GG untersagt die doppelte Bestrafung einer Person wegen derselben Tat auf Grund der allgemeinen Strafgesetze. DFB und Staat verfolgen den Spieler wegen des gleichen Sachverhalts. Zu fragen ist daher, ob der staatliche Strafanspruch nach dem Grundsatz des *ne bis in idem* zurücktritt, wenn die Sportgerichtsbarkeit bereits eine Strafe verhängt hat. Mit den Worten *Reinharts* gesprochen stellt die Verbandsstrafgewalt des DFB „eine Strafgewalt eigener Art [dar], die in Funktionsweise und Ausgestaltung dem eigentlichen Kriminalrecht deutlich näher steht als dem herkömmlichen Disziplinar- und Berufsrecht“[1998]. *Reinhart* möchte daher im Interesse der Verbandsautonomie und der Rechtssicherheit den Grundsatz des *ne bis in idem* auch im Verhältnis von Sportgerichtsbarkeit und staatlicher Gerichtsbarkeit anwenden. Dem ist mit der überwiegenden Auffassung nicht zu folgen.[1999] Allgemeine Strafgesetze sind nach dem Willen des Gesetzgebers allein die Kriminalstrafgesetze.[2000] Kriminalstrafgesetze unterscheiden sich von Verbotsnormen des Verbandsrechts dadurch, dass sie aus der Feder des staatlichen Gesetzgebers stammen und sich an einen unbestimmten Adressatenkreis richten. Im Unterschied zu den allgemeinen Strafgesetzen richten sich privatrechtliche Verbandsnormen lediglich an den eingeschränkten Adressatenkreis der mitgliedschaftlich oder rechtsgeschäftlich der Verbandsgewalt Unterworfenen. Die verbandsrechtliche Sanktionierung resultiert daher im Unterschied zur staatlichen nicht aus einem Verstoß gegen für jedermann gültige Rechtsnormen, sondern aus der Nichtbeachtung besonderer, nur für einen bestimmten Kreis von Personen geltenden Pflichten.[2001] Der (mutmaßlich) dopende Spieler ist daher im verbandsrechtlichen Sanktionsverfahren nicht in seinem Status als Staatsbürger betroffen.[2002] Vor dem Hintergrund der hohen Verfahrensbelastung der Strafgerichtsbarkeit und der Möglichkeit der Ausschöpfung des Instanzenzuges muss ferner davon ausgegangen werden, dass Dopingverstöße des Spielers schneller (rechtskräftig) durch den jeweiligen Verband als durch den Staat sanktioniert werden. Dies führte dazu, dass bei Geltung des *ne bis in idem*-Grundsatzes eine Sanktionierung im Strafverfahren nicht mehr erfolgen dürfte, sofern eine verbandsrechtliche Entscheidung bereits ergangen ist. Der Staat wäre an rechtskräftige verbandsrechtliche Entscheidungen gebunden. Damit träte ein privatrechtliches Organ an die Stelle der staatlichen Gerichtsbarkeit. Dies widerspräche zum einen dem staatlichen Gewaltmonopol, denn der staatliche Strafanspruch steht der Rechtsgemeinschaft zu,[2003] zum

1998 *Reinhart*, SpuRt 2001, 45, 48.

1999 Zum Nichtvorliegen eines Doppelbestrafungsverbots ausführlich *Lüer*, Dopingstrafen im Sport, S. 145 ff.; *Geraats*, Doppelbestrafungsverbot, S. 131 ff., 134 f.; *Schattmann*, Betrug, S. 177 ff.; *Michel*, Doping, S. 150 f.; *Glocker*, Die strafrechtliche Bedeutung von Doping, S. 269 ff.; a. A. *Reinhart*, SpuRt 2001, 45.

2000 *Schmidt-Aßmann*, in: Maunz/Dürig, GG-Kommentar, Art. 103 Abs. 3 Rn. 286 ff.; *Lutz*, HRRS 2016, 21, 27.

2001 BVerfG, Beschluss vom 2.5.1967 – 2 BvL 1/66, BVerfGE 21, 391, 403, 405 f. = NJW 1967, 1654, 1656.

2002 *Hauptmann/Rübenstahl*, HRRS 2007, 143, 152.

2003 *Petri*, Dopingsanktion, S. 230; *Fahl*, SpuRt 2001, 181, 182.

anderen bestünde die Gefahr, dass rechtsstaatliche Grundsätze missachtet bzw. ausgehöhlt würden. Umgekehrt führte eine Sperrwirkung zu Lasten der Sportgerichte zu einem ungerechtfertigten Eingriff in die grundrechtlich verbürgte Autonomie der Verbände. Das Verhältnis von Kriminal- und Verbandsstrafe unterfällt demnach nicht dem Anwendungsbereich des Art. 103 Abs. 3 GG.

Schwierigkeiten, die daraus resultieren, dass die parallele Strafverfolgung und Sanktionierung von Dopingverstößen den Spieler durch die mehrfache Bestrafung hart treffen kann, sind durch das Übermaßverbot zu lösen. So kann es – wenn der Zweck der Strafe durch die Verbandsstrafe bereits erfüllt ist und der verbleibende Grad der Schuld nur noch gering ist – angezeigt sein, dass der Staatsanwalt mit Zustimmung des Gerichts von der Erhebung der Anklage nach §§ 153 Abs. 1, 153a Abs. 1 oder 153b Abs. 1 StPO absieht. Erhebt der Staatsanwalt Anklage und eröffnet das Gericht das Verfahren, so wird das Strafgericht die bereits verhängte Verbandsstrafe bei der Würdigung der Strafzumessungsschuld zu berücksichtigen haben. Dies kann freilich auch dazu führen, dass das Gericht gemäß § 60 StGB von Strafe absieht. Dies ist dann der Fall, wenn die Folgen der Tat (mithin auch diejenigen der Verbandsstrafe) den Spieler so schwer getroffen haben, dass die Verhängung einer Strafe offensichtlich verfehlt wäre. Mit Blick auf die geltende vierjährige Regelsperre, die jegliche Teilnahme des Spielers an Training und Wettbewerb während dieser Zeit ausschließt, und die möglichen zivil-, insbesondere arbeitsrechtlichen Folgen, scheint dies nicht ausgeschlossen.[2004] Die Aufhebung der Strafe setzt nach § 60 Satz 2 StGB voraus, dass der Spieler nicht eine Freiheitsstrafe von mehr als einem Jahr verwirkt hat.

III. Geltung des nemo tenetur-Grundsatzes

1. Mitwirkungspflicht

Soweit sich der Spieler wirksam den Dopingkontrollen der NADA unterworfen hat, trifft diesen die Pflicht, an den Dopingkontrollen aktiv (Urinprobe) und/oder passiv (Blutprobe) mitzuwirken. Weigert sich der Spieler nach entsprechender Benachrichtigung, sich der Abgabe der Probeentnahme zu unterziehen, oder bleibt er ohne zwingenden Grund der Probeentnahme fern, hat dies für ihn die Verhängung einer Sperre zur Folge.[2005] Der gedopte Spieler ist also faktisch dazu gezwungen, an der Offenlegung des verbandsrechtlichen Dopingverstoßes und der Straftat des Selbstdopings mitzuwirken. Nach dem Grundsatz des *nemo tenetur se ispum accusare* darf niemand zu Handlungen (oder Auskünften) gezwungen werden, durch die er eine von ihm begangene Straftat offenbart. Der Grundsatz der Selbstbelastungsfreiheit ist Ausdruck einer auf der Achtung der Menschenwürde beruhenden rechtsstaatlichen Grundhaltung und dient wegen seines verfassungsrechtlichen Ranges als Abwehrrecht des Bür-

---

2004 Zu den rechtlichen Bedenken hinsichtlich der Verhältnismäßigkeit der Regelsperre eingehend oben Zweiter Teil Kapitel 2 § 1 B II 3 b.

2005 Ausführlich hierzu siehe oben Zweiter Teil Kapitel 2 § 1 B I 1, II 1 a.

gers gegen den Staat.[2006] Es soll dem Staat nicht möglich sein, seine Macht zu dem Zweck zu gebrauchen, den Bürger durch die Ausübung von Zwang zur Selbstbezichtigung zu verleiten.[2007] Der Verband hat jedoch ein berechtigtes schutzwürdiges Interesse daran, Dopingkontrollen durchzuführen. Doping erfolgt regelmäßig heimlich, wobei Täter und Umfeld als homogene Einheit auftreten. Das funktionierende Dopingsystem ist ein „Milieu des Schweigens".[2008] Aus dem Milieu der Beteiligten sind Dopingverstöße daher nicht aufzudecken. Die verbandsrechtliche Überführung des Spielers durch Aussagen spielt daher faktisch keine Rolle.[2009] Dopingkontrollen sind für den Verband mithin die wichtigsten Informationsträger. Sie sollen sicherstellen, dass lediglich dopingfreie Spieler am Wettbewerb teilnehmen. Sie dienen der Sicherung des Erhalts eines fairen und chancengleichen Wettbewerbs und sind als solche unmittelbarer Ausfluss der Wahrnehmung der Verbandsautonomie. Nur durch ein uneingeschränktes, einheitliches Dopingkontrollsystem sind Verbände in der Lage, Bestand und Integrität des sportlichen Wettbewerbs zu gewährleisten. Auch der Spieler selbst hat ein Interesse daran, Doping zu bekämpfen, denn: Ist er nicht gedopt, sichert ihm dies die Chancengleichheit; ist er gedopt, gewährt ihm die Bekämpfung gegenüber seinen nicht gedopten bzw. gesperrten Mitkonkurrenten einen Wettbewerbsvorteil, solange er sich bloß nicht erwischen lässt. Mit der Unterwerfung unter die Verbandsbestimmungen willigt der Spieler in die Durchführung von Dopingkontrollen ein.[2010] Eingriff in die Handlungsfreiheit und Beeinträchtigung des Persönlichkeitsrechts sind mithin gerechtfertigt. Der Spieler ist demnach verpflichtet, an der Dopingkontrolle mitzuwirken.

Gleichwohl verbleibt die Problematik, ob der Grundsatz der Selbstbezichtigungsfreiheit nicht insoweit in das Strafverfahren ausstrahlen muss, dass etwa durch Dopingkontrollen erlangte Positivbefunde einem Verwertungsverbot unterliegen. Das AntiDopG sieht ein unselbständiges Beweisverwertungsverbot nicht vor. Es stellt sich daher die Frage, ob ein selbstständiges Beweisverwertungsverbot Platz greift.

Wegweisend ist hierbei der *„Gemeinschuldner"*-Beschluss des BVerfG.[2011] Ein Gemeinschuldner hatte sich geweigert, Angaben zu einer Übereignung von Vermögensgegenständen zu machen, nachdem er hierzu auf Antrag des Konkursverwalters gerichtlich unter der Androhung von Beugehaft (§§ 75, 101 Abs. 2 KO) aufgefordert worden war. Der Gemeinschuldner hatte sich unter Verweis auf ein wegen des Verdachts der Konkursstraftaten laufendes Ermittlungsverfahren auf die Geltung des *nemo tenetur*-Grundsatzes im Insolvenzrecht berufen. Die gegen die Entscheidung des Konkursgerichtes erhobene Verfassungsbeschwerde wies das BVerfG als unbegründet

---

2006 BVerfG, Beschluss vom 13.1.1981 – 1 BvR 116/77, BVerfGE 56, 37, 49 = NJW 1981, 1431, 1432; BGH, Urteil vom 14.6.1960 – 1 StR 683/59, BGHSt 14, 358, 359 f., 364 f. = NJW 1960, 1580, 1582; *Kühne*, Strafprozessrecht, Rn. 104.

2007 *Kühne*, Strafprozessrecht, Rn. 103.2.

2008 *Rössner*, Sportausschuss-Drs. 18 (5) 113, S. 9; siehe dazu ferner *Dury*, in: FS Röhricht, S. 1097, 1106.

2009 *Rössner*, Sportausschuss-Drs. 18 (5) 113, S. 10.

2010 Zur Frage der Freiwilligkeit siehe oben Zweiter Teil Kapitel 2 § 4 B IV 2 a.

2011 BVerfG, Beschluss vom 13.1.1981 – 1 BvR 116/77, BVerfGE 56, 37, 50 f. = NJW 1981, 1431.

ab. Ein Auskunftsverweigerungsrecht des Gemeinschuldners lehnte das BVerfG ab. Das BVerfG erachtete es aufgrund des besonderen Pflichtenverhältnisses des Gemeinschuldners zu den geschädigten Gläubigern zu deren Wohle ihrer schutzwürdigen Belange, der bestmöglichen Befriedigung, als gerechtfertigt, dass der Gemeinschuldner nach den Bestimmungen der damals geltenden Konkursordnung uneingeschränkt zur Aussage verpflichtet war und hierzu durch die gesetzliche Androhung von Zwangsmittel (Beugehaft) angehalten werden konnte.[2012] Ferner dürfe der Schuldner, der verwerflich handelte nicht dadurch privilegiert sein, dass er durch Zubilligung eines Auskunftsverweigerungsrechts besser stünde, als ein Schuldner, der strafrechtlich nicht in Erscheinung getreten sei.[2013] Zugleich hatte das BVerfG aber die konkursrechtliche Regelung über die uneingeschränkte Aussagepflicht des Gemeinschuldners im Wege der Auslegung durch ein strafrechtliches Verwertungsverbot ergänzt.[2014] Die rechtmäßig gewonnenen Auskünfte des Gemeinschuldners durften im Strafverfahren nicht verwertet werden, denn der Zwang zur Selbstbezichtigung berührte nach Auffassung des Senats das geschützte Persönlichkeitsrecht (Art. 2 Abs. 1 GG), wenn dieser nicht frei darüber entscheiden könne, ob die unter staatlichem Zwang herbeigeführte Selbstbezichtigung einer Strafverfolgung zugeführt werden darf.[2015]

Anders als die gesetzliche Aussagepflicht im Gemeinschuldnerbeschluss beruht die zwangsweise Mitwirkungsverpflichtung des Spielers nicht auf einer staatlichen Anordnung, sondern auf Grundlage der privat-autonomen Bindung. Eine erzwingbare staatliche Zwangslage lässt sich auch nicht mit einer zwangsbewehrten Durchsetzbarkeit der Pflicht, etwa aus § 888 Abs. 1 ZPO, begründen. Die Vollstreckung der Mitwirkungspflicht des Spielers ist tatsächlich verbandsrechtlich ausgeschlossen. Denn Weigerung und Fernbleiben des Spielers haben die Bestrafung zur Folge. Ein Rückgriff auf die Vollstreckungsinstrumente des Staates wäre im Bereich der Dopingkontrollen nicht praktikabel; denn sie führten dazu, dass Dopingkontrollen nicht unangekündigt und für den Spieler überraschend durchgeführt werden könnten. Dadurch beraubten sie die Dopingkontrollen ihrer stärksten Wirkung.

Auch aus der faktischen Rechtsstellung des Spielers gegenüber der NADA resultiert nicht eine staatlich herbeigeführte Drucksituation.[2016] Zwar handelt es sich bei der NADA nach der Ansicht von *Jahn* um eine öffentliche Stelle „im Sinne verschiedener Rechtsvorschriften".[2017] Ein Abstellen auf die NADA, die im Übrigen die Rechtsform einer Stiftung des Privatrechts trägt, ließe allerdings außer Betracht, dass die Drucksituation nicht aus der Durchführung der Dopingkontrollen durch die NADA resultiert, sondern bereits in der Unterwerfung der Spieler unter die Doping-

2012 BVerfG, Beschluss vom 13.1.1981 – 1 BvR 116/77, BVerfGE 56, 37 = NJW 1981, 1431.

2013 BVerfG, Beschluss vom 13.1.1981 – 1 BvR 116/77, BVerfGE 56, 37, 50 f. = NJW 1981, 1431, 1432 f.

2014 BVerfG, Beschluss vom 13.1.1981 – 1 BvR 116/77, BVerfGE 56, 37, 50 f. = NJW 1981, 1431, 1433. Nach dem nun geltenden § 97 Abs. 1 Satz 3 InsO darf die erteilte Auskunft über alle das Insolvenzverfahren betreffenden Verhältnisse weder in einem Strafverfahren noch in einem Ordnungswidrigkeitenverfahren gegen den Schuldner verwendet werden.

2015 BVerfG, Beschluss vom 13.1.1981 – 1 BvR 116/77, BVerfGE 56, 37, 50 = NJW 1981, 1431, 1432 f.

2016 So aber *Jahn*, Sportausschuss-Drs. 18 (5) 108, S. 29.

2017 *Jahn*, Sportausschuss-Drs. 18 (5) 108, S. 29. Eingehend zur NADA als „öffentliche Stelle" *Jahn*, Sportausschuss-Drs. 17 (5) 176, S. 14.

bestimmungen des DFB angelegt ist. Auch die Sanktionierung der Weigerung erfolgt durch den DFB und nicht durch die NADA. Zudem sind Bund und Länder, anders als bei Gründung der NADA, nicht länger mehrheitlich in der Gremienarbeit der privaten Stiftung vertreten.[2018] Ein beherrschender Einfluss des Staates ist nicht gegeben. Demnach fehlt es bei der Mitwirkungspflicht des Spielers bereits an einem staatlichen Zwangsverfahren, welches die Ausstrahlungswirkung auf der Grundlage des Verfassungsrechts verlangt.[2019]

Etwas anderes könnte aber gelten, wäre die Beweiserlangungshandlung dem Staat zuzurechnen; denn dann überlagerte gewissermaßen das Strafverfahren das Verbandsrecht und begründete unter Zugrundelegen eines verfassungsrechtlich weiten Verständnis des Eingriffsbegriffs die Ausstrahlungswirkung der Selbstbezichtigungsfreiheit.[2020] Eine Zurechnung verlangt eine „maßgebliche staatliche Beteiligung".[2021] Diese läge unstreitig vor, wenn sich der Staat an der Erhebungshandlung derart aktiv beteiligte, dass er auf die Durchführung der Dopingkontrolle Einfluss nähme. Die Durchführung der Dopingkontrollen im Lizenzfußball richtet sich nach dem International Standard for Testing and Investigations und dem Standard für Dopingkontrollen und Ermittlungen der NADA.[2022] Der Staat hat keine Möglichkeit, hierauf Einfluss zu nehmen. Anderes könnte für den Fall gelten, dass die Staatsanwaltschaft bei Vorliegen eines Anfangsverdachts sich an die NADA wendet mit der Bitte, eine zielgerichtete Kontrolle durchzuführen. Zu beachten ist aber auch hier, dass NADA und DFB weder die gesetzliche Verpflichtung trifft, Dopingkontrollen auf Weisung der Staatsanwaltschaft durchzuführen noch Dopingstraftaten der zuständigen Staatsanwaltschaft zu melden. Der Gesetzgeber hat bewusst davon abgesehen, eine Verpflichtung der NADA zur Information der zuständigen Staatsanwaltschaften und sonstigen Ermittlungsbehörden in des AntiDopG aufzunehmen.[2023] § 8 Abs. 1 AntiDopG sieht lediglich die Zulässigkeit der Datenübermittlung an die NADA durch Staatsanwaltschaften und Gerichte vor. Nach Nr. 257a RiStBV kann es für Gerichte und Staatsanwaltschaften in Ermittlungsverfahren, die Dopingstraftaten zum Gegenstand haben und insbesondere einen Bezug zu Leistungssportlern aufweisen, zweckmäßig sein, mit der NADA in Verbindung zu treten, die gegebenenfalls sachdienliche Auskünfte erteilen kann.[2024] Dies setzt jedoch voraus, dass ein Anfangsverdacht bereits gegeben ist. Gemäß Art. 14.2 Abs. 1 NADC ist die für das Ergebnismanagement zuständige Organisation und die NADA nach Ausübung pflichtgemäßen Ermessens berechtigt, soweit ein Verstoß gegen das StGB, das AMG und BtMG aufgrund Vorliegens eines

---

2018 NADA-Jahresbericht 2015, S. 6, 25, 26, im Internet abrufbar unter: http://www.nada.de/de/serviceinfos/jahresberichte/ (zuletzt aufgerufen am 6.1.2017).

2019 Vgl. *Kühne*, Strafprozessrecht, Rn. 103.2; *Momsen*, ZIS 2011, 508, 513; *Anders*, wistra 2014, 329, 332; *Kleinheisterkamp*, Kreditwesen und Strafverfahren, S. 151 f.

2020 Vgl. für die Auskunftserlangung im Arbeitsrecht *Anders*, wistra 2014, 329, 332 f.

2021 *Anders*, wistra 2014, 329, 333.

2022 § 5 Nr. 3 DFB-ADR.

2023 BT-Drs. 18/4898, S. 53.

2024 Der Wortlaut der Nr. 257a RiStBV verweist noch auf „Straftaten nach § 95 Abs. 1 Nr. 2a und b, Abs. 3 Nummer 2 AMG". Ausweislich des Wortlauts der Überschrift („Dopingstraftaten") muss dies auch für Straftaten nach dem AntiDopG gelten.

von der Norm abweichenden Analyseergebnisses nicht auszuschließen ist, relevante Informationen der zuständigen Staatsanwaltschaft oder dem Bundeskriminalamt zu melden. Das AntiDopG fehlt in der (aktuellen) Aufzählung der Strafgesetze. Gleichwohl wird man auch dieses nach dem Schutzzweck der Bestimmung als von dieser umfasst ansehen müssen. Eine Pflicht zur Weiterleitung der Informationen geht auch hiermit nicht einher. Art. 14.2. Abs. 1 NADC enthält die Berechtigung, nicht die Verpflichtung zur Weiterleitung von Informationen. Ob eine solche vorgenommen wird, liegt einzig im Ermessen von DFB und NADA.

Von einer aktiven Beteiligung des Staates in dem Sinne, dass die Dopingkontrollen der NADA final und kooperativ auf Weitergabe der Positivbefunde an die zuständigen Staatsanwaltschaften gerichtet sind, kann daher nach derzeitigem Stand der Ausgestaltung des Verfahrens nicht ausgegangen werden. Im Mittelpunkt der Dopingkontrollen steht das Verbandsinteresse, einen dopingfreien Wettbewerb zu gewährleisten. Durch die vollständige Übertragung der Kontrollen auf die NADA sollte eine unabhängige und objektive Durchführung frei von Einflussnahmen durch Dritte sichergestellt werden. Hinzu kommt, dass Dopingkontrollen in der Regel verdachtsunabhängig erfolgen, eine konkrete Kenntnis und Billigung der Staatsanwaltschaft mithin nicht vorliegt.[2025]

Die aus dem verbandsrechtlichen Verfahren gewonnenen Erkenntnisse dürfen demnach in einem Strafverfahren verwertet werden. Anderes gilt nur, wenn eine Absprache und Einflussnahme durch die Staatsanwaltschaft vorliegt oder die Staatsanwaltschaft gezielt auf die Dienste der NADA im Zuge ihrer Ermittlungen zurückgreift.

2. Aussagezwang

Der Spieler ist berechtigt, Aussagen bzw. Auskünfte gegenüber Strafverfolgungsbehörden zu verweigern, sofern er sich hierdurch selbst belasten müsste (§§ 136 Abs. 1 Satz 2, 163a Abs. 3 Satz 2, 243 Abs. 5 Satz 1, 55 Abs. 1 StPO). Die strafrechtliche Zentralisierung der Rolle des Spielers bewirkt, dass der Spieler zukünftig auch in Fällen von seinem Auskunftsverweigerungsrecht Gebrauch machen kann, in denen ihm ein solches Recht nach der alten Rechtslage mangels Gefahr der Selbstbezichtigung nicht zugestanden hätte. Dies könnte nunmehr bedeuten, dass eine strafrechtliche Verfolgung der Hintermänner auf der Grundlage von Zeugenaussagen zukünftig nicht mehr möglich sein wird. Es gilt aber zu beachten, dass die Offenbarung des Dopingverstoßes durch den Spieler selbst – aufgrund der damit verbundenen negativen arbeits- und verbandsrechtlichen Konsequenzen – schon nach der alten Rechtslage nur

2025 Selbst wenn man zu dem Ergebnis gelangen sollte, dass ein Fall gegeben ist, in welchem das Handeln des Verbands letztlich dem Staat zuzurechnen ist, liegt ein Verwertungsverbot nur vor, wenn der Spieler nicht freiwillig und eigenverantwortlich in die Mitwirkungspflicht eingewilligt hat. Hieran könnte man wegen des vorherrschenden Ein-Platz-Prinzips zweifeln. Denn der Spieler hat keine andere Möglichkeit, als der Geltung der Verbandsbestimmungen zuzustimmen, möchte er seinen Beruf ausüben. Allerdings ist der BGH in seiner „*Pechstein*“-Entscheidung (BGH, Urteil vom 7.6.2016 – KZR6/15, NJW 2016, 2266, 2271) hinsichtlich der „aufgezwungenen“ Schiedsvereinbarung vom Vorliegen der Freiwilligkeit ausgegangen. Gleiches könnte daher auch für die Einwilligung in die Mitwirkungspflicht gelten.

in Ausnahmefällen vorgekommen ist. Von Überführungen und Strafverurteilungen von Hintermännern auf Grundlage des Personalbeweises war demnach auch in dieser Zeit regelmäßig nicht auszugehen.[2026] Denn beim Doping handelt es sich mit *Rössner*, seinerzeit Strafverteidiger des Radprofis *Stefan Schumacher* im Verfahren vor dem LG Stuttgart,[2027] um ein „klassisches Kontrolldelikt, das nicht durch Anzeigen und Aussagen von Beteiligten und Opfern, sondern nur durch **außengesteuerte und eindringende Ermittlungsmethoden** aufzudecken ist".[2028]

C. Kooperation

§ 8 Abs. 1 AntiDopG berechtigt Gerichte und Staatsanwaltschaften der NADA personenbezogene Daten aus Strafverfahren von Amts wegen zu übermitteln, soweit dies aus der Sicht der übermittelnden Stelle für disziplinarrechtliche Maßnahmen im Rahmen des Dopingkontrollsystems der NADA erforderlich ist und ein schutzwürdiges Interesse der von der Übermittlung betroffenen Person nicht entgegensteht. Nr. 257a RiStBV regt Gerichte und Staatsanwaltschaften an, sachdienliche Informationen von der NADA einzuholen. Die auf diese Weise übermittelten strafrechtlichen Ermittlungsergebnisse sind geeignet, auf den Einsatz der verbandsrechtlichen Dopingbekämpfung Druck auszuüben. Als gewichtiger Impulsgeber steigern die strafrechtlichen Ermittlungen die Wirksamkeit der verbandsseitigen Dopingbekämpfung.[2029] Geht bei NADA oder DFB ein Hinweis von Athleten, Athletenbetreuern oder anderen Personen ein, welcher den Verdacht auf einen Verstoß gegen das AMG oder BtMG oder das StGB (und nun wohl auch AntiDopG) begründet, so sind NADA und DFB nach Art. 14.2 Abs. 2 NADC verpflichtet, die jeweilige Person zur Anzeige zu bringen. Wie schon besehen liegt es ferner im pflichtgemäßen Ermessen von DFB und NADA, zuständige Staatsanwaltschaft oder Bundeskriminalamt über Positivbefunde in Kenntnis zu setzen (Art. 14.2 Abs. 1 NADC). Daneben ist die NADA gemäß § 10 Abs. 2 Satz 1 AntiDopG berechtigt, Ergebnisse von Dopingproben und Disziplinarverfahren an andere nationale Anti-Doping-Organisationen sowie UEFA, FIFA und WADA zu übermitteln, soweit diese zur Dopingbekämpfung zuständig sind und die Übermittlung zur Durchführung des Dopingkontrollsystems erforderlich ist.

D. Fazit

NADA und DFB sind nach der derzeitigen Ausgestaltung des Dopingkontrollsystems nur bedingt in der Lage, Dopingverstöße aufzudecken. Zum einen resultiert dies aus dem Vollzugdefizit des verbandsrechtlichen Dopingkontrollsystems, zum anderen

2026 *Hauptmann/Rübenstahl*, HRRS 2007, 143, 149.
2027 LG Stuttgart, Urteil vom 29.10.2013 – 16 KLs 211 Js 88929/08 (Volltext abrufbar über Juris).
2028 *Rössner*, Sportausschuss-Drs. 18 (5) 113, S. 9.
2029 Vgl. *Bannenberg*, Korruption, S. 445; *Rössner*, in: FS Mehle, S. 567, 578 f.

werden Lizenzspieler aufgrund ihres hohen Einkommens unter Zuhilfenahme eines dopinganalytisch hoch qualifizierten Umfelds beinahe immer in der Lage sein, die Aufdeckung etwaiger Dopingverstöße durch positive Dopingbefunde zu umgehen. Dopingkontrollen können aber durchaus ein taugliches Mittel zur Überführung von dopenden Spielern darstellen, wenn beispielsweise unvermittelt Dopingsubstanzen nachgewiesen werden können, deren Nachweis bislang als nicht möglich galt oder wenn zur richtigen Zeit kontrolliert wird. Die Möglichkeit, verdachtsunabhängig Dopingkontrollen durchführen zu können, ist eine Stärke, die der Staat aufgrund seiner Gebundenheit an die Verfassung nicht besitzt. Berücksichtigt man die Tatsache, dass es sich bei den Dopingverstößen um Kontrolldelikte handelt, mit Geständnissen und Whistleblower-Akten also regelmäßig nicht gerechnet werden kann, und Verbände nicht über staatliche Ermittlungsmaßnahmen zur Sachverhaltsaufklärung verfügen, wird klar, dass die Ermittlungsmöglichkeiten der Verbände gegen den Spieler und erst recht gegen dessen Umfeld beschränkt sind. Unterstützung kann hier der Staat leisten. Mit Einführung der Strafbarkeit des Selbstdopings sind Strafverfolgungsbehörden in die Lage versetzt worden, leichter Ermittlungsverfahren einleiten zu können. Die Stärke des Staates ist es, durch den Einsatz der vielfältigen strafprozessualen Instrumentarien von außen in das Dopingnetzwerk von Spielern/Sportlern und Hintermänner/Umfeld einzudringen. Gewissermaßen eine Türöffnerfunktion kommt hierbei der Erwerbs- und Besitzstrafbarkeit zu. Diese ermöglicht es, schon frühzeitig Ermittlungen einzuleiten. Eine bedeutsame Rolle wird hierbei zukünftig sicherlich der Zoll spielen, dessen vornehmliche Aufgabe es sein wird, transnationale Sendungen verbotener Dopingsubstanzen zu detektieren. Die Vorteile des Einsatzes staatlicher Ermittlungsmethoden und die Vorzüge der verbandsrechtlichen Dopingbekämpfung sollten zukünftig jeweils sich zu Nutze gemacht werden. Auf Grundlage des Freibeweises kann der DFB Daten aus Strafverfahren verwerten, die nicht auf Positivbefunden beruhen und so die Einleitung des verbandsrechtlichen Disziplinarverfahrens überhaupt erst ermöglichen. Umgekehrt können staatsanwaltschaftliche Ermittlungen durch Mitteilung von Positivbefunden eingeleitet werden. Durch regen Informationsaustausch kann auf diese Weise eine fruchtbringende, effiziente Einheit bei der Bekämpfung von Doping entstehen. Mit der Einführung der Strafbarkeit des Selbstdopings hat der Gesetzgeber eine „systematische und praktisch bedeutsame Lücke im Gesamtsystem der Bekämpfung von Doping“ geschlossen.[2030]

2030 *Maihold*, Sportausschuss-Drs. 18 (5) 110, S. 2.

Vierter Teil: Legitimität des strafbewehrten Verbots von Selbstdoping

Das Strafrecht markiert das „schärfste[ ] Eingriffsinstrumentarium eines Rechtsstaats".[2031] Die Härte dieses „Eingriffsinstrumentarium[s]" wird nicht erst deutlich durch den Ausspruch der Strafe und der sich ihr anschließenden Strafvollstreckung. Ein Eingriff in die grundrechtlichen Freiheitsrechte des Einzelnen erfolgt bereits durch die einseitige Setzung strafbewährter Verhaltensregeln, die Strafdrohung. Der Bürger wird vor die Wahl gestellt, sich entweder an das strafbewehrte Verbot zu halten oder es mit der Folge zu brechen, die strafrechtlichen Konsequenzen gegebenenfalls tragen zu müssen. Das Strafgesetz „soll sagen, was für den Einzelnen Recht und Unrecht ist".[2032] Verstößt der Bürger gegen diese Deutung des Gesetzgebers, hat er mit Strafen zu rechnen, die er durch sein beabsichtigtes und verbotenes Verhalten in Kauf nimmt. Jede Strafnorm ist Ausdruck eines „mit staatlicher Autorität versehene[n] sozial-ethische[n] Unwerturteil[s] über die von ihr pönalisierte Handlungsweise".[2033]

Der Gesetzgeber hat sich dafür entschieden, mit der Inkriminierung des Selbstdopings einen Sachverhalt unter Strafe zu stellen, der auch schon nach den bestehenden verbandsrechtlichen Dopingbestimmungen für den Spieler schwerwiegende Beeinträchtigungen seiner freiheitlichen Rechte bedeuten konnte. Die strafrechtliche Erfassung von Selbstdoping deckt sich insoweit mit dem zivilrechtlichen Dopingverbot. Es stellt sich daher die Frage, ob dem Problem des Selbstdopings zulässigerweise auch mit der strafrechtlichen Sanktionierung begegnet werden durfte oder ob der Gesetzgeber mit der Einführung des strafbewehrten Verbots von Selbstdoping den zulässigen inhaltlichen Anwendungsbereich von Strafvorschriften überschritten hat. Die Beantwortung dieser Frage setzt voraus, dass ein Prüfungsmaßstab bestimmt wird, an welchem die Legitimation der strafbewehrten Verbotsnorm gemessen wird. Vertreter der Strafrechtswissenschaft haben im Laufe der Jahrzehnte Postulate herausgearbeitet, mit welchen die legislatorische Tätigkeit des Strafgesetzgebers begrenzt werden soll. Auf die wichtigsten Ansätze soll im Folgenden eingegangen werden, ehe nach Darstellung der verfassungsrechtlichen Sichtweise sodann beide Aspekte zu dem für die weitere Prüfung maßgeblichen Beurteilungsmaßstab zusammengeführt werden sollen.

2031 *Hefendehl*, JA 2011, 401, 402; ähnlich BVerfG, Urteil vom 28.5.1993 – 2 BvF 2/90, 2 BvF 4/92, 2 BvF 5/92, NJW 1993, 1751, 1754, „am stärksten eingreifenden Charakters".

2032 BVerfG, Urteil vom 25.2.1975 – 1 BvF 1/74, 1 BvF 2/74, 1 BvF 3/74, 1 BvF 4/74, 1 BvF 5/74, 1 BvF 6/74, BVerfGE 39, 1, 59 = NJW 1975, 573, 580.

2033 BVerfG, Beschluss vom 26.2.1969 – 2 BvL 15, 23/68, BVerfGE 25, 269, 286 = NJW 1969, 1059, 1061.

Kapitel 1: Prüfungsmaßstab

§ 1 Strafrechtsautonome Begrenzung

A. Rechtsgutstheorie

Die moderne Rechtsgutstheorie erblickt die Aufgabe des Strafrechts im Rechtsgüterschutz.[2034] Als Schutzrecht soll das Strafrecht den Bürgern ein friedliches Zusammenleben sichern und die größtmögliche Freiheit ermöglichen.[2035] Dabei ist die methodische Funktion der Rechtsgutslehre für die systematische Interpretation der Straftatbestände unbestritten.[2036] Der formelle Rechtsgutsbegriff dient als Hilfsmittel bei der teleologischen Auslegung des Straftatbestands, es macht das Unrecht der Norm für den Täter kenntlich und spielt eine Rolle bei der Einwilligungsfähigkeit, der Notwehrlage, der Konkurrenzlehre und der Verfolgungsverjährung.[2037] Formelles Rechtsgut ist hierbei das Interesse, welches der Gesetzgeber durch die Verhaltensnorm zu schützen bestrebt ist.[2038] Die Bestimmung des (formellen) Rechtsguts erfolgt also strikt im Wege einer normativen Betrachtung anhand des positiven (Straf-)Rechts. Dies führt dazu, dass der Gesetzgeber das jeweilige Rechtsgut festlegt. Eine Begrenzung des legislativen Handelns vermag die formelle Rechtsgutstheorie daher nicht zu erbringen.[2039] In der Literatur besteht Uneinigkeit darüber, ob der Rechtsgutstheorie nicht auch eine solche gesetzgebungskritische Aufgabe zukommt. Befürworter einer solchen materiellen Rechtsgutstheorie erblicken in dem materiellen Rechtsgutsbegriff das maßgebliche Kriterium, um zu beurteilen, ob eine bestimmte Handlung inkriminiert werden darf oder nicht. Taugliche Schutzgüter einer Strafnorm können hiernach nur solche sein, deren Schutzobjekt den Werten und Funktionseinheiten des Rechtsgutsbegriffs angehören.[2040] Richtet sich der mit der Verbotsnorm bezweckte Schutz vor Verletzung oder Gefährdung nicht auf ein solches Rechtsgut, ist es dem Strafgesetzgeber untersagt, das Verhalten zu inkriminieren.[2041] Das Rechtsgut dient demnach als not-

---

2034 *Roxin*, Strafrecht AT/1 § 2 Rn. 1; *Joecks*, in: Münchener Kommentar zum StGB, Einl. Rn. 31, 34 ff.; *Lackner/Kühl*, StGB, Vor § 13 Rn. 4; *Kindhäuser*, Strafrecht AT, § 2 Rn. 6; *Otto*, Grundkurs Strafrecht, § 1 Rn. 21 ff.; *Wessels/Beulke/Satzger*, Strafrecht AT, Rn. 9, 12.

2035 *Michel*, Doping, S. 33; *Hefendehl*, Kollektive Rechtsgüter im Strafrecht, S. 48 ff.; *Roxin*, Strafrecht AT/1 § 2 Rn. 7.

2036 *Swoboda*, ZStW 122 (2010), 24, 32.

2037 *Rönnau*, JuS 2009, 209, 211.

2038 *Engländer*, ZStW 127 (2015), 616, 620.

2039 BVerfG, Beschluss vom 26.2.2008 – 2 BvR 392/07, BVerfGE 120, 224, 241 = NJW 2008, 1137, 1138; *Roxin*, Strafrecht AT/1 § 2 Rn. 4 f.

2040 *Pragal*, ZIS 2006, 63, 65.

2041 *Engländer*, ZStW 127 (2015), 616, 617.

wendige Bedingung zur Legitimation einer Strafvorschrift.[2042] *Hassemer* betrachtet eine Strafnorm, die kein Rechtsgut schützt, als verfassungswidrig.[2043] *Roxin* bewertet eine Strafnorm, für die sich kein Rechtsgut ermitteln lässt, als unangemessenen und übermäßigen Eingriff in die Freiheit der Bürger.[2044] *Schünemann* bezeichnet das Rechtsgut als den „Fluchtpunkt der verfassungsrechtlichen Grenzen der Straftatbestände".[2045] Neben der Uneinigkeit über die gesetzgebungskritische Funktion des Rechtsgutsbegriffs ist aber auch unter den Vertretern eines solchen Begriffs umstritten, wie dieser überhaupt beschaffen sein muss, damit er die als legitim anerkannten Straftatbestände einer vernünftigen Erklärung zurückzuführen vermag und ferner die neu zu schaffenden Verbotsnormen strafrechtskritisch rechtfertigt bzw. begrenzt.[2046] Einigkeit besteht in dieser Hinsicht lediglich insoweit, als dass der materielle Rechtsgutsbegriff eine inhaltliche Bedingung erfüllen muss, durch welche das schützenswerte abstrakte Interesse, das hinter einer Strafnorm zu stehen hat, sichtbar wird.[2047] Das „Gut" soll demnach als naturalistisch-überpositive Beschreibung der vorhandenen Gegebenheiten des sozialen Lebens verstanden werden.[2048] Worin jedoch genau diese Bedingung zu erblicken sein soll, darüber bestehen im Schrifttum mannigfaltige Auffassungen.[2049] Als Definition des Rechtsguts wird im Schrifttum u. a. vorgeschlagen: „Lebensgüter, Sozialwerte und rechtlich anerkannte[ ] Interessen des Einzelnen oder der Allgemeinheit, die wegen ihrer besonderen Bedeutung für die Gesellschaft Rechtsschutz genießen",[2050] „erwünschte[r] soziale[r] Zustand, den das Recht vor Verletzungen sichern will",[2051] „Eigenschaften von Personen, Sachen oder Institutionen, die [...] der freien Entfaltung des Einzelnen in einer rechts- oder sozialstaatlich verfassten demokratischen Gesellschaft dienen"[2052]. Unbestritten ist es eine Schwäche des gesetzgebungskritischen Rechtsgutbegriffs, dass es der Strafrechtswissenschaft bislang nicht gelungen ist, einen konturenscharfen, einheitlich vertretenen Begriff zu schaffen. Einen Definitionsvorschlag, der die als legitim anerkannten Strafvorschriften auf die entsprechenden Rechtsgüter zurückzuführen vermag, macht *Roxin*. Rechtsgüter sind demnach „Gegebenheiten oder Zwecksetzungen [...], die für die freie Entfaltung des Einzelnen, die Verwirklichung seiner Grundrechte und das Funktionieren eines auf dieser Zielvorstellung aufbauenden staatlichen Systems notwendig sind".[2053] *Roxin* erfasst neben den Individualrechtsgütern auch kollektive Rechtsgüter, sofern auch diese das Individuum im Blick haben.[2054] Der Mensch soll nach dieser

2042 *Hassemer*, in: FS Kaufmann, S. 85, 88.
2043 *Hassemer*, in: Hefendehl/v. Hirsch/Wohlers (Hrsg.), Die Rechtsgutstheorie, S. 57, 64.
2044 *Roxin*, Strafrecht AT/1 § 2 Rn. 92.
2045 *Schünemann*, in: Hefendehl/v. Hirsch/Wohlers (Hrsg.), Die Rechtsgutstheorie, S. 133.
2046 *Swoboda*, ZStW 122 (2010), 24, 32.
2047 *Engländer*, ZStW 127 (2015), 616, 620.
2048 *Hassemer*, Theorie und Soziologie des Verbrechens, S. 122; *Weigend*, in: LK-StGB, Einl. Rn. 7.
2049 Vgl. die Darstellung bei *Engländer*, ZStW 127 (2015), 616, 620.
2050 *Wessels/Beulke/Satzger*, Strafrecht AT, Rn. 11.
2051 *Welzel*, Das Deutsche Strafrecht, S. 4.
2052 *Kindhäuser*, Strafrecht AT, § 2 Rn. 6.
2053 *Roxin*, Strafrecht AT/1 § 2 Rn. 7.
2054 Zur personalen Rechtsgutslehre vgl. die Darstellung bei *Kaspar*, Verhältnismäßigkeit, S. 205 ff.; *Swoboda*, ZStW 122 (2010), 24, 33 f.

Rechtsgutslehre Fluchtpunkt der legislativen Würdigung einer bestimmten Verhaltensweise sein.[2055] Einigte man sich auf eine solche Begriffsfestlegung, genügten nicht auf das Individuum rückführbare Interessen nicht, um die Strafnorm zu legitimieren. „Reine Moralwidrigkeiten" schieden aus dem Kreis der legitimen Zwecksetzungen des Gesetzgebers aus.[2056] Gleichwohl müsste konstatiert werden, dass auch ein solcher Rechtsgutbegriff wegen seiner definitorischen Weite nur schwerlich geeignet sein dürfte, dem Gesetzgeber Grenzen ziehen zu können. Denn de facto wird sich jedes staatliche Handeln letztlich auf das Handlungs- und Entfaltungsinteresse des Einzelnen zurückführen lassen, wodurch der von *Roxin* verlangte Grundrechtsbezug hergestellt wird.[2057] *Kaspar* regt daher unter Bezugnahme auf *Otto*[2058] und *Staechelin*[2059] an, die Definition des Rechtsguts durch *Roxin* um die Kriterien zu ergänzen, dass das (vermeintlich) zu schützende „Gut" rational begründet und empirisch überprüfbar dem friedlichen Zusammenleben in der Gesellschaft nützt und die verbotene Verhaltensweise dem „Gut" schädlich sein kann.[2060]

B. Strafwürdigkeit und Strafbedürftigkeit

Strafwürdigkeit und Strafbedürftigkeit werden in der Strafrechtswissenschaft von Rechtsgutstheoretikern und Rechtsgutskritikern gleichermaßen als notwendige Voraussetzung anerkannt, um eine bestimmte Verhaltensweise zu pönalisieren.[2061] Strafwürdig ist ein Verhalten, das sozial-ethisch missbilligenswert ist, weil es geeignet ist, die sozial-ethischen Wertvorstellungen als Voraussetzung für ein gedeihliches Zusammenleben der Bürger besonders schwer zu gefährden oder zu verletzen.[2062] Als *Ultima Ratio* hat der Staat zunächst mildere Maßnahmen in Erwägung zu ziehen, ehe er letztlich zum Strafrecht greift.[2063] Das Strafrecht ist daher gegenüber möglichen Alternativen zur Kriminalisierung (Ahndung als Ordnungswidrigkeit, zivil- und verwaltungsrechtliche Regelungen), die den gleichen oder unter Umständen sogar besseren Erfolg versprechen, subsidiär.[2064] Hieraus ergibt sich aus strafrechtsdogmatischer und kriminalpolitischer Sicht der fragmentarische Charakter des Strafrechts; eines Strafrechts, das nur dann dazwischentritt, wenn andere Instrumentarien nicht zufrieden-

---

2055 *Hassemer/Neumann*, in: NK StGB, Vor § 1 Rn. 146; *Hassemer*, Theorie und Soziologie des Verbrechens, S. 76 ff.; *Marx*, Zur Definition des Begriffs Rechtsgut, S. 79 ff.; *Rönnau*, JuS 2009, 209, 211.

2056 *Kühl*, in: FS Schünemann, S. 157, 165.

2057 *Kaspar*, Verhältnismäßigkeit, S. 196; so auch *Stuckenberg*, GA 2011, 653, 656 f.

2058 *Otto*, in: Müller-Dietz (Hrsg.), Strafrechtsdogmatik, S. 1, 14 f.

2059 *Staechelin*, Strafgesetzgebung im Verfassungsstaat, S. 278 f.

2060 *Kaspar*, Verhältnismäßigkeit, S. 199.

2061 *Otto*, Grundkurs Strafrecht, § 1 Rn. 48 f.; *Kaspar*, Verhältnismäßigkeit, S. 254; *Deckert*, ZIS 2013, 266 (für die Strafwürdigkeit).

2062 *Günther*, Strafrechtswidrigkeit und Strafunrechtsausschluß, S. 237 f.; *Otto*, Grundkurs Strafrecht, § 1 Rn. 49; *Wessels/Beulke/Satzger*, Strafrecht AT, Rn. 15. *Hillenkamp*, Vorsatztat, S. 174 f. fordert insoweit eine „empfindliche, [...] grobe Störung des Rechtsfriedens".

2063 *Roxin*, Strafrecht AT/1, § 2 Rn. 97; *Otto*, Grundkurs Strafrecht, § 1 Rn. 49.

2064 *Roxin*, Strafrecht AT/1, § 2 Rn. 97; *Otto*, Grundkurs Strafrecht, § 1 Rn. 50.

stellen.[2065] Es reicht daher für ein Handeln des Strafgesetzgebers nicht aus, dass ein strafwürdiges Verhalten gegeben ist. Hinzukommen muss, dass das Verhalten strafbedürftig ist.[2066] Dies ist nur dann der Fall, wenn die Strafnorm unerlässliches Mittel ist, um die Rechtsgesellschaft vor dem strafwürdigen Verhalten zu bewahren. Erforderlich ist also, dass keine anderen, weniger einschneidenden Eingriffe zur Verfügung stehen.[2067] Indem die Strafwürdigkeit auf die Bedeutung des verletzten Rechtsguts und auf die sozialschädliche Wirkung der Verhaltensweise im Sinne einer erheblichen Störung der sozialen Ordnung abstellt,[2068] scheidet eine Pönalisierung immer dort schon aus, wo nur eine gesellschaftlich unerwünschte Verhaltensweise bestraft werden soll. Der Strafrechtsschutz darf demnach nur solche Verletzungen oder Gefährdungen umfassen, die „des Schutzes gerade durch das Strafrecht bedürfen".[2069]

§ 2 Verfassungsrechtliche Begrenzung

Das mit der Androhung von Strafe verbundene sozial-ethische Unwerturteil über das pönalisierte Verhalten beeinträchtigt den Betroffenen wegen der sittlichen Missbilligung in seiner Handlungsfreiheit und in seinem Persönlichkeitsrecht. Dem Täter wird vorgeworfen, etwas getan zu haben, was nach rechtlicher und sozial-ethischer Sichtweise verwerflich ist.[2070] Die Strafe berührt damit den Wert- und Achtungsanspruch des Verurteilten.[2071] Das BVerfG weist beständig darauf hin, dass der Griff zum Strafrecht vor diesem Hintergrund die *Ultima Ratio* darstellt und nur dann erforderlich ist, „wenn ein bestimmtes Verhalten über sein Verbotensein hinaus in besonderer Weise sozialschädlich und für das geordnete Zusammenleben der Menschen unerträglich, seine Verhinderung daher besonders dringlich ist".[2072] Die legislatorische Tätigkeit des Parlaments hat sich daher in diesem Bereich auf den Schutz der „elementaren Werte des Gemeinschaftslebens"[2073] sowie von „wichtigen Gemeinschaftsbelangen"[2074], auf die Sicherung der „Grundlagen eines geordneten Gemeinschaftslebens"[2075] und auf die Bewahrung von „Gemeinschaftsbelangen, die vor der

2065 *Hefendehl*, JA 2011, 401; *Kühl*, in: FS Stöckel, S. 117, 132.

2066 *Otto*, Grundkurs Strafrecht, § 1 Rn. 49.

2067 *Otto*, Grundkurs Strafrecht, § 1 Rn. 50; vgl. *Kaspar*, Verhältnismäßigkeit, S. 254 f.

2068 *Otto*, Grundkurs Strafrecht, § 1 Rn. 49; *Günther*, Strafrechtswidrigkeit und Strafunrechtsausschluß, S. 237 ff.

2069 *Hillenkamp*, Vorsatztat, S. 175.

2070 *Frisch*, NStZ 2016, 16, 20.

2071 BVerfG, Beschluss vom 9.7.1997 – 2 BvR 1371/96, BVerfGE 96, 245, 249 = NJW 1998, 443; BVerfG, Urteil vom 7.12.1999 – 2 BvR 1533/94, BVerfGE 101, 275, 287 = NJW 2000, 418.

2072 BVerfG, Beschluss vom 26.2.2008 – 2 BvR 392/07, BVerfGE 120, 224, 240 = NJW 2008, 1137, 1138.

2073 BVerfG, Urteil vom 21.6.1977 – 1 BvL 14/76, BVerfGE 45, 187, 255f. = NJW 1977, 1525, 1531.

2074 BVerfG, Beschluss vom 9.3.1994 – 2 BvL 43/92, 2 BvL 51/92, 2 BvL 63/92, 2 BvL 64/92, 2 BvL 70/92, 2 BvL 80/92, 2 BvR 2031/92, BVerfGE 90, 145, 184 = NJW 1994, 1577, 1581.

2075 BVerfG, Urteil vom 28.5.1993 – 2 BvF 2/90, 2 BvF 4/90, 2 BvF 5/92, NJW 1993, 1751, 1754.

Verfassung Bestand haben",[2076] zu beschränken. Zu diesem Kanon der legitimen Werte zählen unproblematisch Gemeinschaftsbelange, welche, wie etwa der Schutz von Grundrechten, Teil der grundgesetzlichen Werteordnung sind oder welche als Rahmenbedingung der Existenz und Wirksamkeit der verfassungsrechtlichen Werteordnung dienen.[2077] Nicht strafschutzwürdig und in den Bereich des bloßen Ordnungsunrechts zu verweisen sind Gefährdungs- oder Verletzungshandlungen, deren Schutzgut lediglich Werte oder Belange sind, welche die Gemeinschaft nicht berühren und als solche den sozial-ethischen Vorwurf oder Tadel der Rechtsgemeinschaft nicht verdienen.[2078] Problematisch könnte insoweit der Grenzbereich sein, der zwischen dem kriminellen Unrecht auf der einen Seite und dem reinen Bagatell- bzw. Ordnungsunrecht auf der anderen Seite liegt. Nach der Auffassung des BVerfG fällt es in den Kompetenzbereich des Gesetzgebers, die Grenzlinie zum Bereich des strafbaren Handelns im Einzelnen verbindlich festzulegen.[2079] Mit den Worten des BVerfG: „Der Gesetzgeber übernimmt mit der Entscheidung über strafwürdiges Verhalten die demokratisch legitimierte Verantwortung für eine Form hoheitlichen Handelns, die zu den intensivsten Eingriffen in die individuelle Freiheit im modernen Verfassungsstaat zählt. Der Gesetzgeber ist bei der Entscheidung, ob er ein bestimmtes Rechtsgut, dessen Schutz ihm wesentlich erscheint, gerade mit den Mitteln des Strafrechts verteidigen und wie er dies gegebenenfalls tun will, grundsätzlich frei."[2080] Der Begriff des Rechtsguts ist hierbei nicht im Sinne des materiellen Rechtsgutsbegriffs zu verstehen. In seinem „*Geschwisterinzest*"-Beschluss hat das BVerfG der Rechtsgutstheorie erstmalig und in unmissverständlicher Deutlichkeit die Funktion abgesprochen, strafbewehrtes Verhalten als verfassungswidrig zu erklären. Eine naturalistisch geprägte Rechtsgutstheorie verkenne die verfassungsrechtliche Stellung des demokratisch legitimierten Gesetzgebers, wonach es Sache des Gesetzgebers sei, die strafrechtlich zu schützenden Güter festzulegen und Strafnormen an gesellschaftliche Entwicklungen anzupassen.[2081] Die Rechtsgutstheorie ließe sich schon nicht in die verfassungsrechtliche Argumentationsmatrix einfügen; denn die Rechtsgutstheorie stelle „keine inhaltlichen Maßstäbe bereit, die zwangsläufig in das Verfassungsrecht zu übernehmen wären, dessen Aufgabe es ist, dem Gesetzgeber äußerste Grenzen seiner Regelungsgewalt zu setzen".[2082] Auch das schon angeführte qualifizierte Erfordernis des Schutzes vor in besonderer Weise sozial schädlichem und für das geordnete Zusammenleben

2076 BVerfG, Beschluss vom 9.3.1994 – 2 BvL 43/92, 2 BvL 51/92, 2 BvL 63/92, 2 BvL 64/92, 2 BvL 70/92, 2 BvL 80/92, 2 BvR 2031/92, BVerfGE 90, 145, 175 = NJW 1994, 1577, 1787.

2077 *Vogel*, StV 1996, 110, 111 f.; *Löffelmann*, in: Jahn/Krehl/Löffelmann/Güntge (Hrsg.), Verfassungsbeschwerde, Rn. 536.

2078 BVerfG, Beschluss vom 16.7.1969 – 2 BvL 2/69, BVerfGE 27, 18, 30 = NJW 1969, 1619, 1621; *Vogel*, StV 1996, 110, 112; *Frisch*, NStZ 2016, 16, 20.

2079 BVerfG, Beschluss vom 26.2.2008 – 2 BvR 392/07, BVerfGE 120, 224, 240 = NJW 2008, 1137, 1138. Zur Zwecksetzungskompetenz siehe auch *Sachs*, GG, Art. 20 Rn. 149.

2080 BVerfG, Urteil vom 30.6.2009 – 2 BvE 2/08, 2 BvE 5/08, 2 BvR 1010/08, 2 BvR 1022/08, 2 BvR 1259/08, 2 BvR 182/09, BVerfGE 123, 267, 408 f. = NJW 2009, 2267, 2287.

2081 BVerfG, Beschluss vom 26.2.2008 – 2 BvR 392/07, BVerfGE 120, 224, 242 = NJW 2008, 1137, 1138.

2082 BVerfG, Beschluss vom 26.2.2008 – 2 BvR 392/07, BVerfGE 120, 224, 242 = NJW 2008, 1137, 1138.

der Menschen unerträglichenführt praktisch besehen zu keiner Einschränkung der Regelungsgewalt des Strafgesetzgebers.[2083] Denn vor dem Hintergrund von Gewaltenteilungsgrundsatz und Demokratieprinzip billigt das BVerfG dem Parlament einen weiten Einschätzung- und Wertungsspielraum bei der Auswahl der in Betracht kommenden Schutzgüter zu.[2084] Hiervon umfasst ist offenbar auch die Beantwortung der Frage nach der sozialen Verwerflichkeit eines bestimmten Verhaltens.[2085] Der Umfang des Spielraums ergibt sich insbesondere aus der Eigenart des betroffenen Sachbereichs und den Möglichkeiten, sich über die künftige Entwicklung der Strafnorm ein hinreichend sicheres Urteil zu bilden. Die Prüfungskompetenz des BVerfG erstreckt sich im Besonderen darauf zu prüfen, ob der Gesetzgeber diese Faktoren hinreichend berücksichtigt und seinen Einschätzungsspielraum in „vertretbarer Weise" ausgeübt hat.[2086] Das BVerfG prüft nicht, ob der Gesetzgeber die „zweckmäßigste, vernünftigste oder gerechteste Lösung" gefunden hat.[2087] Tatsächlich existieren bislang keine Entscheidungen, in denen das BVerfG die verfassungsrechtliche Legitimität einer Strafnorm am Nichtvorliegen eines legitimen Zwecks hat scheitern lassen.[2088] Der Gesetzgeber ist in der Wahl der legitimen Zwecke frei, solange er sich dabei an die äußersten Grenzen der Verfassung hält.[2089] Nicht strafschutzwürdig scheinen demnach lediglich solche Verhaltensweisen zu sein, die offensichtlich nicht sozial verwerflich sind oder die sich einer „Einschätzung" oder „Beurteilung" anhand nachvollziehbarer Kriterien völlig entziehen.[2090] Doch auch insoweit gilt, dass Entscheidungen, die im letzteren Fall zur Verfassungswidrigkeit von Strafnormen geführt hätten, bislang nicht ergangen sind.[2091] Mit den Worten des BVerfG ist es eine dem Gesetzgeber „vorbehaltene grundlegende Entscheidung, in welchem Umfang und in welchen Bereichen ein politisches Gemeinwesen gerade das Mittel des Strafrechts als Instrument sozialer Kontrolle einsetzt".[2092]

2083 *Vogel*, StV 1996, 110, 112 f.; *Lagodny*, in: Hefendehl/v. Hirsch/Wohlers, Die Rechtsgutstheorie, S. 83, 84 f.

2084 BVerfG, Urteil vom 6.6.1989 – 2 BvL 6/89, BVerfGE 80, 182, 186 = NStZ 1989, 478; BVerfG, Urteil vom 28.5.1993 – 2 BvF 2/90, 2 BvF 4/90, 2 BvF 5/92, NJW 1993, 1751, 1756; vgl. auch die Darstellung bei *Vogel*, StV 1996, 110, 112.

2085 *Vogel*, StV 1996, 110, 112 f.

2086 BVerfG, Urteil vom 28.5.1993 – 2 BvF 2/90, 2 BvF 4/90, 2 BvF 5/92, NJW 1993, 1751, 1756.

2087 BVerfG, Urteil vom 6.6.1989 – 2 BvL 6/89, BVerfGE 80, 182, 186 = NStZ 1989, 478.

2088 Zur Verfassungswidrigkeit einer Strafvorschrift wegen Verstoßes gegen das verfassungsrechtliche Untermaßverbot vgl. BVerfG, Urteil vom 25.2.1975 – 1 BvF 1/74, 1 BvF 2/74, 1 BvF 3/74, 1 BvF 4/74, 1 BvF 5/74, 1 BvF 6/74, NJW 1975, 573, 581 f.; BVerfG, Urteil vom 28.5.1993 – 2 BvF 2/90, 2 BvF 4/90, 2 BvF 5/92, NJW 1993, 1751, 1756 ff.

2089 Siehe dazu *Epping*, Grundrechte, Rn. 50 f.; *Kaspar*, Verhältnismäßigkeit, S. 118.

2090 Zum Letzteren vgl. *Kaspar*, Verhältnismäßigkeit, S. 133.

2091 Auch in dem Beschluss des BVerfG zur Unvereinbarkeit einer Blankett-Strafvorschrift (§ 10 RindfleischetikettierungsG i. V. m. §§ 1, 2a Rindfleischetikettierungs-StrafVO) mit den Bestimmtheitsanforderungen nach Art. 103 Abs. 2 GG i. V. m. Art. 104 Abs. 1 Satz 1 GG sowie nach Art. 80 Abs. 1 Satz 2 GG, BVerfG, Beschluss vom 21.9.2016 – 2 BvL 1/15, NJW 2016, 3648 ist das Gericht nicht auf die Frage der *Ultima Ratio* des Strafrechts und der Prozeduralisierung eingegangen. Noch im Rahmen der Vorlage hatte das Gericht zur diesbezüglichen Stellungnahme aufgefordert (siehe oben Erster Teil Kapitel 1 § 1).

2092 BVerfG, Beschluss vom 21.9.2016 – 2 BvL 1/15, NJW 2016, 3648, 3649.

Der Staat darf jedoch das Mittel des Strafrechts nicht beliebig einsetzen. Als Grundrechtseingriffe erfordert der Erlass einer Strafnorm seine Rechtfertigung durch den Staat. Die Prüfung richtet sich hierbei nach der aus der Grundrechtsdogmatik bekannten Schrankensystematik. Maßgebliches Kriterium zur Begrenzung straflegislatorischen Tätigwerdens ist demnach der Grundsatz der Verhältnismäßigkeit.[2093] Als Bestandteil des Rechtsstaatsprinzips hat das Verhältnismäßigkeitsprinzip die Aufgabe, dafür zu sorgen, dass der Staat im Rahmen seiner Machtausübung die individuelle Rechts- und Freiheitssphäre des Einzelnen ausreichend beachtet.[2094] Die Strafnorm muss geeignet und erforderlich sein, den legitimen Zweck zu fördern. Es darf nicht von vornherein ausgeschlossen sein, dass die Strafnorm den verfolgten Zweck herbeiführt.[2095] Das Erforderlichkeitskriterium zwingt den Gesetzgeber zu der Beschränkung der Eingriffe auf das Äußerste. Erforderlich ist das Gesetz, „wenn der Gesetzgeber nicht ein anderes, gleich wirksames aber das Grundrecht nicht oder doch weniger fühlbar einschränkendes Mittel hätte wählen können".[2096] Als dritte Stufe der Verhältnismäßigkeitsprüfung darf der Gesetzgeber nicht unzumutbar in die subjektive Rechtsposition des Bürgers eingreifen (sog. Übermaßverbot). Dies ist der Fall, soweit die Schwere des Grundrechtseingriffs nicht außer Verhältnis zu dem verfolgten Zweck des Verbots steht. Die Belastung muss für den Adressaten des Verbots zumutbar sein; die Vorteile der Allgemeinheit müssen die Belastung des Einzelnen übersteigen.[2097] Davon ist unstreitig auszugehen, sofern die Strafnorm die in der *Ultima Ratio*-Formel[2098] des BVerfG enthaltenen Anforderungen wahrt.

§ 3 Synthese

Zieht man einen Vergleich zwischen der strafrechtsautonomen und der verfassungsrechtlichen Strafrechtsbegrenzung, gelangt man zu der Erkenntnis, dass sich die strafrechtsautonomen Postulate in den verfassungsrechtlichen Vorgaben, konkret der Not-

---

2093 BVerfG, Beschluss vom 9.3.1994 – 2 BvL 43/92, 2 BvL 51/92, 2 BvL 63/92, 2 BvL 64/92, 2 BvL 70/92, 2 BvL 80/92, 2 BvR 2031/92, BVerfGE 90, 145, 172 = NJW 1994, 1577, 1578; BVerfG, Beschluss vom 10.4.1997 – 2 BvL 45/92, BVerfGE 96, 10, 23 f., 26 = NVwZ 1997, 1109, 1111; BVerfG, Beschluss vom 26.2.2008 – 2 BvR 392/07, BVerfGE 120, 224, 239, 241 = NJW 2008, 1137, 1138.

2094 *Schmidt-Aßmann*, in: Isensee/Kirchhof, HdBStR, Bd. II, § 26 Rn. 25, 87.

2095 BVerfG, Beschluss vom 10.4.1997 – 2 BvL 45/92, BVerfGE 96, 10, 23 = NVwZ 1997, 1109, 1111; BVerfG, Beschluss vom 26.2.2008 – 2 BvR 392/07, BVerfGE 120, 224, 240 = NJW 2008, 1137, 1138.

2096 BVerfG, Beschluss vom 16.3.1971 – 1 BvR 52/66, 1 BvR 665/66, 1 BvR 667/66, 1 BvR 754/66, BVerfGE 30, 292, 316 = NJW 1971, 1255, 1256.

2097 BVerfG, Beschluss vom 26.2.2008 – 2 BvR 392/07, BVerfGE 120, 224, 241 = NJW 2008, 1137, 1138.

2098 Strafrecht ist als *Ultima Ratio* erforderlich, „wenn ein bestimmtes Verhalten über sein Verbotensein hinaus in besonderer Weise sozialschädlich und für das geordnete Zusammenleben der Menschen unerträglich, seine Verhinderung daher besonders dringlich ist", BVerfG, Urteil vom 28.5.1993 – 2 BvF 2/90, 2 BvF 4/90, 2 BvF 5/92, BVerfGE 88, 203, 258 = NJW 1993, 1751, 1754; BVerfG, Beschluss vom 10.4.1997 – 2 BvL 45/92, BVerfGE 96, 10, 25 = NVwZ 1997, 1109, 1111; BVerfG, Beschluss vom 26.2.2008 – 2 BvR 392/07, BVerfGE 120, 224, 240 = NJW 2008, 1137, 1138.

wendigkeit der Verhältnismäßigkeit der strafbewehrten Verbotsnorm, wiederfinden. *Ultima Ratio*-Aufgabe, *Subsidiarität* und fragmentarischer Wesenszug des Strafrechts lassen sich auf die Stufe der Erforderlichkeit innerhalb der Verhältnismäßigkeitsprüfung zurückführen. Gleiches gilt für die Strafbedürftigkeit.[2099]

Die Frage der Strafwürdigkeit des pönalisierten Verhaltens betrifft in der Verhältnismäßigkeitsprüfung inhaltlich die Vorfrage nach dem legitimen Zweck sowie die Stufen von Geeignetheit und Angemessenheit. Auch wenn zugestanden werden muss, dass die vorgenannten strafrechtsautonomen Begrenzungskriterien die Anliegen der Strafrechtsbegrenzung pointierter zum Ausdruck bringen, so gehen diese letztlich sämtlich in der Verhältnismäßigkeitsprüfung auf und erübrigen sich daher.[2100] Endlich bleibt demnach lediglich die Frage nach der Bedeutung der Rechtsgutstheorie zu klären. Der Schutz vor in besonderer Weise sozial schädlichem und für das geordnete Zusammenleben der Menschen unerträglichem Verhalten und der Schutz der grundgesetzlichen Werteordnung und ihrer Rahmenbedingungen könnten für sich betrachtet jeweils auch Definitionen des Rechtsguts darstellen. Berücksichtigt man die Einschätzungsprärogative des Gesetzgebers bei der Wahl des legitimen Zwecks und die dahinter sich verbergende verfassungsrechtliche Vorgabe, dass die soziale Sinngebung mit Strafechtsrelevanz beim Gesetzgeber monopolisiert und an das demokratische Verfahren rückgekoppelt ist (vgl. Artt. 103 Abs. 2, 20 Abs. 3 GG), wird klar, dass eine nur metaphysische/naturalistische Strafbegründung, die, wie (teilweise) durch die Verfechter der Rechtsgutstheorie vertreten, den Begriff des Rechtsguts an den vorhandenen Gegebenheiten des sozialen Lebens festmacht,[2101] mangels verfassungsrechtlicher Verankerung einen Grundrechtseingriff nicht zu rechtfertigen vermag.[2102] Dem demokratisch legitimierten Strafgesetzgeber bleibt es freilich unbenommen, dass er sich die Postulate der Rechtsgutstheorie bewusst und aus eigenem Antrieb zu eigen macht. Der Rechtsgutstheorie kann jedoch auch hier, gleich welche Definition des Rechtsguts man dieser zugrunde legt, lediglich kriminalpolitische Bedeutung zukommen.

Verfehlt wäre es, der Verhältnismäßigkeitsprüfung ein geringeres kritisches Potenzial als der strafrechtsbegrenzenden Rechtsgutstheorie beizumessen.[2103] Richtig ist zunächst, dass sowohl Geeignetheit als auch Erforderlichkeit an den kaum Begrenzungen unterliegenden legitimen Zweck rückgebunden und insoweit der Ertrag der Prüfung dieser Verhältnismäßigkeitsstufen ebenfalls eher großzügiger ausfallen wird. Eine Einschränkung des legislatorischen Tätigwerdens erfolgt aber im Rahmen der Angemessenheitsprüfung. Der Erlass der Strafnorm ist jedenfalls angemessen, wenn der Gesetzgeber mit der Strafnorm die Voraussetzungen der *Ultima Ratio*-Formel des BVerfG erfüllt. Im Ergebnis wird die Begrenzungsfunktion der Rechtsgutstheorie, unter deren Vertretern schon über die Frage Uneinigkeit herrscht, welche Beschaffenheit

2099 *Deckert*, ZIS 2013, 266, 274.
2100 So schon *Kaspar*, Verhältnismäßigkeit, S. 339.
2101 *Weigend*, in: LK-StGB, Einl. Rn. 7.
2102 *Gärditz*, Der Staat 2010, 331, 342 f, 346 f.
2103 So etwa *Pfaffinger*, Rechtsgüter, S. 222.

ein gesetzgebungskritischer Rechtsgutsbegriff aufzuweisen hat,[2104] durch eine konsequente Anwendung des Verhältnismäßigkeitsgrundsatzes gewahrt.[2105] Die Legitimität der Strafbarkeit des Selbstdopings (§§ 4, 3 AntiDopG) ist demnach strikt am Schema der Verhältnismäßigkeitsprüfung vorzunehmen.

Kapitel 2: Verhältnismäßigkeit des strafbewehrten Verbots von Selbstdoping

§ 1 Legitimer Zweck

A. Intention des Gesetzgebers

§ 3 AntiDopG verbietet es dem Spieler[2106], verbotene Dopingmittel oder -methoden bei sich anzuwenden/anwenden zu lassen, zu erwerben/zu besitzen, um sich hierdurch in Bundesliga, 2. Bundesliga und 3. Liga einen Vorteil verschaffen zu wollen. Hierdurch wird der Spieler in der Gestaltung der Erbringung seiner beruflichen Tätigkeit, der Berufsausübung, eingeschränkt. Soweit sich das Verbot des Selbstdopings auf Berufsfußballspieler bezieht, greift es in Art. 12 Abs. 1 GG ein. Nach der Rechtsprechung des BVerfG erfährt der legitime Zweck hierbei eine Konkretisierung durch die sog. Drei-Stufen-Theorie.[2107] Die Anforderungen an den legitimen Zweck richten sich dabei nach der Intensität des Eingriffs. Bloße Berufsausübungsregeln können „durch vernünftige Erwägungen des Gemeinwohls" legitimiert werden.[2108] Soweit vom Verbot des Selbstdopings Spieler erfasst werden, bei welchen der persönliche oder sachliche Schutzbereich des Art. 12 Abs. 1 GG nicht eröffnet ist, greift das Selbstdopingverbot in die allgemeine Handlungsfreiheit (Art. 2 Abs. 1 GG) der Spieler ein. Auch insoweit genügt ein verfassungsrechtlich legitimer Gemeinwohlbelang. Gleiches gilt für die strafrechtliche Verantwortlichkeit (§ 4 Abs. 1 Nrn. 4, 5, Abs. 2 AntiDopG), welche einen Eingriff in das allgemeine Persönlichkeitsrecht (Art. 2 Abs. 1 GG i. V. m. Art. 1 Abs. 1 GG) darstellt. Im Falle der Freiheitsstrafe ist auch das Freiheitsrecht aus Art. 2 Abs. 2 Satz 2 GG betroffen.

2104 Siehe hierzu oben Vierter Teil Kapitel 1 § 1 A.

2105 So wohl auch *Kaspar*, Verhältnismäßigkeit, S. 339, welcher der Prüfung der Verhältnismäßigkeit eine „überschießende Tendenz" im Sinne eines „Kontrollüberschusses" im Vergleich zu den strafrechtsautonomen Postulaten attestiert; a. A. *Hassemer*, in: Hefendehl/v. Hirsch/Wohlers (Hrsg.), Die Rechtsgutstheorie, S. 57, 59 ff., der die Rechtsgutstheorie als notwendigen Bezugspunkt des Über- und Untermaßverbots betrachtet.

2106 Zum tauglichen Täterkreis siehe oben Dritter Teil Kapitel 2 § 1 B I 1.

2107 BVerfG, Urteil vom 11.6.1958 – 1 BvR 596/56, BVerfGE 7, 377, 405 ff. = NJW 1958, 1035, 1038 f.; kritisch zur Drei-Stufen-Theorie *Höfling*, Offene Grundrechtsinterpretation, S. 156 ff.; *ders.*, JZ 2009, 339, 342.

2108 BVerfG, Beschluss vom 14.5.1985 – 1 BvR 449/82, NJW 1986, 772, 773.

Gemäß § 1 AntiDopG dient das Gesetz „der Bekämpfung des Einsatzes von Dopingmitteln und Dopingmethoden im Sport, um die Gesundheit der Sportlerinnen und Sportler zu schützen, die Fairness und Chancengleichheit bei Sportwettbewerben zu sichern und damit zur Erhaltung der Integrität des Sports beizutragen". Diese pauschale Nennung des Gesetzeszwecks kann nicht undifferenziert auf das Verbot des Selbstdopings übertragen werden. Aus den Gesetzesmaterialien geht hervor, dass das Ziel, durch effektive Dopingbekämpfung die Gesundheit von Sportlerinnen und Sportlern zu schützen, sich darauf bezieht, „mit Nachdruck gegen den illegalen Markt des Missbrauchs von Arzneimitteln und anderen Stoffen zum Zwecke des Dopings vorzugehen".[2109] Es sollen die Hintermänner und kriminellen Netzwerke erfasst werden, die Sportler mit verbotenen Dopingmittel beliefern, deren negativen Folgen für die Gesundheit der Sportler endlich die Allgemeinheit durch die Kosten der Behandlung über die Krankenkassen trägt.[2110] Das Verbot des Selbstdopings findet hierbei keine Erwähnung. Die Begründung des Selbstdopingverbots schließt das Schutzgut Gesundheit expressis verbis aus.[2111] Das Verbot des Selbstdopings dient hiernach dem Schutz der Integrität des Sports.[2112] Der Gesetzgeber erachtet es als „Grundvoraussetzung für die Anerkennung und die Zukunft des organisierten Sports", dass die sportlichen Wettbewerbe unter fairen, chancengleichen Bedingungen stattfinden.[2113] Verfälschten Sportler durch Doping Ergebnisse, gefährdete dies den Sport in seiner „herausragenden, gesellschaftspolitischen Bedeutung".[2114] Denn nur wenn junge Nachwuchssportler die Gewähr für einen fairen und chancengleichen Sportwettbewerb hätten, seien diese motiviert und willens, Mühen und Zeit in die Ausübung des Sports zu investieren, um eines Tages Spitzenleistungen zu erzielen.[2115] Die Begründung betont weiter die wirtschaftliche Bedeutung des organisierten Sports. Wirtschaftliche Faktoren wie Gehälter, Preisgelder (Prämien) und Sponsorengelder stellen nach Ansicht des Gesetzgebers einen „gewichtigen Anreiz dar, sich mit Hilfe von Doping ungerechtfertigte wirtschaftliche Vorteile zu verschaffen. Dies geht in erster Linie zu Lasten der ehrlichen Konkurrenten, die im sportlichen Wettbewerb gegenüber den dopenden Sportlerinnen und Sportlern ggf. das Nachsehen haben. Getäuscht und geschädigt werden zumeist aber auch die Veranstalter, die Vereine, die Sponsoren, die Medien, die von dem Sportereignis berichten, sowie die Zuschauer, die in der Erwartung eines fairen sportlichen Wettbewerbs Vermögenswerte aufwenden".[2116] Durch Doping wendeten sich schließlich Zuschauer, Medien sowie staatliche und private Investoren vom Spitzensport ab.[2117] Betrachtet man zudem den eingeschränkten Täterkreis, unter anderem Sportler, welche aus der sportlichen Betätigung unmittelbar

2109 BT-Drs. 18/4898, S. 18.
2110 BT-Drs. 18/4898, S. 17 f.
2111 BT-Drs. 18/4898, S. 29.
2112 BT-Drs. 18/4898, S. 26.
2113 BT-Drs. 18/4898, S. 26 f.
2114 BT-Drs. 18/4898, S. 27.
2115 BT-Drs. 18/4898, S. 27.
2116 BT-Drs. 18/4898, S. 26.
2117 BT-Drs. 18/4898, S. 27.

oder mittelbar Einnahmen von erheblichem Umfang erzielen (§ 4 Abs. 7 Nr. 2 AntiDopG), wird klar, dass der Gesetzgeber mit dem Schutz der Integrität des Sports auch auf den Schutz des wirtschaftlichen Sportwettbewerbs zielte.[2118]

In den Stellungnahmen zu dem Entwurf des Gesetzes zur Bekämpfung von Doping im Sport wurde dem Gesetzgeber von einigen Stimmen vorgeworfen, mit dem Gesetz Moralwidrigkeiten bestrafen zu wollen.[2119] Der Strafbarkeit des Selbstdopings werde mit ethischen Argumenten das Wort geredet.[2120] In der Stellungnahme des DAV ist von „Ethisierung des Rechtsgüterschutzes" zu lesen.[2121] Dieser Ansicht ist zuzugestehen, dass ausweislich § 1 AntiDopG der Gesetzgeber mit dem AntiDopG und der Bestrafung von Selbstdoping das Ziel verfolgt, Fairness und Chancengleichheit im sportlichen Wettbewerb zu sichern. Die Gesetzesbegründung wiederholt an einigen Stellen, dass Doping tief in die ethisch-moralischen (Grund-)Werte eingreife.[2122] Daraus aber auf ein „ethisches Strafrechtsverständnis" des Strafgesetzgebers zu schließen, das die „Trennung von Moralität und Legalität" untergrabe,[2123] ist verfehlt. Denn die ethisch-moralischen Grundwerte finden nicht losgelöst Erwähnung. Sie stehen im direkten Kontext zu der Grundlage des Sports, der Fairness und der Chancengleichheit.[2124] Nach dem wohl meist beachteten Fairnessbegriff von *Lenk* unterteilt sich die Fairness in eine formelle und eine informelle. Als formelle Fairness beschreibt *Lenk* die „zwingend vorgeschriebene[ ] Normforderung, die Spielregeln einzuhalten".[2125] Unter der informellen Fairness versteht er „Achtung und ritterliche[n] Geist gegenüber dem Gegner und dem Schiedsrichter", was nicht durch Sanktionen herbeigeführt werden kann.[2126] Der Begriff der Fairness bezieht sich also sowohl auf zwingende Normen („Muss-Normen") als auch auf nicht zwingende, nur empfehlende Normen („Soll-Normen").[2127] Dabei repräsentieren die „Muss-Normen" die Legalität und Konstitutivität der Regelstruktur, also jener Struktur, die das Spiel erst ermöglicht und deren Normforderungen sanktionierbar sind.[2128] Die „Soll-Normen" vertreten demgegenüber die Moralität als Ausdruck des „traditionellen Sportlichkeitsgeistes oder der vielbeschworenen Ritterlichkeit".[2129] Auch das (verbandsrechtliche) Dopingverbot zählt zu den innerhalb des Spiels zu beachtenden „Muss-Normen".[2130] Der Sport lebt von der Spannung, von Zufall und Verdienst, deren Voraussetzung die natürliche In-

2118 So ausdrücklich auch der Text der Gesetzesbegründung, BT-Drs. 18/4898, S. 32: „Durch das Doping täuschen und schädigen sie ihre Konkurrenten, aber auch alle diejenigen, die im Vertrauen auf einen fairen Sportwettbewerb Vermögenswerte aufgewendet haben."

2119 *Jahn*, Sportausschuss-Drs. 18 (5) 108, S. 13; *DOSB*, Sportausschuss-Drs. 18 (5) 107, S. 3.

2120 *DAV*, Stellungnahme Nr. 5/2015, S. 8.

2121 *DAV*, Stellungnahme Nr. 5/2015, S. 7.

2122 BT-Drs. 18/4898, S. 1, 17, 22, 26.

2123 *DAV*, Stellungnahme Nr. 5/2015, S. 7.

2124 BT-Drs. 18/4898, S. 26.

2125 *Lenk/Pilz*, Das Prinzip Fairness, S. 37.

2126 *Lenk/Pilz*, Das Prinzip Fairness, S. 37.

2127 *Lenk/Pilz*, Das Prinzip Fairness, S. 37.

2128 *Lenk/Pilz*, Das Prinzip Fairness, S. 38; *Senkel*, Wirksamkeitschancen, S. 152.

2129 *Lenk/Pilz*, Das Prinzip Fairness, S. 38.

2130 Vgl. *Lenk*, Erfolg oder Fairness?, S. 97, 111.

dividualität ist.[2131] Beim Dopingverbot aus Gründen der Fairness geht es um die Legalität, nicht um bloße Moralität. Gleiches gilt für die Chancengleichheit. Die Chancengleichheit dient dazu, den sportlichen Leistungsvergleich im Wettbewerb unter gleichen Ausgangsbedingungen stattfinden zu lassen.[2132] Jeder Teilnehmer soll die Chance besitzen den Wettbewerb, unter Beachtung des geltenden Regelwerks, erfolgreich abzuschließen. Sinn und gesellschaftliche Funktion des sportlichen Wettbewerbs basieren auf der „Regelhaftigkeit der Leistungserbringung im Wettkampf".[2133] Ein solches Verständnis von Fairness und Chancengleichheit konstituiert die Eigenwelt des Sports, deren besondere gesellschaftliche Bedeutung auch gerade darin zu erblicken ist, dass sie von dem Alltag der bürgerlichen Gesellschaft entrückt ist und insoweit als Ideal der Gesellschaft dienen kann. Die Begriffe Fairness und Chancengleichheit sind kultur-historisch fest mit der Einhaltung der Sportregeln des Sports verbunden. Als konstitutive Kriterien machen sie den institutionalisierten Kern des sportlichen Wettkampfs aus.[2134] Dopingverstöße gefährden daher die Glaubwürdigkeit und damit in der Konsequenz letztlich den Bestand der Eigenwelt des Sports. Hätte der Gesetzgeber mit dem strafbewehrten Verbots des Selbstdopings lediglich ethisch-moralische Werte zu schützen beabsichtigt, hätte er nicht die Amateur-Sportwettbewerbe aus dem Anwendungsbereich des Selbstdopings ausgeschlossen. Denn bei diesen geht es den Sportlern mangels vermögenswerten Vorteilen ersichtlich nur um die Sportsausübung zum Zwecke der ethisch-moralischen Werte. Endlich ist auch zu beachten, dass Fairness und Chancengleichheit als materielle Maßstäbe staatlichen Handelns auch der Werteordnung der Verfassung nicht fremd sind. So sichert das Gebot des fairen Verfahrens als wesentlicher Grundsatz des rechtsstaatlichen Verfahrens dem Betroffenen die Waffengleichheit im Strafverfahren. Aus dem allgemeinen Gleichheitssatz (Art. 3 Abs. 1 GG) wird in der Rechtsprechung von BVerfG und BVerwG auf dem Gebiet des Wahl- oder Prüfungsrechts der Grundsatz der Chancengleichheit im Sinne gleicher Ausgangsbedingungen abgeleitet.[2135] Auch Art. 6 EMRK gewährt dem Betroffenen das Recht auf ein „faires" Verfahren.

Richtigerweise handelt es sich mit *Franke* gesprochen bei dem Zweck der Strafnorm daher um die „Sicherstellung agonaler Wettbewerbsbedingungen in einem Handlungssystem mit offenem Ausgang, in dem körperliche Eigenleistungen als authentische Leistungen, unter Beachtung des Überbietungsgebots, bei gleichzeitiger Akzeptanz prinzipieller Chancengleichheit, erreicht werden".[2136] Zusammengefasst verfolgt der Gesetzgeber mit dem strafbewehrten Verbot des Selbstdopings also den Schutz der Integrität des Sports verstanden in dem Sinne des strafrechtlichen Schut-

2131 *Schild*, Sportstrafrecht, S. 133 m. w. N.
2132 *Senkel*, Wirksamkeitschancen, S. 155.
2133 *Heger*, SpuRt 2007, 153, 154.
2134 *Heger*, SpuRt 2007, 153, 154.
2135 BVerfG, Beschluss vom 22.10.1985 – 1 BvL 44/83, NJW 1986, 1093; BVerfG, Beschluss vom 6.12.1988 – 1 BvL 5/85, 1 BvL 6/85, NVwZ 1989, 645; BVerwG, Urteil vom 24.2.1993 – 6 C 38/92, NVwZ 1993, 686, 688.
2136 Zit. nach *Heger*, Sportausschuss-Drs. 18 (5) 111 vom 14.6.2015, S. 5.

zes der herausragenden, gesellschaftspolitischen Bedeutung des organisierten Sports und des wirtschaftlichen Sportwettbewerbs.

B. Beurteilung

I. Schutz des organisierten Sports

Das BVerfG hat in seinem Urteil zur Kurzberichterstattung klargestellt, dass sich die Bedeutung der Berichterstattung über herausragende Sportveranstaltungen nicht in ihrem Unterhaltungswert erschöpft. Der Senat attestiert den Berichten, und damit dem dahinterstehenden Sport, eine „wichtige gesellschaftliche Funktion. Der Sport bietet Identifikationsmöglichkeiten im lokalen und nationalem Rahmen und ist Anknüpfungspunkt für eine breite Kommunikation in der Bevölkerung".[2137] Schutz und Förderung des Sports haben mit Ausnahme des Bundeslandes Hamburg in allen Landesverfassungen als Staatsziel Eingang gefunden.[2138] Der Sport wird somit auf eine Stufe mit dem staatlichen Kulturauftrag gestellt. Auch vom Sport als Kulturfaktor ist zu lesen.[2139] Dem Sport wird also eine hohe gesellschaftliche und sozialpolitische Bedeutung zugemessen. Sportliche Betätigung soll neben der Erhaltung und Wiederherstellung von Gesundheit und Leistungsfähigkeit einen Beitrag zu Erziehung und Bildung leisten, die soziale Integration unterschiedlicher Bevölkerungsgruppen ermöglichen und soziale Grunderfahrungen vermitteln.[2140] Sport überwindet Grenzen, indem er ein geselliges und verbindendes Erlebnis schafft. Er ist in der Lage, Menschen unterschiedlicher sozialer, sprachlicher und kultureller Herkunft zusammenzuführen. Durch das gemeinschaftliche Erlebnis von Sportereignissen führt der Sport Menschen unterschiedlicher Herkunft und Ethnie zusammen und gewinnt so maßgeblichen Anteil am Erfolg des gesellschaftlichen Integrationsprozesses.[2141] Der sportliche Wettbewerb fördert die Akzeptanz von Regeln. Die Fähigkeit, Teil einer Mannschaft zu sein, lehrt den Einzelnen sich durchzusetzen und schult dessen Fähigkeit, auf Sieg und Niederlage angemessen zu reagieren.[2142]

Die Bedeutung eines solchen Verständnisses wurde ebenfalls auf europäischer Ebene erkannt. So heißt es etwa in Art. 165 AEUV in Abs. 1: „Die Union trägt zur Förderung der europäischen Dimension des Sports bei und berücksichtigt dabei [...] dessen soziale und pädagogische Funktion." In Abs. 2 heißt es weiter: „Die Tätigkeit der Union hat folgende Ziele: [...] - Entwicklung der europäischen Dimension des Sports durch Förderung der Fairness und der Offenheit von Sportwettkämpfen [...]." Auch der EuGH hat die besondere Bedeutung des Berufssports anerkannt. Im Fall des

2137 BVerfG, Urteil vom 17.2.1998 – 1 BvF 1-91, NJW 1998, 1627, 1629.
2138 Beispielhaft genannt seien hier: Art. 32 berl. Verf., Art. 35 brandenb. Verf., Art. 11 Abs. 1, 2 sächs. Verf., Art. 18 Abs. 3 nordrhein-westf. Verf., Art. 140 Abs. 3 bay. Verf.
2139 *Tettinger*, JZ 2000, 1069, 1075.
2140 Siehe etwa § 1 Abs. 3 Sportförderungsgesetz des Landes Berlin.
2141 BT-Drs. 18/3523, S. 112.
2142 BT-Drs. 18/3523, S. 13.

Spielers *Bernard* betont die Große Kammer die „beträchtliche[ ] soziale[ ] Bedeutung, die dem Sport und insbesondere dem Fußball in der Union zukommt […]".[2143] Ferner weist sie dem Fußball eine „soziale und erzieherische Funktion" zu.[2144] Der soziale und erzieherische Nutzen des Fußballsports zeigt sich auch in der Geschichte des Fußballspiels. Das Fußballspiel hatte zu jeder Zeit, wenn auch nicht einzig auf Deutschland bezogen, eine wesentliche gesellschaftliche Bedeutung.[2145] Dem Sport den Ritterschlag erteilt hat jedoch das Europäische Parlament durch seine Entschließung zur Rolle der Europäischen Union im Bereich des Sports. Darin wird die Sportbewegung als „eine der wichtigsten Bürgerbewegungen der Europäischen Union" und der Sport als ein „bedeutendes kulturelles und soziales, nicht nur wirtschaftliches, Phänomen" beschrieben.[2146]

Die große Bedeutung des Sports in sozialer wie auch in wirtschaftlicher Hinsicht belegen auch die Zahlen des 13. Sportberichts der Bundesregierung. Im Jahr 2008 hat die direkte Nachfrage nach sportbezogenen Leistungen einen Wertschöpfungsbeitrag erwirtschaftet, der dem des deutschen Fahrzeugbaus ähnelt: Die sportbezogene Leistungserstellung betrug 3,3 Prozent (73,1 Milliarden Euro) der gesamtwirtschaftlichen Bruttowertschöpfung (2.217 Milliarden Euro).[2147] Die Investitionen des Sports machten im Jahr 2008 1,6 Prozent (7,6 Milliarden Euro) der gesamtwirtschaftlichen Investitionstätigkeit aus.[2148] Von sämtlichen Konsumausgaben der privaten Haushalte entfielen im Jahr 2008 6,6 Prozent (1.316 Milliarden Euro) auf den Sport.[2149] Der sportspezifische Anteil am Bruttoinlandsprodukt machte einen Anteil von 3,7 Prozent aus.[2150] Nach dem Ergebnis der Sportkonsumforschung treiben die Hälfte der Bevölkerung der mindestens 16-jährigen und fast zwei Drittel der unter 16-jährigen Sport.[2151] 28 Prozent der mindestens 16-jährigen konsumieren passiv Sportveranstaltungen; bei den unter 16-jährigen sind es 39,6 Prozent, die hierfür Geld ausgeben.[2152] Dabei dominiert die Sportart Fußball sowohl bei der Zahl der unter 16-jährigen Aktiven (22 Prozent) als auch bei der Zahl der passiven Konsumenten (9,9 Prozent).[2153] Im Jahr 2016 sind 6.969.464 Bürger als Mitglied eines der 25.075 Fußballvereine ge-

2143 EuGH, Urteil vom 16.3.2010 – C-325/08, Slg. 2010, I-2177, Olympique Lyonnais SASP v./Oliver Bernard, Newcastle UFC = EuZW 2010, 342, 344, Tz. 39.

2144 EuGH, Urteil vom 16.3.2010 – C-325/08, Slg. 2010, I-2177, Olympique Lyonnais SASP v./Oliver Bernard, Newcastle UFC = EuZW 2010, 342, 344, Tz. 40.

2145 Zur Historie des Fußballspiels siehe oben Erster Teil Kapitel 2 § 1.

2146 Amtsblatt Nr. C 200 vom 30.6.1997, S. 0252.

2147 BT-Drs. 18/3523, S. 131.

2148 BT-Drs. 18/3523, S. 131.

2149 BT-Drs. 18/3523, S. 131.

2150 BT-Drs. 18/3523, S. 131.

2151 BT-Drs. 18/3523, S. 132.

2152 BT-Drs. 18/3523, S. 132.

2153 BT-Drs. 18/3523, S. 133.

meldet.[2154] Bei annähernd einem Drittel der Mitglieder handelt es sich um die bis 18-jährigen Spieler/-innen.[2155]

Dem Spitzensport als Teil des organisierten Sports kommt in besonderer Weise Bedeutung zu: Der Spitzensport demonstriert positive Werte wie Ausdauer, Respekt, Regelkonformität, Disziplin und Leistungswille. Wegen seines Vorbildcharakters ist er wichtiger Impulsgeber für den Breitensport, indem er das Interesse am Sport vergrößert und die Entwicklung und Verbreitung des Sports fördert.[2156]

Mit dem Schutz der Integrität des organisierten Sports verfolgt der Gesetzgeber demnach einen legitimen Zweck, soweit hiervon die herausragende, gesellschaftliche Bedeutung des Spitzensports betroffen ist. Dies ist im Hinblick auf den Lizenzfußball der Fall.[2157]

II. Schutz des freien wirtschaftlichen Sportwettbewerbs

Im Jahr 2008 standen ca. 4,4 Prozent (1,765 Millionen Menschen) aller der in Deutschland Beschäftigten in einem Arbeitsverhältnis mit Bezug zum Sport. Bundesliga und 2. Bundesliga schafften in der Saison 2014/2015 direkt und indirekt[2158] Arbeitsplätze für 50.237 Beschäftigte.[2159] In dem selben Zeitraum haben die 36 Profifußballabteilungen der beiden höchsten deutschen Fußballligen annähernd eine Milliarde Euro an Steuern und Abgaben an den deutschen Staat abgeführt.[2160] Hinzu kamen Sozial- und Unfallversicherungen.[2161] Jeder Euro, der in der Saison 2013/2014 in Bundesliga und 2. Bundesliga erwirtschaftet wurde, führte zu einer Wertschöpfung von 2,60 Euro an anderer Stelle der deutschen Wirtschaft.[2162] Mit jedem Vollzeitarbeitsplatz im Lizenzfußball enstanden in der Saison 2013/2014 mehr als zwölf Vollzeitarbeitsplätze in anderen Branchen.[2163] Diese und die bereits oben zur gesellschaftlichen Bedeutung des Sports aufgeführten Zahlen zeigen: der Sport hat sich zu einem wichtigen Wirtschaftsfaktor entwickelt, der Umsatz und Wertschöpfung generiert und Arbeitsplätze schafft.[2164] Dies betrifft in gesteigertem Maße den Lizenzfußball.[2165] Betrachtet man die Bundesligen als Einheit, zählen diese zu den größten Ar-

2154 DFB (Hrsg.), Mitglieder-Statistik 2016, S. 2, im Internet abrufbar unter: http://www.dfb.de/fileadmin/_dfbdam/113011-Mitgliederstatistik_2016.pdf (zuletzt aufgerufen am 6.1.2017).

2155 DFB (Hrsg.), Mitglieder-Statistik 2016, S. 2, im Internet abrufbar unter: http://www.dfb.de/fileadmin/_dfbdam/113011-Mitgliederstatistik_2016.pdf (zuletzt aufgerufen am 6.1.2017).

2156 BT-Drs. 18/3523, S. 13 f.

2157 Siehe hierzu oben Erster Teil Kapitel 2 § 1 A.

2158 Zu denken wäre etwa an die Beauftragung von Cateringfirmen, Sicherheits- und Wachdiensten, Sanitärdiensten und sonstigen Dienstleistern.

2159 Bundesliga-Report 2016, S. 47.

2160 Bundesliga-Report 2016, S. 46..

2161 Bundesliga-Report 2016, S. 46.

2162 *McKinsey&Company*, Wachstumsmotor Bundesliga – Ergebnisse 2015, S. 12, im Internet abrufbar unter: https://www.dfl.de/dfl/files/McKinsey_2015.pdf (zuletzt aufgerufen am 6.1.2017).

2163 *McKinsey&Company*, Wachstumsmotor Bundesliga – Ergebnisse 2015, S. 12, im Internet abrufbar unter: https://www.dfl.de/dfl/files/McKinsey_2015.pdf (zuletzt aufgerufen am 6.1.2017).

2164 BT-Drs. 18/3523, S. 13.

2165 Ausführlich zur Entwicklung des Lizenzfußballs siehe oben Erster Teil Kapitel 2 § 1 E.

beitgebern Deutschlands. Ihre nach dem Gesamtumsatz beurteilte Wirtschaftsmacht entspricht der eines Großunternehmens.[2166]

Bei dem professionellen Sport handelt es sich um einen Wirtschaftswettbewerb. Dies hat der EuGH schon früh anerkannt, indem er die Anwendung des europäischen Kartellrechts auf den Berufssport bejaht hat.[2167] Dopingverstöße wirken hiernach wettbewerbsverzerrend und beeinträchtigen neben den Sportlern (Mitkonkurrenten) auch Sponsoren, Zuschauer, Veranstalter (geordnete Vermarktung), den Staat (Sportförderung) und das Wettgewerbe.[2168] Manipulationen beeinflussen den freien Wettbewerb der professionellen Sportler in ihrem Streben nach der Steigerung ihres Marktwertes, ihres Einkommens, ihrer Förderung und ihrer Siegprämien. Dies führt zwangsläufig zu einer Beeinträchtigung der auf Leistungsprinzip, Transparenz und Rationalität basierenden marktwirtschaftlichen Gesellschaftsordnung.[2169] Wegen des nicht bekannten Dunkelfelds bleibt dem Spieler, der vom Doping seiner Mitkonkurrenten ausgeht, das Dopingverhalten aber nicht aufdecken kann, um sich des Dopings zu erwehren, möchte er das Gleichordnungsverhältnis aufrechterhalten, letztlich nur die Wahl, selbst zu dopen.[2170] Eine solche Wahl zwischen Selbstschädigung und Hinnahme der Wettbewerbsverzerrung, schlimmstenfalls Aufgabe der Berufsausübung oder Verzicht auf Prämien, Sponsorenverträge oder Einkommen und Inkaufnahme eines sinkenden Marktwerts, stellt einen tiefen Eingriff in den freien Wettbewerb dar, denn sie verletzt die individuelle Freiheit und Stabilität und damit die Grundfesten einer sozialen Marktwirtschaft. Betrachtet man die Sog- und Spiralwirkung von Doping, hat die faktische Duldung von Doping zur Folge, dass schon im Nachwuchsbereich, spätestens aber im Übergangsbereich zwischen Jugend und Senioren, der Anschluss an die Spitze regelmäßig nur auf unlautere Weise erfolgen kann. Von den freien Kräften des Marktes kann hierbei nicht (mehr) die Rede sein. Unlauter ist ein solcher Wettbewerb auch wegen der durch die Drucksituation bedingte individuelle Gesundheitsgefährdung/-beeinträchtigung.

Der Schutz des freien und fairen Wettbewerbs als Institution des Wirtschaftslebens ist dem Strafrecht nicht fremd. Auch die im 26. Abschnitt des StGB enthaltenen Straftaten gegen den Wettbewerb §§ 298 und 299 StGB dienen nach der herrschenden Auffassung diesem Schutz.[2171] Darüber hinaus schützt § 299 StGB auch den Mitbewerber vor Nachteilen.[2172]

Die Aufdeckung von Dopingverstößen führt nicht zuletzt zu Entrüstungsreaktionen innerhalb der sportinteressierten Gesellschaft. Als Folge von Dopingskandalen wenden sich Sponsoren, Medien und Zuschauer vom Spitzensport ab. So war die

2166 *Saldsieder*, Ordnungsfragen, S. 2.

2167 EuGH, Urteil vom 15.12.1995 – C-415/93, Slg. 1995, I-4921, 5068 ff., ASBL, Royal club liégeois v./ Bosman.

2168 *Cherkeh/Momsen*, NJW 2001, 1745, 1751; *Roxin*, in: FS Samson, S. 445, 453.

2169 *Rössner*, in: FS Mehle, S. 567, 573.

2170 Eingehend hierzu siehe oben Erster Teil Kapitel 3 § 2 B I.

2171 *Dannecker*, in: NK StGB, § 298 Rn. 11; *Tiedemann*, in: LK-StGB, § 298 Rn. 6, § 299 Rn. 1; *Lackner/ Kühl*, StGB, § 299 Rn. 1; *Rotsch*, ZIS 2014, 579, 580 f.

2172 *Maurach/Schroeder/Maiwald*, StGB, BT II, § 68 Rn. 2; *Tiedemann*, in: LK-StGB, Vor § 298 Rn. 2, § 299 Rn. 1.

ARD nach Ablauf des Fernsehverwertungsvertrages mit der European Broadcast im Jahr 2012 wegen sinkender Einschaltquoten aus der Live-Übertragung der Tour de France ausgestiegen. Ausgelöst durch den Dopingskandal der Tour de France im Jahr 2007, war die Einschaltquote der Tour de France im Folgejahr auf acht Prozent zurückgegangen. Zu den siegreichen Zeiten des Radrennfahrers *Jan Ullrich* betrug der Marktanteil 35 Prozent.[2173] Auch im Reitsport halbierte sich nach Bekanntwerden von Dopingfällen die Zahl der Zuschauer vor dem Bildschirm.[2174] Die aufsehenerregenden Dopingfälle im Radsport führten schließlich zum Rückzug der Sponsoren aus dem professionellen Radsport.[2175] Sie kündigten ihre Unterstützung auf. Die auf diese Weise in Gang gesetzte Sogwirkung kann nur behutsam aufgehalten werden. Dies hat Auswirkungen auf den Sport als wichtigen Wirtschaftsfaktor und gefährdet Arbeitsplätze und Steuereinnahmen.

Mit dem Schutz des freien wirtschaftlichen Sportwettbewerbs verfolgt der Gesetzgeber mithin ein Ziel, das dem Gemeinwohl dient und dessen Gefährdung oder Verletzung als solche sozialschädlich ist.[2176]

§ 2 Geeignetheit

Eingriffe in die Grundrechte der Spieler müssen geeignet sein, um die mit dem strafbewehrten Verbot des Selbstdopings verfolgten legitimen Zwecke herbeizuführen oder zumindest zu fördern.[2177] Das BVerfG räumt – soweit gesicherte kriminologische Erkenntnisse über die Wirkungsweisen der konkreten Strafvorschrift nicht vorliegen –[2178] dem Gesetzgeber bei Beurteilung und Prognose der dem Einzelnen oder der Allgemeinheit drohenden Gefahren und der Eignung einen beträchtlichen Einschätzungsspielraum ein, wonach der Erlass der Strafnorm „nicht gänzlich ungeeignet" sein darf.[2179] Zu klären ist, ob sich die legitimen Zwecke mit Hilfe der Strafnorm fördern lassen.[2180] Eine Eignung ist nach der Rechtsprechung des BVerfG bereits dann gegeben, wenn eine generalpräventive Wirkung der Strafnorm nicht ausgeschlossen werden kann. Das BVerfG lässt hierbei bereits einen minimalen Erfolg genügen. So ist es ausreichend, dass man „nicht von vornherein die völlige Wirkungslo-

2173 *Feldhoff-Mohr*, SpuRt 2010, 20, 21.

2174 *Feldhoff-Mohr*, SpuRt 2010, 20, 21.

2175 Zum Ausstieg des Telekom-Konzerns vgl. Spiegel Online vom 27.11.2007, im Internet abrufbar unter: http://www.spiegel.de/sport/sonst/ausstieg-telekom-kapituliert-vor-doping-im-radsport-a-520042.html (zuletzt aufgerufen am 6.1.2017).

2176 Die Auswirkung auf die Gesellschaft ablehnend: *Kudlich*, JA 2007, 90, 93 f.; *Glocker*, Die strafrechtliche Bedeutung von Doping, S. 285; *Valerius*, in: FS Rissing-van Saan, S. 717, 729 f.; *Beukelmann*, NJW-Spezial 2010, 56, 57.

2177 *Grzeszick*, in: Maunz/Dürig, GG-Kommentar, Art. 20 Rn. 112.

2178 BVerfG, Beschluss vom 9.3.1994 – 2 BvL 43/92, 2 BvL 51/92, 2 BvL 63/92, 2 BvL 64/92, 2 BvL 70/92, 2 BvL 80/92, 2 BvR 2031/92, BVerfGE 90, 145, 175 ff. = NJW 1994, 1577, 1581; BVerfG, Beschluss vom 29.6.2004 – 2 BvL 8/02, NJW 2004, 3620, 3622.

2179 BVerfG, Beschluss vom 29.10.1987 – 2 BvR 624/83, NJW 1988, 1651, 1653; BVerfG, Urteil vom 28.5.1993 – 2 BvF 2/90, 2 BvF 4/92, 2 BvF 5/92, NJW 1993, 1751, 1756.

2180 BVerfG, Beschluss vom 26.2.2008 – 2 BvR 392/07, NJW 2008, 1137, 1138.

sigkeit der Strafdrohung voraussetzen" kann.[2181] Die generalpräventive Wirkungsweise wird dabei sowohl negativ als auch positiv verstanden.[2182]

Die generalpräventive Wirkung des Strafrechts war bislang nur selten Gegenstand empirischer Untersuchungen.[2183] Studien, die auf Befragungen basieren, deuten auf eine niedrige Relevanz der Abschreckungswirkung hin. Während sich die angedrohte Strafhärte als bedeutungslos erwiesen hat, vermochte das wahrgenommene Risiko, entdeckt zu werden, immerhin eine gewisse Abschreckungswirkung zu erzeugen.[2184] Im Unterschied zu den Befragungsstudien untersuchen kriminalstatistische Studien die Auswirkungen des Strafrechts durch die Analyse kriminal- und strafverfolgungsstatistischer Veränderungen der Deliktshäufigkeit.[2185] Diese weisen den Vorteil auf, dass mögliche interviewsituationsbedingte Fehleinschätzungen des Strafrisikos ausgeschlossen werden können. Eine die alten Bundesländer untersuchende kriminalstatistische Studie, welche den Zeitraum zwischen den Jahren 1977 bis 2001 zum Gegenstand hatte, konnte für das allgemeine Strafrecht die Entdeckungs- und Verurteilungsquote als relevante kriminalitätsreduzierende Faktoren nachweisen.[2186] Auch die kriminologisch-strafrechtliche Analyse von *Bannenberg* zu Korruptionsstraftaten in Deutschland gelangt zu der Erkenntnis, dass eine geringe Aufklärungswahrscheinlichkeit, sei es durch eine geringe Anzeigenwahrscheinlichkeit oder durch die mangelnde Kontrolle im nahen sozialen Umfeld des Täters, die Faktoren der Tatbegehung begünstigen.[2187]

Bei Anwendung der Befragungstechnik konnten neben dem Nachweis des Bestehens eines Zusammenhangs zwischen Entdeckungs- und Verurteilungswahrscheinlichkeit sowie Abschreckungswirkung ferner Hinweise für eine verstärkte Neigung zu normkonformen Verhalten verzeichnet werden, soweit die Strafe dazu diente, Normen zu stärken, die als moralisch verpflichtend empfunden wurden.[2188] Demnach kann vom Strafrecht und seinen Sanktionen positiv generalpräventiv die Normbestätigung solcher Normen erwartet werden, deren Werte in der Bevölkerung Akzeptanz finden.[2189] Dieses Verständnis der Stärkung des Vertrauens in die Gültigkeit der Norm wird bei Korruptionsstraftaten aber situationsbedingt überlagert, soweit der Betroffene nicht damit zu rechnen hat, dass strafrechtliche Verfolgung oder negative berufliche Konsequenzen drohen.[2190] Insoweit gewinnt die Herbeiführung einer Abschreckungswirkung an Relevanz. Von Bedeutung sind hierbei die soziale und geziel-

2181 BVerfG, Urteil vom 21.6.1977 – 1 BvL 14/76, NJW 1977, 1525, 1531.
2182 BVerfG, Urteil vom 25.2.1975 – 1 BvF 1 – 6 /74, BVerfGE 39, 1, 55 f., 57 f. = NJW 1975, 573, 579; *Vogel*, StV 1996, 110, 111.
2183 *Streng*, in: Lösel/Bender/Jehle (Hrsg.), Kriminologie und wissensbasierte Kriminalpolitik, S. 75.
2184 *Streng*, in: Lösel/Bender/Jehle (Hrsg.), Kriminologie und wissensbasierte Kriminalpolitik, S. 75
2185 *Entorf/Spengler*, MschrKrim 2005, 313.
2186 *Entorf/Spengler*, MschrKrim 2005, 313, 329, 331 f.
2187 *Bannenberg*, Korruption, S. 484.
2188 *Streng*, in: Lösel/Bender/Jehle (Hrsg.), Kriminologie und wissensbasierte Kriminalpolitik, S. 75.
2189 *Streng*, in: Lösel/Bender/Jehle (Hrsg.), Kriminologie und wissensbasierte Kriminalpolitik, S. 80.
2190 *Bannenberg*, Korruption, S. 347 ff., 349 ff., 484 ff.

te Kontrolle.[2191] Dieses Verständnis deckt sich mit der Kriminalitätstheorie der rationalen Wahl.[2192] Hiernach richtet der Betroffene sein Handeln an einer Kosten-Nutzen-Abwägung aus. Der Betroffene optiert dann zur Begehung der Tat, wenn der prognostizierte Nutzen die erwarteten Kosten übersteigt.[2193]

Die bislang aus den „kalkulierbaren“ bzw. berufsbedingten Delikten der Wirtschaftskriminalität erlangten Erkenntnisse[2194] sprechen dafür, dass eine solche Ausrichtung auch auf das Dopingverhaltens zutrifft.[2195] Diese Erkenntnisse finden Bestätigung durch eine, wenn auch aufgrund der geringen Zahl der Teilnehmer nur eingeschränkt repräsentativen, deutschen Studie aus dem Jahr 2014.[2196] Hierin gaben bei Anwendung der Randomized Responsed Technik 22,5 Prozent der aus Deutschland befragten Spielerinnen und Spieler an, dass sie Dopingmittel zur Steigerung ihrer sportlichen Leistungsfähigkeit einnehmen würden, wenn hiermit keine negativen Auswirkungen im Sinne von Strafe und/oder Sanktion verbunden wären.[2197] Unter Berücksichtigung der kleinen Zahl der Teilnehmer befindet sich der wahre Wert in einem Intervall zwischen 9,83 Prozent und 35,17 Prozent.[2198]

Die Bewertung des AntiDopG hat gezeigt, dass dessen Stärke in einer effektiven Zusammenarbeit von Sportverbänden und Staat zu erblicken ist.[2199] Der Staat verfügt über strafverfahrensrechtliche Maßnahmen, die den Sportverbänden bzw. der NADA mangels Hoheitscharakters naturgemäß nicht zur Verfügung stehen. Der Grad der Abhängigkeit der Aufklärung, Verfolgung und Verurteilung von Dopingverstößen von den analytischen Funden im Rahmen verbandsseitige Dopingkontrollen nimmt in dem Maße ab, als dass der Staat in der Lage ist, Dopingverstöße aufzudecken. Der intelligent geplante Einsatz von strafprozessualen Ermittlungsmaßnahmen und deren sorgfältige Auswertung vermögen im Zusammenspiel mit der NADA schließlich zusätzlichen Druck auf die Sportverbände in der Bekämpfung von Doping aufzubauen. Unterlässt es der DFB, trotz erfolgter Benachrichtigung über einen Dopingverstoß, ein sportdiszipliniarisches Verfahren einzuleiten, steht der NADA ein Selbsteintrittsrecht zu.[2200] Die NADA kann auf diese Weise ein verbandsrechtliches Disziplinarverfahren, in welchem sie selbst Partei ist, erzwingen. Am Ende dieser „Druckkette“ steht der Spieler, der sich hierdurch nicht nur einer höheren Wahrscheinlichkeit der staatlichen Aufdeckung und Verurteilung von Dopingverstößen, sondern auch einer breiteren sportdiszipliniarischen Ahndung und Verurteilung gegenübersieht.

Die Eignung des strafbewehrten Verbots von Selbstdoping zur Erzeugung einer Abschreckungswirkung ist mithin nicht schlechthin ausgeschlossen. Zudem kann

---

2191 *Bannenberg*, Korruption, S. 486; *Streng*, in: Lösel/Bender/Jehle (Hrsg.), Kriminologie und wissensbasierte Kriminalpolitik, S. 80.

2192 Vgl. hierzu *Wittig*, MschKrim 1993, 328, 331 ff.

2193 *Rössner*, in: FS Mehle, S. 567, 576.

2194 Siehe hierzu *Bannenberg*, Korruption, S. 438 ff., 445.

2195 *Rössner*, in: FS Mehle, S. 567, 576.

2196 *El Bousidi*, Dopingverhalten, S. 43. Zur Studie siehe oben Erster Teil Kapitel 3 § 1 B (S. 32).

2197 *El Bousidi*, Dopingverhalten, S. 43.

2198 *El Bousidi*, Dopingverhalten, S. 43.

2199 Siehe hierzu oben Dritter Teil Kapitel 2 § 2.

2200 § 17 Nr. 3 DFB-ADR.

nicht ausgeschlossen werden, dass mit der Kriminalisierung von Selbstdoping auch eine Änderung des Rechtsbewusstseins einhergeht.[2201] Die strafrechtliche Sanktionierung führt dem Spieler die soziale Missbilligung von Doping vor Augen. Verstößt der Spieler gegen das Dopingverbot und fällt er auf, läuft er Gefahr, seinen guten Leumund und seine bisherige Stellung in der Gesellschaft zu verlieren. Die Geeignetheit der Strafnorm ist bei Würdigung der Einschätzungsprärogative des Gesetzgebers gegeben.

§ 3 Erforderlichkeit

Auch bei der Beantwortung der Frage nach dem am wenigsten belastenden, gleich geeigneten Mittel zur Erreichung des legitimen Zwecks steht dem Gesetzgeber eine Einschätzungs- und Entscheidungsprärogative zu.[2202] Dies gilt auch, soweit nicht klar ist, ob mildere Mittel – etwa zivilrechtliche Sanktionen – ausreichenden Erfolg versprechen; dem Gesetzgeber ist auch „insoweit ein nicht unerheblicher Spielraum eigenverantwortlicher Bewertung einzuräumen".[2203] Das BVerfG bleibt mangels eigener Kognitions-/Sachkompetenz auf eine Evidenzkontrolle unter Zuhilfenahme von Informationen, Einschätzungen und Prognosen sachkundiger Stellen beschränkt.[2204]

Es ist an dieser Stelle geboten, noch einmal die schon eingangs dieser Arbeit zitierte Einschätzung des Gesetzgebers in Erinnerung zu rufen. Im Gesetzesentwurf heißt es: „Die Maßnahmen des organisierten Sports allein sind aber angesichts der Dimension, die Doping im Sport und in der hierauf bezogenen organisierten Kriminalität sowohl quantitativ wie auch qualitativ angenommen hat, nicht ausreichend. [...] Die bestehenden Regelungen haben sich als nicht ausreichend erwiesen. Die dopingspezifischen Strafvorschriften weisen Schutzlücken auf und erfassen vielfach nicht die dopenden Sportlerinnen und Sportler."[2205] In der Begründung des strafbewehrten Verbots des Selbstdopings heißt es weiter: „Es hat sich gezeigt, dass die verbandsrechtlichen Maßnahmen allein nicht ausreichen."[2206] Die vorliegende Untersuchung konnte diese Annahmen bestätigen. Auch im deutschen Lizenzfußball reicht die verbandsseitige Bekämpfung von Doping nicht aus.

Doping verlangt als heimlich praktiziertes Delikt Aufklärungsbereitschaft und Transparenz. Mit einem öffentlichen Druck, der Anreiz zur rigorosen Aufklärung sein kann, ist, anders als bei offensichtlichen, für jedermann wahrnehmbaren Verstößen, regelmäßig nicht zu rechnen. Berücksichtigt man die durch finanzielle Eigeninteressen zumindest in Frage gestellte Neutralität von DFB und DFL e. V., bestehen,

2201 *Rössner*, in: FS Mehle, S. 567, 575.

2202 BVerfG, Beschluss vom 9.3.1994 – 2 BvL 43/92, 2 BvL 51/92, 2 BvL 63/92, 2 BvL 64/92, 2 BvL 70/92, 2 BvL 80/92, 2 BvR 2031/92, BVerfGE 90, 145, 173 = NJW 1994, 1577, 1579; BVerfG, Beschluss vom 26.2.2008 – 2 BvR 392/07, NJW 2008, 1137, 1138.

2203 BVerfG, Beschluss vom 6.6.1989 – 2 BvL 6/89, NStZ 1989, 478.

2204 *Appel*, Verfassung und Strafe, S. 178.

2205 BT-Drs. 18/4898, S. 1.

2206 BT-Drs. 18/4898, S. 29.

insbesondere mit Blick auf das derzeit bestehende Vollzugsdefizit, große Zweifel, dass die zur Herstellung der Abschreckungswirkung erforderliche Sanktionswahrscheinlichkeit für den Spieler ausreichend wahrnehmbar gegeben ist. Vielmehr ist davon auszugehen, dass Spieler durch intelligentes Dopen sich in Sicherheit vor möglichen Sanktionierungen wähnen können. Anders als in den Sportarten, in denen eine Abhängigkeit der Aufrechterhaltung des Sports von der staatlichen Förderung gegeben ist, gelingt es dem Staat im Lizenzfußball nicht, durch die Kürzung von Fördermitteln, Einfluss auf die Beseitigung des Vollzugsdefizits zu nehmen. Der Lizenzfußball finanziert sich staatsfern. Einer unmittelbar gesetzlichen Steuerung der verbandsrechtlichen Dopingbekämpfung sind vor dem Hintergrund der grundrechtlich gewährten Verbandsautonomie (Art. 9 Abs. 1 GG) enge Grenzen gesetzt.

Für die Kriminalisierung des Selbstdopings spricht weiter, dass auch die Reichweite des staatlichen Strafens die der verbandsrechtlichen Sanktionierung übersteigt. Im Unterschied zu einer verbandsrechtlichen Verurteilung kann sich die Bestrafung des Spielers im staatlichen Wege auch auf andere Lebensbereiche auswirken. Ferner ist im Sinne einer abschreckenden Wirkung die öffentliche Wahrnehmung eines staatlichen Strafverfahrens oftmals stärker als die eines möglicherweise unter Ausschluss der Öffentlichkeit erfolgenden verbandsrechtlichen Verfahrens bzw. eines sich hieran unter Umständen anschließenden Schiedsverfahrens. Schließlich ist auch mit einer Schwächung des verbandsrechtlichen Sanktionssystems durch das Strafverfahren nicht zu rechnen. Denn zum einen findet das Verbot der Doppelbestrafung im Verhältnis von Verbandssanktion und staatlicher Strafe keine Anwendung, zum anderen steht einer Verwertung der positiven Dopingbefunde regelmäßig nicht der *nemo tenetur*-Grundsatz entgegen.[2207] Im Zusammenwirken von Sportverbänden und Staat liegt die Stärke der Bekämpfung von Doping.

Gelegentlich wurde als Alternative zur Bestrafung des Selbstdopings dessen Freigabe[2208] oder die Ahndung des Verstoßes als Ordnungswidrigkeit[2209] vorgeschlagen. Die Freigabe von Selbstdoping kommt als milderes Mittel nicht in Betracht. Der Schutz der Bedeutung des Sports wäre nur gegeben, wenn eine Freigabe auch von Seiten des Sports erfolgte. Dies änderte jedoch nichts an der Beeinträchtigung des freien wirtschaftlichen Sportwettbewerbs. Denn es kann von den Spielern nicht verlangt werden, dass diese durch Doping ihre Gesundheit selbst schädigen, um am Wettbewerb teilnehmen zu können. Spieler, die sich einer Teilnahme unter der Bedingung der Gesundheitsbeeinträchtigung verschlössen, wären vom Wettbewerb ausgeschlossen. Von einem freien Wettbewerb könnte demnach auch bei Freigabe von Doping nicht ausgegangen werden.

Auch die Verfolgung des Dopingverstoßes als Ordnungswidrigkeit vermag nicht ausreichend eine negative generalpräventive Wirkung zu erzeugen. § 1 Abs. 1 OwiG lässt als Sanktion nur die Ahndung mit einer Geldbuße zu. Die Möglichkeit einer Freiheitsstrafe ist ebenso wenig gegeben wie die Geldstrafe. In der Folge ist es dem

2207 Siehe dazu oben Dritter Teil Kapitel 2 § 2 B II, III.

2208 *Wagner*, ZRP 1992, 369, 371.

2209 *Trüg*, in: FS Rössner, S. 686, 699 f.

Staat auch nicht möglich, den Spieler mit dem Makel einer Vorbestrafung zu versehen. Geldbußen treffen die am Lizenzfußball mitwirkenden Spieler aufgrund ihres hohen Einkommens regelmäßig nicht empfindlich. Ferner ist denkbar, dass im Innenverhältnis Geldbußen von einem Dritten übernommen werden. Die Freiheitsstrafe vermag daher eine höhere Abschreckungswirkung in der Kosten-Nutzen-Abwägung zu erzielen. Des Weiteren sind im Bußgeldverfahren wichtige Ermittlungsmaßnahmen wie längerfristige Observationen (§ 163f StPO), Telekommunikationsüberwachung (§ 100a StPO), Einsatz von verdeckten Ermittlern (§ 110a StPO) oder Untersuchungshaft (§ 112 StPO) nicht möglich, die aber zur Aufdeckung der organisierten Kriminalität wesentlich sind. Dadurch wird die Bekämpfung von Doping als heimliches Delikt empfindlich eingeschränkt, was zur Folge hat, dass die Strafwahrscheinlichkeit regelmäßig von dem verbandsseitigen Nachweis des Vorhandenseins eines verbotenen Dopingmittels abhinge und in der Folge herabgesetzt wäre. Auch aus der Sicht der positiven generalpräventiven Wirkungsweise der bußgeldbewehrten Ordnungswidrigkeit steht außer Frage, dass die Ahndung eines Verhaltens als Ordnungswidrigkeit der Bevölkerung signalisiert, dass der Unrechtsgehalt der begangenen Tat geringer ist als der einer Straftat. Dies ist mit Blick auf die Gefährdung/Verletzung des organisierten (Spitzen-)Sports und des freien wirtschaftlichen Sportwettbewerbs, insbesondere auch vor dem Hintergrund der Geltung von §§ 298, 299 StGB, verfehlt.

Nach alledem hat der Strafgesetzgeber – auch aus der Sicht des deutschen Lizenzfußballs – zulässigerweise die Erforderlichkeit der Strafnorm bejaht.

§ 4 Angemessenheit

Auf der Stufe der Angemessenheit sollen die als geeignet und erforderlich erkannten Maßnahmen einer weiteren Kontrolle unterworfen werden. Diese dient der Prüfung des Verhältnisses von eingesetztem Mittel und beabsichtigtem legitimem Zweck. Die Intensität des durch das Mittel verursachten Grundrechtseingriffs muss in einem angemessenen Verhältnis zu der Schutzbedürftigkeit des verfolgten legitimen Zwecks stehen.[2210] Dies ist – wie bereits aufgezeigt –[2211] nach der Rechtsprechung des BVerfG dann der Fall, „wenn ein bestimmtes Verhalten über sein Verbotensein hinaus in besonderer Weise sozialschädlich und für das geordnete Zusammenleben der Menschen unerträglich, seine Verhinderung daher besonders dringlich ist".[2212] Führt der angestrebte Schutz des legitimen Zwecks zu einer unangemessenen Beeinträchtigung der Rechte des Betroffenen, überwiegt also die Beeinträchtigung der Grundrechte deutlich den Wert des prognostizierten Zuwachses an (formellem) Rechtsgüterschutz, hat der Schutz des legitimen Zwecks hinter dem Schutz der Rechte des Betroffenen zu-

2210 BVerfG, Beschluss vom 9.3.1994 – 2 BvL 43/92, 2 BvL 51/92, 2 BvL 63/92, 2 BvL 64/92, 2 BvL 70/92, 2 BvL 80/92, 2 BvR 2031/92, BVerfGE 90, 145, 173 = NJW 1994, 1577, 1582.

2211 Siehe oben Vierter Teil Kapitel 1 § 2.

2212 BVerfG, Beschluss vom 26.2.2008 – 2 BvR 392/07, BVerfGE 120, 224, 240 = NJW 2008, 1137, 1138.

rückzustehen.[2213] Von der Unangemessenheit der Strafnorm ist mithin nur auszugehen, wenn ein deutliches Missverhältnis gegeben ist. Hierin zeigt sich der auch im Rahmen der Angemessenheitsprüfung zu berücksichtigende nicht unerhebliche Beurteilungsspielraum des demokratisch legitimierten Gesetzgebers.

A. Eingriff in die Verbandsautonomie

Die besondere gesellschaftliche und wirtschaftliche Bedeutung des Sports folgt aus dessen Verständnis, dass sportliche Leistungen frei von jeglichen (verbotenen) Manipulationen zu erbringen sind. Die Regelhaftigkeit der Leistungserbringung konstituiert die Eigenwelt des Sports. Die Einübung von Abweichungen gefährdet den Erhalt dieser Eigenwelt. Indem der Gesetzgeber Selbstdoping strafbewehrt verbietet und somit fundamentale Werte des Sports schützt, entzieht er dem Sport mittelbar aber auch die Möglichkeit, Doping freizugeben. Denn ein Sportler wird auch dann nicht dopen, wenn dies zwar einerseits von den Verbänden akzeptiert wird, dem Sportler allerdings andererseits für sein Verhalten staatliche Strafe drohte. Art. 9 Abs. 1 GG garantiert, dass Verbände Regelungen erlassen dürfen, die der Organisation des Wettbewerbs dienen. Von der Verbandsautonomie umfasst ist damit auch die Möglichkeit, Wettbewerbsbedingungen zu schaffen, die Doping gestatten. Indem der Staat also den organisierten Sport und den freien wirtschaftlichen Sportwettbewerb schützt, greift er zugleich in die Verbandsautonomie ein. Ein Blick, der sich einzig auf die Verbände konzentriert, geriete jedoch zu kurz. Nach Art. 12 Abs. 1 GG kann den Staat ebenfalls die Verpflichtung treffen, die freie Berufsausübung zu schützen.[2214] Eben jene wäre gefährdet, ließe sich die Chancengleichheit nur dadurch herstellen, dass sämtliche Teilnehmer eines Wettbewerbs dopten. Denn vor dem Hintergrund der mit dem Selbstdoping einhergehenden gesundheitlichen Gefahren und Beeinträchtigungen wären de facto sämtliche Spieler, die sich wegen dieser negativen gesundheitlichen Auswirkungen gegen Doping entschieden, in ihrer Berufsausübung erheblich beeinträchtigt, im schlimmste Falle sogar gehindert. Der freie wirtschaftliche Sportwettbewerb wäre empfindlich beeinträchtigt, sollten Spieler faktisch gezwungen sein, ihre Gesundheit zu gefährden um ernsthaft am Wettbewerb teilnehmen zu können. Tatsächlich beeinträchtigte dies die Berufsfreiheit des Spielers; denn ein Spieler, der für sich die Entscheidung träfe, die eigene Gesundheit nicht gefährden zu wollen, könnte bei einer verbreiteten Dopingpraxis aufgrund der bestehenden Leistungsnachteile, am Wettbewerb nicht mehr teilnehmen. Staatliches Tätigwerden ist geboten, wenn die Berufsfreiheit von Seiten Dritter beschränkt wird, ohne daß der Betroffene aus eigener Kraft sich hiergegen zur Wehr setzen kann".[2215] Letzteres wäre der Fall, ließe man

2213 BVerfG, Beschluss vom 9.3.1994 – 2 BvL 43/92, 2 BvL 51/92, 2 BvL 63/92, 2 BvL 64/92, 2 BvL 70/92, 2 BvL 80/92, 2 BvR 2031/92, BVerfGE 90, 145, 185 = NJW 1994, 1577, 1582.

2214 *Hermes*, NJW 1990, 1764, 1768.

2215 *Hermes*, NJW 1990, 1764, 1768.

Doping zu. Der Schutz des freien wirtschaftlichen Sportwettbewerbs überwiegt demnach die Verbandsautonomie.

B. Vorverlagerung der Strafbarkeit

Unter Strafe gestellt wird die durch Selbstdoping erzeugte abstrakte Gefahr der künstlichen Leistungssteigerung. Der Nachweis einer konkreten Leistungssteigerung ist zur Erfüllung des Tatbestands des Selbstdopings nicht erforderlich. Es genügt die Absicht des Spielers, sich in einem Wettbewerb des organisierten Sports einen Vorteil zu verschaffen. Hierin ist eine Vorverlagerung der Strafbarkeit zu erblicken, die einen unangemessenen Eingriff in die Freiheitsrechte des Spielers darstellen könnte. Hiergegen spricht jedoch die Tatsache, dass Doping im Geheimen geschieht. Die Gefährdung der zu schützenden legitimen Zwecke resultiert aus der individuellen Unkenntnis des Spielers von dem Dopingverhalten seiner Mitkonkurrenten. Ein Dopingmilieu entsteht nicht erst aus der sicheren Kenntnis, dass leistungssteigernd gedopt wurde, sondern bereits aus der Ungewissheit über die Frage, ob Mitkonkurrenten leistungsfördernd dopen. Vermag der Spieler dies nicht auszuschließen, besteht die Gefahr, dass er ebenfalls zum Doping optiert. Die Absicht, sich in einem Wettbewerb des organisierten Sports einen Vorteil zu verschaffen genügt daher, um den Verhaltens- und Erfolgsunwert zu erfüllen. Es muss aber staatlicherseits der Nachweis geführt werden, dass das Dopingmittel oder die Dopingmethode vorsätzlich angewendet wurde und dies in der Absicht geschah, einen Vorteil in einem Wettbewerb des organisierten Sports zu erlangen.[2216] Insoweit überwiegt der Schutz der legitimen Zwecke.

Mit Einführung der Erwerbs- und Besitzstrafbarkeit geringer Mengen verbotener Dopingmittel ist eine weitere Vorverlagerung der Strafbarkeit erfolgt. Es stellt sich die Frage, ob eine solche bloß entfernte Gefährdung oder nur denkbare Beeinträchtigung der Schutzgüter einen Eingriff in das Grundrecht des Spielers der allgemeinen Handlungsfreiheit (Art. 2 Abs. 1 GG) rechtfertigen kann. Ein effizientes Vorgehen gegen die nach außen abgeschottete kriminelle Strukturen der Dopinganwendung setzt ein wirkungsvolles Instrumentarium zur Ermittlung der Dopingverstöße voraus.[2217] Einer uneingeschränkten Erwerbs- und Besitzstrafbarkeit kommt insoweit eine Türöffnerfunktion zu. Sie ermöglicht es den Strafverfolgungsbehörden, einen Anfangsverdacht leichter annehmen zu können. Dies schafft die Grundlage, um strafprozessuale Maßnahmen auch in Fällen zu ergreifen, in welchen ein positiver analytischer Befund nicht gegeben ist. Damit steht der Spieler einem Entdeckungs-, Verfolgungs- und Verurteilungsrisiko sowohl von verbandsrechtlicher Seite als auch von staatlicher Seite aus gegenüber. Dieser intensive Eingriff in die allgemeine Handlungsfreiheit des Spielers ist für ihn zumutbar, da er nach § 4 Abs. 8 AntiDopG straffrei bleibt, wenn er

2216 BT-Drs. 18/4898, S. 29.
2217 *Rössner*, in: Lehner/Nolte/Putzke (Hrsg.), AntiDopG, Vor §§ 1ff. Rn. 34.

freiwillig die Verfügungsgewalt über das Dopingmittel aufgibt, bevor er es anwendet oder anwenden lässt.[2218]

C. Ungleichbehandlung

Die Strafbarkeit des Selbstdopings beschränkt sich nach § 4 Abs. 7 AntiDopG auf Sportler des organisierten Sports, bei denen es sich um Spitzensportler handelt, und auf solche, die aus der sportlichen Betätigung unmittelbar oder mittelbar Einnahmen von erheblichem Umfang erzielen. Nicht strafbar machen sich demnach Vertragsspieler und Amateure, soweit sie nicht erhebliche wirtschaftliche Einnahmen erzielen. Reine Freizeitsportler sollen, selbst wenn sie an Wettbewerben des organisierten Sports teilnehmen, nicht dem Täterkreis angehören.[2219] Hierin ist eine unterschiedliche Behandlung der Spieler zu erblicken. Der Gesetzgeber rechtfertigt diese unterschiedliche Behandlung damit, dass Sportler, die für den organisierten Sport stehen, Vorbilder darstellen; sie nehmen das Vertrauen in Anspruch, ihre sportlichen Erfolge mit lauteren Mittel erzielt zu haben.[2220] Nach der Einschätzung des Gesetzgebers führen Spielmanipulationen durch Doping lediglich bei den in § 4 Abs. 7 AntiDopG herausgehobenen Spielern zu relevanten Schäden.[2221] Es wird die Aufgabe der Rechtsprechung sein, den wertungsbedürftigen Begriff der Einnahmen „von erheblichem Umfang" so zu bestimmen, dass Spieler, welche die wirtschaftliche Interessen gefährden können, dem strafrechtlichen Verbot des Selbstdopings unterfallen. Ist dies der Fall, ist eine ungerechtfertigte Ungleichbehandlung nicht gegeben, denn insoweit werden alle am Schutzobjekt „wirtschaftlicher Sportwettbewerb" teilnehmenden Spieler gleich behandelt.

Eine Ungleichbehandlung ist auch nicht dadurch gegeben, dass in anderen Teilen der Wirtschaft die absichtliche künstliche Steigerung zur Verschaffung eines Vorteils nicht kriminalisiert wird.[2222] Lauterkeit und natürliche Leistungserbringung sind im Sport eng miteinander verbunden. Die natürliche Leistungserbringung bildet die Eigenwelt des Sports; sie schafft ein Handlungssystem mit offenem Ausgang bei gleichzeitiger Akzeptanz von Chancengleichheit und bildet hierdurch das Fundament für den lauteren wirtschaftlichen Sportwettbewerb. Eine solch enge Verknüpfung von Lauterkeit und natürlicher Leistungserbringung besteht in anderen Wirtschaftsbereichen nicht. Somit fehlt es an der erforderlichen Vergleichbarkeit der Situationen.

2218 Kritisch zur Regelung der tätigen Reue aufgrund ihrer niedrigen Anforderungen zur Erlangung von Straffreiheit *Putzke*, in: Lehner/Nolte/Putzke (Hrsg.), AntiDopG, § 4 Rn. 97.
2219 BT-Drs. 18/4898, S. 31.
2220 BT-Drs. 18/4898, S. 31.
2221 Vgl. BT-Drs. 18/4898, S. 31
2222 Zur Verbreitung der künstlichen Leistungssteigerung in der Gesellschaft siehe oben Erster Teil Kapitel 2 § 2 B III.

D. Strafandrohung

Eine Beeinträchtigung des Übermaßverbotes könnte in der Strafandrohung gesehen werden. Die Strafandrohung enthält keine Mindeststrafe; die Androhung von Freiheitsstrafe bis zu zwei bzw. drei Jahren oder Geldstrafe ist moderat. Die Unterscheidung bei der Höchststrafe zwischen Erwerbs- und Besitztatbestand auf der einen Seite sowie der übrigen Verbotstatbestände auf der anderen Seite ist vor dem Hintergrund der weiten Vorverlagerung von Erwerbs- und Besitzstrafbarkeit angezeigt und wahrt das Übermaßverbot. Allerdings ist nicht auszuschließen, dass die Gefährdung der geschützten Gemeinschaftsgüter nach der Art des jeweils in Betracht kommenden Verstoßes ein so geringes Maß erreicht, dass die generalpräventiven Gesichtspunkte, die die generelle Androhung von Kriminalstrafe rechtfertigen, an Gewicht verlieren.[2223] Denkbar ist dies etwa im Falle der Begehung des Dopingverstoßes mit Substanzen, deren leistungssteigernde Wirkung von der dopinganalytischen Wissenschaft offenkundig und glaubhaft bestritten wird. Unter Berücksichtigung der individuellen Schuld des Täters und der hieran anknüpfenden spezialpräventiven Auswirkungen könnte eine Strafe dann eine unangemessene Beeinträchtigung der Freiheitsrechte des Betroffenen darstellen.[2224] Die durch das BVerfG vertretene prozessuale Lösung erlaubt es, diesen Fällen des verminderten Unrechts dadurch Rechnung zu tragen, dass die Strafverfolgung eingestellt oder von Strafe abgesehen wird oder, dass die besonderen Umstände im Rahmen der Strafzumessung berücksichtigt werden.[2225] Die Strafandrohung verstößt nicht gegen das Übermaßverbot.

§ 5 Ergebnis

Die Legitimität des strafbewehrten Verbots des Selbstdopings ist aus der Sicht des deutschen Lizenzfußballs gegeben. Zusammenwirken von strafrechtlicher und verbandsrechtlicher Verhaltenskontrolle des am deutschen Lizenzfußball mitwirkenden Spielers bewirken die bestmögliche Effektivität der nationalen Dopingbekämpfung. Unter Berücksichtigung der sportverbandssystemimmanenten Schwächen der Dopingbekämpfung leistet das AntiDopG somit einen wichtigen und sinnvollen Beitrag zur Dopingbekämpfung.

2223 BVerfG, Beschluss vom 9.3.1994 – 2 BvL 43/92, 2 BvL 51/92, 2 BvL 63/92, 2 BvL 64/92, 2 BvL 70/92, 2 BvL 80/92, 2 BvR 2031/92, BVerfGE 90, 145, 185 = NJW 1994, 1577, 1581 f. (zur Strafbarkeit des unerlaubten Umgangs mit Cannabisprodukten).

2224 BVerfG, Beschluss vom 9.3.1994 – 2 BvL 43/92, 2 BvL 51/92, 2 BvL 63/92, 2 BvL 64/92, 2 BvL 70/92, 2 BvL 80/92, 2 BvR 2031/92, BVerfGE 90, 145, 188 = NJW 1994, 1577, 1582 (zur Strafbarkeit des unerlaubten Umgangs mit Cannabisprodukten).

2225 BVerfG, Beschluss vom 9.3.1994 – 2 BvL 43/92, 2 BvL 51/92, 2 BvL 63/92, 2 BvL 64/92, 2 BvL 70/92, 2 BvL 80/92, 2 BvR 2031/92, BVerfGE 90, 145, 191 = NJW 1994, 1577, 1583; BVerfG, Beschluss vom 26.2.2008 – 2 BvR 392/07, NJW 2008, 1137, 1141.

Zusammenfassung der wesentlichen Ergebnisse

Aus dem Blickwinkel des deutschen Lizenzfußballs ist die staatliche Bestrafung von Selbstdoping eine sinnvolle und notwendige Ergänzung zum bestehenden (Sport-)Verbandsrecht. Die wesentlichen Ergebnisse dieser Arbeit lassen sich im Einzelnen wie folgt zusammenfassen:

1. Professionelle Fußballspieler haben in der Wahrnehmung der Bundesbürger eine besondere gesellschaftspolitische Bedeutung. Sie dienen der Gesellschaft als Integrationsfigur und Motivationsspender. Fußballsport im Allgemeinen und Lizenzfußball im Besonderen haben sich zu bedeutsamen Faktoren der deutschen Volkswirtschaft entwickelt. Es ist die selbstbestimmte Aufgabe der für den Lizenzfußball maßgeblichen Verbände, Fairness und Glaubwürdigkeit im sportlichen Wettbewerb zu schützen und zu unterstützen.

2. Im sportlichen Kontext wird „Doping" heute im allgemeinen Sprachgebrauch als zumeist negativ empfundener Ausdruck manipulativer Leistungssteigerung(en) gebraucht.

   a. Doping im verbandsrechtlichen Sinne ist die Verwirklichung eines oder mehrerer der in § 1 Nr. 2 DFB-ADR enumerativ benannten Verbotstatbestandes/-tatbestände. Einen Dopingverstoß begehen kann – unabhängig von der Zugehörigkeit zu einer bestimmten Spielklasse – wer sich den Anti-Doping-Bestimmungen wirksam unterworfen hat. Dies können auch vom Spieler verschiedene Personen sein. Gestattet sind Vorhandensein/Anwendung sämtlicher Substanzen und Methoden, die nach der jeweils gültigen Dopingliste der WADA nicht verboten sind.

   b. Der strafrechtliche Dopingbegriff bezieht sich auf den Sportler selbst. Entsprechend normiert das AntiDopG das Verbot des Selbstdopings. Selbstdoping ist hiernach die Verwirklichung der in § 3 AntiDopG aufgeführten Tatbestände. Sein Anwendungsbereich beschränkt sich auf die Wettbewerbe des organisierten Sports. Hiervon umfasst ist auch der Lizenzfußball. Die nach §§ 4, 3 AntiDopG verbotenen Dopingmittel und Dopingmethoden folgen aus Anlage I des Internationalen Übereinkommens vom 19. Oktober 2005 gegen Doping im Sport (BGBl. 2007 II S. 354, 355).

3. Nach dem Anforderungsprofil des Fußballspiels können sportmedizinisch gesehen durch Doping leistungslimitierende Faktoren optimiert werden. Bereits die Verbesserung einzelner Faktoren kann zu einem bedeutsamen Vorteil gegenüber anderen Spielern führen.

4. Weder die geringe Zahl der verbandsrechtlichen Verurteilungen noch die hohe Zahl der negativen Dopingproben (Nichtverurteilungen) ermöglicht es zunächst, verlässliche Rückschlüsse auf Vorliegen oder Nichtvorliegen von Doping im deut-

schen Lizenzfußball zu ziehen. Eine Bestimmung der Gefahr von Doping verlangt die Anwendung sportökonomischer und sportsoziologischer Erkenntnisse auf den deutschen Lizenzfußball.

a. Berufsfußballspieler stehen unter großem Erwartungsdruck. Die Ursache hierfür liegt in der Verabsolutierung des Siegercodes. Diese wird durch die Wechselwirkung von innersportlichem und außersportlichem Umfeld des Spielers erzeugt. Der Spieler muss den Erwartungen seiner Umwelt gerecht werden, um auf diese Weise die Aufmerksamkeit des Zielpublikums positiv auf sich zu lenken. Gelingt ihm dies wegen seiner nur eingeschränkten körperlichen und psychischen Leistungsfähigkeit (auf längere Sicht hin) nicht, droht ihm der Aufmerksamkeitsentzug.

b. Soweit in der Vita des Spielers die Voraussetzungen der biographischen Falle angelegt sind, der Spieler sich also vollumfänglich in seiner Lebensgestaltung dem Fußballsport verschrieben hat, ist vom Bestehen einer konkreten Gefahr des Dopens auszugehen, sofern der Spieler selbst zu der Erkenntnis gelangen sollte, dass er einen Nettonutzen durch deviantes Dopingverhalten erzielen kann.

5. Die Übertragung der sportökonomischen und sportsoziologischen Erklärungsmodelle von Doping als Phänomen auf die Strukturen des deutschen Lizenzfußballs, führt zu dem Ergebnis, dass eine generelle Dopingprävalenz gegeben ist. Sportmedizinische und sportwissenschaftliche Studien zum professionellen Fußballsport stützen diese Erkenntnis.

6. Das Ein-Platz-Prinzip schafft intra- und interdisziplinär durch seinen monopolistisch-hierarchisch-pyramidalen Aufbau eine schlanke, transparente Organisationsstruktur. Dies ermöglicht eine einheitliche, chancengleiche Durchführung von nationalen und internationalen Wettbewerben. Durchführung, Organisation und Kontrolle des in Deutschland ausgetragenen Fußballsports liegen im originären Verantwortungsbereich des DFB. Der DFB hat die Durchführung von Bundesliga und 2. Bundesliga rechtswirksam auf den DFL e. V. ausgegliedert. Der DFL e. V. ist kraft Mitgliedschaft im DFB und durch Abschluss des Grundlagenvertrags mit dem DFB an dessen Satzung, Entscheide und Regelungen gebunden. Mitglieder des DFL e. V. sind die teilnehmenden Klubs von Bundesliga und 2. Bundesliga. Der DFL e. V. hat die Organisation der Bundesligen auf die DFL übertragen. Die DFL ist durch Vertrag zur Beachtung und Einhaltung von Satzung, Entscheiden und Regelungen des DFB verpflichtet.

7. FIFA und DOSB sind durch das IOC zur Umsetzung der Vorgaben des WADC angewiesen. Der DFB ist qua Mitgliedschaft in FIFA, UEFA und DOSB verpflichtet, verbindliche verbandsrechtliche Vorgaben und Entscheidungen übergeordneter Verbände auf nationaler Ebene umzusetzen. Nichtbeachtung und Nichtumsetzung durch FIFA, DOSB oder DFB können schwerwiegende Sanktionen, wie Suspendierung, Ausschluss bzw. Aberkennung, zeitigen.

8. Die für den Spieler maßgeblichen nationalen Anti-Doping-Bestimmungen des DFB resultieren aus der Implementierung des NADC, welcher auf nationaler Ebene die Vorgaben des WADC umsetzt. Die Internationalisierung der nationalen Regelgeltung kann Auswirkungen haben für die Frage der Vereinbarkeit der nationalen Verbandsregularien mit den Vorgaben des nationalen Rechts. Hieraus resultiert die rechtliche Unsicherheit, dass Bestimmungen zu deren Umsetzung der DFB (formell) verbandsrechtlich verpflichtet ist, wegen Verstoßes gegen deutsches Recht oder gegen geltendes Völkerrecht unwirksam sind.

9. Der Lizenzspieler ist regelmäßig nicht Mitglied des Klubs, auf welchen sich seine Spielberechtigung bezieht. Eine Unterwerfung des Lizenzspielers unter die Verbandsgewalt erfolgt durch Lizenzvertrag mit dem DFL e. V., Arbeitsvertrag mit dem Klub und Erklärung im Antrag auf Erteilung der Spielerlaubnis. Eine wirksame Unterwerfung unter die Verbandsgewalt des DFB liegt hiernach vor. Bestimmungen von FIFA und UEFA finden in transparenter und hinreichend bestimmter Weise lediglich im MuArbV Erwähnung. Dies betrifft insbesondere FIFA-DR und FIFA-ADR. Letzteres gilt aber lediglich für den Zeitraum außerhalb der nationalen Spielzeit. Wegen des rechtlich unverbindlichen Charakters („Empfehlungscharakter") des MuArbV besteht die Gefahr, dass eine Unterwerfung des Spielers unter Ordnungen und Entscheidungen von FIFA und UEFA unterbleibt. Dies kann insbesondere mit Blick auf FIFA-ADR und FIFA-DR von Bedeutung sein, da eine wirksame Unterwerfung des Spielers mangels eindeutigen und transparenten Hinweises durch Unterzeichnung des Lizenzvertrags oder Beantragung der Spielerlaubnis nicht gegeben ist.

10. Vertragsspieler unterwerfen sich der Verbandsgewalt qua Mitgliedschaft in lizenziertem (Bundesliga, 2. Bundesliga) bzw. zugelassenem (3. Liga) Verein/Mutterverein, schriftlichen Vertrag mit dem Klub, Beantragung der Spielerlaubnis und gegebenenfalls durch Abgabe der Erklärung über die Anerkennung der Rechtsgrundlagen der 3. Liga. Dynamische Verweisungen vermögen eine Bindungswirkung im Verhältnis zum Mitglied nicht herzustellen.
Nach dem Mustervertrag für Vertragsspieler des DFB unterwirft sich der Vertragsspieler unter die Verbandsgewalt des DFB sowie unter die Geltung des FIFA-ADR. Letzteres beschränkt sich lediglich auf den Zeitraum außerhalb der Spielzeit der nationalen Ligen. Eine wirksame Unterwerfung unter das FIFA-DR liegt mangels transparenten Verweises nicht vor.
Aus dem Empfehlungscharakter des Mustervertrages können Lücken bei der Unterwerfung des Spielers unter die Verbandsgewalt resultieren. Die lückenlose Unterwerfung durch Abgabe der Erklärung auf Erteilung einer Spielerlaubnis setzt voraus, dass die Satzung des für die Erteilung der Spielerlaubnis zuständigen Mitgliedsverbands, auf die Bezug genommen wird, die geltenden Reglemente für den Spieler verständlich und hinreichend konkret benennt.

11. Leitet der DFB-Kontrollausschuss ein Disziplinarverfahren nicht innerhalb einer Frist von zwei Monaten ab Kenntnis von einem möglichen Verstoß gegen Anti-Doping-Bestimmungen ein, obwohl ein solcher nicht auszuschließen ist, ist

die NADA berechtigt, ein Disziplinarverfahren beim DFB-Sportgericht einzuleiten. Geschieht dies, so wird die NADA selbst Partei des Verfahrens.
Art. 70 Abs. 2 FIFA-DR eröffnet zugunsten der FIFA ebenso die Möglichkeit, bei schweren Verstößen gegen den statutarischen Zweck der FIFA, Rechtsorgane der FIFA zur Entscheidung zu berufen. Dies setzt voraus, dass der Spieler sich wirksam der Verbandsgewalt der FIFA unterworfen hat.

12. Maßgeblich für die Beurteilung der verbotenen Substanzen und Methoden ist für den DFB die gültige Dopingliste der WADA. Für die lizenzvertragliche Pflicht des Lizenzspielers gegenüber dem DFL e. V. maßgebend ist die als Anhang A der DFB-ADR beigefügte Dopingliste. Damit besteht die Gefahr sich widersprechender Dopingverbote.

13. Ein Verstoß gegen Anti-Doping-Bestimmungen liegt in den Tatbestandsalternativen des Vorhandenseins einer verbotenen Substanz, ihrer Metaboliten oder Marker in der Probe eines Spielers oder der Anwendung einer verbotenen Substanz oder einer verbotenen Methode unabhängig von Verschulden, Vorsatz oder Fahrlässigkeit des Spielers vor (sog. „Strict Liability"). Der Dopingverstoß wird insoweit auf die Verwirklichung des objektiven Tatbestandes reduziert. Selbst unvermeidbare Irrtümer des Spielers, die nach der strafrechtlichen Irrtumslehre zum Entfallen von Vorsatz oder Schuld führen, erfüllen somit den verbandsrechtlichen Tatbestand des Dopings.

14. Der Gesichtspunkt des Verschuldens des Spielers findet besondere Berücksichtigung bei Bemessung und Festlegung der konkreten Sanktion. Der Spieler wird in die Lage versetzt, sich auf der Rechtsfolgenseite durch eine erfolgreiche Beweisführung bezüglich der Qualität des Schuldvorwurfs zu entlasten. Hierdurch verkehrt sich in den Begehungsformen des Vorhandenseins bzw. der Anwendung verbotener Wirkstoffe oder Methoden die dort geltende strenge Anwendung des *Strict-Liability*-Prinzips in eine gelockerte Anwendung dieses Prinzips. Dabei gilt es aber zu berücksichtigen, dass auch die erfolgreiche Beweisführung nur auf der Rechtsfolgenseite Wirkung zeitigt. Wegen des *Strict-Liability*-Prinzips auf Tatbestandsseite steht ein Dopingvergehen unwiderlegbar als verwirklicht fest.

15. Die Wirkung der Sperre gilt national. Mit der Verhängung von Dopingsanktionen geht die Pflicht des DFB einher, bei der Disziplinarkommission der FIFA einen Antrag auf weltweite Gültigkeit der durch ihn verhängten Sanktion zu stellen. Die Disziplinarkommission der FIFA anerkennt die Ergebnisse der Kontrollen der nationalen Verbände. Soweit das Dopingsanktionsverfahren unter Beachtung elementarer Rechtsgrundsätze und im Einklang mit dem Regelwerk der FIFA erfolgt ist, wird nach Anhörung des mit der Sanktion belegten Spielers auch die durch den nationalen Verband ausgesprochene Dopingsanktion per Entscheid des Vorsitzenden der FIFA-Disziplinarkommission weltweit auf alle nationalen und internationalen Freundschaftsspiele und offizielle Spiele ausgedehnt. Dies setzt voraus, dass der Spieler sich insoweit der Verbandsgewalt der FIFA (FIFA-DR) wirksam unterworfen hat.

16. Durch Verhängung der Sperre verliert der Spieler seine Spielberechtigung. Ebenso darf der Spieler nicht an Wettbewerben teilnehmen, die von einer Profiliga oder einem Veranstalter eines internationalen oder nationalen Wettbewerbs zugelassen oder organisiert werden. Damit ist dem Spieler auch eine Teilnahme an Spielen, Wettkämpfen und Wettbewerben anderer Sportarten untersagt. Von der Wirkung der Sperre umfasst sind auch die Teilnahme des Spielers am Training und Nutzung der Sportstätten eines Vereins. Der Spieler ist von sämtlichen Trainingsmaßnahmen ausgeschlossen. Der Spieler ist während dieser Zeit nicht in der Lage, Spielpraxis zu sammeln: Weder darf er an Taktik- und Technikschulungen teilnehmen, noch ist es ihm erlaubt, Fitness- oder Regenerationsprogramme zu absolvieren. Ausgenommen von diesem Verbot ist lediglich der Zeitraum der letzten beiden Monate der Sperre bzw. des letzten Viertels der verhängten Sperre. Maßgebend ist der kürzere Zeitraum. Hält der Spruchkörper an der normierten vierjährigen Regelsperre fest, ist die Verhängung der Regelsperre weder erforderlich noch angemessen, mithin unverhältnismäßig und damit rechtlich angreifbar.

17. Die in § 8b DFB-RuVO normierte Regelsperre von vier Jahren und die hierauf beruhende Verhängung dieser Sperre ist von der Ermächtigung des § 44 Nr. 2 DFB-Satzung nicht gedeckt, soweit sie die Dauer von drei Jahren übersteigt. Die Verhängung der vierjährigen Regelsperre ist weder erforderlich noch angemessen. Sie ist unverhältnismäßig.

18. Endgültige Dopingsperren entsprechen in Zweck und Wirkung der Kriminalstrafe. Dies und der Umstand der strukturellen Vergleichbarkeit des Dopingverfahrens mit dem staatlichen Strafverfahren führt dazu, dass Unschuldsvermutung und Zweifelssatz über die Rechtsfigur der mittelbaren Drittwirkung auch im Dopingverfahren zur Anwendung gelangen müssen.

19. Soweit der durch das Sportgericht festgestellte Tatbestand des Dopens in den Alternativen des Vorhandenseins und der Anwendung verbotener Substanzen bzw. Methoden auch dann festgestellt bleibt, wenn es dem Spieler auf der Rechtsfolgenseite gelungen ist nachzuweisen, dass ihn ein Verschulden am Dopingverstoß nicht trifft und die Sperre daraufhin aufgehoben worden ist, verletzt dies den Grundsatz der Unschuldsvermutung. Denn der Spieler wird von der Öffentlichkeit so wahrgenommen, als habe er den Tatbestand des Dopingverstoßes erfüllt. Dem Spieler haftet zu Unrecht der sittlich missbilligte Makel eines „Dopingsünders“ an.

20. Trägt der DFB die Beweislast, ist es ausreichend, dass das Sportgericht zu der Überzeugung gelangt, dass für das Vorliegen des durch den Kontrollausschuss des DFB vorgetragenen Sachverhalts eine Wahrscheinlichkeit besteht, welche die

Schwelle von 50 Prozent überschreitet. Obliegt die Beweislast dem Spieler, so genügt für den entsprechenden Beweis bereits bloße Wahrscheinlichkeit. Von Bedeutung ist dies insbesondere für die verschuldensabhängige Minderung der Sanktion. Eine Ausnahme hiervon macht § 6 Nr. 5 lit. a) DFB-RuVO für den Fall, dass Sanktionen für spezifische Substanzen oder verunreinigte Produkte herabgesetzt werden sollen. Hier hat der Spieler ein höheres, nicht näher bestimmtes Beweismaß zu erfüllen. Verbleiben beim Spruchkörper vernünftige Zweifel am Verschulden des Spielers, verstoßen Feststellung des Dopingverstoßes und Verhängung der Sanktion gegen den Zweifelssatz.

21. Zweifelssatz und Unschuldsvermutung sind Bestandteil des *ordre public*-Begriffs. Eine Berücksichtigung derselben hat ferner bei der Auslegung der zivilrechtlichen Generalklauseln zu erfolgen. Verletzungen führen zur Versagung der Anerkennung und Vollstreckung ausländischer Schiedssprüche, zur Aufhebung national ergangener Schiedssprüche oder zur Aufhebung von Verbandsentscheidungen.

22. Trainings- und Wettkampfkontrollen werden durch die NADA durchgeführt. Kontrollen durch die FIFA erfolgen lediglich in der Vorbereitungsphase auf Turniere der FIFA und während dieser Turniere.

23. Die relativ geringe Zahl sowohl der Kontrollen absolut als auch der Blutproben und Trainingskontrollen im Speziellen, offenbart ein Vollzugsdefizit. Der Fußballsport verzichtet auf die Erstellung von individuellen Blutprofilen, die den indirekten Nachweis des Blutdopings ermöglichen. Vollblutproben, die zur Erstellung von Langzeit-Profilen notwendig sind, werden im Lizenzfußball nicht durchgeführt. Blutserumproben werden nur selten durchgeführt. Dies ist problematisch, da bestimmte Dopingsubstanzen entweder ausschließlich oder aber zuverlässiger durch die Blutanalytik nachgewiesen werden können. In der Zeit von 23.00 Uhr bis 06.00 Uhr werden grundsätzlich keine Dopingkontrollen (Trainingskontrollen) durchgeführt.

24. Indem der DFB seiner Verpflichtung nachkommt und die Verbotsliste der WADA umsetzt, ergibt sich im deutschen Fußballsport eine paradoxe Situation: Die Verbotsliste weist Substanzen und Methoden aus, deren Gebrauch und Anwendung der DFB mangels Kenntnis hierüber qua Kontrolldefizit unter Umständen gar nicht in der Lage ist zu bestrafen. Dies führt wiederum dazu, dass die NADA wegen fehlender positiver Dopingbefunde den Fußballsport auch weiterhin als Sportart mit mittlerem Dopingrisiko einstuft, ein Anreiz für die Erhöhung der nach dem Dopingkontrollplan der NADA vorgesehenen Dopingkontrollen somit nicht gegeben ist. Dies ist insbesondere deswegen fragwürdig, da es im Lizenzfußball aufgrund der im Markt befindlichen hohen Liquidität denkbar ist, dass unter Zuhilfenahme von fachkundigen Medizinern/Analytikern ein gezieltes Ausnutzen dieser Lücken geschieht.

25. Ein Gleichlauf zwischen der Dauer der Aufbewahrung der Probe und der Dauer der zehnjährigen Verjährungsfrist der Dopingvergehen ist regelmäßig nicht gegeben. Denn Dopingproben werden regelmäßig nicht für die Dauer von zehn Jahren aufbewahrt. Grundsätzlich wird im Falle des Vorliegens einer negativen A-Probe die B-Probe drei Monate nach Übermittlung des Analyseberichts des Labors an die Testing Authority (NADA) vernichtet. Damit geht die abschreckende Wirkung von Nachkontrollen verloren.

26. Spieler, die nicht dem NTP angehören, brauchen mangels individueller Meldepflichten de facto außerhalb von Wettkampf und Mannschaftstraining bzw. gemeldetem Individualtraining nicht mit Kontrollen zu rechnen. Vertragsspieler (die nicht Spieler einer A-Nationalmannschaft oder Olympiamannschaft sind) sind von der Testpooleinteilung der NADA mangels Lizenz überhaupt nicht erfasst. Für sie gilt keine Meldepflicht. Für die überwiegende Mehrheit der am deutschen Lizenzfußball mitwirkenden Spielern sind Dopingkontrollen daher leicht auszurechnen. Dies kann sich ein Spieler zu Nutze machen, indem er gezielt zu Zeiten dopt, in welchen nicht kontrolliert wird und lediglich solche Substanzen bzw. Methoden anwendet, deren Nachweis nur in den Zeiten außerhalb der Kontrollen möglich ist.

27. Vertragsspieler und Amateure benötigen, soweit sie keinem Testpool der NADA angehören, für die Anwendung verbotener Substanzen oder Methoden keine Medizinische Ausnahmegenehmigung (MAG). Dies eröffnet den Spielern die Möglichkeit, durch kollusives Zusammenwirken mit dem Facharzt verbotene Substanzen sanktionsfrei missbräuchlich zu verwenden, soweit eine rückwirkende MAG (*Retro*-MAG) bei Positivbefund oder Mitteilung des Gebrauchs nicht einzuholen ist.

28. Verbandsinterne Entscheidungen des DFB in Dopingangelegenheiten können Gegenstand sowohl von Verfahren vor dem Ständigen Schiedsgericht für Lizenzspieler als auch vor dem CAS sein. Der Spieler besitzt lediglich das Recht (nach Ausschöpfen des verbandsinternen Rechtswegs), das Ständige Schiedsgericht für Lizenzspieler anzurufen. NADA und FIFA steht mangels gesondert geschlossener Schiedsvereinbarung wegen der Verbraucherstellung der Lizenzspieler kein Rechtsbehelf zum Ständigen Schiedsgericht für Lizenzspieler zu.

29. Der fremdbestimmte Abschluss der Schiedsvereinbarung zur Begründung der Zuständigkeit des CAS im Sinne eines Berufungsrechts von FIFA, WADA und NADA ist nach der Rechtsprechung des BGH derzeit als wirksam zu erachten, soweit der Spieler Kenntnis hiervon hat bzw. mit einem solchen Abschluss zu rechnen hat. Aufgrund des strukturellen Übergewichts von Sportverbänden und olympischen Komitees in der Ausgestaltung des Verfahrens vor dem CAS bestehen Zweifel an der Unabhängigkeit und Neutralität des CAS. Diese Zweifel könnten BVerfG oder EGMR dazu veranlassen im Hinblick auf Justizgewährleistungsanspruch und Berufsausübungsfreiheit des Spielers einerseits und Recht auf ein faires Verfahren andererseits, die Wirksamkeit der Schiedsvereinbarung abzulehnen. Dafür könnte insbesondere sprechen, dass mit Blick auf die intransparente Einbeziehung der Schiedsklauseln bereits fraglich ist, ob der Spieler bewusst auf sein Grundrecht der Justizgewährung verzichtet hat. Dies müsste er, möchte man mit dem BGH von einer freiwilligen Verzichtserklärung ausgehen. Hinzu kommt, dass Berufssportler aufgrund ihrer biographischen Fixierung in gesteigertem Maße auf die Sportausübung und damit auf die Neutralität und Unabhängigkeit des CAS angewiesen sind.

30. Die Feststellung der Unwirksamkeit der Schiedsvereinbarung führte dazu, dass Schiedssprüche des CAS in Deutschland nicht anerkennungsfähig wären. Gemäß § 17a Abs. 2 DFB-Satzung unterwirft sich der DFB nur soweit den Entscheidungen des CAS, als diesen nicht nationales oder internationales Recht entgegensteht. Dem DFB wäre daher eine Vollstreckung des Schiedsspruchs des CAS auch verbandsrechtlich versagt.

31. Gegen die Unabhängigkeit und Neutralität des Ständigen Schiedsgerichts für Lizenzspieler bestehen keine Bedenken. Eine einheitliche Anwendung und Durchsetzung der Anti-Doping-Bestimmungen wäre demnach in Deutschland nur durch das Ständige Schiedsgericht für Lizenzspieler nicht aber durch den CAS gewährleistet. Dies hätte Auswirkungen auf Vertragsspieler (und Amateure) des Lizenzfußballs, denn Vertragsspieler (und Amateure) schließen keine Schiedsvereinbarung, welche den ordentlichen Rechtsweg ausschließt. Sie können Verbandsentscheide durch ein staatliches Gericht überprüfen lassen.

32. Ein zeitlich vorgelagerter Schiedsspruch des Ständigen Schiedsgerichts für Lizenzspieler in derselben Angelegenheit unterläuft einen später ergehenden, divergierenden Schiedsspruch des CAS. Eine einheitliche, sportartenübergreifende Anwendung und Durchsetzung der Vorgaben des WADC kann demnach konstellationsbedingt auch dann gefährdet sein, wenn man mit dem BGH von der Wirksamkeit der Schiedsvereinbarung zugunsten des CAS ausgeht.

33. Zivilrechtliche Haftung bzw. zivilrechtliche Folgen eines Verstoßes des Spielers gegen Anti-Doping-Bestimmungen hängen von Parametern ab, deren Zweck nicht primär die Erzeugung einer abschreckenden Wirkung ist. Eine abschreckende Wirkung geht hiervon regelmäßig nicht aus. Der Nachweis, dass der konkrete Dopingverstoß des Spielers nach der Äquivalenztheorie (mit-)kausal für den eingetretenen bzw. konkret zu erwartenden Schaden war/ist, wird in der Regel nicht möglich sein.

34. Eine wirksame und lückenlose Bekämpfung von Doping mit den Mitteln des materiellen und prozessualen Strafrechts war vor Inkrafttreten des AntiDopG nicht möglich. Deutsches Kern- und Nebenstrafrecht hatten das Dopingverhalten des Sportlers nicht zielgerichtet erfasst. Die strafrechtliche Relevanz des devianten Handelns des Spielers hing mitunter von Faktoren ab, die durch ein geschicktes, kollusives Zusammenwirken der Beteiligten umgangen werden konnten. Einzig die Reformierungen des AMG hatten das Ziel, Doping legislativ zu bekämpfen. Eine gezielte Bestrafung von Selbstdoping war vom Gesetzgeber jedoch bis zur Einführung des AntiDopG nicht gewünscht.

35. Das AntiDopG statuiert ein umfassendes Dopingverbot, welches einen Rückgriff auf die bisher weitgehend wirkungslosen Straftatbestände nicht mehr notwendig macht. Dies ermöglicht es, dopende Spieler gezielt wegen des Angriffs auf die Integrität des sportlichen Wettbewerbs zu bestrafen. Damit ist ein Gleichlauf mit der verbandsrechtlichen Ausrichtung der Dopingbekämpfung hergestellt.

36. Vertragsspieler und Amateure gehören nicht zum Kreis der tauglichen Täter, sofern ihnen nicht Einnahmen von erheblichem Umfang aus der sportlichen Betätigung erwachsen sind oder sie (ausnahmsweise) einem Testpool der NADA angehören.

37. Eine bedeutsame Schwachstelle der bis zur Einführung des AntiDopG strafrechtlichen Dopingbekämpfung war diejenige, dass sich die Annahme eines Anfangsverdachts in der staatsanwaltlichen Praxis der Strafverfolgung als uneinheitlich darstellte. Ein Verstoß gegen eine Strafnorm erschien oftmals nicht gegeben. Mangels Anfangsverdachts war der Spieler überwiegend nicht Beschuldigter, sondern unverdächtiger Dritter/Zeuge. Die Voraussetzungen zum Einsatz strafprozessualer Maßnahmen waren nicht gegeben. Dies hat sich mit Einführung der Strafbarkeit des Selbstdopings geändert. Der Sportler ist neben den Hintermännern nunmehr Zentralgestalt der Dopingbekämpfung. Von einem Anfangsverdacht ist auszugehen, wenn ein Spieler positiv getestet wird. Auch der Besitz von mengenmäßig geringen Dopingmitteln lässt es als möglich erscheinen, dass der Spieler gegen § 3 AntiDopG verstoßen hat.

38. Der Anfangsverdacht eröffnet den Strafverfolgungsbehörden eine breite Palette an möglichen Ermittlungsmaßnahmen: § 102 StPO ermächtigt zur Durchsuchung der Wohnung des Spielers, Beweismittel können beschlagnahmt, Zufallsfunde sichergestellt werden, körperliche Untersuchungen können auf der Grundlage des § 81a Abs. 1 StPO, die Wahrung der Verhältnismäßigkeit vorausgesetzt, durchgeführt werden. Ferner ist es denkbar, dass V-Personen oder Informanten eingesetzt werden. Verdichtet sich der nunmehr einfacher anzunehmende Anfangsverdacht hin zum dringenden Tatverdacht, kann dies für den Spieler bis hin zur Anordnung der Untersuchungshaft führen. Zudem besteht die Möglichkeit, dass ein Spieler im Rahmen von Ermittlungen gegen Hintermänner überführt wird.

39. Die in § 12 AntiDopG normierte Möglichkeit, Spezialzuständigkeiten einzurichten, schafft die Voraussetzung, um Strafverfahren zu beschleunigen, schneller zu erledigen und Fachkompetenzen zu bündeln.

40. Die verbandsrechtliche Sanktionierung resultiert – im Unterschied zur staatlichen Bestrafung – nicht aus einem Verstoß gegen für jedermann gültige Rechtsnormen, sondern aus der Nichtbeachtung besonderer, nur für einen bestimmten Kreis von Personen geltenden, Pflichten. Der (mutmaßlich) dopende Spieler ist daher im verbandsrechtlichen Sanktionsverfahren nicht in seinem Status als Staatsbürger betroffen. Dies führt dazu, dass das Verhältnis von Kriminal- und Verbandsstrafe nicht dem Anwendungsbereich des Doppelbestrafungsverbots nach Art. 103 Abs. 3 GG unterfällt. Verbandsrechtliche und strafrechtliche Bestrafung stehen somit nicht in einem Exklusivitätsverhältnis zueinander.

41. Die aus dem verbandsrechtlichen Verfahren gewonnenen Erkenntnisse dürfen auch in einem Strafverfahren verwertet werden. Ein Verwertungsverbot der Ergebnisse der Dopingkontrollen verlangte eine maßgebliche staatliche Beteiligung, wonach die zwangsweise Mitwirkungsverpflichtung des Spielers letztlich auf staatliches Verhalten zurückzuführen wäre. Aus der faktischen Rechtsstellung des Spielers gegenüber der NADA resultiert keine staatlich herbeigeführte Drucksituation. Die Drucksituation folgt nicht aus der Durchführung der Dopingkontrollen durch die NADA, sondern aus der Unterwerfung des Spielers unter die Anti-Doping-Bestimmungen des DFB. Auch die Sanktionierung der Weigerung oder Versäumnis der Teilnahme an Dopingkontrollen erfolgt durch den DFB und nicht durch die NADA. Ein beherrschender Einfluss des Staates ist nicht gegeben. Anderes gilt aber für den Fall, dass eine Absprache und Einflussnahme durch die Staatsanwaltschaft vorliegt oder die Staatsanwaltschaft gezielt auf die Dienste der NADA im Zuge ihrer Ermittlungen zurückgreift.

42. Die strafrechtliche Zentralisierung der Rolle des Spielers bewirkt, dass der Spieler zukünftig auch in Fällen von seinem Auskunftsverweigerungsrecht Gebrauch machen kann, in denen ihm ein solches Recht nach der alten Rechtslage mangels Bestehen der Gefahr der Selbstbezichtigung nicht zugestanden hätte. Dies könnte befürchten lassen, dass eine strafrechtliche Verfolgung der Hintermänner auf der Grundlage von Zeugenaussagen zukünftig nicht mehr möglich sein wird. Doping ist ein klassisches Kontrolldelikt. Mit der Offenbarung des Dopingverstoßes durch den Spieler selbst war daher auch schon nach der alten Rechtslage regelmäßig nicht zu rechnen.

43. § 8 Abs. 1 AntiDopG berechtigt Gerichte und Staatsanwaltschaften, der NADA personenbezogene Daten aus Strafverfahren von Amts wegen zu übermitteln, soweit dies aus der Sicht der übermittelnden Stelle für disziplinarrechtliche Maßnahmen im Rahmen des Dopingkontrollsystems der NADA erforderlich ist und ein schutzwürdiges Interesse der von der Übermittlung betroffenen Person nicht entgegensteht. Nr. 257a RiStBV regt Gerichte und Staatsanwaltschaften an, sachdienliche Informationen von der NADA einzuholen. Die auf diese Weise übermittelten strafrechtlichen Ermittlungsergebnisse sind geeignet, auf den Einsatz der verbandsrechtlichen Dopingbekämpfung Druck auszuüben. Als gewichtiger Impulsgeber steigern die strafrechtlichen Ermittlungen die Wirksamkeit der verbandsseitigen Dopingbekämpfung.

44. Geht bei NADA oder DFB ein Hinweis von Athleten, Athletenbetreuern oder anderen Personen ein, welcher den Verdacht auf einen Verstoß gegen das AMG, BtMG oder das StGB und nun auch das AntiDopG begründet, so sind NADA und DFB nach Art. 14.2 Abs. 2 NADC verpflichtet, die betroffene Person zur Anzeige zu bringen.

45. Die strafrechtsautonomen Postulate zur Prüfung der Legitimität einer Strafnorm finden sich in den verfassungsrechtlichen Vorgaben, konkret der Notwendigkeit der Verhältnismäßigkeit der strafbewehrten Verbotsnorm, wieder. *Ultima Ratio*-Aufgabe, *Subsidiarität* und fragmentarischer Wesenszug des Strafrechts lassen sich auf die Stufe der Erforderlichkeit innerhalb der Verhältnismäßigkeitsprüfung zurückführen. Gleiches gilt für die Strafbedürftigkeit. Die Frage der Strafwürdigkeit des pönalisierten Verhaltens betrifft in der Verhältnismäßigkeitsprüfung die Vorfrage des legitimen Zwecks sowie die Stufen von Geeignetheit und Angemessenheit.

46. Der Rechtsgutstheorie kommt nach der Auffassung des BVerfG lediglich aus kriminalpolitischer Sicht gesetzgebungskritische Bedeutung zu.

47. Die Verhältnismäßigkeitsprüfung besitzt kein geringeres kritisches Potenzial als die strafrechtsbegrenzende Rechtsgutstheorie. Geeignetheit und Erforderlichkeit sind an den kaum Begrenzungen unterliegenden legitimen Zweck rückgebunden. Der Ertrag der Prüfung dieser Verhältnismäßigkeitsstufen fällt daher eher großzügig aus. Eine Einschränkung des legislatorischen Tätigwerdens erfolgt jedoch im Rahmen der Angemessenheitsprüfung. Der Erlass der Strafnorm ist angemessen, wenn der Gesetzgeber mit der Strafnorm die Voraussetzungen der *Ultima Ratio*-Formel des BVerfG erfüllt. Im Ergebnis wird die der Rechtsgutstheorie zugewiesene Begrenzungsfunktion durch die konsequente Anwendung des Verhältnismäßigkeitsgrundsatzes gewahrt.

48. Der „Griff zum Strafrecht" ist nach dem BVerfG nur dann erforderlich, wenn ein bestimmtes Verhalten über sein Verbotensein hinaus in besonderer Weise sozialschädlich und für das geordnete Zusammenleben der Menschen unerträglich, seine Verhinderung daher besonders dringlich ist. Dies ist beim Selbstdoping der Fall. Mit dem Schutz der Integrität des Sports, also des organisierten Sports in seiner herausragenden, gesellschaftlichen Bedeutung, und des freien wirtschaftlichen

Sportwettbewerbs verfolgt der Gesetzgeber ein Ziel, das dem Gemeinwohl dient und dessen Gefährdung oder Verletzung als solche sozialschädlich ist.

49. Das strafbewehrte Verbot des Selbstdopings kann mangels anderweitiger empirischer Erkenntnisse nicht schlechthin als ungeeignet angesehen werden. Die Geeignetheit der Strafnorm ist gegeben.

50. Verbandsrechtliche Maßnahmen und Strafrecht vermochten es vor Inkrafttreten des AntiDopG nicht, eine ausreichende Abschreckungswirkung vor Doping zu erzeugen. Die Freigabe von Selbstdoping kommt als milderes Mittel zur Erreichung des legitimen Zwecks (vgl. Nr. 48) nicht in Betracht. Denn es kann von den Spielern nicht verlangt werden, dass diese durch Doping ihre Gesundheit selbst schädigen, um am Wettbewerb teilnehmen zu können. Spieler, die sich einer Teilnahme unter der Bedingung der Gesundheitsbeeinträchtigung verschlössen, wären vom Wettbewerb ausgeschlossen. Dies führte zu einer Beeinträchtigung des freien Wettbewerbs.

51. Bei fremdbestimmt erfolgender Gesundheitsgefährdung/-schädigung wiegt der Schutz der freien Berufsausübung des Spielers schwerer als die Garantie der Ausübung von Verbandsautonomie. Staatliches Tätigwerden ist nach dem BVerfG insbesondere dann geboten, wenn die Berufsfreiheit von Seiten Dritter beschränkt wird, ohne dass der Betroffene aus eigener Kraft sich hiergegen zur Wehr setzen kann. Der Strafgesetzgeber ist daher berechtigt, dem Schutz der freien Berufsausübung und somit des freien wirtschaftlichen Wettbewerbs den Vorzug zu geben.

52. Nach soziologischen Erkenntnissen trägt die Unkenntnis des Spielers über das Dopingverhalten seiner Mitspieler/Kontrahenten zu Doping bei. Bereits die Absicht des dopenden Spielers genügt daher, um die Lauterkeit des sportlichen und wirtschaftlichen Wettbewerbs in Frage zu stellen. Der einzelne Spieler hat ein Interesse daran, dass seine Mitspieler nicht dopen. Dies gilt auch für den Fall des dopenden Spielers, da dieser dann gegenüber den nicht gedopten Spielern einen Wettbewerbsvorteil besitzt. Der Schutz der bedeutsamen gesellschaftlichen und wirtschaftlichen Stellung des Sports überwiegt die durch das Strafverbot bewirkte Beeinträchtigung der Grundrechte des Spielers.

53. Der durch die uneingeschränkte Erwerbs- und Besitzstrafbarkeit leichter anzunehmende Anfangsverdacht bewirkt, dass der Spieler einem verbandsseitigen und staatlichen Entdeckungs-, Verfolgungs- und Verurteilungsrisiko gegenübersteht. Der Eingriff in die allgemeine Handlungsfreiheit ist dem Spieler zumutbar, da er nach § 4 Abs. 8 AntiDopG straffrei bleibt, wenn er freiwillig die Verfügungsgewalt über das Dopingmittel aufgibt, bevor er es anwendet oder anwenden lässt.

54. In anderen Bereichen der Wirtschaft spielt – im Unterschied zum professionellen Sport – die natürliche Leistungserbringung keine fundamentale Rolle. Es fehlt an der sporttypischen Wettbewerbssituation des Leistungsvergleichs. Von einer Gefährdung/Verletzung der Lauterkeit des Wettbewerbs kann deswegen nicht schon ausgegangen werden, wenn Marktteilnehmer die Leistung künstlich steigern. In der Beschränkung der Bestrafung auf den Spitzensport liegt demnach keine Ungleichbehandlung.

55. Zur Wahrung der Angemessenheit der Strafdrohung genügt es entsprechend der Rechtsprechung des BVerfG, wenn den Fällen des verminderten Unrechts prozessual dadurch Rechnung getragen wird, dass die Strafverfolgung eingestellt wird, von Strafe abgesehen wird oder die besonderen Umstände im Rahmen der Strafzumessung berücksichtigt werden.

Abkürzungsverzeichnis

a. A.	andere Ansicht
a. a. O.	am angegebenen Ort
ABl.	Amtsblatt
Abs.	Absatz
AcP	Archiv für civilistische Praxis
ADK	Gemeinsame Anti-Doping-Kommission des DSB und NOK
ADC	Anti-Doping Code
a. F.	alte Fassung
AG	Aktiengesellschaft
AktG	Aktiengesetz
AIBA	Association Internationale de Boxe de Amateure
a. M.	am Main
AMG	Gesetz über den Verkehr von Arzneimitteln
Anh.	Anhang
Anm.	Anmerkung
Ann Intern Med.	Annals of Internal Medicine (Zeitschrift)
AntiDopG	Anti-Doping-Gesetz
AO	Abgabenordnung
AP	Arbeitsrechtliche Praxis
APuZ	Aus Politik und Zeitgeschichte (Zeitschrift)
ArbRAktuell	Arbeitsrecht Aktuell (Zeitschrift)
ArbG	Arbeitsgericht
ArbGG	Arbeitsgerichtsgesetz
ARD	Arbeitsgemeinschaft der öffentlich-rechtlichen Rundfunkanstalten der Bundesrepublik Deutschland
Art.	Artikel
ASA	Association Suisse de l'Arbitrage
ASADA	Australian Sports Anti-Doping Authority
AsJSM	Asian Journal of Sports Medicine
ATP	Allgemeiner Testpool
Aufl.	Auflage
Az.	Aktenzeichen
BayObLG	Bayerisches Oberstes Landesgericht
BB	Betriebs-Berater (Zeitschrift)
Bd.	Band
BDR	Bund Deutscher Radfahrer
BDSG	Bundesdatenschutzgesetz
Bearb.	Bearbeiter
Begr.	Begründer(in)/Begründung
Beschl.	Beschluss
BFH	Bundesfinanzhof

BGB	Bürgerliches Gesetzbuch
BGBl.	Bundesgesetzblatt
BGE	Entscheidungen des Schweizerischen Bundesgerichts (Amtliche Sammlung)
BGG	Bundesgesetz über das Schweizerische Bundesgericht vom 17. Juni 2005 (Bundesgerichtsgesetz)
BGH	Bundesgerichtshof
BGHSt.	Entscheidungen des Bundesgerichtshofes in Strafsachen
BGHZ	Entscheidungen des Bundesgerichtshofes in Zivilsachen
BiSp	Bundesinstitut für Sportwissenschaft
BKA	Bundeskriminalamt
BrJSportsMed	British Journal of Sports Medicine
BMI	Bundesministerium des Innern
BR	Bundesrat
BRK	Bundesrechtsanwaltskammer
BRD	Bundesrepublik Deutschland
BReg.	Bundesregierung
BT	Bundestag
BtMG	Betäubungsmittelgesetz
bspw.	beispielsweise
Bull.	Bulletin
BVerfG	Bundesverfassungsgericht
BVerfGE	Entscheidungen des Bundesverfassungsgerichts
bzw.	beziehungsweise
CBF	Confederação Brasileira de Futebol
CaS	Causa Sport (Zeitschrift)
CAS/TAS	Court of Arbitration for Sport/Tribunal Arbitral du Sport
CONCACAF	Confederation of North, Central American and Caribbean Association Football
CONI	Comitato Olimpico Nazionale Italiano
dass.	dasselbe
DB	Der Betrieb (Zeitschrift)
DBVG	Gesetz zur Verbesserung der Bekämpfung des Dopings im Sport
DEB	Deutscher Eishockey-Bund e. V.
ders.	derselbe
DESG	Deutsche Eisschnelllauf Gemeinschaft e. V.
DFB	Deutscher Fußball-Bund e. V.
DFB-ADR	DFB-Anti-Doping-Richtlinien
DFB-BGer	DFB-Bundesgericht
DFB-JugendO	DFB-Jugendordnung
DFB-LSpSt	DFB-Lizenzspielerstatut
DFB-RuVO	DFB-Rechts- und Verfahrensordnung
DFB-SpO	DFB-Spielordnung
DFL	Deutsche Fußball Liga
DFL e. V.	DFL Deutsche Fußball Liga e. V.
d. h.	das heißt
dies.	dieselbe/n
DIS	Deutsche Institution für Schiedsgerichtsbarkeit e. V.

Diss.	Dissertation
DIS-SportSchO	Sportschiedsgerichtsordnung der Deutschen Institution für Schiedsgerichtsbarkeit e. V.
DOSB	Deutscher Olympischer Sportbund e. V.
DÖV	Die Öffentliche Verwaltung (Zeitschrift)
Drs.	Drucksache
Drug. Test. Anal.	Drug Testing and Analysis (Zeitschrift)
DSB	Deutscher Sportbund e. V.
DSS	Deutsches Sportschiedsgericht
Dt. Sporthochsch.	Deutsche Sporthochschule
Dtsch Arztebl.	Deutsches Ärzteblatt (Zeitschrift)
Dtsch Z Sportmed	Deutsche Zeitschrift für Sportmedizin
DVBl.	Deutsches Verwaltungsblatt (Zeitschrift)
ECA	European Club Association
ECHR	European Convention on Human Rights
Ed.	Editor(s)
EGMR	Europäischer Gerichtshof für Menschenrechte
Einf.	Einführung
EMRK	Konvention zum Schutz der Menschenrechte und Grundfreiheiten
EPO	Erythropoietin
ESchG	Embryonenschutzgesetz
et al.	et alii, et aliae, et alia
etc.	et cetera
EuGH	Gerichtshof der Europäischen Union
EuZW	Europäische Zeitschrift für Wirtschaftsrecht
e. V.	eingetragener Verein
EzA	Entscheidungssammlung zum Arbeitsrecht
f.	folgende Seite
ff.	fortfolgende Seiten
FA	Football Association/ Zeitschrift für die beratende und die gerichtliche Praxis
FamFG	Gesetz über das Verfahren in Familiensachen und in den Angelegenheiten der freiwilligen Gerichtsbarkeit
FAW	Football Association of Wales
FAZ	Frankfurter Allgemeine Zeitung
Fernuniv.	Fernuniversität
FH	Fachhochschule
FIA	Fédèration Internationale de l' Automobile
FIFA	Fédèration Internationale de Football Association
FIFA-ADR	FIFA-Anti-Doping-Reglement
FIFA-DR	FIFA-Disziplinarreglement
FIFA-RSTS	FIFA-Reglement zu Status und Transfer von Fußballspielern
FIG	International Gymnastics Federation
FILA	Fédèration Internationale de Luttes Associées
FIM	Fédèration Internationale de Motocyclisme
FINA	Fédèration Internationale de Natation
FIS	International Ski Federation
FL	Football League

Fn.	Fußnote
FR	Frankfurter Rundschau
FRBSB	Fédération royale belge des sociétés de basket-ball
FS	Festschrift
GA	Goltdammer's Archiv für Strafrecht
GFA	Gibraltar Football Association
ggf.	gegebenenfalls
GG	Grundgesetz für die Bundesrepublik Deutschland
GmbH	Gesellschaft mit beschränkter Haftung
GmbHG	Gesetz betreffend die Gesellschaften mit beschränkter Haftung
GS	Gedächtnisschrift
GVG	Gerichtsverfassungsgesetz
GWU	Geschichte in Wissenschaft und Unterricht (Zeitschrift)
Habil.-Schr.	Habilitationsschrift
HFF	Hellenic Football Federation
hCG	Humanes Choriongonadotropin
hGH	Human Growth Hormone
HRRS	Onlinezeitschrift für Höchstrichterliche Rechtsprechung zum Strafrecht
Hrsg.	Herausgeber
Hs	Halbsatz
IAAF	International Association of Athletics
i. Br.	im Breisgau
ICAS	International Council of Arbitration for Sport
IF	International Federation
IFAB	International Football Association Board
IJSPP	International Journal of Sports Physiology and Performance
Int J Sports Med	International Journal of Sports Medicine
ins.	insbesondere
InsO	Insolvenzordnung
IOC	International Olympic Committee
IOK	Internationales Olympisches Komitee
IPC	International Paralympic Commitee
IPR	Internationales Privatrecht
IPRG	Schweizerisches Bundesgesetz über das Internationale Privatrecht
IRTP	International Registered Testing Pool
i. S.	im Sinne
ISLJ	The International Sports Law Journal (Zeitschrift)
ISLR	International Sports Law Review (Zeitschrift)
ISU	International Skating Union
ITF	International Tennis Federation
i. V. m.	in Verbindung mit
JA	Juristische Arbeitsblätter (Zeitschrift)
Jg.	Jahrgang
J Anal Toxicol.	Journal of Analytical Toxicology (Zeitschrift)
J Appl Physiol	Journal of Applied Physiology (Zeitschrift)
JHMS	Journal of Human Movement Studies (Zeitschrift)
JR	Juristische Rundschau (Zeitschrift)

Jura	Juristische Ausbildung (Zeitschrift)
JuS	Juristische Schulung (Zeitschrift)
JZ	Juristenzeitung (Zeitschrift)
Kap.	Kapitel
KBS	Kammer zur Beilegung von Streitigkeiten (FIFA)
KCS	Klinische Sportmedizin (Zeitschrift)
KG	Kommanditgesellschaft/ Kilogramm
KGaA	Kommanditgesellschaft auf Aktien
KO	Konkursordnung
LG	Landgericht
lit.	Buchstabe (lat. littera)
LO	Lizenzierungsordnung
LOS	Lizenzordnung Spieler
MAG	Medizinische Ausnahmegenehmigung
MedR	Medizinrecht (Zeitschrift)
Med. Sci. Sports Exerc.	Medicine & Science in Sports & Exercise (Zeitschrift)
MDR	Monatsschrift für Deutsches Recht
MiStra	Anordnung über Mitteilungen in Strafsachen
MschrKrim	Monatsschrift für Kriminologie und Strafrechtsreform
MuArbV	Musterarbeitsvertrag (DFL)
m. w. N.	mit weiteren Nachweisen
NADA	Stiftung Nationale Anti-Doping-Agentur Deutschland
NADC	Nationaler Anti-Doping Code der NADA
NADO	Nationale Anti-Doping-Organisation
n. Chr.	nach Christi Geburt
n. F.	neue Fassung
NFV	Norddeutscher Fußball-Verband e. V.
NJOZ	Neue Juristische Online-Zeitschrift
NJW	Neue Juristische Wochenschrift (Zeitschrift)
NJW-RR	NJW-Rechtsprechungsreport
NJWE-VHR	NJW-Entscheidungsdienst Versicherungs- und Haftungsrecht
NOK	Nationales Olympisches Komitee
Nr.	Nummer
NStZ	Neue Zeitschrift für Strafrecht
NTP	Nationaler Testpool
NZA	Neue Zeitschrift für Arbeitsrecht
NZG	Neue Zeitschrift für Gesellschaftsrecht
NZI	Neue Zeitschrift für das Recht der Insolvenz und Sanierung
NZV	Neue Zeitschrift für Verkehrsrecht
NZZ	Neue Zürcher Zeitung
OC	Olympische Charta
OLG	Oberlandesgericht
OR	Schweizerisches Obligationenrecht
OVR	Ordnung für die Verwertung kommerzieller Rechte
PharmR	Pharma Recht (Zeitung)
Proc. Natl. Acad. Sci.	Proceedings of the National Academy of Sciences of the United States of America (Zeitschrift)
Prot.	Protokoll

RdA	Recht der Arbeit (Zeitschrift)
ReSpoDo	Rechtskommission des Sports gegen Doping
Rn.	Randnummer(n)
RPC	Russian Paralympic Commitee
Rs.	Rechtssache
RTP	Registered Testing Pool
s.	siehe
S.	Seite(n), Satz
SchiedsverfahrensG	Schiedsverfahrensgesetz
SchiedsVZ	Zeitschrift für Schiedsverfahren
SchweizBG	Schweizerisches Bundesgericht
SFV	Süddeutscher Fußball-Verband
Sig.	Signatur
SJCLI	Scandinavian Journal of Clinical and Laboratory Investigation
Slg.	Sammlung
sog.	sogenannte/r/s/n
SpOL	Spielordnung DFL e. V.
SpuRt	Zeitschrift für Sport und Recht
SSJ	Sociology of Sport Journal
StGB	Strafgesetzbuch
STJD	Superior Tribunal de Justiça Desportiva do Futebol
StoffR	Zeitschrift für Stoffrecht
StPO	Strafprozessordnung
StV	Strafverteidiger (Zeitschrift)
Sports Med	Sports Medicine (Zeitschrift)
SZ	Süddeutsche Zeitung
TD2014SSA	Technical Document for Sport Specific Analyses 2014 (WADA)
TUE	Therapeutic Use Exemption
Tz.	Textziffer
u. a.	unter anderem
UA	Unterabsatz
UCI	Union Cycliste Internationale
u. d. T.	unter dem Titel
UEFA	Union des Associations Européennes de Football
UEFA-DR	UEFA-Doping-Reglement
UNESCO	United Nations Educational, Scientific and Cultural Organization
Univ.	Universität
UNÜ	New Yorker Übereinkommen über die Anerkennung und Vollstreckung ausländischer Schiedssprüche vom 10. Juni 1958
Urt.	Urteil
USADA	United States Anti-Doping-Agency
UWG	Gesetz gegen den unlauteren Wettbewerb
v./	versus
v.	vom/n
v. Chr.	vor Christi Geburt
VdV	Vereinigung der Vertragsfußballspieler e. V.
Verf.	Verfasser
vgl.	vergleiche

VO	Verordnung
Vol.	Volume
Vorbem.	Vorbemerkung
WADA	World Anti-Doping Agency (Welt Anti-Doping Agentur)
WADC	Welt Anti-Doping Code der WADA
wfv	Württembergischer Fußballverband e. V.
WiSt	Wirtschaftswissenschaftliches Studium (Zeitschrift)
wistra	Zeitschrift für Wirtschafts- und Steuerstrafrecht
WM	Weltmeisterschaft/ Zeitschrift für Wirtschafts- und Bankrecht
WRP	Wettbewerb in Recht und Praxis (Zeitschrift)
www.	World Wide Web
z. B.	zum Beispiel
ZFD	Zollfahndungsdienst
ZfS	Zeitschrift für Soziologie
ZGB	Schweizerisches Zivilgesetzbuch vom 10. Dezember 1907
ZGR	Zeitschrift für Unternehmens- und Gesellschaftsrecht
ZHR	Zeitschrift für das Gesamte Handelsrecht und Wirtschaftsrecht
ZIS	Zeitschrift für Internationale Strafrechtsdogmatik
zit.	zitiert
ZJS	Zeitschrift für das Juristische Studium
ZKA	Zollkriminalamt
ZollVG	Zollverwaltungsgesetz
ZRP	Zeitschrift für Rechtspolitik
ZStW	Zeitschrift für die gesamte Strafrechtswissenschaft
ZPO	Zivilprozessordnung
z. T.	zum Teil
zugl.	zugleich
ZVglRWiss	Zeitschrift für Vergleichende Rechtswissenschaft
ZZP	Zeitschrift für Zivilprozess

Literaturverzeichnis

Achenbach, Hans/Ransiek, Andreas/Rönnau, Thomas (Hrsg.), Handbuch Wirtschaftsstrafrecht, 4. Auflage, Heidelberg 2015 (zit.: *Bearbeiter*, in: Handbuch Wirtschaftsstrafrecht).

Adolphsen, Jens: Anforderungen an Dopingstrafen nationaler Sportverbände – am Beispiel des Falles Dieter Baumann, in: Zeitschrift für Sport und Recht (SpuRt) 2000, S. 97-101.

Adolphsen, Jens: Internationale Dopingstrafen, Tübingen 2003, zugl.: Regensburg, Univ., Habil.-Schr., 2002, u. d. T.: Adolphsen, Jens: Globale Durchsetzung internationaler Verbandsstrafen in mitgliedschaftsähnlichen Rechtsverhältnissen (zit.: *Adolphsen*, Internationale Dopingstrafen).

Adolphsen, Jens: Grundfragen und Perspektiven der Sportschiedsgerichtsbarkeit, in: Zeitschrift für Schiedsverfahren (SchiedsVZ) 2004, S. 169-175.

Adolphsen, Jens/Nolte, Martin/Lehner, Michael/Gerlinger, Michael (Hrsg.): Sportrecht in der Praxis, Stuttgart 2012 (zit.: *Bearbeiter*, in: Adolphsen/Nolte/Lehner/ Gerlinger (Hrsg.), Sportrecht in der Praxis).

Adolphsen, Jens: Europäisches Zivilverfahrensrecht, 2. Auflage, Berlin 2015 (zit.: *Adolphsen*, Zivilverfahrensrecht).

Aichaoui, Fouad: Fußballtalente im Doppelprojekt der schulischen und sportlichen Ausbildung – Eine empirische Analyse der Leistungssportklassen Konzeption in München / Taufkirchen, München, Technische Univ., Diss., 2006 (zit.: *Aichaoui*, Fußballtalente).

Alfermann, Dorothee/Stoll, Oliver: Sportpsychologie – Ein Lehrbuch in 12 Lektionen, 4. Auflage, Aachen 2012 (zit.: *Alfermann/Stoll*, Sportpsychologie).

Amos, Anne: Anti-Doping Policy: Rationale or Rationalisation, Sydney, Univ., Diss., 2008 (zit.: *Amos*, Anti-Doping Policy).

Anders, Ralf Peter: Internal Investigations – Arbeitsvertragliche Auskunftspflicht und der nemo-tenetur-Grundsatz, Zeitschrift für Wirtschafts- und Steuerstrafrecht (wistra) 2014, S. 329-334.

Appel, Ivo: Verfassung und Strafe – zu den verfassungsrechtlichen Grenzen staatlichen Strafens, Berlin 1998, zugl.: Freiburg i. Br., Univ., Diss., 1996/97 (zit.: *Appel*, Verfassung und Strafe).

Arens, Wolfgang: Transferbestimmungen im Fußballsport im Lichte des Arbeits- und Verfassungsrechts, in: Zeitschrift für Sport und Recht (SpuRt) 1994, S. 179-188.

Baecker, Wolfgang: Grenzen der Vereinsautonomie im deutschen Sportverbandswesen, Berlin 1985, zugl.: Münster, Univ., Diss, 1984/85 (zit.: *Baecker*, Grenzen der Vereinsautonomie).

Bähr, Erich-G.: Strafbarkeit ohne Verschulden (Strict Liability) im Strafrecht der USA – Ein Beitrag zur strafrechtlichen Verantwortlichkeit, Baden-Baden 1974, zugl.: Köln, Univ., Diss., 1973 (zit.: *Bähr*, Strafbarkeit ohne Verschulden).

Baier, Reinhold: Doping im Sport – eine medizinisch-rechtswissenschaftliche Analyse, München, Technische Univ., Diss., 1998 (zit.: *Baier*, Doping im Sport).

Bamberger, Heinz Georg/Roth, Herbert: Beck'scher Online-Kommentar BGB, 41. Edition, München 2016 (zit.: *Bearbeiter*, in: BeckOK BGB).

Bangsbo, Jens/Mizuno, Masao.: Morphological and metabolic alterations in soccer players with de-training and retraining and their relation to performance, in: Reilly, Tom/Lees Adrian/Davids Keith/Murphy W.J., (Ed.), Science and Football, 1. Auflage, Bury St. Edmunds 1988, pp. 114-124 (zit.: *Bangsbo/Mizuno*, in: Reilly/Lees/Davids/Murphy (Hrsg.), Science and Football).

Bannenberg, Britta: Korruption in Deutschland und ihre strafrechtliche Kontrolle – eine kriminologisch-strafrechtliche Analyse, Neuwied 2002, zugl.: Marburg, Univ., Habil-Schr., 2001 (zit.: *Bannenberg*, Korruption).

Barton-Davis, Elisabeth R./Shoturma, Daria I./Musaro, Antonio/Rosenthal, Nadia/Sweeney, H. Lee: Viral mediated expression of insulin-like growth factor I blocks the aging-related loss of skeletal muscle function, in: Proceedings of the National Academy of Sciences of the United States of America (Proc. Natl. Acad. Sci.) Vol. 95 (1998), pp. 15603-15607.

Barrot, Johannes: Die Unschuldsvermutung in der Rechtsprechung des EGMR, in: Zeitschrift für das Juristische Studium (ZJS) 2010, S. 701-706.

Baumann, Jürgen/Weber, Ulrich/Mitsch, Wolfgang/Eisele, Jörg: Strafrecht. Allgemeiner Teil, 12. Auflage, Bielefeld 2016 (zit.: *Bearbeiter*, in: Baumann/Weber/Mitsch/Eisele, Strafrecht AT).

Baume, Norbert/Geyer, Hans/Vouillamoz, Marc/Grisdale, Richard/Earl, Mike/Aguilera, Rodrigo/Cowan, David A./Ericsson, Magnus/Gmeiner, Günter/Kwiatkowska, Dorota et al.: Evaluation of longitudinal steroid profiles from male football players in UEFA competitions between 2008 and 2013, in: Drug Testing and Analysis (Drug Test. Anal.) 8 (2016), pp. 603-612.

Becker, Michael Nikolaus: Verfassungsrechtliche Schranken für die Regelung des Lizenzfussballsports in der Bundesrepublik Deutschland, Mainz, Univ., Diss., 1982 (zit.: *Becker*, Verfassungsrechtliche Schranken).

Beckmann, Paul Werner: Sonderrecht für Profisportler – Arbeitnehmer oder Unternehmer? Referat anlässlich der Sports & Law Tagung Berlin am 28. und 29. April 2006, im Internet abrufbar unter: http://isla-int.com/_files/images/profilbilder/1300873999.pdf (zuletzt aufgerufen am 6.1.2017) (zit.: *Beckmann*, Sonderrecht für Profisportler).

Beck'sche Online-Formulare, 38. Edition, München 2016 (zit.: *Bearbeiter*, in: Beck'sche Online-Formulare).

Behnke, Joachim: Entscheidungs- und Spieltheorie, Baden-Baden 2013 (zit.: *Behnke*, Entscheidungs- und Spieltheorie).

Behringer, Wolfgang: Kulturgeschichte des Sports – Vom antiken Olympia bis zur Gegenwart, München 2012 (zit.: *Behringer*, Kulturgeschichte).

Beiter, Thomas/Velders, Martina: Pimp My Genes – Gendoping zwischen Fakten und Fiktionen, in: Deutsche Zeitschrift für Sportmedizin (Dtsch Z Sportmed) 63 (2012), S. 121-131.

Bepler, Klaus: Lizenzfußballer: Arbeitnehmer mit Beschäftigungsanspruch?, in: Bepler, Klaus (Hrsg.): Sportler, Arbeit und Statuten – Herbert Fenn zum 65. Geburtstag (= Beiträge zum Sportrecht, Band 7), Berlin 2000, S. 43-84 (zit.: *Bepler*, in: FS Fenn).

Bepler, Klaus: Gefahren für die Persönlichkeitsrechte von Sportlern durch arbeitsvertragliche Regelungen, in: Nolte, Martin (Hrsg.): Neue Bedrohungen für die Persönlichkeitsrechte von Sportlern, Stuttgart 2011, S. 9-26 (zit.: *Bepler*, in: Nolte (Hrsg.), Neue Bedrohungen).

Bergermann, Michael: Doping und Zivilrecht – Rechtmäßigkeit von Doping-Sanktionen sowie durch Doping begründete Schadensersatzansprüche, Frankfurt a. M. 2002, zugl.: Bonn, Univ., Diss., 2001 (zit.: *Bergermann*, Doping und Zivilrecht).

Berninger, Anja: Die Meldepflicht: unde venis, qou vadis?, in: NADA (Hrsg.), NADA-Jahrbuch 2009, S. 17-29 (zit.: *Berninger*, in: NADA-Jahrbuch 2009).

Bernnat, Rainer/Klöcker, Philipp: Booz & Company (Hrsg.): Der gesellschaftliche Wert des deutschen Spitzensports – Ziele, Ergebnis und Trends der Wirtschaft bei der Unterstützung des Spitzensports in Deutschland, Frankfurt a. M., Berlin 2012 (zit.: *Bernnat/Klöcker*, Der gesellschaftliche Wert des deutschen Spitzensports).

Besson, Roger/Poli, Raffaele/Ravenel, Loïc: Demographic Study 2014, Neuchâtel 2014, im Internet abrufbar unter: http://www.football-observatory.com/IMG/pdf/ds2014_abstract-2.pdf (zuletzt aufgerufen am 6.1.2017) (zit.: *Besson/Poli/Loïc*, Demographic Study 2014).

Bette, Karl-Heinrich: Doping im Leistungssport – zwischen individueller Schuld und kollektiver Verantwortung, in: Deutsche Zeitschrift für Sportmedizin (Dtsch Z Sportmed) 59 (2008), S. 5-11.

Bette, Karl-Heinrich/Schimank, Uwe: Doping im Hochleistungssport – Anpassung durch Abweichung, 2. Auflage, Frankfurt am Main 2006 (zit.: *Bette/Schimank*, Doping im Hochleistungssport).

Bette, Karl-Heinrich/Schimank, Uwe: Doping als Konstellationsprodukt – Eine soziologische Analyse, in: Gamper, Michael/Mühlethaler, Jan/Reidhaar, Felix (Hrsg.): Doping. Spitzensport als gesellschaftliches Problem, Zürich 2000, S. 91-112 (zit.: *Bette/Schimank*, in: Gamper/Mühlethaler/Reidhaar (Hrsg.), Doping).

Bette, Karl-Heinrich/Schimank, Uwe: Doping – der entfesselte Leistungssport, in: Aus Politik und Zeitgeschichte (APuZ) 29-30/2008, S. 24-31.

Beukelmann, Stephan: Das Strafrecht und die Lauterkeit des sportlichen Wettbewerbs, in: Neue Juristische Wochenschrift Spezial (NJW-Spezial) 2010, S. 56-57.

Beulke, Werner: Strafprozessrecht, 13. Auflage, Heidelberg 2016 (zit.: *Beulke*, Strafprozessrecht).

Binkelmann, Christoph: Was heißt Doping auf Französisch? Rechtliche, soziale und ethische Perspektiven, in: Asmuth, Christoph (Hrsg.): Was ist Doping? Fakten und Probleme der aktuellen Diskussion, Bielefeld 2010, S. 139-166 (zit.: *Binkelmann*, in: Asmuth (Hrsg.): Was ist Doping?).

Bisanz, Gero/Gerisch, Gunnar: Fußball: Kondition, Technik, Taktik und Coaching, Aachen 2008 (zit.: *Bisanz/Gerisch*, Fußball).

Bleckmann, Albert: Neue Aspekte der Drittwirkung der Grundrechte, in: Deutsches Verwaltungsblatt (DVBl.) 1988, S. 938-946.

Bleistein, Romana/Degenhart, Christoph: Sportschiedsgerichtsbarkeit und Verfassungsrecht – Schiedsvereinbarungen und Anti-Doping-Gesetzgebung auf dem Prüfstand, in: Neue Juristische Wochenschrift (NJW) 2015, S. 1353-1357.

Böning, Dieter/ Maassen, Norbert: Wirkungsmechanismen von Erythropoetindoping, in: Deutsche Zeitschrift für Sportmedizin (Dtsch Z Sportmed) 59 (2008), S. 175-177.

Böse, Martin: Wirtschaftsaufsicht und Strafverfolgung, Tübingen 2005, zugl.: Dresden, Technische Univ., Habil.-Schr., 2004 (zit.: *Böse*, Wirtschaftsaufsicht).

Bohle, Hans Hartwig/Stallberg, Friedrich Wilhelm: Erfolgsdruck und strategische Devianz. Zur Normalität von Anomie im modernen Profifußball, in: Soziale Probleme 9 (1998), S. 51-89.

Brändle, Fabian/ Koller, Christian: Goal! – Kultur- und Sozialgeschichte des modernen Fussballs, Zürich 2002 (zit.: *Brändle/Koller*, Goal).

Breivik, Gunnar: The doping dilemma – Some game theoretical and philosophical considerations, in: Sportwissenschaft 17 (1987) Heft 1, S. 83-94.

Brinker, Helmut: Laozi flankt, Konfuzius dribbelt – China scheinbar abseits: Vom Fußball und seiner heimlichen Wiege, Bern 2006 (zit.: *Brinker*, Laozi).

Brinkmann, Gisbert: Schiedsgerichtsbarkeit und Massnahmen des einstweiligen Rechtsschutzes, Berlin 1977, zugl.: Tübingen, Univ., Diss., 1976 (zit.: *Brinkmann*, Schiedsgerichtsbarkeit).

Brunk, Axel: Der Sportler und die institutionelle Sportschiedsgerichtsbarkeit, Baden-Baden 2016, zugl.: Lausanne, Univ., Diss., 2015 (zit.: *Brunk*, Sportschiedsgerichtsbarkeit).

Buchner, Herbert: Die Rechtsverhältnisse im deutschen Lizenzfußball, in: Recht der Arbeit – Zeitschrift für die Wissenschaft und Praxis des gesamten Arbeitsrechts (RdA) 1982, S. 1-13.

Bundesministerium des Innern/Bundesministerium für Gesundheit (Hrsg.): Bericht der Bundesregierung zur Evaluation des Gesetzes zur Verbesserung der Bekämpfung des Dopings im Sport (DBVG), September 2012, im Internet abrufbar unter: https://www.bmi.bund.de/SharedDocs/Downloads/DE/Themen/Gesellschaft-Verfassung/Sport/bekaempfung_doping_sport.pdf?__blob=publicationFile (zuletzt aufgerufen am 6.1.2017) (zit.: Bericht der Bundesregierung zur Evaluation des Gesetzes zur Verbesserung der Bekämpfung des Dopings im Sport (DBVG)).

Burmeister, Joachim: Sportverbandswesen und Verfassungsrecht, in: Die Öffentliche Verwaltung (DÖV) 1978, S. 1-11.

Butte, Freyja C.: Das selbstgeschaffene Recht des Sports im Konflikt mit dem Geltungsanspruch des nationalen Rechts – dargestellt am Beispiel des Lizenzfußballs unter besonderer Berücksichtigung der Umsetzung des FIFA-Reglements bezüglich Status und Transfer von Spielern im deutschen Rechtsraum, Baden-Baden 2010, zugl.: Rostock, Univ., Diss., 2009 (zit.: *Butte*, Das selbstgeschaffene Recht des Sports).

Calvo, Jennifer A./Daniels, Thomas G./Wang, Xiaomei/Paul, Angelika/Lin, Jiandie/Spiegelman, Bruce M./Stevenson, Susan C./Rangwala, Shamina M.: Muscle-specific expression of PPARγ coactivator-1α improves exercise performance and increases peak oxygen uptake, in: Journal of Applied Physiology (J Appl. Physiol.) 104 (2008):1304-1312.

Caysa, Volker: Doping und das Problem des Maßes einer „natürlichen" Eigenleistung des Menschen, in: Latzel, Klaus/Niethammer, Lutz (Hrsg.), Hormone und Hochleistung – Doping in Ost und West, Köln 2008, S. 245- 261 (zit.: *Caysa*, in: Latzel/Niethammer (Hrsg.), Hormone und Hochleistung).

Cherkeh, Rainer T.: Betrug (§ 263 StGB), verübt durch Doping im Sport, Frankfurt a. M. 2000 (zit.: *Cherkeh*, Betrug).

Cherkeh, Rainer T./Momsen, Carsten: Doping als Wettbewerbsverzerrung? Möglichkeiten der strafrechtlichen Erfassung des Dopings unter besonderer Berücksichtigung der Schädigung von Mitbewerbern, in: Neue Juristische Wochenschrift (NJW) 2001, S. 1745-1752.

Clasing, Dirk/Löllgen, Herbert: Verbotene Arzneimittel im Sport, in: Deutsches Ärzteblatt (Dtsch Arztebl) 2006, 103 (49): A-3340-44.

Clasing, Dirk: Anabole Steroide – Einsatz im Sport, in: ders. (Hrsg.), Doping und seine Wirkstoffe – Verbotene Arzneimittel im Sport, 2. Auflage, Balingen 2010, S. 102-115 (zit.: *Clasing*, in: ders. (Hrsg.), Doping).

Clasing, Dirk: Dopingmittel – Stimulanzien, in: ders. (Hrsg.), Doping und seine Wirkstoffe – Verbotene Arzneimittel im Sport, 2. Auflage, Balingen 2010, S. 63-73 (zit.: *Clasing*, in: ders. (Hrsg.), Doping).

Clasing, Dirk: Doping und seine Wirkstoffe – verbotene Arzneimittel im Sport, 2. Auflage, Balingen 2010 (zit.: *Clasing*, in: ders. (Hrsg.), Doping).

Coen, B./Urhausen, A./Coen, G./Kindermann W.: Der Fußball-Score – Bewertung der körperlichen Fitness, in: Deutsche Zeitschrift für Sportmedizin (Dtsch Z Sportmed) 49 (1998), S. 187-192.

Cohen, Bram: Ancient Chinese Football, in: Wild, Alexander (Ed.), CAS and Football: Landmark Cases, The Hague 2012, pp. 1-4 (zit.: *Cohen*, in: Wild (Hrsg.), CAS and Football).

Dahlke, Kai: Analyse der Berichterstattung ausgesuchter Printmedien über die Dopingfälle Krabbe und Baumann, Norderstedt 2002 (zit.: *Dahlke*, Analyse der Berichterstattung).

DAK Forschung (Hrsg.): Gesundheitsreport 2015, im Internet abrufbar unter: https://www.dak.de/dak/download/Vollstaendiger_bundesweiter_Gesundheitsreport_2015-1585948.pdf (zuletzt aufgerufen am 6.1.2017) (zit.: DAK-Gesundheits-report 2015).

Dallmeier, Julia C.: Dopingregeln im Pferdesport – Unter besonderer Berücksichtigung des World Anti-Doping Code, Frankfurt a. M. 2013, zugl.: Gießen, Univ., Diss., 2012 (zit.: *Dallmeier*, Dopingregeln).

Dargatz, Thorsten: Fußball Konditionstraining – Kraft, Schnelligkeit, Ausdauer und Beweglichkeit, 2. Auflage, München 2008 (zit.: *Dargatz*, Fußball Konditionstraining).

Dasser, Felix: Die Rechtshängigkeit gemäß ZPO und revidiertem Lugano-Übereinkommen, in: Kostkiewicz, Jolanta Kren/Markus, Alexander/Rodriguez, Rodrigo (Hrsg.), Internationaler Zivilprozess 2011 – Zusammenspiel des revLugÜ mit dem revSchKG und der schweizerischen ZPO, Bern 2010, S. 95-119, (zit.: *Dasser*, Rechtshängigkeit).

Daumann, Frank: Die Ökonomie des Dopings, 2. Auflage, Berlin 2013 (zit.: *Daumann*, Die Ökonomie des Dopings).

Deckert, Antje: Zum Strafwürdigkeitsbegriff im Kontext legislativer Kriminalisierungsentscheidungen im Verfassungsstaat, in: Zeitschrift für Internationale Strafrechtsdogmatik (ZIS) 2013, S. 266-275.

Deutscher Anwaltsverein: Stellungnahme des Deutschen Anwaltsverein durch den Ausschuss Strafrecht und den Geschäftsführenden Ausschuss der Arbeitsgemeinschaft Sportrecht zu dem Entwurf eines Gesetzes zur Bekämpfung von Doping im Sport, Stellungnahme Nr.: 5/2015, im Internet abrufbar unter: http://anwaltverein.de/de/newsroom/sn-05-15 (zuletzt aufgerufen am 6.1.2017) (zit.: *DAV*, Stellungnahme Nr. 5/2015).

De Dios Crespo Pérez, Juan: CAS 2007/A/1298 Wigan Athletic FC v. Heart of Midlothian; CAS 2007/A/1299 Heart of Midlothian v. Webster and Wigan Athletic FC; CAS 2007/A/1300 Webster v. Heart of Midlothian, in: Wild, Alexander (Ed.), CAS and Football: Landmark Cases, The Hague 2012, pp. 68-79 (zit.: *De Dios Crespo Pérez*, Webster, in: Wild (Hrsg.), CAS and Football).

De Dios Crespo Pérez, Juan: CAS 2008/A/1519 FC Shaktar Donetsk (Ukraine) v. Mr. Matuzalem Francelino da Silva and Real Zaragoza SAD and FIFA, in: Wild, Alexander (Ed.), CAS and Football: Landmark Cases, The Hague 2012, pp. 79-92 (zit.: *De Dios Crespo Pérez*, Matuzalem, in: Wild (Hrsg.), CAS and Football).

DFL Deutsche Fußball Liga GmbH (Hrsg.), Bundesliga Report 2015 – Die wirtschaftliche Situation im Lizenzfußball, Frankfurt a. M. 2015, im Internet abrufbar unter: https://s.bundesliga.de/assets/doc/510000/501988_original.pdf (zuletzt aufgerufen am 6.1.2017) (zit.: Bundesliga-Report 2015).

DFL Deutsche Fußball Liga GmbH (Hrsg.), Bundesliga Report 2016 – Die wirtschaftliche Situation im Lizenzfußball, Frankfurt a. M. 2016, im Internet abrufbar unter: https://s.bundesliga.de/assets/doc/1070000/1066709_original.pdf (zuletzt aufgerufen am 6.1.2017) (zit.: Bundesliga-Report 2016).

Diel, Patrick/Zehner, Richard/Parzeller, Markus: Gendoping – Teil 1: naturwissenschaftliche und medizinische Aspekte, in: Zeitschrift für Stoffrecht (StoffR 2016), S. 2-14.

Dietmann, Carolin: Kann den Siegen Sünde sein? Die Ökonomik des Dopings am Beispiel des Radsports, Diplomarbeit, Jena 2008 (zit.: *Dietmann*, Ökonomik des Dopings).

Dietz, Pavel/Striegel, Heiko/Franke, Andreas G./Lieb, Klaus/Simon, Perikles/Ulrich, Rolf: Randomized Response Estimates for the 12-Month Prevalence of Cognitive-Enhancing Drug Use in University Students, in: Pharmacotherapy 2013;33(1):44-50.

Dimeo, Paul: A History of Drug Use in Sport 1876-1976 – Beyond Good and Evil, Abingdon 2007 (zit.: *Dimeo*, A History of Drug Use in Sport).

Dieckmann, Albrecht: Zur Zuständigkeit der ordentlichen Gerichte bei Streitigkeiten zwischen Amateur-Fußballspieler und Verein, in: Württembergischer Fußballverband e.V. (Hrsg.), Das Recht des Fußballspielers, Stuttgart 1980, S. 24-39 (zit.: *Dieckmann*, in wfv (Hrsg.), Das Recht des Fußballspielers).

Dietrich, Marcel: Sportregeln und Kartellrecht, in: Causa Sport (CaS) 2004, S. 249-261.

Dilger, Alexander/Geyer, Hannah: Theoretische und empirische Analyse der Drei-Punkte-Regelung, in: Sport und Gesellschaft 4 (2007), S. 265-277.

Dilger, Alexander/Tolsdorf, Frank: Doping als Wettkampfphänomen, Beitrag zum 3. Kölner Sportökonomie-Kongress 2002, im Internet abrufbar unter: http://www.arbeitskreis-sportoekonomie.de/dez1.pdf (zuletzt aufgerufen am 6.1.2017) (zit.: *Dilger/Tolsdorf*, Doping als Wettkampfphänomen).

Dölling, Dieter/Duttge, Gunnar/Rössner, Dieter: Gesamtes Strafrecht – StGB; StPO; Nebengesetze, Handkommentar, 3. Auflage, Baden-Baden 2013 (zit.: *Dölling/Duttge/Rössner*, HK StGB).

Dörr, Oliver/Grote, Rainer/Marauhn, Thilo: EMRK/GG – Konkordanzkommentar zum europäischen und deutschen Grundrechtsschutz, Band I, Kapitel 1-19, 2. Auflage, Tübingen 2013 (zit.: *Bearbeiter*, in: Dörr/Grote/Marauhn, EMRK).

Donike, Manfred: Gutachten zur Frage des Nachweises von Dopingmitteln im Blut, in: ders./Kühl, Kristian/Meyer, Heinrich H. D./Müller, Klaus R./Staak, Michael/Stoffel, Wilhelm/Tettinger Peter J./Vieweg, Klaus (Hrsg.), Blut und/oder Urin zur Dopingkontrolle, Schorndorf 1996, S. 127-151 (zit.: *Donike*, in: ders. et al. (Hrsg.), Blut und/oder Urin zur Dopingkontrolle).

Donike, Manfred: Doping, in: Eberspächer, Hans (Hrsg.), Handlexikon Sportwissenschaft, Reinbeck 1987, S. 81-88 (zit.: *Donike*, in: Eberspächer (Hrsg.), Handlexikon Sportwissenschaft).

Dreher, Eduard/Maassen, Hermann/Lackner, Karl et. al.: Strafgesetzbuch: StGB, Kommentar, 28. Auflage, München 2014 (zit.: *Lackner/Kühl*, StGB).

Dresen, Antje: Doping im Spitzensport als soziales Problem, Ursachen und Folgen eines gesellschaftlichen Diskurses, Wiesbaden 2010 (zit.: *Dresen*, Doping im Spitzensport).

Dresen, Antje: Soziologische Betrachtungen von Doping, in: Dresen, Antje/Form, Laurens/Brand, Ralf (Hrsg.), Dopingforschung – Perspektiven und Themen, Schorndorf 2015, S. 79-96 (zit.: *Dresen*, in: dies./Form/Brand (Hrsg.), Dopingforschung).

Dresen, Antje: Der Fußball als heilige Kuh – Dopingmotivationen und Problemwahrnehmungen, in: Doping, Die Zeitschrift für Sportrecht und Medizin 3/2011, S. 131-134.

Dunning, Eric: The Development of Modern Football, in: Dunning, Eric (Ed.), The Sociology of Sport – A Selection of Readings, London 1971, pp. 133-151 (zit.: *Dunning*, in: ders. (Hrsg.), The Sociology of Sport).

Dury, Walter: Kann das Strafrecht die Doping-Seuche ausrotten?, in: Zeitschrift für Sport und Recht (SpuRt) 2005, S. 137-141.

Dury, Walter: Lösung des Doping-Problems durch den Staatsanwalt?, in Crezelius, Georg/Hirte, Heribert/Vieweg, Klaus (Hrsg.), Festschrift für Volker Röhricht zum 65. Geburtstag – Gesellschaftsrecht, Rechnungslegung, Sportrecht, Köln 2005, S. 1097-1114 (zit.: *Dury*, in: FS Röhricht).

Duve, Christian/Rösch, Karl Ömer: Der Fall Pechstein: Kein Startschuss für eine Neugestaltung der Sportschiedsgerichtsbarkeit, in: Zeitschrift für Schiedsverfahren (SchiedsVZ) 2014, S. 216-227.

Ebbing, Frank: Satzungsmäßige Schiedsklauseln, in: Neue Zeitschrift für Gesellschaftsrecht (NZG) 1999, S. 754-757.

Eggerstedt, Lea: Probleme der Lizenz- und Schiedsgerichtsverträge im deutschen Berufsfußball – Unter Berücksichtigung der neuen UEFA-Club-Lizenzierungs-vorschriften, Baden-Baden 2008, zugl.: Marburg, Univ., Diss., 2006 (zit.: *Eggerstedt*, Probleme der Lizenz- und Schiedsgerichtsverträge).

Eilers, Götz: Überlegungen des DFB zur Neuordnung des rechtlichen Dreiecksverhältnisses Deutscher Fußball-Bund – Bundesligavereine – Lizenzspieler, in: Württembergischer Fußballverband e.V. (Hrsg.), Das Recht des Fußballspielers, Stuttgart 1980, S. 76-91 (zit.: *Eilers*, in: wfv (Hrsg.), Das Recht des Fußballspielers).

Eisenberg, Christine/Lanfranchi, Pierre/Mason, Tony/Wahl, Alfred: FIFA 1904-2004 – 100 Jahre Weltfussball (zit.: *Eisenberg/Lanfranchi/Mason/Wahl*, FIFA).

El Bousidi, Lotfi: Eine Analyse des Dopingverhaltens im professionellen Fußball mit Hilfe der Randomized Response Technik, Hagen, Diplomarbeit, 2015 (zit.: *El Bousidi*, Dopingverhalten).

Emmerich, Volker: Aufwendungsersatz und Rentabilitätsvermutung, in: Baumann, Wolfgang/Dickhut-Harrach, Hans-Jürgen von/Marotzke, Wolfgang (Hrsg.), Gesetz, Recht, Rechtsgeschichte – Festschrift für Gerhard Otte zum 70. Geburtstag, München 2005, S. 101-111 (zit.: *Emmerich*, in: FS Otte).

Engländer, Armin: Revitalisierung der materiellen Rechtsgutslehre durch das Verfassungsrecht?, in: Zeitschrift für die gesamte Strafrechtswissenschaft (ZStW) 127 (2015), S. 616-634.

Entorf, Horst/Spengler, Hannes: Die generalpräventive Wirkung erwarteter Straf – Eine umfassende Auswertung kombinierter Kriminal- und Strafverfolgungsstatistiken im langfristigen Ländervergleich, in: Monatsschrift für Kriminologie und Strafrechtsreform (MschrKrim) 2005, S. 313-338.

Epping, Volker: Grundrechte, 6. Auflage, Heidelberg 2015 (zit.: *Epping*, Grundrechte).

Erfurter Kommentar zum Arbeitsrecht, Müller-Glöge, Rudi/Preis, Ulrich/Schmidt, Ingrid (Hrsg), 17. Auflage, München 2017 (zit.: *Bearbeiter*, in: ErfK).

Erlei, Mathias/Leschke, Martin/Sauerland, Dirk: Neue Institutionenökonomik, 2. Auflage, Stuttgart 2007, (zit: *Erlei/Lescke/Sauerland*, Neue Institutionenökonomik).

Eufe, Tillmann: Die Unschuldsvermutung im Dopingverfahren – Gleichzeitig eine Analyse der Sportrechtsprechung des Deutschen Fußball-Bundes und des Deutschen Leichtathletik-Verbandes, Baden-Baden 2005, zugl.: Marburg, Univ., Diss., 2004 (zit.: *Eufe*, Die Unschuldsvermutung im Dopingverfahren).

Fahl, Christian: Sportverbandsgerichtsbarkeit und Doppelbestrafungsverbot – Erwiderung auf Reinhart, SpuRt 2001, 45, in: Zeitschrift für Sport und Recht (SpuRt) 2001, S. 181-183.

Feiden, Karl/Blasius, Helga: Doping im Sport : Wer – Womit – Warum, Stuttgart, 2. Auflage 2008 (zit.: *Feiden/Blasius*, Doping im Sport).

Feldhoff-Mohr, Julia: Systemzwang Doping? – Experten fordern härtere Strafen für das Umfeld gedopter Athleten, in: Zeitschrift für Sport und Recht (SpuRt) 2010, S. 20-21.

Fenn, Herbert: Erfassung der Sportler durch die Disziplinargewalt der Sportverbände, in: Zeitschrift für Sport und Recht (SpuRt) 1997, S. 77-82.

Fenn, Herbert/Petri, Grischka: Unschuldsvermutung und Anscheinsbeweis im Verbandsstrafverfahren – Anmerkungen zu OLG Frankfurt/M. v. 18.5.2000 – 13 W 29/00, in: Zeitschrift für Sport und Recht (SpuRt) 2000, S. 232-235.

Fezer, Karl-Heinz: Lauterkeitsrecht, Kommentar zum Gesetz gegen den unlauteren Wettbewerb, Band 2: §§ 5-20 UWG, 2. Auflage, München 2010 (zit.: *Bearbeiter*, in: Fezer, UWG).

Fikentscher, Adrian: Mitbestimmung im Sport – Eine rechtstatsächliche und rechtsvergleichende Untersuchung der Mitbestimmungsformen im deutschen und US-amerikanischen Leistungssport, Berlin 2002, zugl.: Erlangen, Nürnberg, Univ., Diss., 2000, (zit.: *Fikentscher*, Mitbestimmung im Sport).

Fischer, Thomas: Strafgesetzbuch – Kommentar, 62. Auflage, München 2015 (zit.: *Tröndle/Fischer*, StGB).

Fischer, Ulrich: Unlauterer Wettbewerb durch Doping im europäischen Profisport?, in: Europäische Zeitung für Wirtschaftsrecht (EuZW) 2002, S. 297-300.

Forster, Michael: Nation Building durch die internationale Gemeinschaft – eine völkerrechtliche Analyse der Verwaltungsmissionen der Vereinten Nationen im Kosovo und in Ost-Timor, Göttingen 2005, zugl.: Passau, Univ., Diss., 2005 (zit.: *Forster*, Nation Building).

Freiwald, Jürgen/Baumgart, Christian/Hoppe, Matthias W./Jansen, Christian/Cardoso, Maithe/ Schneider, Ulrich: Ressourcenmodell, Leistungsdiagnostik und Training der konditionellen Fähigkeiten im Frauen- und Männerfußball, in: Sports Orthopaedics and Traumatology (Sports Orthop. Traumatol.), 2011;27:27-34.

Freiwald, Jürgen/Brexendorf, Bernd/Pieper, Sven/Baumgart, Christian/Slomka, Mirko/Papadopoulos, Christos: Leistungs- und Funktionsdiagnostik im Hochleistungsfußball – Präventives Screeningverfahren für Über- und Fehlbelastungen sowie Übertraining, in: Sports Orthopaedics and Traumatology (Sports Orthop. Traumatol.), 2008;24(1):20-30.

Friedmann, Theodore/Rabin, Olivier/Frankel, Mark S.: Gene Doping and Sport, in: Science Vol. 327 No. 5966 (2010), pp. 647-648.

Friedrich, Walther J.: Doping und zivilrechtliche Haftung, in: Zeitschrift für Sport und Recht (SpuRt) 1995, S. 8-11.

Frisch, Wolfgang: Voraussetzungen und Grenzen des staatlichen Strafens, in: Neue Zeitschrift für Strafrecht (NStZ) 2016, S. 16-25.

Frister, Helmut: Schuldprinzip, Verbot der Verdachtsstrafe und Unschuldsvermutung als materielle Grundprinzipien des Strafrechts, Berlin 1988, zugl.: Bonn, Univ., Diss., 1986 (zit.: *Frister*, Schuldprinzip).

Fritzweiler, Jochen/Pfister, Bernhard/Summerer, Thomas (Hrsg.): Praxishandbuch Sportrecht, 3. Auflage, München 2014, (zit.: *Bearbeiter*, in: Fritzweiler/Pfister/Summerer (Hrsg.), Praxishandbuch Sportrecht).

Fuchs, Christoph: Rechtsfragen der Vereinsstrafe - unter besonderer Berücksichtigung der Verhältnisse in Sportverbänden, Zürich 1999, zugl.: Zürich, Univ., Diss., 1999 (zit.: *Fuchs*, Vereinsstrafe).

Gärditz, Klaus Ferdinand: Strafbegründung und Demokratieprinzip, in: Der Staat 2010, S. 331-367.

Gauger, Michael: Die Dogmatik der konkludenten Täuschung - zugleich eine Abhandlung über die Täuschungshandlung des Betrugstatbestands, Frankfurt a. M. 2001, zugl.: Hamburg, Univ., Diss., 2000 (zit.: *Gauger*, Die Dogmatik der konkludenten Täuschung).

Geese, Rolf: Fußball - Erfolgsfaktor Kondition - Training für Amateure und Profis, Aachen 2009 (zit.: *Geese*, Fußball).

Geistlinger, Michael/Schaffelhofer, Julia: Die Vierjahressperre nach dem WADC 2015 aus dem Blickwinkel der grundrechtlichen Berufsfreiheit, in: Zeitschrift für Sport und Recht (SpuRt) 2015, S. 101-105.

Geraats, Martin: Doppelbestrafungsverbot und Sportverbandsgerichtsbarkeit - Das Sportverbandsgerichtsverfahren als Täter-Opfer-Ausgleich, Hamburg 2013, zugl.: Rostock, Univ. Diss., 2013 (zit.: *Geraats*, Doppelbestrafungsverbot).

Gerlinger, Katrin/Petermann, Thomas/Sauter, Arnold: Gendoping - Wissenschaftliche Grundlagen - Einfallstore - Kontrolle, Berlin 2008 (zit.: *Gerlinger*, Gendoping).

Glocker, Moritz: Die strafrechtliche Bedeutung von Doping - de lege lata und de lege ferenda, Frankfurt a. M. 2009, zugl.: Konstanz, Univ., Diss., 2009 (zit.: *Glocker*, Die strafrechtliche Bedeutung von Doping).

Gonzalez-Balzar, Pedro: Konditionstraining und sportmedizinische Betreuung in der 1. Fußballbundesliga, Hamburg, Univ., Diss., 2007 (zit.: *Gonzalez-Balzar*, Sportmedizinische Betreuung).

Graf, Christine/Höher, Jürgen: Fachlexikon Sportmedizin - Bewegung, Fitness und Ernährung von A - Z, Köln 2009 (zit.: *Graf/Höher*, Fachlexikon Sportmedizin).

Grätz, Daniel: Missbrauch der marktbeherrschenden Stellung durch Sportverbände - Eine rechtsvergleichende Untersuchung des europäischen, deutschen und schweizerischen Missbrauchsverbots, Tübingen 2009, zugl.: Bayreuth, Univ., Diss., 2009 (zit.: *Grätz*, Missbrauch der marktbeherrschenden Stellung durch Sportverbände).

Grotz, Stefan: Die Grenzen der staatlichen Strafgewalt exemplifiziert am neuen Anti-Doping-Tatbestand, in: Zeitschrift für das Juristische Studium (ZJS) 2008, S. 243-255.

Grüneberg, Patrick: Die Ambivalenz zwischen Therapie und Leistung, in: Asmuth, Christoph (Hrsg.): Was ist Doping? Fakten und Probleme der aktuellen Diskussion, Bielefeld 2010, S. 117-137 (zit.: *Grüneberg*, in: Asmuth (Hrsg.): Was ist Doping?).

Grunsky, Wolfgang: Schiedsgerichtsbarkeit im deutschen Fußball, in: Crezelius, Georg/Hirte, Heribert/Vieweg, Klaus (Hrsg.): Festschrift für Volker Röhricht zum 65. Geburtstag, Köln 2005, S. 1137-1148 (zit.: *Grunsky*, in: FS Röhricht).

Günther, Hans-Ludwig: Strafrechtswidrigkeit und Strafunrechtsausschluß - Studien zur Rechtswidrigkeit als Straftatmerkmal und zur Funktion der Rechtfertigungsgründe im Strafrecht, Köln 1983, zugl.: Trier, Univ., Habil.-Schr., 1981 (zit.: *Günther*, Strafrechtswidrigkeit und Strafunrechtsausschluß).

Günther, Hans-Ludwig/Taupitz, Jochen/Kaiser, Peter: Embryonenschutzgesetz – Juristischer Kommentar mit medizinisch-naturwissenschaftlichen Grundlagen, 2. Auflage, Stuttgart 2014 (zit.: *Bearbeiter*, in: Günther/Taupitz/Kaiser (Hrsg.), ESchG).

Gutheil, Ulrike: Doping – Die haftungsrechtliche und sportrechtliche Verantwortung von Sportler, Trainer, Arzt und Sportverband, Hamburg 1996 (zit.: *Gutheil*, Doping).

Haas, Ulrich/Adolphsen, Jens: Verbandsmaßnahmen gegenüber Sportlern, in: Neue Juristische Wochenschrift (NJW) 1995, S. 2146-2148.

Haas, Ulrich/Adolphsen, Jens: Sanktionen der Sportverbände vor ordentlichen Gerichten, in: Neue Juristische Wochenschrift (NJW) 1996, S. 2351-2353.

Haas, Ulrich/Prokop, Clemens: Die Autonomie der Sportverbände und die Rechtsstellung des Athleten, in: Juristische Rundschau (JR) 1998, S. 45-53.

Haas, Ulrich/Prokop, Clemens: Zu den formellen Grenzen der vereinsrechtlichen Disziplinargewalt im Rahmen von Unterwerfungsvereinbarungen, in: Zeitschrift für Sport und Recht (SpuRt) 1998, S. 15-18.

Haas, Ulrich/Hauptmann, Markus: Schiedsvereinbarungen in „Ungleichgewichtslagen" – am Beispiel des Sports –, in: Zeitschrift für Schiedsverfahren (SchiedsVZ) 2004, S. 175-187.

Haas, Ulrich: Internationale Sportschiedsgerichtsbarkeit und EMRK, in: Zeitschrift für Schiedsverfahren (SchiedsVZ) 2009, S. 73-84.

Haas, Ulrich: Fußball vor dem Internationalen Sportschiedsgerichtshof CAS, in: Höfling, Wolfram/Horst, Johannes/Nolte, Martin (Hrsg.), Fußball – Motor des Sportrechts, Tübingen 2014, S. 65-97 (zit.: *Haas*, in: Höfling/Horst/Nolte (Hrsg.), Fußball – Motor des Sportrechts).

Hamm, Rainer: Richten mit und über Strafrecht, in: Neue Juristische Wochenschrift (NJW) 2016, S. 1537-1542.

Hassemer, Winfried: Theorie und Soziologie des Verbrechens – Ansätze zu einer praxisorientierten Rechtsgutslehre, Frankfurt a. M. 1973, zugl.: München, Univ., Habil.-Schr., 1972 (zit.: *Hassemer*, Theorie und Soziologie des Verbrechens).

Hassemer, Winfried: Grundlinien einer personalen Rechtsgutslehre, in: Philipps, Lothar/Scholler, Heinrich (Hrsg.), Jenseits des Funktionalismus – Arthur Kaufmann zum 65. Geburtstag, Heidelberg 1989, S. 85-94 (zit.: *Hassemer*, in: FS Kaufmann).

Hassemer, Winfried: Darf es Straftaten geben, die ein strafrechtliches Rechtsgut nicht in Mitleidenschaft ziehen?, in: Hefendehl, Roland/Hirsch, Andrew von/Wohlers, Wolfgang (Hrsg.), Die Rechtsgutstheorie – Legitimationsbasis des Strafrechts oder dogmatisches Glasperlenspiel?, Baden-Baden 2003, S. 57-64 (zit.: *Hassemer*, in: Hefendehl/v. Hirsch/Wohlers (Hrsg.), Die Rechtsgutstheorie).

Haug, Tanja: Doping – Dilemma des Leistungssports, Hamburg 2006, zugl.: Köln, Dt. Sporthochsch., Diss., 2005 (zit.: *Haug*, Doping).

Hauptmann, Markus/Rübenstahl, Markus: Zur verfassungsrechtlichen Unbedenklichkeit einer Doping-Besitzstrafbarkeit de lege ferenda – insbesondere gemessen am „Cannabis-Urteil" des BVerfG, in: Onlinezeitschrift für Höchstrichterliche Rechtsprechung zum Strafrecht (HRRS) 2007, S. 143-153.

Hausch, Tobias: Langfristige Arbeitsverträge bei Lizenzfußballspielern, Bonn, Univ., Diss., 2002 (zit.: *Hausch*, Langfristige Arbeitsverträge).

Havemann, Nils: Die Gründung der Fußball-Bundesliga im Spannungsfeld von Kommerz und Kultur, in: Pyta, Wolfram (Hrsg.), Geschichte des Fußballs in Deutschland und Europa seit 1954, Stuttgart 2013, S. 85-94 (zit.: *Havemann*, in: Pyta (Hrsg.), Geschichte des Fußballs).

Heermann, Peter W.: Die Ausgliederung von Vereinen auf Kapitalgesellschaften – Rechtliche Probleme bei Umstrukturierungsmaßnahmen im Schnittfeld von Vereins-, Gesellschafts- und Steuerrecht – veranschaulicht am Beispiel der geplanten Einführung von Fußball-Aktiengesellschaften, in: Zeitschrift für Wirtschaftsrecht (ZIP) 1998, S. 1249-1260.

Heermann, Peter W.: Die Geltung von Verbandssatzungen gegenüber mittelbaren Mitgliedern und Nichtmitgliedern, in: Neue Zeitschrift für Gesellschaftsrecht (NZG) 1999, S. 325-333.

Heermann, Peter W.: Haftung im Sport, Stuttgart 2008 (zit.: *Heermann*, Haftung im Sport).

Heermann, Peter W.: Bindung an die Satzung übergeordneter Verbände durch dynamische Verweisungsklauseln, in: Zeitschrift für das gesamte Handelsrecht und Wirtschaftsrecht (ZHR) 174 (2010), S. 250-292.

Heermann, Peter W.: Typische Fallstricke bei Verhängung von Sanktionen durch Sportverbände, in: Bernreuther, Jörn/Freitag, Robert/Leible, Stefan/Sippel, Harald/Wanitzek, Ulrike (Hrsg.), Festschrift für Ulrich Spellenberg zum 70. Geburtstag, München 2010, S. 11-26 (zit.: *Heermann*, in: FS Spellenberg).

Heermann, Peter W.: Freiwilligkeit von Schiedsvereinbarungen in der Sportgerichtsbarkeit, in: Zeitschrift für Schiedsverfahren (SchiedsVZ) 2014, S. 66-79.

Heermann, Peter W.: Grenzen einer verbandsfreundlichen Auslegung des Merkmals der Freiwilligkeit von Schiedsvereinbarungen, in: Arnold, Stefan/Lorenz, Stephan (Hrsg.), Gedächtnisschrift für Hannes Unberath, München 2015, S. 159-177 (zit.: *Heermann*, GS Unberath).

Heermann, Peter W.: Zukunft der Sportschiedsgerichtsbarkeit sowie entsprechender Schiedsvereinbarungen im Lichte des Pechstein-Verfahrens sowie des § 11 RegE-AntiDopG, in: Zeitschrift für Schiedsverfahren (SchiedsVZ) 2015, S. 78-88.

Heermann, Peter W.: Die Sportschiedsgerichtsbarkeit nach dem Pechstein-Urteil des BGH, in: Neue Juristische Wochenschrift (NJW) 2016, S. 2224-2227.

Heermann, Peter W.: Handeln Sportverbände bei der Aufstellung und Durchsetzung von Statuten zur Organisation des Sports als Unternehmer im Sinne des Kartellrechts?, in: Wettbewerb in Recht und Praxis (WRP) 2016, S. 1053-1059.

Hefendehl, Roland: Kollektive Rechtsgüter im Strafrecht, Köln 2002, zugl.: München, Univ., Habil.-Schr., 1998/1999 u. d. T.: Grund und Grenzen des Schutzes kollektiver Rechtsgüter im Strafrecht (zit.: *Hefendehl*, Kollektive Rechtsgüter im Strafrecht).

Hefendehl, Roland: Der fragmentarische Charakter des Strafrechts, in: Juristische Arbeitsblätter (JA) 2011, S. 401-406.

Heger, Martin: Zur Strafbarkeit von Doping im Sport, in: Juristische Arbeitsblätter (JA) 2003, S. 76-83.

Heger, Martin: Zum Rechtsgut einer Strafnorm gegen Selbst-Doping, in: Zeitschrift für Sport und Recht (SpuRt) 2007, S. 153-155.

Heine, Günter: Beweislastumkehr im Strafverfahren?, in: JuristenZeitung (JZ) 1995, S. 651-657.

Heinrich, Arthur, Der Deutsche Fußballbund – eine politische Geschichte, Köln 2000 (zit.: *Heinrich*, Fußballbund).

Hermes, Georg: Grundrechtsschutz durch Privatrecht auf neuer Grundlage? Das BVerfG zu Schutzpflicht und mittelbarer Drittwirkung der Berufsfreiheit, in: Neue Juristische Wochenschrift (NJW) 1990, S. 1764-1768.

Hillenkamp, Thomas: Vorsatztat und Opferverhalten, Göttingen 1981, zugl.: Göttingen, Univ., Habil.-Schr., 1981 (zit.: *Hillenkamp*, Vorsatztat).

Hilpert, Horst: Das Fußballstrafrecht des Deutschen Fußball-Bundes (DFB) – Kommentar zur Rechts- und Verfahrensordnung des Deutschen Fußball-Bundes (RuVO) nebst Erläuterungen von weiteren Rechtsbereichen des DFB, der FIFA, der UEFA, der Landesverbände, Berlin 2009 (zit.: *Hilpert*, Fußballstrafrecht).

Hilpert, Horst: Sportrecht und Sportrechtsprechung im In- und Ausland, Berlin 2007 (zit.: *Hilpert*, Sportrecht).

Hilpert, Horst: Tatsachenentscheidung und Regelverstoß im Fußball – Neuere Entwicklungen und Tendenzen, in: Zeitschrift für Sport und Recht (SpuRt) 1999, S. 49-55.

Hilpert, Horst: Die Geschichte des Sportrechts, Stuttgart 2011, zugl.: Kiel, Univ., Diss., 2010 (zit.: *Hilpert*, Die Geschichte des Sportrechts).

Hoberman, John M.: Sterbliche Maschinen – Doping und die Unmenschlichkeit des Hochleistungssports, Aachen 1994 (zit.: *Hoberman*, Sterbliche Maschinen).

Höner, Oliver/Roth, Klaus: Erläuterungen zu den individuellen Spielerauswertungen im Rahmen der technisch-motorischen Leistungsdiagnostik an den DFB-Stützpunkten, Stand: Oktober 2011, im Internet abrufbar unter: https://mobil.bfv. de/cms/docs/Homepage-Manual_2011-2_(Oktober_11).pdf (zuletzt aufgerufen am 6.1.2017) (zit.: *Höner/Roth*, Spielerauswertungen).

Hoff, Jan/Helgerud, Jan/Wisløff, Ulrik: Maximal strength training improves work economy in trained female cross-country skiers, Medicine & Science in Sports & Exercise (Med. Sci. Sports Exerc.) June 1999, Vol. 31, No. 6, pp. 870-877.

Hoff, Jan/Kähler, Niels/Helgerud, Jan: Training sowie Ausdauer- und Krafttests von professionellen Fußballspielern, in: Deutsche Zeitschrift für Sportmedizin (Dtsch Z Sportmed) 57 (2006), S. 116-124.

Höfling, Wolfram: Offene Grundrechtsinterpretation. Grundrechtsauslegung zwischen amtlichen Interpretationsmonopol und privater Konkretisierungskompetenz, Berlin 1987, zugl.: Köln, Univ., Diss., 1987 (zit.: *Höfling*, Offene Grundrechtsinterpretation).

Höfling, Wolfram: Freiheit und Regulierung der Insolvenzverwaltertätigkeit aus verfassungsrechtlicher Perspektive, in: Juristenzeitung (JZ) 2009, S. 339-348.

Höfling, Wolfram/Horst, Johannes/Nolte, Martin: Fußball – Motor des Sportrechts, Tübingen 2014 (zit.: *Höfling/Horst/Nolte*, in: dies. (Hrsg.), Fußball – Motor des Sportrechts).

Hofmann, Karsten: Zur Notwendigkeit eines institutionellen Sportschiedsgerichtes in Deutschland – eine Untersuchung der nationalen Sportgerichtsbarkeit unter besonderer Beachtung der §§ 1025 ff. ZPO, Hamburg 2009, zugl.: Bonn, Univ., Diss., 2008 (zit.: *Hofmann*, Sportschiedsgericht).

Höllmann, Thomas, Das alte China – Eine Kulturgeschichte, München 2008 (zit.: *Höllmann*, China).

Horst, Johannes/Jacobs, Constanze: Arbeits- und verbandsrechtliche Konsequenzen des Dopings, in: Recht der Arbeit (RdA) 2003, S. 215-222.

Hüser, Dietmar: Neutralitätsdiskurs und Politisierungstrends im Zeitalter des Massensports – Die FIFA in der ersten Hälfte des 20. Jahrhunderts, in: Bouvier, Beatrix (Hrsg.), Zur Sozial- und Kulturgeschichte des Fußballs, Trier 2006, S. 37-58 (zit.: *Hüser*, in: Bouvier (Hrsg.) Sozial- und Kulturgeschichte).

Hummel, Andreas: Arzneimittellehre, Hannover 2004 (zit.: *Hummel*, Arzneimittellehre).

Iaia Fedon Marcello/Rampinini Ermanno/Bangsbo Jens: High-Intensity Training in Football, in: International Journal of Sports Physiology and Performance (IJSPP) 2009, pp. 291-306.

Imping, Andreas: Die arbeitsrechtliche Stellung des Fußballspielers zwischen Verein und Verbänden, Köln, Univ., Diss., 1995 (zit.: *Imping*, Die arbeitsrechtliche Stellung des Fußballspielers).

Isensee, Josef/Kirchhof, Paul: Handbuch des Staatsrechts der Bundesrepublik Deutschland

- Band II, Verfassungsstaat, 3. Auflage, Heidelberg 2004 (zit.: *Bearbeiter*, in: Isensee/Kirchhof, HdBStR, Bd. II),
- Band VIII, Grundrechte: Wirtschaft, Verfahren, Gleichheit, 3. Auflage, Heidelberg 2010 (zit.: *Bearbeiter*, in: Isensee/Kirchhof, HdBStR, Bd. VIII).

Jäger, Christian: Examens-Repetitorium Strafrecht Allgemeiner Teil, 7. Auflage, Heidelberg 2015 (zit.: *Jäger*, Strafrecht AT).

Jahn, Matthias: Ein neuer Straftatbestand gegen eigenverantwortliches Doping? Anmerkungen aus strafprozessualer Sicht, in: Zeitschrift für Sport und Recht (SpuRt) 2005, S. 141-146.

Jahn, Matthias: Die Strafbarkeit des Besitzes nicht geringer Mengen von Dopingmitteln – Ein Lehrstück zum Verhältnis von Rechtsgut und Tatbestandsstruktur, in: Goltdammer's Archiv für Strafrecht (GA) 154 (2007), S. 579-589.

Jahn, Matthias/Krehl, Christoph/Löffelmann, Markus/Güntge, Georg-Friedrich: Die Verfassungsbeschwerde in Strafsachen, Heidelberg 2011 (zit.: *Bearbeiter*, in: Jahn/Krehl/Löffelmann/Güntge, Verfassungsbeschwerden).

Jahn, Matthias: Strafrecht BT: Doping als Sportbetrug, in: Juristische Schulung (JuS) 2012, S. 181-183.

Jahn, Matthias: Noch mehr Risiken als Nebenwirkungen – der Anti-Doping-Gesetzentwurf der Bundesregierung aus Sicht des Strafverfahrensrechts, in: Zeitschrift für Sport und Recht (SpuRt) 2015, S. 149-153.

Jansen, Christian T.: Der Einsatz komplexer leistungsdiagnostischer Testverfahren im modernen Spitzenfußball – Begründung, Durchführung und Konsequenzen unter besonderer Berücksichtigung geschlechtsspezifischer Unterschiede, Hamburg 2015, zugl.: Wuppertal, Univ., Diss., 2015 (zit.: *Jansen*, Testverfahren).

Janssen, Jan-Peters: Grundlagen der Sportpsychologie, Wiesbaden 1995 (zit.: *Janssen*, Grundlagen der Sportpsychologie).

Jickeli, Joachim: Kartellrechtliche Grenzen des Einplatzprinzips im Verbandsrecht, in: Martinek, Michael/Rawert, Peter/Weitemeyer, Birgit (Hrsg.), Festschrift für Dieter Reuter zum 70. Geburtstag am 16. Oktober 2010, Berlin 2010, S. 1027-1041 (zit.: *Jickeli*, in: FS Reuter).

Jütte, Robert: Zur Geschichte des Dopings, in: Geschichte in Wissenschaft und Unterricht (GWU) 59 (2008), S. 308-322.

Jungheim, Stephanie: Vertragsbeendigung bei Arbeitsverträgen von Lizenzfußballspielern, in: Recht der Arbeit (RdA) 2008, S. 222-232.

Kamber, Matthias/Müller, Bruno/Christ, Emanuel R.: Doping im Sport – neue Entwicklungen, Schweizer Medizin Forum (Schweiz Med Forum) 2004;4:1081-1089.

Kaspar, Johannes: Verhältnismäßigkeit und Grundrechtsschutz im Präventionsstrafrecht, Baden-Baden 2014, zugl.: aktualisierte Fassung München, Univ., Habil.-Schr., 2011 (zit.: *Kaspar*, Verhältnismäßigkeit).

Kauerhof, Rico: Zur Strafbarkeit des Dopings de lege lata, in: Kauerhof, Nico/Nagel, Sven/Zebisch, Mirko (Hrsg.), Dopingfragen – Dokumentation des 2. Leipziger Sportrechtstages 2008, Leipzig 2010, S. 65-96 (zit.: *Kauerhof*, in: Kauerhof/Nagel/Zebisch (Hrsg.), Dopingfragen).

Keck, Otto/Wagner, Gert: Asymmetrische Information als Ursache von Doping im Hochleistungssport – Eine Analyse auf Basis der Spieltheorie, in: Zeitschrift für Soziologie (ZfS) 1990, S. 108-116.

Kędzior Magdalena: Gerichtliche Überprüfung von Vereinsstrafen am Beispiel von Sportverbänden im deutschen und polnischen Rechtssystem, Hamburg 2005, zugl.: Erlangen, Nürnberg, Univ., Diss., 2005 (zit.: *Kędzior*, Gerichtliche Überprüfung von Vereinsstrafen).

Kern, Jürgen: Doping, in: Pokan, Rochus/Förster, Holger/Hofmann, Peter/Hörtnagl, Helmut/Ledl-Kurkowski/Wonisch, Manfred (Hrsg.), Kompendium der Sportmedizin – Physiologie, Innere Medizin und Pädiatrie, Wien 2004, S. 293-299 (zit.: *Kern*, in: Pokan et al. (Hrsg.), Sportmedizin).

Kindermann, Hans: Die verbandsrechtliche Regelung des Dopingverbots im Fußball, in: Württembergischer Fußballverband e. V. (Hrsg.), Doping und Sport – Referate bei einem Richter-Seminar, S. 31-45 (zit.: *Kindermann*, in: wfv e. V. (Hrsg.), Doping und Sport).

Kindhäuser, Urs/Neumann, Ulfrid/Paeffgen, Hans-Ullrich: Strafgesetzbuch

- Band 1, Allgemeiner Teil, §§ 1 - 79b, 4. Auflage, Baden-Baden 2013 (zit.: *Bearbeiter*, in: NK StGB),
- Band 3, Besonderer Teil §§ 232-358, 4. Auflage, Baden-Baden 2013 (zit.: *Bearbeiter*, in: NK StGB).

Kindhäuser, Urs: Strafrecht – Allgemeiner Teil, 7. Auflage, Baden-Baden 2015 (zit.: *Kindhäuser*, Strafrecht AT).

Kingreen, Thorsten/Poscher, Ralf: Grundrechte Staatsrecht II, 32. Auflage, Heidelberg 2016 (zit.: *Kingreen/Poscher*, Grundrechte Staatsrecht II).

Kistner, Thomas: Schuss – Die geheime Dopinggeschichte des Fußballs, München 2015 (zit.: *Kistner*, Doping).

Kleinheisterkamp, Daniela: Kreditwesen und Strafverfahren – Zur Bedeutung des „nemo-tenetur"-Prinzips für das bankaufsichtliche Verfahren, Tübingen 2010, zugl.: Bayreuth, Univ., Diss., 2008/2009 (zit.: *Kleinheisterkamp*, Kreditwesen und Strafverfahren).

Kley, Hans Kuno: Anabole Steroide – pharmakologische Wirkung, in: Clasing, Dirk (Hrsg.): Doping und seine Wirkstoffe – Verbotene Arzneimittel im Sport, Balingen, 2. Auflage 2010, S. 74-102 (zit.: *Kley*, in: Clasing (Hrsg.), Doping).

Kocholl, Dominik: Schiedsklauseln im internationalen Sport – gewollt oder nicht?, in: Causa Sport 2015 (CaS), S. 311-321.

Köster, Simon: Sponsoring im deutschen Profi-Fußball, Diplomarbeit, Norderstedt 2003 (zit.: *Köster*, Sponsoring).

Kolbe, Jan-Frederik: Strafprozessuale Aspekte der strafrechtlichen Dopingverfolgung, Berlin 2012, zugl.: Erlangen, Nürnberg, Univ., Diss., 2011 (zit.: *Kolbe*, Strafprozessuale Aspekte).

Koller, Christian: Von den englischen Eliteschulen zum globalen Volkssport: Entstehung und Verbreitung des Fußballs bis zum Ersten Weltkrieg, in: Bouvier, Beatrix (Hrsg.), Zur Sozial- und Kulturgeschichte des Fußballs, Trier 2006, S. 14-36 (zit.: *Koller*, in: Bouvier (Hrsg.) Sozial- und Kulturgeschichte).

Kotzenberg, Jochen: Die Bindung des Sportlers an private Dopingregeln und private Schiedsgerichte, Baden-Baden 2007, zugl.: Marburg, Univ., Diss., 2006 (zit.: *Kotzenberg*, Bindung).

Krähe, Christian: Beweislastprobleme bei Doping im internationalen Sport – am Beispiel des Olympic Movement Anti-Doping-Codes, in: Fritzweiler, Jochen (Hrsg.): Doping – Sanktionen, Beweise, Ansprüche, Bern 2000, S. 39-56 (zit.: *Krähe*, in: Fritzweiler (Hrsg.), Doping).

Krauß, Martin: Doping, Hamburg 2000 (zit.: *Krauß*, Doping).

Kretz, Franz-Josef/Reichenberger, Sebastian: Medikamentöse Therapie – Arzneimittellehre für Gesundheitsberufe, 6. Auflage, Stuttgart 2007 (zit.: *Kretz/Reichenberger*, Therapie).

Krieger, Steffen: Vereinsstrafen im deutschen, englischen, französischen und schweizerischen Recht – Insbesondere im Hinblick auf die Sanktionsbefugnisse von Sportverbänden, Berlin 2003, zugl.: Tübingen, Univ., Diss., 2002 (zit.: *Krieger*, Vereinsstrafen im deutschen, englischen, französischen und schweizerischen Recht).

Krockow, Christian Graf von: Sport – Eine Soziologie und Philosophie des Leistungsprinzips, Hamburg 1974 (zit.: *v. Krockow*, Sport).

Krüger, Michael: Doping im Radsport – zivilisationstheoretische Anmerkungen zu einer langen Geschichte, in: Sport und Gesellschaft 2006, S. 324-352.

Kudlich, Hans: An den Grenzen des Strafrechts, rationale und verfassungsorientierte Strafgesetzgebung, dargestellt am Beispiel des strafrechtlichen Schutzes gegen Doping, in: Juristische Ausbildung (JA) 2007, S. 90-95.

Kudlich, Hans: Der dopende Sportler als Betrüger? Vermögensstrafrechtliche Konsequenzen des Dopings – zur Leitentscheidung des OLG Stuttgart, in: Zeitschrift für Sport und Recht (SpuRt) 2012, 54-55.

Kühl, Jochen/Latz, Hermann: Rechtliche Fragen des Dopings, in: Clasing, Dirk (Hrsg.): Doping – verbotene Arzneimittel im Sport, Stuttgart 1992, S. 156-166 (zit.: *Kühl/Latz*, in: Clasing (Hrsg.), Verbotene Arzneimittel).

Kühl, Kristian: Zum Missbilligungscharakter der Strafe, in: Arnold, Jörg/Burkhardt, Björn/Gropp, Walter/Heine, Günter et al. (Hrsg.), Menschengerechtes Strafrecht – Festschrift für Albin Eser zum 70. Geburtstag, München 2005, S. 149-161 (zit.: *Kühl*, in: FS Eser).

Kühl, Kristian: Besonders hohe Grenzen für den Strafgesetzgeber, in: Jahn, Matthias/Kudlich, Hans/Streng, Franz (Hrsg.), Strafrechtspraxis und Reform – Festschrift für Heinz Stöckel zum 70. Geburtstag, Berlin 2010, S. 117-134 (zit.: *Kühl*, in: FS Stöckel).

Kühl, Kristian: Fünf Kapitel aus dem Buch über (Straf-)Recht und Moral, in: Hefendehl, Roland/Hörnle, Tatjana/Greco, Luís (Hrsg.), Streitbare Strafrechtswissenschaft, Festschrift für Bernd Schünemann zum 70. Geburtstag am 1. November 2014, Berlin 2014, S. 157-169 (zit.: *Kühl*, in: FS Schünemann).

Kühne, Hans-Heiner: Strafprozessrecht – Eine systematische Darstellung des deutschen und europäischen Strafverfahrensrechts, 9. Auflage, Heidelberg 2015 (zit.: *Kühne*, Strafprozessrecht).

Kummer, Max: Spielregel und Rechtsregel, Bern 1973 (zit.: *Kummer*, Spielregel und Rechtsregel).

Lagodny, Otto: Das materielle Strafrecht als Prüfstein der Verfassungsdogmatik, in: Hefendehl, Roland/Hirsch, Andrew von/Wohlers, Wolfgang (Hrsg.): Die Rechtsgutstheorie, Legitimationsbasis des Strafrechts oder dogmatisches Glasperlenspiel?, Baden-Baden 2003, S. 83-88 (zit.: *Lagodny*, in: Hefendehl/v. Hirsch/Wohlers (Hrsg.), Die Rechtsgutstheorie).

Lang, Florian/Lang, Philipp: Basiswissen Physiologie, 2. Auflage, Heidelberg 2007 (zit.: *Lang/Lang*, Physiologie).

Laufhütte, Heinrich Wilhelm/Rissing-van Saan, Ruth/Tiedemann, Klaus: Strafgesetzbuch, Leipziger Kommentar

- Band 1, Einleitung §§ 1 bis 31, 12. Auflage, Berlin 2007 (zit.: *Bearbeiter*, in: LK-StGB),
- Band 9, 1. Teilband, §§ 263 bis 266b, 12. Auflage, Berlin 2012 (zit.: *Bearbeiter*, in: LK-StGB),
- Band 10, §§ 284 bis 305a, 12. Auflage, Berlin 2008 (zit.: *Bearbeiter*, in: LK-StGB).

Leisner, Walter: Grundrechte und Privatrecht, München 1960, zugl.: München, Univ., Habil.-Schr., 1960 (zit.: *Leisner*, Grundrechte und Privatrecht).

Lehner, Michael/Nolte, Martin/Putzke, Holm (Hrsg.): Anti-Doping-Gesetz, Handkommentar, 1. Auflage, Baden-Baden 2017 (zit.: *Bearbeiter*, in: Lehner/Nolte/Putzke (Hrsg.), AntiDopG).

Lenk, Hans: Erfolg oder Fairness? Leistungssport zwischen Ethik und Technik, Münster 2002 (zit.: *Lenk*, Erfolg oder Fairness?).

Lenk, Hans/Pilz, Gunter A.: Das Prinzip Fairness, Osnabrück 1989 (zit.: *Lenk/Pilz*, Das Prinzip Fairness).

Leyendecker, Natalie Andrea: (Re-)Sozialisierung und Verfassungsrecht, Berlin 2002, zugl.: Bayreuth, Univ., Diss., 2001 (zit.: *Leyendecker*, (Re-)Sozialisierung und Verfassungsrecht).

Limbert, Peter: CAS 2009/A/1880, 1881 FC Sion/Essam El-Hadary v. FIFA and Al-Ahly Sporting Club CAS 2009/A/1856, 1857 Fenerbahçe v. Appiah/Appiah v. Fenerbahçe, in: Wild, Alexander (Ed.), CAS and Football: Landmark Cases, The Hague 2012, pp. 99-105 (zit.: *Limbert*, in: Wild (Hrsg.), CAS and Football).

Linck, Joachim: Doping und staatliches Recht, in: Neue Juristische Wochenschrift (NJW) 1987, S. 2545-2551.

Lippi, Giuseppe/Franchini, Massimo/Guidi, Gian Cesare: Doping in competition or doping in sport?, in: British Medical Bulletin 2008, 86:95-107.

Liszt, Franz von: Der Zweckgedanke im Strafrecht, Zeitschrift für die gesamte Strafrechtswissenschaft (ZStW) 3 (1883), S. 1-47.

Ljungqvist, Arne: Der Anti-Doping-Kampf als Aufgabe des IOC, in: Blumenthal, Werner (Hrsg.): Der Kampf gegen Doping – Die gesellschaftliche Verantwortung von Sport und Politik auf nationaler und internationaler Ebene, Sankt Augustin/Berlin 2010, S. 19-35 (zit.: *Ljungqvist*, Anti-Doping-Kampf).

Lorenz, Dieter: Der Rechtsschutz des Bürgers und die Rechtsweggarantie, München 1973, zugl.: München, Univ., Habil.-Schr., 1971 (zit.: *Lorenz*, Der Rechtsschutz des Bürgers).

Lüer, Christoph: Dopingstrafen im Sport und der Grundsatz „Ne bis in idem" - Unter besonderer Berücksichtigung des WADA-Code und des NADA-Code, Baden-Baden 2006, zugl.: Marburg, Univ., Diss., 2006 (zit.: *Lüer*, Dopingstrafen im Sport).

Lühmann, Tobias B.: Die Rechtskraft des Schiedsspruchs im deutschen und US-amerikanischen Recht - Zugleich ein Beitrag zur Bedeutung des Parteiwillens für die Bestimmung der Schiedsspruchwirkung, Tübingen 2014, zugl.: Frankfurt (Oder), Univ., Diss., 2014 (zit.: *Lühmann*, Rechtskraft).

Lüllmann, Heinz/Mohr, Klaus/Hein, Lutz: Pharmakologie und Toxikologie, 17. Auflage, Stuttgart 2010 (zit.: *Lüllmann/Mohr/Hein*, Pharmakologie).

Lukes, Rudolf: Erstreckung der Vereinsgewalt auf Nichtmitglieder durch Rechtsgeschäft, in: Hefermehl, Wolfgang/Gmür, Rudolf/Brox, Hans (Hrsg.), Festschrift für Harry Westermann zum 65. Geburtstag, Karlsruhe 1974, S. 325-345, (zit.: *Lukes*, in: FS Westermann).

Lundby, Carsten/Achman-Andersen, Niels J./Thomsen, Jonas J./Norgaard, Anne M./Robach, Paul: Testing for recombinant human erythropoietin in urine: problems associated with current antidoping testing, Journal of Applied Physiology (J Appl Physiol) Vol. 105 (2008), pp. 417-419.

Lutz, Judith: Die Kriminalisierung des Sports - Anti-Doping-Maßnahmen des Strafrechts und der Sportverbände im Vergleich, in: Onlinezeitschrift für Höchstrichterliche Rechtsprechung zum Strafrecht (HRRS) 2016, S. 21-28.

Majer, Christian F./Buchmann, Felix: Die „Abo-Falle" im Internet - Mitverschulden des Betrogenen und Europarecht, in: Neue Juristische Wochenschrift (NJW) 2014, S. 3342-3344.

Malcolm, Dominic/Waddington, Ivan: "No Systematic Doping in Football" : A Critical Review, im Internet abrufbar unter: http://www.researchgate.net/profile/Ivan_Waddington/publication/233140798_No_systematic_doping_in_football_A_critical_review/links/0fcfd50be795879269000000.pdf (zuletzt aufgerufen am 6.1.2017) (zit.: *Malcolm/Waddington*, A Critical Review).

Mangoldt, Hermann von /Klein, Friedrich/Starck, Christian: Das Bonner Grundgesetz, Kommentar

- Band 2: Art. 20-82, 6. Auflage, München 2010 (zit.: *Bearbeiter*, in: v. Mangoldt/Klein/Starck, Bonner Grundgesetz-Kommentar),
- Band 3: Art. 83-146, 6. Auflage, München 2010 (zit.: *Bearbeiter*, in: v. Mangoldt/Klein/Starck, Bonner Grundgesetz-Kommentar).

Manssen, Gerrit: Der Schutz des allgemeinen Persönlichkeitsrechts des Fußballspielers aus verfassungsrechtlicher Sicht, in: Württembergischer Fußballverband e. V (Hrsg.), Das Persönlichkeitsrecht des Fußballspielers, Baden-Baden 2010, S. 83-100 (zit.: *Manssen*, in: wfv e. V. (Hrsg.), Persönlichkeitsrecht).

Marx, Michael: Zur Definition des Begriffs Rechtsgut - Prolegomena einer materialen Verbrechenslehre, Köln 1972, zugl.: Saarbrücken, Univ., Diss., 1971 (zit.: *Marx*, Zur Definition des Begriffs Rechtsgut).

Maunz, Theodor/Dürig, Günter: Grundgesetz Kommentar, 78. Lieferung, September 2016 (zit.: *Bearbeiter*, in: Maunz/Dürig, GG-Kommentar).

Maurach, Reinhart/Schroeder, Friedrich-Christian/Maiwald, Manfred: Strafrecht Besonderer Teil, Teilband 2 - Straftaten gegen Gemeinschaftswerte, 9. Auflage, Heidelberg 2005 (zit.: *Maurach/Schroeder/Maiwald*, StGB, BT II).

Meidl, D./Busse, M./Fikenzer, S.: Ökonomisch orientierte Lösungsansätze zur Dopingproblematik im Hochleistungssport, in: Klinische Sportmedizin (KCS) 2006; 7 (3): S. 27-32.

Meier, Patrick: Sportler als Unternehmer, Verbraucher und Kaufleute, in: Zeitschrift für Sport und Recht (SpuRt) 2012, S. 229-232.

Meier, Patrick: Dopingsanktion durch Zahlungsversprechen - das Beispiel der Ehrenerklärungen des Weltradsportverbandes UCI, Berlin 2015, zugl.: Würzburg, Univ., Diss., 2014 (zit.: *Meier*, Dopingsanktion durch Zahlungsversprechen).

Meier, Patrick: Die Haftung von Sportlern für Doping-Vergehen unter dem AntiDopG (Teil I), in: Zeitschrift für Sport und Recht (SpuRt) 2016, S. 182-187.

Meinhardt, Udo/Nelson, Anne E./Hansen, Jennifer L./Birzniece, Vita et al.: The Effects of Growth Hormone on Body Composition and Physical Performance in Recreational Atheltes: A Randomized Trial, in: Annals of Internal Medicine (Ann Intern Med.) 2010;152(9):568-577.

Meister, Steffen: Der Einfluss leistungssportlicher Trainings- und Wettkampfbelastungen auf Routine-Laborwerte: Eine Querschnittsstudie an 467 Profi-Fußballspielern der deutschen Bundesligen, Saarbrücken 2013, zugl.: Saarbrücken, Univ. des Saarlandes, Diss., 2012 (zit.: *Meister*, Routine-Laborwerte).

Melnyk, Mark/Gollhofer, Albert: Der Einfluss der muskulären Ermüdung auf die Kniegelenkstabilität bei Fußball spezifischen Bewegungsabläufen, in: BISp-Jahrbuch – Forschungsförderung 2006/07, S. 85-89 (zit.: *Melnyk/Gollhofer*, Ermüdung).

Merk, Beate: Das Doping im Sport als Herausforderung für das Strafrecht, in: Hilgendorf, Eric/Eckert, Frank (Hrsg.), Subsidiarität - Sicherheit - Solidarität, Festgabe für Franz-Ludwig Knemeyer zum 75. Geburtstag, Würzburg 2012, S. 417-436 (zit.: *Merk*, in: FS Knemeyer).

Messer, Herbert/Schmitt, Ralph: Zum Umfang der „Rentabilitätsvermutung“ und zu vorvertraglichen und vordeliktischen Aufwendungen, in: Brambring, Günter/Medicus, Dieter/Vogt, Max (Hrsg.), Festschrift für Horst Hagen, Köln 1999, S. 425-448 (zit.: *Messer/Schmitt*, in: FS Hagen).

Mestwerdt, Thomas: Doping, Sittenwidrigkeit und staatliches Sanktionsbedürfnis?, Hamburg 1997, zugl.: Göttingen, Univ., Diss., 1996/97 (zit.: *Mestwerdt*, Doping).

Meyer, Tim: Trainingsgestaltung im Leistungsfußball – wissenschaftliche Erkenntnisse vs. sportartspezifische Tradition, in: Deutsche Zeitschrift für Sportmedizin (Dtsch Z Sportmed) 57 (2006), S. 132-137.

Meyer, Tim/Meister, Steffen: Routine Blood Parameters in Elite Soccer Players, in: International Journal of Sports Medicine (Int J Sports Med) 2011;32:875-881.

Meyer-Cording, Ulrich: Die Arbeitsverträge der Berufsfußballspieler, Recht der Arbeit (RdA) 1982, S. 13-16.

Meyer-Ladewig, Jens: EMRK – Europäische Menschenrechtskonvention, Handkommentar, 3. Auflage, Baden-Baden 2011 (zit.: *Meyer-Ladewig*, EMRK).

Michalski, Lutz: Arbeitsrecht, 7. Auflage, Heidelberg 2008 (zit.: *Michalski*, Arbeitsrecht).

Michel, Julia: Doping – Voraussetzungen und Möglichkeiten einer Strafgesetzgebung in Deutschland, Berlin 2010, zugl.: Gießen, Univ., Diss., 2010 (zit.: *Michel*, Doping).

Mitsch, Wolfgang: Strafprozessuale Beweisverbote im Spannungsfeld zwischen Jurisprudenz und realer Gefahr, in: Neue Juristische Wochenschrift (NJW) 2008, S. 2295-2301.

Moll, Wilhelm (Hrsg.): Münchener Anwaltshandbuch Arbeitsrecht, 3. Auflage, München 2012 (zit.: *Bearbeiter*, in: Moll (Hrsg.), Münchener Anwaltshandbuch Arbeitsrecht).

Momsen-Pflanz, Gundula: Die sportethische und strafrechtliche Bedeutung des Dopings – Störung des wirtschaftlichen Wettbewerbs und Vermögensrelevanz, Frankfurt a. M. 2005, zugl.: Göttingen, Univ., Diss., 2005 (zit.: *Momsen-Pflanz*, Die sportethische und strafrechtliche Bedeutung des Dopings).

Monheim, Dirk: Sportlerrechte und Sportgerichte im Lichte des Rechtsstaatsprinzips – auf dem Weg zu einem Bundessportgericht, München 2006, zugl.: Bayreuth, Univ., Diss., 2006 (zit.: *Monheim*, Sportlerrechte und Sportgerichte).

Monheim, Dirk: Die Freiwilligkeit von Schiedsabreden im Sport und das Rechtsstaatsprinzip, in: Zeitschrift für Sport und Recht (SpuRt) 2008, S. 8-11.

Monheim, Dirk: Das Endes des Schiedszwangs im Sport – Der Fall Pechstein, in: Zeitschrift für Sport und Recht (SpuRt) 2014, S. 90-94.

Mortsiefer, Lars: Datenschutz im Anti-Doping-Kampf – Grundlagen und Spannungsfelder, Remscheid 2010, zugl.: Bonn, Univ., Diss., 2010 (zit.: *Mortsiefer*, Datenschutz im Anti-Doping-Kampf).

Müller, Rudhard Klaus: History of Doping and Doping Control, in: Thieme, Detlef/Hemmersbach, Peter (Ed.), Doping in Sports, Berlin 2010, pp. 1-23 (zit.: *Müller*, in: Thieme/Hemmersbach (Hrsg.), Doping).

Mümmler, Werner: Der Spielertransfer im Bundesligafussball, Bayreuth, Univ., Diss., 1982 (zit.: *Mümmler*, Spielertransfer).

Münchener Kommentar zum Strafgesetzbuch, Joecks, Wolfgang/Miebach, Klaus

- Band 1, §§ 1-37, 3. Auflage, München 2017 (zit.: *Bearbeiter*, in: Münchener Kommentar zum StGB),
- Band 5, §§ 263- 358, 2. Auflage, München 2014 (zit.: *Bearbeiter*, in: Münchener Kommentar zum StGB),
- Band 6, Nebenstrafrecht I, 2. Auflage, München 2013 (zit.: *Bearbeiter*, in: Münchener Kommentar zum StGB).

Münchener Handbuch zum Arbeitsrecht, Richardi, Reinhard/Wlotzke, Otfried/Wißmann, Hellmut/Oetker, Hartmut, Band 1, Individualarbeitsrecht, 3. Auflage, München 2009 (zit.: *Bearbeiter*, in: Münchener Handbuch zum Arbeitsrecht).

Münchener Kommentar zum Bürgerlichen Gesetzbuch, Säcker, Franz Jürgen/Rixecker, Roland/Oetker, Hartmut/Limperg, Bettina

- Band 1, Allgemeiner Teil, §§ 1-240, 7. Auflage, München 2015 (zit.: *Bearbeiter*, in: Münchener Kommentar zum BGB),
- Band 2, Schuldrecht – Allgemeiner Teil, §§ 241-432, 7. Auflage, München 2016 (zit.: *Bearbeiter*, in: Münchener Kommentar zum BGB).

Münchener Kommentar zur Zivilprozessordnung, Krüger, Wolfgang/Rauscher, Thomas, Band 3, §§ 1025-1109, 4. Auflage, München 2013 (zit.: *Bearbeiter*, in: Münchener Kommentar zur ZPO).

Muresan, Remus/Korff, Niklas: Sportschiedsgerichtsbarkeit: Wie weiter nach dem „Pechstein-Urteil" des Landgerichts München? Sind Schiedsklauseln und damit der Schiedszwang unwirksam, weil ihnen auf Seiten der Athleten die erforderliche Freiwilligkeit fehlt und dies Art. 6 EMRK zuwiderläuft?, in: Causa Sport (CaS) 2014, S. 109-211.

Musielak, Hans-Joachim /Voit, Wolfgang: Kommentar zur Zivilprozessordnung, 13. Auflage, München 2016 (zit.: *Bearbeiter*, in: Musielak, Kommentar zur ZPO).

Nafziger, James A. R.: A Comparison of the European and North American Models of Sports Organisations, in: International Sports Law Journal (ISLJ) 3-4 (2008), pp. 100-108.

Nagel, Sven: Rechtliche Fallstricke bei der Umsetzung des NADA-Codes, in: Causa Sport (CaS) 2009, S. 29-37.

Natsch, Markus: Dopingbekämpfung und Unschuldsvermutung – Die Rechtsprechung der Disziplinarkammer für Dopingfälle von Swiss Olympic unter besonderer Berücksichtigung der Unschuldsvermutung, Bern 2009, zugl.: Bern, Univ., Diss., 2009 (zit.: *Natsch*, Dopingbekämpfung und Unschuldsvermutung).

Nesemann, Tim: Vertragsstrafen in Sponsoringverträgen im Zusammenhang mit Doping, in: Neue Juristische Wochenschrift (NJW) 2007, S. 2083-2086.

Nickel, Rüdiger/Rous, Theo (Hrsg.): Das Anti-Doping-Handbuch, Band 2, Dokumente – Regeln – Materialien 2007, Aachen 2007 (zit.: *Nickel/Rous*, Anti-Doping-Handbuch).

Nicklisch, Fritz: Verbandsmacht und einstweiliger Rechtsschutz, Berlin 1974 (zit.: *Nicklisch*, Verbandsmacht und einstweiliger Rechtsschutz).

Niedermaier, Tilman: Schiedsgerichtsbarkeit und Finanztermingeschäfte – Anlegerschutz durch § 37h WpHG und andere Instrumente, in: Zeitschrift für Schiedsverfahren (SchiedsVZ) 2012, S. 177-184.

Nipperdey, Hans Carl: Gleicher Lohn der Frau für gleiche Leistung – Ein Beitrag zur Auslegung der Grundrechte des Grundgesetzes, in: Recht der Arbeit (RdA) 1950, S. 121-128.

Noack, Torsten: Tatsächlich unklare Sachverhalte im Strafrecht: Zu „in dubio pro reo" sowie eindeutigen und wahldeutigen Straffeststellungen, in: Juristische Ausbildung (Jura) 2004, S. 539-545.

Nolte, Martin/Polzin, Carsten: Grundrechtskollisionen im Sport – Zur Grundrechtskonformität sportverbandlicher Satzungsbestimmungen, in: Neue Zeitschrift für Gesellschaftsrecht (NZG) 2001, S. 838-841.

Nolte, Martin: Dopingbekämpfung anlässlich der FIFA Fußball-Weltmeisterschaft England 1966, in: Deutsche Sporthochschule Köln (Hrsg.), Doping – kulturwissenschaftlich betrachtet, Sankt Augustin 2013, S. 117-134 (zit.: *Nolte*, Dopingbekämpfung, in: Deutsche Sporthochschule Köln (Hrsg.), Doping – kulturwissenschaftlich betrachtet).

Orth, Jan F.: Vereins- und Verbandsstrafen am Beispiel des Fußballsports, Frankfurt a. M. 2009, zugl.: Köln, Univ., Diss., 2008 (zit.: *Orth*, Vereins- und Verbandsstrafen).

Orth, Jan F./Pommerening, Patrick: Zulässigkeit und Wirksamkeit dynamischer Verweisungen im Sportrecht, in: Zeitschrift für Sport und Recht (SpuRt) 2010, S. 222-224.

Orth, Jan F./Pommerening, Patrick: Zulässigkeit und Wirksamkeit dynamischer Verweisungen im Sportrecht (2. Teil), in: Zeitschrift für Sport und Recht (SpuRt) 2011, S. 10-12.

Orth, Jan F.: Abschied ohne Not – Der CAS kippt die „Osaka-Regel", in: Zeitschrift für Sport und Recht (SpuRt) 2012, S. 93-96.

Orth, Jan F.: Zur Zukunft der internationalen Schiedsgerichtsbarkeit im Sport – auch in Deutschland, in: Zeitschrift für Sport und Recht (SpuRt) 2015, S. 230-234.

Oschütz, Frank: Sportschiedsgerichtsbarkeit – die Schiedsverfahren des Tribunal Arbitral du Sport vor dem Hintergrund des schweizerischen und deutschen Schiedsverfahrensrecht, Berlin 2005, zugl.: Erlangen, Nürnberg, Univ., Diss., 2003 (zit.: *Oschütz*, Sportschiedsgerichtsbarkeit).

Ott, Steffen: Strafwürdigkeit und Strafbedürftigkeit des Selbstdopings im Leistungssport, Baden-Baden 2013, zugl.: Tübingen, Univ., Diss., 2013 (zit.: *Ott*, Strafwürdigkeit und Strafbedürftigkeit).

Otto, Harro: Rechtsgutsbegriff und Deliktstatbestand, in: Müller-Dietz, Heinz (Hrsg.), Strafrechtsdogmatik und Kriminalpolitik, Köln 1971, S. 1-20 (zit.: *Otto*, in: Müller-Dietz (Hrsg.), Strafrechtsdogmatik).

Otto, Harro: Grundkurs Strafrecht – Allgemeine Strafrechtslehre, 7. Auflage, Berlin 2004 (zit.: *Otto*, Grundkurs Strafrecht).

Palandt, Otto: Bürgerliches Gesetzbuch, 76. Auflage, München 2017 (zit.: *Bearbeiter*, in: Palandt).

Paoli, Letizia/Donati, Alessandro: The Sports Doping Market – Understanding Supply and Demand, and the Challenges of Their Control, New York 2014 (zit.: *Paoli/Donati*, Doping).

Paoloni, J.A./Milne, C./Orchard, J./Hamilton, B.: Non-steroidal anti-inflammatory drugs in sports medicine: guidelines for practical but sensible use, in: British Journal of Sports Medicine (BrJSportsMed) 2009;43:863-865.

Paul, Christian: Grenzwerte im Doping – Naturwissenschaftliche Grundlagen und rechtliche Bedeutung, Berlin 2004, zugl.: Erlangen-Nürnberg, Univ., Diss., 2003 (zit.: *Paul*, Grenzwerte).

Pawlik, Michael: Das unerlaubte Verhalten beim Betrug, Köln 1999, zugl.: Bonn, Univ., Habil.-Schr., 1997/98 (zit.: *Pawlik*, Das unerlaubte Verhalten beim Betrug).

Petri, Grischka: Die Dopingsanktion, Berlin 2004, zugl.: Bonn, Univ., Diss., 2002 (zit.: *Petri*, Dopingsanktion).

Pfaffinger, Sabrina: Rechtsgüter und Verhältnismäßigkeit im Strafrecht des geistigen Eigentums, Tübingen 2015, zugl.: Bayreuth, Univ., Diss., 2014 (zit.: *Pfaffinger*, Rechtsgüter).

Pfeiffer, Thomas: Rechtsgeschäftliche Entscheidungsfreiheit beim Abschluss von Schiedsvereinbarungen – Bemerkungen zum Pechstein-Urteil des Landgerichts München I vom 26. Februar 2014, in: Zeitschrift für Schiedsverfahren (SchiedsVZ) 2014, S. 161-165.

Pfister, Bernhard: Autonomie des Sports, sport-typisches Verhalten und staatliches Recht, in: ders./ Will, Michael R. (Hrsg.), Festschrift für Werner Lorenz zum siebzigsten Geburtstag, Tübingen 1991, S. 171-192 (zit.: *Pfister*, in: FS Lorenz).

Pfister, Bernhard/Steiner, Udo: Sportrecht von A bis Z, München 1995 (zit.: *Pfister/Steiner*, Sportecht von A-Z).

Pfister, Bernhard: Anmerkung zu BGH, Urteil v. 28.11.1994 – II ZR 11/94 (OLG Frankfurt/M.), in: Juristenzeitung (JZ) 1995, S. 464-467.

Pfister, Bernhard: Sportregeln vor staatlichen Gerichten, Zeitschrift für Sport und Recht (SpuRt) 1998, S. 221-226.

Pitsch, Werner/Maats, Peter/ Emrich, Eike: The frequency of doping in elite sport – a replication study, in: Pitsch, Werner/Emrich, Eike (Ed.), Sport and Doping – the analysis of an antagonistic symbiosis, Frankfurt a. M., pp. 17-34 (zit.: *Pitsch/Maats/Emrich*, in: Pitsch/Emrich (Hrsg.), Sport and Doping).

Polk, Andreas: Doping im Radsport aus spieltheoretischer Sicht – Einfache Lösungswege für ein schwieriges Problem?, in: Wirtschaftswissenschaftliches Studium (WiSt) 2016, S. 311-316.

Poscher, Ralf: Grundrechte als Abwehrrechte – Reflexive Regelung rechtlich geordneter Freiheit, Tübingen 2003, zugl.: Berlin, Humboldt-Univ., Habil.-Schr., 2002 (zit.: *Poscher*, Grundrechte als Abwehrrechte).

Pöttgen, Klaus: Der Fall des Lance Armstrong, in: Doping – Die Zeitschrift für Sportrecht und Medizin 2/2011, S. 95-99.

Pöttgen, Klaus: Hämoglobinmassenbestimmung – WADA Projekt-Ironman 2008 - 2009, im Internet abrufbar unter: http://www.klaus-poettgen.de/WADA%20Anti%20Doping%20Projekt%20Haemoglobinmassenbestimmung%20Ironman%20Triathlon.pdf (zuletzt aufgerufen am 6.1.2017) (zit.: *Pöttgen*, Hämoglobinmassenbestimmung).

Pragal, Oliver: § 299 StGB – keine Straftat gegen den Wettbewerb!, in: Zeitschrift für Internationale Strafrechtsdogmatik (ZIS) 2006, S. 63-81.

Prokop, Clemens: Die Grenzen der Dopingverbote, Baden-Baden 2000, zugl.: Halle-Wittenberg, Univ. Diss., 2000 (zit.: *Prokop*, Die Grenzen der Dopingverbote).

Prokop, Ludwig: Sport – Mißbrauch und Chance, Berlin 1992 (zit.: *Prokop*, Sport).

Prommer, Nicole/Schmidt, W.: Hämoglobinmenge und Sport, in: Deutsche Zeitschrift für Sportmedizin (Dtsch Z Sportmed) 60 (2009), S. 293-294.

Prütting, Hanns: Das Pechstein-Urteil des BGH und die Krise der Sport-Schiedsgerichtsbarkeit, in: Zeitschrift für Sport und Recht (SpuRt) 2016, S. 143-148.

Raschka, Christoph: Doping in medizinischer Hinsicht, in: Dresen, Antje/Form, Laurens/Brand, Ralf (Hrsg.), Dopingforschung – Perspektiven und Themen, Schorndorf 2015, S. 39-57 (zit.: *Raschka*, in: Dresen/Form/Brand (Hrsg.), Dopingforschung).

Rehhagel, Jens: Entwicklung einer Testbatterie zur Diagnostik und Steuerung der Schnelligkeit im Sportspiel Fußball, Köln, Dt. Sporthochsch., Diss., 2011 (zit.: *Rehhagel*, Fußball).

Reichert, Bernhard: Handbuch Vereins- und Verbandsrecht, 12. Auflage, Köln 2010 (zit.: *Reichert*, Vereinsrecht).

Reichert, Jochem: Beschlussmängelstreitigkeiten und Schiedsgerichtsbarkeit – Gestaltungs- und Reaktionsmöglichkeiten, in: Habersack, Mathias/Schmidt, Karsten/Hommelhoff, Peter/Hüffer, Uwe (Hrsg.), Festschrift für Peter Ulmer zum 70. Geburtstag am 2. Januar 2003, Berlin 2003, S. 511-542 (zit.: *Reichert*, in: FS Ulmer).

Reimann, Vanessa: Doping im Arbeitsverhältnis des Berufssportlers, Duisburg 2009, zugl.: Berlin, Freie Univ., Diss., 2009 (zit.: *Reimann*, Doping im Arbeitsverhältnis des Berufssportlers).

Reinhart, Michael: Sportverbandsgerichtsbarkeit und Doppelbestrafungsverbot, in: Zeitschrift für Sport und Recht (SpuRt) 2001, S. 45-48.

Reithmann, Christoph/Martiny, Dieter (Hrsg.): Internationales Vertragsrecht - Das internationale Privatrecht der Schuldverträge, 8. Auflage, Köln 2015 (zit.: *Bearbeiter*, in: Reithmann/Martiny).

Rengier, Rudolf: Strafecht - Besonderer Teil I, Vermögensdelikte, 16. Auflage, München 2014 (zit.: *Rengier*, Strafecht BT I).

Rolfs, Christian/Kreikebohm, Ralf/Giesen, Richard/Udsching, Peter (Hrsg.): Beck'scher Online-Kommentar Arbeitsrecht, 41. Edition, München 2016 (zit.: *Bearbeiter*, in: BeckOK Arbeitsrecht).

Rönnau, Thomas: Grundwissen - Strafrecht: Der strafrechtliche Rechtsgutsbegriff, in: Juristische Schulung (JuS) 2009, S. 209-211.

Rössner, Dieter: Die Verbandsstrafe im Sport. Strafverfahrensrechtliche Prinzipien im Zivilrecht?, in: Eser, Albin/Goydke, Jürgen/Maatz, Kurt Rüdiger/Meurer, Dieter (Hrsg.), Strafverfahrensrecht in Theorie und Praxis - Festschrift für Lutz Meyer-Gossner zum 65. Geburtstag, München 2001, S. 741-753 (zit.: *Rössner*, in: FS Meyer-Gossner).

Rössner, Dieter/Wertenbruch, Johannes: Grundlagen einer Sportrechtsordnung. Zusammenfassung der Ergebnisse, in: Bundesinstitut für Sportwissenschaft (Hrsg.), BISp-Jahrbuch - Forschungsförderung 2005/2006, Bonn 2006, S. 243-250 (zit.: *Rössner/Wertenbruch*, in: BISp-Jahrbuch - Forschungsförderung 2005/2006).

Rössner, Dieter: „Sportbetrug" und Strafrecht - Notwendige Differenzierungen und kriminalpolitische Überlegungen, in: Hiebl, Stefan/Kassebohm, Nils/Lilie, Hans (Hrsg.), Festschrift für Volkmar Mehle - zum 65. Geburtstag am 11.11.2009, Baden-Baden 2009, S. 567-579 (zit.: *Rössner*, in: FS Mehle).

Rogall, Klaus: Der Beschuldigte als Beweismittel gegen sich selbst - Ein Beitrag zur Geltung des Satzes „Nemo tenetur seipsum prodere" im Strafprozess, Berlin 1977, zugl.: Bonn, Univ., Diss., 1975/76 (zit.: *Rogall*, Der Beschuldigte als Beweismittel gegen sich selbst).

Rostalski, Frauke: Der Geltungsbereich der Unschuldsvermutung bei (freisprechendem) Urteil, in: Onlinezeitschrift für Höchstrichterliche Rechtsprechung zum Strafrecht (HRRS) 2015, S. 315-327.

Rotsch, Thomas: Mythologie und Logos des § 298 StGB, in: Zeitschrift für Internationale Strafrechtsdogmatik (ZIS) 2014, S. 579-593.

Roxin, Claus: Strafrecht, Allgemeiner Teil, Band 1, Grundlagen - Der Aufbau der Verbrechenslehre, 4. Auflage, München 2006 (zit.: *Roxin*, Strafrecht AT/1).

Roxin, Claus: Strafe und Strafzwecke in der Rechtsprechung des Bundesverfassungsgerichts, in: Hassemer, Wilfried/Kempf, Eberhard/Moccia, Sergio (Hrsg.), In dubio pro libertate, Festschrift für Klaus Volk zum 65. Geburtstag, München 2009, S. 601-616 (zit.: *Roxin*, in: FS Volk).

Roxin, Claus: Strafrecht und Doping, in: Joecks, Wolfgang/Ostendorf, Heribert/Rönnau, Thomas/Rotsch, Thomas/Schmitz, Roland (Hrsg.), Recht - Wirtschaft - Strafe, Festschrift für Erich Samson zum 70. Geburtstag, Heidelberg 2010, S. 445-454 (zit.: *Roxin*, in: FS Samson).

Roxin, Claus/Schünemann, Bernd: Strafverfahrensrecht - ein Studienbuch, 28. Auflage, München 2014, (zit.: *Roxin*, Strafverfahrensrecht).

Ruffert, Matthias: Vorrang der Verfassung und Eigenständigkeit des Privatrechts - Eine verfassungsrechtliche Untersuchung zur Privatrechtswirkung des Grundgesetzes, Tübingen 2001, zugl.: Trier, Univ., Habil.-Schr., 2000/01 (zit.: *Ruffert*, Vorrang der Verfassung).

Rückert, Otto: Die Rechtsgrundlagen der Sportgerichtsbarkeit des Deutschen Fußball-Bundes, in: Schroeder, Friedrich-Christian/Kauffmann, Hans (Hrsg.), Sport und Recht, Berlin 1972, S. 175-194 (zit.: *Rückert*, in: Schroeder/Kaufmann (Hrsg.), Sport und Recht).

Rüsing, Jörg: Sportarbeitsrecht, Berlin 2006 (zit.: *Rüsing*, Sportarbeitsrecht).

Rybak, Frank: Das Rechtsverhältnis zwischen dem Lizenzfußballspieler und seinem Verein, Frankfurt a. M. 1999, zugl.: Jena, Univ., Diss., 1998 (zit.: *Rybak*, Lizenzfußballspieler).

Sachs, Michael: Grundgesetz, Kommentar, 7. Auflage, München 2014 (zit.: *Sachs*, GG).

Saldsieder, Nina: Ordnungsfragen zweiseitiger Märkte im professionellen Fußballsport, München 2016, zugl.: Münster, Univ., Diss., 2016 (zit.: *Saldsieder*, Ordnungsfragen).

Sander, Beate: Der Ball muss ins Tor!: Was Fußball, Börse und Aktien vereint und spannend macht, München 2012 (zit.: *Sander*, Der Ball muss ins Tor).

Satzger, Helmut/Schluckebier, Wilhelm/Widmaier, Gunter: StGB – Strafgesetzbuch Kommentar, 2. Auflage, München 2014 (zit.: *Bearbeiter*, in: Satzger/Schluckebier/Widmaier, StGB).

Sauter, Eugen/Schweyer, Gerhard/Waldner, Wolfram: Der eingetragene Verein, 19. Auflage, München 2010 (zit.: *Sauter/Schweyer/Waldner*, Der eingetragene Verein).

Schänzer, Wilhelm: Die medizinische Revolution – Über die Effizienz von Dopingkontrollen und die Nebenwirkungen verbotener Substanzen, in: Gamper, Michael/Mühlethaler, Jan/Reidhaar, Felix (Hrsg.): Doping - Spitzensport als gesellschaftliches Problem, Zürich 2000, S. 191-218 (zit.: *Schänzer*, in: Gamper/Mühlethaler/Reidhaar (Hrsg.), Doping).

Schänzer, Wilhelm: Fortschritte in der Dopinganalytik 2009, in: Nationale Anti Doping Agentur Deutschland (Hrsg.), NADA-Jahrbuch 2009, S. 107-110 (zit.: *Schänzer*, in: NADA-Jahrbuch 2009).

Schattmann, Matthias: Betrug des Leistungssportlers im Wettkampf – Zur Einführung eines Straftatbestandes im sportlichen Wettbewerb, Frankfurt a. M. 2008, zugl.: Tübingen, Univ., Diss., 2008 (zit.: *Schattmann*, Betrug).

Schaub, Günter (Begr.): Arbeitsrechts-Handbuch, 16. Auflage, München 2015 (zit.: *Bearbeiter*, in: Schaub, Arbeitsrechts-Handbuch).

Schild, Wolfgang: Doping in strafrechtlicher Sicht, in: Schild, Wolfgang (Hrsg.), Rechtliche Fragen des Dopings, Heidelberg 1986, S. 13-34 (zit.: *Schild*, Doping).

Schild, Wolfgang: Sportstrafrecht, Baden-Baden 2002 (zit.: *Schild*, Sportstrafrecht).

Schild, Wolfgang: Strafbarer Wettbetrug?, Zeitschrift für Wett- und Glücksspielrecht (ZfWG) 2006, S. 213-220.

Schilhaneck, Michael: Vom Fußballverein zum Fußballunternehmen – Medialisierung, Kommerzialisierung, Professionalisierung, Berlin 2006 (zit.: *Schilhaneck*, Fußballunternehmen).

Schlösser, Jan: Der „Bundesliga-Wettskandal" – Aspekte einer strafrechtlichen Bewertung, in: Neue Zeitschrift für Strafrecht (NStZ) 2005, S. 423-429.

Schlosser, Peter F.: Kompetenzfragen in der Sportschiedsgerichtsbarkeit, in: Zeitschrift für Schiedsverfahren (SchiedsVZ) 2015, S. 257-263.

Schmidt, Judith: Internationale Dopingbekämpfung – Grundlagen und nationalstaatliche Umsetzung, Stuttgart 2009, zugl.: Kiel, Univ., Diss., 2008/09 (zit.: *Schmidt*, Internationale Dopingbekämpfung).

Schmidt, Karsten: Neues Schiedsverfahrensrecht und Gesellschaftsrechtspraxis – Gelöste und ungelöste Probleme bei gesellschaftsrechtlichen Schiedsgerichtsprozessen, in: Zeitschrift für das gesamte Handels- und Wirtschaftsrecht (ZHR) 162 (1998), S. 265-289.

Schmidt, Sascha/Högele, Daniel: Deutschland braucht den Superstar – Die gesellschaftliche Bedeutung von Vorbildern im Profifußball, ISBS Research Series, Issue 4, 12/2011 (zit.: *Schmidt/Högele*, Deutschland braucht den Superstar).

Schmidt, Sascha L./Bergmann, Andreas: Wir sind Nationalmannschaft – Analyse der Entwicklung und gesellschaftlichen Bedeutung der Fußball-Nationalelf, Oestrich-Winkel 2013 (zit.: *Schmidt/Bergmann*, Wir sind Nationalmannschaft).

Schmidt, Stefan C.: Mindestlohn und Vertragsspieler: Ein auflösbarer Widerspruch in unteren Spielklassen?, in: Arbeitsrecht Aktuell (ArbRAktuell) 2015, S. 261-263.

Schmitt, Hermann: Die Einrede des Schiedsvertrages im Verfahren des einstweiligen Rechtsschutzes, Gießen, Univ., Diss., 1987 (zit.: *Schmitt*, Die Einrede des Schiedsvertrages).

Schmuck, Markus/Wiehe, Hendrik: Straf- und haftungsrechtliche Konsequenzen der verkannten Arbeitnehmereigenschaft bei Sportlern unter besonderer Berücksichtigung von Mannschaftssportarten – Ein Überblick, in: Neue Juristische Online-Zeitschrift (NJOZ) 2010, S. 55-59.

Schneider, Jürgen: Streikrecht der deutschen Profifußballer?, in: Zeitschrift für Sport und Recht (SpuRt) 1996, S. 118-121.

Schneider-Grohe, Christa Brigitte: Doping – Eine kriminologische und kriminalistische Untersuchung zur Problematik der künstlichen Leistungssteigerung im Sport und zur rechtlichen Handhabung dieser Fälle, Lübeck 1979, zugl.: Frankfurt a. M., Univ., Diss., 1978 (zit.: *Schneider-Grohe*, Doping).

Schnyder, Peter: Erfundene Ursprünge und sprechende Bilder – Historische, etymologische und metaphorologische Bemerkungen zum Dopingdiskurs, in: Gamper, Michael/Mühlethaler, Jan/Reidhaar, Felix (Hrsg.): Doping – Spitzensport als gesellschaftliches Problem, Zürich 2000, S. 69-88 (zit.: *Schnyder*, in: Gamper/Mühlethaler/Reidhaar, Doping).

Schöch, Heinz: Finanzielle und strafrechtliche Aspekte im Zusammenhang mit der Dopingproblematik in der Abteilung Rehabilitative und Präventive Sportmedizin und in der Sporttraumatologischen Spezialambulanz des Universitätsklinikums Freiburg, Teilgutachten, Evaluierungskommission Freiburger Sportmedizin, Freiburg 2016, im Internet abrufbar unter: http://www.uni-freiburg.de/universitaet/einzelgutachten/schoech-finanzielle-und-strafrechtliche-aspekte.pdf (zuletzt aufgerufen am 6.1.2017) (zit.: *Schöch*, Finanzielle und strafrechtliche Aspekte).

Schönburg, Susanne/Kappell, Harry/Büsch, Dirk: Entwicklungstendenzen im olympischen Boxen durch die Einführung des 10-Point-Must-Wertungssystems, in: Büsch, Dirk/Heinisch, Hans-Dieter/Lüdemann, Ronny (Hrsg.): Leistungsfaktoren in den Spiel- und Zweikampfsportarten, Aachen 2016, S. 12-23 (zit.: *Schönburg/Kappell/Büsch*, in: Büsch/Heinisch/Lüdemann (Hrsg.)).

Schönke, Adolf/Schröder, Horst: Strafgesetzbuch, Kommentar, 29. Auflage, München 2014 (zit.: *Bearbeiter*, in: Schönke/Schröder, StGB).

Schröder, Ulfert: Fußball in Deutschland, in: Huba, Karl-Heinz (Hrsg.), Fußball-Weltgeschichte, München 1999, S. 67-78 (zit.: *Schröder*, in: Huba (Hrsg.), Fußball-Weltgeschichte).

Schröder, Rainer/Bedau, Maren: Doping: Zivilrechtliche Ansprüche des Konkurrenten gegen den gedopten Sportler, in: Neue Juristische Wochenschrift (NJW) 1999, S. 3361-3367.

Schroeder, Werner: Monopol der Sportverbände und Veranstalterkonkurrenz bei Sportwettkämpfen, in: Wettbewerb in Recht und Praxis (WRP) 2006, S. 1327-1333.

Schütz, Markus: Wichtigste Änderungen der Anti-Doping-Bestimmungen des Deutschen Fußball-Bundes, in: Zeitschrift für Sport und Recht (SpuRt) 2009, S. 235-237.

Schulze-Marmeling, Dietrich: Fußball – Zur Geschichte eines globalen Sports, Göttingen 2000 (zit.: *Schulze-Marmeling*, Fußball).

Schulze, Götz: Der Zuschauervertrag, Juristische Ausbildung (Jura) 2011, S. 481-490.

Schulze, Götz: Fortentwicklung des Schweizer Vertragsrechts und Präklusion bei der inzidenten Anerkennung eines CAS-Entscheids, in: Zeitschrift für Sport und Recht (SpuRt) 2014, S. 139-143.

Schumacher, Rainer: Beweisproblem im Bauprozess, in: Aargauischer Juristenverein (Hrsg.), Festschrift für Dr. Kurt Eichenberger, alt Oberrichter, Beinwil am See (Schweiz) – Zur Vollendung seines 80. Lebensjahres, Aarau 1990, S. 157-210 (zit.: *Schumacher*, in: FS Eichenberger).

Schumacher, Toni: Anpfiff: Enthüllungen über den deutschen Fußball, Stuttgart 1987 (zit.: *Schumacher*, Anpfiff).

Schünemann, Bernd: Das Rechtsgüterschutzprinzip als Fluchtpunkt der verfassungsrechtlichen Grenzen der Straftatbestände und ihrer Interpretation, in: Hefendehl, Roland/Hirsch, Andrew von/Wohlers, Wolfgang (Hrsg.), Die Rechtsgutstheorie – Legitimationsbasis des Strafrechts oder dogmatisches Glasperlenspiel?, Baden-Baden 2003, S. 133-154 (zit.: *Schünemann*, in: Hefendehl/v. Hirsch/Wohlers (Hrsg.), Die Rechtsgutstheorie).

Schulz, Sebastian: Grundrechtskollisionen im Berufssport – Entstehung, Auflösung und Überprüfbarkeit, Baden-Baden 2010, zugl.: Kiel, Univ., Diss., 2010 (zit.: *Schulz*, Grundrechtskollisionen im Berufssport).

Schuster, Fabian/Unterhitzenberger, Christine: Bälle, Tore und Finanzen XI, Stuttgart 2014 (zit.: *Schuster/Unterhitzenberger*, Bälle, Tore und Finanzen XI).

Schwab, Karl Heinz/Walter, Gerhard: Schiedsgerichtsbarkeit, Kommentar, 7. Auflage, München 2005 (zit.: *Schwab/ Walter*, Schiedsgerichtsbarkeit).

Schwab, Rouven: Das zivilrechtliche Nachspiel im Fall Hoyzer, in: Neue Juristische Wochenschrift (NJW) 2005, S. 938-940.

Schwabe, Jürgen: Die sogenannte Drittwirkung der Grundrechte – Zur Einwirkung der Grundrechte auf den Privatrechtsverkehr, München 1971 (zit.: *Schwabe*, Drittwirkung der Grundrechte).

Schwacke, Peter: Recht der Ordnungswidrigkeiten, 4. Auflage, Stuttgart 2006 (zit.: *Schwacke*, Recht der Ordnungswidrigkeiten).

Schweizer, Mark: Beweiswürdigung und Beweismaß – Rationalität und Intuition, Tübingen 2015, zugl.: St. Gallen, Univ., Habil.-Schr., 2013 (zit.: *Schweizer*, Beweiswürdigung und Beweismaß).

Seip, Markus: Aktuelle Entwicklungen bei den Anti-Doping-Vorschriften des Deutschen-Fußball-Bundes, in: Zeitschrift für Sport und Recht (SpuRt) 2016, S. 198-200.

Sengle, Alfred: Verbandsgerichtsbarkeit und Schiedsgerichtsbarkeit im nationalen Fußball (DFB), in: Crezelius, Georg/Hirte, Heribert/Vieweg, Klaus (Hrsg.): Festschrift für Volker Röhricht zum 65. Geburtstag, Köln 2005, S. 1205-1224 (zit.: *Sengle*, in: FS Röhricht).

Senkel, Katja: Wirksamkeitschancen des „Anti-Doping-Rechts" – Eine interdisziplinäre Analyse zu den Anforderungen an Dopingbekämpfungsmechanismen und deren Umsetzung, Saarbrücken, Univ., Diss., 2014 (zit.: *Senkel*, Wirksamkeitschancen).

Siegle, Malte: Innovationen in der Wettkampfdiagnostik Fußball, München, Technische Univ., Diss., 2013 (zit.: *Siegle*, Wettkampfdiagnostik Fußball).

Singbartl, Jan/Dziwis, Thomas: „Nach dem Spiel ist vor dem Spiel": Einführung in das Sportrecht am Beispiel des Fußballs, in: Juristische Arbeitsblätter (JA) 2014, S. 407-412.

Singler, Andreas: Doping und Enhancement – Interdisziplinäre Studien zur Pathologie gesellschaftlicher Leistungsorientierung, Göttingen 2012, zugl.: Würzburg, Univ., Diss., 2010 (zit.: *Singler*, Doping und Enhancement).

Singler, Andreas/Treutlein, Gerhard: Profiradsport und die Zwangsläufigkeit des Dopings, in: Meutgens, Ralf (Hrsg.), Doping im Radsport, Bielefeld 2007, S. 84-94 (zit.: *Singler/Treutlein*, in: Meutgens (Hrsg.), Doping im Radsport).

Sperlich B., Hoppe, M. W., Haegele M.: Ausdauertraining – Dauermethode versus intensive Intervallmethode im Fußball, in: Deutsche Zeitschrift für Sportmedizin (Dtsch Z Sportmed) 64 (2013), S. 10-17.

Spieß, Gerhard: Der Grundrechtsverzicht, Frankfurt a. M. 1997, zugl.: Passau, Univ., Diss., 1997 (zit.: *Spieß*, Der Grundrechtsverzicht).

Staudinger, Julius von, Bürgerliches Gesetzbuch, Kommentar

- Buch 1, Allgemeiner Teil 2, §§ 21-79, Berlin 2005 (zit.: *Bearbeiter*, in Staudinger BGB),
- Buch 2, Recht der Schuldverhältnisse, §§ 249-254 (Schadensersatzrecht), Berlin 2017 (zit.: *Bearbeiter*, in Staudinger BGB).

Staudinger, Julius von, Kommentar zum Bürgerlichen Gesetzbuch mit Einführungsgesetz und Nebengesetzen – Eckpfeiler des Zivilrechts, Berlin 2014/2015 (zit.: *Bearbeiter*, in: Staudinger/ Eckpfeiler).

Stein, Friedrich/Jonas, Martin: Kommentar zur Zivilprozessordnung, Band 9, §§ 916-1068, EG, ZPO, 22. Auflage, Tübingen 2002 (zit.: *Bearbeiter*, in: Stein/Jonas, ZPO).

Steiner, Udo: Verfassungsfragen des Sports, in: Neue Juristische Wochenschrift (NJW) 1991, S. 2729-2736.

Steiner, Udo: Das Verhältnis von Schiedsgerichtsbarkeit und staatlicher Gerichtsbarkeit, Zeitschrift für Schiedsverfahren (SchiedsVZ) 2013, S. 15-19.

Steinbeck, Anja Verena/Menke, Thomas: Bundesliga an die Börse, in: Neue Juristische Wochenschrift (NJW) 1998, S. 2169-2171.

Steinigen, Jens: Zivilrechtliche Aspekte des Dopings aus der Sicht des Spitzensportlers, Berlin 2003, zugl.: Bayreuth, Univ., Diss., 2002 (zit.: *Steinigen*, Zivilrechtliche Aspekte des Dopings).

Stern, Klaus: Das Staatsrecht der Bundesrepublik Deutschland, Band III, Allgemeine Lehren der Grundrechte, 2. Halbband, München 1994 (zit.: *Stern*, Staatsrecht III/2).

Sternberg-Lieben, Detlev: Die objektiven Schranken der Einwilligung im Strafrecht, Tübingen 1997, zugl.: Tübingen, Uni., Habil.-Schr., 1995 (zit.: *Sternberg-Lieben*, Einwilligung im Strafrecht).

Stöber, Kurt/Otto, Dirk-Ulrich: Handbuch zum Vereinsrecht, 11. Auflage, Köln 2016 (zit.: *Stöber/Otto*, Handbuch zum Vereinsrecht).

Stølen, Tomas/Chamari, Karim/Castagna, Carlo/Wisløff, Ulrik: Physiology of Soccer – An Update, in: Sports Medicine (Sports Med) 2015;35(6):501-536.

Stopper, Martin/Lentze, Gregor (Hrsg.): Handbuch Fußball-Recht – Rechte, Vermarktung, Organisation, Berlin 2012 (zit.: *Bearbeiter*, in: Stopper/Lentze (Hrsg.), Handbuch FußballRecht).

Strang, Hanno/Spitzer, Giselher: Inhaltlicher Schlussbericht gemäß Schnittstellenkonzept zum Vorhaben „Doping in Deutschland von 1950 bis heute aus historisch-soziologischer Sicht im Kontext ethischer Legitimation", Forschungsprojekt 2009-2012, initiiert durch den DOSB, beauftragt und gefördert durch das BISp, Berlin 2013, im Internet abrufbar unter: http://www.bisp.de/SharedDocs/Downloads/Aktuelles/Inhaltlicher_Bericht_HU.pdf?__blob=publicationFile (zuletzt aufgerufen am 6.1.2017) (zit.: *Strang/Spitzer*, Doping in Deutschland von 1950 bis heute).

Strang, Hanno/Spitzer, Giselher: Administrativer Schlussbericht zum Projekt IIA1-081903B/09-12 – „Doping in Deutschland von 1950 bis heute aus historisch-soziologischer Sicht im Kontext ethischer Legitimation", Berlin 2013 (zit.: *Strang/Spitzer*, Schlussbericht).

Streng, Franz: Die Wirksamkeit strafrechtlicher Sanktionen – Zur Tragfähigkeit der Austauschbarkeitsthese, in: Lösel, Friedrich/Bender, Doris/Jehle, Jörg-Martin (Hrsg.), Kriminologie und wissensbasierte Kriminalpolitik: Entwicklungs- und Evaluationsforschung, Mönchengladbach 2007, S. 65-92 (zit.: *Streng*, in: Lösel/Bender/Jehle (Hrsg.), Kriminologie und wissensbasierte Kriminalpolitik).

Strünck, Christoph: Wächter über das Kulturgut Fußball? Der Deutsche Fußball-Bund als kultur- und gesellschaftspolitischer Akteur, in: Pyta, Wolfram (Hrsg.), Geschichte des Fußballs in Deutschland und Europa seit 1954, Stuttgart 2013, S. 109-123 (zit.: *Strünck*, in: Pyta (Hrsg.), Geschichte des Fußballs).

Stuckenberg, Carl-Friedrich: Strafschärfende Verwertung früherer Einstellungen und Freisprüche – doch ein Verstoß gegen die Unschuldsvermutung?, in: Strafverteidiger (StV) 2007, S. 655-663.

Sturm, Fritz: Wegen Verletzung fremden Rechts sind weder Revision noch Rechtsbeschwerde zulässig, in: Juristen-Zeitung (JZ) 2011, S. 74-78.

Swoboda, Sabine: Die Lehre vom Rechtsgut und ihre Alternativen, in: Zeitschrift für die gesamte Strafrechtswissenschaft (ZStW) 122 (2010), S. 24-50.

Symanzik, Tino: Netzwerk Fußball: Eine machtpsychologische Analyse der Rolle der Bundesliga im Einflussfeld der Massenmedien, Rostock, Univ., Diss., 2009 (zit.: *Symanzik*, Netzwerk Fußball).

Tauschwitz, Moritz, Die Dopingverfolgung in Deutschland und Spanien – eine strafrechtliche und kriminologische Untersuchung, Berlin 2015, zugl.: Freiburg i. Br., Univ., Diss., 2013 (zit.: *Tauschwitz*, Dopingverfolgung).

Thaler, Daniel: Sportregeln und zivilrechtliche Haftung, in: Arter, Oliver (Hrsg.), Sport und Recht, Bern 2003, S. 129-169 (zit.: *Thaler*, in: Arter (Hrsg.), Sport und Recht).

Teschner, Carsten: Doping als Kündigungsgrund, in: Neue Zeitschrift für Arbeitsrecht (NZA) 2001, S. 1233-1239.

Tettinger, Peter: Sport als Verfassungsthema. Die Rolle des Sports im deutschen Verfassungsrecht und innerhalb der gemeinsamen Werte der Europäischen Union, in: Juristenzeitung (JZ) 2002, S. 1069-1076.

Tietzel, Manfred/Müller, Christian: The peculiar economics of doping in sports, in: Social Science Tribune 37 (2003), pp. 117-133.

T. M. C. Asser Instituut (Ed.): Professional Sport in the Internal Market, European Parliament working paper, Brussels 2005, im Internet abrufbar unter: http://www.asser.nl/media/2171/cms_sports_65_1_professional-sport.pdf (zuletzt aufgerufen am 6.1.2017) (zit.: *Asser*, Professional Sport in the Internal Market).

Tröger, Walther/Vedder, Christoph: Rechtsqualität der IOC-Zulassungsregel – Anspruch und Wirklichkeit, in: Reuter, Dieter (Hrsg.), Einbindung des nationalen Sportrechts in internationale Bezüge, Heidelberg 1987, S. 1-27 (zit.: *Tröger/Vedder*, in: Reuter (Hrsg.), Einbindung des nationalen Sportrechts).

Trüg, Gerson: Umrisse eines Sportsanktionenrechts – Gedanken zur Subsidiarität des Strafrechts, in: Bannenberg, Britta/Brettel, Hauke/Freund, Georg/Meier, Bernd-Dieter/Remschmidt, Helmut/Safferling, Christoph (Hrsg.), Über allem Menschlichkeit – Festschrift für Dieter Rössner, Baden-Baden 2015, S. 686-700 (zit.: *Trüg*, in: FS Rössner).

Tscholl, Philippe/Vaso, Martin/Weber, Alexis/Dvorak, Jiri: High prevalence of medication use in professional football tournaments including the World Cups between 2002 and 2014: a narrative review with a focus on NSAIDs, in: British Journal of Sports Medicine (BrJSportsMed) 2015;49:580-582.

Tug, Suzan/Lauer, Ulrich M./Simon, Perikles: Nachweis prinzipiell möglich, in: Deutsches Ärzteblatt (Dtsch Arztebl) 2012; 109 (3): A 80-3.

Turner, George: Doping und Zivilrecht, in: Neue Juristische Wochenschrift (NJW) 1992, S. 720-723.

Tuttleton, James W./Ackerman, Louise M.: Coca Cola and Dope, An Etymology, in: American Speech 38 (1963), pp. 153-155.

Umminger, Walter, Fußball in drei Jahrtausenden, in: Huba, Karl-Heinz, Fußball-Weltgeschichte, München 1999, S. 22-30 (zit.: *Umminger*, in: Huba (Hrsg.), Fußball-Weltgeschichte).

Valerius, Brian: Zur Strafbarkeit des Dopings de lege lata und de lege ferenda, in: Bernsmann, Klaus/Fischer, Thomas (Hrsg.), Festschrift für Ruth Rissing-van Saan zum 65. Geburtstag am 25. Januar 2011, Berlin 2011, S. 717-730 (zit.: *Valerius*, in: FS Rissing-van Saan).

Van Megen, Will: CAS 2005/A/876, 2006/A/1192, 2008/A/1644 Adrian Mutu v. Chelsea, in: Wild, Alexander (Ed.), CAS and Football: Landmark Cases, The Hague 2012, pp. 92-99 (zit.: *Van Megen*, in: Wild (Hrsg.), CAS and Football).

Väth, Heinrich: Profifußball – Zur Soziologie der Bundesliga, Frankfurt a. M. 1994 (zit.: *Väth*, Profifußball).

Vieweg, Klaus: Zur Einführung: Sport und Recht, in: Juristische Schulung (JuS) 1983, S. 825-830.

Vieweg, Klaus: Normsetzung und -anwendung deutscher und internationaler Verbände – Eine rechtstatsächliche und rechtliche Untersuchung unter besonderer Berücksichtigung der Sportverbände, Berlin 1990, zugl.: Münster, Univ., Habil.-Schr., 1989 (zit.: *Vieweg*, Normsetzung).

Vieweg, Klaus: Doping und Verbandsrecht, in: Neue Juristische Wochenschrift (NJW) 1991, S. 1511-1516.

Vieweg, Klaus: Doping und Verbandsrecht – Zum Beschluß des DLV-Rechtsausschusses im Fall Breuer, Krabbe, Möller, in: Neue Juristische Wochenschrift (NJW) 1992, S. 2539-2540.

Vieweg, Klaus: Faszination Sportrecht, Erlangen 2015, im Internet abrufbar unter: http://www.irut.jura.uni-erlangen.de/Forschung/Veroeffentlichungen/OnlineVersionFaszinationSportrecht/FaszinationSportrecht.pdf (zuletzt aufgerufen am 6.1.2017) (zit.: *Vieweg*, Faszination Sportrecht).

Vogel, Joachim: Strafrechtsgüter und Rechtsgüterschutz durch Strafrecht im Spiegel der Rechtsprechung des Bundesverfassungsgerichts, in: Strafverteidiger (StV) 1996, S. 110-115.

Vogel, Joachim: Betrug durch konkludente Täuschung: „Recht auf Wahrheit" oder kommunikative Verkehrssicherungspflichten?, in: Gedächtnisschrift für Rolf Keller, Tübingen 2003, S. 313-324 (zit.: *Vogel*, in: GS Keller).

Vorwerk, Volker/Wolf, Christian: Beck'scher Online-Kommentar ZPO, 22. Edition, München 2015 (zit.: *Bearbeiter*, in: BeckOK ZPO).

Voy, Robert O./Deeter, Kirk D.: Drugs, sport, and politics, Champaign 1991 (zit.: *Voy/Deeter*, Drugs, sport, and politics).

Waddington, I./Malcolm, D./Roderick,M./Naik, R.: Drug use in English professional football, in: British Journal of Sports Medicine (BrJSportsMed) 2005;39:e 18.

Wagner, Gert: Negative Wirkungen eines Anti-Doping-Gesetzes, in: Zeitschrift für Rechtspolitik (ZRP) 1992, S. 369-371.

Walker, Wolf-Dietrich: Verschuldensunabhängige Verbandssanktionen gegen Sportvereine für Zuschauerausschreitungen, in: Neue Juristische Wochenschrift (NJW) 2014, 119-124.

Walter, Gerhard: Der Anwendungsbereich des Anscheinsbeweises, in: Zeitschrift für Zivilprozess (ZZP) 90 (1977), S. 270-284.

Weatherill, Stephen: Is the Pyramid Compatible with EC Law?, in: International Sports Law Journal (ISLJ) 3-4 (2005), pp. 3-7.

Weiß, Otmar/Norden, Gilbert: Einführung in die Sportsoziologie, 2. Auflage, Münster 2013 (zit.: *Weiß/Norden*, Einführung in die Sportsoziologie).

Weller, Marc-Philippe: Die FIFA-Fußball-WM 2006 im Lichte des Privatrechts, in: Juristische Schulung (JuS) 2006, S. 497-501.

Welzel, Hans: Das Deutsche Strafrecht – Eine Systematische Darstellung, 11. Auflage, Berlin 1969 (zit.: *Welzel*, Das Deutsche Strafrecht).

Wertenbruch, Johannes: Einsatzunabhängige Verlängerungsbedingungen in Lizenzspielerverträgen, in: Zeitschrift für Sport und Recht (SpuRt), 2004, S. 134-137.

Wessels, Johannes/Hillenkamp, Thomas: Strafrecht Besonderer Teil 2, Straftaten gegen Vermögenswerte, 39. Auflage, Heidelberg 2016 (zit.: *Wessels/Hillenkamp*, Strafrecht BT II).

Wessels, Johannes/Beulke, Werner/Satzger, Helmut: Strafrecht Allgemeiner Teil, 46. Auflage, Heidelberg 2016 (zit.: *Wessels/Beulke/Satzger*, Strafrecht AT).

Westermann, Harm Peter: Zum Vertragsrecht im bezahlten Fußballsport, Juristische Arbeitsblätter (JA) 1984, 394-403.

Wilkmann, Johannes: Die Überführung des Sportlers im Dopingverfahren – direkter und indirekter Nachweis im Lichte der Unschuldsvermutung, Berlin 2014, zugl.: Hagen, Fernuniv., Diss., 2013 (zit.: *Wilkmann*, Dopingverfahren).

Wisløff, Ulrik/Helgerud, Jan/Hoff, Jan: Strength and endurance of elite soccer players, in: Medicine & Science in Sports & Exercise (Med. Sci. Sports Exerc.) March 1998, Vol. 30, No. 3, pp. 462-467.

Wittig, Petra: Der ökonomische Ansatz zur Erklärung kriminellen Verhaltens, in: Monatsschrift für Kriminologie und Strafrechtsreform (MschrKrim) 1993, S. 328-335.

Wittmann, Johannes: Schiedssprüche des Court of Arbitration for Sport vor schweizerischen und deutschen ordentlichen Gerichten, München 2015, zugl.: München, Univ., Diss., 2015 (zit.: *Wittmann*, Schiedssprüche).

Wüterich, Christoph/Breucker, Marius: Das Arbeitsrecht im Sport, Stuttgart 2006 (zit.: *Wüterich/Breucker*, Das Arbeitsrecht im Sport).

Zabell, Teresa: Europäisches Parlament, Sitzungsdokument A5-0203/2000: Bericht über die Mitteilung der Kommission an den Ministerrat, das Europäische Parlament, den Wirtschafts- und Sozialausschuss sowie den Ausschuss der Regionen über den Plan für den Beitrag der Gemeinschaft zur Dopingbekämpfung, KOM (1999) 643 — C5-0087/2000 — 2000/2056 (COS), 17. Juli 2000 (zit.: *Zabell*, Bericht vom 17.7.2000).

Zimmermann, Markus: Vertragsstabilität im internationalen Fußball unter besonderer Berücksichtigung der Rechtsprechung der FIFA und des CAS, Stuttgart/Zürich 2015, zugl.: Bern, Univ., Diss., 2014 (zit.: *Zimmermann*, Vertragsstabilität).

Zöller, Richard: Zivilprozessordnung, Kommentar, 31. Auflage, Köln 2016 (zit.: *Bearbeiter*, in: Zöller, ZPO).

Zollner, Andreas: Das Grundrecht der Meinungsfreiheit (Art. 5 Abs. 1 GG) im Lizenz-Fußball, Regensburg, Univ., Diss., 2013 (zit.: *Zollner*, Meinungsfreiheit).

Zopfs, Jan: Der Grundsatz „in dubio pro reo", Baden-Baden 1999, zugl.: Heidelberg, Univ., Habil.-Schr., 1998/99 (zit.: *Zopfs*, In dubio pro reo).

Zuck, Rüdiger: Die DOSB-Athletenvereinbarung Sotschi 2014, verfassungsrechtlich betrachtet, in: Zeitschrift für Sport und Recht (SpuRt) 2014, S. 5-10.

FSC
www.fsc.org
MIX
Papier | Fördert gute Waldnutzung
FSC® C083411

Kolibri 360 GmbH
Ferdinand-Jühlke-Straße 7
99095 Erfurt, Deutschland
produktsicherheit@kolibri360.de